西臺集 外三種

山右歷史文化研究院 編

上海古籍出版社

圖書在版編目(CIP)數據

西臺集：外三種／山右歷史文化研究院編.—上海：上海古籍出版社，2016.12
（山右叢書．初編）
ISBN 978-7-5325-8299-0

Ⅰ.①西… Ⅱ.①山… Ⅲ.①社會科學—文集 Ⅳ.①C53

中國版本圖書館CIP數據核字(2016)第274608號

西臺集（外三種）

山右歷史文化研究院　編

上海世紀出版股份有限公司
上海古籍出版社　出版
（上海瑞金二路272號　郵政編碼200020）
　　（1）網址：www.guji.com.cn
　　（2）E-mail:guji1@guji.com.cn
　　（3）易文網網址：www.ewen.co
上海世紀出版股份有限公司發行中心發行經銷　上海中華商務聯合印刷有限公司印刷
開本700×1000　1/16　印張45.75　插頁5　字數533,000
2016年12月第1版　2016年12月第1次印刷
印數：1—400
ISBN 978-7-5325-8299-0
I·3126　定價：128.00元

如有質量問題，請與承印公司聯繫

目　録

西臺集

〔宋〕畢仲游　撰
傅惠成　點校

點校説明 ································· 三

西臺集卷一

　奏狀 ··································· 七
　　理會科場奏狀 ························· 七
　　耀州理會賑濟奏狀 ···················· 一二
　劄子 ··································· 一五
　　乞置京城廂巡檢劄子 ················· 一五
　　代劉摯乞外任劄子 ···················· 一六

西臺集卷二

　表 ···································· 一七
　　留司文武百官賀夏祭禮成表 ·········· 一七
　　謝賜曆日表 ···························· 一七

賀册皇后上太皇太后表 …… 一七
河東提刑謝到任表 …… 一八
秦鳳提刑到任謝表 …… 一八
永興提刑謝到任表 …… 一九
謝落權字表 …… 一九
耀州謝到任表 …… 二〇
耀州謝免勘表 …… 二〇
鄭州謝到任表 …… 二一
京東運副謝到任表 …… 二一
淮南運使到任謝表 …… 二二
謝牽復監嵩山中岳廟表 …… 二二
謝除宮觀表 …… 二三
謝提舉崇福宮表 …… 二三
謝提舉鴻慶宮表 …… 二四
代司馬溫公上太皇太后謝賜生日禮物 …… 二四
代傅欽之謝御史中丞表 …… 二四
代樞府辭免明堂加恩表 …… 二五
代樞府上太皇太后表 …… 二五
代宰相請皇帝聽政第三表 …… 二六
代宰相請皇帝聽政第四表 …… 二六
代宰相請皇帝聽政第五表 …… 二六
代人謝復直集賢院表 …… 二七
代人謝覃恩轉官表 …… 二七
代人上太皇太后表 …… 二八
代人謝恩命表 …… 二八
代人上太皇太后表 …… 二八
代人謝恩命表 …… 二九

代人謝復職表 …………………………………… 二九
　　代人謝進職表 …………………………………… 三〇

西臺集卷三

表 ……………………………………………………… 三二
　　代范忠宣謝除給事中表 ………………………… 三二
　　代范忠宣上太皇太后表 ………………………… 三二
　　代范忠宣謝給事中兼侍講表 …………………… 三三
　　代范忠宣上太皇太后表 ………………………… 三三
　　代范忠宣上太皇太后謝同知樞密院表 ………… 三四
　　代范忠宣辭登庸第一表 ………………………… 三四
　　代范忠宣上太皇太后表 ………………………… 三五
　　代辭第二表 ……………………………………… 三五
　　代辭第三表 ……………………………………… 三六
　　代范忠宣謝登庸表 ……………………………… 三六
　　代范忠宣上太皇太后表 ………………………… 三七
　　代范忠宣辭免明堂加恩表 ……………………… 三七
　　代范忠宣上太皇太后表 ………………………… 三八
　　代范忠宣謝明堂加恩表 ………………………… 三八
　　代范忠宣上太皇太后表 ………………………… 三九
　　代范忠宣謝加恩表 ……………………………… 三九
　　代范忠宣上太皇太后表 ………………………… 三九
　　代范忠宣辭免明堂加恩表 ……………………… 四〇
　　代范忠宣上太皇太后表 ………………………… 四〇
　　代范忠宣坤成節進功德表 ……………………… 四一
　　代范忠宣再進功德表 …………………………… 四一
　　代范忠宣再進功德表 …………………………… 四一

代范忠宣再進功德表 …………………………… 四一
代范忠宣賀平河外三州表 ………………………… 四二
代范忠宣謝賜姊萬年縣君冠帔表 ………………… 四二
代范忠宣上太皇太后表 …………………………… 四三
代范忠宣謝賜生日禮物表 ………………………… 四三
代范忠宣謝并州到任表 …………………………… 四三
代范忠宣謝賜醫官章服表 ………………………… 四四
代范右丞謝再出知潁昌表 ………………………… 四四
代范右丞謝潁昌到任表 …………………………… 四五

西臺集卷四

議 ……………………………………………………… 四七
  正統議 …………………………………………… 四七
  明堂議 …………………………………………… 四八
  封建郡縣議 ……………………………………… 四九
  併州縣議 ………………………………………… 五一
  官制議 …………………………………………… 五三
  官冗議 …………………………………………… 五四
  試蔭補人議 ……………………………………… 五六
  知人議 …………………………………………… 五七
  名實議 …………………………………………… 五八

西臺集卷五

議 ……………………………………………………… 六〇
  學校議 …………………………………………… 六〇
  經術、詩賦取士議 ……………………………… 六一
  文議 ……………………………………………… 六二

青苗議 …………………………………………… 六三
役局議 …………………………………………… 六四
役錢議 …………………………………………… 六五
熙河蘭會議 ……………………………………… 六六
禦契丹議 ………………………………………… 六七
兩漢可用之言議 ………………………………… 六八

西臺集卷六

試策 ………………………………………………… 七〇
　召試館職策 ……………………………………… 七〇
策問 ………………………………………………… 七三
　治法 ……………………………………………… 七三
　文體 ……………………………………………… 七四
　史學 ……………………………………………… 七五
論 …………………………………………………… 七六
　天下有常勝之道論 ……………………………… 七六
　禮禁論 …………………………………………… 七七
序 …………………………………………………… 七八
　《褒賢集》序 …………………………………… 七八
記 …………………………………………………… 七九
　慶州平溝接城記 ………………………………… 七九
　重修信陽軍門記 ………………………………… 八一
　代范忠宣撰通慧禪院移經藏記 ………………… 八二
　代仲兄舍人撰賜詩記 …………………………… 八三
　代歐陽考功撰《西陽宮記》 …………………… 八四
傳 …………………………………………………… 八五
　歐陽叔弼傳 ……………………………………… 八五

陳子思傳 …………………………………… 八九

西臺集卷七

　書 ……………………………………………… 九三
　　上門下侍郎司馬溫公書 ………………… 九三
　　上門下侍郎劉莘老書 …………………… 一〇〇
　　上歐陽文忠公書 ………………………… 一〇二

西臺集卷八

　書 ……………………………………………… 一〇七
　　上蘇子瞻學士書 ………………………… 一〇七
　　上李誠之待制書 ………………………… 一〇九
　　上范堯夫龍圖書 ………………………… 一一一
　　答劉朝散書 ……………………………… 一一二
　　代李伉上文潞公書 ……………………… 一一四
　啓 ……………………………………………… 一一五
　　賀韓忠彥相公啓 ………………………… 一一五
　　又 ………………………………………… 一一六
　　賀韓絳遷左相啓 ………………………… 一一六
　　賀曾公亮相公啓 ………………………… 一一六
　　賀歐陽少師致仕啓 ……………………… 一一七
　　賀韓師朴相公致仕啓 …………………… 一一七
　　賀章待制到任啓 ………………………… 一一八
　　蔣樞密啓 ………………………………… 一一八
　　賀安樞密啓 ……………………………… 一一八
　　賀樞密啓 ………………………………… 一一九
　　賀門下相公啓 …………………………… 一一九

賀李黃門啓 …………………………………… 一二〇

賀兩制啓 ……………………………………… 一二〇

鮮于於運使啓 ………………………………… 一二〇

本路運使郎中啓 ……………………………… 一二一

運使司封 ……………………………………… 一二一

轉運使啓 ……………………………………… 一二一

西臺集卷九

啓 ……………………………………………… 一二三

謝召試入館啓 ………………………………… 一二三

謝司農董少卿啓 ……………………………… 一二四

答李客省謝舉啓 ……………………………… 一二四

河東提刑到任謝兩府啓 ……………………… 一二四

到任謝鄰郡守啓 ……………………………… 一二五

謝本路監司啓 ………………………………… 一二五

秦鳳提刑到任謝兩府啓 ……………………… 一二六

永興提刑到任謝兩府啓 ……………………… 一二六

永興提刑落權字謝兩府啓 …………………… 一二七

回謝沂守劉大夫啓 …………………………… 一二七

耀州到任謝兩府啓 …………………………… 一二八

耀州與監司啓 ………………………………… 一二八

耀州免勘謝兩府啓 …………………………… 一二八

耀州任歸別本路監司啓 ……………………… 一二九

鄭州謝兩府啓 ………………………………… 一二九

京東謝兩府啓 ………………………………… 一三〇

淮南謝兩府啓 ………………………………… 一三〇

上太師文潞公啓 ……………………………… 一三一

上蘇頌罷相啓	一三一
上鮮于運使啓	一三一
問候熊舍人啓	一三一
問候判銓舍人啓	一三二
回李待制啓	一三二
回熊右司謝致仕啓	一三二
回胡先輩謝登第啓	一三三
回令狐皞如、張大年謝及第啓	一三三
回宿倅俞察院啓	一三三
回鄰郡官啓	一三四
代范忠宣賀李肅之待制宮觀啓	一三四
代范忠宣與兩府賀正啓	一三四
代范忠宣與兩府賀冬啓	一三四
代范忠宣謝兩府啓	一三五
代范忠宣并州到任謝兩府啓	一三五
代范忠宣到任謝前兩府啓	一三五
代范忠宣回宗正留後賀冬啓	一三六
代范忠宣登庸回謝兩制以下啓	一三六
代范忠宣回謝制誥舍人啓	一三六
代范忠宣回謝衆官啓	一三六
代范忠宣回安州蔡相公啓	一三七
代范忠宣回蘇内翰啓	一三七
代范忠宣回范蜀公進新樂啓	一三七
代范忠宣回宗正謝起復啓	一三七
代范忠宣回李瑋太尉啓	一三八
代人冬節賀省寺啓	一三八
代人賀桂帥啓	一三八

代人謝李檢正啓 …………………… 一三九

　　代人謝監司及郡官啓 ………………… 一三九

　　代人上齊州待制啓 …………………… 一三九

　　代上運使劉學士啓 …………………… 一四〇

　　代宰相回平章文太師求助啓 ………… 一四〇

　　代樞密回平章文太師求助啓 ………… 一四一

狀 ……………………………………………… 一四一

　　賀冬狀二首 …………………………… 一四一

　　賀淮漕李學士狀 ……………………… 一四一

　　賀開封尹王侍郎狀 …………………… 一四二

　　謝范德孺舉自代狀 …………………… 一四二

　　回發運先狀 …………………………… 一四三

　　路分到狀 ……………………………… 一四三

　　司業到狀 ……………………………… 一四三

　　留臺朝請到狀 ………………………… 一四三

　　鈐轄太傅到狀 ………………………… 一四三

　　總管太尉到狀 ………………………… 一四三

　　提舉觀察到狀 ………………………… 一四三

　　諸監司到狀 …………………………… 一四四

　　都運顯謨到狀 ………………………… 一四四

　　留守大尹到狀 ………………………… 一四四

　　代范忠宣遠迎韓康公狀 ……………… 一四四

　　代范忠宣回蒲端明狀 ………………… 一四四

西臺集卷十

尺牘 …………………………………………… 一四七

　　上蘇內翰 ……………………………… 一四七

又	一四七
又	一四七
上文潞公	一四八
上韓左相	一四八
上呂微仲相公	一四八
又	一四八
又	一四九
上王彥霖樞密	一四九
又	一四九
上安樞密大尉	一四九
又	一四九
又	一五〇
又	一五〇
上李資政邦直	一五〇
又	一五〇
回盛少卿	一五一
又	一五一
與呂原明兵部	一五一
又	一五一
與文修撰	一五二
又	一五二
又	一五二
又	一五三
與蘇子容	一五三
又	一五三
與程中散	一五三
又	一五三

與趙司業 ……………………………………	一五四
又 …………………………………………………	一五四
與李智文 ……………………………………	一五四
又 …………………………………………………	一五四
與文叔學士 …………………………………	一五五
又 …………………………………………………	一五五
與芸叟都司學士 ……………………………	一五六
又 …………………………………………………	一五六
又 …………………………………………………	一五六
與游景叔學士 ………………………………	一五六
又 …………………………………………………	一五七
與趙正夫 ……………………………………	一五七
又 …………………………………………………	一五七
又 …………………………………………………	一五七
又 …………………………………………………	一五八
又 …………………………………………………	一五八
又 …………………………………………………	一五八
上劉龍圖 ……………………………………	一五八
又 …………………………………………………	一五九
又 …………………………………………………	一五九
上范堯夫相公 ………………………………	一五九
又 …………………………………………………	一六〇
又 …………………………………………………	一六〇
又 …………………………………………………	一六〇
又 …………………………………………………	一六〇
又 …………………………………………………	一六一
又 …………………………………………………	一六一

又 ……………………………………………………	一六一
又 ……………………………………………………	一六二
又 ……………………………………………………	一六二
又 ……………………………………………………	一六二
又 ……………………………………………………	一六二
又 ……………………………………………………	一六三
又 ……………………………………………………	一六三
又 ……………………………………………………	一六三
又 ……………………………………………………	一六三
與吕秘丞 ………………………………………………	一六四
又 ……………………………………………………	一六四
上蘇相公 ………………………………………………	一六四
又 ……………………………………………………	一六五
又 ……………………………………………………	一六五
與吴舍人安詩 …………………………………………	一六五
又 ……………………………………………………	一六五
與薛嗣昌 ………………………………………………	一六六
又 ……………………………………………………	一六六
與王觀文 ………………………………………………	一六六
又 ……………………………………………………	一六六
又 ……………………………………………………	一六七
上王仲至侍郎 …………………………………………	一六七
又 ……………………………………………………	一六七

西臺集卷十一

尺牘 ……………………………………………………	一六九

上劉莘老相公	一六九
又	一六九
又	一六九
又	一七〇
又	一七〇
與陳伯修學士	一七〇
又	一七〇
與司馬學士	一七一
又	一七一
又	一七一
與晁學士	一七一
又	一七一
與致遠學士	一七二
又	一七二
上李少卿	一七二
又	一七二
與王元鈞轉運判官	一七三
又	一七三
又	一七三
又	一七四
上王尚書	一七四
上修史承旨	一七四
又	一七四
又	一七五
又	一七五
上范彝叟右丞	一七五
又	一七五

又	一七五
又	一七六
又	一七六
又	一七六
與歐陽學士	一七六
又	一七七
與韓循之學士	一七七
上范德孺侍郎	一七七
又	一七八
又	一七八
又	一七八
又	一七九
又	一七九
又	一七九
又	一八〇
與門下李侍郎	一八〇
又	一八一
上賈明叔侍郎	一八一
又	一八一
上周翰侍郎	一八二
上王子韶侍郎	一八二
上呂侍講	一八三
又	一八三
上門下相公	一八三
與范子夷	一八四
又	一八四
又	一八四

又 …………………………………………………… 一八五
與范子默 ……………………………………… 一八五
回范十七承奉 ………………………………… 一八五
與劉朝散 ……………………………………… 一八六
與劉仲馮端明 ………………………………… 一八六
又 …………………………………………………… 一八六
又 …………………………………………………… 一八六
又 …………………………………………………… 一八七
與呂觀文延帥 ………………………………… 一八七
又 …………………………………………………… 一八七
與林顯謨 ……………………………………… 一八八
與林材中大夫 ………………………………… 一八八
又 …………………………………………………… 一八八
慰劉民質昆仲 ………………………………… 一八九

西臺集卷十二

祝文 ………………………………………………… 一九一
祈雨文 ………………………………………… 一九一
取聖水文 ……………………………………… 一九一
謝雨文 ………………………………………… 一九一
又祈雨文 ……………………………………… 一九一
嵯峨山祈雨文 ………………………………… 一九二
祈雨取聖水文 ………………………………… 一九二
又祈雨文 ……………………………………… 一九三
耀州祭諸廟祈雨文 …………………………… 一九三
就山請神文 …………………………………… 一九三
太白太湫神祝文 ……………………………… 一九三

禱華岳湫文 …… 一九三
　　祈晴文 …… 一九四
　　謝晴文 …… 一九四
　　又祈晴文 …… 一九四
　　祭羅山府君祈晴文 …… 一九四
　　又祈晴文 …… 一九五
　　謝晴文 …… 一九五
　　祭風伯神文 …… 一九五
　　謝雪文 …… 一九五
　　耀州開河祭諸廟文 …… 一九六
　　刻漏告成祝文 …… 一九六
　誌銘 …… 一九六
　　司封員外郎令狐公墓誌銘 …… 一九六
　　奉議郎令狐端夫墓誌銘 …… 一九八
　　常承議墓誌銘 …… 二〇〇

西臺集卷十三

　誌銘 …… 二〇三
　　判西京國子監宋公墓誌銘 …… 二〇三
　　朝議大夫賈公墓誌銘原注：代范忠宣作 …… 二〇四
　　朝請大夫孫公墓誌銘 …… 二〇六
　　左朝請大夫致仕王公墓誌銘 …… 二一〇
　　吏部郎中劉公墓誌銘 …… 二一二
　　陳水部墓誌銘 …… 二一五
　　倉部郎中王公墓誌銘 …… 二一六

西臺集卷十四

　誌銘 …… 二二〇

登封縣李君墓誌銘 …………………………… 二二〇
王彦明墓誌銘 ………………………………… 二二一
奉直大夫千乘畢公師聖墓誌銘 ……………… 二二二
魏國王夫人墓誌銘 …………………………… 二二四
延安郡太君張氏墓誌銘 ……………………… 二二五
田孺人墓誌銘 ………………………………… 二二六
清源王太君宋氏墓誌銘 ……………………… 二二八
仁昌縣太君李夫人墓誌銘 …………………… 二二九
畢氏墓誌銘 …………………………………… 二三〇

西臺集卷十五

行狀 ………………………………………… 二三二

丞相儀國韓公行狀 …………………………… 二三二

西臺集卷十六

行狀 ………………………………………… 二四二

丞相文簡公行狀 ……………………………… 二四二
尚書郎贈金紫光禄大夫畢從古行狀 原注：代陳知默撰
…………………………………………………… 二五〇
起居郎畢公夷仲行狀 ………………………… 二五五

西臺集卷十七

祭文 ………………………………………… 二六〇

宣仁聖烈太皇太后哀策文 …………………… 二六〇
祭太師潞國文公文 …………………………… 二六一
祭司空吕申公文 ……………………………… 二六二
祭故相曾魯公文 ……………………………… 二六二

祭劉莘老相公文 …… 二六三
祭范忠宣公文 …… 二六四
又祭范忠宣公大葬文 …… 二六四
祭宋龍圖文 …… 二六五
祭游景叔龍圖文 …… 二六五
祭范德孺侍郎文 …… 二六六
祭韓贄文 …… 二六七
祭范子夷文 …… 二六七
祭張應之朝奉文 …… 二六七
祭范待制慈母文 …… 二六八
代范忠宣祭伯庸文 …… 二六八
代范忠宣祭提刑張師民文 …… 二六九
代范忠宣祭蔡浚明文 …… 二六九
祭仲兄舍人文 …… 二六九
省墓祭文 …… 二七〇
祭代州祖墓文 …… 二七〇

西臺集卷十八

五言古詩 …… 二七二

雞鳴行 …… 二七二
自羅山入信陽再過金關道中作 …… 二七二
自山陽還至壽春道中有感 …… 二七二
潁河夜泛 …… 二七二
從范龍圖月夜泛舟 …… 二七三
五更原注：簡子思舅損之諸君 …… 二七三
自靈泉晚過崇因寺口占 …… 二七三
宿崇因寺十韻 …… 二七三

和子思舅氏晚出崇因之什	二七三
留別陳子思舅	二七四
佳辰	二七四
再至兗州簡黽十二子履	二七四
静勝軒	二七四
古寺	二七五
城中見山	二七五
曹南席上分題警鶴	二七五
熙州蔣潁叔侍郎席上	二七五
蒙晁美叔秘監召觀書帖繼示長句次韻	二七五
感興簡歐陽仲純兄弟	二七六
送王君儀北歸	二七六
贈盧礪	二七六
和孔毅夫學士題小閣	二七七
和孔毅夫省宿	二七七
再和孔毅夫省宿	二七七
和晁秘校	二七七
和僧圓益題靈泉	二七七
壽李少卿	二七八
希魯奉議四兄生日	二七八
讀縣父詩榜	二七八
讀于濆詩	二七八
傷春	二七九
苦雨	二七九

七言古詩 ………… 二七九
| 自羅山入信陽過金關道中作 | 二七九 |
| 濟陰 | 二七九 |

送范德孺使遼 …………………………… 二八〇
送朱彥文通直從慶陽辟命 ………………… 二八〇
送田百里歸唐 …………………………… 二八一
次韻和歐陽季默觀書紀事之什 …………… 二八一
次韻和晁秘校招飲 ……………………… 二八一
依韻和祖休承議 ………………………… 二八一
蓋公堂歌 ………………………………… 二八二
鴻濛歌原注：范龍圖生日 ………………… 二八二
海內 ……………………………………… 二八二
古冢行 …………………………………… 二八三
提葫蘆行 ………………………………… 二八三
花溪四松 ………………………………… 二八三
觀文與可學士畫枯木 …………………… 二八三
楊照承議蘆雁枕屏 ……………………… 二八四

西臺集卷十九

五言律詩 ……………………………… 二八六
出郊 ……………………………………… 二八六
索馬 ……………………………………… 二八六
信陽道中避暑 …………………………… 二八六
郾城道中阻雨 …………………………… 二八六
許田道中雨止 …………………………… 二八六
虞城病中遣懷 …………………………… 二八七
望王屋 …………………………………… 二八七
過朱仙驛 ………………………………… 二八七
遷居穎谷 ………………………………… 二八七
定居 ……………………………………… 二八七

贈修顒上人	二八七
留別損之大士	二八七
河陽閒居	二八八
河陽重九	二八八
獻壽二首	二八八
佳辰二首	二八八
姪馬子試晬	二八八
早赴城西倉即事呈諸同志	二八八
就南排岸謁宋成伯，不值而還蒙詩見贈，次韻	二八九
乙亥歲八月十五日夜，同景叔知府少卿、翼道提舉大夫，望月於河中之名閫堂，兼簡襄守歐三叔弼、虢守孫八元忠二首	二八九
陪蒲守景叔學士會暢家園	二八九
沈丘縣遇冬至夜會夷仲、明叔	二八九
次韻和宋寧道太祝許氏園席上	二八九
次韻席上	二八九
夜宿崇因寺述懷奉呈諸公	二九〇
寓宿樂明之殿直家戲作	二九〇
會草堂嘗酒戲成四十字呈子思舅	二九〇
酒後	二九〇
次韻子思舅	二九〇
讀子思詩二首	二九〇
次韻李成之待制見寄	二九一
次韻和子夷秘校見惠之作	二九一
次韻楊久中阻雨	二九一
次韻和越州監酒鄭令七兄見寄	二九一
讀將叔弟送路帥詩	二九一

和宋成伯 …… 二九一
蕨澗曹正叔有詩見寄,因以答謝 …… 二九一
得來書有感,因成四十字,呈夷仲、宣仲 …… 二九二
寄南齋諸君兼簡牧之公遠 …… 二九二
寄鄭介夫 …… 二九二
次十五里店寄交代楊十七判官 …… 二九二
和李善初會張、范二公 …… 二九二
從軍還京贈羅適正之奉議 …… 二九二
出巡河東與徐勳宣德 …… 二九二
送寅亮宣義赴明州 …… 二九三
罷淮漕歸汝 …… 二九三
至鄭州,望故陳子思靈泉舊居,愴然有感,詩以述懷
 …… 二九三

忤俗 …… 二九三
書懷 …… 二九三
永日 …… 二九三
秋風 …… 二九四
夜雨 …… 二九四
破屋 …… 二九四
疏簷 …… 二九四
早起 …… 二九四
策杖 …… 二九四
亂水二首 …… 二九四
恭輓神宗皇帝二首 …… 二九五
恭輓哲宗皇帝二首 …… 二九五
恭輓宣仁聖烈太皇太后四首 …… 二九五
恭輓欽聖憲肅皇太后二首 …… 二九五

恭挽欽慈皇后二首 …………………………… 二九六
挽司馬溫國公丞相二首 ………………………… 二九六
挽范丞相忠宣公六首 …………………………… 二九六
挽司空申國呂公六首 …………………………… 二九七
挽王元之相公二首 ……………………………… 二九七
挽歐陽伯和三首 ………………………………… 二九七
挽履中學士二首 ………………………………… 二九八
挽晁端友著作二首原注：其子補之來求 …………… 二九八
挽李成之待制六丈三首 ………………………… 二九八
挽盧革通議三首 ………………………………… 二九八
代范忠宣挽中散母公三首 ……………………… 二九九
代范德孺挽李稷轉運使四首 …………………… 二九九

五言長律 …………………………………………… 二九九
送太師潞國文公致仕赴闕朝覲歸洛 …………… 二九九
送交代楊應之判官歸洛 ………………………… 三〇〇
送鄆州楊子安教授由京歸洛 …………………… 三〇一
早寒 ……………………………………………… 三〇一

西臺集卷二十

七言律詩 …………………………………………… 三〇三
興龍節 …………………………………………… 三〇三
羅山即事 ………………………………………… 三〇三
信陽軍筵設樂口號二首 ………………………… 三〇三
至曹州，值羅正之著作部夫河上，有阻會合，以詩見
　意 ……………………………………………… 三〇三
內中考進士 ……………………………………… 三〇四
入內考進士同考官唱和三首 …………………… 三〇四

登瀛閣 …………………………………… 三〇四
余除鑄錢使者，居厚除尚書郎，俄皆銷印。即事二
　　首呈居厚 …………………………………… 三〇四
秦州道中 …………………………………… 三〇五
別從事 ……………………………………… 三〇五
潁州道中有感 ……………………………… 三〇五
臨潁道中值雨 ……………………………… 三〇五
暫居河上，獲從致政丈朝請之遊，仰慕高風，因成拙
　　句 …………………………………………… 三〇六
清河閒居 …………………………………… 三〇六
望春宋公第 ………………………………… 三〇六
題崇因寺 …………………………………… 三〇六
過天清寺 …………………………………… 三〇六
曹南貢父學士席上 ………………………… 三〇七
賀呂子進舍人告謝 ………………………… 三〇七
次韻和子思舅 ……………………………… 三〇七
和陳子思舅探梅 …………………………… 三〇七
次韻蘇子瞻內翰入直鑠院，賜官燭法酒 … 三〇七
和趙達夫入試院 …………………………… 三〇七
和趙堯夫晨起 ……………………………… 三〇八
次韻和應之判官寵示之作 ………………… 三〇八
和呂紀常奉使契丹 ………………………… 三〇八
次韻和錢穆父提刑九日登州鄆樂郊 ……… 三〇八
和錢穆父舍人 ……………………………… 三〇八
寄鄆州李常武，兼簡王希才先生、須城王敦夫 ……… 三〇九
寄歐、蔡二家兄弟 ………………………… 三〇九
和夷仲寄仲純、叔弼 ……………………… 三〇九

和河南尹上清宫祈雪 …………………………… 三〇九
　和董十二司户見寄 ……………………………… 三〇九
　次韻魏承議 ……………………………………… 三一〇
　次韻和貢父學士遊左山歸，泛北湖 …………… 三一〇
　次韻和裴士傑庫部對棋，上貢父學士 ………… 三一〇
　次韻和褚恕通察推淮上有感 …………………… 三一〇
　和梅德充見寄 …………………………………… 三一〇
　和歐陽伯和見寄 ………………………………… 三一一
　和李文叔寄虢州孫元忠學士 …………………… 三一一
　次韻和穀熟徐仲元著作監倉之作 ……………… 三一一
　奉呈中叔仙翁覬永光和 ………………………… 三一一
　和希魯四兄奉議，陪蒲守景叔學士，宴名閫堂書事
　　………………………………………………… 三一一
　和宋開叔韻遊風穴山白雲寺 …………………… 三一二
　和僧圓益晚歸三峰 ……………………………… 三一二
　和夷仲兄嵩山岳寺會宿 ………………………… 三一二
　悲陳子思 ………………………………………… 三一二
　輓歐陽文忠公三首 ……………………………… 三一二
五言絶句 ………………………………………… 三一三
　和陳子思遊靈泉山 ……………………………… 三一三
　和十一舅題金蝦蟆 ……………………………… 三一三
　和希之 …………………………………………… 三一三
　月没 ……………………………………………… 三一三
七言絶句 ………………………………………… 三一三
　過泗州贈同行 …………………………………… 三一三
　將次六邑讀子美詩有感 ………………………… 三一四
　從霍丘赴六邑道中即事 ………………………… 三一四

與信陽王君儀司理約遊首山寺不遂	三一四
杜家溪	三一四
江行	三一四
楓橋寺讀張祜詩，碑云："長洲苑外草蕭蕭，卻憶相從歲月遥。惟有别時應不忘，暮煙疏雨過楓橋。"是夜與温老語，殊可人。翼日又邂逅程夢良，二人相送寺門，因留一章紀事	三一四
和陳子思謝見過	三一五
和陳子思宿陳家寺	三一五
和陳子思晚出崇因	三一五
和陳子思馬上口占，令益師携茶紙赴會之作二首	三一五
次韻陳子思	三一五
和陳子儀	三一五
次韻陳子思留别	三一六
次韻十一舅留别	三一六
和子瞻題文周翰郭熙《平遠圖》二首	三一六
和宋開叔監簿解榜	三一六
和夷仲兄舟次蒼陵	三一六
和宋寧道太祝簡陳濟翁	三一六
某在洛中，蒙朝請惠書促歸，兼録示賞家園芍藥兩絶，比離洛中，芍藥已闌矣。因次元韻，追和二首	三一七
次韻和魏聖源	三一七
寄潁川歐陽仲純兄弟	三一七
寄蔡州歐陽仲純	三一七
寄成都宇文裘	三一七
次韻答楊二十器之簡後見貽之作	三一七

再次韻	三一八
戲贈濟陰令羅正之	三一八
和僧圓益	三一八
戲留僧圓益	三一八
和僧圓益先到靈泉	三一八
飛泉	三一八
神泉	三一八
書軒	三一九
即事二首	三一九
偶題	三一九
自嘲	三一九
自憐	三一九
病中	三一九
五更有感	三二〇
放魚	三二〇
社鼓	三二〇
天磨石	三二〇
金錯刀	三二〇
玉刀	三二〇

莊靖先生遺集

〔金〕李俊民 撰

李蹊 點校

點校說明 ········· 三二五

莊靖先生遺集序李瀚 ········· 三二九

重刊莊靖先生遺集序葉贊 ·················· 三三〇

莊靖集原序李仲紳 ························ 三三二

王特升序 ································ 三三三

劉瀛序 ·································· 三三四

史秉直序 ································ 三三五

四庫全書《莊靖集》提要 ·················· 三三六

四庫全書總目提要《莊靖集》十卷兩淮馬裕家藏本 ···· 三三七

四庫全書簡明目錄 ························ 三三八

莊靖先生遺集卷一

 古賦 ································ 三三九

  醉梨賦 ······························ 三三九

  馴鹿賦 ······························ 三四〇

 四言古詩 ···························· 三四〇

  蕭權府三害圖 ························ 三四〇

  止姚亞之刲羊 ························ 三四〇

  焦天祿野叟聽音圖 ···················· 三四〇

  唐叔王韋生臥虎圖 ···················· 三四一

  學中史正之會客 ······················ 三四一

  烟江絶島圖 ·························· 三四一

  雙松古渡圖 ·························· 三四一

  古柏寒泉圖 ·························· 三四一

  紙扇 ································ 三四一

  楼扇 ································ 三四一

 五言古詩 ···························· 三四二

  成之夜談省庭新事 ···················· 三四二

  復和 ································ 三四二

鎮山堂 …………………………………… 三四二

嵇康淬劍石 ……………………………… 三四二

樊噲戲石 ………………………………… 三四三

寄籌堂 …………………………………… 三四三

毛晉卿肖山堂 …………………………… 三四三

廟學落成 ………………………………… 三四三

德老栽花成竹芍藥花 …………………… 三四四

劉漢臣堂甫北歸 ………………………… 三四四

母應之餉黍 ……………………………… 三四四

遊碧落 …………………………………… 三四四

史遂良索詩 ……………………………… 三四五

留別李巽之癸卯三月十七日癸巳 ……… 三四五

七言古詩 ………………………………… 三四五

司諫許道真徵復圖 ……………………… 三四五

郭顯道美人圖 …………………………… 三四五

宣差射虎十二月初九日 ………………… 三四六

羣鼠爲耗而猫不捕 ……………………… 三四六

埽晴婦 …………………………………… 三四六

雨雹 ……………………………………… 三四七

鼎齋 ……………………………………… 三四七

姚子昂畫馬 ……………………………… 三四八

苴履 ……………………………………… 三四八

兒輩剡木作匙 …………………………… 三四八

聞蔡州破甲午年正月十日己酉 ………… 三四八

籌堂尋梅 ………………………………… 三四八

和秦彥容韻五首 ………………………… 三四九

又 ………………………………………… 三四九

又	三四九
又	三四九
又	三五〇
暴雨	三五〇
綵樓	三五〇
上九里谷與濟之君祥仲寬李德方朱壽之姚子昂	
	三五一
剥蓮蓬	三五一
遼漆水郡王降虎<small>陳仲和之遠祖</small>	三五一
遺善堂	三五一
贈出家張翔卿<small>二首</small>	三五二
又	三五二
籌堂燕	三五三
趙倅司馬山謝雨	三五三
四舍人生日	三五三
贈儒醫卜養正	三五四
游濟源	三五四
樊氏昆仲懶窠	三五五
壬申歲旱官爲設食以濟飢民	三五五
男揚洗兒<small>十九歲</small>	三五五
兒歸來<small>禽名</small>	三五五
贈郭顯道醫	三五五
和答董用之	三五六
再和秦彦容韻	三五六

莊靖先生遺集卷二

| 五言律詩 | 三五八 |

答祁定之韻	三五八
游太平泉	三五八
宿夾谷彦實菴	三五八
河橋成三首	三五八
又	三五八
又	三五九
癸巳冬至二首	三五九
又	三五九
乙未冬至	三五九
任仲山弄璋	三五九
五哥生日	三五九
代四哥贈	三五九
元夜有感	三六〇
四哥生日	三六〇
寒食	三六〇
九日下山	三六〇
王生壽日仲紀	三六〇
游青蓮二首	三六〇
又	三六〇
過雲中	三六一
宿海會寺二首	三六一
又	三六一
遊碧落	三六一
九里谷	三六一
食芡	三六一
潁陽元道人虛白菴	三六二
八日登山同謁吳王祠四月	三六二

陽城懷舊呈陽敬之、燕子和、李文卿。二首 …………… 三六二
又 …………… 三六二
上長平寄楊成之 …………… 三六二
獨坐 …………… 三六二
乙亥過河 …………… 三六二
河陽呈苗簡叔 …………… 三六三
即事 …………… 三六三
中秋對月 …………… 三六三
山中寄張漢臣李廣之 …………… 三六三
經童 …………… 三六三
自遣 …………… 三六三
過星輅 …………… 三六三

七言律詩 …………… 三六四
小旱雲而不雨 …………… 三六四
復用韻 …………… 三六四
十六日雨 …………… 三六四
王子榮過家上冢 …………… 三六四
用趙之美留別韻五首 …………… 三六五
又 …………… 三六五
又 …………… 三六五
又 …………… 三六五
又 …………… 三六五
赴山陽寄君祥、濟之、仲寬、子昂 …………… 三六六
白文舉王百一索句送行 …………… 三六六
承二公寵和復用元韻二首 …………… 三六六
又 …………… 三六六
重午偶題 …………… 三六六

春日	三六六
和參謀李舜舉二首	三六七
又	三六七
和東菴孔安道韻二首	三六七
又	三六七
和子榮	三六七
五舍人生朝	三六八
籌堂壽日二首	三六八
又	三六八
和子摺中秋	三六八
和子摺九日謾興二首	三六八
又	三六八
沁園懷古	三六九
和即事	三六九
和新秋	三六九
寄史正之	三六九
聞捷音招王德華吳天章等出山	三六九
用子榮河橋送別韻	三七〇
承徐子賢賈仲常張伯英寵和復用韻	三七〇
宿村舍四首	三七〇
又	三七〇
又	三七〇
又	三七一
閱董用之	三七一
用之次韻復答	三七一
夜雨三首	三七一
又	三七一

又	三七二
用之請還公府用韻拒之	三七二
弔劉伯祥	三七二
伊闕瀿鶒堂二首	三七二
又	三七二
亂後寄兄二首	三七三
又	三七三
送趙慶之赴邠州	三七三
別郃陽申伯福昆仲	三七三
和子搢來韻	三七三
郭仲山壽日	三七四
和河上修橋四首	三七四
又	三七四
又	三七四
又	三七四
壬寅九日同史正之劉濟之君祥仲寬姚子昂東城小酌寄錦堂王君玉二首	三七五
又	三七五
隨州長官張鵬舉暨壻陳振文見過	三七五
和子榮悼恒山韻二首	三七五
又	三七五
剛忠公	三七六
同濟之遊百家巖懷郭延年有感三月	三七六
辛丑中秋夜與用亨漢臣濟之君祥子昂仲寬及諸同志聚飲於學宮陰不見月二首	三七六
又	三七六
送別曹漢卿	三七六

九日濟之君祥仲寬子昂携酒於漢臣書齋小酌已而
　乘興與衆老人會於城西馬氏東籬談笑盡醉抵暮
　而歸爲賦此以紀一時之勝事 ………………………… 三七七
暮春和端甫韻 ……………………………………………… 三七七
承和復用韻 ………………………………………………… 三七七
答趙之美見和 ……………………………………………… 三七七
李子摺約同上山督之 ……………………………………… 三七七
答史正之 …………………………………………………… 三七八
陽城題北臺觀壁 …………………………………………… 三七八
客中寒食 …………………………………………………… 三七八
和徐子賢西行留別 ………………………………………… 三七八
調祁定之 …………………………………………………… 三七八
姪謙甫鞏縣寄魚 …………………………………………… 三七九
母師聖醉中落水用郭進之韻 ……………………………… 三七九
下䗪背 ……………………………………………………… 三七九
許司諫歸來圖 ……………………………………………… 三七九
寄伊陽令周文之括戶 ……………………………………… 三七九
和子摺秋晚出郭 …………………………………………… 三七九
和述懷二首 ………………………………………………… 三八〇
又 …………………………………………………………… 三八〇
戲嘲 ………………………………………………………… 三八〇
答子榮 ……………………………………………………… 三八〇
送史邦直入洛 ……………………………………………… 三八〇
即事 ………………………………………………………… 三八一
寬張文玘 …………………………………………………… 三八一
和竇君瑞 …………………………………………………… 三八一
竇子溫宅爲有力者所奪 …………………………………… 三八一

子榮途中見憶有先生在世人中龍三十年前到月宮
　　之句依韻謝答 ⋯⋯⋯⋯⋯⋯⋯⋯⋯⋯⋯⋯⋯⋯⋯ 三八一
弔曹慶之 ⋯⋯⋯⋯⋯⋯⋯⋯⋯⋯⋯⋯⋯⋯⋯⋯⋯ 三八二
弔王德華 ⋯⋯⋯⋯⋯⋯⋯⋯⋯⋯⋯⋯⋯⋯⋯⋯⋯ 三八二
贈醫郭顯道 ⋯⋯⋯⋯⋯⋯⋯⋯⋯⋯⋯⋯⋯⋯⋯⋯ 三八二
焦彥昭失中子 ⋯⋯⋯⋯⋯⋯⋯⋯⋯⋯⋯⋯⋯⋯⋯ 三八二
讀五代史 ⋯⋯⋯⋯⋯⋯⋯⋯⋯⋯⋯⋯⋯⋯⋯⋯⋯ 三八二
春溫軒 ⋯⋯⋯⋯⋯⋯⋯⋯⋯⋯⋯⋯⋯⋯⋯⋯⋯⋯ 三八二
索和長平諸詩友送行韻信筆奉呈君玉閏之資客中
　　一笑四首 ⋯⋯⋯⋯⋯⋯⋯⋯⋯⋯⋯⋯⋯⋯⋯⋯ 三八三
又 ⋯⋯⋯⋯⋯⋯⋯⋯⋯⋯⋯⋯⋯⋯⋯⋯⋯⋯⋯⋯ 三八三
又 ⋯⋯⋯⋯⋯⋯⋯⋯⋯⋯⋯⋯⋯⋯⋯⋯⋯⋯⋯⋯ 三八三
又 ⋯⋯⋯⋯⋯⋯⋯⋯⋯⋯⋯⋯⋯⋯⋯⋯⋯⋯⋯⋯ 三八三
昨晚蒙降臨無以爲待早赴院謝聞已長往何行之速
　　也因去人寄達少慰客中未伸之志耳二首 ⋯⋯⋯⋯ 三八三
又 ⋯⋯⋯⋯⋯⋯⋯⋯⋯⋯⋯⋯⋯⋯⋯⋯⋯⋯⋯⋯ 三八四
任仲山談西府事 ⋯⋯⋯⋯⋯⋯⋯⋯⋯⋯⋯⋯⋯⋯ 三八四
唐臣滿月洗兒索詩故賦兩滿月 ⋯⋯⋯⋯⋯⋯⋯⋯ 三八四
留題靳載之園亭 ⋯⋯⋯⋯⋯⋯⋯⋯⋯⋯⋯⋯⋯⋯ 三八四
送郡侯段正卿北行二首 ⋯⋯⋯⋯⋯⋯⋯⋯⋯⋯⋯ 三八四
又 ⋯⋯⋯⋯⋯⋯⋯⋯⋯⋯⋯⋯⋯⋯⋯⋯⋯⋯⋯⋯ 三八五
送參謀劉君祥二首 ⋯⋯⋯⋯⋯⋯⋯⋯⋯⋯⋯⋯⋯ 三八五
又 ⋯⋯⋯⋯⋯⋯⋯⋯⋯⋯⋯⋯⋯⋯⋯⋯⋯⋯⋯⋯ 三八五
杜門 ⋯⋯⋯⋯⋯⋯⋯⋯⋯⋯⋯⋯⋯⋯⋯⋯⋯⋯⋯ 三八五
中秋二首 ⋯⋯⋯⋯⋯⋯⋯⋯⋯⋯⋯⋯⋯⋯⋯⋯⋯ 三八五
又 ⋯⋯⋯⋯⋯⋯⋯⋯⋯⋯⋯⋯⋯⋯⋯⋯⋯⋯⋯⋯ 三八五
和喬舜臣韻六月十四日。二首 ⋯⋯⋯⋯⋯⋯⋯⋯⋯ 三八六

又	三八六
郎子雲酒熟同李茂卿史正之豪取不許	三八六
再赴陽城用前韻別茂卿子雲正之	三八六
代樂仲和張溫甫處督米	三八六
清明席上同史正之姚君寶子昂	三八七
悼亡	三八七
段侯行春顯聖觀喜雨	三八七
寄答趙公定	三八七
姚子昂壽日二月初三日	三八七
又用濟之韻贈子昂	三八八
爲劉益之營中上王懷州二首	三八八
又	三八八
錦堂碧落壽席年五十一	三八八
答張文玘見戲	三八八
和王季文襄陽變後二首	三八九
又	三八九
僧奴劉氏甥，十一月二十一日生，籌堂子。二首	三八九
又	三八九
和楊之美韻趙	三八九
和李唐傑韻二首	三九〇
又	三九〇
悼籌堂	三九〇
和秦克容來韻	三九〇
癸酉榜後寄姪謹甫第一科	三九〇
和安齋見寄調祁定之	三九一

莊靖先生遺集卷三

五言絶句 .... 三九三

一字百題示商君祥 …………………………………… 三九三
　風 …………………………………………………… 三九三
　月 …………………………………………………… 三九三
　雲 …………………………………………………… 三九三
　雨 …………………………………………………… 三九三
　雪 …………………………………………………… 三九三
　山 …………………………………………………… 三九四
　泉 …………………………………………………… 三九四
　塵 …………………………………………………… 三九四
　春 …………………………………………………… 三九四
　暑 …………………………………………………… 三九四
　寒 …………………………………………………… 三九四
　晝 …………………………………………………… 三九四
　夜 …………………………………………………… 三九四
　晴 …………………………………………………… 三九四
　陰 …………………………………………………… 三九四
　花 …………………………………………………… 三九四
　蓮 …………………………………………………… 三九五
　菊 …………………………………………………… 三九五
　梅 …………………………………………………… 三九五
　松 …………………………………………………… 三九五
　竹 …………………………………………………… 三九五
　草 …………………………………………………… 三九五
　燕 …………………………………………………… 三九五
　鴈 …………………………………………………… 三九五
　鷗 …………………………………………………… 三九五
　鶴 …………………………………………………… 三九五

蜂	三九五
蝶	三九五
龜	三九五
魚	三九六
蠏	三九六
儒	三九六
僧	三九六
道	三九六
仙	三九六
禪	三九六
醫	三九六
卜	三九六
漁	三九六
樵	三九六
客	三九六
農	三九七
牧	三九七
射	三九七
獵	三九七
詩	三九七
書	三九七
筆	三九七
墨	三九七
紙	三九七
硯	三九七
畫	三九七
琴	三九七

棋	三九八
劍	三九八
香	三九八
茶	三九八
師	三九八
學	三九八
仕	三九八
富	三九八
貴	三九八
貧	三九八
隱	三九八
智	三九八
愚	三九九
壽	三九九
老	三九九
名	三九九
友	三九九
身	三九九
影	三九九
行	三九九
住	三九九
坐	三九九
臥	三九九
笑	三九九
吟	四〇〇
醉	四〇〇
醒	四〇〇

飲	四〇〇
舞	四〇〇
睡	四〇〇
夢	四〇〇
歌	四〇〇
嘯	四〇〇
傲	四〇〇
閒	四〇〇
懶	四〇〇
話	四〇一
浴	四〇一
歸	四〇一
別	四〇一
愁	四〇一
忍	四〇一
蠶	四〇一
織	四〇一
舂	四〇一
炊	四〇一
砧	四〇一
琴 此以下四首和籌堂	四〇一
棋	四〇二
書	四〇二
畫	四〇二
東郊行	四〇二
書壁	四〇二
避亂	四〇二

資聖寺壁 …………………………… 四〇二
別陳之綱李得之南子榮時在宋 …… 四〇二
戲高廣之 …………………………… 四〇二
雨後 ………………………………… 四〇三
九日答朱壽之 ……………………… 四〇三
竹林 ………………………………… 四〇三
栢逕 ………………………………… 四〇三
槐亭 ………………………………… 四〇三
稻塍 ………………………………… 四〇三
儒 …………………………………… 四〇三
蝶 …………………………………… 四〇三
熊白 ………………………………… 四〇三
十六日夜戲書 ……………………… 四〇四

六言絕句 …………………………… 四〇四
雪菴題錢過庭梅花圖 ……………… 四〇四
示姪輩 ……………………………… 四〇四
淵明歸去來圖 ……………………… 四〇四
中秋 ………………………………… 四〇四
郎文炳心遠齋 ……………………… 四〇四
伯德仲植張長史帖 ………………… 四〇五
戲沂公巨川 ………………………… 四〇五
戲武夫韓公二首 …………………… 四〇五
又 …………………………………… 四〇五
老杜醉歸圖二首 …………………… 四〇五
又 …………………………………… 四〇五
史遂良酒債四首 …………………… 四〇五
又 …………………………………… 四〇六

又 …………………………………………………… 四〇六
又 …………………………………………………… 四〇六
竇子溫江山圖 ………………………………………… 四〇六
猫犬圖 ………………………………………………… 四〇六
北窗高臥圖 …………………………………………… 四〇六
雪谷早行圖 …………………………………………… 四〇六
史正之喪子買得 ……………………………………… 四〇七
靈照女 ………………………………………………… 四〇七
錦堂四景圖 …………………………………………… 四〇七
   春水滿四澤 ……………………………………… 四〇七
   夏雲多奇峰 ……………………………………… 四〇七
   秋月揚明輝 ……………………………………… 四〇七
   冬嶺秀孤松 ……………………………………… 四〇七

莊靖先生遺集卷四

七言絶句 ………………………………………………… 四〇九
謁秦吳二王廟二首 …………………………………… 四〇九
又 …………………………………………………… 四〇九
卜居 …………………………………………………… 四〇九
中秋夜夢 ……………………………………………… 四〇九
讀項羽傳 ……………………………………………… 四一〇
糟筍 …………………………………………………… 四一〇
新樣團茶 ……………………………………………… 四一〇
重午偶題 ……………………………………………… 四一〇
子猷訪戴圖 …………………………………………… 四一〇
和籌堂途中即事三首 ………………………………… 四一〇
又 …………………………………………………… 四一〇

又 ……………………………………………………… 四一一
船子和月圖 ……………………………………… 四一一
和河樓閑望孟州二首 …………………………… 四一一
又 ……………………………………………………… 四一一
用籌堂韻 ………………………………………… 四一一
答滿法師 ………………………………………… 四一一
和泰禪 …………………………………………… 四一一
橙數珠二首 ……………………………………… 四一二
又 ……………………………………………………… 四一二
竹如意二首 ……………………………………… 四一二
又 ……………………………………………………… 四一二
雪菴二梅圖 ……………………………………… 四一二
贈碧落和講主 …………………………………… 四一二
跋竇子溫江山圖 ………………………………… 四一三
過雲臺 …………………………………………… 四一三
濟源龍潭 ………………………………………… 四一三
裴公亭 …………………………………………… 四一三
與奉仙觀道士元明道 …………………………… 四一三
富公草堂 ………………………………………… 四一三
謝楊成之 ………………………………………… 四一三
雨後 ……………………………………………… 四一四
阻風 ……………………………………………… 四一四
答籌堂見招六首 ………………………………… 四一四
又 ……………………………………………………… 四一四
又 ……………………………………………………… 四一四
又 ……………………………………………………… 四一四
又 ……………………………………………………… 四一四

又	四一五
史遂良壽日	四一五
和王季文襄陽變後	四一五
張翔卿出家	四一五
鰲背元夜	四一五
許司諫醉吟圖	四一五
明皇擊梧圖	四一五
秋江斷鴈圖	四一六
游石堂山	四一六
句龍廟	四一六
陽關圖	四一六
烟江疊嶂圖	四一六
千里江山圖二首	四一六
又	四一七
答祁定之	四一七
戲贈	四一七
雪中寄	四一七
不寐	四一七
西山問羊	四一七
暮秋有感	四一七
即事	四一八
即席	四一八
陸渾佛髻山	四一八
湯下寺壁	四一八
跋背面彌勒	四一八
題斷碑	四一八
游青蓮浦值巨川彥廣二上人出	四一八

戲曹漢臣二首	四一九
又	四一九
碧落院松	四一九
雪後送寶泉之碧落	四一九
陶學士烹茶圖	四一九
修武騫林觀	四一九
射虎	四二〇
答籌堂二首	四二〇
又	四二〇
參謀王君玉魏文侯冒雨出獵圖	四二〇
抱樹石	四二〇
和王成之梅韻二首	四二〇
又	四二一
狂風	四二一
游錦堂後園	四二一
袁景先東歸喪馬二首	四二一
又	四二一
玉李花	四二一
半丈紅	四二一
溪竹	四二二
吳神	四二二
過古寨	四二二
大陽與諸友話舊	四二二
聽樂時錦堂小疾	四二二
郜氏院看花	四二二
長平懷古	四二二
枯松	四二三

勸行	四二三
留別	四二三
送母受益之洛陽	四二三
寄大師孫仲遠講道經	四二三
下太行	四二三
德老瑞竹二首	四二三
又	四二四
山前偶得	四二四
爲徒單雲甫作二首	四二四
又	四二四
過碧落寺二首	四二四
又	四二四
趙二首	四二四
又	四二五
觀射柳	四二五
戒酒	四二五
游青蓮分韻得春字	四二五
慈氏閣	四二五
出山二首	四二五
又	四二六
水簾	四二六
柳二首	四二六
又	四二六
臨清臺二首	四二六
又	四二六
懷舊	四二七
新安	四二七

過二聖王氏故居感戰死者 …………………… 四二七
東山道中 …………………………………… 四二七
擲筆臺 ……………………………………… 四二七
太平泉二首 ………………………………… 四二七
又 …………………………………………… 四二七
子榮過家上冢二首 ………………………… 四二八
又 …………………………………………… 四二八
十七日送行 ………………………………… 四二八
勉和籌堂來韻四首 ………………………… 四二八
又 …………………………………………… 四二八
又 …………………………………………… 四二八
又 …………………………………………… 四二八
送潁陽史正之之鄧州 ……………………… 四二九
贈陳仲和 …………………………………… 四二九
和秦彥容韻 ………………………………… 四二九
碧落途中遇雪 ……………………………… 四二九
大陽值雪 …………………………………… 四二九
呈濟之 ……………………………………… 四二九
留別 ………………………………………… 四三〇
留別草堂諸友 ……………………………… 四三〇

莊靖先生遺集卷五

七言絕句 ………………………………… 四三一
和籌堂送別韻二首 ………………………… 四三一
又 …………………………………………… 四三一
和河上送行韻 ……………………………… 四三一
寄別 ………………………………………… 四三一

蟻戰圖二首	四三一
又	四三二
畫鶴	四三二
海棠露	四三二
張氏肯堂張文定公後	四三二
孟浩然圖二首	四三二
又	四三二
上陶固嶺	四三二
野菊	四三三
席次	四三三
驢爲人盜去	四三三
又	四三三
淵明歸來圖	四三三
席上戲李巽之	四三三
和史邦直橋上韻	四三三
過龍門	四三四
夜夢月下與數仙子酌酒仍各賦詩	四三四
七夕	四三四
姪謙甫任長安回二首	四三四
又	四三四
母師聖醉歸夜溺伊河抱橋柱而死	四三四
和張文玘四首	四三四
又	四三五
又	四三五
又	四三五
和籌堂送迎偶得四首	四三五
又	四三五

又	四三五
又	四三六
和平太行路韻四首	四三六
又	四三六
又	四三六
又	四三六
和君瑞月下聞砧	四三六
和籌堂述懷二首	四三六
又	四三七
訪德老二首	四三七
又	四三七
老杜醉歸圖	四三七
保漢公廟	四三七
戲呈節使王子告	四三八
戲北臺孫講師仲遠	四三八
香梅八首	四三八
又	四三八
又	四三八
又	四三九
又	四三九
又	四三九
又	四三九
又	四三九
悼蜀	四三九
元夜與泰禪洛陽觀燈	四三九
歷陽侯范亞父	四四〇
酈食其	四四〇

四皓奕棋圖	四四〇
魏徵	四四〇
王季文南邁怏怏不得意書此以緩之	四四〇
代別呼延路鈐	四四〇
梅花堂小酌與河南府馬師共	四四〇
過濟源	四四一
壬寅九日和君玉來韻二首	四四一
又	四四一
和段正卿韻出入格二首	四四一
又	四四一
秋日有感	四四一
賈佐之以進士充軍被撻	四四一
孤村	四四二
解嘲	四四二
王德華默軒	四四二
對棋	四四二
送苗世顯歸上黨	四四二
跋魯直帖	四四二
許道真醉吟圖	四四二
探官	四四三
跋馮應之許司諫豉羊帖	四四三
王庭秀悠然軒	四四三
同申元帥遊司馬山	四四三
留別	四四三
寒食戲書	四四三
戲楊成之	四四三
李晉王墳	四四四

游沁園	四四四
申元帥四隱圖	四四四
嚴子陵	四四四
陶淵明	四四四
孟浩然	四四四
李太白	四四四
大顛圖二首	四四四
又	四四五
三害圖二首	四四五
又	四四五
平水八詠	四四五
陶唐春色	四四五
廣勝晴嵐	四四五
平湖飛絮	四四五
錦灘落花	四四六
汾水孤帆	四四六
姑山晚照	四四六
晉橋梅月	四四六
西藍夜雨	四四六
錦堂四詠	四四六
春水滿四澤	四四六
夏雲多奇峰	四四七
秋月揚明輝	四四七
冬嶺秀孤松	四四七
沁園十二詠	四四七
熙熙堂	四四七
翠蘭亭	四四七

暗香亭 …………………………………… 四四七

七賢臺 …………………………………… 四四七

漱玉池 …………………………………… 四四七

江源亭有流杯 …………………………… 四四八

屏俗庵子猷別墅 ………………………… 四四八

清暉亭 …………………………………… 四四八

富覽亭 …………………………………… 四四八

桃園 ……………………………………… 四四八

意在亭 …………………………………… 四四八

涌珠泉 …………………………………… 四四八

碧落四景 …………………………………… 四四八

横峰卧雲 ………………………………… 四四八

陰壑積雪 ………………………………… 四四九

寒泉漱玉 ………………………………… 四四九

枯松挂月 ………………………………… 四四九

周昉内人圖 ………………………………… 四四九

吹笙 ……………………………………… 四四九

汲泉 ……………………………………… 四四九

倦繡 ……………………………………… 四四九

擣衣 ……………………………………… 四四九

剪爪 ……………………………………… 四四九

彈琴 ……………………………………… 四五〇

學書 ……………………………………… 四五〇

按樂 ……………………………………… 四五〇

覽鏡 ……………………………………… 四五〇

莊靖先生遺集卷六

七言絶句 …………………………………… 四五一

襄陽詠史 ················· 四五一
　襄陽關 ················· 四五一
　南峴山關 ··············· 四五一
　中峴山關 ··············· 四五一
　萬山關 ················· 四五一
　江漢關 ················· 四五一
　古隄 ··················· 四五一
　白沙湖 ················· 四五二
　戍邐墾田 ··············· 四五二
　樊城 ··················· 四五二
　漢高廟 ················· 四五二
　光武廟 ················· 四五二
　楚昭王廟 ··············· 四五三
　宋玉宅 ················· 四五三
　保漢公廟 ··············· 四五三
　鄾城 ··················· 四五三
　三顧門 ················· 四五三
　隆中 ··················· 四五三
　關將軍廟 ··············· 四五四
　鹿門山 ················· 四五四
　龐士元宅 ··············· 四五四
　徐庶宅 ················· 四五四
　劉表祠 ················· 四五四
　谷隱山 ················· 四五五
　龐公祠 ················· 四五五
　鳳林 ··················· 四五五
　斬蛟渚 ················· 四五五

夫人城	四五六
誠虎碑	四五六
杜甫故里	四五六
尹氏一門四闕	四五六
武安君廟	四五七
修禊亭	四五七
漢陰臺	四五七
善謔驛	四五七
滄浪歌	四五八
競渡	四五八
抱玉巖	四五八
習家池	四五八
的顱溪	四五八
作樂山	四五九
冠蓋里	四五九
呼鷹臺	四五九
仲宣井	四五九
玆樓	四六〇
墮淚碑	四六〇
沈碑	四六〇
晉柘	四六〇
文選樓	四六一
解佩渚	四六一
弄珠灘	四六一
金沙泉	四六一
涌月亭	四六二
七言絕句	四六二

集古 …… 四六二
  南游 …… 四六二
  自遣 …… 四六二
  雨後出郊 …… 四六二
  寒食 …… 四六二
  寒食席次 …… 四六二
  郭外 …… 四六三
  小桃 …… 四六三
  看花 …… 四六三
  感花 …… 四六三
  惜花二首 …… 四六三
  又 …… 四六三
  暮春 …… 四六三
  送春二首 …… 四六三
  又 …… 四六三
  遣興 …… 四六四
  下樓 …… 四六四
  招飲 …… 四六四
  春感 …… 四六四
  春怨 …… 四六四
  約同歸 …… 四六四
  江村 …… 四六四
  送客之江陵 …… 四六四
  贈別三首 …… 四六四
  又 …… 四六五
  又 …… 四六五
  秋懷 …… 四六五

洛中	四六五
洛中感舊	四六五
席上	四六五
憶昔	四六五
送客之荆南	四六五
南征	四六五
老將三首	四六六
又	四六六
又	四六六
感征夫家	四六六
從軍	四六六
聞角	四六六
聞笛	四六六
漢女	四六六
有別	四六六
怨別	四六七
寄遠	四六七
恨別二首	四六七
又	四六七
感舊三首	四六七
又	四六七
又	四六七
代送別	四六七
悼征婦	四六七
春夜	四六八
睡起	四六八
無睡	四六八

目錄

五七

謾書 ………………………………………… 四六八
寄情三首 ……………………………………… 四六八
又 …………………………………………… 四六八
又 …………………………………………… 四六八
秋夜 ………………………………………… 四六八
有感 ………………………………………… 四六八
戲答 ………………………………………… 四六九
戲遣 ………………………………………… 四六九
又 …………………………………………… 四六九
偶見 ………………………………………… 四六九
又 …………………………………………… 四六九
又 …………………………………………… 四六九
聽歌 ………………………………………… 四六九
寄懷 ………………………………………… 四六九
秋怨 ………………………………………… 四六九
悲故宮人 …………………………………… 四七〇
懷古 ………………………………………… 四七〇
舊游 ………………………………………… 四七〇
關中 ………………………………………… 四七〇
過梅溪舊居 ………………………………… 四七〇
登山陽郡樓 ………………………………… 四七〇
王公樓上會飲 ……………………………… 四七〇
送客之南宮 ………………………………… 四七〇
答籌堂 ……………………………………… 四七〇
夜集 ………………………………………… 四七一
戲書 ………………………………………… 四七一
重九 ………………………………………… 四七一

十日遣興	四七一
古城	四七一
送行	四七一
宮柳	四七一
對花	四七一
宿橫望	四七一
妓爲尼	四七二
新居	四七二
寒食野外	四七二
贈別	四七二
柳	四七二
惜春	四七二
春望	四七二
寒食夜雨	四七二
早行	四七二
過友人別墅	四七三
不遇二首	四七三
又	四七三
隱居	四七三
訪隱者不遇	四七三
懷韓居士	四七三
古道人	四七三
遊仙	四七三
李道者	四七三
仙廟	四七四
又	四七四
女仙臺	四七四

聽琴 ……………………………………………… 四七四

　　重九日 …………………………………………… 四七四

　　九日戲幕賓 ……………………………………… 四七四

　　晚菊 ……………………………………………… 四七四

　　十日對菊 ………………………………………… 四七四

　　梅 ………………………………………………… 四七四

　　落梅 ……………………………………………… 四七五

　　塞上 ……………………………………………… 四七五

　　登樓 ……………………………………………… 四七五

　　花期不赴 ………………………………………… 四七五

　　醉眠 ……………………………………………… 四七五

　　山中偶得 ………………………………………… 四七五

　　夜飲 ……………………………………………… 四七五

附録

　　宿仙山朝元觀題示 ……………………………… 四七五

莊靖先生遺集卷七

　　樂府 ……………………………………………… 四七八

　　　洞仙歌謝楊成之寄梅 ………………………… 四七八

　　　又汴梁與計道真、郭伯誠、劉光甫同賦 …… 四七八

　　　又中秋 ………………………………………… 四七八

　　　瑞鶴仙細君壽日 ……………………………… 四七八

　　　又弟李經略生朝。二首 ……………………… 四七九

　　　又 ……………………………………………… 四七九

　　　又沁南守劉巨源誕節。十月十五 …………… 四七九

　　　又錦堂壽日。壬寅十一月十五 ……………… 四七九

　　　酹江月壬午中秋與楊外郎仲朋姪壻郭仲進姪謙甫福昌待月 ……… 四八〇

又六月十四日,感舊先生誕日 ……………………… 四八〇
又承濟之和,復用元韻 …………………………… 四八〇
又王懷州壽日。丁酉年 …………………………… 四八〇
摸魚兒送姪謙甫出山 ……………………………… 四八一
謁金門贈教授李勉之 ……………………………… 四八一
又和邦直二首 ……………………………………… 四八一
又 …………………………………………………… 四八一
謁金門十二首 ……………………………………… 四八一
  寄梅 …………………………………………… 四八二
  探梅 …………………………………………… 四八二
  賦梅 …………………………………………… 四八二
  欺梅 …………………………………………… 四八二
  慰梅 …………………………………………… 四八二
  賞梅 …………………………………………… 四八二
  畫梅 …………………………………………… 四八二
  戴梅 …………………………………………… 四八二
  別梅 …………………………………………… 四八二
  望梅 …………………………………………… 四八三
  憶梅 …………………………………………… 四八三
  夢梅 …………………………………………… 四八三
又再和邦直 ………………………………………… 四八三
又河南府同知高誠之壽 …………………………… 四八三
水龍吟翟端甫壽日。十月一日 ………………… 四八三
又籌堂壽日 ………………………………………… 四八三
阮郎歸戲李子摺 …………………………………… 四八四
又楊彥明壽日,籌堂之甥 ………………………… 四八四
又郭延年誕日 ……………………………………… 四八四

感皇恩楊成之生朝。四月初三日 ……… 四八四

又李子搢壽日。戊申年甲乙科第 ……… 四八四

又出京門有感 ……… 四八五

滿江紅孟洲長馮巨川誕日 ……… 四八五

又和張文卮。二首 ……… 四八五

又 ……… 四八五

又李孝先壽日。四月八日 ……… 四八六

又詠雪 ……… 四八六

婆羅門引重陽與元帥竇子溫暨粲友東城賞菊，即席賦 ……… 四八六

清平樂壬申歲六月十四日 ……… 四八六

又錦堂壽 ……… 四八七

又閏重九宋翔卿席 ……… 四八七

又戲贈 ……… 四八七

南鄉子李克紹生朝 ……… 四八七

又上夫人壽日 ……… 四八七

又錦堂壽日 ……… 四八七

又錦堂碧落壽席 ……… 四八八

太常引同知崔仲明生日 ……… 四八八

又竇君瑞壽日 ……… 四八八

又劉君祥壽二月十五日 ……… 四八八

西江月籌堂壽 ……… 四八八

又裴節使壽。字懷誠 ……… 四八九

又張堂臣壽日 ……… 四八九

又答亞之 ……… 四八九

鵲橋仙段侯壽日 ……… 四八九

又劉君祥壽。癸卯二月十五日 ……… 四八九

點絳唇重陽菊間小酌，同申元帥等 ……… 四八九

又錦堂壽日 ………………………………… 四九〇
　　又王懷州壽日。戊戌十月一日 ……………… 四九〇
　　又馮巨川南齋牡丹 …………………………… 四九〇
　　又酒。贈車元帥 ……………………………… 四九〇
　　鷓鴣天弔李克修 ……………………………… 四九〇
　　又和田久雨 …………………………………… 四九〇
　　又 ……………………………………………… 四九一

莊靖先生遺集卷八

　序 ……………………………………………… 四九二
　　無名老人《天游集》序 ……………………… 四九二
　　《大方集》序 ………………………………… 四九三
　　《錦堂賦詩》序 ……………………………… 四九四
　傳 ……………………………………………… 四九四
　　孟氏家傳孟駕之 ……………………………… 四九四
　譜 ……………………………………………… 四九六
　　李氏家譜 ……………………………………… 四九六
　記 ……………………………………………… 四九七
　　睡鶴記 ………………………………………… 四九七
　　劉濟之忍齋記 ………………………………… 四九八
　　歲寒堂記 ……………………………………… 四九九
　　重修悟真觀記 ………………………………… 五〇〇
　　重修浮山女媧廟記 …………………………… 五〇一
　　陽城縣重修聖王廟記 ………………………… 五〇二
　　重修佛堂記 …………………………………… 五〇三
　　重建修真觀聖堂記 …………………………… 五〇三
　　題登科記後 …………………………………… 五〇四

大陽資聖寺記 ………………………………… 五〇六
澤州圖記 ……………………………………… 五〇七

莊靖先生遺集卷九

碑銘 ……………………………………………… 五一一
　重修真澤廟碑 ………………………………… 五一一
　重修王屋山陽臺宮碑 ………………………… 五一二
　縣令崔仲通神霄宮祭孤魂碑 ………………… 五一四
　郡侯段正卿祭孤魂碑 ………………………… 五一五
　故王公輔之墓誌銘 …………………………… 五一七
　姚子昂宜休齋銘 ……………………………… 五二〇
贊 …………………………………………………… 五二〇
　中書君贊 ……………………………………… 五二〇
啓 …………………………………………………… 五二〇
　郡守段正卿上中書啓 ………………………… 五二〇
　上行省中書啓 ………………………………… 五二一
榜 …………………………………………………… 五二一
　段正卿祭孤魂榜 ……………………………… 五二一
　崔仲通祭孤魂榜 ……………………………… 五二二
　高平縣瑞雲觀祭孤魂榜 王希及道淵 ………… 五二二
　孫講師約束亡靈榜 …………………………… 五二二
　孫講師約束孤魂榜 式同前 …………………… 五二三
　開元寺重修經閣榜 …………………………… 五二三
　碧落治平院祝壽榜 …………………………… 五二三
　結冬開講榜 …………………………………… 五二四
　化供榜 ………………………………………… 五二四
　請益榜 ………………………………………… 五二四

茶榜 …………………………………… 五二四
設粥榜 ………………………………… 五二五
青詞 ………………………………………… 五二五
段正卿祭孤魂青詞 …………………… 五二五
崔仲通祭孤魂青詞 …………………… 五二五
馬子華百日子九成追薦青詞 ………… 五二六
劉濟之禳栽青詞 ……………………… 五二六
郡守郭彥卿禳蝗青詞 ………………… 五二六
馮裕之析城山祈水設醮青詞 ………… 五二七
裴懷誠禳蝗青詞 ……………………… 五二七
段正卿新居謝答年豐青詞 …………… 五二七
楊榮追薦母及姪男青詞 ……………… 五二七
齋文附 ………………………………… 五二八
崔時可舉子醮謝青詞 ………………… 五二八
秦贇孟贇追薦婦翁青詞 ……………… 五二八
孫德爲弟男設醮青詞 ………………… 五二八
郭彥卿謝雨青詞 ……………………… 五二九
崔仲通中元醮青詞 …………………… 五二九
郭彥卿追薦夫人青詞 ………………… 五二九
秦氏得子後報謝青詞 ………………… 五三〇
裴懷誠禳蝗青詞 ……………………… 五三〇

莊靖先生遺集卷十

祭文 ………………………………………… 五三一
郭彥卿祭蝗文 ………………………… 五三一
又秋報祝文 …………………………… 五三一
又湯廟祈雨文 ………………………… 五三一

史沖霄祭清源王文 …… 五三一
　　設醮祭亡靈文 …… 五三二
　　設醮祭孤魂文 …… 五三二
　　齋文附 …… 五三二
　　崔仲通祭孤魂齋文 …… 五三三
疏 …… 五三三
　　趙子容之河州贈行糾疏 …… 五三三
　　顯真觀重修三門疏 …… 五三三
　　請楊仲顯同住神霄宮疏李德方 …… 五三三
　　請寶泉因長老碧落開講疏 …… 五三四
　　留請因老住持碧落治平院疏 …… 五三四
　　請雲老開堂疏 …… 五三四
　　開元寺重修經閣疏 …… 五三四
　　張村寺爲佛寂滅設齋疏 …… 五三五
　　史正之酒疏 …… 五三五
　　燕子和重修陽城縣廟學疏 …… 五三五
　　陵川縣重修廟學疏郭子昭、張仲德、盧仁美 …… 五三五
　　本州廟學築墻疏 …… 五三五
　　段正卿西學請劉漢臣疏 …… 五三六
　　李君卿藥局會疏 …… 五三六
　　張伯宜藥局疏 …… 五三六
　　李德方畫十王糾疏 …… 五三六
　　葬枯骨疏二篇 …… 五三六
　　又 …… 五三七
　　抄簡疏 …… 五三七
　　抄紙疏 …… 五三七
　　抄經疏 …… 五三七

陽城縣楊敬之重修太清觀四聖閣疏 …………… 五三七
　　段正卿請講師孫仲遠疏 …………………………… 五三八
　　喬舜臣酒疏 ………………………………………… 五三八
　　穎陽鎮修宣聖廟疏 ………………………………… 五三八
表 ……………………………………………………… 五三八
　　丘和叔析城山祈請聖水表 ………………………… 五三八
　　馮裕之析城山祈請聖水表 ………………………… 五三九
上梁文 ………………………………………………… 五三九
　　高平縣宣聖廟上梁文 ……………………………… 五三九
　　湯廟上梁文 ………………………………………… 五四〇
　　神霄宮上梁文 ……………………………………… 五四一
　　錦堂上梁文 ………………………………………… 五四一
　　崇安寺重修三門上梁文 僧圓勝 ………………… 五四二
　　高平顯真觀三門上梁文 郜志淵 ………………… 五四三
雜著 …………………………………………………… 五四四
　　鏡山人陳時發屏風 ………………………………… 五四四
　　副元帥討亂臣諭將士 ……………………………… 五四四
　　道藏經後 …………………………………………… 五四四
　　劾張唐臣酒過 ……………………………………… 五四五
　　酒檄 山堂酒不至，戲檄以督之 ………………… 五四五
　　焚問舍券 …………………………………………… 五四六
　　求田 ………………………………………………… 五四六
　　悼犬 ………………………………………………… 五四七
附録：《莊靖先生遺集》書後
　　趙跋 趙熟典 …………………………………… 五四九
　　李跋 李葆恂 …………………………………… 五五〇
　　吳跋 吳重熹 …………………………………… 五五一

老生常談

〔清〕延君壽　撰

李正民　點校

點校說明 …………………………………… 五五五
老生常談 …………………………………… 五五七

饎藾室詩草

〔清〕馮婉琳　撰

李正民　點校

點校說明 …………………………………… 六二一
饎藾室詩草

夜坐偶成 …………………………………… 六二三
杏花己巳 …………………………………… 六二三
日夜思親 …………………………………… 六二三
劉夫人節孝詩 ……………………………… 六二三
偶感 ………………………………………… 六二三
尺五天有序 ………………………………… 六二四
即景 ………………………………………… 六二四
雨餘即事 …………………………………… 六二四
榴花 ………………………………………… 六二四

月夜偶成	六二四
雨後觀荷	六二五
初秋晚興和藕龕韻	六二五
夜雨	六二五
中元夜寄懷仲姊	六二五
讀張氏四女集題後	六二五
憶母	六二六
讀顧亭林先生全集	六二六
除夕感懷次韻呈藕龕	六二六
秋夜懷仲姊季妹庚午	六二六
春日感懷	六二七
送仲嫂之京都	六二七
晚行遇雨	六二七
雨後偶成示四妹	六二七
秋夜寄許齋主人	六二七
月夜聞笛	六二八
秋分日憶許齋主人	六二八
忻州留別四妹	六二八
山行即景	六二八
雪窗偶成	六二八
梅花	六二九
水仙	六二九
詠梅	六二九
曉起即事	六二九
大雪和東坡尖叉二首同許齋	六二九
春日雨中偶吟	六二九

雨餘 …………………………………… 六三〇
初夏即事 ………………………………… 六三〇
夜坐 …………………………………… 六三〇
偶成 …………………………………… 六三〇
幽居雜興 ………………………………… 六三〇
即事 …………………………………… 六三一
夜坐 …………………………………… 六三一
七夕 …………………………………… 六三一
游二牖口占 ……………………………… 六三一
寄書 …………………………………… 六三一
秋日感懷 ………………………………… 六三二
偶成 …………………………………… 六三二
獨坐感懷 ………………………………… 六三二
寄衣曲 …………………………………… 六三二
秋日柬三妹 ……………………………… 六三二
秋日寄懷二妹 …………………………… 六三二
遊江亭 …………………………………… 六三三
擬遊山詩 ………………………………… 六三三
山樓晚眺 ………………………………… 六三三
曉雪即事癸酉 …………………………… 六三三
送玉卿嫂之秦州 ………………………… 六三四
春曉 …………………………………… 六三四
即景 …………………………………… 六三四
曉起即事 ………………………………… 六三四
春晚偶成 ………………………………… 六三四
春日書感 ………………………………… 六三五

暮春口占	六三五
城外書所見	六三五
偶成	六三五
思親	六三五
次許齋書感韻	六三五
次許齋雨餘即景韻和杜石生作	六三六
晚霽	六三六
即事有感	六三六
讀魯川先叔遺集	六三六
苦雨行	六三六
霖雨兼旬聞永定河泛溢感賦二十韻	六三七
雨窗感懷	六三七
聞蛩有感	六三七
喜家書至	六三八
書憤 聞仲姊擬初冬歸徐	六三八
中秋夜口占	六三八
十一月十二日雪用聚星堂韻和許齋作	六三八
夜坐述懷再次前韻	六三八
讀鄦齋二疊作有感三疊奉呈	六三九
歲暮述懷	六三九
即事 甲戌	六三九
蜘蛛	六三九
寄懷汪玉卿仲嫂	六三九
感懷呈許齋主人	六四〇
詠史四首	六四〇
書憤三十韻	六四〇

目錄

七一

對梅有憶	六四一
花朝即事	六四一
春曉	六四一
韞藾室獨坐偶成	六四一
月夜口占	六四二
偶吟	六四二
暮春感興	六四二
春日聞笛偶成	六四二
白荷花	六四二
韞藾室晚坐	六四三
連雨驟寒口占	六四三
梨花	六四三
凌霄花	六四三
晚香玉	六四三
白秋海棠	六四四
鳳仙	六四四
秋日書感四首	六四四
寄家書有感	六四四
春夜丙子	六四五
曉起	六四五
春暮	六四五
晚坐偶成	六四五
晚立	六四五
病中口占	六四五
書齋即事	六四六
雨窗偶吟	六四六

不寐口占	六四六
七夕雨	六四七
秋夜	六四七
秋夜偶成	六四七
中元夜聞雁有感	六四七
和琴舫詠雪二絕	六四七
歲暮柬琴舫	六四七
春閨詞四首	六四八
春日郊行	六四八
春夜感懷	六四八
放蛛絲蝶	六四八
傷懷補錄丙子秋作	六四八
書齋小飲呈許齋	六四九
有感	六四九
荷花	六五〇
晚霽	六五〇
消夏雜詠	六五〇
即事	六五一
秋日柬琴舫	六五一
偶成	六五二
秋日偶感	六五二
書憶	六五二
菊花同琴舫作	六五二
和琴舫中秋風雨感懷之作	六五二
感述	六五三
冬日偶成	六五三
春曉	六五三

春日偶成 …………………………………… 六五三
春晚有感 …………………………………… 六五三
春暮 ………………………………………… 六五四
初夏 ………………………………………… 六五四
夜坐示女姪 ………………………………… 六五四
雨后小園閒步口占 ………………………… 六五四
雨餘南樓晚眺 ……………………………… 六五四
跋韓埛 ……………………………………… 六五六
跋張籟 ……………………………………… 六五七

西 臺 集

〔宋〕畢仲游 撰
傅惠成 點校

點校説明

畢仲游，字公叔，宋朝代州雲中（今山西大同）人。曾祖畢士安喪父後，其繼母祝氏認爲"學必求良師友"，便帶着他到鄭州，結識了楊璞、韓丕、劉錫等人。從此，他"博綜羣經，通諸子百家之言，究極古今治亂得失、父子忠孝、治民行己之本末"（《西臺集》卷一六）。乾德四年（966）舉進士，因占籍爲鄭人。至畢仲游居鄭州管城（今鄭州），故代州之畢氏今多爲鄭人。

畢仲游出身名門，畢士安乃真宗朝重臣，曾力薦寇準，二人同拜宰相，并以協力促成宋、遼簽訂"澶淵之盟"而名重一時。畢仲游幼年聰穎好學，博極羣書，尤工詩文。與兄仲衍同科登進士第，歷任柘城主薄、羅山縣令等職。元祐初，召試學士院，問策者九人，乃黄庭堅、張耒、晁補之輩。畢仲游因文章優異，得到蘇軾賞識，擢爲第一名，加集賢校理，開封府推官，後出提河東路刑獄。

徽宗時，畢仲游歷知鄭、鄆二州，繼又任京東、淮南轉運使，後入吏部爲郎中。其居官機敏幹練，而又清廉慎獨，人稱其"綽有能聲"。

畢仲游早年受知於司馬光，但不及重用。范純仁最瞭解他的才能，唯純仁當政時畢仲游居母喪，仕途未能大進。其後"亦墮黨籍，坎壈散秩而終，年七十五"（《宋史》）。

《西臺集》的西臺，指御史臺。宋陸游《老學庵筆記》："本朝都汴，謂洛陽爲西京，亦置御史臺……以其在西京，亦號西臺。"畢仲游終官於西京留司御史臺，其文集故以"西臺"爲名。最早著録此書的是宋代目録學家晁公武，其《郡齋讀書志》中著録爲《畢公叔西臺集》二十卷，陳叔易爲之序。比晁晚幾十年的尤袤在《遂初堂書目》中著録爲《畢仲游西臺集》，未著卷數。元初所撰的《宋史·藝文志》則著録爲《畢仲游文集》五十卷。原書早已佚失。清乾隆年間，纂修《四庫全書》，館臣從《永樂大典》中輯録排比，計有奏狀二首、劄子二首、表六十二首、議十八首、試策一首、策問三首、論二首、序一首、記五首、傳二首、書二首、啓六十八首、狀十七首、尺牘一百四十八首、祝文二十一首、誌銘十九首、行狀四首、祭文二十首、詩詞二百六十八首，釐爲二十卷，詩文諸體齊全，以《西臺集》之名收入《四庫全書》別集類中。可惜的是陳叔易的原序無從輯考。由此可見，《郡齋讀書志》著録《西臺集》爲二十卷是準確的，《宋史·藝文志》著録爲五十卷，"五"或是"二"字之誤。

《西臺集》具有很高的文學價值，其行文議論有據，切情合理，筆力舒暢，揮灑自如，游刃有餘。《宋史》稱"仲游爲文切於事理，而有根柢，不爲浮誇詭誕、戲弄不莊之語"。蘇軾亦稱其"學貫經史，才通世論，文章精麗，論議有餘"。《四庫全書》則贊許説："今觀其著作，大都雄偉博辯，有珠泉萬斗之致，於軾文軌轍最近。"

《西臺集》又是宋代重要史料。畢仲游經歷的時代，正是王安石變法與司馬光反對變法，改革派與守舊派，以及守舊派內部洛黨（程頤爲首）、蜀黨（蘇軾爲首）、朔黨（劉摯爲首）之爭異常尖鋭的時期。畢仲游作爲守舊派中的温和人物，不可避免地捲入到這場政治漩渦之中，《西臺集》正如實地反映了他當時的思想軌迹和那段史實。《西臺集》保存的史料，對研究宋史，尤其是對研究北宋變法和黨爭，均有重要價值。

《西臺集》現存有《四庫全書》本（以下簡稱"《四庫》本"）、武英殿聚珍版（以下簡稱"殿本"），民國二十四年（1935）王雲五主編，商務印書館印行的《叢書集成初編》本(以下簡稱"《叢》本"),民國二十五年(1936)山西文獻委員會《山右叢書初編》本(以下簡稱"《山右》本")。

　　《山右》本系據殿本排印,而殿本是清代影響最大的官刻本,且刻書質量較前爲高,至今殿本仍是最多見的清代刻本之一,是閱讀或整理時最多使用的一種版本。因此,本書校點即以據殿本排印的《山右》本爲底本,以"《四庫》本"和"《叢》本"爲校本,此外,還用本校或他校作參校。由於本書所收詩文之內容廣涉經史,引述文獻數量浩繁,雖盡量予以檢核,但竟未能全覆蓋,故疏漏之處在所難免,敬望大家不吝賜正。

　　該書每卷標題下原有"宋畢仲游撰"字樣,今删去。

西臺集卷一

奏　狀

理會科場奏狀

　　右臣今年三月，準宣命入內，充進士覆考官。及臣自守官以來，累蒙差入試院，對讀考校，熟見舉人科場文字，頗知詩賦、經義取士利害之實。自朝廷議改科舉，欲具奏陳，而臣備員府僚，事務繁併，猝無須臾之暇，得書愚見。今臣獲解府事，待罪儒館，竊聞士大夫所論科舉之利害，猶未有定說，尚詩賦者則指經義爲易習難考，而不言詩賦之名卑於經義；尊經義者則指詩賦爲雕刻無用，而不思經義於取士其實如何。詩賦、經義之利害，固已未決，而又各匿其所短，暴其所長，此所以更相不信而無定說也。夫詩賦非經義之比易見也。使舉子爲聲病偶儷之文章，以應有司之求，與以聖人之經，原聖人之意而立其說，則道之尊卑，志之遠近，不待言而可明矣。然詩賦之行，幾五六百歲而未厭，自隋唐以來，高才達識，立功名有道藝者，往往出於其間。經義之行，無二十年，天下已有倦色，而亟復詩賦。豈尊且遠者不足以濟務，而卑且近者反宜於世耶？盍亦要其本末終始而論之。蓋經術者，古學也，可以謀道而不可以爲科舉之用；詩賦者，今學也，可以爲科舉之用而不足以謀道。今若使天下之士不爲科舉而治經，且如輔嗣之治《易》，康成之治《禮》，安國之治《書》，杜預之治《春秋》，則雖舉隋唐以來詩賦，豈能及四人之所治？如納四人於今日科舉之間，則亦化爲舉子之文章矣。詩賦、經義之利害，至此而見，臣請明言之。

揚子曰："天俄而可度，則其覆物也淺矣；地俄而可度，則其載物也薄矣。"蓋言聖人之經，幽深閎遠，如天地之高厚，非可以不道治也。孔子曰："加我數年，五十以學《易》，可以無大過矣。"而漢唐諸儒亦多抱經白首，然後名家。近世如孫復治《春秋》，居泰山者四十年，始能貫穿，自成一説，人猶以爲未盡《春秋》之旨意。而熙寧、元豐之進士，今年治經，明年則用以應舉。謂傳注之學，不足決得失，則益以新説；新説不足以決得失，則益以佛老之書。至於分章析字，旁引曲取，以求合於有司，聖人之經術遂但爲卜利禄之具。要之，應舉得第而已，豈有正心、誠意、治經術、謀聖人之道者哉？臣愚不知以經義爲科舉者，欲尊經術耶？欲卑經術耶？欲卑經術，固無此理；然使舉子分章析字，旁引曲取，以求合有司而爲卜利禄之具，則是欲尊經術而反卑之。詩賦之學，固無益於聖人之經；而聖人之經術，不爲舉子之所亂，尚自若也。士之有志者，不害於科舉之外，正心、誠意、治經、謀道。若曰治經爲佛老之學，與分章析字，旁引曲取者，皆前在位者之所使，今而不爲，何損於經？則既以經術爲卜利禄之具，使求合於有司，得失之慮，交於目前，臣恐後日在位者之所使，有甚於前日者矣。要之，爲術不善，則一矣，豈可逆知其無損？此詩賦、經義之利害，可得論者一也。

夫舉子之取名第，止問得失而已。既問得失，則不得不趨時所尚。故王安石在位，則經義欲合王安石；司馬光在位，則經義欲合司馬光。其小者不可勝論，臣請論其大者。王安石不治《春秋》，熙寧、元豐之間，經義遂廢《春秋》一科，而學者亦諱《春秋》不言；司馬光治《春秋》，元祐之間經義皆班班附會《春秋》以爲説；此可謂正心、誠意、治經、謀道之人乎？於聖人之道有損乎？有益乎？雖然，不可以責舉子也，彼應舉則必有得失之慮，既慮得失，則不得不以經義取合於在位之人。王安石在位，而經義不合王安石，則有司不敢取，知有司不取而應舉，則不若勿應而已矣。天下應舉者無慮數十萬人，而人人皆以經義苟合於在位，以卜利祿，則風俗傷敗，操行陵夷，未必不由科舉之致。故詩賦雖爲無用，然作《圓丘象天賦》，則止賦圓丘象天而已矣；作《堯舜性仁賦》，則止賦堯舜性仁而已矣。雖欲取合於在位之人，其路無由，而取合固亦無益，所以不爲。難臣者曰："廢經義而用詩賦，詩賦不可以取合，若以策論合於在位，則如之何？"臣應曰："以策論合於在位，固所不幸，而又益以經義使爲合，豈嫌取合之少乎？"然科舉之體，常以詩賦、經義定去留，策論定高下，彼於去留之間無以取合，則爲高下而取合者必少。故治平之前，以策論合在位者未有；如熙寧之後，以經義合在位者甚衆也。此詩賦、經義之利害，可得而論者二也。

夫取士之道，古亦有之，鄉舉里選是也。今朝廷若復鄉舉里選，方得取士之正，是求賢也，是求能也。如謂鄉舉里選未可猝行，則今日之取士，非敢必曰求賢，亦非敢必曰求能，特爲科舉不可廢而立法爾。若曰求賢，則詩賦、經義均不知人之賢否；若曰求能，則詩賦、經義均不知人之能不能。既賢能不可以科舉得，則詩賦、經義，姑問其爲科舉之後便與不便爾。蓋詩賦雖若無足爲者，而題目或出於經，或出於史，或出於諸子百家，而習詩賦者，必須涉獵九經，泛觀子史，知其節目精華，始可從事。而策論之中，又自有經義。試取舉人未罷詩賦之前，策論之中所說經義，與既罷詩賦之後，專治經義者校之，相去幾何？而涉獵泛觀，必粗知前言往行、治亂得失，而聰明特起之士因此自見於世者甚衆，由是觀之，詩賦雖若無用，而其術能使舉人粗知前言往行，治亂得失而通於事，是其名則卑，而施於科舉，偶得其術而便爾。至於經義則不然，爲《書》者不爲《詩》，爲《詩》者不爲《易》，爲《易》者不爲《禮》，爲《禮》者不爲《春秋》，是知一經而四經不知也。雖有策論，而論題自見所出，易於爲文；策則人人皆挾策括以待有司，不出掌握舉可問者具在其中，非所以廣學問也。雖多聞博識之士世自不乏，而所治之書，粗通策問有備，遂可以得名第，其勢不暇留意於其他書史。若非常從舊日科舉之人，則所謂前言往行、治亂得失，殆無以自見於世。是經義之名則尊，而施之科舉，偶非其術而不便爾。而又自隋唐以來，高才達識，立功名、有道藝者，往往出於詩賦之科，似有成效。今朝廷必欲倣古以興賢能，則請俟復鄉舉里選。如止爲科舉不可廢而立法，則異日設官分職，凡所與共天下之治者，必多由科舉而進，非細事也；則詩賦、經義之學，不識當取施之科舉已見成效與知其術可取者爲之耶，當取施之科舉未見成效與知其術之不便者爲之耶？此詩賦、經義之利害，可得論者三也。

　　至於詩賦則有聲律而易見，經義則是散文而難考。詩賦所出之題，取於諸書而無窮；經義所問之目，各從本經而有盡。詩賦則題目百變，必是自作之文；經義則理趣相關，可用他人之作。詩賦則難爲豫備，足見舉人倉猝之才；經義則易爲牢籠，多是舉人在外所撰文字。詩賦則惟校工拙，有司無適莫之心；經義則各尚專門，試官多用偏見以去取。如此小小利害，難以究述。今朝廷雖復詩賦以取士，而詩賦之上，猶存經義，是詩賦、經義之利害均也。若以經義爲可行，則無事復詩賦；若以經義爲不可行，則既復詩賦，而又略存經義，不過欲舉人詩賦之外，更知經爾。雖然，又非術也。昔科舉之未變也，詩賦以觀其詞采，策論以觀其經術。時務論題出於六經，是經術也；策問而及經旨，是亦經術也。豈必名爲大義則謂之經術，不名爲大義則不謂之經術？蓋昔之策論雖非大義，而策問論題或出於《易》，或出於《禮》，或出於《詩》、《書》，或出於《春秋》，無所不出，則舉人亦無所不留意，雖非純於經者，而《詩》、《書》、《禮》、《易》、《春秋》必泛達也。今既於詩賦之外，人治一經而爲大義，則策問論題，必須避舉人專治，而不敢出於五經之中。舉人知策問論題不出於五經，所以備有司者約矣，則亦將爲《書》者不爲《詩》，爲《詩》者不爲《易》，爲《易》者不爲《禮》，爲《禮》者不爲《春秋》，是亦知一經而四經不知也。雖有詩賦，而舉人爲詩賦留意與爲經旨而留意五經者取捨不同，是誘之使淺，驅之令狹也。爲今之策，莫若專復詩賦以取士，而不累於科舉以進治經之人。專復詩賦以取士，則隋唐以來高才達識、功名道義或可以兼至；不累於科舉以進治經之人，則聖人之經旨，庶不爲科舉之所亂。若論今之舉子，已習經義，雖復詩賦而有不能爲者，則願設嘉祐明經之科，以待不能爲詩賦之人。所取之數，與推恩薄厚，少增損於嘉祐之制，則人無難矣。蓋明經近於經義，而術與今日經義利害不同，取明經常少，取進士常多，則天下之應舉，將自化而爲詩賦，不以法制而漸復其舊，賦之善者也。以經義取士，實雖不至而名近於古；以詩賦取士，實則幾矣，而名不及於經義。今區區者，徒見朝廷罷經義，復詩賦，則以爲好古而已矣，而不知經義之不可累以科舉也。既罷之後，當詔天下，求窮經謀道，如胡瑗、孫復、石介者，置以爲博士教官，使傳道於諸生，則今日之所尚，纔得經術之正，而無科舉之累，道之美者也。蓋舊政已廢而復之，其名近古而改之，則民疑。然則專復詩賦以取士，設嘉祐明經之科，以待不能爲詩賦之人，而又詔天下求窮經謀道不累科舉者，使傳道於諸生，則政有并舉，才無或棄，亦可以釋民疑矣。惓惓之忠，惟朝廷裁擇。

　　貼　黃

　　臣竊見朝廷平日舉事，雖事體不大，猶多循用故常，慎於更改，慮更改之後，恐有意外利害，非目前思慮之所能盡，不若循用故常之爲便也。今以詩賦取士，所從來遠。且以本朝言之，如呂端、李沆、王旦、魯宗道、王曾、韓琦之徒，百十年之間，凡所與安社稷、治天下者，多出於昔日進士之科，其爲故常亦大矣。然則凡今之所以論科舉者，非止爲科舉而已，蓋知異日亦將求柱石股肱於其間，非細事也。如度用經義決能取士過於詩賦之所取，則今日所論詩賦、經義皆是餘事，勿恤可也。若未能臆度，恐誤朝廷久遠用人之計，即乞更加審諦，以平日舉事愼於更改爲意。詩、賦、策、論，四事之中，詩賦最難修習，自非超異絶出之才，作詩賦兼策論以從科舉，未見其有餘力也。今既爲詩賦策論，而又於詩賦之前增大義一場，深慮舉人力所不逮。兼自來科場逼試之時，皆息力養鋭，入試第一場詩賦，至次日入試論，文字不多方可，第三日卻試策。今於詩賦之前先以大義一場困之，至次日纔試詩賦，不惟場第太多，考校增冗，兼舉人就試，必所患苦。然朝廷復詩賦又試大義者，必以大義爲經術之故。但舉人習詩賦，止欲得名第，習大義，亦止欲得名第；皆藉以爲干禄之具，非真所謂經術也，與詩賦何異？

耀州理會賑濟奏狀

當州準定國軍牒，準提舉常平司牒，契勘耀州官吏賑糶斛斗違法不當，事理分明，已具奏聞。及節次牒本州取勘，依條施行，差人取索公案，即不坐到奏劾違法事件，未知提舉常平司奏劾本州如何賑糶違法。緣自推行賑濟以來，累準提舉常平司取會點檢不一，其間本州措置賑糶，別有因依，合具奏陳者。

一、檢準元豐令，災傷，放税七分以上賑濟。穀不足者，許勸誘有力户出辦，有餘納本倉，仍開諭積貯之家減價出糶。勘會本州，昨來夏旱，放税七分以上至八九分。據諸縣依條抄録到闕食之人，共四萬八千餘户，計一十七萬九千餘口。雖累準提舉常平司牒，指揮催促依條勸誘鄉郭有力之家出辦斛斗，本州備録。行下諸縣之後，大縣勸誘不過三千石上下，小縣千石以下。內除美原一縣，曾申納到勸誘大麥五百八十五石，後來卻已給還。外有雲陽、淳化、富平、三原、同官、華原六縣，雖升斗之數，不曾催納入官，并各除放不用。爲自三月後來減價出糶常平斛斗，及依條抄録到闕食户，給赴內外官倉糶米，并抄劄貧乏不能自存之人，依乞丐條支給米豆。至六月間，內外常平斛斗，除俵糶指占外，見在數目，全然不多。市上絶無糶賣，物價愈更踴貴，人户流移，未得定疊。別無可措置擘畫，遂依上條，開諭積貯之家減價出糶斛斗，救接前項十六七萬無營運闕食之人。蓋勸誘係人户出辦入官，有餘納本倉，不給價錢，難以多行。出辦所在，開諭積貯之家，減價出糶，於條既無多少之限，兼係令人户自將斛斗就鄉村要便處糶賣與闕食之人，一一逐漸自交領價錢歸去，與市上尋常糶賣斛斗無異。止是依條比災傷之際，踴貴市色，減價出糶，即與勸誘係是兩事，元不是合催納入官之物。今來提舉常平司奏劾本州官吏賑糶斛斗等違法不當，雖不知奏劾如何違法不當，竊慮提舉常平司奏聞事狀內，不曾子細分別勸誘與開諭依條係是兩事，亦不會分別直出辦入官與闕食之人用錢就鄉村糶買，事理大段不同，別致朝廷怪責。兼本州昨來至六月間，人户猶未種得秋田，累準提舉常平司指揮稱，夏田災傷已重，秋苗多未布種。若向秋不甚豐稔，則民間大段闕食，要見夏災傷合用賑濟，并準備向秋賑濟數目，如何計置得足，不至闕誤。兼後來更曾蒙丁寧，秋苗未有收成之望，既人户闕食，本州縣自合豫行勸誘有力人户，廣行出辦斛斗，減價出糶。中間本州除爲夏料災傷，開諭積貯之家減價出糶外，更作秋災準備。恐人户難得米麥細色斛斗，遂只開諭粗色，如麻穀、大麥、粟豆之類。約兩個月，減價出糶，共計一十八萬五千八百六石，以抄劄到前項闕食之人數目紐算，於兩個月中，每人可糶一石有零粗色斛斗，只是比得細色五六斗以來吃用。其豫準備秋災傷減價出糶之數，雖更多於夏料，若果是秋田大段災傷，闕食之民，須亦更多夏料抄劄之數，比之夏料災傷，日月又更寫遠。元約九月下旬至次年三月終減價出糶，且只以夏料抄劄人數紐算，計於六個月以上，每人可糶兩石有零粗色斛斗，只比得細色一石二斗以來吃用。況自來州縣勸誘與開諭體面情願糶百石物者，不過糶及三二十石而止，情願糶十石物者，不過糶及三兩石而止。昨來夏災，開諭七縣積貯之家，情願共糶十八萬五千餘石，至八月中住罷不用，會其實糶之數，纔五萬七千五百餘石，又只是大麥、蕎麥、穀豆等粗色斛斗。顯見準擬夏秋災傷減價出糶,起初須且開諭準備及當時萬數,即臨時庶免敗事。蓋本州內外常平倉見在斛斗數目,全然不多,又通夏秋作災傷準備,月數窎遠,即開諭積貯之家減價出糶,州縣當時惟恐出糶不多,致人戶大段流移,別負罪責。況於情願出糶數中,實只可望三二分斛斗,普遍糶與前項十六七萬闕食之人。州縣官吏,惟是奉行詔條及遵依提舉常平指揮推行之後,借其夏秋開諭減價額數,告示鄉村,要鎮壓十六七萬闕食之人,使知廣有開諭下斛斗次第,粗肯安心等待官中措置,不致大段流移及結集為盜。亦要豪右積貯之家,不亂放散所有斛斗出境內。實俟將來得雨之後,立便行下諸縣裁減,及節次曉告人戶,更不作準備,并住罷訖。通夏秋開諭七縣積貯之家一千六百六十餘戶,上共只減價糶過粗斛斗五萬七千餘石,一斗得一斗見錢歸去,與勸誘入官,事理不同。其間惟三原縣出等,高強、李忠二戶積貯之家,曾就鄉村減價,糶過四百九十餘石粗色斛斗。其餘多者〔一〕糶得三百石,少者十石五石。其秋料準備之數,即更不曾糶動升斗,亦不曾有升斗之數入官。伏望聖慈特賜矜察,付下有司,照會施行。

一、勘會本州七縣,據籍,主、客戶共十一萬三千五十戶,計二十八萬四千八百五十口。據諸縣元抄錄末等無營運闕食之人,共四萬六千三百三十八戶,計一十七萬九千五百三十四口。後來提舉常平司直下諸縣,勒逐保耆戶長等,供析取責,要無漏落,官吏結罪保明。自七月十五日以前及後來,七縣共計流移過主客戶一千八百餘戶,內卻已有四百八十餘戶招誘歸業。若以本州七縣都大主、客戶口人數紐算,只是流移過一釐六毫以來。若以元抄錄闕食之數目紐算,除流移過前項戶數外,猶約有十五六萬無營運闕食之人,因諸縣措置擗畫賑救接濟,至今粗得安居。兼諸縣正當夏料災傷月分,境內并無餓殍,亦無一人驚劫,城郭鄉村三十餘處糶物,不曾踐踏損一人。蓋開諭積貯之家,減價出糶過數目雖不甚多，卻爲諸縣市色。聞廣行開諭，減價出糶斛斗，向去冬春，皆有準擬，難更等待。邀勒高價，須主逐漸將出糶賣，市上粗色斛斗之價，遂不曾長。其闕食之人，不惟於積貯之家減價糶物，兼市上自有粗色斛斗可以糴買，所以流移不多，及不至結集作過。況本州縣元開諭之意，本要使十六七萬闕食之人，不至大段流移。今來流移數目，已見得不多。本要鎮壓闕食之人，使不至結集作過。今又已見得災傷之際，諸縣并無驚劫。於開諭夏秋斛斗數中，只糶及一分以來，非勸誘入官之物，人户各在外逐漸交易，收領價錢歸去，若無所損。今來提舉常平司奏劾本州官吏，竊慮要用開諭已經裁減除放改正數目，與諸縣已改措置事件坐罪。伏望聖慈，特賜矜察，付下有司，照會施行。

劄　子

乞置京城廂巡檢劄子

臣伏見開封府盜賊條禁至多，而禦盜之方，其大節有未備者。以外路州軍言之捕盜之官，在城内則都監、監押，城外則巡檢、縣尉，蓋不可易之官也。今京城外巡檢、縣尉，與外州軍略同；而京城内巡檢之職寓於馬軍、步軍帥臣與四廂主者，雖主徼巡於國中，而尋常盜賊舊不干預。自來開封舊例，令使臣人員等密行緝捕，獲賊有賞；而不獲，無甚譴罰。人微責輕，往往返與盜賊爲市。而諸廂小使臣，雖帶督察盜賊，其實分管估計家業，取問病人口詞，併檢驗、救火等雜務，不類捕盜之官，理殊未盡。臣愚欲乞於馬步軍帥及四廂至巡檢之下，別增置廂巡檢六員，其二在舊城内，其四在新城内，四壁使諸司使副或大使臣爲之，隸於開封府，得以職事舉薦按劾。仍仿外州軍都監、監押功過殿最之法而增損之，使專治巡檢職事，亦不廢開封緝捕公人，則京師盜賊知有專一責任之官，自然人户安居，姦盜屏息。輦轂之治，不爲無助取進止。

代劉摯乞外任劄子

臣荷特達之知，拔用至此，固不敢輕爲出處。但以臣術業淺陋，本非大任之器，累年強勉，終無補報。高爵厚禄，有靦面目。天監在上，公議在下，夙夜念之，不寒而慄。其思引分，非止今日。儻待咎惡暴揚而去，必至有煩典憲，以累國體，而上玷陛下任使之明，則臣之罪大於今之輕去矣。然則臣之區區，豈獨爲全身之計哉？伏望聖慈矜其不能，察其無他，又非避事，早賜可詔，除一外任。誓堅晚節，以報始終之賜。

校勘記

〔一〕"多者"，《叢》本作"多不"。

西臺集卷二

表

留司文武百官賀夏祭禮成表

臣某等言：伏睹今月十四日夏祭禮成者，曠儀紹舉，制嘉祀以躬臨；精意感通，燕大祇而昭格。因崇顯號，益茂鴻庥。凡在見聞，孰不踴躍。恭惟皇帝陛下，宅心道奧，恭己化源，治必鑒於古初，功坐成於制作。既已父天而報饗，因推母道以定郊。刊合祭之舊文，即肇禋之吉壤。逮茲申祀，還覯上儀。儼泰一以躬行，體汾睢而祇事。禮文煥備，樂舞大陳。仍仰致於徽稱，示益昭於盛節。紹復百王之上，垂爲萬世之規。天瑞著明，神靈享答。可得而禮，既合德以慶成；無疆惟休，期同符於後載[一]。

謝賜曆日表

伏以堯熙庶績，欽曆象以授時；周厚生民，正歲年而序事。稽古太史之法，實今司天之官，不獨布政於明堂，上順帝則；抑以誕告於下土，協成歲功。因是寵頒，俾資考驗。恭惟皇帝陛下文明光澤，輔相裁成。謹始建官，職紹重黎之後；務農重穀，功高舜禹之前。將待夫來歲之宜，故行於正月之吉。臣敢不恭承德意，恪守綱條。動占迎日之文，仰答後天之訓。

賀册皇后上太皇太后表

嘉禮告成，徽音可嗣。人神協慶，日月增輝。臣聞《易》載坤元，由順承於天體；《禮》尊正嫡[二]，蓋統治於宸闈。上嚴七廟之尊，下爲萬世之嗣。虞舜以興於嬀汭，周文以御于邦家。允屬昌期[三]，誕聞懿册。恭惟太皇太后陛下聖齊文母，道翊神孫。顧外治之已隆，而中宮之未建。博諏慶閥，作合聖明。靡私戚里之親，大契家人之正：如兹詳擇，兼示至公。繼美貽芳，豈特符天之表；助德理内，永均函夏之和。凡在懷生，孰不增忭。臣叨分使指，方走邊藩，無任。

河東提刑謝到任表

素冠方釋，復預校讎；温檢俄頒，謬叨繁使。曲徇由衷之請，衆知補外之優。驟服恩私，惟深感泣。伏念臣生而多難，長亦無成。祇緣門戶之久衰，粗欲簪裳之不絶。學遊場屋，僅綴詞料；仕有簡書，第逃官謗。雖以庭闈而仰禄，如將笲庫以終身。屬聖治之更新，登羣公而夾輔。職由際會，得預揄揚[四]。願事效之蔑聞，而禍艱之已至。居廬待盡，伏塚纏哀。隙駟難留，悲已除於歲月；疲駑强起，殆[五]絶望於功名。因丐外官，少紓私計。本懼譴訶之及，更階刺舉之榮。僅免人言，可量天幸。此蓋伏遇皇帝陛下仁惟從欲，道在寶慈；常深察於邇言，務曲成於庶物。太皇太后陛下幽微必察，愛育無偏。謂雖疏遠之臣，而有矜憐之理。非特觀其孤苦，亦少寄於紀綱。臣敢不謹奉詔條，遍詢謡俗。每戒峻文之侵枉，庶幾惠澤之究宣。陟屺摧心，雖匪逮親之禄；褰帷遇事，尚圖報國之忠。

秦鳳提刑到任謝表

入預臺郎，出將使指。號爲榮選，恩許迭居。雖奔走之常更，知屢愚之靡稱。伏念臣才惟委瑣，性甚倥蒙。飭小行以效官，固非特起；抱陳編而自信，偶預賞延。繼纏災疾之相仍，坐覺身修之不振。齒髮退衰而私累亦衆，文墨粗習而學業已荒。止祈循守於官資，敢意過叨於器使。此蓋伏遇皇帝陛下憂勞圖治，總攬至公；從欲推仁，因能授職。謂其多難，雖無意於澄清；恐亦盡心，故特還其刺舉。曲徇經年之請，俾分劇部之憂。臣敢不慎守綱條，益思策勵。豈惟犴獄，俾無侵枉之冤；凡是簡書，當體哀矜之實。冀逃大譴，少補明時。

永興提刑謝到任表

奉使一方，仍忝按刑之重；莅官三月，遽叨易地之榮。仰服恩私，交深愧懼。伏念臣性如學僻，名與身微。緣家世以仕宦爲常，處貧賤而饑寒不免。比蒙任使，蓋出僥逾。抱槧和鉛，入書林而備數；升車攬轡，分刺部以常優。矧如關部之雄，尤號兵民之衆。連逮或填於犴獄，推理屢起於寇攘。必素有於吏能，始可當於使指。顧材微而曷稱，偶人乏以誤承。此蓋伏遇皇帝陛下恕以觀能，明於因任。謂臣嘗爲省府之屬，體朝廷欽恤之仁；知臣早服州縣之勞，識簿書期會之事。故茲委付，令盡拙勤。謹當砥節奉公，平心持憲；務廣好生之意，俾無失職之嗟。所防廢弛之病民，亦戒細苛之傷善。更自殫於夙夜，期有補於涓埃。

謝落權字表

準都進奏院遞到敕書一道，差臣提點永興軍路刑獄公事，兼本路勸農提舉河渠公事落權字者。循名責實，始懼黜幽；積日爲勞，遞叨敘進。揆能匪稱，省己增慚。伏念臣學不究於本原，仕止承於家世；雖崎嶇而從政，亦邂逅以階榮。上方右文，而臣預遊於册府；時欲重外，而臣頻假於使軺。靡自激昂，親功名而寖遠；謾無施設，豈歲月之足論。未即譴訶，更蒙陞改。方緣恩而易地，許增秩以在官。此蓋伏遇皇帝陛下日月比明，乾坤均施。

謂考績唐虞之大法，而資格祖宗之至公。雖去不以才稱，蓋以屢承人乏，故茲假寵，更畀微勞。臣敢不祗守邦刑，俯求民瘼。務以行於寬詔，冀終遣於嚴刑。

耀州謝到任表

久將使指，全乏吏材。薦拜恩除，獲當郡寄。僥逾未免，感惕交深。伏念臣識用非長，藝文無取，品與材而俱下，迹和操以常孤。止期循守於官資，何意謬更於任使。三移刺部，六換年華。既積效之蔑聞，第簡書而是畏。敢圓善貸，賜以曲成，俾外領於麾符，實內承於風化。不遠本道，幸粗諳其物情；況得近民，可悉心於條教。此蓋伏遇皇帝陛下體天函覆，如日照臨；深拱穆清，察知疏遠。謂簿領沉迷之滋久，雖無補於公家；而疾病陳請之在前，似俯從其私欲。比蒙易地，均號善邦。非徒祿食免於飢寒，亦有民社可以施設。循頂至踵，出自生成；剖心析肝，知難報稱。誓更殫於綿力，庶仰答於鴻私。

耀州謝免勘表

準同州推勘所牒，準提舉常平司牒，備坐到敕命，為先取勘本州縣去年因災傷勸誘鄉郭人戶過數，承認減價出糶斛斗不當事。奉聖旨耀州及逐縣官干繫人吏，特與免勘者。居官不職，宜在譴訶。宥罪以仁，實由函覆。恩私橫及，感涕無從。伏念臣性識本凡，器能又淺；徒緣干祿，粗學治民；久預簪裳，濫分符竹。思究宣於惠澤，惟恪奉於詔條。濟以小心，覬無大過。適屬亢陽為沴，衆食頗艱。既防流徒之寖多，又慮寇攘之間作。力無不及，懼未厭於民情；事已過中，實白干於吏議。方俟至公之典，遽蒙善貸之慈。凡厥奉行，與諸連及；似矜本末，并賜保全。由天鑒之孔昭，至官刑之倖免。隕身奚報，銘骨殊深。此蓋伏遇皇帝陛下，至德包荒，大明旁燭。参二儀而博施，撫萬國以和來。雖云州縣之所行，如在闕廷而必察。特兹申命，以示原情。臣敢不益勵操修，勤遵防檢。當官陳力，戒吏道之偷安；遇事捐軀，體公朝之使過。

鄭州謝到任表

恩許長民，地叨輔郡；本由起廢，更此僥榮；蒙施若驚，揣躬無所。伏念臣受材至薄，稟數亦奇；自誤使令，常虞顛躓。試言入館，偶隨沉雋以同升；奉使爲郎，屢以養疴而丐免。比忝方州之任，輒祈宮觀之除；雖官序之闌珊，尚要權之睥睨；蹤迹蔫書之所出，究窮給扎之云何。培土自封，幾户延之不出；燎原方熾，顧玉石以奚分？終賴上恩，止還吏選。視清流而永隔，幸故步之不愆。屬睿聖之纂承，仰王明之洞照，忠讒素辨，黜陟方行。夫何一介之賤微，亦預衆人之遣用。委之刺部，既漸復於官資；易以藩方，示更加於器使。矧如鄭圃，尤近國郊；素多能吏之敢爲，或俟貴臣之均逸；豈屢無似，而乏可承。此蓋伏遇皇帝陛下，道如離日之正中，德合旻天而憫下；幽隱皆燭，細大不遺；似矜去國之賒，因假陪京之便。臣敢不親諭教條纖悉之意，少損道路將迎之勞；俾民知厚下之仁，而官無留事之嘆。新經大費，期休養於公私；益務小心，更祗勤於夙夜。

京東運副謝到任表

分符京右，方謹頒條；改使山東，猥當外計；恩私併及，感惕交深。伏念臣本以書生，學從吏道；和鉛抱槧，既非傳洽之名流；攬轡登車，又乏經營之旅力。出沒風波之險，支離疾病之餘；每虞寄任之難勝，顧以廢閒而爲幸。比蒙遣用，已戴生成。未遑宣布於上恩，乃復叨移於劇部；仍遷將漕，稍畀事權。雖知繁使之可榮，大懼謗材之速戾。此蓋伏遇皇帝陛下法天廣大，如日照臨。道滋務於遠圖，器不遺於近用。謂從事詔條之内，常欲力行；故遣司調度之繁，試觀心計。臣敢不三思厥職，一意在公；必祗赴於會期，以圖報上；務愛養其基本，不至病民；非專官謗之逃，冀合公家之利。

淮南運使到任謝表

中臺列屬，再忝清曹；外計選能，仍分劇部；并由簡拔，伏積兢慚。伏念臣委躓微材，迂疏末學；名卑不振，性拙多艱；偶遭際於盛時，容保全於懦品。近者分符京右，假節山東。繼被詔除，復塵郎選。食玉炊桂，豈專空乏之憂；治藥挫鍼，更抱支離之恙。敢期睿鑒，俯盡物情；改畀事權，還司將漕。是謂公朝之煩使，況於私計而苟完。仰服恩榮，交深忭幸。此蓋伏遇皇帝陛下，繼明垂照，大度推慈。似矜察其細微，俾迭居於内外；均爲事任，尤戴生成。臣敢不益勵初心，常殫病力；賦輸所入，勉思經畫之方；餽運之餘，更念紀綱之寄。庶逃大譴，少答鴻私。

謝牽復監嵩山中岳廟表

伏奉敕命，就差監西京嵩山中岳廟者。公議難逃，方縻於罪籍；上恩起廢，復齒於仕途。既假神祠，還叨餼廩；哀矜所逮，感泣無從。伏念臣識暗近愚，才微易竭；曩因際會，濫預招延。躬鄙行而弗思，蹈迷途而忘返。雖更事任，迄無可稱。致被惡名，實由自取；釁連族累，望絕搢紳。儻非如地以并容，豈特居家而坐廢。殺身許國，悵無路而灰心；擢髮杜門，期固窮以没齒。豈謂王明洞照，聖度崇寬。許磨既往之愆，大啓自新之路。因期歲月，俾復官資。示以科條，例霑禄食。是謂更生之異賜，不同牽敘之常恩。此蓋伏遇皇帝陛下道大博臨，仁深溥洽。謂嘗在典刑之內，雖曰罪人；而凡居覆載之間，莫非赤子。爰從廢放，常有哀矜；遂至生成，實踰分願。臣敢不動思刻勵，更慎持操；深悼前非，覬完晚節。息黥補劓，幸解綱之親逢；剖心析肝，恨捐軀之無所。

謝除宮觀表

伏奉敕命，差臣管勾江寧府崇禧觀。外路州軍，任便居住，已望闕謝恩祗受訖。許還吏選，既已逃刑；就假真祠，更容擇地；恩深曲被，感極難陳。伏念臣生則戇冥，長而艱苦。雖久從於吏道，略無見於事功。學嘗負於初心，病復纏於晚歲。亦以[六]七持使節，殊乏建明；三竊州符，僅知黽勉。名卑不振，迹久彌孤；嘗丐外臺，亦祈閒局。所幸廩稍之不絕，庶幾溝壑之未填。敢意天慈，洞知人欲；特從私便，例獲詔除。此蓋伏遇皇帝陛下道大并包，仁深惻隱。謂入朝自棄，既從寬貸之科；而制禄有差，俾免饑寒之患。似憐痕累，故有恫矜。臣敢不克己思愆，捫心自訟。食不以事，雖有愧於生成；身或可捐，誓更圖於報效。

謝提舉崇福宮表

岳祠假領，已霑起廢之恩；琳館就遷，更荷曲成之賜。望非所及，感不容言。伏念臣頃以戇愚，謬叨任使；由寘隳於操行，致自觸於憲章。如天地之有雷霆，刑難不用；而父母之譴子弟，愛在其中。過雖顯而猶矜，禄宜收而不絕。逮蠲罪籍，獲從輕重之評；改畀宮祠，明視等差之辨。既官名之可復，更餼廩之加優。此蓋伏遇皇帝陛下燭以離明，包之聖度。念其抵冒，雖取廢於清時；及此甄收，俾自新於末路。假優老示恩之令，爲赦過宥罪之人。謹當益自省愆，常期盡節。革心以道，迹幸倖免於泥塗；當食而思，報敢忘於犬馬。

謝提舉鴻慶宮表

伏奉敕命,改差提舉南京鴻慶宮者。庇迹琳宮,方愧竊居而竊禄;拜恩蓽室,更叨改命以示遷。撫己競慚,捫心感勵。伏念臣材資既下,命數亦屯;志本求通,患常自掇。途既窮而知拙,罪雖貸而猶污。向非仁聖之哀矜,豈免飢寒而顛沛。假宮祠者五任,分臺務以三年。比復哀鳴,輒蒙恩許。敢謂皇慈之下逮,更茲申命以有加。自揣庸常,緣何叨冒。此蓋伏遇皇帝陛下大明如日,洪覆法天。行堯舜之所難,比湯禹而加盛。以斯溥博,輳及幽微;俾緣資格之大公,聊示等差而優老。臣敢不仰懷全度,俯念頹齡。生欲捐軀,已愧執戈而衛社;死而瞑目,猶將結草以報恩。

代司馬溫公上太皇太后謝賜生日禮物

臣光言:伏蒙聖慈以臣生日,特降詔書,賜臣米麪、羊酒者。至仁垂眷,多物分頒。拜賜惟優,汗顏有靦。伏念臣器能淺陋,術學迂疏;仰膺簡注之隆,進備弼諧之職。適及始生之旦,復叨厚下之恩。及養無因,感劬勞於茲日;致禮有殺,蒙慶澤以自天。此蓋伏遇太皇太后陛下,坤厚兼容,母慈廣被。重近司之責任,推異數以勸官。特加饋廩之義,以示寵光之渥。所生無忝,敢忘夙夜之勤;來事可爲,益圖忠義之報。

代傅欽之謝御史中丞表

年與志衰,任隨責重;顧訓詞之所及,知稱職之爲難。既遜避之莫容,但凌競而失措。伏念臣志雖許國,識不逮人。刻更患難之多,已絕功名之望。空荷兩朝之被遇,會無一善之可稱。比假寵於官曹,但坐糜於禄食。懼不勝其倥偬,常欲丐於清閒。敢期俯降於絲綸，更比濫持於綱紀。仍取中司之貴，名爲執法之公。未知報補之如何，先竊尊榮之至此。此蓋伏遇皇帝陛下智以臨下，公以待人。謂風俗雖變，而觀望之習未衰；賦輸雖省，而大均之法未立。尚賢愚之并進，或毀譽以相紛。思得端人，俾持成憲；偶承空乏，遂爾叨逾。臣敢不勉思諤然之方，感激遭逢之異。識其大者，雖有愧於昔人，作而行之，庶少裨於能事。

代樞府辭免明堂加恩表

路寢交神，肇修墜典。端闈孚號，慶浹羣生。雖慶錫之已行，揆虛庸之靡稱。伏念臣技能單淺，功效無聞；誤蒙聖知，入置樞近。未閱歲時之久，獲觀祀事之嚴。籩豆靜嘉，昭事天地；工祝致告，侑饗祖宗；陟降惟勤，寅恭是濟。比告成於大禮，乃均福於羣生。敢意具臣，亦迂褒典；勳加楚秩，地列周封；錫以土田，衍其租食。雖仕於有道，每沾君賜之豐；而賞以爲名[七]，大懼邦條之紊。伏望皇帝陛下垂矜分守，考慎彝章。方異數之載加，存至公之可廢。收還新命，使即舊聯。詎敢飾詞，是爲誠請。

代樞府上太皇太后表

禮成毖祀，福兆羣生；均大澤以旁流，乂具僚而沾洽；敢緣非據，冒貢所聞。伏念臣操行尋常，技能單寡；只由幸會，入預繁機。更當明盛之朝，獲覲闊希之典，合宮親鄉，羣后駿奔。遂隆專配之嚴，以篤順成之祐。顧參近列，獲相多儀。庖祝有官，莫代煩勞之任；籩豆在列，第修陟降之容。及奉渙恩，首叨疏爵；封租并進，勳邑兼隆。顧分願之難逾，況官箴之具在。苟玆幸賞，實懼匪彝。伏望太皇太后陛下曲亮顓勤，務裁施予。雖一人有慶，遍區宇以蒙休；而萬福攸同，本皇心之能饗。難令具位，多取寵名，特止恩綸，俾遑安處。

代宰相請皇帝聽政第三表

　　禮當從變，願誠請之屢聞；哀已過中，尚恩俞之未賜。義難獨掩，道本至公。敢泣血以繼陳，庶察言而幸聽。伏惟皇帝陛下初嗣歷服，致養已勤。及奉晨昏，承顏曲盡。憂勞同底，冶化方隆。而大行太皇太后颰駕不留，慈闈遽掩；所以哀摧自勉，戒命無聞。虛便坐之深嚴，辭外廷之懇迫。然而祖宗至重，邦務實繁；非威斷無以壓羣情，非乎號無以宣上德。既動關於利害，當節適於情文。臣等奉職方虔，愛君敢怠？苟以瀆尊而遂默，則於守義以難安。重此叩閽，期於賜可。

代宰相請皇帝聽政第四表

　　拜章伏閣，顧稟命以無從；傾耳造廷，俟俞音而尚閟。深懼萬幾之曠，敢辭累牘之煩。臣聞三代而上，各為通喪；兩漢以來，自存彝制。蓋任大而守重，亦勢異而事殊。故高宗不言，道猶隆於淵默；而孝文易月，禮已就於權宜。爰及本朝，益遵成憲。雖追慕有三年之久，而聽朝於浹日之間。允合先猷，方為達孝。伏望皇帝陛下仰模列聖，俯奠羣黎。奉文母之遺言，憫廷臣之血懇。少寬哀毀，自攬權綱。則庶政之繁，可日憑於睿斷；一言之發，足坐致於時雍。實無累於孝思，覬〔八〕不瘳於治體。

代宰相請皇帝聽政第五表

　　詞情欲竭，啟處靡遑；尚爾閟聞，罔知所措；期終回於淵聽，當更瀝於危悰。臣聞王者之孝，異於閨門；臣子之恭，稟乎命令。哀慕未平，則雖由於聖性；淵默自處，則孰詔於事功。況遺訓之丁寧，加舊章之明備；儻不恭臨而統攬，則將弛玩而寖瘵。伏望皇帝陛下，祇協大猷，循勉中制。念基緒相承之重，體古今順變之常。損冀室之至哀，幸齋居而處決。則君唱臣和，將治化之可成；雷動風行，符邇遐之至願。

代人謝復直集賢院表

伏奉敕命，特授臣朝散大夫直集賢院，仍加上護軍差遣賜如故者。承流居外，荷責命之寬優；渙汗從中，拜恩榮之驟至。省躬無地，蒙施若天。伏念臣學不知方，戇惟守拙；偶緣家世，自託公朝；上辱誤知，屢更煩使。入綴從官之末，出分使指之華。四典方州，兩居言責；皆爲要任，殊乏善聲。每投刺以下遷，輒賜環而復用。向冒干城之寄，猥分節制之嚴。奉陛下之訓詞，有先臣之遺教。謂宜綏靜，而復紛紜。雖自速於煩言，止投閒於善地。罷邊內徙，愧髀肉之旋生；臨壘何安，徒齒牙之自訟。敢期睿眷，靡俟終更。因宗祀之慶成，易官名而復職。朝家新制，遽叨等級之榮；書館舊遊，再竊清華之選。仍加勳號，盡出鴻私；特示優遷，非徒起廢。此蓋伏遇皇帝陛下體天洪覆，秉道建中。廓全圖以博臨，憲先民而致治。謂臣簪紳之後，雖屢試以無成；憫臣齒髮未衰，俾回心而自效。致茲寵獎，下及屛孤。臣敢不仰體皇慈，俯追往咎。居官弗懈，庶無門戶之羞；論報何階，猶有簿書之責。誓同犬馬，更效涓塵。

代人謝覃恩轉官表

文明纘御，方潛惕勵之誠；慶澤下覃，遽被褒陞之典。措躬無地，蒙施若天。伏念臣才不逮人，器非適用，偶緣樸[九]學，獲仕先朝。早服官箴，雖有遭時之幸；晚階禁闥，止由積日之勞。迨神聖之嗣興，實天人之嘉會。雲龍在望，慶千載之親逢；雨露既行，不崇朝而遍被。豈止逃於譴域，更敘進於文階。兼冒勳官，仍加真食。欲辭不獲，既受而慚。俯傴靡遑，寵驚交至。此蓋伏遇皇帝陛下大明繼照，盛德惟新。憲天道以博臨，俾物生之茂遂。謂雖忝竊，猶不遐遺。從此便蕃，豈徒感戴。仕非爲己，知報國之可圖；義重於生，將捐軀而不顧。

代人上太皇太后表

聖澤旁流，均被生成之力；寵光下逮，更叨等級之榮。進勳邑以兼隆，銘肺肝而增愧。伏念臣受才非敏，臨事不強；徒以樸忠，切於許國。而遭逢先帝，更踐累年。引自外臺，久費大官之廩；重加新命，許陪計要之繁。惟此僥逾，未知補報。敢圖亨會，曾冒常階；衍食增封，策勳加等。雖湛恩之溥博，要在無偏；而異數之沓來，莫非虛受。此蓋伏遇太皇太后陛下至仁體道，厚德應期。迨初政之清明，需鴻私而浹洽。生民有賴，茲鼓舞以同時；國事無難，當糜捐於異日。

代人謝恩命表

寵數未安，恩章復至。不圖衰晚，併此僥逾。伏念臣頃以妄庸，常叨寄任。觸危機而不悟，罹罪罟以至深。永分棄捐，敢期收用。而屬重離繼照，大號惟新；被飾殘年，蕩除餘釁；輒隨勳舊，屢玷寵榮。雖壯志之已銷，在榮途而未絶。參華左省，方陪橐焦之遊；方職中臺，遽濫二卿之選[一〇]。豈特心慚於弗稱，更虞力薄而難任。此蓋伏遇皇帝陛下如日至明，與天合德。深念品流之衆，察知銓總之繁；猥以要權，加於朽質。雖決煩去忒，本非應物之才；而奉法居官，乃是平生之志。以茲圖報，何啻涓埃。

代人上太皇太后表

侍臣在列，方旅進以偷安；省賦至繁，輒就遷而爲寵。理雖可避，命不獲辭。伏念臣早遇明時，得偕臚仕；中投散地，蓋出寬恩；自復官聯，屢更器使。出懷章綬，方爲近邸之遊；歸典圖書，如陟道山之峻。洊蒙識拔，使直禁嚴；非惟自外而處中，仍以達間而就劇。時惟內省，已可深慚；豈意纔玷近班，復叨要任。但荷恩榮之至此，莫知義理之如何。此蓋伏遇太皇太后陛下圖治急賢，推仁念舊。思濟當今之務，力躋上古之隆。誤記衰殘，使居顯近。人材序進，但循資格以爲常；吏道多奸，幸有詔條之可守。冀逃罪悔〔一〕，少副憂勤。

代人謝恩命表

異恩蹴等，顧物論以難安；成命必行，愧己材之弗稱。莫遂固辭之請，終懷暴得之慚。蓋聞制祿以御羣臣之榮，設爵以進天下之善。才大者其祿厚，德高者其爵尊。凡號王官，蓋爲公器，矧如右府，是爲要塗。必論其才德，可以仰承；則寵以爵祿，不爲虛受。朝廷所愼，今昔攸同。如臣至愚，臨事無識。初以簡書而從政，繼由門第以進身。大道在前，輒自生於荊棘；半途知返，慨漸迫於桑榆。其在深嚴，已云不次，入陪宥密，更出非常。竊稽仁祖之任賢，逮至先臣之居位；猶須黽勉，可副詢謀。何意妄庸，亦茲遭遇。風雲千載，適當聖政之新；門戶百年，遂忝世官之美。幡然既就，惕若難忘。此蓋伏遇皇帝陛下慎德在初，使人以器。深念事機之重，試承勳閥之餘；度越衆官，使登要任。本無雄略，可希不世之功；惟有小心，少濟當今之務。庶全終始，仰謝生成。

代人謝復職表

祠宮假領，荷謫命之寬優；內閣聯華，拜恩榮之驟至。名爲甄敘，實出僥逾。伏念臣學不知方，仕惟守拙；爰從壯歲，即曰遭時。本由門戶以在官，所賴朝廷之宥世。雖冥行履險，屢至艱虞；而扇物推仁，每蒙起廢；比膺寬憲，本合終身，屬神寶之肇新，順天休而澤及。特湔痕累，俾復寵名；幸如骨而肉生，感由心而涕出。此蓋伏遇皇帝陛下法天爲大，體道建中，既覃雨露之私，尤憫公卿之後；致殊恩之下被，雖舊物而如新。臣敢不仰體皇慈，俯追往咎。衣冠在列，戒重玷於清流；冰蘗爲心，期永逃於譴域。

代人謝進職表

需章自列，拱俟俞音；溫檢俄頒，莫收汗令；遂拜嘉而爲寵，顧虛受以多慚。伏念臣學每謝於通儒，務不明於當世。遭逢累聖，遂至大官；辛苦一生，曾無小補。比持衡〔一二〕而處内，尤負乘以貽譏。上賴保全，例均榮秩。猶玷撫民之重任，仍叨秘殿之清資。敢謂逾年，更兹進職；乃臣鄰之殊遇，量己分以難安。瀝懇露章，留恩俟旨，庶矜憐於遲暮，俾安厝於心顔。此蓋伏遇皇帝陛下聖度并容，深仁善貸，謂嘗際風雲之會，而今爲簪履之餘。稍屈至公，示存大體。下訓詞而申飭，喻恩命之已成。固難一二而陳，況避再三之瀆。遂膺渙渥，怳如雨露之時行；誓罄夙宵，少答乾坤之博施。

校勘記

〔一〕"後載"，《叢》本作"後哉"。

〔二〕"正嫡"，《四庫》本作"正始"。

〔三〕"昌期"，《叢》本作"昌斯"。

〔四〕"揄揚"，原作"搜揚"，據《叢》本改。

〔五〕"殆"，《叢》本作"始"。

〔六〕"亦以"，《叢》本作"是以"。

〔七〕"爲名"，《叢》本作"無名"。

〔八〕"覬"，《叢》本作"凱"。

〔九〕"襆",《叢》本作"樸"。

〔一〇〕"遽濫二卿之選","遽",原作"處",據《叢》本改。又"卿"《叢》本誤作"鄉"。

〔一一〕"罪悔",《叢》作"罪海"。

〔一二〕"比持衡",《四庫》本作"俾持衡"。

西臺集卷三

表

代范忠宣謝除給事中表

蘭臺典領,已踰分以爲譏;瑣闥深嚴,更冒恩於不次。牢辭靡獲,即寵何安?伏念臣學匪多聞,器惟近用。讀書干祿,雖并進於諸生;任職居官,且無裨於大體。曩分憂寄,自抵譴尤。賴先帝之深仁,許更生於盛世。既獲安身之地,固無沒齒之言。屬日月之繼明,與乾坤而等施。起從廢放,疊預甄收。策府優遊,極儒林之盛選;經闈陟降,洒臣子之至榮。況未歷於歲時,更驟升於侍從。職繁且要,心感而慚。此蓋伏遇皇帝陛下樂在得人,急於圖治。謂低徊而多難,亦樸樕而無他。併示殊私,更觀晚節。敢不勉疏蒙滯,祇飭特操;雖險阻之嘗更,務激昂而自信。仕非爲己,知報國之可圖;義重於身,將捐軀而不顧。

代范忠宣上太皇太后表

還朝甚邇,忝職過優。寵至心驚,恩難力效。莫避已成之命,深懷非據之慚。伏念臣識慮憃愚,藝文膚淺;早丁昌運,自奮公朝。隨事獻言,既無關於得失;臨民布政,翻自速於譴訶。向非曲貸其餘生,安得已衰而復用。圖書甚秘,參廣内之雋遊;經訓在前,侍光華之正坐。況屬右文之代,而聯左省之官。榮幸併來,心顏增悸。直虞隕越,豈特僥逾。此蓋伏遇太皇太后陛下母道示儀,坤元職載。蓋欲新民之耳目,故還舊物於朝廷。寬其既往之愆，責以後來之效。非徒衰晚，曲被便蕃。對不以時，嘗雅聞於典故；事知未正，敢陰視於愆違。

代范忠宣謝給事中兼侍講表

瑣闥要官，經帷異選；自維衰晚，猥玷清班；既辭命以靡從，遂冒恩而居次。伏念臣受材迂拙，臨事闊疏；祗由門戶之相傳，得與衣冠而并進。謬更煩使，寖陟清途；志敢望於有成，言以狂而無補。謗雖不免，寵已繼來。知無後效之可圖，每愧先朝之再造。及陛下重離委照，麗澤旁流；方悉力於乘邊，敢萌心於處內。既升要近，復賜召還。新政方行，已喜朝聞之道；舊遊如夢，更叨夕拜之榮。俾入講於金華，遂常親於玉色。其爲幸會，遠絕尋常。此蓋伏遇皇帝陛下聖道生知，孝思善繼。續正朝廷之大體，述成祖考之遺謀。布政之初，以人爲急；如臣不肖，被眷尤深。父子遭逢，雖在一時之內；君臣際會，凡叨四聖之知。施及衰年，併蒙除獎。內維白首，殆種種以無堪；顧有赤心，尚惓惓而思奮。

代范忠宣上太皇太后表

去國彌年，方載臨於西壘；還朝不日，遂升隸於東臺。仍參帝幕之游，以待聖謨之及。將向上稱，第有中慚。伏念臣少乏異才，長惟拙守。在官論事，既無經遠之謀；爲政治民，又乏可書之績。徒以朝廷之樂善，或緣家世以用人。已廢復興，雖窮若達。逮四方之承化，與萬物以歸心。忽於鼓舞之中，而被甄收之渥。黃扉嚴近，遽使叨居；黼坐燕間，獲從勸講；材資甚薄，職守過優。豈聖代之乏人，乃公朝之念舊。懇辭弗獲，際會可知。此蓋伏遇太皇太后陛下淵懿內充，聰明旁燭。酌民言而布政，公天下以爲心；致使衰遲，亦蒙簡拔。敢不寅思官守，屏去身謀；務昭內外之情，少發聖賢之蘊。腐儒已老，雖非適用之才；善政日新，姑盡可陳之力。

代范忠宣上太皇太后謝同知樞密院表

渙汗難收，忱辭遂格。偶以衣冠之後，得陪帷幄之謀。俯念庸虛，大虞隕越。伏以右樞之府，雖匪古官；本朝以來，乃爲重任。出納萬務，陪國論之機宜；經畫四夷，繫邊民之舒慘。必智足以周事之變，德足以厭人之心；然後上無憂顧之勞，下有乂安之俗。因時得位，雖可望於功名；以道觀能，固不勝其憂責。如臣者〔一〕早逢亨運，偶陟榮塗。幹蠱私家，雖未忘於先訓；服勞王事，且無異於常人。而自大政清明，衆賢登用；亦從孤遠，屢玷寵靈。懷欲自陳，莫避三銓之要；恩私洊降，遂陪二府之聯。席寵未安，拜恩尤異。既榮且驟，因駭而慚。此蓋伏遇太皇太后陛下至德誕敷，陰功協濟。丕冒幅員之內，不遠房闥之間；欲尊獎於前人，故延登其後世。敢不祗念祖宗之成憲，更參今昔之常情；祈以聖謨，施於國事；庶無大譴，以答鴻私。

代范忠宣辭登庸第一表

聞命震驚，省躬隕越；敢圖重位，輕畀具臣。竊以任官之難，莫如置相之重；必有潛德，方能濟時。故陰陽事之本也，而責之調和；賢愚物之情也，而委之進退。內總百揆，外懷四夷；苟非學通至治之源，則必不勝今日之任。況在盛世，尤須得人。若臣者道匪深知，才難重任；自陪機要，久乏勞能。動迷趨舍之方，多失事機之會。所以宿兵在外，邊境未安；鄙俗不和，盜賊間發。論空陪於帷幄，智惟見於簿書。方思引分以投閒，何意誤恩之躐等。忽從右府，進備宰司；命既出於非常，人或驚而不信。苟懷冒昧，必至顛隮。伏望皇帝陛下待以至公，考於外議；念臣斗筲小器，豈堪君子之經綸；察臣口耳常談，盡出古人之糟粕。已玷樞機之近，敢超鼎鼐之崇？非徒物論之由生，可懼民情之未厭。特收成命，改付大賢。則百辟造廷，不失具瞻之體；萬方觀德，庶幾善化之成。言出肺肝，期於得請。

代范忠宣上太皇太后表

位與恩隆，寵隨憂至；豈待人言其不可，固當自訟於難安。臣聞總天下而制治，則要在得賢；釐庶官而分職，則始於論相。蓋量材授任，要如衡石之公；興化道民，必有經綸之具。始可以宰制萬類，圖回四方；繫天下之安危，為朝廷之輕重。欲副是選，嗚呼其難。臣外乏聲猷，中惟迂拙。少而自勉，雖聞長者之遺風；老欲有為，豈識先賢之能事？徒荷聖神之眷，許陪機政之繁。身已涉於再期，事蔑聞於一善。功名不顯，甘貽志士之羞；忠義未忘，蓋賴先臣之澤。尚因循而竊祿，以去就之須時。敢謂旁求，更加大用？超中臺之峻秩，兼右省之隆名。任既重而猶增，道欲休而更遠。敢云辭寵，蓋實自驚。伏望太皇太后陛下曲軫皇慈，少矜危懇。念自昔工師之眾，尚選任以艱難；豈平時輔相之尊，容假人於造次？收還時柄，更授宗工。則傳之將來，始號至公之舉；因人有作，可成不世之勳。言欲必行，詞非敢飾。

代辭第二表

愚誠切至，聰聽未回；心欲進而知難，詞雖繁而不避。竊以宰相之望，古人所稀。蕭曹賢也，第聞清淨之風；房杜才也，猶愧禮榮之任。苟匪盛世，類皆假人；或緣宗室戚里而自私，或以錢穀刑名而充位；既以幸進，未聞至公。朝廷之所以無成，風俗之所以不振；鑒是前載，見於後王，方今中外晏安，賢能輩出。況屬兩宮之同德，可謂千載之一時，尤須哲人以重宰事。而臣材猷單淺，道術空疏；徒以先臣之義方，得備公朝之官使。比更事任，屢積瑕疵〔二〕；晚預政機，止因際會。常欲逡巡而自弛，正懷進越以居前。未蒙賜玦之仁，更處持衡之重。夙宵內省，震悸交興。伏望皇帝陛下考慎其人，明揚以道。巖穴退處，或遺先覺之天民；搢紳在朝，宜有無雙之國士。與之戮力，藉以興邦。如臣至愚，苟黜幽之未至；於時無補，尚假借以為多。悃愊之私，徬徨以俟。

代辭第三表

重寄難任，可勝虞於顛覆；恩言未許，蓋不盡於精微。敢以淵冰，再干旒扆。竊以眷求碩輔，師長百工；繫華夏之觀瞻，為士民之擬議。以所任之賢否，卜其世之盛衰。可謂非常，豈容虛授？而臣智能甚短，學問尤荒。頃自〔三〕乘邊，召令處內。幾有九遷之峻，仍叨三接之勤。身則甚榮，事將奚補？矧兩宮宵旰以求治，而四海飢渴於太平。宜得名賢，使當時柄；顧如疲賤，難爾僥逾。廊廟論功，雖匪沾沾之易；斗筲在位，定為齦齦之人。何假煩言，始能辭寵。伏望皇帝陛下曲回睿眷，大啟遠圖。借使乏才，猶難輕用。保祐盛世，自應崧岳之生賢；敷求逸民，宜有傅巖之肖象。還其前命，復以故棲。則臣雖被遇而無堪，有以自知而為解。頗殫危懇，拱俟俞音。

代范忠宣謝登庸表

登筵事樞，已出遭時之幸；進聯鈞軸，尤非經國之長。知重任之疾顛，戒虛名之暴得。冀誤恩之可復，嘗昧死以屢陳。及奉訓詞，莫追汗令。天地之無私如是，君臣之相遇至難。亦既超逾，惟知震懼。伏念臣行非高世，才止中人。英祖好賢，嘗叨於言責；裕陵善貸，復逭於刑誅。逮初政之清明，方乘邊而鞅掌。不圖白首，謬簡清衷；就假寵名，繼蒙收召。會無三月，已預柄臣；逮此二年，遂尸相事。仍自中樞之列，超升端揆之崇。兼右省之隆名，開侯封之新國。陪敦厥賦，明告在廷；近世未聞，迄今猶恐。所以拜章瀝懇，俟命居家，卒不獲辭，衆知非據。此蓋伏遇皇帝陛下仰承積累，欲大施爲。悼風化之未淳，思太平之可致；更緣虛位，因使備官。既無見於事功，乃止論其家世。所虞樸學，終累國恩。行其所知，幸斯民之安堵；如有不稱，敢固位以妨賢。授受之初，詞情罔既。

代范忠宣上太皇太后表

材微易竭，恩重難辭。矧遭明盛之朝，而戴崇高之位。榮非己稱，寵實心驚。臣聞自古聖賢之君，有意治安之道；考慎其相，允釐厥官：必總制萬幾，能成風俗之美；協宣一德，以召陰陽之和。可以經體贊元，代工理物。苟或無能而當路，則將循致於病民。如臣者學本承家，仕慚干澤。平時幸會，被遇三朝；晚歲間關，竟塵二府。方念煩言之必至，敢懷要地以爲安。舊職未辭，新榮更集。爰自中樞之次，超居論道之崇。啓候社之故封，益爰田之真食。需章避命，伏省還恩〔四〕。終渙汗之莫回，知眷求之虛辱。大踰分願，殊極憂兢。此蓋伏遇太皇太后陛下圖任惟公，延登以恕。念爲國乃治家之道，求忠臣於教子之門。誤以象賢，蒙茲注意。聖謨在上，敢愛力於明時？免策未加，更悉心於大體。庶無稗政，以累後人。

代范忠宣辭免明堂加恩表

待祠太寢，方成陟配之隆；孚號公朝，首濫哀升之渥。事雖循舊，分實難安。伏念臣力弱才微，志迂質朽；徒遭累聖，獲廁近司；無報事機，更尸政柄。陰陽或愆，而未明爕和之理；苗頑可格，而不知鎮撫之方。雖勉盡臣〔五〕孤忠，但奉行於成憲。而屬肇稱宗祀，考合上儀；祇戒精專，肅雍永享；内受百神之職，外來四海之恭。及釐事之告成，在臣力而何有？敢圖睿睠[六]，曲霈鴻私；增侈爰田，重加真賦。問其禮，則不越典章之舊；語其勞，則僅如陟降之儀。乃分之常，奚功可録？實虞非據，自揣無名。伏望皇帝陛下函覆比天，照臨如日。念厥誠之可憫，鑒所説之由衷。追寢徽章，俾安分守。則兩宫在御，知渙汗之無私；百執造廷，庶强顔而安位。

代范忠宣上太皇太后表

誠意冒聞，俞音尚閟。義可辭而難止，心得請以爲安。敢瀆高明，再殫悃愊？竊以祭而惠下，雖出至恩；賞不以能，即干公議。臣位居衡弼，職總官師。乏嘉猷以濟事之艱難，無雅望以重人之觀聽。苟更貪以褒賜，將下啓於紛紜。非止累身，固當體國。惟兹祫祀，厥有常勞。上則由大孝以感通，下則以羣公之顯相。用能成禮，昭格殊休。謬典領於攸司，實支離而即事。幸免譴訶之及，敢期敷錫之蕃。此蓋伏遇太皇太后陛下燭以至明，矜其小節。雖加地進律，爲臣子之至榮；而褒德顯功，亦聖王之重事。願輟已行之命，俾無妄予之譏。則遂成蕩蕩之公朝，豈特[七]取區區之私義。

代范忠宣謝明堂加恩表

澀懇露章，留恩俟旨。賦訓詞之申飭，知汗令之難回。意起拜嘉[八]，永慚虛授。伏念臣學非自得，道亦晚聞；正以遭逢，塵於近要；及兹晚節，遂領繁機。職雖冠於代工，事未忘於補過。幸遇皇帝陛下靈承寶煕，祇述燕謀。迹嘉祐之明禋，復總章之并配。禮文既輯，孝感遂通。款真宇以薦誠，包圓壇而兼饗。比膺介福，首睠近司。第其夙夜之勞，益以陪敦之賦。恩逾望表，愧溢情涯。祭澤方行，始懼支離而弗稱〔九〕；命書既下，猶知遜避之當然。徒罄所聞，卒云不獲。寵驚交至，俯傴靡遑。此蓋伏遇皇帝陛下以德動天，推仁及物。念其輔政，雖一善之無聞；及此受釐，欲衆人之皆享。故令孱昧，首被褒優。敢不見義則從，惟忠是力。務獲公家之利，敢懷私室之安。

代范忠宣上太皇太后表

渙然出綍，既成命之難稽；惕若負芒，知上恩之已過。措躬無地，蒙施若天。伏念臣本乏異能，早尸榮禄，謬入陪於帷幄，更冒進於機衡。名隨器以兼尊，任與憂而俱重。未聞一得，可報萬分。昨者考古定儀，酌今崇饗，奉一純而致告，備萬物以綏成。適以官聯，得專使範，幸多儀之親覿，在嘉祀以奚功。豈謂太皇太后陛下以道博臨，因天貺施〔一〇〕。謂聖能享帝，雖所出之由中；而福降自天，蓋可均而及下。反類功疑之重，深慚邑人之多。徒冒讁以固辭，卒叨榮而兼處。誓罄夙宵之力，別酬覆幬之仁。

代范忠宣謝加恩表

熙事告成，湛恩下霈。曲頒寵數，延及具僚。遜避莫容，兢榮交集。伏念臣生惟拙守，學匪通方。向以遭逢，遂忝鼎司之重；及均出處，猶紆袞紱之華。屬大亨之虔恭，煥多儀而明備。神靈燕格，天地貺臨。第聞諸福之沓來，方誦孝思之所感。而明綸忽降，恩紀增隆。顧非執事之勞，而冒加田之賞。大踰分願，徒益震惶。此蓋伏遇皇帝陛下燭以睿明，矜其戆陋。謂持衡當軸，昔雖績效之無聞；而衍食增封，蓋示朝廷之大體。誓勤夙夜，少效涓埃。

代范忠宣上太皇太后表

祀典交修，蓋由衷而致饗；恩章下逮，雖處外而不遺。名有故常，實爲榮遇。竊以祭而惠下，厥有常經；賞必顧勞，則爲公器。而臣頃緣際會，當處近司；逮此保全，猶叨郡寄。方承流而自勉，屬丕事之有成。曾微夙夜之勤，亦預便蕃之寵。爰田增俸，眞食有加。想輝翟以知慚，顧絲綸之已辱。遂叨成命，第訟罔功。此蓋伏遇太皇太后陛下函覆比天，照臨如日。念其輔政，雖一善之無聞；及此受釐，與衆人而偕享。期永堅於晚節，庶少答於鴻私。

代范忠宣辭免明堂加恩表

備殫愚款，雖曰報聞；尚有忱辭，期於必達。大懼悔尤之至，非徒冒昧之慚。蓋聞自昔盛王，因時恤祀。三代而上，畀輝翟以示恩；兩漢以來，及郊縣而霑賜。惟本朝之有作，比振古以增隆。凡備物以親祠，則敷天而均慶。蓋欲奉承神貺，袚飾治功。而臣能薄位高，才微祿厚。介於坐論，莫紓宵旰之勤；責以具瞻，豈有儀刑之美。比進陪夫禘享，乃專總於使聯。會匪任能，已蒙善貸。豈可更叨恩典，多取戶封。掩澤物之殊私，爲持衡之假寵。但由沿襲，實重僥逾。伏望皇帝陛下深軫淵衷，勉回鴻造。念茲申命，雖已出而如綸；收以待功，則無譏於反汗。庶幾疲荼〔一〕，可盡糜捐。

代范忠宣上太皇太后表

丕事繼成，純禧方洽；特均寵數，先被宰司。顧居位以無能，敢冒恩而招悔。伏念臣器惟適用之小，才乏兼人之長。出入四朝，曾無一善；周旋二府，謬列三階。雖茲大饗之虔恭，蓋亦備員而上下。典章明著，多士肅祇。物有司存，禮惟斯稱。至於被〔二〕天地之貺，格神靈之歡；由聖德之無爲，亦孝思之所感。如臣匪敏，惟戾是逃，幸不至於顛躋，敢上煩於寵獎？而明綸忽降，恩典過隆。曾無告後之猷，而預加田之賞。大逾分願，尤累聖知。伏望太皇太后陛下深軫睿慈，曲矜拙守。謂持衡當軸，既實效之無聞；而衍食增封，豈虛名之可受？俾還廷號，免縈邦彝。

代范忠宣坤成節進功德表

天正紀候，方膺來福之祥；坤載儲靈，適協誕生之慶。合朝綵而胥抃[一三]，壺宮流以騰歡[一四]。伏惟太皇太后陛下懿德内融，陰功獻運，輔先而朝允治，翼聖嗣以成能。加美王猷，坐隆母道。星躔髣髴，動軒陛以增華；月夢流傳，帝宸而參會。徽音允塞，景算延洪，恩洽諸臣，禮行中禁。臣久叨榮禄，今遇休期，迹雖厠於近聯，詞實慚於善頌。歡誠激切，倍萬常倫。

代范忠宣再進功德表

伏以位正母儀，慶流壺則；爰臨誕日，冒薦私誠。翻鹿苑之秘文，集鷲峰之浄侶。恭憑妙果，申祝福祥。伏願太皇太后陛下功翊基圖，道光房闥。浚源[一五]有自，資佛力以彌深；植福無疆，畀壽祺而不既。

代范忠宣再進功德表

伏以坤儀博厚，式當誕慶之辰；竺土流傳，夙契真如之理。爰憑妙果，式禱至慈。翻海藏之秘詮，發潮音之梵唱。伏願太皇太后陛下虔資佛力，增錫壽齡。太姒徽音，益光昭於千古；帝虞孝養，期永保於萬年。

代范忠宣再進功德表

伏以蘭秋啓序，方逾簡定之元；沙麓開祥，適協誕生之慶。敢伸善頌，妙結勝緣。演清梵於魚山，翻秘文於龍藏。伏惟太皇太后陛下，道尊房闥，功冒堪輿，母儀三朝，子來萬國。對上靈之純錫，翼嗣聖於丕平。爰丁震育之辰[一六]，敢罄廷洪之祝。伏望[一七]比明佛日，等固金輪。太姒徽音，益光明於千古；帝虞孝養，期永保於萬年。

代范忠宣賀平河外三州表

平戎韜略，靡用干戈；克敵雄才，自還里閈。豈特疆場之效順，行知鋒鏑之可消。患弭一隅，治形四海。伏以善戰之至，初無勇功；神武之行，亦云不殺。矧羌夷之不靖，本小醜之易除。始非得已而用兵，終則招攜之有道。巢穴可窮而不問，邊陲安堵而自如。情狀奚殫，款誠屢至。遂聞革面，相與嚮風。既内懾於威靈，遂盡歸其俘獲。殆非力致，純以德來；矧是生還，率常死節。度湟伐木，不煩充國之謀；謁廟賜田，如見子卿之返。此蓋伏遇皇帝陛下上仁兼覆，盛德惟新。小兩漢之邊功，盡三王之能事。眷惟士伍，偶隔聲名。鞮譯在塗，既奉君臣之義；裳衣改袵，復從父母之邦。邊候告寧，人情底豫。豈異七旬之格，是爲千載之逢。臣頃豫政機，親聞睿算；比分憂寄，獲睹成功。再拜奉觴，雖阻漢庭之列；大書作策，永爲宋史之光。感頌之私，倍萬常品。

代范忠宣謝賜姊萬年縣君冠帔表

恩在令中，方瀝肺肝之請；寵由意外，遂沾手足之私。雖加美於一身，實增光於兩族。叨榮爲幸，報賜何階。竊惟賦人臣以事，而念及其前人；憫公卿之勞，而不忘其後世。求之在昔，已曰稀逢。而況事非出於故常，澤遍加於内外；實爲殊遇，蓋異泛恩。惟是女兄，蓋然嫠婦。佩紉即事，早悲託體之同；恤緯在庭，未被及身之寵。私誠仰達，聰聽下臨。特頒冠服之華，不易衣裳之令。恩由中出，榮可家藏。此蓋伏遇皇帝陛下善與人同，聖由天縱。親奉神宗之遺澤，緬思仁祖之任賢。念及寡居，申惟華飾。庶家聲之不泯，知德賞之有由。惟是孤臣，將何報國？拜天子之命，幾顛倒於衣裳；比大夫之妻，更增華於車服。

代范忠宣上太皇太后表

誠意冒聞，睿慈下逮；靡從改授，曲示匪頒。顧同產之遭逢，見異恩而特達。伏念臣早緣中教，寖服榮階；尸祿已多，在公奚補？雖兄弟之并仕，顧姊妹之寡存。偶因可請之恩，願易從中之賜。敢圖聖念，深軫私門。遂使遺嫠，坐蒙華寵。被之首服，可慚圭寶之卑；煥若霓衣，如荷璇霄之降。榮逾所望，感極何言。此蓋伏遇太皇太后陛下體道安民，示慈愛物。靡間幽微之賤，兼存衣被之功。更以先臣，責其遺體。寵均在笥，置私室以光華；徒有同胞，望公朝而感泣。

代范忠宣謝賜生日禮物表

歲月云來，方起劬勞之想；雲天在望，遽叨錫予之優。雖有故常，殆由遭際。伏念臣早承父訓，鞠自母慈，比知從政之方，已匪及親之祿。迨茲榮遇，僅可移忠。適丁載育之辰，尤抱早孤之嘆。敢期睿眷，特示匪頒；厚以餼牢，加之醪醴。屈王人而臨諭，辱詔旨以申褒。跼地知慚，隆天被澤。此蓋伏遇皇帝陛下勤勞庶政，體貌邇臣，以將責其事功，故每同其憂樂。知有嘉生之意，曲推及物之仁。誓罄拙勤，仰酬恩造。

代范忠宣謝并州到任表

政兼四路，地控二陲。爲襟帶於北方〔一八〕，實股肱之重鎮。置帥之舊，當須得人。進職而居，併爲異數。伏念臣本非聞道，但欲保家，而被遇三朝，效無毫髮。蒙知二聖，速若風雲，登筦事樞，入司政柄。第奉行於典故，夫何有於經綸。始疑高位之疾顚，更得价藩而爲寵。迨兹期月，復濫恩崇。冠書殿之清班，總機邊於祇省。其在前者，多名德之相望；自視缺然，懼憂勞之難副。亦既受任，敢忘盡心。此蓋伏遇皇帝陛下治法禹湯，仁如堯舜。念嘗侍軒墀之末，是爲心膂之臣；爰曲加體貌之隆，特委兵民之重[一九]。尚有唐之風俗，承列聖之涵濡。惟知愛人，敢或生事。庶幾一得，以報萬分。

代范忠宣謝賜醫官章服表

私指冒聞，蓋恃聖君之含貸；特恩如請，更窺天語之溫純。曲被丁寧，惟深隕越。伏念臣頃緣遭遇，過竊寵靈；不戒滿盈，自取顚覆。擠九淵而難拯，視萬鬼以爲鄰。此蓋伏遇皇帝陛下纂服當天，體仁澤物；務爲蕩滌，施及尪殘。拔之於幾死之中，還之於絶望之後。官名悉復，里閈得歸。因遣侍醫，隨療沉瘵。既更生而爲德，仍起廢以推慈。力盡出於公家，心靡違於私室。輒殫危懇，妄有哀祈；敢謂聖神[二〇]，重矜朽惷。與期湯熨之速效，且非藩服之常恩。併受訓詞，示存眷待。俾在桑榆之景，更效芻蕘之忠。然臣外已支離，中加昏耄；但知感泣，無復激昂。伏枕待終，將何裨於君父；捐軀報上，當更勖於子孫。

代范右丞謝再出知潁昌表

袞紱再紆，尤積妨賢之咎；錦衣未改，還叨八里之榮。復書殿之隆名，進治官之崇秩。恩私曲被，感涕無從。伏念臣以一介之庸愚，遭千年之盛際，立身寡與，但遇聖朝，謀國何功？遂階丞弼。微勤勞之可紀，徒内外以迭居。一昨召自鄉邦，入司政柄，氣與神而俱耗，老隨病以交侵。瞻視不全，識慮尤短；逮以人言而自訟，終煩聖度之含容。待其疲曳而不支，然後逡巡而得請。

仍加異數，付以舊藩。兼出入之恩輝，盡始終之體貌。益爲僥幸，有靦心顔。此蓋伏遇皇帝陛下惻以至仁，包之大度。念其充位，幸樸樕以無他；雖或誤朝，由衰遲之已甚。不止奉身而善退，仍容假寵以榮歸。然臣被遇三朝，遍更二府，壯年遇事，冀有補於萬分；晚歲得君，訖無稱於一善。尚累撫民之寄，徒懷去國之慚。誓以餘齡，更酬洪造。

代范右丞謝潁昌到任表

非材而居高位，戚以自貽；去國而守大邦，恩由善貸。感慚既極，恐懼益深。伏念臣學匪通方，仕緣遭際；頃塵榮近，即抵譴訶。已甘自屏於明時，何意獲伸而任道。比蒙收召，屢被旁求；遂越稠人，預聞機政。而臣年齡已暮，知識久昏；外乏建明，中多忘忽。有如物使，初轉喉而不知；逮致人言，雖齰舌而何及。累奏封而自列，伏砧鑕以是宜。敢謂上恩，示之大度；止令去位，猶假輔藩。不徒禮貌之優，更委撫封之重。此蓋伏遇皇帝陛下，堯仁廣運，舜道用中。愛物如傷，以仁觀過。似矜晚節，特屈明刑。臣敢不〔二一〕擢髮思愆，没齒自訟。嘗叨重任，況終賴於保全；未盡餘生，當力圖於報效。

校勘記

〔一〕"如臣者"，臣原作"聖"，據《叢》本改。
〔二〕"屢積瑕疵"，原作"屢穆瑕疵"，據《叢》本改。
〔三〕"頃自"，原作"項自"，據《叢》本改。
〔四〕"還恩"，《四庫》本作"遷思"。
〔五〕"盡臣"，《叢》本作"盡本"。
〔六〕"睿睠"，原作"睿睆"，據《四庫》本改。
〔七〕"豈特"，原作"豈恃"，刻誤，是正。
〔八〕"意起拜嘉"，《叢》本作"竟起拜嘉"。

〔九〕"弗稱",《四庫》本作"不稱"。

〔一〇〕"既施",《四庫》本作"既賜"。

〔一一〕"疲苶",原作"疲恭",據《叢》本改。

〔一二〕"至於被",原作"至被於",倒誤,今乙正。

〔一三〕"胥抃",《四庫》本作"胥忭"。抃,拚通,《說文》:"拊手也"。或從卞。

〔一四〕"壺宫流以騰歡",原作"流宫壺以騰歡",既誤且倒,今正之。

〔一五〕"浚源",《四庫》本作"没源","没"字誤。

〔一六〕"之辰",《叢》本作"之長","長"字誤。

〔一七〕"伏望",《叢》本作"伏願"。

〔一八〕"北方",《四庫》本作"比方"。

〔一九〕"之重",《四庫》本作"之任"。

〔二〇〕"聖神",《四庫》本作"神聖"。

〔二一〕"敢不",《四庫》本脱"不"字。

西臺集卷四

議

正統議

歷數存於天，治亂在於人。自周之前，堯得天之歷數而傳之舜，舜得天之歷數而傳之禹，禹得天之歷數而傳之湯，湯得天之歷數而傳之文王，其歷數明著而不惑。至於三代之末主，昏愚不肖，不足以動化天下；毀其社稷，而不足以當天之正統者，何哉？蓋以得歷數者有道於其始，而爲治亂者不繫於其終也。由周而下，秦繼周矣，始皇以威力彊滅六國而帝天下，二世不改，又大遠人情而爲政。故嬴姓之立，十四歲而易，是始不能以仁義取，終不能以仁義守；歷數不得於天，治亂不得於人；非可與三代同爲政也。若曹魏之繼漢，司馬晉之繼魏，雖取之非道，而子孫血食，或五六世，或十數世，較於當日，又無其他長久之主以相擬，故亦可獨推其統而言正矣。然至稱蕭梁爲正者，蓋根其取於齊，而齊取之於宋，宋取之於晉。晉既爲正，故疑梁亦爲正統也。說者又有以宋、齊、梁、陳皆爲偏王比較，梁取之非道，而子孫不長也。是以不取其繼晉之統，而以後魏、周、隋爲正統焉。故王通亦嘗稱皇魏之德，以其興起自然，歷年久也。今必欲斷二說之非是，前說則道進於秦，梁是；後說則道退於魏，不知魏可爲正，而秦、梁不可爲正也。故所謂得其統者，可當其歷數也。可當其歷數者，豈以圖書勅之而言語告之哉？亦觀其興廢、善惡、長短之效而已矣。故秦爲不正，比於其事，則如日夜之餘分，歲月之有閏氣也。魏以下爲不正，比於其類，則如曹魏之於吳，吳之於蜀漢也。比於其事，則如大河之有派渠，通道之有支徑也。是真僞比稱明白之大驗矣。孔子作《春秋》，以天下無王而作也。雖以無王而作，然至於周之爵命、盟會、騁使，未嘗不稱王也。雖有桓、文、穆、莊之霸，未嘗不稱侯、伯、子也。是不敢計治亂盛衰，而一以周爲正統也。此《春秋》推正統之大意，而與夫秦、魏、梁之説無所不同矣。《傳》曰："知之爲知之，不知爲不知。"其大意既無所同，則雖有其他褒貶、賞罰、明暗之旨，安敢遷就附會而爲説哉！

明堂議

　　議事之人，患不原本末之情，輕重之勢，與夫今古之所宜，而專以其誦習聞見固守之，雖明知其不可復而不忍捨去者，惑之甚也。自漢以來，爭於親廟之數、郊丘之禮與夫明堂之制度者，卒皆無定論，而明堂爲甚。蓋其制既不經見，一皆出於異書雜説而爲相勝之論，則雖蔡、鄭復生，猶將不決。故原聖人之心而以義起之，則今儒者所共知者，已爲有餘；不原聖人之心而斷於臆説，則雖合諸子百家，而猶不足。《經》曰："郊祀后稷以配天。宗祀文王於明堂，以配上帝。"而《孟子》曰："明堂者，王者之堂也。如欲行王政則勿毁之矣。"夫明堂之本意，大要尊祀祖考，而爲神明之所主者，以時居之而行其政於天下。苟可以祀祖考，可以行其政，則天子之所出入，皆可以爲明堂。苟不能祀祖考，不能行其政，雖使九室四户七十二牖，真聖人之法，猶將無益。《傳》曰："祭祀以敬，不問其禮矣；飲酒以樂，不選其具矣。"今國家上稽聖賢之遺文，下循祖宗之故事，闢路寢，嚴配以事天神者，非止今日。天神固已享矣，嚴配之禮固已得矣，姑修其孟子所謂王政者，自此行之，則天地得其職，陰陽得其序，萬物得其宜。若夫《考工》筵室之廣狹，《月令》左个，右个，太廟之同異，蔡、鄭世室重屋享功養老；敬學選士之曲説，出於誦習見聞不可爲定論者。在上之人義起而斷之，不足膠也。

封建郡縣議

聖人治天下，其經制不啻萬事，而萬事之中，其經制有大且重者二焉，曰封建，曰郡縣也。由商、周以上，知封建之利，而不知郡縣之爲利也。由秦、漢而下，知郡縣之利，而不知封建之爲利也。好古者喜封建，而趨時者修郡縣。是以王通稱郡縣之治，不知其用；子厚謂封建非望人之意，而湯、武不得已。是好古趨時之説不同也。然世更數十，或治或亂，或強或弱，或久或促，未有能出此二者之經制也。故封建則爲諸侯，郡縣則爲牧守。諸侯則其勢重，牧守則其勢輕。今知勢輕之易御，而不知勢重之易治。此子厚所以感於封建不如郡縣者也。夫三代而上，諸侯之勢，非不重也，三代而下，牧守之勢，非不輕也。然至於末世晚路，則皆歸於亂亡，是故不繫於勢重勢輕，而繫於爲上者善惡得失也。爲上者事善而得，則勢雖重，不敢怙重而逆也；爲上者事惡而失，則勢雖輕，不肯守輕而順也。二者之路，其弊如一。然其治，則郡縣之勢，不若封建之久且完也。以久完之勢，而終亦有弊者，是皆失封建之本意也。昔唐虞之封建，世傳萬國，不知有封建之弊也。夏、商之封建，世傳千七百余國，亦不知有封建之弊也。周之封建，世傳十八百國，而後卒有封建之弊，非封建之罪也。爲上者不善，而封建之意已失也。故其治，始則國分千有八百，其後則併爲數十，又併而爲十二，又併而爲九，又併而爲六，遂皆併於秦，而周始亡矣。使周無甚愚之主，而不失封建之本意，制千八百國之衆，而不使相併。始有相併，則代而更封之；國衆而易治，力小而易御，則封建安有不善哉？不然，則秦取李斯之議，去天下諸侯，分爲三十六郡，置郡守與尉監，二世而易姓者，郡縣不如封建，一也。漢以同姓異姓雜建爲諸侯、郡守，因主父之說，又以計弱同姓，故社稷奪於王氏，郡縣不如封建，二也。自魏而下，盡除封建之迹，一以郡縣爲治，郡縣之力，不足計其强弱，故未有不奪於强臣者，是郡縣不如封建，三也。豈惟郡縣之勢不如封建哉？唐承五季之後，至太宗始一天下。自天寶以後，嘗變郡縣爲藩鎮，而大授其權矣。及貞元之間，藩鎮節度，勢長而力矯，故無朝貢之禮，無生殺之請，天子爲賜鐵券，向宗室〔一〕，而無益也，以詔削，以兵徵，而無功也。無封建之益而有封建之禍，是方鎮亦不如封建之效也。且外强者，封建也；外弱者，郡縣也。外强則患生於外，外弱則患生於内。患生於外者，内可以制而禍遲；患生於内者，外不可制而禍速。然則封建可以制外患，而郡縣不可以制内禍也。何以知封建之可以制外患也？封建者爲諸侯，諸侯者爲國，國有君也，有臣也，有士民也，有鄰國也，有上下相維，左右相持，畏義而不敢易動也。易動則臣或不從也，士民或不信也，鄰國或不聽也，不從則深諫，不信則上告，不聽則力禦。如封建不失其本意，國衆而勢小，有易動者，天子之師，因其深諫、上告、力禦之一端，則易制矣。是故知封建之可以制外患也。何以知郡縣之不可以制内禍也？郡縣者爲牧守，牧守者爲外臣，外臣則無大勢也，無專兵也，無擅制也。内有强臣之變，變而不知，知而不敢擅動，强臣以牧守之權不足忌於外，於内則日月劘削，朝夕用力而已矣。是故知郡縣之不可以制内禍也。不徒有可制不可制之形，且又有可治不可治之實焉。故封建則輕界易均，稅賦易平〔二〕，穀禄易分，官吏易擇，兵民易立。郡縣則經界不能均，稅賦不能平，穀禄不能分，官吏不能擇，兵民不能立。是以二者之勢，始則同歸於無事，而封建歸可治也；末則同歸於亂亡，而封建歸可久也。如上得其本意而善守之，則封建之患無有也。失其本意而不善守，則雖郡縣，亂愈速也。是郡縣不如封建之明説也。今夫常人之家，必鑿其井矣。是井者，家家不可無而有益者也。

　　使或有狂子蹈之而死，則井非徒無益，亦有損矣。然不以狂子之蹈而廢井者，知非井罪也。今以諸侯之不順，不責上不能守其本意，而責封建，是猶井溺狂子，不責狂子之蹈而廢井也，豈不過哉？若夫方鎮則最無説也，小其權，則與郡縣無異，而不足以蔽難；大其權，則徒有封建之勢，而無君臣、民庶、鄰國之畏。此唐亡之計，而五代求禍之塗也。今國家上鑒三代之封國，兩漢之雜建，秦、魏、晉、周、隋之郡縣，唐五代之方鎮，而方鎮患又切而近。故痛絶方鎮節度無益之勢，而使京官朝吏，皆得出長郡縣，至於百年無事矣，信得其道也。然今或意州縣之權輕，而東南不可不慮者，非徒事未然也。前日貝州之役，邕管之軍，是權輕之害，東南之禍已效者也。今必欲〔三〕變更，則莫若封建，必欲因循，則莫若郡縣；方鎮之患則已去矣。然封建之勢，非邊圉無慮，蓄積豐富，兵力盛強。臣有異姓之良，同姓之賢，則不可暴去郡縣之久制而卒爲也。若守郡縣之常法，則弊不生於今日，必成於後世，不可不改也。爲今之策，若以貴臣之賢者，然後出爲守；以宗屬之賢者，然後封爲侯。如兩漢之雜建，而大不使至七國之強，小不使如長沙之弱，京官朝吏，更爲令丞而佐治之；是變更而不暴，因循而易改者也。及乎邊圉益靖，積儲益富，兵力益強，良臣賢戚益衆，然後大割而衆建以天下爲千國，上立其法而守其全，恩結兵御，不使有相并者，是萬世之計，而得其本意也。

併州縣議

　　竊觀遠近之勢，要在均一而易治。昔周之盛時，畫千里爲王畿。王畿之外，制天下爲九服。九服相距各五百里，而要服之内，封其地者，蓋千有八百餘國，以此知其欲均一也。封國之制，侯百里，伯七十里，子、男五十里，不能五十里者，謂之附庸。以營丘、曲阜之封，而不過百里，以此知其欲易治也。及秦變古，裂天下爲郡縣，一郡之地，包十諸侯之封，猶倍侯、伯之制，天下之地始不均，而民始嗷嗷，苦其難治矣。伏惟朝廷建功立事，一出先王之道，而乃削郡成邑，割邑〔四〕成聚，所以省官併員，寬去力役，幸天下者甚厚。然一邑併一邑，併去之邑則力寬，併入之邑則力重。邑之有併也，有數百人之邑〔五〕，有四、五十局之官。既併矣，則役去其十數，而官存其一、二。是故其力寬。而其併入之邑，一官任二官之事，一人任二人之役；昔之訟者五，今之訟者十，昔之往來者一宿而至，今之往來者再宿而至；其他可以類舉矣，是故其力重。夫小邑併大邑，必無四面之均。以南併北，則南長而北促；以西併東，則西寬而東狹。促狹之鄉其民逸，寬長之鄉其民勞，此又理勢自然也。雖於出錢之數，可省三數，然酒稅虧折，則必稱此矣。以淮甸一路言之，邑小則易爲治，地大則難其人。光之仙居，壽之壽春，泗之招信，此小而易爲治者也。廬之舒城，蘄之蘄水，光之固始，此大而難其人者也。理宜割大以爲小，今乃併小而爲大，捨易治而求難爲，非其術矣。

且今州縣之役豈不輕，州縣之吏豈不省？昔先王之封國也，雖子、男之邦，必有宗廟祭祀之費，有人徒祿廩之厚，有兵甲車馬之衆。而城郭道路，關梁廬館，尤嚴於賓客之事。而其歲時使人存頫，若周恤、慶賀、贈饋之文，又有四鄰之交，巡守、朝覲、會同、聘問之集，所以設官致員役民力者，蓋甚繁且密。而州縣之治，存於古者無幾，則天下吏員之未易，民力之未輕，不在此矣。

爲今之策，宜先求建國之大法，要在均一而易治。凡邑之大者，割其大以補小；邑之小者，增其小以成大。置一縣之封，必度四面之界，分長鄉以補短，分寬鄉以補狹。縣相比，州相較，大者不使如固始之寬，小者不使如仙居之狹，此之謂均。户口、賦税之籍，徭役、獄訟之制，大略相等。賢者俯就而有餘，不肖者勉强而無累，此之謂易治。其有大邑，次大邑，雖割而猶大者，則增官。小邑，次小邑，雖增而猶小者，則減役。官不求苟省，可置則置；役不求苟廢，可存則存。如是則民不驚動而地均，官不勞擾而治定。指顧相視，而遠近之勢已分；文檄相移，而分割之功已就。官吏之所願，民情之所安，公家之所便而已，併兩爲一，廢州爲縣，廢縣爲聚，有寬省之小利，成難治之大患。官吏之所重爲，民俗之所驚駭，利害之相去遠矣。均一易治之説，惟朝廷擇焉。

官制議

國家承五季之後，典章制度、號令文采，雖未純於三代，蓋皆取三代之意而髣髴焉。至於慎刑罰，息兵革，寬仁盡下，愛養元元，得天下之心，則有與三代比者。獨官名自宰相而下，至於百職執事，循用五季之舊，而不知改。天子臨朝太息於上，而公卿大夫咨嗟悼歎，發憤於下者，不知其幾十年矣。及神宗皇帝同人心，決大策，以階寄禄，而修復漢、唐三省之制，宜其歡呼鼓舞，以慶朝廷之盛德。而行之五年，公卿大夫猶有不懌於官制者，豈未改之前，嘗厭五代之無法；既改之後，復云漢、唐之非是，則官名之所設，如何而可？蓋國朝雖循三省之舊，而二十四司之名，皆第之以待百官當選者，在省之官，反假他官以制之。如兵部爲樞密，吏部爲銓審，庫部、金部爲三司，水部爲都水，刑部爲大理。名隸尚書而事他局者，不可以爲後世法。則先帝之改制無可議者，而改制之中，有非漢、唐之舊，而未合於今日之務。舊平章事遷中書令，國朝以來未有遷至中書令者，而今儀同三司一階，兼昔日宰相累遷之官。舊禮部尚書遷戶部，工部遷刑部，刑部遷兵部，而今銀青光祿大夫一階，兼昔日尚書累遷之官。舊禮部侍郎遷戶部；戶部遷吏部，工部侍郎遷刑部，刑部遷兵部，而今正議大夫一階，兼昔日侍郎累遷之官。卿寺亦然。昔之官品難於進，今之階秩易爲高，而又降七品爲八品，降五品爲六品，降三品爲四品，至其不可用也，則議請減蔭，反以舊品爲定而章服之。今徒降五爲六，降三爲四，以遷就新品之失，而不知義理之所在，則所謂漢、唐之舊，而不合今日之務者，可驗於此。然猶未有害也。舊尚書省不總天下之政，而中書、門下，合而爲一，則其治速。今尚書省總天下之政，而中書、門下析而爲二，則其治緩。此理之固然者。所謂畫黃錄黃、符牒關刺，由上而下，復由下而上，近者浹旬，遠者累月，有夜半停印待報，而其務乃比於竹頭木屑之細，或者宵衣旰食，未得其決，而事久失於期會，則非惟不合今日之務，而良有害。公卿大夫所以不憚於官制者以此，亦在上之損益而已矣。蓋隋、唐二十有九，而今寄祿階二十有五，如益其階，使與舊日之官品相對，無併三遷兩遷而爲一階，則階正矣〔六〕。還舊日之品秩，凡議請減蔭服章之名，必合三五七九之數，無易前古之常，以就新品之失，則品正矣。事大而緩，則由寺監而上臺省，或由臺省而下寺監，事速而小者，則許之專決或專達，而不爲次第上下之遲久，則事正矣。階正則朝廷尊，名器重；品正則義理安，民志定；事正則三省無滯務，而遠近之人皆不失於期會。修此三者，而官制立矣。豈以漢、唐之官名不當復，而五代之季爲可循也！

官冗議

事不於無弊之時，爲有弊之慮；知有弊矣，復不早爲之所；既有猥并難治，而欲發一詔，下一令，使天下歡呼鼓舞，遂返於無弊，則雖稷、契復生，未易能也。或者以其弊爲不可救，聽而任之，則亦非治天下之術也。昔周制六官，其屬三百六十，而漢官之在內一千五十五，在外之官猶不預。唐太宗省內外官，定制爲七百三十員，而開元、天寶之間，至萬有八千，則漢、唐之間，官冗可謂弊矣。而本朝之弊，則尤甚於漢、唐。

　　昔太祖、太宗之定天下，萬事草創，中外之官，不足以更代，故多爲入仕之選以應用。而後世不知改作以適時變，反有增而無損。故治詞賦者舉進士，射策者爲明經，五品已選，多至數千。居家未仕與祿食於四方者，倍乎在選之數。被代赴選與已選待次，又與居家未仕食祿者比，而科舉任子，益來而不已，不知數十年外，官冗之弊將何如耶？則救之之方，正在探其情而理勝之爾。夫予之則喜，奪之則怨，雖人所不免，苟奪之以理〔七〕，亦無可怨者。故管仲奪伯氏駢邑三百，沒齒無怨言，則能探其情而理勝之故也。今科舉之士，雖以文章爲業，而所習皆治民之説，選於十數萬人之中，而取其三二百，使之治民，理或可也。而公卿大夫所任之子弟，雖有賢者，而驕驁愚憒，未知字書之如何而從政者亦甚衆，雖其父兄不自言，以情占之，豈能不以爲愧而且幸哉！然則損任子之恩〔八〕，而嚴入仕之選者，正今日救冗官之道。夫任子者，朝廷所以厚公卿大夫之家，而嚴其選者，乃以將治民而不可忽。選之之法，宜比進士加寬，而所謂銓試者則加密，或十而取其一，或以二十而取其三，惟朝廷之所進退。中選者遂比進士而治民，不中選者亦足保妻孥而免於皁隸。順於人心，其利有五：公卿大夫之子弟，皆勸於學，其利一也；得選士以治民，民不告病，二也；中選者，遂比進士，彼之所願，三也；不中選者，少沮而益勸，無甚觖望，四也；官冗之弊，從而可救，五也。

　　蓋事不於無弊之時，爲有弊之慮；知有弊矣，復不早爲之所；既以狠并難治，而欲發一詔，下一令，令天下歡呼鼓舞，卻返於無弊，則雖稷、契復生，未易能也。而以其弊爲不可救，聽而任之，則又非所以憂天下，慮後世。然則欲治猥并之患，爲後世之慮，奪天下之所喜，而要使無甚觖望，非仍任子之恩，而嚴入仕之選，無可爲者。若明經、流外、雜色之進，則在朝廷斷而罷之。勢有不可罷者，則十省其五、六，不繫今日之輕重也。

試蔭補人議

道不足以通庶事，不謂之道；法不足以行萬世，不謂之法。舜之德，賞延於世，可延之賞也；文王之政，仕者世禄，可世之禄也。賞可延而延之，則無幸賞之心；禄可世而世之，則無猥多之患。自漢以來，捨其賞延世禄之説，而不達其旨，是以官吏浮冗，最爲天下之大慮。昔唐太宗省内外官，定制爲七百三十員，曰："吾以此待天下賢才足矣。"後世有特置同正員，至於檢校兼守、判、知之類，皆非本制。中世之後，遂不勝其濫。然而蔭補之格，猶未若本朝之濫也。蓋太祖、太宗之時，天下初定，萬事草創，有司停闕待注而無人〔九〕，故多爲取士之門。蔭補之法以應用，至今百餘年間，天下以補蔭入流者甚衆。一歲之選，至於萬計，豈特賞延世禄而已耶？舊日之制，歲得任其子弟者，易而爲三歲，三歲之制，復易爲六歲；而猶患〔一〇〕其濫，則殆非歲數之近，蔭補人之多故也。今若於定制之外，復增歲數，則士大夫絕望於蔭補，沮事之議，將不可止。非所以順人心，助和氣，而官冗之弊，又未必能去。爲今之策，莫若因仍歲數遠近，而漸實其試法，試而中於法者，然後入仕，則是第存蔭補之舊名，而已無入仕之新患。順於人心，所利有五：不增蔭補之期，無所觖望，一利也；公卿之子弟患於不學，而今實其試法，則自勸於學，二利也；得好學之人以爲政，不病於民，三利也；一不中選者，猶欲再而中，再不中選者，猶望三而中，不絕其望，四利也；官冗之弊，可以漸省，五利也。豈惟蔭補，凡天下之入仕者，皆爲試法以考之，使人人勇於自試，而止取百人，則百人而已；數百人，則數百人而已；終無意外之濫。雖行之萬世，未見其弊，又不失虞舜賞延、文王世禄之旨矣。

知人議

學問之未成，可以習也；善行之未見，可以積也。而知人之明，則不可強，得乎天子爲諸侯，得乎諸侯爲大夫，得乎丘民而爲天子，則民不可以不安。欲安民而無其人，則將誰使安之？故二者，帝堯之所難，而天下之務最先者也。孔子曰："視其所以，觀其所由，察其所安，人焉廋哉？"又曰："吾之於人也，誰毀誰譽，如有所譽者，其有所試矣。"蓋孔子不敢自謂之知人，必視其所以，觀其所由，察其所安，而又因其譽而試之，然後有所定。而近世之知人，詳者，求之簿書、刀筆、繩墨之間，而略者，以皮相天下士，遂言有以知之，殆非聖人所以知人之方也。今自公卿至士，自正至旅，其等級之相去固繁，而數千萬人，必人人而察，事事而量，待其適可而後用。則雖帝堯、孔子有所不能，而況後世人之乎？《傳》曰："治衆如治寡，度數是也；制衆如治寡，刑名是也。"今取人之粗者，既有學校科舉、公卿大夫保任之法之；而精者，孔子所謂視其所以，觀其所由，察其所安，與因所譽而試之之理。在天子由此以知其一相，一相由此以知其部刺史、監司，部刺史、監司由此以知郡守、縣令，郡守、縣令由此以知其下。則自公卿至於士，自正至於旅，雖未易知，然亦有可以知之之理。蓋視其所以，乃人所用之心；觀其所由，乃人所當從之道；而察其所安，蓋能有所不動，既得其所用之心，又見其所從之道，而利害得喪之間，且能安而不動，則人之賢愚，思過半矣。然後隨其所譽而試之，則雖聰明智慮，非聖人之比，而其所以知之者，乃聖人之方。使行者不能盡而得其略，猶與求於簿書、刀筆、繩墨之間，而以皮相天下士者，爲有間矣。故古者進賢受上賞，蔽賢蒙顯戮。而諸侯貢士，一適之謂好德，再適之謂賢賢，三適之謂有功。既有學校科舉、公卿大夫保任之法以治其粗，又有孔子所以知人之方以治其精，而爲之賞勸以勵之，則雖貌厚情深，而不能逃吾之法令也。既不思孔子所以知人之方，又舉賢而不肖則無罰，舉賢而賢則無賞，而惟用學校科舉、保任之粗法，歎人之難知，蓋未可歎也！

名實議

君子以名用人者，爲其信於衆也。一人譽之不足以成名，必衆人譽之，然後可以成名，則名者信於衆人之謂也。然士有依名而蹈利，不思行己之何如，養交取合，亦足成名者。故君子之用人，必索其實。孔子曰："吾之於人也，誰毀誰譽，如有所譽者，其有所試矣。"試者所以索其實也。而太史公亦曰："其實中其聲者謂之端，實不中其聲者，謂之窾，窾言不聽，奸乃不生。"則名實者用人之大契，君子所以配仁義而并行之公道也。昔漢宣之治，雖不及三代，然刺史守相，輒親見勞問，觀其所由，退而考察以質其言，有名實不相應者，必知其所以然。公卿缺則選諸所表，以次用之。故漢世多良吏，於孝宣時爲多。而龔遂、黃霸之徒，皆得以良吏自見於世。元、成而下，孝宣之業雖衰，然名實之法猶有存者，故建武、永平間，郎官出宰百里，尚書令僕亦爲郡守。而虞延、第五倫、鮑昱之徒，更以郡守入爲三公。守令之重如此。是以卓茂、魯恭皆以縣令爲循吏，茂亦卒至三公。則孝宣名實，非徒一時之稱，蓋得孔子試之之意，而後世可以循用故也。自唐以來，官在内者重，官在外者輕。故張九齡欲重刺史、縣令之權，歷都督、刺史，然後入爲侍郎、列卿，歷縣令然後入爲臺郎、給諫，而法亦卒不行。本朝之制，九品可以爲縣令，七品可以爲郡守，則是九品之賤，已當漢郎官之選；而七品之人，已任漢令僕事矣。持禄處内者，既無治民之責，而多進退之門；守法在外者，則數出爲俗吏而不見用。就有用之者，不過由縣令而居幕府，由郡守而爲監司。所謂臺郎、給舍、令僕三公，未有由此途而出，則内官安得不重，外官安得不輕？是以名實相紛，毀譽淆亂，養交助合之人，漸以得志，則守令如龔遂、黄霸、卓茂、魯恭，亦何道而進？今兩漢之法，雖卒難行，然當體其大意，稍重郡守、縣令之官。通都大邑，有善政者，數加獎勵，使必由縣令然後居寺監，由郡守然後至臺省，則人人樂於外官，赴功治職，齊民可受其賜，而寺監、臺省，亦將得真材。毀譽名實，無所紛亂，又合孔子試之之意。蓋事有不召而自至者。西漢重功名，則權奇倜儻之士出；東漢重名節，則蹈難死義之臣衆；有唐尚文詞，則詩歌賦頌綴文之人，亦出而不絶。今果重在外之官，必由縣令而後居寺監，郡守而後至臺省，則謂良吏者，亦將不期而自至。名實之論，惟所加慮。

校勘記

〔一〕"向宗室"，《四庫》本作"尚宗室"。

〔二〕"易平"，《四庫》本作"已平"。

〔三〕"必欲"，原作"必未"，據《四庫》改。

〔四〕"割邑"，《四庫》本作"割郡"，誤。

〔五〕"之邑"，以下文觀之，"邑"當爲"役"之誤。

〔六〕"則階正矣"，《四庫》本作"階則正矣"。

〔七〕"苟奪之以理"，《四庫》本作"奪之以理"。按有"苟"爲長。

〔八〕"損任子之恩"，下文作"仍任子之恩"。按以全文之意并參下文觀之，以"仍"字爲妥。

〔九〕"有司停闕待注而無人"，《四庫》本作"有停闕而待注無人"，誤。

〔一〇〕"而猶患"，《四庫》本無"而"字。

西臺集卷五

議

學校議

　　天下之事，有至近且狹，偶得其道而行之，則雖累百世而不倦；有甚大極重，不得其道而行之，則終無補於天下。今所謂律令，皋陶之刑也；增損隆殺，近所以爲治之道，遂成不刊之書。學校之設，欲以進賢養士，爲太平之具，不得其道，至今設爲虛器而已，蓋甚可嘆也！古者家有塾，黨有序，國有學，而養老、習射、讀書、合樂、行禮於其中者，蓋欲使知君臣之義，父子之親，長幼之節，明是非，一好惡、積道藝，以爲天下之用。顏子"不遷怒，不貳過"，孔子謂之"好學"。而後世始治賦廩、督課業、嚴禁令以從事。豈古人所以爲學之道耶？其君臣之義、父子之親、長幼之序，所以明是非、一好惡、積道藝者，猶未備也，而又欲麗師堂、廣生舍、衆徒弟以爲盛，其去道愈遠。蓋聞熙寧之初，變詩賦爲經義以取士，增太學、郡國學官，設三舍，改定式令以布行之。四方之人至京師者幾數千，而是非[一]不明，好惡不一，道藝進取，未有異也。今復欲變經義爲詩賦，退學官，更定式令以從事，則學士大夫之所以自得者，果安在耶？試略言之，三代鄉舉里選之法，雖難卒行，宜亦仿其大者，使學士大夫有以自得，而後詔先生博士，卒以君臣之義、父子之親、長幼之序，與夫是非、好惡、道藝之政。而詩賦、經義，則如古以射取士之法，行同能偶，然後序之，別爲貢舉以待科舉之士，存之而勿論。

要使優游和易而不迫，化其心而勿强復其迹，則庶乎先王所以爲學之道，而久以歲月，則遂將適於實用，不爲虛器而徒設，天下幸甚！

經術、詩賦取士議

事有求厚而得薄，欲與益期而損至者。熙寧之初，患詩賦聲病偶儷爲學而破碎乎道也，故以經術取士，使人治一經而立其説，庶幾有補於道，而十餘年間，道之破碎益甚。治經者不問經旨之何如，而先爲附會之巧，一章之中有十意，一意之中有十説。至掇昔人之語言，以經相配，取其諧而不問其理義，反甚於聲病偶儷之文，有足嘆者。楊、墨之亂儒也，其人則亂，其書不亂。楊自爲楊，墨自爲墨，儒自爲儒，强相異而不相使也。萬世之下，猶得聖人之全經。今熙寧之舉子經旨，不足以爲奇，反破五經之正論，而强納以佛老之説。聖人之經旨，幾蕪没而不見，是徒爲經術以取士，而不如詩賦之時，聖人之全經未破碎也。則求厚而得薄，欲與益期而損至者，可驗於此。爲今之策，莫若復詩賦以取士，而不累於科舉以進治經之人。復詩賦以取士，則高才識達，功名道藝或可以兼至；不累於科舉以進治經之人，則聖人之經旨，庶不爲科舉之所亂。復之必得其術，進之必得其道，析詩賦、經義爲兩科，學詩賦者舉進士，治經者舉明經。取明經常少，取進士常多，十數年間，將自化而爲之〔二〕。詩賦不以法制而漸復其舊〔三〕，術之善者也。夫以經義取士，實雖不至，而名近於古，以詩賦取士，實其至矣，而名不及於經義。今區區者徒見朝廷罷經義，復詩賦，則以爲可復而已矣，而不知經義之不可以累科舉也。既罷之後，當詔天下，求窮經謀道不累科舉之人，如仁宗之朝孫復、石介者，置以爲博士，使傳道於諸生。則今日之朝尚〔四〕纔得經術之正，而無破碎之患，道之美者也。蓋舊政已廢而復之者戒於暴，其名近古而易之則民疑。然則設爲兩科以取士，使漸復於詩賦，又詔天下，求窮經謀道不累科舉之人，任之爲師儒，亦以爲不暴而釋民疑也。

文　議

世之謂文者不繫於德，謂德者不繫於文。夫文章之士，雖不繫於有德無德，而無德者不能爲有德之文，有文之人不皆有德，有德之人不皆有文。而有文者無德，則不盡其善。奚以知其然耶？今人之言文者，其任蓋小矣。希名幸世，取合當時。而古之人言文者，其任不小，善惡欲明，是非欲辯，久遠欲傳，勸戒欲信，非獨名位而已也。故雖有精金良帛、沉器重物，非車輿則無以輸遠；雖有奇功偉德，元兇大惡，非文章則無以取信。車輿不莊，則雖載而必敗；文章不著，則雖傳而必惑。故文章，蓋美惡之車輿也。

自六國以前，孔子所定，不敢輕議。嘗竊觀六國以後，西漢之前，號綴文之士者，類皆過人。而過人之遠者，賈誼、董仲舒、司馬遷、相如、劉向、揚雄。此數子之文也，蓋善惡能明，是非能辯，久遠可傳，勸戒足信。雖有議論間未合於聖人，然詞采條貫，如親聽其談説，而精神意氣，可以想見其爲人。使後世識者，心知其所異，而口不能亟喻其何如，此數子之文也。然此數子者，豈特文而已。事君必忠，修身必正，趨響必厚，議論必公。其所存之德，既已過人，則其發見於文章者，豈不過人哉？

在唐三百年，韓愈號爲文師，而忠厚公正之德，亦著於天下。自韓愈以來，文章之德散，科場之弊生，使夫英雄俊才，老死不顯，而寡聞淺識之徒，乃始支離攘臂，自奮於其間。私取近世之陳説，而公爲徼倖之論。善惡不能明，是非不能辨，久遠不可傳，勸戒無足信，言今則近陋，議古則近愚。而其甚者，鑿是爲非，飾惡成善，借平常之易事，爲紜紛之轉詞，以熒感天下。天下之人，莫知其非，故公則見信於有司，退則受知於朋友，而彼也遂直以爲能。此有志之士，所以扼腕而太息也。

青苗議

青苗之法，本爲民間不足而貸之，則所謂下戶者，理合先貸。而下戶憔悴苟活，易於結請，難於輸納。州縣之吏，陃以詔條與曩日監司之威，既不敢不散，又慮散而難納，故少俵於戶，多與上等，利其易於催取。州縣之吏，人人惰於散斂，苟以塞責。蓋散錢之理，散而不斂，則不問等第高下；散而斂之，則必別其等差，度其可以還官，然後敢與，乃天下之人情。稱貸之不理，不足怪者也。故立法則欲濟下戶，散錢則多與上等。下戶貧窮，義當周恤，而勢不敢遍；上戶自足，無假官錢，而強與之使出息。若以法禁之，使不與上等而貸下戶，則官錢十出，九將不歸，又非散斂之理。名欲厚民，事乃剝下。名爲惠政，實有利心；此青苗不便之大略也。

蓋古者四民不相易業，而農爲甚。管子曰："農羣萃而州處，盡其四肢之力以從事於田野，少而習焉，其心安焉，不見異物而遷焉。故父兄之教，不肅而成。子弟不學，不勞而能。"後世之治民者，雖不盡如管子之説，至於耕田力作，而禁追擾，徭役之外，稀使至於城郭，則近日之政，尚或有之。自散青苗以來，非請即納，非納即請。農民憧憧來往於州縣，捨政苦食淡之志，而漸起甘美之願；辭耕田力作之業，而習爲遊惰之態；亡淳樸寡欲之性，而增長嗜好之事。田野之民，棄南畝而就城市者，舉皆有焉。而縣令丞尉，不復以條教法令、詞訟刑獄爲意，惟知散青苗而已。坐而簽書者，青苗之行遣也；起而議者，青苗之本息也；日中而授者，青苗之契券也；日暮而入者，青苗之笐庫也；夜半而銷算者，青苗之簿籍也；錢穀縱橫，文書紛亂者，青苗出納之所也；雖今日罷其官司，廢其賞罰，去其年額，而抑取民之情願，然既存青苗之名，與本息散斂之法，則異日緣青苗之名而復建官司，緣本息而復爲賞罰，緣散斂而復爲年額，緣年額而復不取民之情願，其勢甚易。

孔子曰："放於利而行多怨。"要之聖人在上，賢者當位，如放於利之事，非所以示子孫遺後世，則不當行爾。故爲天下國家，當論其體，而後計利害之何如。苟不論其體，而單計其利害，則雖名爲利，必有害焉。故曰："畜馬乘不察於雞豚，伐冰之家不畜牛羊。"夫察雞豚、畜牛羊，未害也，而非畜馬伐冰之體，則古人羞之而不爲。故爲天子則有天子之體，爲卿大夫則有卿大夫之體，爲士庶人則有士庶人之體。今有一郎官，未甚貴也，而食禄之外，貸人錢而取息，則臣僚必言，朝廷必逐之。夫爲郎官貸人錢而取息，未必害人也，而臣僚必言，朝廷必逐之者，謂既已食禄爲郎官矣，又貸人錢而取其息，則傷體故也。爲一郎官尚有體，況兼天下之廣，有天下之富，民既已輸税賦、供徭役，皆數十倍於古，而又貸人錢而取息，無乃失爲天下之體乎？如不問失體不失體，而惟息錢之是務，則人户流亡，盜賊興起，乃馴致之事。所謂必有害焉者，此也。

役局議

役書之所未定者，非無定法也，無定心也。熙寧之初，改差爲募，天下之人言不便者幾千萬數。至元豐之初，欲復耆長、户長之役，士大夫之聞者喜見於顔色，及其卒不能復也，莫不咨嗟慨嘆，如有求而不得。則願差法之復者，豈一日也。今朝廷鑒成敗，攬是非，爲萬世之慮，修復差法，而士大夫反有議差法之未善者，豈未復之時明爲善，而既復之後則不善耶？蓋嘉祐之間，固嘗謂其法有可更者矣。輸將繁重而勞費不均，貨賂公行而貧富無別。熙寧之初，得其可更之論，而并其不可更者更之。顧令人出緡錢以私其贏餘，是以言不便者千萬數。今差法雖復，而所謂可更者猶在，則亦主嘉祐之書增損之，則差法定矣。而十人十議，百人百議。以旬浹之功，爭至於期年之外，既不知主嘉祐之舊書，又不敢論熙寧之新法，泛泛然如人游於江湖，未有歸宿，不知其後將如何耶？故曰：役書之未定者，非無定法也，無定心也。

役錢議

古之爲政，雖隨時適變，間有損益，至於推强扶弱，抑富恤貧而惡兼并，則不可易之理也。自商鞅變田，即有兼并之家。"富者田連阡陌，貧者無立錐之地"，自古及今，痛心疾首，同以爲患者也。限田之法，既不行於天下，而富家大姓，終無廉恥厭足之心。惟有祖宗差役，能裁制兼併，雖其立法本不爲兼并設，而推數循理觀之，乃有可以裁制兼并之道。

蓋舊法雖分等差，而實以田產富貧定爲上下。有千金之產者，支千金可任之徭役；有五百金之產者，支五百金可任之徭役；今有千金之產與五百金者訟其役之先後輕重，則千金者居其先，五百金者居其後；或千金者任其重，五百金者任其輕。既有千金產而又欲兼五百金，則憚徭役之加重，欲取而中己者多矣。其心非不欲兼并，懼加重而不敢進也。甚至有隱寓田產於他人以避徭役，而朝廷亦有隱寓田產之禁，則是祖宗差法，雖不爲兼并設，而裁制兼并之道，寄在其間。

自改差爲募，富家大姓不知徭役，而但輸緡錢，則兼并其下貧以爲利。何者？募役之法，下貧不利，而大姓不以爲患。今有一邑上者輸緡錢十萬，中者輸七萬，下者輸五萬，既以等級輸緡錢，蠲其徭役，則斥廣田產，兼併下貧，惟恐力之不逮。自中戶斥廣田產，兼併下貧數十家，至升而在上，不過加緡錢三、二萬爾。而富家大姓，其等既已在上，則雖增半邑之田，猶不加緡錢也。故治平以前，大姓有破家之患，而天下之人，不至窮困。熙寧以來，大姓無破家之患，而天下之人，往往窮困，不能自立。蓋治平以前，大姓破家者雖爲不幸，而破一大姓，則變爲十中民，或百下戶，於損上益下之道，未有害也。熙寧以來，雖無破家不幸之人，而大姓輸緡錢之外，無復徭役，斥廣田產，兼併下貧，曾無忌憚。故大姓兼中民，中民兼下戶，流離散亡，轉徙於四方。所以然者，斥廣田產，恣其兼并，大姓之家所必至。而歲損一萬二萬或三五萬緡錢，則大姓之家所易爲也。

熙河蘭會議

天之生民，初無中外之別，以其不可以禮義治也，然後屏而遠之。自漢以來，爭取其不可治之地而治之，是以府庫空虛，人民死亡，僅能得之而還爲外裔之地者多矣。昔太王之治邠，狄人攻之，事之以玉帛皮幣而皆不免，乃曰，狄人之所欲者土地也。君子不以養人者害人。因去之岐山之下。夫以中國之地至於不可有者，則猶不欲強治之，況欲強取外域之地而治之乎？雖常爲中國之郡縣，而本屬外地者，則亦無所用之，雖欲用之而多不能有，故武帝不能有輪臺，元帝不能有朱厓，光武不能有西域，而本朝亦棄靈武，則今日熙河蘭會之計議，足以斷矣。

然事有既得之復棄之，而與未得同者；有既得之復棄之，而與未得不同者。武帝棄輪臺，則不耕而已矣；元帝棄朱厓，則勿擊而已矣。光武棄西域，則謝其質子而已矣；本朝棄靈武，則置之度外而已矣；所謂與未得同者。至今日棄熙河蘭會，則與未得不同。徹舊障而爲新障，棄之則新障已沒，而舊障未完，一不同也。伐其山林，平其道路，棄之則無險阻，而敵人將牧馬於階城之境外，二不同也。立城郭，置倉廩，實以穀粟錢幣而棄之，則瘠中國而肥寇讎，三不同也。然此猶小小者爾。蓋熙河蘭會雖羈屬夏人，猶非夏人之所有，故尚足以分中國之寇。今舉熙河蘭會而棄之，則將為夏人之所有，是以中國之力而為西夏驅除，此大不同者也。而不棄之，則歲運府庫之財，以填黃河之磧，又非中國長久安寧之策。昔西羌反叛，如趙充國者，可謂知兵矣，而曰難於遙度，"願馳至金城，圖上方略"。其後烏孫圍都護，而陳湯於數千里之外，逆知利害，期以五日而四日至。非充國之拙，而陳湯之巧也，蓋烏合之兵易為料，而長久之計難為功。今熙河蘭會制之於未取之前，則固無事。今已取之而復棄之，棄之之利如彼，其害如此；守之之利如此，其害如彼；則殆非遙度之所能盡，必有馳至河隴，圖上方略者，然後可決。

禦契丹議

好文者論和親，尚武者議攻伐，處於文武之間者，則為羈縻之計。自兩漢以來千二百餘年，雖或盛或衰，或得或失，禦戎之策，不出此三者，而皆非今日禦契丹之政也。

蓋中國之待外域也，必有可以禦之道。今有好辨者將與人為辨，則必陰自省曰："我於義無傷乎？我於法無不直乎？我之家室安，我之子孫無累乎？我之智力過之乎？凡我之所以與辨者，皆有備乎？"力能加之也，智能過之也，子孫無累也，家室安也，於法無不直也，於義無傷也，然後與人辨，則勝矣。今中國之與契丹戰，亦無異於與人辨，則不識中國陰自省者何事乎？其名正乎？其於義理合乎？其國富乎？其民安乎？其將可任乎？其廟算定乎？凡我之所以待之者，亦皆有備乎？廟算定也，其將可任也，其民安也，其國富也，其於義理合也，其名正也，然後出而與之戰，則勝矣。

以本朝之事言之，太宗皇帝乘太原之勝，一舉而下易、順、薊三州，范陽之民，爭以牛酒犒師，而不遂取者，餉道不繼也。至雍、涿之間，選十八將，三道并入，一出雍州飛狐，一出雁門，兵涉其地，而寰、朔、應、雲、涿五州開門爭下，而不遂取者，諸將知勝而不知敗也。以祖宗取天下之兵，用諸將定天下之智，欲復區區燕、薊，一事不應，則未足以成功。況今日之兵，非祖宗之兵，今日之將，非祖宗之將，而所以待之者，非直一事之不應。故欲爲羈縻之計，則歲絹五十萬，雖厚於漢之錦袍繡袷、赤綈綠繒[五]，而比漢猶未敢有尚宗室之請。則羈縻之計，亦未爲全失。如欲遠舉大功，復周宣、漢武之事，則願敕在位之臣，先正其名，使合於義理，國富、民安而將可任。五者備矣，而後廟算定；廟算定，而後可以進征討之計。

兩漢可用之言議

事莫貴於適宜，而言莫重於必用。以必用之言，爲適宜之事，則天下之利無不興，天下之害無不去也。然以當世之人，言當世之事，患在不信其言而以其事爲不足用；以前世之言，救當世之事，患在信其言而以其事爲不可用。不足用者，不賢其人而謂無所補也。不可用者，聖其人而以其言不適宜也。故善爲言者，取於時則使之信己，取於古則明其適宜。《傳》曰："信而後諫。"又曰："雖無老成人，尚有典刑。"是取於時，取於古之道也。今若策舉兩漢能言之徒，而問以適宜之說，則仲舒、晁錯、公孫弘，皆嘗策於天子之朝，而梅福、稚圭、谷永，亦數進其言。至於仲長統、朱穆、崔寔、王符，則雖立其言而不敢進，然皆有可取有不可取也。故謂以郡守二千石，宜歲貢吏民之賢，受祿之家，不得與民爭業者，是仲舒之言可用者也。謂政本於人情，而天子宜躬親於上，是錯之言可用者也。謂因能任官，去無用之言，不作無用之器，廣推治民之本有八者，是公孫之言可用者也。若曰聽言不求其能，舉功不考其素，天子之都宜先正，因民之意，減宮室，省靡麗，謂酷暴之吏廢錮勿用者，是梅福、稚圭之言可用者。至於仲長統欲明版籍，審什伍，限夫田，定五刑之罪。崔寔欲重賞深罰以存霸政。王符欲省費役，使之愛日，謂數赦贖則傷善人者，亦皆適宜可用之一端也。然若賈山推人主求諫之意，而大臣不得預遊宴，則非當今之有也。朱穆稱世之厚薄，而小人守正，君子爲邪之驗，則非便時之術也。方朔欲燔甲乙之帳，卻走馬而不復用，則非朝廷之弊也。故晁、董、公孫、梅、谷、稚圭、仲長、崔、王之說，善於古而合於今者也。賈山、朱穆、方朔之說，善於古而未合於今者也。合於今者可用也，未合於今者未可用也。故以今言古者，能取於爲用可否之間，而不繫於言之輕重，則可謂善言古者也。

校勘記

〔一〕"是非"，原作"見非"，據《叢》本改。
〔二〕"將自化而爲之"，《四庫》本無"之"字。
〔三〕"詩賦不以法制而漸復其舊"，"詩"字原脱，據《四庫》本補。
〔四〕"朝尚"，《四庫》本作"所尚"。
〔五〕"綠繪"，《叢》本作"緣繪"。

試　策

召試館職策

問：傳曰，秦失之強，周失之弱[一]。昔周公治魯，親親而尊尊，至其後世，有寖微之憂。太公治齊，舉賢而上功，而其末流，亦有爭奪之禍。夫親親而尊尊，舉賢而上功，三代之所共也。而齊、魯行之，不免於衰亂，其故何哉？國家承平百年，六聖相授，爲治不同，同歸於仁。今朝廷欲師仁祖之忠厚，而患百官有司不舉其職，或至於媮；欲法神考之勵精，而恐監司守令不識其意，流入於刻。夫使忠厚而不媮，勵精而不刻，亦必有道矣。昔漢文寬大長者，至於朝廷之間，恥言人過，而不聞有怠廢不舉之病；宣帝綜核名實，至於文理之士，咸精其能，而不聞其有督察過甚之失。何修何營，可以及此？願深明其所以然之故，而條具所當行之事，悉著於篇，以備采擇。

臣聞不循於理，不合於變，不適於用而使之言，則行道之人，皆自以爲晁、董。先循於理，次合於變，卒適於用，而使之言，則雖晁、董有所不能盡。故論無美惡，惟變之合；言無得失，惟用之適；言至於用而止矣。

自嘉祐以來，天下之士，常患乎科舉之累，而尤以詩賦爲無用，故廢去偶儷破碎之辭[二]，而進以通經義理之學，庶幾乎有用。而十數年之間，綴文之士，號爲通經者，偶儷破碎反甚於詩賦。至合天下爲一體，如適莽蒼之野，而觀蓬纍之多，第見同色耳，孰能形小大美惡於其間哉？詩賦則曼詞以自售，經義則典論而求通，取士之法雖分，而科舉之累如一，無他故也，上之人道之不善爾。今朝廷復修三館之制，使公卿大臣薦延天下之士，因試以言，既不取詩賦之曼詞，又不爲經義之曲論，而策之以仁祖神考、齊魯文宣之治者，似欲聞有用之言。則承學者詎敢以無用爲説？雖策之者未必真取其用，要之非昔時之詩賦，今日之經義，則自當不爲無用之説爾。

周公治魯，尊尊而親親，豈不知舉賢而上功？太公治齊，舉賢而上功，豈無尊親之道？使魯不舉賢而上功，齊無尊親之道，則齊、魯豈可以爲國？蓋尊尊而親親，近乎周之弱而道無弱也；舉賢而上功，近乎秦之強而道無強也。魯久而偏於弱，齊久而偏於強，後世從其偏而失之。如齊、魯之後，知其偏之所在，以齊之所偏者治魯，以魯之所偏者治齊，各舉其偏者救之，則魯不至於衰，齊不至於奪。非謂尊尊親親，舉賢上功，爲召衰奪之端也。

昔仁宗皇帝之治天下也，優禮大臣，而聽用御史諫官之言。蓋大臣者，天子之輔也，不優爲之禮，則無以勵其節，盡其心。而聽用御史諫官之言，所以存天下之公議，而禁制大臣，使不得自放之術。故大臣起居進見，未嘗不恭己而待之，若將久於其位而不可動，及御史諫官，一有論列，則十言之中，行其七八，雖故老大臣，必正其罪，以是而去位者，蓋可數矣。故治平以前大臣，平日足以致君臣之歡，禮貌之隆，而私門姦利，則破膽而不敢爲。至於神宗皇帝，承久安之運，因累聖之業，欲興利除害，富國強兵，而服四夷。凡可以興利除害、富國強兵、服四夷之事者無不舉，凡人可以行其富貴者，用之無不至。且孝宗廟仁九族，隆儒重道，常有以自勵也。老臣舊德，諫説雖切，而不忘尊獎嚴憚之心，終爲天下之用，則仁宗之道，本無心於使之媠，神考之世，未嘗欲其刻也。然師仁祖則有媠之防〔三〕，法神考則有刻之慮者，以風俗出於觀望之致爾。故有言某事之利民者，上不知其利而使視之，視之者必爲觀望。曰："是欲我言利也。"則言其利，不言其害，上不知其害而行之，故朝廷以爲利者，天下以爲害。有言某事之害民者，上不知其害而使視之，視之者必又爲觀望，曰："是欲我言害也。"則言其害，不言其利，上不知其利而去之，故朝廷以爲害者，天下以爲利。推本而言，豈朝廷之所望於下哉？且天下之士，固有贊青苗，譽免役，歌市易，頌鹽法；至於今日閨門之内，道路之間，皆以爲青苗爲可除，免役爲可罷，市易爲可改，鹽法爲可廢，至於其他新法，無不言可更哉。是豈真知其不善而可更哉？亦出於觀望〔四〕而已。蓋今日之言不善，有前日以爲善而欲奉行之人也。則朝廷明日欲復新法，彼又將言青苗可舉，免役可行，市易可置，鹽法可作，至於其他新法，無不言可爲者也。由觀望之心，成觀望之俗，故師仁祖則事或至於媮，法神考則慮或入於刻，蓋皆不在媮、刻之間，而觀望使之然也。今如取夫守道固窮，不爲觀望，衆人之所共知者尊用，而亦取夫背公向私，專事觀望，衆人所共知者退免，使天下曉然知觀望之無所用也。則師仁祖而不至於媮，法神考而不流於刻，而忠厚勵精，孝文、孝宣之治，可以兼舉矣。

昔秦人之爲俗也，賤仁義，尚詐力，尊法令，禁儒學，勇者威怯，壯者凌弱，天下耗亂。而孝文之時，去秦未遠，元元之民，出於塗炭，故鎮之以厚，養之以寬。吳王不朝，則因賜几杖；張武受賂，發覺而賞以金錢；嗇夫喋喋利口，則以釋之諫而不用。其寬至矣，而終無怠廢不舉者，以秦在其前也。及孝昭之時，霍光爲政，雖承師旅衰耗之後，與民休息，而不學無術，因權用勢，居以不遜之道。在廷之臣，有忤意而誅者，便辟而生者，是以孝宣於閭里知民事之艱難。光薨之後五日，一聽政，拜刺史守相，必親見問，觀其所由。退而考察以質其言，有名實不相應，必知所以然，其勤至矣，而無督察過甚之失者，以乘霍光之後也。然則赦吳王，賞張武，棄嗇夫，似寬矣，而孝文之事，本不至於弛。拜刺史守相，必親見問，考其名實，似勤矣，而孝宣之事，本不至於察。則文無怠廢之風，宣無督察之失者，亦良有道。

今國家上不承嬴政之苛，下無霍光之弊，則周公之所治魯，太公之所治齊，與夫仁祖之忠厚，神考之勵精，惟其所擇，而當其行事，則去觀望之俗而已矣。夫前古之君，有難與爲治者，以任用親黨，女謁公行，遊宴弋獵，不恤國事，賦斂無藝，使民困窮，深嚴自居，下情隔塞。有一於此，則難與爲治矣。蓋親黨、女謁、遊獵、賦斂、隔塞者，人君之私也。小人探君之私，而道之於邪，既以得趨於私邪，則公卿大臣雖欲開正言，陳正道，如陳夢中之語，告天外之事，泊然不以經意，雖欲爲治，從何而入哉？所以離也！而國家自祖宗以來，宗室戚里，未嘗用事，而賜予有節，則無親黨之嫌；主上明聖，未親后妃之議，則無女謁之患；苑囿鷹犬，未有所幸，則無遊獵之虞；罷貢獻，蠲逋欠，則無賦斂之弊；聽政之始，即詔天下實封言事，惟恐下情之不通，則無隔塞之憂。凡前古之難者，顧皆易矣。而所難者，則在於觀望之俗未衰爾。蓋爲治而觀望，則流入於邪〔五〕。苟無觀望，則齊魯、文宣、仁祖、神考之治，惟所行之，皆可以成功。苟有觀望，則不失於媮，必失於刻，萬事之是非，何可備言？謹對。

策　問

治　法

自三代之亡，嬴秦變古，天下號爲難治。欲興禮樂則自嫌，以爲迂闊而無其實；欲宣教化則自疑，以爲執滯而無其道；欲厚風俗則自以爲誕，能言而不能行。自漢以來，守文之君，當途之臣，其相與施政以成一代之興[六]，不過簿書、獄訟、兵食而已。則天下之政治，何足道哉！蓋簿書者，古有之矣，而禮樂爲之先；訟獄者，古有之矣，而教化爲之實；兵食者，古有之矣，而風俗爲之本。經天下紹千歲之統，垂萬世之法，其丁寧訓告，所以興舉建立者，未嘗不以三代爲言，如秦漢者不道也；則禮樂固將興，教化固將行，風俗固將厚。然興之必有興之之人，行之必有行之之實，厚之必有厚之之輔，簿書、獄訟、兵食者，可捐之有司而不問也。諸君試言其禮樂之所以興，教化之所以行，風俗之所以厚，若夫簿書、獄訟、兵食，則有司存。

文　體

原注：熙寧〔寧〕中，兗州類試，中選者：解頭晁補之、晁端禮、晁端智、晁損之、李昭玘[七]、李格非、李罕。

問：堯舜三代之文，吾夫子之所論次者，雖異乎諸子之書，而諸子之書，猶有三代之遺風，蓋自《離騷》作，三代之文始變矣。迄今千數百年之間，綴文之士，當途[八]之人，以文章爲己任者甚衆，而三代之文卒不復者。嗚呼！何古之易變而難復也！昔司馬遷著書，自以繼夫子之緒業，而今觀遷書，殆非夫子之繼。班固著書，嘗詆遷之病，及固書成，益非遷書之比。范蔚宗著書，嘗議固之罪，及蔚宗書成，又非固之偶。其後文詞麗而古風遠，雖有好學特起[九]之士，欲度越前人[一〇]，擬方三代，及其卒也，豈特三代之不可擬[一一]，而數世相承，漸非[一二]前人之作，豈人之性資有今古之異歟！將世態澆訛，處心積慮，既不及於古，則發爲文章，亦浮僞淺雜，不足道歟！抑時異事變，物物相反，雖如文章，亦必不可以復古歟！或未之思也[一三]。今試問諸君，古風易變而難復者何謂？司馬、班、范，如兄弟之遊，而文力大小，若父子尊卑之遼遠者何說？其[一四]好學特起之士，窮神極思，研精畢力[一五]，欲上擬三代，而世數相承，漸不可及前人者何故[一六]？今天子新法度，明禮樂，釐正官名，祖尚經術，一皆仿於三代，欲其乘時而革天下之文風，復之於古，則訓詞詔令，何爲而得《典誥》之體？詩歌賦頌，何道而合《風》、《雅》之正？史官述作，何從而繼《春秋》之法？經術講解，何治而紹六藝之文？使吾天子之事業，既得三代之實，又有三代之文，異時觀之，遂無不及前人之歎，則聖朝之治，美矣，大矣。子大夫從事於文有日，今而不復於古，則古不可復矣。其思之重之精之，以告有司。毋忽〔一七〕。

史　學

問〔一八〕：文者載道之器，而史者載文之職。蓋古之文也正，今之文也浮。自三代而下，司馬遷父子，采周、秦、漢、楚之遺書，作爲《本紀》、《表》、《書》、《世家》、《列傳》，則後世遂不能加焉。然遷亦終身然後成名。世之爲史者，其忠實材識，固不預史官之職，祇爲貴人待次遷徙之地。故雖有聖君賢臣，規模法則，流風善政，不能慨然發明，以動人之耳目，而遺於萬世之下，則有識之士，嘗廢書而歎息者也。今天子勵精在上，取士之政，撥去聲病無益之書，而進通經朴文〔一九〕子之士，則文章之風，幾欲復古矣，而於史猶未暇焉。如欲迹三代之遺意，用司馬遷之品法，設立史學，而求材識忠實有文之士以授其職，且不爲貴人待次遷徙之地，則官名之未正，人材之難久，若何而可？三代之遺意，馬遷之良法，若何而是？諸君宜觀未行之理，博取已有之説，以著於篇，亦今之務也。

論

天下有常勝之道論

人生而有是非，不知是非之正，則心〔二〇〕欲是而常蒙其非；人生而有利害，不知利害之正，則心欲利而常蒙其害。事與情反，迹與願違，終身由之而不悟者，天下皆是也。舜，大聖人也，舍己從人，樂取諸人以爲善。禹，大聖人也，卑宫室，惡衣服，聞善言則拜。下至成湯、文、武、周公、仲尼之聖，所以有天下名後世者，亦得其正而已爾。故《列禦寇》曰："天下有常勝之道，有常不勝之道。常勝之道曰弱〔二一〕，常不勝之道曰强。"夫强所以爲勝也，而反不勝；弱所以爲不勝也，而反勝；則天下能勝人者寡矣。

蓋試嘗論之，君臣之相際，父子之相親，夫婦之相成，朋友之相信，凡所以交於事而委曲纖悉者，皆有理在焉。而昧者以氣使之，氣發於外，故似强；理潛於密，故似弱。矜顔色，盛容貌，厲言語而疾瞻顧，曰天下莫吾若者，是氣也，而無主於利害，無主於是非，故似强而反弱。非禮勿言，非禮勿動，非禮勿視，非禮勿聽，而歉然常以下人者，是理也；而利害由此而決，是非由此而正，故似弱而反强。强者常勝，弱者常不勝；故《書》曰："汝惟不矜，天下莫與汝爭能；汝惟不伐，天下莫與汝爭功。"不矜不伐者，弱也；而天下莫與汝爭者，强也。莊周亦曰："同乎己則爲是，異乎己則爲非者，其意欲出乎人也。"夫以出乎人爲心者，何嘗出乎人哉？則强弱之辨可見矣。齊桓公九合諸侯，一匡天下，葵丘之會，振而矜之，叛者九國，則氣之爲害，不特小人，蓋君子亦有之。氣勝理則名強而實弱，理勝氣則名弱而實強。以氣撐理則純不勝，以理撐氣則純勝，其道然也。

或曰，孟子養浩然之氣，"至大至剛，以直養而無害，則塞乎天地之間"；而子以氣爲弱而不勝，可乎？曰：所謂浩然之氣者，"配道與義，集義所生者，非義襲而取之也"；而矜顏色，盛容貌，厲言語，疾瞻顧，而謂天下莫我若者，私氣也。離道與義，而惟以勝人爲心，亦安得而不弱哉！

禮禁論

治一鄉必有治一鄉之具，治一國必有治一國之具，治天下者必有治天下之具。具者，非若簠簋、俎豆、尊勺、鼎鼐可陳於前也，由是而治者謂之具。聽斷獄訟、簿書期會，所以治一鄉也；守法令，拊循其民以承事天子，所以治一國也；明制度，不得相踰越，貧富貴賤各安其分而易足，所以治天下也。以大治小，則小有所不能容，故孔子之武城，聞弦歌之音而笑；以小治大，則大有所不能治，故孟子不學諸侯之禮而言其略。三代而下，不知治具之有小大〔二〕，以簿書、法令治鄉國之具而治天下，是以天下終不能大治。

昔孝文之時，賈誼謂大臣不報期會之間爲大故，至於流俗失世壞敗因恬而不知怪，爲可太息。孝宣時，王吉亦言公卿未有建萬世之長策，舉明主於三代之隆，而上下僭差，人人自制，是以詐僞萌生，刑罰亡極。而孝文、孝宣，卒莫能用。所以然者，治大者其效緩而遠，治小者其效速而近。人君有治天下之心而求近效，以語禮俗制度禁防之事，則指以爲迂闊；而見簿書、法令、聽斷獄訟，則以爲治天下如是而足；雖有唐太宗之賢，與房、魏論《周禮》，語未卒而有畫虎之疑，又況不及太宗者？則天下之不大治，凡皆以小治大而無其具故爾。

今國家傳序相習，百有餘年，方內無事，幾於至平，殆非漢、唐之比。而禮俗制度禁防之不立，反甚於漢、唐，田宅奴婢、車馬服用，恣民之所自爲，而莫有限；樂漢、唐之小具，不思三代之大治；豈非以上下相安，風俗已成，而難於驚動耶？是亦未知講爾。昔楚王患其國之庫車，欲下令使高之。孫叔敖曰："令數下，民不知所從，請教里人高其梱，乘車者皆君子，不能數下則車自高矣。"從之，半歲而楚國無庫車。蓋國家立事，好爲法令，而以深罰重賞隨之。法令既繁，而罰深賞重，無以措其手足，是以民驚動而事不立。今如仿庫車之意，定爲田宅奴婢、車馬服用之等級，在上者躬行以化之，簡其法令，平其賞罰。有不從者，第禁勿使仕宦，庶人則重租賦以困辱之。久以歲月，無求近效，則三代治天下之具將復立於今日，度越漢唐而頌聲興。然則禁勿使仕宦，重租賦以困辱，而終不爲深罰重賞者，亦今日治天下之困耳，何患乎驚動歟？

序

《褒賢集》序

即君子之名而議之，善足成名可也。而名之所以成，蓋有大乎其名者。庖丁之解牛，輪扁之斲輪，皆志乎道而進乎技。使二人者惟鼓刀椎鑿之知，則豈足以成後世之名乎？自嘉祐以來，天下稱故常山宋公善爲文章，通典禮，博物洽聞，有長者之行。士大夫怪公得名之多，而不知公之所以成名者，猶大乎其名也。

公在仁宗、英宗之朝，天下多以論事訐大臣進者，而公惟樂善好學，居官治民而已。與人交，雖更數十年，有初見之敬。其從諸老先生之游，歉然自下，如恐傷之。而荊公當軸，天下士大夫往往專頌行事，譽下風。而公乃慷慨議論，引大體，明是非，至可進而退以自見，雖古節士無以加諸。蓋知剛柔語默而深於道，豈特善文章，通典禮，博物洽聞，稱長者而已乎？其後介甫引疾，天子始以公爲龍圖閣直學士，繼以爲太史，數召見訪問，且大用之。而公已病矣。及其亡也，神宗皇帝臨朝歎息，公卿大夫皆失聲相弔，而交遊故人，或哭之慟而自絕。則公所以成名，有大乎名者可見於此。

昔晉郗超之喪，貴賤爲誄者四十人，當世以爲寵。而公之喪，贈官詔葬，皆不用常典。中外之士，不敢私誄，而見於官輓者，六十有三人。故公之子慶曾既除喪，乃集錄贈告豐碑、銘誌、行狀、祭文，合於哀輓，得一百九十五篇，摘告申之文，命曰《褒賢》，而屬仲游爲序。仲游欲爲序未成。會今天子即位，熙寧之舊人，以次登用，皆至公卿，而懷私阻威、峭深安忍之吏，亦稍稍引去。欲得如公者，以寄紀綱，厚風俗，陪輔天子之治，而公亡已八年矣。每一思之，舐筆且下而流涕中止者數四。使亡而可作，則天下所賴公者，豈其微乎！乃略載公出處，大致述所以成名者，詔其子孫，使無墜褒賢之業。

元祐元年八月晦日，朝奉郎、新行軍器監丞、騎都尉代郡畢某序。

記

慶州平溝接城記

慶陽之在西州，初非名城也。寶元、康定之間，元昊寇邊，朝廷歲用兵，始作陝西道，建置四帥，其一開府於慶之陽，守以貴臣，繕修增飾，始爲名城。元豐辛酉，仲游從軍方渠，過慶陽，見其城高十仞，廣五六里，週迴逶迤而下者數重，背高面深，跨山趾而守之，其堅如此。而州之北偏有大溝焉，斷城之東西[二三]，城缺不屬，問其名則曰鵝池。問其所從來，則曰不知紀年之多少。以目度之，長幾百步，廣幾七十步，深十丈有畸，俯而視之窅然。以溝之未平，城之未合，雖慶甚堅，而常人徼幸萬一，不戒之虞，且不得爲完城，是可恨也。其年從軍至靈武還，復留慶陽，登城覽觀，與二三友者，歎息溝之未平，城之未合，雖非己事，而心以爲病。

元祐元年八月，寶文閣待制延師[二四]范公德孺，繼其父兄守慶陽。惟父兄世有功於慶，慶人樂之，而羌人懾伏，故德孺五年不得代。德孺亦以其父兄慶人之故不求代，留慶五年如一日也。纔至，則有意平溝接城，以足父兄之事。會夏人有罪，兵未解，歲發民數千防秋，因其無所事，迭爲番休，俾運東山之土，實於溝中而築之。人以爲戲，而公五年不徙，溝遂平。始州廨之後至溝，纔五尺，及溝平，盡城之北數百步乃傅合其城。經度其東爲大堂，而藝其西以爲圃。堂未成，以戶部侍郎召還京師，持材與工遺今師[二五]直龍圖閣章公質夫成之。堂成，大作樂，置酒樂於其上。仲游居鄭，聞而壯之，乃爲詩三章，以遺慶人。其詩曰："匪穿而池窅且巇，不棘不求，陸而逶迤。慶人之所宜。""匪析而缺呀且豁，不棘不求，崇墉嶙峋。慶人之所悅。""既囿其中，又闢其旁。有閌其閎，有翼其堂。可謀可燕，可饗可觴。子孫之不忘。"詩既成，遂以遺慶人。雖未得坐其堂上，酌旨酒，蔭嘉木，與賓客[二六]徜徉而自適，然猶記昔日覽觀之所病，想像而樂之。

客謂仲游曰："平溝接城，則固云美矣，吾子之所言，得無少多乎？"曰："是客未燭仲游之所志也。昔陶士行綜理微密，下及竹頭木屑之細，而能扶危定傾，禦患折難，爲晉之宗臣；謝幼度得人於履屨之間，而識者知其能摧苻堅百萬之衆；蓋事有言近而見遠，論指而知歸者，理固然也。今范氏父子兄弟，世爲慶陽，所以幸慶人者甚厚。其功名氣節，刻金石，傳史官，諷誦於天下士大夫之口有年矣。至平溝接城，則豈特無不戒之虞以累來者；固將見逃遁之寇，交臂屈膝，請事於塞下，畫地而守之，長無犬吠之驚，則仲游之言，非敢故爲侈然也。"既與客道其語，因併載其所作，以重遺慶人而屬二公。

元祐七年六月十三日，左朝奉郎、集賢校理畢仲游記。

重修信陽軍門記

申，古之成國也。昔夏封姜姓之後於申，至周宣王時，以功爲侯伯，其《詩》曰："亹亹申伯，王纘之事。"又曰："不顯申伯，王之元舅，文武是憲。"則申嘗有人矣。春秋，楚子圍初得諸侯，亦會宋、鄭、蔡之君於申。而大夫巫臣之邑在焉，故號曰"申公"。魏、隋之間，名臣間起。及唐置節度，合於光、蔡，有晉公之烈，豈陋邦也哉！宋興，剗平僭僞，雖名都大城，稱號權制，略與唐等，而輕重之實，固已不同。其諸郡縣多減於唐舊，而方内晏然，無兵革之患，興於禮義。故申嘗爲王封，而祇以軍壘治民，此祖宗規模之備，太平之功，非以爲陋邦易之也。而兵屯數百，壘垣隳頓〔二七〕，臺門不治者四十有九年。申之父老，尊其俗而聞於禮者，益厭之久矣。蓋嘗治之，既得請於朝而終未遑也，豈有所待哉！

元豐元年八月，直龍圖閣環慶路經略安撫使、知慶州范公以刑部郎中謫義陽，實申之故治。嘗任臺閣，綴侍從，爲天子諫臣，出使陝、蜀，牧大邦，總領邊吏，號爲賢師〔二八〕。其謫申也，士人不以爲公戚，知公能安之者，待公素厚也。公至之歲，盜賊銷，獄訟息，年穀屢登，官無留事。乃延問父老講俗之所闕，知夫兵屯壁壘，門户之不可以不保民也。乃曰："何哉？豈狹申爲不足治耶？將愛其力而諱之也？吾而不思，奈父老何？"乃言城壞矣，宜便築如制，而稍益舊屯之兵。既上其事，因嗣前議，正大門而新之，以爲之兆。門度高二丈有奇，其下廣四尋，上殺下之半，爲工萬有一千。夏四月，門成，公屬其徒周視而饗之，申民大悦。縣令畢某進曰："政無作，亦無止也，循理而動，則作，斯可矣；顧義而止，則止，斯可矣。事適於可，而作與止不預其間，此之謂善政。夫申，故荆有也，南走雲夢，北屬淮蔡，橫帶三關之險，上下數百里，曠無異州，而水滽、山磧、雈葦、林叢、坡谷之阻，鮮平地焉。非教化之久，德澤之盛，則姦人盗賊之所保也。而屯兵單少，四垣圮仆，關門城雉[二九]之設，不爲固禦，父老病矣。而猶不知作以患於人，殆非所謂適可而名善政者也。今公計風俗之便，同父老之憂，增屯改築作門以爲之兆，既忘申之狹，而亦忘夫昔之論大事圖大功也。非尊禮樂、道愛民而不倦者，能若是乎？然則豈特姦人盜賊之備，而申父老子孫之幸耶！祖宗之規模可以振，朝廷之德澤可以廣，而思昔申伯之風，爲可復矣。此申民禱祠而求者也，可不書乎？"於是乎書。元豐三年五月十六日，文林郎、羅山縣令代部畢某記。

代范忠宣撰通慧禪院移經藏記

曩余通守安陸，嘗行諸山中間遊，釋素垂之寺，殿堂門廡皆稱，而所謂經藏者，獨介於堂之北偏，側陋非地也。後十有一年[三〇]，余謫義陽，素聞之，自山中來，持唐御史穎之文而謁余，曰："此經藏頌也，夫子嘗憫夫藏之非其地，今似得其地矣。欲識之，夫子豈有意乎？"余曰："素而所謂得地者何如？"曰："募錢八十萬，工七千，自治平丙午，距熙寧辛亥，凡六歲不倦，而後辭乎側陋之地，占西隅之高明，使行者仰，居者誦，而有助於教焉。"余曰："素而可謂善士矣。吾聞西方之學，以氣爲緣，以身爲垢，以事爲障，以境爲礙，以不動止爲性，以無所失得爲道，則雖精深妙密，無以寄其言焉，寄一言即以異於道，而其書乃至乎五千四十八卷者，豈非緣、垢、障、礙。藉此爲證，而性與道由此見乎？意者見道與性，而返無事於書也，則雖五千四十八卷，猶無言矣。不然，何道之省，書之多也。天下既有其書矣，素獨得不有乎？天下既有其書而藏之矣，素獨得不藏乎？藏之而同乎道，合乎性也，吾不知；藏之而異乎道，離乎性也，吾不知。同異離合，吾無所容其心，則與天下而藏之者，將真爲道乎？而又況辭側陋之地，占西隅之高明，使行者仰，居者誦，而有助於教耶！"素而可謂善士矣。

元豐二年五月十九日記。

代仲兄舍人撰賜詩記

元豐四年五月，高麗國王徽上言："臣蒙陛下休德，世爲東方之臣。僻在海外，未嘗睹中國禮儀之盛，願朝京師，伏大廷，望天子之威顏。而屬有犬馬之病，不能勝衣，謹遣陪臣禮部尚書子威，吏部侍郎恩齊，朝貢方物。"而臣仲衍實預典客。越明年上元，以故事張燈於宣德門，上親臨觀焉。因賜子威等燕於東闕下。臣竊惟陛下即位，崇仁義，正經術，新制度，明禮樂，方内之民，咸獲嘉福。而大化流行，聲教四溢，雖遼絶荒忽、殊封異境之人，亦扶服慕義，願爲臣妾。故高句驪介東海萬里之外，非有詔令號召，而稱藩國，受正朔，輸方物，獻樂舞，七年之間，三集京師。況屬遊觀廣覽威儀文物萬象之會，而臣得與其國貢使，醉飽陛下之聖德，區區之忠，無以自列，故輒爲詩，屬其使人，以歌誦太平之萬一。而陛下不以其固陋讇薄，加賜誅譴，乃即燕間指顧之頃，俯爲篇章，遣中使璦賜臣以寵，靈臣之私室，非臣愚戆所能當也。臣聞漢神爵、五鳳之間，名爲治安，而蜀人王褒作《中和》、《樂職》、《宣布》之詩，何武歌於太學下轉而上聞。宣帝雖以爲盛德之事，而褒待詔神武，賜帛而已。今陛下恢廓祖業，垂萬世之策，憲章修明，道德純備，則非神爵、五鳳治安之所能比。顧臣樸學，反無褒等之才，以繼《中和》、《樂職》、《宣布》之文采；而陛下之詩，粲然與帝作之歌《南風》之辭，同爲法言，協之以律吕，被之於金石，則可治中國，來遠人，繼和六樂，釐三神。其聲音之所動蕩，天地之所右饗，將見夫景星、甘露、嘉禾〔三一〕、神物之瑞，復效於今日。蓋朝廷之盛節，人臣之異遇，非如《大風》、《鴻鵠》之歌，因慷慨睠念苟作而已者也。然則臣之蒙被，方之待詔賜帛，相萬而不啻，雖糜捐四體，乾竭髓腦，不足以論報。豈惟臣不肖之一身，自先臣士安而下，實寵嘉之。後世欲觀陛下治中國，來遠人之要者，必自此詩始。故臣刻之石，使子子孫孫不敢忘，并以〔三二〕示後世無窮之法。元豐五年正月日，朝奉郎、試中書舍人、詳定官制上騎都尉〔三三〕、賜紫金魚袋臣畢仲衍記。

代歐陽考功撰《西陽宮記》

廬陵永豐沙溪有彭道士者，名世昌，其居則唐西陽宮也。或曰，非唐西陽宮也。而世昌於其宮旁得古鐘一，乃唐西陽之鐘，鄉人始信之。而吾家丘墓，適在西陽之北，曩吾先君既歸葬韓國太夫人，因使世昌守之，奏復其宮，額曰"西陽"。及居二府，又請間歲度道士一人。距今三十年，宮之門堂、廡舍、井廩、庖湢皆備，而殿則闕焉。吾以丘墓之寄於宮也，亦甚闕之。而沙溪鄒氏，獨能持錢三百萬，以成其殿。因大治宮外之道，分田以給之。蓋釋、老之徒交行於天下，天下爲釋氏者多，而學老子者少。天下太平，人物蕃滋，而財不足中民之家，僅守於衣食，而高門大姓，亦謹事蓋藏，希能出力以徵二家之福。雖釋氏之塔廟，既更歲月之久，水火之變，則必假公上之力，王侯之重，與二三尊宿者，以名動之，然後僅能完也。如道家之宮，非祖宗之建立與州縣之所領而不可廢，則能完者或寡矣。今是人也，不以世之所多少而皆用力焉，其果無所阿耶？富家大姓，方謹事於蓋藏，而是人也，如恐其財之不出，其果無所愛耶？使是人也，純以禍福爲志，則吾西陽之所賴者將而所不暇，而清淨寡欲，庶幾無疾病，延年久視，則行道之人，皆有是心焉。吾既嘉世昌之志有成，而鄒氏之子能成之也。故鄉之父老，屬予爲記，予不敢辭，因以吾所見聞與事之本始，告其父老使知之。鄒氏之子名曰宣。

元祐元年六月十八日，朝奉郎、尚書考功員外郎廬陵歐陽某記。

傳

歐陽叔弼傳

昔司馬談爲太史，其子遷繼之，而司馬氏書行於世。司徒掾班彪著漢史不成，其子固繼之，而《前漢書》行於世。中壘校尉劉向，博物洽聞，善文章，其子歆繼之，而向、歆父子之書，亦傳而不朽。自漢魏以來，父子之文顯者多矣。至於名天下而傳後世，則未有如三家之盛也。本朝廬陵歐陽文忠公，起於天聖、明道之間，主天下文章之盟者三十年。當時言文章者，至歐陽文忠公，然後以爲極而不可加，謂之文師，而位居三府，身輔三朝，有大功於社稷，而其子叔弼甫，復以文學登第，能世其家。爲人廣覽強記，博通經籍、史氏、諸子百家之言，文忠公之文須人代者，多出叔弼甫之手，而東坡蘇子瞻在翰林，亦多以內表章屬叔弼甫代之，人莫能辨。嘗稱曰："文不可以不學古而後爲也，要能以古人語而道己意，則可與言文矣。"文忠公薨[三四]，叔弼甫[三五]代爲遺表。神宗皇帝見而愛之，意文忠公自作其表。傳於天下，天下之人，亦以爲文忠公自作也。使在金馬玉堂，應制代言爲詞臣，當復有文章行天下，庶幾談、遷、彪、固、向、歆三家之盛；而老死不能用，以一朝請大夫終於潁上。然叔弼甫在，則文忠公之遺風猶有存者；叔弼甫亡，則文忠公之遺風益遠焉。今叔弼甫亡矣，是可哀已，是可恨已！

叔弼甫，字也，名棐，其先廬陵永豐人也。初以文忠公蔭守秘書省正字。年十二三，文忠公意已賢之，嘗著《鳴蟬賦》，叔弼甫猶侍不去。文忠公曰："兒異時必能爲吾此賦矣。"因書以遺之。及稍長，文忠公益器其爲人，嘗書以教叔弼甫曰："孺子記之，藏精於晦則明，養神以靜則安。晦所以蓄用，靜所以應物。善蓄者不竭，善應者無窮。雖學則可至，然性近者得之易也。孺子記之。"及舉進士，中乙科。文忠公在位而老，叔弼甫不言出仕，文忠公強之。及調陳州節度推官，亦竟不之任也。及文忠公薨，終喪，始以大理寺丞爲審官東院主簿，入官制局爲檢詳官，同知大宗正丞事，三遷爲朝奉郎、守太常博士、尚書主客員外郎，改考功，攝領吏部侍郎左選。是時九品以上注籍左選者數員，法年二十即仕於州縣爲吏，謂之入仕。議者曰此官所以冗者歟。乃建言[三六]："故事，年二十五歲，乃試於銓守選，三年然後入仕。今官冗，請復二十五歲守選之法，且使進士特奏名者，減其舉數以示恩，亟與之官而不使仕，則左選清矣。"叔弼甫曰："嘻！非朝廷所以議冗官之意也。"乃著議曰："左選之冗，士人之病爾。朝廷憫而議之，欲利之爾。今加五年使守選，是反害之也。所謂特奏名者，非他，儒生而老於場屋無成者也。憫其無成而老，故與微官，使之霑禄而後歸。今亟與之[三七]而不使仕，所謂官者，乃虛名爾，豈爲恩哉？是終窮也。"議者之言遂格。

哲宗即位，爲秘書省著作郎，充修實録檢討。叔弼甫曰："古雖不諱嫌名，而今日爲官稱，則不可以不諱也。"乃辭不就職，而更爲集賢校理，判登聞鼓院，後入省爲職方、禮部二員外郎。會詔議南北郊祭，或曰分祭，禮也；或曰合祭，禮也。而主合祭者方用事，諸儒多折而從之。叔弼甫獨曰："分祭合祭，唐《志》有之矣。吾先君子之所論也。吾雖欲合議者而排分祭，如違先志何？如異《禮經》何？"及議皇太妃典禮，哲宗皇帝詔使爲差降，謂於太皇太后之禮爲差降也。而議者以謂詔語所及之事，則爲差降，詔語所不及之事，則不爲差降，大略於母后之禮無差降矣。叔弼甫曰："太皇太后與皇太妃位號不同，禮亦異數。差降之詔，何可違也？"議者猶持不決。叔弼甫曰："上詔所謂差降者，謂物物而爲差降也[三八]，豈有及不及之事哉？"議者不能勝叔弼甫之説，遂如詔。會章公子厚入相，叔弼甫數請外，乃以朝散郎秘閣校理知襄州。有魏泰者，曾公子宣衛國夫人之兄也，居襄二十年，倚子宣之重，以傳食於漢南。雖爲布衣，州郡以倅貳之禮接之，猶慊不懌，多規占公私田園，强市買，與民争利，前後無復誰何者。於是以州門之東偏樓店官廢址爲天荒而請之，上下彌縫爲成書，然後示叔弼甫。叔弼甫曰："孰謂州門之東偏而有天荒可請乎？"卻之。州官上下更謂叔弼甫曰："泰横於漢南日久，未易裁也。彼請地而遲與之且不可，況終卻之乎？"叔弼甫曰："天荒，地野。泰請之州門之左，以門左之地爲天荒，售人[三九]非政也。憚泰而誣天荒之令，非法也！"泰聞之怒，訴於轉運司，下其訴於州。叔弼甫終持不與，泰由是訴叔弼甫於子宣矣。襄罷，以朝請郎知潞州。潞罷，乃褫所帖校理，還吏選，繼降官二等。

元符三年，始復以朝散郎，還朝爲尚書吏部郎中，遷右司郎中。請外，遂以朝奉大夫直秘閣知蔡州。蔡地薄賦重，而轉運司爲覆折之令以多取於民，民不堪命。會有手詔申勅科折之令，禁其覆折而官吏憚轉運司不敢以詔旨從事，請於叔弼甫。叔弼甫曰："詔旨如是，亟行而已矣，何請爲？"衆曰："覆折雖非令，而轉運司賴以爲經費所從來矣。罷之則將以他事中傷，州郡不可爲也。"叔弼甫曰："州郡之於民，詔令苟有未便，猶將請之。今天子德意深厚，知覆折之病民，手詔止之；而憚轉運司不行，仍覆折以病民，獲罪於朝廷，州郡豈可爲也？"遂行如詔，民持覆折之輸，至州而還者半道矣。

　　嗚呼！文忠公以道德文章，爲三朝天子之輔，學士大夫皆師尊之。出文忠之門者，得其片言隻辭，見於文字爲稱道，已足自負而名天下。況於叔弼甫者，親爲其子，又文忠公之所賢，父子之門〔四〇〕，非他人親炙之所可及。而竟不得以文章少自見於世。故余紀次叔弼甫在吏部考功禮部時，議襄、蔡二州政事，以見叔弼甫終不得以文章用，而暴於人者乃議論與吏事爾。然非好學，守道，識大體，而又有仁民愛物之心，則其議論與行事孰能爾也？叔弼甫嘗著《堯曆》三卷、《合朔圖》一卷、《歷代年表》十卷、《三十國年紀》七卷、《九朝史略》三卷、《食貨策》五卷、《集古總目》二十卷、《襄錄》二卷。叔弼甫亡後，其家集所自爲之文，亦二十卷。蓋雖不表見於當世，而猶足以遺後人也。叔弼自去蔡後，係元祐籍，復鐫職降官守，以官廟居潁州里第，間游吳中。俄出籍，乃以兩恩當任子孫者，力請於朝三四，以官其兄子之子，曰："先公之長曾孫，不可以無官；吾子之子，無官可也。"政和三年，卒於潁州，年六十七。一子曰愿，宣議郎；三孫，其二官，一無官。

　　贊曰：歐陽氏出於伯禹之後，爲越王句踐。句踐之裔孫，多受封於楚，有封於烏程歐陽亭者，遂爲歐陽氏。漢有博士和伯，以治《尚書》顯名，世謂之歐陽《尚書》。而率更令詢，事唐太宗，亦顯召於世。至文忠公遂大顯，爲本朝宗臣。生四子，叔弼甫，其第三子也。雖不用於世，亦爲顯人。余自治平以來，從叔弼甫游如兄弟。今同游者，喪亡殆盡，惟余尚存，故勉爲叔弼甫作傳，紀其大節云。

陳子思傳

陳子思者，名知默，其先蜀郡閬州人也。曾大父省華，仕至左諫議大夫，大父堯叟爲眞宗相。父師古爲郎中。而堯叟兩弟，堯佐爲仁宗相，堯咨爲節度使。方其家盛時，子孫仕宦滿朝，至監司、郡守者數十人，治甲第京師，車馬、衣服、聲伎之奉，時無比者。而子思已好學，不肯爲子弟游。家人欲官子思，子思曰："吾學從科舉，所以爲官也。齋郎監簿，祇辱吾志。"乃讓其兄子之孤者。家人強之，子思終不肯受。子思既長，舉進士，十餘年不第。治平元年，再舉進士，就試尚書省，復不得第。乃退曰："吾老矣，不可猶舉進士。"因盡棄其所好，携妻子之汝，居靈泉山，治宅種田，往來於山中。子思舉進士時，嘗爲詩。及居靈泉，不治他文，專以詩爲事，期年，詩大行。汝、許、襄、鄧、陳、鄭之人，皆知子思善爲詩，慕其名，日有以詩交子思者，子思皆報之。

子思爲人，高遠有志，尚氣，非其人不與游，與游者雖甚貴，不少下之。至居田里，與父老親故相過[四一]無所擇，一皆盡其歡心，以此人滋愛之。畢仲游兄弟居陽翟，有誦子思之詩於仲游者，仲游以爲唐人詩，而怪未嘗見也。問之，乃子思詩，大驚，乃盡其詩縱觀之，而與兄弟學詩於子思。子思之論詩曰："吾中有所期者，志也；諭吾之志於外者，言也。比吾之言可以詠歌則爲詩，凡如吾之所欲道而雅言者，皆詩也。而世人之詩，反若非其語言，何哉?"故子思之作詩，凝思澹視，俛首少頃，或杯行笑語，伸紙和墨，如不經意，而章已就矣。人初以爲易，而其和之者，雖累月終不及。故子思之詩，溫潤縱恣，自然不類世俗作者。

子思居靈泉二年，有疾[四二]，因入陽翟，謂畢仲游曰："我死，無忘吾詩。"畢仲游曰："不敢!"後一年，子思平居無事，謂其妻曰："吾體不樂，殆死乎。"乃之賈延年家，擣紙欲次其詩，未成而子思病，遂卒。子思既卒，其家乃盡取其詩稿及他文章，納諸棺而葬之，曰："無使人得也。"是時仲游去陽翟，行至長葛，聞子思卒，哭甚哀，曰："嗟乎！子思之卒，吾不在此者，亡其詩矣。"使人問之，果然。乃抵其子遲及諸交游，得子思二百篇，居靈泉作者百篇而已，曰："猶可以遺後人。"子思之亡，年三十八云。

贊曰：陳氏自蜀來京師，遂顯而居鄭。子思間徙汝之靈泉山，其卒也，復家於鄭，今爲鄭人。子思多才有學，爲宰相節度使之孫，而竟以匹夫死於山中，此人悲子思者也，未也。唐人以詩名家者甚衆，而皆在杜甫下。子思之詩，蓋有似夫甫者，故其詩一出，方數千里爭傳之。志欲成就，中道而死，悲夫！

校勘記

〔一〕"秦失之强，周失之弱"，經傳皆無原句。

〔二〕"之辭"，《四庫》本作"之亂"，誤。

〔三〕"防"，原作"妨"，今正之。

〔四〕"觀望"，《叢》本作"觀聖"。

〔五〕"則流入於邪"，《四庫》本作"則流入於淫"。

〔六〕"之興"，《叢》本作"一代之典"。

〔七〕"李昭班"，《叢》本作"李昭玘"。

〔八〕"當途"，原文缺"途"字，據《叢》本改。

〔九〕"特起"，《四庫》本無此字。

〔一〇〕"欲度越前人"，《四庫》本無此句。

〔一一〕"豈特三代之不可擬"，《四庫》本無此句。

〔一二〕"漸非"，《四庫》本作"絡非"。

〔一三〕"豈人之性資而今古之異歟"至"或未之思也"，《四庫》本無此段。

〔一四〕"其"，《四庫》本作"雖有"。

〔一五〕"窮神極思，研精畢力"，《四庫》本無此兩句。

〔一六〕"而世數相承，漸不可及前人者何故？"，《四庫》本無"而世數相承"一句，"漸不可"作"卒不可"。

〔一七〕"今天子新法度"至"毋忽"，《四庫》本作："今天子新法度，明禮樂，釐正百官，祖尚經術，一皆仿乎三代，欲乘時而革天下之文風，復之於古，使無不及前人之嘆，當必有其道矣。諸君從事於文，匪朝伊夕，其縷悉言之。毋忽。"

〔一八〕"問"，原作"固"，據《四庫》本、《叢》本改。

〔一九〕"朴文"，《四庫》本作"樸茂"。

〔二〇〕"則心"，原作"道心"，據《叢》本改。

〔二一〕"弱"，《列子》原文作"柔"。

〔二二〕"小大"，《叢》本作"大小"。

〔二三〕"東西"，《叢》本作"東南"。

〔二四〕"延師"，《叢》本作"延帥"。

〔二五〕"今師"，《叢》本作"今帥"。

〔二六〕"與賓客"，《四庫》本作"與賓客"，下衍"崩"字。

〔二七〕"隳頓"，《四庫》本作"隳頃"。

〔二八〕"賢師"，《叢》本作"賢帥"。

〔二九〕"城雉"，《叢》本作"域雉"。

〔三〇〕"一年"，《叢》本作"二年"。

〔三一〕"嘉禾"，原作"嘉未"，是正。

〔三二〕"并以"，《叢》本作"且以"。

〔三三〕"上騎都尉"，《四庫》本作"騎教尉"。

〔三四〕"薨"，《四庫》本作"薨後"。

〔三五〕"叔弼甫",《四庫》本脱"弼"字。
〔三六〕"乃建言",《叢》本作"乃建官"。
〔三七〕"令亟與之",《四庫》本作"令亟與之"
〔三八〕此句《四庫》前有"請"字。
〔三九〕"售人",《叢》本作"害人"。
〔四〇〕"之門",《四庫》本作"之間"。
〔四一〕"相過",《四庫》本作"相遇"。
〔四二〕"有疾",《四庫》本作"有病","疾"字爲長。

西臺集卷七

書

上門下侍郎司馬溫公書

　　承議郎、監在京粳米下第八界、上騎都尉代郡畢某，謹以外議再拜上書於門下侍郎閣下：某曩在河南及京師，嘗請謁[一]左右，雖竭不肖之心，夙夜思慮，欲少補行事之萬一，而至今未敢有言也。蓋聞閣下之來，四方內外，託書詞，論時務者，多至數百。而朝廷[二]之上，實封陳得失者，乃幾萬人；皆關閣下之聽覽，是非利害，宜略盡矣。則某未敢言者，豈有所愛惜哉？恐不待某言而知爾。然閣下辭山林，履廟堂，以身任天下之重。而人亦以天下責於公，道路之間，閭閻[三]之下，雖聾瘖、跛躄、支離、疲病之人，亦扶服相賀，頂禮嘆息，如遇歲年之豐，而見父母之來。閣下用賢去佞，除煩解擾，所以安社稷、惠細民者甚多，而外人之議，尤深念於左右。竊意實封[四]、書詞有所遺者，某如自嫌而不以聞，則是輕門下之義，忘師友之教，懷不盡於朝廷，而未死之間，私恨無窮，故敢略道外人之議。而某之所見，則猶待異日閣下以身任天下之重。而人以天下責公者何事耶？當熙寧之初，先帝以公爲樞密副使，天下之人忻忻然曰："樞密副使者，君子行道之府也。而君子得居之，天下其庶幾乎？"及公逡巡而去，不累於位，天下之人復忻忻然曰："樞密副使者，人之所禱祠而求者也。而君子不苟居之，吾道其庶幾乎？"故閣下進合天下之願，退爲吾道之助，則人之望公其何如也？公居洛十五年，道德日富，聲譽日隆，天下之言正直者，至公而後止焉。則人之信公復何如也？今先帝厭世，主上富於春秋，發喪之日，京師四面語曰："非司馬資政不能治天下。"曾不三月而遂筦朝政，則人之期公又何如也？夫以身任天下之重，爲四方之所信，起副中外之望，而應衆人之所期。天下之事至大，今日之務至難。愛公者至多，而嫉公者至深也。豈惟生民利害得失之際，而亦天地陰陽交爭之時。愛公者皆貧賤疏逖，不足侍於下風；而嫉公者巧爲機穽，潛布耳目，多塗以誤公之事，反覆以亂公之策。雖主上明聖，注意於公者久，而閣下蓄積深厚，所以爲天下者，皆平日之所固有。然非齋戒以臨之，精微以思之，擇術以行之，博取於人以成之，事猶未可知也。此某所以卧不安席，食不甘味，而欲以外議告者也。

竊嘗計新法之行，幾二十年矣，豈惟今日而後有改作之意。當王安石之出，吴正獻之入相，鄭俠之上言，先帝蓋嘗有改作之意焉。而終不能改者，公之所知也。及今深交固結，内外如一。後生肆談，安於恥無〔五〕；老吏擅法，公爲不道。而閣下起閒廢之中，留三省之上，殆將求風俗之失，回積年之咎，以成先帝之志，則新法之改，豈直指而往，如推牆填塹可以定乎？故外議有三，而其慮容易者不預焉〔六〕。

昔王荆公以興作之説動先帝〔七〕，先帝信之，而患財而不足也。乃散青苗、置市易、斂役錢、變鹽法，凡政之可以得民財者無不用。蓋荆公散青苗、置市易、斂役錢、變鹽法者，事也；而欲興作患不足者，情也。苟未能杜其興作之情，而徒欲禁其散斂變置之事，是以百説而百不行，然則事之與情，可不察哉！自先帝棄羣臣興作之議，雖無復聞者，而轉輸未減，邊備尚衆，京師吏禄，歲百餘萬。而外路官司州縣雇傭，號爲新法而從事者，有不可訾計之費。今以天地社稷之靈，主上母后之聖，同人心，決大策，起閣下於不可起之中，而寄以天下之政。閣下遂欲廢青苗、罷市易、蠲役錢、去鹽法，凡號爲財利而傷民者，一掃而更之，則自熙寧以來，用事於新法者，必不喜矣。不喜之人，必不但曰青苗不可廢，市易不可罷，役錢不可蠲，鹽法不可去；必探不足之情，修不足之説，伺不足之隙，言不足之事，以動上聽。夫以一家之計，父子之親，欲安田野，遠市井，習耕稼之常業，辭商販之末利，而説以不足，則猶相視扼腕而中止；況以天下之廣，臣民之衆，有郊廟朝廷祭祀賓客之奉，有内外上下官吏廩禄之費，有重兵宿衞邊守城禦之計，有大河隄塞外裔餽賜之勞；自古之君，固常有患不足之情矣。持〔八〕不足之説，伺不足之隙，而言不足之事，雖致石人而使聽之，猶將動也。如是則青苗廢而可復散，市易罷而可復置，役錢蠲而可復斂，鹽法去而可復存，使禹、稷重出爲天下爭，將亦無可奈何，則不足之情，可不豫治哉！爲今之策，當大舉天下之計，深明出入之數，曰天下之不足，其弊安在；弊在邊境轉輸之多也，則棄無用之地，省轉輸之繁，其省幾何；弊在造作修營之多也，則止造作，輟修營，其省幾何；弊在新法官吏廩給横費之多也，則廢吏禄，行常法，其省幾何；弊在掖庭永巷，婦女資用之多也，則定職掌之數，非先帝幸御者，一皆出之，其省幾何？天下之可已者無不已，其省幾何。今諸路常平免役、坊場河渡、户絶莊産之錢粟，積於州縣者，無慮數十百鉅萬，如一歸地官〔九〕以爲經費，可以支二十年之用，則三司歲入常平爲贏。以天下之大，而三司歲入，半爲贏餘，則數年之間，府庫之財，倉庾〔一〇〕之粟，已將十倍於今日。而節省之後，濟之以恭儉，將如丘山江海之不可盡。以此明言於中而精計乎外，俾上與太皇太后曉然知天下之餘於財也，則不足之情不生，不足之事不起，不足之隙不得伺，而不足之論不得陳於前矣。然後青苗、免役、市易、鹽法，凡所謂新法者，始可永罷而不可復行，如既飽之人，雖以芻豢猶不肯進，況藜藿菽黍乎？問者曰：“患不足而新法興，何以實之？"曰："曩者王荊公併軍蒐卒，而封樁[一]其錢糧；又懼兵之少也；故行保甲之法，籍民爲兵。數年以來，農夫去南畝者大半，盜賊公行，守令不得爲治，則保甲之利害無可言者。而保甲之名，至今未除，豈非患兵之不足耶？以兵不足而存保甲，故知財不足則新法可以復興。"此外議也。

昔仁宗之治天下也，優禮大臣，而聽用臺官諫官之言。蓋大臣者，天子之輔也，不優爲之禮，則無以勵其節，盡其心。而聽用臺官諫官之言者，所以存天下之公議，禁制大臣使不得自放之術也。故大臣起居進見，未嘗不恭己待之，若將久於其位，而不可動者。及臺官諫官一有論列，則十言之中，行其七八，雖故老大臣，必正其罪，以是而去位者，蓋可數矣。故嘉祐以前，大臣平日足以致君臣之歡，禮貌之隆，而私門奸利，破膽而不敢爲。仁宗皇帝所以四十二年天下安寧，大臣無甚縱恣，百官得行其志，不法之事，稀闊無聞者，以優禮大臣，而聽用臺官諫官之所致也。蓋自近歲以來，臺官諫官不復知所以設臺諫之本意，而顓爲含糊苟且，以幸無譴，經涉歲時，而不言天下之事。其所言者，必揣摩上意之所尚，非大臣之所惡聞，且於我甚安而無悔者然後敢發。其號爲論列大臣者，亦取其微芒瑣屑，不在輕重之間，足以破人主之疑，而無傷大臣之實，陽言於外而陰合其中。又其甚者，寧論人主之事，而不肯言大臣之過。蓋論人主之事，則有大臣以爲之力，不甚得罪，而一言大臣，則足跐手拉，塗地而不復。數年以來，朝廷之上，道路之間，不知有臺諫，一聞臺官諫官之姓名，則咨嗟太息，詆笑而避去。而處臺諫者，自以爲至計便策[一二]，不復知職任之何如，翻謂祖宗之朝，名公大臣奏議論列，爲沽激好事，以自蓋其短。而幸一身之安，則無所補益可見於是矣。伏自主上繼明，西朝共政，用閣下爲門下侍郎，始增置諫員，進用有聞之人，而廢去六察，皆使言事，可謂知務。已而猶有平昔之徒介在其間，蓋其含糊苟且[一三]倖免久矣。一旦明目張膽，自奮於敢言之列，則内懷愧恥，外畏士人之姍笑；欲不言則朝廷失望，非今日之利；故皆低徊隱忍，進退無適，抄取其近似者，以塞目前之責，而終不敢深言天下之事；惟欲窺瑕伺隙，執戈而攻諸長者，爲新法復讐。今將興仁長善，定萬世之策，還太平之風，而猶令此等布在言路，欲望如仁宗之朝，存天下之公議，禁制大臣破其奸心，竊以爲過矣。夫賢者之爲善，與不賢者之爲惡，其取捨固異，然勢可爲，則行惡而或濟；勢不可爲，則雖善而無成。自古及今，未有勢去而能立功立事者也。且王荆公之行新法，固非善也。然終先帝之世，新法有增而無損者，以有可爲之勢而已爾。所謂有可爲之勢者，非直人主之聽用，而荆公之名位高且大也。蓋自參知政事、三司使、翰林學士，下至侍從百執、臺官諫官，外連轉運使、提點刑獄、提舉官，無非[一四]新法之人者，雖功業如韓琦，貴重如富弼，敢言如呂誨，才辯如蘇軾，終不能少止新法之行。嗣後[一五]鄭俠以死争之，而新法亦不改也。豈新法果利於民而可行耶？蓋左右前後，遠近高下，皆新法之人，而荆公又挾天子之命，都宰相之位以臨之，如平地布薪，而順風縱火，其勢易也。今閣下欲去新法之弊，救荆公之事，而左右侍從、六曹九寺職司使者，十有七八皆荆公之徒。雖起二三舊臣，用六七君子爲言事官，然累百之中，存其十數，烏在其勢之可爲也。勢未可爲，而欲爲未可之事，則青苗雖罷將復散，況未罷乎？役錢雖蠲將復斂，況未蠲乎？市易雖廢將復置，況未廢乎？鹽法雖除將復作，況未除乎？以此去新法之弊，救荆公之事，如人久病而少間，其父子兄弟喜見於顏色，而有未敢賀者，意其病之猶在也。蓋勢者無形而易見。今欲是君子之道，成可爲之勢，則厲夫聲色無益也，抗以禮節無益也，急以文法無益也。必遍得天下之沉厚明達敢言有氣節者，與小人分其勢，則天下之事有可爲也。如用人之地多〔一六〕，而人未可以多得，則夫臺官諫官，正今日之先務，而天下之勢所由分者也。自閣下用人以來，臺官諫官，亦稍稍言事以稱朝廷之意。然王珪已死而後言珪之家，吳居厚已敗而後言居厚之事，此皆今日易言易行者也。至於國家之大利，生民之大害，社稷之大計，猶未有及者。借有一人焉，以言事爲己任，喟然發憤，動人耳目，出死入生以報朝廷。而相閣下之所爲，則又將循用常文，牽制故事，十且八九不行其言，則雖純得六七人者，猶恐未有所濟。況又使平昔含糊苟且幸免之徒介在其間，則君子小人之勢，固未分也。孟子曰：“在王所者，長幼尊卑皆薛居州，王誰與爲不善？在王所者，長幼尊卑皆非薛居州，王誰與爲善？一薛居州，獨如宋王何？”此亦勢之説也。蓋堯舜之時，大禹、皋陶、夔、龍、稷、契，布在列位，則雖有共工、驩兜，而卒於流放者，則君子之勢勝也。漢元帝任用許、史、恭、顯，而亦用蕭望之、周堪、劉更生，而或進或退者，則君子之勢已差不勝。而宋王長幼尊卑皆非善士，獨一薛居州，則不勝而已矣。今閣下爲門下侍郎，賢人君子雖稍收用，臺官諫官，猶未純得其人，得其人者猶未得其言，得其言者猶未得其行，則是僅能勝薛居州，而大禹、皋陶、夔、龍、稷、契之事猶非所擬，而望之、周堪、劉更生之或進或退，可不慮乎？此外議也。

老子曰：“失道而後德，失德而後仁，失仁而後義，失義而後禮。禮者，道之華，而亂之首也〔一七〕。”夫謂禮爲道之華而亂之首，則某所未學。然禮者，固仁義之次，而道德之下也。後人不能以禮治天下，一寓之於法者，又禮之次而仁義之下也。而今世復不能守法，一用觀望，以爲政事無定法多言可更者，是豈真知其不善而可更哉？亦出於觀望而已。蓋今日之言不善，有前日以爲善而欲奉行之人也。而與此等論天下之事，則異時閣下失勢，彼義將言鹽法可興，邊事可作，苗役可行，市易倉法可復置，於其他新法無不言可爲者也。觀望之禍，必至於此。今欲化觀望之心，回觀望之俗，以豫止觀望之禍，則殆非言語告誡思慮隄防之所能盡。惟取夫守道固窮，不爲觀望，衆人所共和者尊用之，而察其背公向私，專事觀望，亦衆人所共知者退遠之。然後搜哀祖宗之法，與今日之勑令，刪取其要，使簡易明白而後行之。蓋律令格式者，近古人之所同，而編勑者，後人獨用之書。太祖之時，謂建隆勑者不過數百條。而天聖編勑，則倍於建隆。慶曆編勑，又倍於天聖。嘉祐編勑，復倍於慶曆。至於熙寧、元豐之勑，乃益增多於嘉祐幾千條。而續降勑令，與夫一司、一路、一務、一州、一縣者復幾萬條。而引用此例以相附著者，至不可勝紀，雖有通才强識之士，莫能曉習。而附會苟賤之人，乃得恣爲觀望以便其私。當出而入與入法，當入而出與出法，一法不能獨用，則轉取他法而兼用之。他法不足兼用，則離文析字，煩言碎詞，以欺天下之人。又不足用，則置法度外，假特旨而行之。顛倒下上，歸於觀望而後已。則所謂法者，乃無法之極者也。而議法之人，方且移易重輕，滋張[一八]條目，惟恐不博，而返强省其文以成書，使下之人舉手觸罪，出口成獄。至其文省而不通，則陷於過誤者如牛毛，而申明往返，歷時而未決。其本章之中，所省者一二，而申明之説，少至數百，多或千言，然則所謂簡易明白者，豈惟天下之法理當如此？蓋亦今日之事不得已者也。千存其百，百存其十，十存其一，苟有可削者無不削，是謂簡易；著爲法者，當如常人之言語，使匹夫匹婦，皆可以喻其意而盡其詞，是謂明白。則觀望之徒，不敢轉徙以順人，而簡易明白，則亦稀有所附會。天下之人，既見夫不爲觀望者尊用，爲觀望者退遠，而常行之法，又簡易明白，不可轉徙附會以便己之私，則觀望之心，庶幾少息；觀望之俗，庶幾少變；而異時觀望之禍，庶幾少止矣。此外議也。

夫前古之君，所以有難與爲治者，以任用親黨，女謁公行，游宴弋獵，不恤國事，賦斂隔塞，人君之私也。小人探君之私而導之於邪。既已得趣於私邪，則公卿大臣，開正言，行正道，如陳夢中之語。而告天外之事，泊然〔一九〕不以經意，雖與爲治，從何而入哉？所以難也！今主上富於春秋，太皇太后通古今之大體。自先帝之朝，抑遠外家，未嘗用事，而賜與有節，則無親黨之嫌；主上未知好色，則無女謁之患；苑囿鷹犬，未有所幸，則無游獵之虞；罷貢獻，廢堆垛，蠲積欠，則無賦斂之弊；聽政之初，即詔天下實封言事，惟恐下情之不通，則無隔塞之憂。凡前古之難者，顧皆易矣。而所難者，則繫閣下施設之事，終於不成爾。蓋荆公雖不用，而京師四方貴臣大官、職司郡守，百人之中，九十其徒也，其恃才氣〔二〇〕，挾詭辯，而負宿勝之資者猶可畏。而主上及太皇太后所用，不過一二公。一二公所用，不過八九人。如熒惑失度而攙搶竟天，雖有德星之出，豈敢言禍之所勝哉？則閣下夜衣而訪事，雞鳴而布行，乃正社稷之所願，而天地神靈所以想望於今日者也。成之則三代之盛，伊周之烈，復見於太平；不成則新法之弊，流及萬世而不可改，雖有改者不如今。然則外議者，某之所當告而不獲已〔二一〕，伏惟加意幸察。不宣。

上門下侍郎劉莘老書

孤子畢某，謹叩頭再拜上書門下侍郎執事：《禮》："齊衰之喪，對而不言"，言非禮也，而況於書乎？求之本朝，惟范文正公居母喪，嘗移書萬言以抵執政。則喪之用書，有國事也。某罪罰之餘，待盡朝夕，且無范公之國事，而亦敢以書上干不孝之誅，則自祖父以來，門戶之寄，有不得待於異日者。是以停號窒哀，留喘輟息，而強布於左右，伏維門下侍郎不倦而觀之。

某嘗論古今，文章多而史材少，譬諸繪事，同技而異能也。蓋文人之文如繪形，史家之文如繪神，則更遺所尚於意外，要使類其人之生而已，所以難也。昔馬遷作《史記》，所謂辯而不華，質而不俚。其文直，其事核者，猶若可學。至於所記之人，在數千百年之外，讀書如親與之接。而精神意氣，有以想見其爲人，則殆不可學。而所謂類其人之生者，此也。由馬遷而下，爲史辭者，頗皆不與所善之人相類，而近世尤甚。且以本朝韓王趙普言之，普輔太祖皇帝，定中國，撫四夷，輯安元元，經制備具，其微謀遠略、濟時佐命之功，目雖不可見，而耳猶可聞。及觀近世之載，乃若所謂除目，而亦有爲四六之體者，何與夫人不相類也？故某之曾祖文簡公，仕於太祖、太宗之朝，至景德中，相真宗皇帝，薨於位。四五十年之間，陰功厚德，高言絶行，可書者甚衆。而陳彭年之行狀，楊億之誌文，雖襃大顯異，而序其行事，亦止用四六而已。由作行狀、誌文之後，距今八十六年，而墓隧之碑未立，雖爲至晚而有所待〔二〕，蓋亦恐與夫人之不相類也。伏惟門下侍郎，議論行於未顯之時，能事見於已用之後。其推賢讓善，折姦鋤惡，扶名教，厚風俗者，固已載竹帛而藏於府庫，則夫所謂文章者，乃公之餘事。然舉天下之士，論德誦義，有名位功業，而又求文章可以信後世，圖不朽，則方今識與不識，皆知公一人而已。而某幸生公之時，又遊公之門，又可以進說於公之左右，則曾祖墓碑之立不立在今日矣，非徒然也。曩某爲吏東州，識故陳留李公成之，凡成之語言、容貌、風力、氣概，與夫治民、行己、篇章、議論，皆親見而熟味之。及觀門下侍郎所撰誌銘，簡而備，粹而古，貫穿而偉，馳騁而不盡，大類《蘇武》、《趙充國傳》。而讀之過半，思酣意熟，如成之在前相對，彷彿其眉目，忽焉忘文字之所載也。某雖不敢妄意其高下，然亦豈非爲類其生者歟？則曾祖文簡之墓碑，歷三世而後獲請於左右，非獨人事，亦若天理然。

　　蓋文簡之事母孝，則見王禹偁所行之告命；論德行，則有真宗皇帝除授之德音；直道而進，則可考京伊之所建明；論大事，決大疑，則澶淵之議，其略頗在實録與陳彭年之行狀，然猶行事之常也。昔管仲少時與鮑叔牙游，鮑叔知其賢，終進管仲，以身下之。天下不多管仲之賢，多鮑叔能知人也。而文簡公爲濟州[二三]推官，乃知取王禹偁於賣漿之家，教養成就，與同出處。及在中書，又力薦寇準，同爲宰相，以濟大事。故準平生與人少合，而深德文簡公。兩女嫁文簡公之次子，某之叔祖爲太府卿者是也。史官之所紀次，天下士大夫之所傳誦，但喻準與禹偁之賢，而未論文簡公之知人。與夫管仲、鮑叔牙之事，同功而異説，則殆俟有人如司馬遷著書。故願門下侍郎上觀真宗皇帝待遇始終之厚，次察寇萊公、王黄州取友之深，因及楊億、陳彭年之誌狀，傳以史官之義，而賜之碑銘。得如誌成之文之類其生也，則豈惟今日兄弟子孫感激而流涕，蓋將與《書》之《畢命》世傳而共寳，而天下仁人君子實寵嘉之。伏惟鈞慈加意，幸甚！

上歐陽文忠公書

某再拜慕義者十五年，前日始獲參拜於左右，則交至疏，日至淺也。今日不以交疏日淺，復將妄有所謁。惟閣下少加意念，憐其慕義之久，不以爲疏淺而試聽之，萬一有取，則幸甚矣。

孔子曰："三軍可奪帥也，匹夫不可奪志也！"其誦此久矣，以爲天下難能之事，非無力之患，而無志之患，苟有其志，雖匹夫不可遽奪。而某之所以志者，將幾十年，今返將爲事奪去，是以飲食夢寐不快者累月，遲疑嘆息，未忍棄割而忘之也。請爲閣下論其十年之志，而言其將奪之由，不識尚可救歟！某，家以儒進。當景德中，曾大父在朝，真宗號爲德行之臣，故一言寇準之賢，而真宗同用以爲相。先人承先相之後，非義不爲，仕宦三十年，而家無擔石之儲，天下亦稱爲廉吏。某上爲先丞相之孫，下爲廉吏之子，孤蹇處世，常懼不肖以貽門户之羞。故兄弟入仕，未嘗敢學進取之人，因虛求實，抱僞賈真，以自鬻於當世，惟敢讀書應舉，不失其門户。而某復不自料其卑賤，於讀書應舉之外，私閲古人之文字言語，愛其深厚簡麗，而怪近日學士之所爲，殊無古人之遺風。雖見其取高科、躡貴仕，名姓粗聞於人，某中心誠不愛也。然某亦有應舉之累，未免學所不愛，以取合於有司。常願一日棄其場屋之地，試遍聚古人之書而觀之，既收拾其言語文采之奇怪，又因以辨邪正、確是非，參合近世之文而爲其所愛，此某所以繼父祖、守門户，十年不忘之志也。

昨者某舉進士，徼幸已中，不料又得主霍丘簿，以食禄養親。然霍丘之地，面山枕淮，户口數萬，南牽光、蘄之路，而西承潁、壽之尾。其民矜豪，其俗淫狡，飲酒呼博，椎牛掘塚，剽攻賊殺〔二四〕，則固其常事。以至闇昧之獄，姦怪之訟，難證之罪，亦無虛日。壽春之號多事者，蓋僅有此邑也。其縣令已避煩而去之矣，其主簿則數日而求代。今聞新法，更以主簿、縣尉通職共事。某如從事於霍丘，束之以新法，則治婚田、辨鬥訟、閲簿書、納税賦、掌倉庾，檢復往來，固已無暇日。而又加之散青苗、斂助役、蒞刑獄、督盜賊，至於符檄差遣，推勘録問，水旱惶蟲之事，則又出於不可豫慮者也。某雖併食以待之，猶當懼其不給，則夫十年之志者，何日而償之？故自注授以來，至於近日，常願罷官就學，以償其素志。然親戚朋友之間，謂自先人棄諸孤，至今十餘年，堂有皓首之親，家有白身之弟，而室有未聘之妹，諸兄困於州縣，雖得俸禄，不足以給甘旨、選舉、婚嫁之資。而某棄官而閒處，殆非子弟禄養意，不惟親戚朋友以爲不可，某心亦有所不安。惜志之未償，則思讀書以閒居。重心〔二五〕之不安，則欲隱忍而從事。安其心則不償其志，遂其志則不復安其心，二者之取捨，未知何從。然以母老家貧，聚指數百，急於禄利之際，迫以親戚朋友之勸諭〔二六〕，欲捨其素志，殆過半矣。此所謂將奪之由又如此，則某之中心，宜何如處哉？且物有輕重，理有小大〔二七〕，棄小則從大，捨輕則取重，此人人易爲、今某均有所棄捨，然徘徊反覆如此之難處者，蓋所棄不小，而所捨不輕爾。何以言之？凡人之喜事，多在於壯歲，以其氣血剛强，心力明健，有異乎過壯之人。孔子曰："後生可畏，焉知來者之不如今？"故壯而執藝則加精，壯而戰陳則加勇，壯而事官則加勤，壯而業學則加銳。今某適當壯歲，負其志而不果成，迨其過壯之後，頽塌荒廢，自憚而不肯爲，未可知也；復爲外物遷奪之而不得爲，亦未可知也。孔子曰："四十、五十而無聞焉，斯亦不足畏也已。"故今之事，左投則得業於學，右投則爲俗吏。所差者今日，而事之相去遂繫於終身，則自處之難，無足怪矣。

　　昔者郯蔑，三晉之賢士，而三晉之人未嘗知。於堂下一言，叔向執其手而上曰〔二八〕："子如不言，吾幾失子矣。"越石父在累紲之間，遇晏子，解其縛而客之。夫一言一見，非足以定交，而叔向、晏子顧眄言語之間，遂以爲賢，蓋知其心者不待久也。傳曰："鳥能擇木，木豈能擇鳥哉？"某雖不肖，生已二十四歲矣，應舉者將十年矣。然外自藩方大鎮、將帥節度、州牧刺史之要職，内自臺閣禁近、兩省三銓、樞密中書之貴人，下至深山大野、名城劇部、古衣儒冠之處士，非親戚與禮當見者，則未嘗見之，蓋不敢容易妄見也。向者竊誦擇木之義，來見閣下於潁上。今負未償之志，懷不妥之心，以謁於左右，不識閣下已有以知之耶？抑將待其久耶？然某自參拜以來，無三十日而敢謁者，蓋意閣下不待其久矣。夫事莫快於得爲，莫沮於不得爲。今令人口有言語，壅遏而未發，猶且不懌於顏色；況某負十年之志，徬徨痛惜，而終將爲外物奪去，是反不足傷耶！如閣下省其心，察其志，拔於不善之地，而置之善地，署以官職使養親，假以月日使從學。加之在閣下教化之域,時得伏於坐末,以聽咳唾之音,則某之心,豈惟禄養業學而已!如久旱之魚,縱於大水,非惟免於涸乾之患,又不知江湖之樂者何如也?伏惟閣下,聲譽溢衆人之口,文章爲天下之師,其所以獎進諸生、誘掖後輩者,固不可縷數,若某之有私志而窮,宜亦憫之。故願閣下上觀曾大父先人之遺業,下察其家貧業學之艱難,旁省其取捨之輕重,慎顧叔向、晏子之德,無使某爲甈蔑、石父所笑,則足矣。惟深察之。

校勘記

〔一〕"請謁",《四庫》本作"請再"。

〔二〕"朝廷",《四庫》本作"明廷"。

〔三〕"閭閻",原作"間間"。按閭,里巷的大門;閻,里中門。指民間。

〔四〕"實封",《四庫》本作"封實",誤。

〔五〕"恥無",《四庫》本、《叢》本皆作"無恥"。

〔六〕"不預焉",《四庫》本無"焉"字。

〔七〕"動先帝",《四庫》本作"歆動先帝"。

〔八〕"持",《四庫》本作"修"。

〔九〕"地官",《四庫》本作"地官"。

〔一〇〕"倉庾",《四庫》本作"倉廩"。

〔一一〕"封樁",原作"封椿",誤,是正。參《宋史·史貨志》。

〔一二〕"便策",《四庫》本作"使策",誤。

〔一三〕"苟且",原作"茍且",據《四庫》本改正。

〔一四〕"無非",《四庫》本作"之非",誤。

〔一五〕"嗣後",《四庫》本作"是後"。

〔一六〕"地多",《四庫》本作"地方",誤。

〔一七〕"禮者"三句,《老子》第三十八章原文作"夫禮者,忠信之薄,而亂之首也。前識者,道之華,而愚之始也"。

〔一八〕"滋張",《四庫》本作"滋章"。

〔一九〕"泊然",《四庫》本作"洎然",誤。

〔二〇〕"其恃才氣",《四庫》本、《叢》本皆作"則恃材氣"。

〔二一〕"不獲已",原作"不獲巳",據《四庫》本、《叢》本改。

〔二二〕"有所待",《四庫》本作"有所侍"。

〔二三〕"濟州",《四庫》本作"濟川"。

〔二四〕"賊殺",《四庫》本作"殺賊"。

〔二五〕"重心",《叢》本作"懼心"。

〔二六〕"勸諭",《四庫》本作"勸論",誤。

〔二七〕"小大",《叢》本作"大小"。

〔二八〕"執其手而上曰",原作"執而其手上曰",據《四庫》本、《叢》本乙正。

西臺集卷八

書

上蘇子瞻學士書

　　某聞天之生物，爲類不同，皆曰有材。材者，可用之具也。萬物之材，有餘於用，而人之材，則病於不足。何耶？非以材命人者，有變於萬物也。蓋物之材衆矣，而司於耳目之前，人之材難矣，而取於心術之內；此有餘不足，理之固然者。既相倍蓰而不齊，又況天下之材，自鬥於無用之地而無已，則不足之患，乃其招爾。

　　今夫象犀虎豹鶤鸝杞梓芝菌之產，嘉禽文獸，英草異木，物之材最者，雖羣遊於江海，穴於山澤，雜出於山野，而搏之於虛空，不相病也。若人則不然。無用者，有用之所諱。大才者，小才之所攘。以無諱有，以小疾大，則士欲自效者，固已不幸，而況相分、相棄、相敗、相死？則是受才於天地者，雖與萬物同，而處才於人者，固與萬物異，此其所以不足也。伏惟閣下聰明智敏，出於衆人所不意。而進退操舍，深得才士之心。凡潔身治官，孤特守義，可以自效者，雖強力不能攘；而因虛求實，抱僞賈真，以自鬻於左右者，雖利口不能進。故九州之吏，攝衣冠，懷詩書，合雜并進，十百爲羣，願望見顏色而受咳唾之音，日夜皆是。然則人物常理，有餘不足固然，與諱、疾、攘之情，亦有聞於左右乎？孔子曰："吾之於人也，誰毀誰譽。如有所譽者，其有所試矣。"毀譽雖均也，知名而譽之則喜者深，知名而毀之則怨者毒。

常人所譽，未聞於一堂之上，而知名者已誦於一鄉之中。常人所毀，未傳於一鄉之中，而知名者已薄於四境之外。故名士之於言，不可不惜也。

　　昔者公都子問孟軻曰："外人皆稱夫子好辨？"孟子曰："予豈好辨哉！予不得已也。"孔子亦曰："天何言哉？四時行焉，百物生焉。"夫以孟軻之賢、孔子之聖，言奚所不可。然孟軻不得已而後辨，孔子或欲無言，則是名益美者，言益難；德愈盛者，言愈約；非徒辭喜而避怨也。古人所以精謀極慮，固功業而養壽命者，未嘗不出乎此。足下天資甚美，喜善疾惡，自立朝以來，禍福利害繫身者，未嘗及言。而言之所及，莫非人事之大體，則亦無可加矣。然某猶以爲告者，非言有所未至也，願足下直惜其言爾。夫言語之累，不特出口者爲言，形於詩歌者亦言，贊於賦頌者亦言，託於碑銘者亦言，著於序記者亦言。足下讀書學禮，凡朝廷論議，賓客應對，必思其當而後發，則豈至以口得罪於人哉？而又何所惜耶！所可惜者，足下知畏於口而未畏於文。夫人文字雖無有是非之辭，而亦有不免是非者。是其所是，則見是者喜；非其所非，則蒙非者怨。喜者未能濟君之謀，而怨者或已敗君之事。何則？濟之難而敗之易也。語曰："聽於虛室如有聲，視於虛室如有形。"今天下論君之文，如孫臏之用兵，扁鵲之醫疾，固所指名者矣。雖無是非之言，此有是非之疑，又況其有耶！則夫詩歌、賦頌、碑銘、序記者，異而不可同者，衆也。今天子明聖，方內晏然。足下職非御史，官非諫臣，不能安其身與其衆自樂[一]太平，而非人所未非，是人所未是，危身觸諱以救是非之事，殆猶[二]抱石而救溺也。以足下之天資，挾所有之材學，苟安其身，苟信其衆，何爲而不成？輔君澤民，何爲而不至？排患折難，何爲而不能？苟身未安，苟衆未信，則雖有子貢之智、虞卿之辯、仇牧之勇，庸能有濟於是非耶？《詩》云："趯趯毚兔，遇犬獲之。他人有心，予忖度之〔三〕。"今某見其文而知其德，論其德而戒其言，以是而忖度足下，其亦然歟？此所謂相知而相告者也，惟加意，幸甚！

上李誠之〔四〕待制書

　　某，河東之鄙人也。而墳墓親戚兄弟，在京師之左右。某宦學出入於京師者十年，聞京師士大夫之說，謂當世有道者數人，而閣下所以爲有道，某固深知而熟講，第恨不早見爾。其後某得爲吏於淮南，閣下守舒，意謂可以見。某至淮南，而閣下去舒，則某之恨又五年矣。前日自宋入鄆，有晁端禮者，言閣下之館舍在焉。夫以十五年願見之心，而近居咫尺之地，固當廢飲食，忘寢處，以伏於門下。乃返二十日不獲進者，非敢緩也，又非以用舍去就而改前日之心也。未得願見之說，懼無以實之爾。今既得其說，故特以進，伏惟閣下不倦而觀之。

　　某聞富貴者，利所利之地；貧賤者，利所利之物。故獵食之蟻，惟羶是求；易生之蟲，見濕而處。今貧賤之利富貴，亦由蟲蟻之願羶濕，彼豈有擇於中心哉，特氣類使之來爾。故古之賢士，不以我數見者爲主，而主其我見之善者；古之貴人，不以數見己者爲賢，而賢其見己之當者。以當爲賢，則王公不容易而知人；以善爲主，則士不可不自重也。河南吳公，治平爲天下第一，而賈誼見知於公，及公歸，薦誼爲博士，漢諸老先生無能出誼之右者，則材爲易進矣。而誼不肯求知於絳灌之屬，主吳公而後進，此主其我見之善者也。子游爲武城宰，孔子曰："爾得人焉爾乎？"子游曰："有澹臺滅明者，行不由徑。非公事，未嘗至於偃之室也。"夫武城之人不爲少矣，而子羽非公事又未嘗見之，然子游用以爲賢，此賢其見己之當者也。後世則異於是。在下者既無自重之心，爲上者又好容易而知人。

今有一貴人，其貴不必大也，似貴矣，則必往見之，其辭不曰以貴而見也，我見其賢也。大賢者豈以貴賤而不同哉？彼未貴者則不見，今有貴者然後見，則是非見其賢也。今有一知名之人，其名不必大也，似知名矣，則必往見之，其辭不曰以名而見也，我見其才德也。夫人之才德，豈以人稱則爲有，人不稱則爲無？彼未知名則不見，今既知名矣然後見，則是非見其才德也，見其名也。志於貴不志於賢，志於名不志於德，故外自方藩大鎮、州牧刺史、節度將帥之要職；內自臺閣禁近、兩省三銓、樞密中書之貴人；下至深山遠野、名城劇部、窮閻陋巷之學士；凡號爲貴與名者，則不憚於見之。攝衣冠，懷詩書，合雜并進，十百爲羣，日遊於門下而未嘗羞。貴與名者樂爲己之先後，則不復辨其白黑，而撫接顧待，飲食教誨，有同己之子孫而不知恥。故在下者非賈誼之才，而爲上者無子游之德，其相誓之心若生死〔五〕，猝然棄去，則無所顧藉。如以膠合舟，外貌非不堅固也，及納之於水，則解脫四散而不能收。彼其浮沉之不保，奚暇言濟渡之功哉？若某者不然，志雖固陋而思慮者深，身雖貧賤而顧惜者大。當景德中，曾大父在朝，真宗以爲有德行之臣，故一言寇準之賢，而真宗同用爲相。先人承先相之後，非義不爲，仕宦三十年，而家無儋石之儲，天下稱爲廉吏。某不肖，嘗懼羞其先，故上不敢虛言異行，藏於山林城市，以爲富貴名譽之招；近不敢卑辭厚禮，齊口同舌，遊於搢紳先生之間，以爲富貴名譽之地；下不敢阿諛諂順，出死圖生，將罪買功，以爲富貴名譽之盜。三者俱不敢，此所以舉天下之大願見者數人，而十五年願見閣下者也。伏惟閣下，方直而有守，忠惠而能斷，利不急就，以義爲先；害不急避，以命爲主；此非傳聞，某之親見也。日者閣下任邊要，領都會，握兵治煩，將澤施天下，有識之人欣欣然曰："富貴者，君子行道之府也，而君子得處之，天下其庶幾乎！"及閣下去邊要，就閒僻，辭兵避煩，謫居於家，有識之士復曰："富貴者，常人之禱祠而求也，而君子不苟處之，吾道其庶幾乎！"故閣下進爲天下之幸，退爲吾道之助居今人之世，而有古人之風；此某所以願見之實也。昔者靦䩄惡，欲觀叔向，立於堂下一言，叔向執其手而上曰："子如不言，吾幾失子矣。"越石父在縲紲之中，而遭晏子，晏子解其縛而客之。今某之惡幾於靦䩄，其賤無異於縲紲，久而後見閣下。故願閣下上觀子游、吳公之所以知人，下察澹臺、賈誼之所以受知，旁省富貴名譽之輕重，慎顧叔向、晏子之德，無使某爲靦䩄、石父所笑，則足矣。惟深念之。幸甚。

上范堯夫龍圖書

五月十七日，文林郎、試秘書省校書郎、守羅山縣令畢某，謹再拜上書知府龍圖閣下：某嘗論衆人之詩，一讀之而怡然，再讀之而怠，三讀之而厭者，非能詩也；譬夫粗錦賤繡，開緘鋪置，初若爛然，及交手持玩，逼視反覆，求其精粗工拙之致，則有投地而不顧者；其理同也。近世之士，以詩名家者衆矣。方其聲譽四發，動人耳目，挾之以富貴之力，上自公卿大夫、布衣韋帶束脩之重，下至野人、徒隸、婦女無識之輩，皆知誦習嚮慕而不能自已。其單章隻句，流落諷味〔六〕，如飲甘露而食熊蹯，未有不恨其少者。蓋非再讀之可怠，三讀之可厭，則亦真能詩矣。及其人已死，聲譽已定，富貴已去，集其詩而觀之，則或厭或怠，而怡然者無幾，是何耶？非生死存亡之有異，蓋能詩之中，所蓄有深淺，則其傳亦有久近，而富貴名譽，足以借其重也。昔杜甫與李白，俱號詩人，而甫視白詩，以爲不足。故道其清俊、敏捷，比之庾、鮑，而未道其他也。如襄陽孟浩然，則甫以弟子視之，而愛其有新語而已。至韓愈時，人或謗甫之詩，愈爲作詩訟之。蓋非特愈之時有謗甫者，未死之日，謗已多矣。迨今四百餘年，讀甫詩者，豈徒無厭怠之意？亦咨嗟詠歎歡欣鼓舞之不暇，不獨怡然而已，則始信甫詩之工，而富貴名譽，不足以借其重也。

曩某居陽翟〔七〕，有陳知默者，字子思，號爲能詩。子思世家之後，身爲子弟無名譽，某始不信其能詩。後某病居房中，有誦子思之詩於户外者，疑爲唐人之詩，而怪其未嘗見也。問之，乃子思詩。某驚，因盡取前後詩繼觀之，大可愛。後二年，子思卒，得其遺稾，時出而誦之，至今十有三年矣，凡百誦矣，一無厭怠之意，而未嘗不爲之怡然。則子思之詩，雖不足比杜甫，然亦非富貴名譽之詩也。

某嘗觀《孟浩然集》，其詩無三百首，而爲之序者數人。某欲以子思之詩比浩然，乞序於諸公，而子思生不顯於世，無聞於人，非有道者，未易序其詩也。伏惟閣下，以仁義忠信爲己任，而富貴名譽窮達出處，皆不爲之動心。日者治臺閣職，諫諍端言上前，爭朝廷之大義，天下想見公之爲人；而世有忠孝，號爲令族，今之言名臣者必稽焉。如陳子思者，貧且賤，又已死亡矣，雖平平之人，未易動也；而某敢以累公求爲子思之寵者，蓋惟平平之人，然後以貧賤死亡爲意，而如公者，則素不以爲意。既不以貧賤死亡爲意，則子思之詩實過人，必有以寵之也。今某望子思之詩比浩然，乞序於公。如因公之序有見於後世，則子思者生不得遊於門下，而死爲門下之所收，異日人觀詩讀序，必有掩卷流涕而歎息者。雖無益於他事，然爲望朝作一孟浩然，豈小補哉？願公勉之。不宣。

答劉朝散書

某再拜奉書通守朝散足下：夏序苦熱，伏惟尊履萬福。前日車馬之官德陽，取道過洛，少留而行，因緣幸會，得見君子。然少從公先世之遊，如子姪兄弟，所以講聞。公是先生侍讀，道義文章，出入內外，立朝行己之本末者甚悉。故一與公相遇，如舊相識，而寒暄安否之外，未及其他，即問公是先生文集尚未宣佈之因，此三十年欲問之事也。豈謂記存，遠枉書教，遂録寄全集七十五卷，遣介東來，行幾二千里，因屬某爲序。不知足下何以知某可序公是先生之文耶？驚顧瞠眙，不知其由來。徐味所指教意，乃知某嘗論公是先生之文，異於歐陽文忠，以某爲知言，則必知作者之意，故屬某爲序。

嗚呼！作者之意豈易知耶？公是先生之文豈易序耶？昔司馬遷作《史記》，漢廷之臣知遷者，如相如、壺遂、任安之屬，不使序其書而自序之。其後班固作《漢書》，不改《自序》之文一字，而爲之傳。揚子序作《太玄》、《法言》、九箴、四賦，欲以文章成名於後世。其時知雄者，雖不及相如、壺遂、任安之知馬遷，然猶有歆、向父子〔八〕，博極羣書而能文，子雲不使〔九〕序其書而自序之。後班固作《漢書》，亦不改《自序》之文一字，而爲之傳。由是言之，作者之意豈易知耶？公是先生之文豈易序耶？然自天聖以來，歐陽文忠日滋月益，得名於中外，至至和、嘉祐中間，號爲文師。如曾子固、蘇子瞻、子由，皆以門弟子視之，而獨於公是先生推先尊仰，質疑訪古，懇懇勤勤，若自下而不敢居前也。而行於世者其文不多，故相見之日，即以三十年欲問之意問諸左右，且求公是先生之文，望於世人共傳之外，更得數十篇，則所願足矣。而乃蒙以七十五卷全集爲貺者。

昔人有以文遺歐陽文忠公者，文忠愛其文，而更徵他文於其家，且曰如嘗一臠之味，而思欲快意於九鼎之間。今某所求公是先生之文，望止於數十篇，而遂得七十五卷全集之貺。如操弊舟出涯涘，期遊於島嶼之間，而忽乘桴絶洋，揖海若而窮扶桑也。豈不快哉！豈不幸哉！九鼎一臠，何足以爲喻。既未敢承集序之意，姑奉手書爲謝，伏惟幸察。

代李沆上文潞公書

　　某謹再拜上書留守潞公太尉閣下：世嘗恨古人之不復生於今也。三代之時，聖賢間作，興造事功，垂萬世之策，其高才達識、篤學守節豪傑之士，無世無之。漢唐時異人輩出，内之廊廟公卿輔相之器，外之邊境折沖禦侮虓虎之臣，至於奇功偉行，深謀遠慮，辯才博洽文章之士，雖不及三代，而朱梁以來莫能有也。某以問人，人則曰，此古人也，今豈有哉？某私念以爲古猶今也。元龜大璧、梗楠豫章、虎熊犀兕之生，凡世所貴之物，與古略相等，而獨於人材如是之不齊，此何理也？因復念太祖、太宗，神聖威武，削平僭竊瓜分之域，服五强國，合天下於一。真宗守之，方内大寧，無犬吠之驚，其規模制作，皆仿三代之意，度越漢唐。若無人材，何以得此之盛？乃求故事觀之，始知祖宗之朝，有趙普、吕端、李沆、王旦之徒爲輔相，有曹彬、曹瑋、李漢超、李允則之徒爲將帥，不減於漢、唐。某以問人，人又曰，此祖宗之臣也，今豈有哉？某私復念祖宗之距漢唐，漢唐之距三代，或七八百年，或五六百年，其人材不齊，猶有説也。以仁宗皇帝慈仁恭儉，臨御天下四十餘年，兵休民安，風俗大和。今有言仁宗皇帝者，雖田畝之間，道路之人，皆爲之流涕，而況於搢紳士大夫嘗遊於朝廷之上者哉？其恩德固結於人，非漢唐所能比也。今又於祖宗之朝，若旦暮相接之近，何謂祖宗之臣今不可有？乃問諸長老，長老始言，仁宗皇帝有寇萊公、文潞公、范文正公、韓魏公、富韓公者，不減於祖宗之臣，蓋與漢唐之臣，時異而德均也。某既講諸公之德，而又聞潞公太尉閣下獨爲天下之師臣，年壽高奇，勳業隆盛，有古鬻熊、尚父之遺風，漢唐之臣反不及也。某始悟人耳目之情，輕近而貴遠；天之生人，無私於古今；有遇不遇，未有見不見也。

曩者先子嘗辱閣下之知，故先子仕於仁宗、英宗、今皇帝之朝，未嘗敢爲身謀，雖患難死生流離顛沛，亦未嘗敢失其所守者，恐負三朝之德，傷門下之義爾。及先人棄諸孤，某之兄弟，煢愚孱弱，在迷荒荼毒之間，而閣下發使弔祭，有加於常，撫諭慰恤，不以煢愚孱弱而棄之。則某之兄弟，宜如何論報於門下？然而身孤力小，莫能自效。惟願爲道旁之父老童稚，望其容貌顏色之如何，歸而圖畫，措諸三代漢唐之名臣物像之間以自慰，釋其平生好古之心而已爾。

今某以事過洛，而閣下留守洛郊，前日願見之心，適其時矣。夫某得見於閣下，則如見祖宗之臣；見祖宗之臣，則如見漢唐、三代之臣。先子之辱知如彼，某之願見如此。閣下其進而見之命也，其不進而見之亦命也。不宣。

啓

賀韓忠彦相公啓

誕膺典册，進位公臺；士類歡傳，治朝增慶；天下幸甚！伏惟中書僕射相公，茂膺濟美，達識含章；集義以行，體仁弗勉。爰自入陪帷幄，中幹斗樞。以大賢名世之資，繼盛德元勳之後。道能勵俗，爲國器於三朝；謀以靜民，代長城於萬里。雖出處之異用，自夷險而一心。將遊巨川，誰起傅巖而共濟；若成大廈，孰爲匠石以取材。會初政之肇新，首至公而圖任。起從北道，進竦民瞻；少蒞東臺，即當宰制。搢紳動色，中外相聞。消沴氣於和風，易薦饑爲豐歲。兵已咨於不試，民遂可以安居。而況仁宗之德澤未殄，忠獻之矩模猶在。幽明〔一〇〕黜陟，既當國而有爲；力致太平，乃傳家之能事。如兹契合，豈特時來。再世司徒，殆過緇衣之美；一門宰相，更增畫錦之榮。某早預坯陶，嘗叨器使，方兹屏迹，莫遂修儀。不圖重見於大公，第與有生而增忭[一]。

又

寵膺麻制，進蒞[一二]冢司；恩典紹隆，士民交抃；伏惟慶慰。恭以門下僕射相公，遠猷[一三]經世，全德範民。爰膺累聖之知，夙有大儒之效。比都廊廟，遂運國鈞。於今三時，實康四海。惟唐虞之復出，由臯益之再生。朝廷尊榮，民物蕃阜。重於九鼎大呂，安若四維太山。中外想聞其風，廷臣無出其右。泰階拱極，炳垂象以著明；徽册告廷，冠諸公而作輔。側聞異數，允慰具瞻。某限以奔馳道途，不獲躬詣臺屏。卑情無任欣頌激切之至。

賀韓絳遷左相啓

比者恭審某官，以賢業之成，與天下稟稟，嚮於治定。進居左省，遂冠鈞衡。詞制疾傳，中外交慶。豈惟區區一介，益煩世德之所宜，而行將拭目以觀太平之全盛。幸甚！某以奔走在途，不獲同百執事陪於慶列。瞻望東閣，無任歡忭依歸之至。謹修前啓上賀。不宣。

賀曾公亮相公啓

顯膺麻制，進蒞鼎司；聖賢相逢，夷夏均慶。中書僕射相公際天奧學，名世真儒。以麗筆鴻文，交輝於棣萼；以沉機遠識，同體於冕旒。自籌帷幄之深，尤契風雲之會。塞上萬堞，相望於金湯；禁中一言，遂安於宗廟。賢業默定，人心允孚。不謀蓍龜，遂運樞極。昔山甫入相，補周袞以宣勞；平陽趣裝，奉漢規而靖治。未若功足以熙帝之載，道足以給時之求。覿面正朝，豈惟華夏安，四夷服；代天理物，自然風雨時，三光明。千載之逢，今日乃見。某效官無似，託庇有年，側聞渙汗之疾傳，不覺翹襟而載躍。永繫造物，可無失所之嗟；諒不淹時，即見太平之效。某以奔馳道路，不獲躬詣臺屏。卑情無任欣頌激切之至。

賀歐陽少師致仕啓

功盛不居，請堅得謝。廟堂異數，隆體貌於元臣；士民相矜，服進退之大節。非止真儒之絕德，蓋爲宰物之成功。竊以富貴之地，常情易安。去就之間，古人難處。以公孫好學而持禄用事，以車相耋老而容身處朝。故文成智也，僅能杜門；仲舒賢也，晚而去位。蓋筦庫之賤士，猶降志以居；儋石之微人，或沒身不厭。況以都三公之貴，而名藏於府；食萬鍾之禄，而澤流於民。聰明在心，智慮如壯。退未七十，古無二三。伏惟致政少師蓋代有聲，立言不朽。尊處元老，號爲文師。當朝廷議論之大，則每先發明；知社稷繼嗣之重，則早能援立。謀不下席，功如泰山。故天下想聞其風，而廷臣無出乎右。遂委已成之務，以休未至之年。天子不能奪其高，士人不能持其去。十三請而必退，數百年之所無。史官載筆而書光華，交遊攘臂而議勳業。朝中新政，久垂譽於臣鄰；潁上舊民，如得見其父母。某已從道路，獲望清光。晚侍話言，粗明操舍。睹國家之盛事，想門館以遊心。伏冀内保康寧，永居安佚。再三加命，已聞考父之恭；九十爲師，坐繼鬻熊之美。

賀韓師朴相公致仕啓

寄食異邦，積有負薪之憊；馳誠齋坐，寖疏削牘之儀。想隱几以燕居，方抗章而得謝。處用舍之際，初實無心；當去就之間，默全大體。含生共仰，有職咸歸。致政大觀文相公百世名門，五朝舊德。僴然異稟，逢此盛時。緊勳業之在前，感風雲而繼起。

以社稷安寧爲己任，以門户忠孝爲家聲。雖獨運於廟堂，實忘懷於軒冕。是以平居當國，心無間於賤微；高卧故鄉，人孰知其欣戚？始終一節，出入十年。遺巨舟於濟川，遂素心而就第。子孫侍側，日觀戲綵之多；賓友在門，時接吐茵之舊。豈徒昔賢之高致，始爲宰物之成功。伏望澄思慮以上忘[一四]，收神明而返視。益隆遐算，兼濟令名。雖體道赤松，遂棄人間之事；而大儒白首，正爲天下之瞻。永庇斯民，亦尊吾道。

賀章待制到任啓

光被制書，寵升待從；就分符節，出控翰垣。茂擇剛辰，已開尊府。伏惟慶慰。某官天資偉茂，國器宏深。擅學識於儒林，作英傑之舉首。眷隆上意，名壓端明。改延閣之華資，領昆吾之重鎮。竚開績效，别造深嚴。某迹遠門牆，心馳齋坐。方愧書郵之至，辱貽記室之文。謙厚過中，感銘增劇。

蔣樞密啓

光被制恩，延登樞府，天下幸甚。伏惟樞密通議俊明迪哲，敦大秉彜以仲舒師友之尊，濟茂先王佐之略。危言告后，切時者甚多；勁節立朝，臨事而可紀。比疇尹政之效，入翔肩禁之嚴。摘伏發姦，治獨神於廣漢；高文大策，人必屬於馬卿。間雖出處之異途，益見險夷之一貫。明光視草，方增綸綍之華；宥密本兵，遂委樞機之重。諒由初政，尤藉老成。竚聞經世之謀，别究安民之策。由兹注意，遂正秉鈞。益尊吾道於盛時，始見大儒之能事。某蒙知惟舊，違德方新。側聞恩典之紹隆，第極情愫而抃仰[一五]。

賀安樞密啓

奉膺尊册，還位上樞；風聲所傳，歡誦如一。伏惟樞密大尉純誠體道，玄識際天。光輔三朝，迭居二府。屹如梁棟之具，允爲社稷之臣。樊侯之出納將明，曾無吐茹；晉公之訏謨方略，實繫安危。方凝翊亮之勳，俄邁棘欒之戚。甫終禮制，前錫命書。顧人望之益歸，乃上心之所屬。矧當初政，尤賴老成。佇恢經世之謀，始復本兵之任。運籌帷幄，豈惟名在於四夷；顒面鈞衡，行副具瞻於百辟。顧如鰍薄，久戴恩憐。方分守土之符，莫預在堂之慶。瞻望門屏，下情無任歡頌激切依歸之至。

賀樞密啓

奉膺尊册，入長鴻樞；凡在見聞，交深慶幸。伏惟樞密大尉學經百行，道冠萬殊。傳孔孟之微言，纂伊皋之絶業。感會尚文之運，發揮開物之謀。爰自先朝，預聞機政。以利仁之常德，循輔世之宏規。貫金石以存誠，等權衡而及物。訏謨方略，動繫安危。出納將門，斷無吐茹。雖暫辭於機要，尤深軫於睿懷。召以鋒車，對於便坐。安民之策，得以屢陳；許國之誠，昭然嘉納。遂即本兵之地，進當魁柄之雄。風動四夷，式是百辟。而況君臣相合如符契，兄弟對秉於鈞樞。豈特專美於一門，兼示大公於來世。帷幄之任，既足有爲；鼎鉉之崇，乃其固有。垂作聖朝之範，冠于盛事之圖。若夫經綸，豈待敷敘；惟當躍距，以俟太平。某蹇舛餘生，棲遲末路。側聞渙號，實踴躍歡誠。幸溝壑之未填，企門牆而惟舊。所期亮察，永託埏鎔。

賀門下相公啓

入居廟堂，繼登揆路。凡兩奉啓事修賀。在汝州時，嘗蒙迂手筆寵答，上體恩眷之厚，感激何言。恭以振發大猷，濟時及物，曾未閱月，已饗制作之盛。今者伏審。奉膺宸眷，進陟上臺。冠冕在廷，保乂羣品。乃皇天降祐，列聖溥臨。邁茲盛節，以熙昭代。斯文斯人，永有歸庇。區區一介之賤，遂與同宇之物，均託大廈而倚巖石，豈不幸耶？某以蹤迹在遠，無由進叙在堂之列。奉慶左右，引領距躍，豈勝下情？謹修前啓通賀，兼布悰誠萬一。仰惟鈞慈，俯賜亮察。幸甚。

賀李黄門啓

光奉明綸，入同大政，天下幸甚。伏惟門下侍郎，徽猷經遠，全德蹈中。嗣興未喪之文，生有致平之略。諸儒之所視以爲法，斯民之所賴以爲安。出入三朝，周旋一德。須協宣於基命，尤澄總於事經。省中皆載其言，天下陰受厥賜。終由遠識，引去近司。宣佈中和，雖大邦之爲殿；永懷夙夜，惟王室之爲心。屬上聖之纂臨，須老成而入輔。詔音未下，衆已期其必來；詞命既傳，士皆喜如所望。增九鼎大吕之重，成四維泰山之安。即頫化鈞，永福函夏。某早依埏冶，嘗辱品題。側聞三入以處中，實爲盛際；不意一夫之拙守，還遇至公。數懷賀廈之私，莫預在堂之列。瞻顒抃蹈，倍萬常倫。

賀兩制啓

伏念某承乏於人，簡書是舊；惟時之哲，簪橐方新。復侍從之深嚴，宜福禧之叢集。某官氣資閎爽，學造精微。綽有家聲，挺爲國器。方協致平之策，遽纏何恃之哀。比畢禫除[一六]，茂膺恩典。總三銓之要務，仍五諫之清資。竚告嘉猷，入陪機政。冬陽方滌[一七]，齋館复遥。伏翼上體眷勤，精持寢餗。

鮮于於運使啓

肅戎清驂，已交漕節。列城動色，使範有華。伏惟運使郎中德敏而壯，氣温且直。持躬不撓，待物以誠。智燭見於盈虛，事周知其能否。輸將萬貨，指日課勞。殿最八州，開風肅治。顧茲弊局，適在下風。剡竿牘以未遑，愧函書而先及。瞻依感仰，莫罄敷陳。

本路運使郎中啓

光被除書，寵移使節。軺車未達，名部相歡。某官重德鎮浮，清規迪哲。文能輔實，敏以濟功。入被遇於端朝，出按章於右蜀。百城肅治，有負弩之榮鄉；萬貨均輸，若流泉而富國。改臨重地，實簡上心。內揆庸虛，比叨事任。得聯治務，預浣情條。候正炎歊，路遙次舍。更祈上爲注倚，精調寢興。

運使司封〔一八〕

光被除書，寵遷峻秩。譽隨恩渥，體與望隆。某官德美端持，忠嘉允迪。屢更器使，久以能稱。由課最之上聞，致綸言之渙發。阻陪賓慶，徒躍情條。

轉運使啓

光奉宸書，寵分漕節。剡智謀之沉偉〔一九〕，加風力之抑揚。室有〔二〇〕俊功以稱異選；內惟單薄，叨預按章。方思旌榮之貺，亟辱牋縢之貺。謙辭溢目，感緒縈懷。

校勘記

〔一〕"自樂"，《四庫》本、《叢》本皆作"自樂於"。
〔二〕"殆猶"，《四庫》本作"殆有"，有誤。
〔三〕"予忖度之"，原作"予忖此之"，是正。見《詩·小雅·巧言》。
〔四〕"李誠之"，原作"李成之"，據《宋史》等考，應爲李誠之。
〔五〕"若生死"，《四庫》本、《叢》本皆作"信若生死"。
〔六〕"諷味"，《四庫》本作"諷詠"。

〔七〕"陽翟",《四庫》本誤作"翟陽",誤。

〔八〕"歆",向之子,按劉歆,劉向之子,行文當以"向、歆"爲是。

〔九〕"不使",《四庫》本作"不足",誤。

〔一〇〕"幽明",《四庫》本作"明堂。"《叢》本作"坐明"。

〔一一〕"增怵",《四庫》本作"增扑"。

〔一二〕"蒞",原作"位",今改。參《賀曾公亮相公啓》起二句。

〔一三〕"遠猷",原作"遠配",據《四庫》本、《叢》本改正。

〔一四〕"上忘",《四庫》本、《叢》本皆作"坐忘"。

〔一五〕"扑仰",《四庫》本作"怵仰"。

〔一六〕"禫除",原作"樺除",據《四庫》本、《叢》本是正。按禫除,降喪服之祭。

〔一七〕"冬陽方滌",《四庫》本、《叢》本皆作"冬陽方滁"。

〔一八〕《四庫》本、《叢》本皆作"賀運使司封啓"。

〔一九〕"沉偉",《四庫》本作"既偉",誤。

〔二〇〕"室有",《四庫》本作"宜有"。

西臺集卷九

啓

謝召試入館啓

　　材如命薄，初聯召旨之虛傳；名與論卑，敢意奏篇之誤中。蓋嘗辭而不復，顧以得而爲慚。及此叨榮，尤知踰分。國家以法理爲治民之具，而不失詩書之意。謂文章非取士之實，而求兼行義之純。由本末之相維，故安寧而大定。矧是西崑之奧，上連東壁之精。圖籍具存，賢豪迭處。非止沉涵於簡策，固將際會於功名。非選既高，在今尤寵。而況二府之薦，綿歲月而未聞；三館之稱，隨典章而新復。宜搜雋乂，以應闊稀。而某質性本凡，智能非遠。從以公卿之裔，得辭畎畝之勞。屈首授書，出於干禄；潔身爲吏，恩以及人。然而災疢連仍，風波顛頓。塗可前而自塞，策將獻而還收。枯槁爲常，遭迴益甚。尚欲臨楚水而弔湘累之魄，躡稽山而探禹穴之奇。歸返故丘，更無餘願。敢期將老，而亦遭時。謝太倉之鼷，而接鴛鷺之遊；捨下澤之駕，而奉和鑾之駕。姑慰母兄之平日，敢論門户於他年。顧薄技以何堪，見厚恩之曲被。此蓋伏遇某官志潛方册，術富經綸；厚德鎮浮，純誠樂與。深究昔賢之事業，欲成〔一〕天下之人材。故雖近於蠢愚，而陰爲之引重。俾從中道，改即榮塗。蟠木何知，偶應輪輿之斲；汙潢甚淺，亦塵鼎俎之羞。某敢不内正所聞，勉行其志；詎以軒裳之可悅，遂云藜藿之難甘。寧信道以無成，戒養安而自棄。庶少裨於國事，乃圖報於己知。過此以還，未知所措。

謝司農[二]董少卿啓

　　大人取士，當擇儁良；賤子何能，遽霑品藻。恩踰所望，感不容言。伏念某，植性本愚，賦材又短。徒以公卿之後，得辭農畝之勞。屈首授書，初疑有用；潔身爲吏，亦欲及人。然而災疢連仍，風波顛沛。足將前而自卻，言欲發而還休。久從薄領之卑，蓋爲衣食之計。心隨俗改，惟知縮手以偷安；事與願違，不覺振衣而驚起。姑彊顔而榮祿，已絶意於求伸。敢期患難之餘，而有薦論之寵。循躬有覥，荷睠無涯。此蓋某官厚德兼容，純誠樂與。謂支離而寡偶，或樸戇以無他。借以重言，俾之上進。材如散木，初虞匠石之譏；道異成風，誤辱斲輪之盼。某敢[三]不祗勤於事，固守所存。雖出力以效官，常收心而安分。庶無貽辱，以玷己知。

答李客省謝舉啓

　　遠承使介，臨貺牋函。兼聞鎮守之餘，克協沖和之泰。旨辭甚縟，愧怍交中。某官沉毅敦方，惠和迪哲。早緣世德，自著忠勳。惟邊寄之難材，假使聯而撫俗。良革吏民之蠹，備聆道路之謠。仍忝外臺，敢忘公議。雖抗論於治最，顧有累於高明。況匪專聞，尤慚備數。簸糠揚粃，蓋偶濫於居前；捧土益山，固自知其無補。似緣契親，曲示謙撝。詳禮意之過中，第悚銘之不暇。冬暘方滌，齋館夐遥。益翼保綏，下符傾頌。

河東提刑到任謝兩府啓

　　罪罰之餘，認故棲而方復；鈞陶所被，分刺郡[四]以爲優。哀未究而榮來，感既深而涕隕。伏念某性資本下，志操不強。父兄教以讀書，欲知行己；朋友勉其干祿，故學治民。名雖挂於衣冠，身但縻於州縣，因得習知於賤事，未嘗妄見於貴人。昨預招延，殆由遭際。道山奇迹，雖同物外之遊；京邑爲僚，翻類幕中之辯。自祈易地，姑欲便親。未容歲月之淹回，遽失晨昏之奉養。三年泣血，每纏風木之悲；十日成聲，俄迫祥禫之制。零丁去里，黽勉入朝。都忘意外之功名，所患目前之婚嫁。比塵聽見，蓋出懇私。敢望恩憐，過爲器使。既委按章之重，仍無待次之淹。非惟不失其官資，更欲速霑於露澤，取知雖誤，辱念已周。此蓋伏遇某官道輔兩宮，智維萬世。官人才而有法，公天下以爲心。軫及孤寡，曲加成就。然而名爲刺舉〔五〕，責在讞平。釣取細故，則不近於人情；縱使被官，則殆非其職事。要在刑章之無枉，更圖和協於適中。竊自揣焉，烏能稱是。維勵當官之節，勉酬宰物之私。

到任謝鄰郡守啓

偶當承乏，出剖藩符；維是小邦，適鄰善壤。附德輝而云始，揣幸會以居多。某官材業綽餘，聲猷茂甚。真忠許國，奮無不爲。膴仕在辰，躐而如拾。眷言巨屏之奧，久輟公朝之良。寬大下書，日究宣於上德；中和樂職，躬布諭於民情。顧兹疆埸之連，獲締瓊琚之好。懸旌在望，但深睹德之誠；擊柝相聞，宜有餘光之振。薄寒屆候，嘉績告成。更祈頤養天倪，别需邦寵。瞻望門宇，下情無任。

謝本路監司啓

伏奉樞密院宣命，爲本軍奏監酒稅待禁柴日宣，與某商量公事不和，推勘得日宣理曲，移監蔡州遂平縣酒稅者。謄書而上，未懲狂謬之辭；成奏以聞，方驗訛欺之實。仰懷庇賴，俛逭淪胥。伏念某本乏異能，粗知擇善。十年選調，自哂蹉跎。三世門風，舊傳清白。故舌猶在也，寧卷而無聲；途非途也，將前而自卻。比叨屬邑，惟仰至公。豈謂若人，偶聯所事；居常成市，動欲咥人。既弄法以厚誣，因劾章而薄懇。致煩[六]衡聽，折以片言。曾是寒蹤，遂逃官謗。再念某以至愚之拙守，苟寸禄於異鄉，由無詭遇之心，故甘窮僻之地。動思退斂，豈願發揚？蓋橫逆儻來，雖可不校；而上下相視，難於默然。矧歲月之未賒，聽風聲而已惡。市井晝廢，坐成丘墟；商旅宵行，如避兵火。至於絶滅公道，封植私家。鄉曲椎埋，雅習屠沽之技；宦遊饕餮，數爲狌犴之囚。敢爾狂邪，蓋相嘗試。比均從於吏議，已甘寘於刑科。賴有主張，卒無瑕謫。此蓋伏遇某官精求淑慝，深辨廉污，憫寒士之數奇，憤宵人之不逞。謂投鼠可忌，雖戒前車；而養虎不除，其如後患。劾而易地，姑以便民。某敢不恪奉官箴，益堅士操。本非利器，幸根節之非堅；從此精心，庶淬磨而有用。過此以往，未知所裁。

秦鳳提刑到任謝兩府啓[七]

爲郎累月，殊乏才稱。謝辟經年，乃叨器使。實踰分願，徒切兢慚。伏念某性本戆愚，學非通博。窺觀往事，雖涉躐以有年；剽竊爲文，竟支離而無用。少師心而已拙，老涉世以尤疏。頃從外府之招，頓辱中臺之選。未違屬部，即入劾章。四壁僅存，殆不遑於灼桂；一門多故，仍久困於負薪。比再請而報聞，始免居於官次。甫終祔享，輒復哀祈。蓋貧病之交攻，而願誠之有素，敢圖下聽，深軫寒蹤。謂勤拙之堪嘉[八]，期讞平之可仗。故兹假寵，兼使便私。此蓋伏遇某官如古伊皋，致君堯舜，先輔兩朝之治，永存萬世之功。憐此孤貧，待之輕約。得於盛際，不作廢人。謹當策勵疲癃，淬圖頑鈍。簿書刀筆，爲今日之賤工；號令詔條，乃聖朝之實惠。誓勤夙夜，仰稱坯陶。

永興提刑到任謝兩府啓

仰荷坯陶，伏深感懼。伏念某稟生素陋，爲學不強。習圍長者之風，雖粗明於操守；名出衆人之後，蓋迂闊於事情。止祈引分於清時，乃亦蒙榮於末路。與游儒館，頻假使軺。間從省府之繁，誤被朝廷之選。愧公家之無補，悵私累之交侵。仍以養疴，輒祈出守。復遷延於歲月，屢披瀝於肺肝。由不忍於棄捐，故卒還其刺舉[九]。莅官未久，易地更優。既事之過於其前，則人亦指以爲幸。此蓋伏遇某官身爲柱石，道秉權衡。雖擇取於異能，亦銓量其已試。致兹庸賤，亟預遷除。謹當益勵初心，務殫病力。因循瘝事，豈今日之敢言；搏擊求名，亦古人之不取。惟仰遵於詔令，冀上稱於廟堂。

永興提刑落權字謝兩府啓

宿官無聞，久兹假器。增秩有等，就俾正名。量分願之已踰，溢心顔而增愧。伏念某頃叨試職，即忝按刑。拂塵蠹於簡編，曾無是正；聽風謡於郡國，殊乏建明。間求自試於方州，乃復僥榮於劇部。大懼望輕而招譴，敢圖寵至而爲真。此蓋伏遇某官道以康時，誠而接物。謂官師之并建，須法度之至公。積歲月以爲勞，豈曰能堪其事；存資格而不廢，亦云示勸於人。故如妄庸，猥蒙甄敘。敢不俯循拙守，敬奉寬條。責在讞平，顧如守之雖舊；動思馨竭[一〇]，仰命令之惟新。感戴之私，倍萬常品。

回謝沂守劉大夫啓

比者叨被恩書，召還郎位；亦既籲天而自列，可量跼地之不遑。敢意謙撝，特貽慶問。覘芳詞之溢目，叢愧緒以裝懷。某官奕世名門，清朝雅望。服冉季藝能之美，早有賢聲；振龔黃循吏之風，適分憂寄。幸此圭封之同域，冀蒙河潤之餘滋。未遂合并，遽成契闊。趨九門而俟命，顧以廢裝[一一]；指千里以論心，遂乖望履。區區之意，喋喋奚殫。

耀州到任謝兩府啓

授之使指，殊乏建明。畀以郡章，實分憂寄。未淹歲月，已見吏民。恩厚莫量，感深難狀。伏念某瑣才非敏，樸學近愚。自誤使令，動虞顛躓。常亦區區而有志，其如碌碌而無聞。任職居官，第稍閒於簿領；循名責實，漫不見於事功。矧肢體之疾日侵，而肺肝之請屢竭。奏封復上，雖未達於闕廷；成詔俄頒，俾就分於民社。既獲長人而爲政，又容竊祿以便私。此蓋伏遇某官斟酌萬微，彌綸百度。真忠許國，奮無不爲；盛德康時，久而彌劭。人人欲其知勸，事事幾於曲成。特由平日之品題，以記累年之誠懇。私其官序，假以州麾。某敢不率職在公，軫民求瘼。更殫敬思於教條之內，覬酬大造於埏冶之間。悚戀依依，實萬常品。

耀州與監司啓

比膺朝命，叨領州符。内惟委瑣之才，適在按章之地，攀希有日，庇賴自今。某官清德鎮浮，美材周物。文能輔實，敏以濟功。由宸扆之注懷，總使權而治劇。屹當一道，兼刺百城。風力斯加，固不勞於施設；猛寬相濟，遂成化於中和。曾是孤蹤，得依盛德。屬驅車而就部，思撤席以無階。未知爲政之方，徒結瞻風之戀。春陽已煦，使範有休。更祈上爲廟朝，精調寢餗。

耀州免勘謝兩府啓

右某啓：本州縣官吏，昨因災傷開諭人户出糶斛斗過數，承認不當，準提點刑獄司牒備坐到朝旨特免勘者。罪難屈法，方俟刑章；恩出原情，獲辭譴域；望非所及，感不容言。伏念某質薄地寒，名微才下。莅官非敏，接物更疏。比忝承流，適兹愆澤，雖奉法循理，要在安寧；而救災恤荒，殆成迂闊。既人言之自取，顧吏訊以奚逃[一二]。敢圖造物之仁，深體振民之務。凡奉行而當職，與奔走以在官，似憐用意之崎嶇，并得論心而矜貸。遠在千里，而蒙察於朝廷之上；賤比一介，而見恤於廟堂之尊。雖予奪之無私，亦生成之有地。汗顏增靦，淪髓知歸。此蓋伏遇某官，躬贊大猷，力康庶政，攬萬情而同照，勵百志以惟新。既陳法以防非，亦本仁而觀過。致茲痕累，曲被保全。某敢不砥節在公，省愆克己。務求民瘼，益謹官箴。庶少利於米鹽，以上酬於埏冶。謹奉啓事陳謝。

耀州任歸別本路監司啓

比分符竹，遜仰襜帷。吏道非長，官成無狀。久不聞問，居懷偃草之風；自視何堪，敢意及瓜而代。言歸已近，論幸則多。此蓋伏遇某官德可鎮浮，才方任重。撫百城而兼治，公一道以爲心。未嘗求備於官僚，止欲共成於職業。矧如衰薾，最乏勞能。殆由念舊以見存，故得終更而善去。平居閉閤，悵莫及於前人；扶病出關，知苟逃於大譴。向冀後來之薄效，少酬今日之厚知。感戀之私，倍百常品。

鄭州謝兩府啓

任之持憲，已復故資。易以守藩，仍居輔壤。孤根粗立，再造知歸。伏念某生也近愚，長而多難。嘗剽聞先生長者之論，而靡爲通人達士所知。頃被招延，謬更任使。崎嶇一節，黽勉十年。雖錐在囊中，或疑其脫穎；而金躍冶外，自畏於不祥。是以冊府倦游，每思襆被；使軺屢駕，輒欲分符。間嘗引分以投閒，更欲爲貧而居下。刳心以道，寄命於人。褫職還朝，空類拔茅之薦；調官遠郡[一三]，猶懷據蒺之憂。忽逢舜禹之嗣興，偏得皋夔而夾輔。博延中外，靡間舊新。故雖屑微，而亦收用。方取漢中之道，叨移寰内之邦。矧嘗諳閭里之情，而素有松楸之託。使其自擇，蓋止如斯；特出至公，將何以稱。此蓋伏遇某官權衡萬務，柱石累朝。治惟急於人材，心常公於天下。既先已進退其大者，因施及孤遠而振之。謹當勵節惟堅，奉公不懈，悉心條教，致力米鹽。論任官稱職之差，雖非能吏；苟奉法循理而治，敢病細民。冀收塵露之微，上答埏冶之及。

京東謝兩府啓

溱洧之鄉，爲邦已寵；齊魯之地，改命過優。被旨促行，順流至部；靖言事任，仰戴坯陶。伏念某蚤以才微，出於人下；雖在官而知勉，實遇事而不強。齒髮寖雕，視壯圖而已屈；簡編盡擲，悵俗狀之相仍。比還常選以低垂，僅得偸生於隱約。敢期再造，屢賜曲成。已復官資，仍加器使。更欲激昂其晚節，特遷將漕之寵名。逮懇避以報聞，因自嫌而遽受。顧惟本道，切近在畿。包括青徐[一四]，接連趙魏。民物既庶，賦調亦繁。用以赴功，惟恐瑣材之不逮；使之擇地[一五]，乃幾衆好之所同。此蓋伏遇某官道德內全，聰明上達，力持公議，博盡人情。謂虞翻之骨多屯，本無足嘆；而安國之灰已冷，偶此復然。試假輝光，更從驅策。敢不就爲經畫，常謹會期。務少存觀采之紀綱，亦不忽細微於薄領。身名晻黮，姑自信於明時；事業謬悠，惟更殫於病力。

淮南謝兩府啓

仰戴坯陶，俯深感懼。伏念某技能單少，名迹湮微，偶遭際於盛時，許回翔於中外。崎嶇七路，屢忝使華；出入八年，復塵郎選。而病軀已弱，難追朝路之簪紳；食口甚多，更苦京居之桂玉。矧素昧公家之務，而動虞官謗之興。方期仰露於肺肝，所覬服勞於郡邑。敢圖任使，復此饒逾。遂從[一六]臨遣之優，殆過由衷之請。得專外計，兼刺〔一七〕列城。苟非選於衆人，豈輕付之一道？此蓋伏遇某官圖回萬化，翊亮三朝。坐秉國成，分授天職。特茲差擇，卑以事權。敢不益務奉公，常思盡節。盈虛出入，雖心計之非長；奔走經營，須力疲而後止。上酬天施，次答鈞憐。

上太師文潞公啓

某持服鄭里，備聞太師居洛動止之詳，以罪罰屛處，人事不通，故無由更致〔一八〕誠懇於左右。伏惟功在四朝，身兼五福，人臣無出公右，天下想聞其風，載籍以來，有未聞者。拘以吏役，無由奉杖布席，以聽謦咳之音。下誠惓惓，見於夢寐。惟願珍調膳飲，精護寢興；永究松喬之年，長爲社稷之鎭。下情無任懇到頌詠之至。

上蘇頌罷相啓

比者伏審某官力授古義，懇避政機，不淹廊廟之榮，惟期風俗之厚。章每卻而復上，衆願留而不能。進符天下之公，退爲吾道之助。某，限以官守在遠，不獲請謁門下，少布惓惓，仰惟鈞慈，俯垂亮察。

上鮮于運使啓

比者恭被詔除，改陪漕計；瞻言明哲，適在總臨。得攸下風，實符厚願。某官天資〔一九〕偉茂，國器宏深。重可鎭浮，文能輔實。宏材有裕，如流水之發源；嚴令所加，若疾風之靡草。內慚疏迹，得仰成規。人獲所依，天與斯幸。肅霜初履，齋館敻遙。更祈上爲邦朝，精調寢餗。

問候熊舍人啓

庀職外司，積有簡書之畏；馳心齋坐，曠無竿牘之修。仰明哲之總臨，宜福禧之駢集。某官躬服完行，心包大猷。使煩而能，與聖胥會。設施風采，實竚於廣朝；論議建明，蓋行於素蘊。而自代言西掖，董正九農；煩雲漢以成章，阜邦財而美俗。行膺大任，此實便塗。內惟悃愊之愚，叨預蔭私之厚。希風有素，託庇自今。更祈上爲廟朝，精調寢餗。下情祝頌之至。

問候判銓舍人啓

素冠終制，簪筆還朝。想法從之深嚴，宜純禧之叢集。某官，識窮倫類，學造精微。休有家聲，挺爲國嚴[二〇]。方贊致平之策，遽纏何恃之哀。甫畢檟除[二一]，茂膺恩典。總三除之要務，仍五諫之清資。竚告嘉猷，入籌大政[二二]。冬候方屆，齋館夐遥。伏冀上體眷勤，精調寢餗。

回李待制啓

伏審懇避州符，寵提宫鑰。功成不處，身退益榮。某官仁厚持躬，剛明待物；鎮浮以静，應務不勞。早聯侍從之華，洊委藩方之劇。家聲籍甚，風力凜然。惟是營丘，夙稱里閈。小棠聽訟，新留蔽芾之陰；大瓠爲樽，舊有消遥之地。典司原廟，偃息鄉間。高義可稱，淳風斯復。某違顔尚邈，忝職方虔。顧剡牘之未遑，辱縢書而先及。旨辭并縟，感惕兼深。寒燠氣交，燕間道粹。更期上爲邦國，精調寢興。

回熊右司謝致仕啓

樂道辭榮，抗章得謝。退未六十，時無二三。洛社推高，朝倫共仰。致政右司學士才資博美，器識宏深。雖早服於榮階，實内崇於時望。勵操修於常日，比得喪於浮雲。皂蓋朱幡，每期閒佚，真祠琳館，又欲退休。遽引疾以上聞，信高情之絶異。孰爲轡鎖，遂脱屣以超然；雖處户庭，猶拂衣而遣去。未奉在堂之慶，辱頒記室之文。何特起予，固將善祝。林泉嘯傲，日追園綺之遊；壽考康寧，永邁松喬之算。更須言面，別布悰誠。

回胡先輩謝登第啓

較藝春闈，昇華桂籍[二三]。坐追時彦，將大家聲。豈惟[二四]我里之有人，足見公朝之得士。先輩足下文詞贍逸，經術該通，早并雋於膠庠，久得名於場屋。自比穿楊之妙，果爲入彀[二五]之英。鶴鳴九臯，既升明而在選；鵬程萬里，期遠到而可觀。某正此窮居，欣於及見，方欲論交於異日，遽聞得雋於明時。展慶謁以未遑，辱牋縢之相及。願如感臆，言述奚殫。

回令狐皥如、張大年謝及第啓

老病杜門，雖倦游而屏處；俊髦得路，亦美事之預聞。敢謂不遺，肯兹見顧。副以牋函而爲貺，爛然詞筆之可觀。伏惟先輩秘校業履端修，藝文通博。造廷待問，雖指事以獻言；升舍右賢，本窮經而謀道。行且莅官而從政，固宜入里而榮家。丹陛策名，已致身於盛旦；青雲在望，當試目於異時。祗造未遑，占辭非敏[二六]。其如愧佩，豈易索言。

回宿倅俞察院啓

比緣承乏，獲遂同寅。仍忝按章，備聞公議[二七]。雖抗論於出處，顧有累於高明。豈謂謙撝，遠貽牋問。旨詞并縟，感愓交深。某官懿行清規，茂猷遠識。學有淵深之奧，名先臺閣之英。履道從容，推誠惻怛。似矜迂拙，曲示誨存。捧土何知，本無裨於高大；斷金爲好，期永奉於周旋。載欽禮意之過隆，第覺心顔之增靦。素商在候，雅履爲休。益冀護持，少符瞻禱。

回鄰郡官啓

出藩淮服，接境渦陽。緬思未覯之賢，適在相望之地。方圖請問，遽辱題封。鋪記室之芳辭，敦鄰邦之嘉好。禮雖有素，惠則非常。某官術爲吏師，名出人表。暫茲關決，竚俟劇遷。迺忘友郡之偏，誤慶長人之任。載邀褒借，如挹話言。冬律肇寒，明神介福。益祈清訓，庸副陋誠。

代范忠宣賀李肅之待制宮觀啓

寵被制書，退司宮鑰；已交藩節，歸喜堂皇；閭里均榮，風聲動俗；伏惟慶慰。某官資稟直諒，學通本源。出當萬乘之知，敵乃千人之傑。設施風采，實竦於廣朝；論議訓猷，蓋行於素蘊。而自參華延閣，分寵价藩。地與望隆，譽隨恩渥。甫茲報政，俄爾退身。領仙鑰於別都，便錦衣於私第。安居自適，不違竹馬之遊；大廈未成，猶恐鋒車之召。某簡書方畏，竿牘[二八]罕修。辱管記之移文，撫情條而增惡。未遑拜慶，徒爾瞻風。益冀養頤，別須登用。

代范忠宣與兩府賀正啓

考象天官，屬寅杓之順建；審聲神瞽，發鄒律之和聲。某官全德鎮浮，至誠動俗。雅際風雲之會，親承日月之光。躋富壽於蒼生，復太平於盛旦。履兹元朔，茂擁天祺。某承乏外官，阻從中謁。瞻顒禱頌，實邁常倫。

代范忠宣與兩府賀冬啓

臺雲浮瑞，表日延暉[二九]。當萬寶之履端，實一元之令序。伏惟某官材膺帝賚，望冠時宗。奮直道以居前，覺斯民而自任。嘉謨屢告，善化方行。坐成告遠之猷，茂集履長之慶。顧惟儒品，適庇下風。頌詠之私，倍百常品。

代范忠宣謝兩府啓

比者祗膺告命，獲貳樞庭。越次而居，殆非其分。徒深形於懇避，終進冒於恩榮。伏念某學古甚迂，承家不競。早由際會，亦預招延。謀拙無成，蓋乏適時之用；迹奇不偶，殆由接物之疏。空歷四朝，未聞一善。敢期晚節，并被殊私。進以美官，還之要地。清塗入踐，未逾三月之賒；機事預聞，乃綴八人之列。靜言非據，靡自遑安。此蓋伏遇某官道可濟時，心惟體國。謂技能之雖少，且事任之常更。陰借品題，使階器用。智謀非遠，知難就於功名；忠義在前，敢自羞於門户。庶幾少補，永服下風。

代范忠宣并州到任謝兩府啓

比膺外制，就付中權。仍超書殿之華，倍荷門閭之寵。辭榮受任，初劇震惶；進職臨民，率階忝冒。伏念某由先子之忠義，受厚禄於朝廷。澤及私門，雖乘軒之可寵；用非公義，愧覆餗之自貽。猶叨守於輔藩，就復更於方面。併加異數，示及殊恩。此蓋伏遇某官念舊爲心，代工有體。曲爲道地，得致便藩。謂髮齒之雖衰，顧筋力而可强。初臨邊吏，惟祗畏於簡書；仰恃仁人，更上資於廟略。瞻顒[三〇]感激，實倍常情。

代范忠宣到任謝前兩府啓

比者解官全許，易地晉陽。愧無條教之有稱，復忝兵民之重寄。仍叨進職，殊出異恩。敢謂記曹，首貽慶問。粲芳辭而在目，叢感緒以裝懷。某官道德元臣，朝廷夙望。有鎮浮之令德，布利澤於生民。告后惟勤，聞嘉猷於在昔；至公來復，覘慶位而及今。

顧是疏暌，還叨率領。驅車就道，報德無階。益冀保調，少符傾訟。

代范忠宣回宗正留後賀冬啓

鄒管升陽，魯震〔三一〕紀瑞。道協履長之序，歡交亞歲之儀。某官毓秀皇枝，參榮宗事。由惠和而著美，有信厚以潛中。爰及令辰，茂膺豐祉。曲煩記室，前示慶函。感頌之深，銘藏罔既。

代范忠宣登庸回謝兩制以下啓

比膺恩制，登備臺司。顧幸位以多慚，豈經邦而可用。雖懇辭之備至，終成命之莫回。遂階廊廟之崇，如蹈淵冰之懼。敢謂某官義存體國，心欲濟時。方從機事之繁〔三二〕，遽沐記曹之問。飭彝儀而有絢，將厚意以無窮。緬惟王室之爲心，況乃本朝之倚重。願攸箴於不逮，庶協濟於在公。

代范忠宣回謝制誥舍人啓

光被制書，典司誥命。豈特士林之推重，固宜國體之增華。凡在見聞，孰不歡愜。某官生爲人傑，代有時名。學問精通，性資絕異。上下千載，深窮治亂之源；更歷四朝，獨作文章之主。雖嘗任窮通於寒暑，履患難之風波；而志氣不衰，聲稱彌劭。遂從散地，入踐要途。斷自上心，擢升外制；不試而受，其榮則多。非徒代天子之言，蓋可慰士夫之望。雖言語侍從，未能究異日之功名；而號令發揮，亦足以動斯民之耳目。茲世盛會，可謂得人。顧削牘以未遑，辱貽書而先及。永惟欣感，但切傾馳。

代范忠宣回謝衆官啓

比者叨被詔除，獲陪機要。辭雖牢而靡獲，心以寵而爲憂。

敢爲仁私，特貽誨翰。荷恩勤之曲至，加獎飾之過中。佩德之深，非言可既。

代范忠宣回安州蔡相公啓

近膺詔綍，就易州麾。適去鄉邦，已開尊府。某官資稟渾厚，謀謨靜深。親居上相之尊，蔚有大儒之效。友于之性，愛雖厚於門中；進退之難，患蓋由於意外。比更郡寄，益味道腴。任寒貯〔三三〕於窮通，見古今之出處。地連江海，爰多大國之風；心在朝廷，未害嘉猷之告。竚聞召節，復正嚴廊。剡竿牘以未前，辱緘縢之先及。永言瞻禱，莫既敷陳。

代范忠宣回蘇内翰啓

近被制恩，寵還詞禁。人雖舊命，實乃惟新。某官，志合道源，材高選首。老於文學，早從翰墨之游；志在功名，久屈藩方之任。比從節召，入觀宸嚴，賁國體以增華，藹士林而爭舉。高文大策，復階内相之榮；興化道民，行副上公之選。未遑修慶，先辱貽書。感頌之私，實倍常品。

代范忠宣回范蜀公進新樂啓

以律召和，因時改作。逮此充廷而來上，始知考古之惟精。允謂難能，式符昭代。伏惟某官志潛道術，學富天人。知法數之未忘，遡情文之所起。經棟梁之舊聽，妙鐘石之和聲。制作惟艱，昔雖房杜而猶愧；鏗鏘可紀，今若夔襄之更生。顧如備位之人，叨侍在庭之奏。方深詠嘆，遽辱題封。感服之私，非言可喻。

代范忠宣回宗正謝起復啓

祇拜命書，起還官次。哀榮曲盡，寄動〔三四〕增隆。某官德協溫良，身行法度。夙倚宗藩之重，兼司屬籍之尊。逮奉親喪，動循禮制。孝由中出，雖存三歲之常；事不辭難，況迫兩宮之命。勉從抑奪，大合權宜。蓋許國之誠深，故斷恩之義重。敢圖謙德，曲示書詞。感佩良多，敷陳莫既。

代范忠宣回李瑋太尉啓

近奉制書，榮分將節；譽流勳戚，懽動[三五]士夫；伏惟慶慰。某官世德休明，天資沉偉。早預親賢之選，久翔扃禁之嚴。有問學之裕，推重於豪英；無居養之移，能忘於富貴。故聞眷遇，迥出等夷。果自廉車，超受旄鉞。激風聲而彌勁，仰勳閥之愈隆。悚動朝紳，增光天族。東京戚里，恩霑金穴之家；上將齋壇，寵盛牙璋之寄。雖聞異數，莫造下風。剡慶牘以未遑，辱書文之先及。謙勤溢幅，感激裝懷。

代人冬節賀省寺啓

夏時觀象，審正歲之閏端；堯歷授人，順新陽之用事。某官端方令德，膚敏宏才。阜邦計於中都，告嘉猷於神后。屬茲元朔，昭介殊祥。某亢職自拘，趨庭莫及。瞻顒禱頌，倍百常倫。

代人賀桂帥啓

寵升法從，移領帥權。多士交欣，遠民有賴。伏惟某官宏材出類，高義應時。久更事任之繁，綽有家聲之著。惟茲南服，控帶百蠻；距於中州，來往萬里。欲求人往，僉曰公宜。遂超延閣之華，就委桂林之重。譽隨恩洽，將以儒榮；敢謂謙私，優示書誨。禁途初踐，如親日月之光；幕府大開，宜稟雷霆之令。竚聞碩畫，以就上功。

代人謝李檢正啓

　　冒幹從事，方懼於譴訶；賜以重言，亟沾於品藻。寵隨驚至，恩與意優。竊惟國家察舉之方，本制士人進取之弊。司刀筆簿書而寡過，或謂之常材；語功名利害而勇爲，又幾於干澤。矧役乎人者，皆可以修飾；而得於内者，或鮮於始終。故親臨長人之官，遠統方伯之任。率常刺舉，辛爾安全。荷推保任之公，已出僥逾之望。而況中朝遣發之大命，天子臨策之信臣。四面合趨，百城動色。頗望風而震疊，或希幸於矜容。豈圖疵賤之人，更被獎提之力。顧實人情之殊寵，不同歲格之常文。曾是孤平，知難報稱。此蓋某官荷國重寄，爲朝偉臣。親承日月之光，躬秉珪璋之望。協新邦治，增飾士林。謂〔三六〕輪囷之材，猶有庸於成器；則樸樕之學，豈無取以補官。雖均進曲〔三七〕語言之間，自有賢愚能否之辨。若某者稟機至淺，荷睠殊深。不徒平進之有階，實與終身而爲地。誓圖薄效，少答厚知。

代人謝監司及郡官啓

　　中國而爲之學，所以尊命教退朝廷〔三八〕；擇人而修其官，固欲副養材於士子。知慎師儒之選，兼明友教之求。然非粗貫於本源，何以仰成於禮意？如某者志學甚晚，操心且愚。不能委曲以自謀，徒欲倡狂而進道。與人幾於方枘〔三九〕，故不爲世俗之知；得官比於抱關，猶未免簡書之責。爲己如此，教人已疏。豈謂某官，矜裕兼容，純誠〔四〇〕樂與。模範至大，寸長取而不遺；節制所臨，小善嫌於不養。恤其空乏，而假之廩稍；爲其顓樸，而受之規矩。此庶幾先事以備官，將願以諸生而求益。勉從嚴命，尤負汗顔。

代人上齊州待制啓

　　守職踰年，被恩易地。瞻禁林之耆德，擁帥節於全齊。儻名部以裝行，撫懦衷而增忏〔四一〕。某官躬服完行，心包大猷；早被眷求，寖階膴仕〔四二〕。而自升華延閣，寵殿价藩。德與望隆，地隨人重。內惟聞道之淺，將聽大邦之謠。遂獲所依，預欣且幸。

代上運使劉學士啓

伏念某受材空疏，學道迂闊。安司官局，託在使威。惟門屛之高，未始得進；故竿牘之獻，無由自前。若其依戀之私，常與震驚而并。陽春已暮，生氣頗喧。仰盛德之所臨，宣神明〔四三〕之陰輔。某官秉心剛實，抱氣宏深。諸儒之所賴以爲宗，先子之所畏以爲益。義勇不挫，忠精無瑕。恢聲廣朝，闊步華省。逮宣使指，益悚民瞻。凡遜聽於音徽，皆想見其風采。輸將萬貨，靡虛月以課勞；殿最百城，不期年而肅治。顧惟單琐，亦荷蔭私。謬述前人之功，實虞後進之僭。先驅所令，豈專屬部之爲華；將命弗辭，庶比互鄉而可見。更祈順天降任，以道嗇神。需大庭之延登，作宗社之深福。瞻企門下，某卑情無任。

代宰相回平章文太師求助啓

連上奏封，懇還重任。雖情詞之曲至，顧體貌之方隆。況以協於康寧，敢預聞於去就。伏惟平章太師道行今世，名軋古人。早有志於濟時，晚未忘於憂國。奇兵不再，冠鍾鼎之元勳；大節可書，作宗祧之盛福。親輔三朝之治，尊爲萬乘之師。會初政之清明，因上心之恭默。爰起大老，以圖久安。故天下想聞其風，而廷臣無出乎右。長城在望，坐消邊境之虞；寶鼎復來，自使朝廷之重。偶罹霜露，殆浹晨昏。和氣內生，明神陰相。不假蓍龜之卜，遂聞藥石之功。遽辱誨音，願從高退。然而公旦雖老，不離成周；山甫就封，永懷王室。蓋義之所在，則雖出猶處；道可以濟，則當止而行。矧五詔之丁寧，而兩宫之傾屬。欲致非常之效，殆須不世之謀。曾是備員，徒煩委教。再三加命，雖聞考父之恭；九十爲師，坐繼鷟熊之美。願回雅眷，永協太和。

代樞密回平章文太師求助啓

屢形奏牘，思避圖均。惟大老之在朝，致蒼生之安堵。雖浩然欲歸之已久，其挽而願留者愈多。過沐誨音，但深銘感。伏惟平章太師有伊呂之道，享喬松之年。身相四朝，智周萬物。方主上繼明之始，與太皇臨政之勤。蓋欲仰成，故須特起。爰從洛汭，入覲京師。還以隆名，畀之重任。疑謀未決，復資蓍蔡之明；大匠已臨，自得埏鎔之正。遽辭廊廟，欲返山林。矧當夷夏之觀瞻，實繫朝廷之輕重。名遂身退，雖云今古之常行；時異事殊，殆見聖賢之達節。願損一丘之樂，即成九鼎之安。則蕩蕩王朝，遂可比隆於前古；區區末路，亦將永庇於下風。

狀

賀冬狀二首

氣肇初陽，星回長晷。絢歡儀而交慶，緣令序以儲休。阻守官箴，莫趨賓次。瞻顒禱頌，實倍常情。

觀雷之復，見至德之本原；望雲以書，詔豐年之禎象。恭惟某官，修能迪吉，明德知常。諒膺天統之休，遂赫民瞻之節。宅奮庸之百揆，無有後艱；介太平於萬年，永錫難老。某適叨遠使，莫望通聯。徒傾欣慕之誠，亦薦熾昌之頌。

賀淮漕李學士狀

第功居最，申命自中。因漕節之尊榮，直書林之秘奧。凡在朋遊[四四]之舊，率增慶抃之私。運使學士，毓德純時，受材博美。用文輔實，飾吏以儒。抱世濟之忠嘉，富家傳之學問。比臨大部，益簡上心，數試以煩，資適於用。遂疇績效，坐致褒升。躡中秘之清資，仍外臺之重寄。由此而踐禁林之地，乃實便途；不日而居計省之尊，亦其固有。豈特增光華於本道，固將致潤澤於斯民。某，昏老無堪，摧頹不振。側聞休命，第踴歡悚。剡竿牘以未前，拜書文之先辱[四五]。芳詞溢目，感緒裝懷。

賀開封尹王侍郎狀

光被命書，寵致[四六]天邑。輟自保釐之要重，還歸尹正之尊崇。凡在見聞，孰不尊仰？某官受材博敏，抱器宏深。兼問學之該明，與聖時而際會。宣勞要劇，致位深嚴。屬營洛之難材，因奪情而援任。事爲蜂出，夫率雲屯。靡勞施爲，坐聞肅治。眷惟浩穰之衆，尤資擊斷之長。非假威名，孰能表正？逮恭承於召命，知不在於他人。夜衣而行，豈異鋒車之速；日終不俟，遂傳輦轂之清。仰繼趙張，行陪丙魏。雖阻預在堂之慶，實同傾賀廈之誠。激節歡愉，名言罔既。

謝范德孺舉自代狀

某惶恐再拜，近睹進奏院狀報，伏蒙經略侍郎，不以其迂闊無成，久自棄於門下。意欲推而挽之，使就塗轍，因拜新命。特有薦論以自代。雅詞借重，逾於丘山，羞愧[四七]之發，不覺顏面之泚然也。竊惟文正公後至丞相，與公通顯以來，門下之士，十百爲輩，其間號爲有道而聞於時者甚衆。如某區區，何敢比數？而每蒙丞相公寵薦於朝，非惟愧於公之厚意，亦愧於公門下之士。謹當視窮如達，粗堅拙守，期不辱於左右，感激論報之方，若是而已。

回發運先狀

奉計造朝，方舟至闕。永惟寡陋，久以傾瞻。矧聞譽之方隆，喜趨承之有便。遽蒙緘貺，益荷輸誠。感佩之深，文陳莫既。

路分到狀

行之官次，甫及郊圻。載惟軍務之要煩，屬在路戎之并護。即諧參展，愈切欣翹。

司業到狀

被命分臺，將車及境。載仰師儒之重，時惟臺省之賢。即遂參承，愈深抃仰。

留臺朝請到狀

取道之官，將車及境。比以縢書而請候，嘗迂記室之報音。即遂參承，愈深抃仰。

鈐轄太傅到狀

將抵官次，行及郊圻。仰惟軍務之繁，屬在兵鈐之重。即諧參展，愈切欣翹。

總管太尉到狀

將抵官次，已及郊圻。遜仰虎臣，暫留龜洛。分帥權於貳衛，待軍政以總臨。即遂參承，愈增欣抃。

提舉觀察到狀

彼命分臺，將車及境。載仰廉旌之貴，方昭營洛之功。諒有神休，倍增福履。即諧參晤，愈切欣瞻。

諸監司到狀

被命分臺，將車及境。惟仰使臺之重，時維國佐之才。方擁神休，行趨召節。參承在即，欣抃交申。

都運顯謨到狀

被命分臺，將車及境。逖仰禁聯之重，方隆大漕之權。行自禁途，峻躋柄任。趨承在即，欣抃交申。

留守大尹到狀

被命分臺，將車及境。惟保釐之境治，乃扈禁之王臣。兼隆綏撫之權，端處居留之重。趨承在邇，悚抃交申。

代范忠宣遠迎韓康公狀

肅驅旌旆，將屆國門。惟舊相之儀刑，合士倫而竦動。爰當虛寧，故此遄歸。宮使太尉相公功在朝廷，道垂方冊。堅如金石，有格物之至誠；炳若丹青，皆可書之大節。既聲名之洋溢，復進退以從容。歸護真祠，乃謀安宅。朝中新政，且就問於是非；都下舊民，如得見其父母。顧惟衰喘，久辱知憐。既獲邇於誨音，是求依於德庇。瞻言際會，愈極歡愉。

代范忠宣回蒲端明狀

肅馳旌旆，行次郊圻。跋履惟勞，沖和方集。矧是臺纏之舊，爰趨硯翰之崇。瞻符采之非遙，傃德風而增憶。更煩記室，迂示書詞。感佩之深，銘言罔諭。

校勘記

〔一〕"欲成"，《四庫》本作"欲定"。
〔二〕"司農"，原作"司晨"，據《四庫》本改。
〔三〕"某敢"，《四庫》本脱"某"字。
〔四〕"刺郡"，原作"剌郡"，據《四庫》本、《叢》本改正。
〔五〕"刺舉"，原作"剌舉"，據《四庫》本、《叢》本改正。
〔六〕"致煩"，《四庫》本作"敢煩"。
〔七〕"秦鳳"，原作"奏鳳"，據《四庫》本、《叢》本改正。
〔八〕"堪嘉"，《四庫》本作"可嘉"。
〔九〕"刺舉"，原作"剌舉"，據《四庫》本、《叢》本改正。
〔一〇〕"罄竭"，疑當作"罄竭"。
〔一一〕"廢裝"，《四庫》本作"滕裝"。
〔一二〕"顧吏訊以奚逃"，《四庫》本作"顧吏訊以難逃"。
〔一三〕"遠郡"，《四庫》本作"還郡"。
〔一四〕"青徐"，《四庫》本作"青齊"。
〔一五〕"擇地"，原作"墿地"，據《四庫》本、《叢》本改。按墿，道途也，不當。
〔一六〕"遂從"，《四庫》本作"逐從"，誤。
〔一七〕"兼刺"，原作"兼剌"，據《四庫》本、《叢》本改。
〔一八〕"致"，原作"至"，是正。
〔一九〕"天資"，《四庫》本作"天姿"。
〔二〇〕"國嚴"，《四庫》本、《叢》本皆作"國器"。
〔二一〕"樺除"，原作"襌除"，是正。
〔二二〕"大政"，《四庫》本作"大致"，誤。
〔二三〕"桂籍"，《四庫》本作"桂席"，誤。
〔二四〕"豈惟"，《四庫》本作"豈非"。
〔二五〕"入穀"，原作"入榖"，是正。
〔二六〕"非敏"，《四庫》本作"非命"，誤。
〔二七〕"公議"，《四庫》本作"國議"。
〔二八〕"竿牘"，原作"竽牘"，據《四庫》本、《叢》本是正。

〔二九〕"延暉",原作"廷暉",據《四庫》本、《叢》本是正。

〔三〇〕"瞻顗",原作"瞻隅",是正。

〔三一〕"魯震",原作"瞻隅",是正。

〔三二〕"之繁",《四庫》本作"之煩"。

〔三三〕"寒貯",當爲"寒暑"之誤。

〔三四〕"寄動",《四庫》本、《叢》本皆作"寄任"。

〔三五〕"懽動",原作"懼動",據《四庫》本、《叢》本改正。

〔三六〕"謂",《四庫》本作"論",非是。

〔三七〕"進曲",《四庫》本、《叢》本皆作"進退"。

〔三八〕"退朝廷",《四庫》本、《叢》本皆作"於朝廷"。

〔三九〕"方枘",原作"方柄",據《四庫》本、《叢》本是正。按"方枘"詞見《九辯》。

〔四〇〕"純誠",原作"純試",據《四庫》本、《叢》本改正。

〔四一〕"增忡",《四庫》本作"增抃"。

〔四二〕"膴仕",原作"瞦仕",膴,厚,盛。《詩·小雅·節南山》:瑣瑣姻亞,則無膴仕。"今是正。

〔四三〕"宣神明",《四庫》本、《叢》本皆作"宜神明"。

〔四四〕"朋遊",原作"明遊",是正。

〔四五〕"先辱",《四庫》本作"光辱",誤。

〔四六〕"寵致",原作"龍致",《四庫》本、《叢》本皆作"寵臨"。

〔四七〕"羞愧",原作"差愧",是正。

尺　牘

上蘇內翰

去歲起於罪罰之餘，入奉朝謁。適值知府龍圖內翰請外，將赴汝陰，僅得再請候門下。而荷眷逾厚，知獎更深，殆非後進晚學所敢望於先生大人者也。自疇昔違奉，累更晦朔，不審即日台候動止何似？某待罪河東，以託庇左右之故，苟免如昨。幸復霑祿食，而已不及親養。追念摧感，涕慕何言，邈未知待見之期，仰惟體上眷倚，精固生理，入輔天子，以稱中外之望。不宣。

又

某去冬至晉郡，適當新秦被寇之後，雖非職事，而文書期會，頗異於平日。尋值易帥多故，及被旨往河外體量，道路險惡〔一〕，風雪寒苦之阨，前此未嘗歷也。近以詔使自京來，故且歸太原，以待會議。中間欲治問起居之何如，既欲稍盡區區，而復忙擾如此。轉成稽緩，愧恐何勝。

又〔二〕

向在京師，嘗蒙借重。舉以自代，辱門下之顧有年矣。今日之祿食，未必不由平昔之許與，而又出力如此。區區感激，義當如何？惟謹職事，甘貧祿〔三〕，庶幾不辱，以圖報於左右，伏惟台慈幸察。

上文潞公〔四〕

仲春漸暄，伏惟鈞體起居萬福。一向以遭罹家難，久不通問。不自死滅，復餘殘骸，以就祿食。既已到河東，即欲敘致，以請問起居之何如。適當新秦被寇之後，種種多事，異於平日，未能收率。患難荒忽，已散之思慮，而爲竿牘之問，遂至後時，豈勝愧恐！近日河外歸，纔得定居，謹奉前啓，布區區萬一。仰惟眷憐，俯賜亮察。

上韓左相〔五〕

伏自登庸廟堂，再貢竿牘之問於左右。竊想即關聽覽，仲冬嚴寒，恭惟機政多暇，鈞體起居萬福。某近蒙恩除守奉寧，已赴治東來，道途區區。倖免如昨，趨覲未展。伏覬上爲宗社精調寢鍊，副四海具瞻之望，卑誠祝戀之至。

上呂微仲相公〔六〕

久違材館，下情伏深兢仰。即日秋暑尚熾，恭惟神衛起居，百福潛舍。某營職區區幸免，末由躬至門下請侍，伏望上體宗社，精加寶練，私誠惓惓之禱。

又

不審某官，自到安陸以來，鈞況何似。居處飲食，仰計足以衛天和而固生理也。某愚不肖，以家世仕宦之故，竊祿食於內外，僅能不失門戶。雖無他長以自見，而甘貧守分，則有年矣。今雖闊遠教誨，日增闇陋，其愚不肖之心猶前也。顧貧與分，其何敢忘？方爲賤事所拘，不獲親奉杖席，仰承咳唾之音以自慰。幸區區之誠，發於寤寐，伏惟台慈亮察。

又

某嘗慕用門下之義，昨自奉使河東還朝。實辱收恤之厚，而官局請謁有常。實無從數至於前，以承教誨。今者某官燕閒無事，可以日侍左右，而蹤迹東西無定，且復去門館甚遠，惟拜狀附承起居而已。豈勝南望引領向戀之至。

上王彥霖樞密

夏序清和，伏惟鈞體起居萬福。違奉門下累歲，日有競仰。伏惟道存帷幄，功在生民，鎮撫之餘，諒多燕適。某以奉使在遠，未獲趨詣屏著。伏冀體國爲民，精護寢餗。下情惓惓依歸之至。

又

比雖累得奉啓左右，皆緣職事，以常禮貢聞區區。所欲言者，與銜恩佩德之私，蓋未暇布陳，有以也。不識台慈能賜亮否？即日伏審朝廷曲徇誠請，易地三城。然全節鯁義，中外所仰，諒無暖席之期，即還廊廟，疏還之迹，將永有庇賴。以觀太平之成效。豈勝惓惓。

上安樞密大尉

近以事至河南，造請門下，曲承顧存，撫接之厚，感不容言。拜違左右，已再更晦朔，依投繫戀，蘊結於中。季冬極寒，恭惟鈞體起居萬福。即日某蒙恩，營職之初，區區幸免，末由參侍。伏乞上爲宗社之重，順衛太和，永輔聖世。卑情惓惓頌祝之至。

又

比者恭審某官，以賢業之成，與主上初政之所想望，入籌帷幄，再長鴻樞。上自搢紳先生有識之士，下至行道之人，皆知鼓舞，如出一意。豈特四夷懾服，可見兵革之不試。而全德望重，故將師長百僚，大爲制作，以嚮太平之盛，天下幸甚！某以職業有守，無由同百執事陪預慶列，瞻望台屏。下情無任歡忭依歸之至。

又

近審肆覲，入侍經闈，嘗奉竿牘，請賀門下，竊知已關聽覽。仲季嚴寒，恭惟機政暇裕，鈞候起居萬福。某待次累月，近準勑除管勾崇福，遂得復霑祿食。仰繫恩造，感激何言！趨府未展，伏覬上爲宗社，精調寢饗。卑情惓惓祝頌之至。

又

不審近日鈞用何似？比者恭審某官以主眷之益隆，與天下廑廑嚮於治。定再登廊廟，進長鴻樞，華萼交輝，以極一門之盛。而臺躔舊德，道在累朝。其所以運籌[七]帷幄，折沖萬里者，蓋實今日倚重焉，中外幸甚。某以居處在外，不獲同百執事陪預慶列，謹啓通於左右，因布悰誠萬一。伏惟鈞慈，俯垂覽亮。

上李資政邦直

不審近日鈞用何似？河東舊稱事簡，自某到任，適當新秦被寇之後，文書期會，頗異於平昔，而道路奔走，亦增倍於他時。雖銜恩佩德之私，無日不在門下；而簡牘之問，至今方得通於左右。負愧懷恐，何可勝言！伏惟老成舊德，士夫所望，佇還廊廟，永庇中外。疏遠之迹，亦將跂足以觀太平之成效。何勝惓惓。

又

比於太原相公坐間，得聞起居之況以自慰。又獲窺近日所著

《杕華堂〔八〕碑文》，伸紙一讀，神意悚動者久之，蓋非近世之所謂碑文也。

回盛少卿

某啓：去歲起於罪罰之餘，入奉朝謁，即外官苟祿。故雖再至門下，而不得款奉教語。臨去都，伏蒙臨眎，旅次值出，不獲望見車馬，感戀至今。春序布和，伏惟尊體強豫。某待罪河東，營職粗遣，內託庇庥，以苟免於罪戾，末由省見。伏惟體上眷矚，精護生理。下誠區區。

又

不審近日起居何似？伏蒙不遺，遠賜教墨，匪知遇之厚，何以及此！佩服眷意，惟深愧恐。某比到部，適當新秦被寇之後，雖非職事，而文書期會，頗異於平日。中間得旨，往河外體量，前月下旬，方還太原上記〔九〕，稽緩由此，幸冀矜察。某到本路，庶事雖不敢不勉，而性資迂拙，常虞隳曠，以辱知憐。尤患不審知本路人物如何？蒙教示數君者，爲賜甚厚，不敢忘處。休文字即契勘，他俟後狀上稟。

與呂原明兵部

某啓：首夏微熱，伏惟原明兵部大夫尊候起居萬福。去歲免喪至京，累得詣館舍上見，亦屢蒙車騎臨眎，體眷之厚，感服至今。某承乏河東，區區營職粗遣，內倚門下之重，以苟免於罪戾。未由會見，伏冀俯爲時望，精固生理，下情所祝。

又

去冬到此，適當新秦被寇之後，雖不預邊事，而河外賑濟，與封樁錢穀移用，蓋已不勝其繁矣。原明沉識遠量，朋友之所宗仰，宜在禁從，日夕獻納，而尚淹郎曹[一〇]，豈宜也？某待罪晉部，逾分已多，第才劣事薄，恐有不稱[一一]，以累門下。若得偏郡以休息病體，因苟祿食，即便無餘願矣。某承乏於此，幸復霑祿，而已不及親，孤苦感愴，略無仕宦之況。應之、叔弼、知常公餘會集，豈勝優羨？今皆有書去，蓋亦負後時之罪。十一舍弟，仍得[一二]畿邑，至幸。中間待次闕下，想常請謁館舍，承教不少矣。詩卷輒謄本封納，以須候便人，不欲附遞，故爾遲晚，雖常繼以亂道，絕不中已毀之矣。所有新作，幸望寵寄，當試和呈。

與文修撰

前者遞中上狀後，即往忻代幹事，還留太原數日，復往河外。比歸，乃再領教墨。具審致政太師，留止官守，月餘而後歸洛。才短意澀，恨無文辭以見於歌頌，惟深區區願望而已。餘冀順時遵養，前對大用。

又

某啓：不審頒政之餘，台動止何似？鄙賤之人，起於罪罰，觸事感槩，殊無名宦之況。惟執事深照其愚，過有獎與。臨紙幅窄，不知所以爲答，但重增慚悚而已。

又

某再啓：晉相昧於平生，然仰名德之重有年矣。到此辱眷良厚，於局事[一三]尤荷體察。近日頗苦痰喘，樽俎差稀，然亦不妨治事，亦漸向愈。兄弟特蒙存記，感激奚似？今皆有所授。十一舍弟領畿邑，往淮南般家。乞知之。

又

向者不避疏賤，輒敢奉狀，上問太師起居，特蒙鈞誨，伏增感戀。亦每於范相書中，得聞還洛後燕適之詳以慰，幸甚[一四]。

與蘇子容

近者侍禁李嗣昌至太原，出所賜書教，仰承台眷之厚，感恐兼極。即日春暄，某惟爕輔休明，神物有相。某待罪晉部，苟免如昨，方遠門仞。仰冀體國爲民，永鎮廊廟。下情惓惓之祝。

又

正月二十七日，承奉至太原，三月三日成禮。竊惟疏賤，得重託婚姻於門下，非徒人事之際會，實天與之幸，何感如之！重念某兄弟久荷台眷，而兩房二女，獲奉箕帚於左右，衰門冷族，其焜耀實多。遞中謹先、奉啓上謝，俟承奉歸侍下，別布區區。

與程中散

某啓：承乏晉部，雖忝爲代，出於幸會而相遇道途，一宿即復別去，區區繫戀，至今不忘。春序布和，伏惟入奉朝請，起居萬福。某營職幸免如昨，自抵太原，值易帥，仍被旨往河外體量。適丁寒月，道塗險澀，風雪寒苦之阨，過於傳聞遠甚。纔歸，妻室一病幾不起，今又當出至忻代。後來賑濟與泛差軍馬，皆本司應副，文書紛紛，未有定日。中間請候疏闊，惟冀諒察。竚聞顯拜，以慰士望。下情祝頌。

又

比蒙指教，荷眷尤厚。某以多事之故，既有失[一五]諮詢到京動止之何如。而拜賜之後，復以河外之行，與妻室疾病，至今纔得奉前啓參承，感仰愧惕，兼極於懷。伏惟清懷高誼，出於名門，禁省要近之地，乃所宜處。俟聞成命，別修慶門下，更冀上爲朝寄，倍加保護。

與趙司業

暑候繁縟，伏惟正夫司業，尊體動止萬福。比緣歲事，出至旁近郡，欲歸而得漕臺公移，會議役法。因徑到上黨，論有不決者，少爲淹留。及歸太原，始領所賜教翰，體眷之厚，感悚無已。即日不審訊後起居之況復何如？未知參省之期〔一六〕，仰冀輔順眠食〔一七〕，早濟嚴近。下誠區區所望。不宣。

又

某悚息待罪河東寖久，不稱之事益多。如蒙誨督，使免於戾，則爲賜深矣。高符仲舊不之識，一見知其爲君子人也。清源王令，非教示，殊不審定是史述之友婿。旦夕過其縣，當得見之，文字即容契勘。今歲適減兩薦數，餘者率皆有諾責在前，非才至今未聞預除代者次第。無如何，過歲即足以爲清源之地矣。惟幸照亮。

與李智文

昨以罪罷，屏居鄭下，嘗會〔一八〕車馬之來，得奉餘論在哀苦之中，殊多慰懌。別來再見歲律，每深企詠。即日殘暑，伏惟公罷還闕，起居清勝。某承乏河東苟免，未卜良會之期。伏希慎持寢履，垂副欽祝。

又

不審主居爲況何似？某自到晉部，適當新秦被寇之後，雖非職事，而文書期會，道路出入，頗異於平日。朋舊書問，因以闕然。中間所示教音，以奔走在外久之，還家纔領。繼以多故，修謝復後，時併深愧悚。太原諸事削弱，不及所傳聞十之一二，亦不足道。子弟長成，漸欲扦格，無處從學，曉夕爲撓。蓋某多出入，雖暫歸太原，率不過一月即再出[一九]。其在家文書期會，賓客應接，四方書題，亦少得暇。縱有片暇，亦且休息形骸，以支當外事，無由更有工夫點檢子弟文字及程課。太原同人，不惟少事業，蓋作監司門客，即礙本處取應[二〇]，勢難爲來。又不欲令出入多接外人，故亦不敢令往州縣。不知關中有可教子弟同人肯來太原者否？若得粗有詞筆，謹願耐靜，不出入作過於官守不相累者，即當優給之不辭也。煩爲尋訪，書中見報。

與文叔學士

去歲留京師，雖未久，而值文叔入館日，奉清論，其慰無窮。拜別忽已逾年，思向高誼，不須臾忘也。而書問不時通於左右，悚愧何言！即日大寒，伏惟供職優暇，起居集福。某到河東之況，粗遣風土，粗堪少醫藥，種種不如傳聞，然亦逾分矣。良會未期，千萬保重。別躋華顯，區區不宣。

又

自到所部，以新秦之役，隨分多事，方稍定而役法復下。文書案牘，雜然未知攸濟。中間妻室臥病，又有婚嫁。某仍多出入，不在太原，故治問稍緩至今，想聞而如[二一]恕察也。京師爲況何如？高才碩學，計超擢在邇，豈勝傾頌。某行日，蒙與諸公出餞於僧舍，契愛之厚，乃情不忘。致謝不時至左右，惟增愧悚耳。眷愛郎娘，想佳勝也。

與芸叟都司學士

去歲免喪至京，累得詣館舍上見，過蒙眷與之厚，感服至今。氣序微熱，伏惟退食多暇，起居集福。某承乏河東，區區營職，粗遣内倚門户之重，以苟免於罪戾。末由會見，伏冀俯爲時望，精固生理。下情所祝，不宣。

又

比蒙委賜書教，欽味眷憐，感仰增劇。適會出往忻代，還家方爾捧領。不審訊後體況動止何似？某起於罪罰之餘，復從禄仕，孤苦感慨，殊無名宦之意。年齒加老，形骸衰倦，雖向德慕義，更篤於前，而人事不修，乃竟先辱手筆，既愧且恐。然冀芸叟深有以亮之而已。

又

去冬到此，適當新秦被寇之後，名雖不預邊事，而文書期會，頗異於平日。及今半歲，已兩至河外，一往忻代。今又當暫至汾右，而歲中所分郡縣，猶未暇巡一處。才劣事薄，未知終能免責，以不累門下否也？向蒙借《昭仁寺碑》，近纔終篇，候有的便，方敢寄還。几格亦擅膽本矣，乞知之。

與游景叔學士

自京兆拜違，倏更歲籥，一向奔走，道路因循，不時修問起居，下情伏深兢仰。春晚氣候計暄，伏惟治裝餘閒，尊履萬福。某承乏雍部，諸況幸如昨，請候伊邇，未獲得閒。冀爲國精護寢饗，以副願誠。不宣。

又

比由少華還家，稍得定居，方欲奉狀以道區區之懇，乃聞就膺美命，來鎮蒲中。於景叔私計，想良便也。不肖之迹，乃復獲依左右以承教，何幸如之？道里差遠，更惟倍切調護。

與趙正夫

去歲還朝，偶以同舍，得奉顏色而親教誨，私懷感幸，至今不忘。氣候苦寒，仰惟儒館多暇，起居集福。某承乏河東，職事與人事皆應辦目前，故於左右，轉成疏闊。區區尊仰，何勝道耶！拜會未可期，千萬保重。垂副瞻祝。

又

違去賢範，忽已逾歲。向仰之私雖劇，而內外怵迫，到今纔得治問，何勝愧恐！晉俗粗且僻，飲食、醫藥、婚嫁與子弟從學至不便。惟少盜賊，夏月苦無暑氣，即他方不及也。陵臺家兄，久荷知照，想常通書左右，比領家信，亦具聞動靜。某行日蒙垂餞於啓聖寺，下情感佩至今。而布謝後時，即其罪猶前也。至悚至悚。案：此二首係在正夫爲學士時。

又

季春極暄，伏惟台候動止萬福。伏自今上即位，首重言路之選，以正萬事執法之臣，則尤爲重焉。自封相之中丞作尚書後，有職之士，計中外貴臣必爲執法者，皆在正夫年兄，不在他人，比除目下，果然。此豈天子以公議用人，而公議固能量天子聖意之所在乎？然則辨正是非，而判別忠邪，摧剛直枉，皆正夫年兄平昔之所畜積而已矣！由此而正位廊廟，以扶太平之業不異矣。

天下幸甚！朝廷幸甚！某以守職在遠，不獲躬詣門屏，謹奉前啓上賀，兼此承問起居。不宣。

又

去違左右浸久，一向在孤危隱約之中，不復敢屢修竿牘，以玷門下之義，亦恃眷存有以亮之，私心惓惓，結懸戀則日復一日增積於胸中而不勝陳也。某初到東部，營職幸免，未由參侍。伏翼上爲廟朝，精加保輔。卑誠祝頌依投之至。案：此二首在正夫爲中丞時。

又

伏自前歲冬末被命，改使山東。道過國門之外時，適會旄節出帥慶陽，嘗獲造詣行府，曲蒙敦敘。事契復垂顧訪，款以誨言，下情感佩之私，實不勝紀。爾後半歲之間，又再易地，到罷相屬，道途之勞亦倍。故竿牘之問，重於稽晚。其如瞻馳繫戀，增積尤多。即日春晚極暄，伏惟總統邦計，台候動止萬福。某承乏淮甸，上邀蔭映，以幸免於罪戾。造詣正遠，伏望體上眷求，加護寢饔，行膺廊廟之拜，卑誠惓惓之禱。

又

近者伏審就膺恩制，入奉禁嚴。鉅賢造朝，士夫交慶，而孤遠之人，復得託在下風。區區抃幸，殆不勝情，不審起居何如？某自到淮上，雖夙夜罄竭，勉赴職業，然愚暗淺陋，終恐未能逭責。儻沐眷憐〔二二〕，不賜鄙遺，時有以誨督之，卒門下平昔之知遇，幸甚，幸甚！案：此二首在正夫爲侍郎時。

上劉龍圖

遠侍左右逾月，下情兢戀。春晚暄晴，伏惟駐節塞上，台體强豫。某營職區區，幸免如昨。竊聞創圖羌事，撫緝邊民，大河之外，畢被上恩。辱在下風，惟知尊仰。謹奉前啟，參問起居。不宣。

又

近日使軺取道太原，得遂省見，獲奉〔二三〕教幸〔二四〕者累日，愧佩兼深。自北寺拜違，已更晦朔，不審旌旆見留何地？庶事想皆就緒。指日還闕，倘冀調護，垂副瞻禱。

又

某自行府，未離太原，已苦痰壅之疾。爾後呼醫用藥，至今猶未復常。比捧牒命，皆即時供報，想蒙省察，中間申請朝廷，已節次〔二五〕行下。惟賑濟一升二升，卻作一升半升。準帥司牒照會，別作奏請，見留以待報，理當然也。賑濟米斛少三萬餘石，在常平之法，除糴買已過外，別無利權可以經營。幸同丞相商議，且以帥司米與常平米通支，則麟州外塞，亦粗足用。其間縱有少闕，令岢嵐、保德和顧般運，數必不多，庶易辦也。惟橫陽等六塞，合支借種糧三千餘石，自來外塞，無提刑司斛斗，既人户未可令上州請領，又以〔二六〕本州經戎馬之後，無驢畜可顧般運。遂牒漕臺以豐、麟州米兌換，應急支用。漕臺已報可，伏恐欲知。

上范堯夫相公

夏中太原簽判李通直還潁昌，上狀起居，伏想已塵鈞覽。比者伏審相公以進退出處之大節，與天下積年之人望，肆覲宸廷，再都廊廟，制命初下，中外翕然，朝廷幸甚，人物幸甚！某以方離太原，奔走道途，未由躬詣臺屏。謹奉前啟上賀，并承問起居，伏惟鈞慈，俯垂覽亮。

又

　　某未離太原，傳聞中使齎詔至潁昌，促相公入覲。固知相公還廟堂，又知必固辭，而亦知辭必不獲免也。繼聞相公到京師，小民觀者如堵，咨嗟嘆息，如元祐之初，見司馬溫公之入朝，則亦知相公辭必不獲免也。既而聞入劄子，懇辭至於三四，詞情確至，愚智感動，而優詔不許，日促視事。蓋惟無心於相天下者，可以託天下。若相公者，可謂無心矣，此固主上欲得公再爲宰相者也。即日伏惟總攬機政，鈞候萬福。未知參省之期，伏冀體國爲民，調護寢餗。

又

　　比聞中使到潁昌，台候微苦泄利，留三日，上道至京，謝客，皆云雖已康和，猶少力也。路中問北來人言，常請見，起居如平常，氣貌亦充。乃知輔相之地，神無所不擁護，況小疾也。更冀調慎食飲，減節人事，以副宗社蒼生之望。

又

　　近遞中，蒙賜鈞翰，奉承感激，不任下情。氣序清和，恭惟偃息大都，鈞體康福。某營職區區，未知何日請侍，瞻望門屏，乃心飛馳。伏願早還廟堂，永庇中外惓惓之禱。

又

　　近緣賑濟事，再往河外，與詔使相逢，具道體量本末云云，殊不類京師所聞劫掠之數，近止四千上下，見須收捕。在城寨見賑濟之人幾三萬口，亦嘗見帥司行遣，曲盡事宜。繳進奏數紙，雖欲彈駁，無下手處，伏恐台慈要知詳悉。某初有去就之意，累月之後，晉相亦加禮貌，今雖不去可也。自領鈞翰，即問之，但言計未決，且少候，及今終未有定論。然以愚觀之，姑留太原爲是。台慮所及曲盡，續更稟覆次。

又

去冬遣人奉狀至漢東，請問起居。今春人還，領所賜書教，感戀之餘，方欲修狀，再附遞漢東。忽聞相公有湖湘之行，神情悄怳，逾月不定。欲急遣人至漢東，竊料離漢東已遠，仍未審出睦直至永州。爲復中途改作舟行，欲宿留，見謝表，遣人奉狀前去，而邸吏至今未曾報到。朝夕懷抱不寧，謹專走此介至左右，參候動止。仰冀順令調護，保御太和，無任南望區區引領之至。

又

不審自漢東至零陵，凡多少驛，水陸登涉之間，台候何如？到日已及暑月，蒸濕之氣，必有過於漢東，所居如何？稍軒敞，即於起居良便。若無如此居處，聞零陵木植至易得，雖旋營造，門下之人，亦不當憚煩也。食物定無好者，羊、魚、鵝、鴨、魚鼈之類，計與近北不殊，常膳之間，不至闕事否？或爲大江在其旁，雖熱而無瘴癘，北方藥物，必預曾備辦。更望上爲宗社，精加擁護。涕戀之私，雖日夕形於寤寐，而無分毫可補左右。慚恨區區，殆不可勝言。

又

恭惟某官忠貫白日，道合神明，平生以退爲進，而處遷謫，乃爲常事。但高年舊德，復此遠適，門下之吏，豈能不徬徨繫戀，慮飲食之間有所闕也？

又

昨人還領所賜教，始知相公目疾終未平，私心憂馳無已。然欲急於痊復，不若任之，不加治療，則於台體自然寧固。昔歲見州北李端愿少師患目，一切任之不治，康彊二十餘年。李少師生於富貴綺紈之間，獨達於此一理，年壽永究，亦可尚也。欲望台慈薄採其説。

又

十一月中人自零陵還，伏奉所賜誨答，仰惟門下眷予之厚，豈勝感激。即日冬杪苦寒，恭惟燕處暇裕，鈞候寧固。某待罪於此，養疴苟禄。南北阻遠，復以職守所拘，無由躬至左右，日夕引望，悁悁想戀而已。敢冀上體宗社，調順寢饗，慎固生理，以符故吏卑誠之禱。

又

逖遠門牆日久，南望區區，每深涕戀，比領〔二七〕來請，方審某官到零陵，台候動止之詳，下情頗以慰懌。伏審寓居佛寺，而食止有烏羊肉，啟處飲膳之間，大較可見。但服習其水土而居之久，當與初至有間。更乞頤神味道，以副松喬之算。

又

比人還，伏蒙遠賜永紬柳布各一端，謹已拜領。然相公方此燕居之際，猶念及門下吏，有所沾賚，則感激之私，倍百於常品。

又

昔歲嘗游宛丘，知其事簡客稀，有醫藥陪京作鎮，最爲便且佳也。竊想某官未還，鼎席之間，良亦樂此。某之病力，過歲以來，猶覺難於勉強，如決不能任事，終當冒瀆朝聽，丐東南一郡，因有參侍之便不定也。豈勝繫戀。

又

某到河中，始知名閫之可樂，徘徊登眺，想見締構之初也。詢諸郡人，皆能稱道，當日之事，遺德餘愛，至今藹然。則某被任使於此，猶切兢兢，恐辱門下也。

又

昨待次河清，上狀輒蒙誨答，仰邀台眷，愈久益厚，感愓何言！冬候凝冽，伏惟閉閣鎮治，鈞體動止寧固。某七月中離河清，九月初抵華原。領職以來，區區自遣，寤寐門下，恨無羽翮得至左右，東望引領，殆不勝惆悵依戀之私。謹遣專人奉啓，參承起居。伏翼順令調護，保練太和，還都廊廟，永庇中外。下情虔禱。不宣。

又

昨待次河清，本合一至左右參省而不克前者，想惟台慈亮察其所以然。某到華原，已兩月矣。雖非孔道，然由京兆入鄜延徑路也，亦連有使者經過。及應副緣別、造作與差撥，稀得暇日。至於吏民豪健，輕生尚氣，雖不免酌情麗法，而每念前書教撫之意，不敢純用刑罰。自餘惟務省事，冀免罪戾而已。伏冀裁察。

又

即日氣序正熱，伏惟台候動止萬福。比者伏睹制下，寵還舊秩，就領宮使，以爲圖任之漸。中外歡忭，如慈父母在遠而得歸，其子之喜，亦不過於如是也。竊惟某官以忠義世其家者四十年，然後以道德入爲聖朝之宰相，天下誦其言者多矣，受其賜亦至矣。人心反側，兵革未休。聞公在位，即遂安堵無事，則信於天下亦久矣。雖白首失職，處閒僻之地，而乃心王室，憂見顏色，徘徊永懷，不肯隱避。以至冒涉江湖，謫居蠻徼。天下之士，識與不識，皆爲公出涕慨嘆，當食忘味者三四年矣！則今日之還，天下之士，如慈父母之在遠而子喜其歸，豈過理哉？而況某者出入門下既久，受知遇亦深。方公在位，既無一言一事以爲補，及公遠謫，又不能出毫分之力，以濟艱難。今天子明聖，爲宗社之計，還公於千里瘴江之外，非忠貫白日，道合明神，而能至此乎？則某之喜也，反不覺涕泗之橫集。蓋與天下之識與不識，而喜公之還者，又少異也。伏乞加調眠食，以當長道之暑，早復首庸之拜，則天下幸甚。

與呂秘丞

去秋苟存殘喘，還朝後會見諸親舊，而子進惠顧旅舍甚厚。此行特承飲餞於遠郊之外，契愛之深，感戢無量。中間聞進職蘭省，欲併寓一牋，敘謝賀兩意。而公私殊迫，牽於目前，至今纔得略具所欲言者，惟翼恕亮而已。不審入夏以來，體力動止何似？復當暫出至汾右，輒暇奉啓，勢無由詳盡，區區之私，更俟後狀也。餘望保重，不宣。

又

某素不善飲，而應之每引以爲比。昨承出餞，困於缾缸，蓋都不記取別時何如。行至中牟，問補之，言嘗置手於汲器中，坐皆大笑。自此應之應不以爲比。

上蘇相公

逖遠左右，積四五年。中間解官河府，與初到華原，兩附便人，并郵置拜狀起居，竟不知何日得徹鈞覽，繫戀門下，惟日惓惓。夏令已中，恭惟懸車優遊，台候動止萬福。某假守區區，幸免如昨，未由躬侍杖席。仰覬上爲宗社，精護寢餗。卑情〔二八〕無任南望引領之至。

又

伏審相公以成功盛德，樂就燕閒。抗章累年，至於十數。竟回天聽，獲上印綬。高風大節，足以激貪懦而厚天下之俗，衣冠中外所共嘆息而見於紀述。顧如疵賤，慶抃尤深。謹奉前啓，以敘萬一之誠。更祈保御太和，益加調護，龜齡鶴髮，永對太平。幸甚，幸甚！

又

近者竊聞安車暫至太傅官守，不審即日起居履味何似？仰惟燕處從容，德宇泰定。數千里之還，寤寐門館，而恨無由至前，少侍誨勅。乃心眷戀，飛馳而已。

與吳舍人安詩

某啓：不審居浮光漸久，爲況何如？食飲風土，果亦良便否？某頃年離河東，及昨過祔享後，凡五請郡矣。比自秦鳳移永興等路，宿留滿歲，然後聞虢州之除。惟洛中去虢最近，而又避人事日費之廣，遂泊家河清，後雖易不復遷徙，正月〔二九〕中至新鄭，會葬先兄夷仲。三月中入洛幹，問兒女婚嫁，數與相之相會。遂買田潁陽山中。異日嵩少，或可築廬，此閒居之所得也。相望千餘里，因風貶教至華原，以慰飛馳之請，乃所深望。

又

去歲在關中一奉狀，繼領所賜手教，得聞居浮光動靜，大以慰釋。其後公私多故，忽忽至今，殊失請問左右，愧悒何言！即日大暑，伏惟尊候萬福。某比蒙恩守虢，繼改華原，皆爲善邦。出於忝幸，待次西京河清縣，逾半年矣。中秋之前，當遂之官，未知何日得一見顏色。乃情區區，非筆下可以盡布。惟冀燕閒，倍加寶練，副此祝望。不宣。

與薛嗣昌

昨到永興，獲遂〔三〇〕言面，豈勝欣慰。稍間賢誼，良深企詠。溽暑，想惟公餘動履清適。未復披奉，惟希良會自愛，姑此爲謝。不宣。

又

遞中伏辱惠示音問，荷意殊深。承行李欲至秋涼暫過蒲中，深所望也。即今當出歷鄜延，回日必遂占見，鄙情預以〔三一〕爲慰。

與王觀文

比因歲節上狀，伏蒙記憐，還示慶問，下情感仰至今。茲者伏審光膺制檢，改帥全晉。除音疾下，歡頌隨之。蓋以地連二寇，兵兼四道。如遂撫定西略，則還居廟堂，永輔昭代，此便途也。即日不審拜命以來，台候動止何似？諒已辨嚴，旦夕取道，不敢別奉賀啓。謹此少布區區，伏惟亮察。

又

前月欲巡南山中數縣，回日謂可請侍左右，少布惓惓之私。行至華州，乃聞山中冰雪未釋，殆不通行李，故卻歸蒲中，候三四月間，再往參承，固亦不晚。遽聞移鎮，遂睽遠門牆，仍以家私有病者，日治醫藥。恐旌旆戒行，不得親至幕府，違奉顏色，謹上啓以代面布之誠，何勝惓惓。

又

前任承乏河東，廨舍在太原。邊事土風，粗諳其一二。如公威德，雖塞上草木，猶皆知之。想到即閉閣燕居，坐以無事。第促召治裝，歸處衡鈞在旦暮，其理然也。

上王仲至侍郎

拜違左右，已再見冬序。向仰門下之德，雖寢飯不忘。即日伏惟卧治優遊，台候萬福。某自秦鳳移東路，率常奔走在外。而又私門多故，不成情況，稍疏治問起居，何勝愧悚！尚冀圖赦其罪，以待異日。餘望持護寢興，還即大用。下情惓惓之禱。

又

不審歷陽風土，飲食醫藥，亦稍便否？仰計足以衛天和而固生理也。昨來省部爲屬，適在下風，辱庇存而蒙教誨，事非一二，因得脱於罪戾，其感無窮。某目昏臂痛如昔，關陝少醫藥，而多川陸之勞，良以爲苦。止俟滿一歲，即乞東南州軍，冀蘇病力。最承眷憐，恐欲知别後之況，敢貢其略。

校勘記

〔一〕"險惡"，《四庫》本作"險遠"。

〔二〕此篇《四庫》本缺。

〔三〕"貧禄"，殿本、《叢》本皆作"貧賤"。

〔四〕此篇《四庫》本缺。

〔五〕此篇《四庫》本缺。

〔六〕此篇《四庫》本作《上鮮於運使》。

〔七〕"運籌"，《四庫》本作"進籌"，誤。

〔八〕"杕華堂",《四庫》本作"杖華堂"。

〔九〕"方還太原上記",《四庫》本作"方太原上記還",按"上記"當爲"上計"。

〔一〇〕"尚淹",《四庫》本作"上淹",誤。

〔一一〕"不稱",《四庫》本作"不勝"。

〔一二〕"仍得",《四庫》本作"已得"。

〔一三〕"局事",《四庫》本作"局時"。

〔一四〕"幸甚",《四庫》本脱一"甚"字。

〔一五〕"既有失",《四庫》本作"幾有失",誤。

〔一六〕《四庫》本自上句"體眷"以下脱"之厚,感悚無已。即日不審訊後起居之况復何如？未知"等二十一字,"訊後"原作"譏後",是正。

〔一七〕"輔順眠食",《四庫》本作"輔眠順食"。

〔一八〕"嘗會",《四庫》本作"當謂"。

〔一九〕"率不過一月即再出","率"、"出"原誤作"牽"、"世",據《四庫》本、《叢》本是正。

〔二〇〕"取應",《四庫》本缺一"取"字。

〔二一〕"如",《四庫》本、《叢》本皆作"加"。

〔二二〕"眷憐",《四庫》本作"眷戀",誤。

〔二三〕"獲奉",《叢》本作"獲奉"。

〔二四〕"教幸",《四庫》本、《叢》本皆作"教誨"。

〔二五〕"節次",《四庫》本作"即次"。

〔二六〕"又以",《四庫》本少"又"字。

〔二七〕"比領",原作"此領",據《四庫》本、《叢》本改正。

〔二八〕"卑情",《四庫》本作"下情"。

〔二九〕"正月",《四庫》本作"五月"。

〔三〇〕"獲遂",《四庫》本作"護遂"。

〔三一〕"預以",《四庫》本作"深以"。按前句"深所望也",此不當重用"深"字。

尺　牘

上劉莘老相公

去歲蒙恩，自陝憲移守虢州，繼復易、耀。待次中，久疏進記門下，卑情馳戀，雖寢不忘。即日隆寒，恭維燕處南州，鈞體動止寧福。某比已祗赴官期，九月初交割郡事，苟禄養疴，勉盡心力而已，無足賜念者。未有參侍之便，仰冀順令調護，保御太和，無任南望引領區區之私。

又

去歲自河中府遣人門下，請候[一]起居。蒙某官台眷，還賜教筆，曲示記存，銘之心腑，未嘗失墜。比欲俟到今任，再遣人詣左右。未離河清間，忽於李宣德處，領孫朝散送到正月中所賜鈞諭。仰承顧遇，逾久益厚，其感激何可勝言！不敢悠悠，附遞請謝，故先作書稟聞，伏望台慈亮察。

又

某待罪關陝，甫及滿歲，即具累年誠懇刻奏，乞東南一州。奏封未到闕間，蒙恩移守三堂，今春易、耀，皆爲善邦，出於忝幸。然方離關陝之時，四顧無所之，惟洛城幹問婚嫁良便。而又欲避日費之廣，遂退居河清，間入洛城，由此頗得翻閱。自學爲文以來，草藳有詩百篇，欲求斯文之主而投之，少見區區固陋之所存，且丐一語，以發平生之未悟者，則舍某官將何之？謹繕寫成一卷，隨書上塵几格，如蒙燕閒無事，曲賜觀覽，譬食野人之芹，而留漿家之饋，或可備庶羞敦欸之末品，蓋已幸矣。斂秭就函，不任愧懼。

又

中間人還，伏蒙頒賜大小簟各一，瑩滑藏節，乃西北稀有之物。況某官所以惠及疏賤，非與他物等，謹寶而藏用之，不任感激。

又

某啓：因此般家人行，輒敢附上羊犯四枚，雍酥五觔、咸陽水梨五十筒〔二〕、河中五味煎七觔。以關陝土毛無他物，又去人艱於負重，故尤抱輕微浼瀆之恐，伏望台慈亮其誠而赦其罪。

與陳伯修學士

自去歲解官雍部，即待次於西京之河清縣。一向居閒之便，百爲皆廢，遂疏請問左右，但積向仰之私。冬候凝寒，伏惟布政之暇，起居萬福。某比及代期，即挈家至華原任所，領事已累月矣。東望館舍，道里甚邇，而莫遂造請。惟冀體國，加護生理。別須顓拜，區區之禱。不宣。

又

乍到弊邑，隨分公私多事，久之方稍定疊。故雖相去不大遠，尚未遑請問。敢謂契愛之厚，首墜教筆，佩服謙眷，但深愧悚。高才碩望，乃茲屈臨支郡。士論所鬱，諒朝譽益隆。行聞襃召，峻陟華要，解、梁事簡民淳。臥治之餘，想多燕適。想望無緣，一奉教語，不勝依戀。

與司馬學士

嗣承書教，一得遞附上問起居。繼以公私多事，雖有區區，欲布之左右，而力有所不及，甚可恨也！即日不審自經詳除，孝履何似？某奉親官守如常，末由奉教，敢冀衛重？下情致祝，不宣。

又

待罪府中，初無補益，欲去甚易。而以嫌留此者餘歲，常恐見絕於君子之門，每慨歎也。近到鄭州焚黃，見田明之，頗聞公休動止之詳。外除當遂還朝，乃士類之幸，蓋有望於左右者矣。

又

向於令兄處領所賜先丞相溫公墓銘及行狀，前書已嘗附謝萬一，更辱索向所撰輓章。遲遲不敢附上者，蓋有說也。今事日遠矣。謹繕寫寄呈，悾悾之私，略在其中矣。伏惟亮察。

與晁學士

夏序初熱，伏惟起居萬福。某比到汶上，以守憲皆闕，兼領之。又偶有過往，紛紛已甚。故雖懷仰道義，日欲奉狀請候，而應辦目前，遂成稽緩，既悚且愧，不易盡言也。即日推遣職事幸免，末由晤集。伏冀上爲朝倚，精加保衛，以成大用。區區之禱。不宣。

又

某到官守未幾，遞中伏辱教筆累幅，存撫之厚，見於詞旨，玩味感戢，雖寢飯不忘。繼睹進奏院報狀，恭審有實錄檢討之命，繼又聞有史院編修之除。二者雖未知的，然良史才難，今遂屬筆於無咎，有識之士所共喜也。久抑而奮，此特其階爾。俟聞不次之拜，別修賀於左右，伏惟諒察。

與致遠學士

昨者還臺，復供職館中，與君子際會，慰幸無量。別來逾年，而問書不時至左右，非曲加照悉，未易免責也。氣候凝凜，伏惟尊履動止康寧。方遠誨論，謹奉前啓承問。兼布區區。餘希保衛，早登華要。不宣。

又

去德滋久，傾慕殊深。中間得履中學士書，頗聞別後動靜。并封示一簡，乃知長者常有以見存，下情感仰。沈令文字，過年即發，文學吏事自可愛。河東別有幹，幸垂諭。某行日，蒙飲餞於啓聖，領意之厚，感戢不忘。而修謝後時，惟有愧仰。

上李少卿

夏序初熱，伏惟起居萬福。某才到東部，值鄆守與西路憲車皆闕官，兼領其事，頗紛冗多故。用是未克奉狀，請候門下。敢謂記存，先枉教筆，兼獲近聞[三]。近日動靜，豈勝感慰；末由參晤，伏冀體國，加調寢饗，以副大任。下情區區之禱。不宣。

又

積年之別，未得一奉教語，瞻馳蘊結，晨夕不忘。比蒙記曹之問，尤深感仰。某以兼局多故，苟應辦目前，未修謝問[四]，已承拜命，典領禮樂之司，寄任清要。前輩公卿，多從此途出。竊欲併寓竿牘，敘感致慶。而偶朝旨取索財用匱乏之計，文書填委，已過期限。而提倉司會議本州役法，亦甚敦迫。因此遲徊，重成稽晚之罪，尚冀仁明有以亮察而已。

與王元鈞轉運判官

平昔慕服之私，無以自見。昨者幸會，得聯所事於都部，乃蒙眷存，如舊相識，深荷照亮，因得展盡鄙意於左右，何樂如之！弟游處未久，遽爾闊別，復深以爲恨爾。即日伏想榮奉太夫人外，眠食增勝。某前月二十二日入閩，六月初供職，文書衮衮，更覺無補於外，日以爲愧。使事雖劇，有暇時可賜教否？豈勝馳情。

又

解罷後，以文書俗冗之多，稍成遲留。屢蒙宴犒，雖辭之而加厚，感悚何可勝陳。行日又蒙兩日出城，至汶陽館留連，豈淺拙不似者所能當耶？潛夫運使，必已至東州。到京以來朝見，未克請謁。及見罷，稍空欲往，而已出城即行，遂阻會見。深恨東州屢易守，而竟得巖起待制爲帥，儒林老成，民必受賜矣。迓吏計非久到京，近日除授，宜先此書皆聞之，不復一二具陳。

又

某自離汶上，雖在伏中，然晚涼方行，食時即下程。日色炎極之時，或偶驛亭，或偶僧舍，不甚困於暑暍。到京未居止，權泊[五]城東定安寺，始覺大熱，真若坐炊甑中，寢食幾廢。都下以爲十數年間，未如是之熱，不知別後汶上天氣何如，莫亦異於未別時否？然廨宅寬涼，自與京居不同矣。元度之母疾，雖決知難起，然不謂如是之遽。元度計已護喪東歸，哀苦中之況，殆可想見也。已作疏徑往淄州慰之，尚未聞除新官。附及。

又

拜違左右，已及[六]逾月，區區悵戀，猶如初別之時。秋暑未解，伏惟起居清福。某自到京，困於天暑，形神疲病，幾不能自持。今稍定，回思汶上之遊，恍如一夢。引領高誼，何勝渴饑。未知後會之遠近，伏惟嗇神養和，行聽褒召，下情祝望。不宣。

上王尚書

不審近日台候履味何似？濰陽當舟車孔道，民物繁庶，公臨莅日久，益簡而孚，閉閣之餘，諒多燕適。某愚不肖，承乏於兹，忽已逾歲。州治本閒僻少事，偶今歲關隴大旱，境內比他處尤甚，夏災八九分，秋復霖雨百餘日。如賑濟等事[七]，時時并起非一，無復閒僻之況，殆其分也。

上修史承旨

近者舟御經從泗上，獲奉[八]請謁，遂得款侍。誨言累日，感激慰幸，併集下情。氣序漸熱，恭想還奉禁嚴以來，台候動止萬福。某區區營職在外，實由庇賴，苟免於罪戾。初遠言侍，日夕馳戀。伏望順護生理，延集洪祉，就膺廊廟之拜，以慰中外。遠誠惓惓之禱。不宣。

又

某官守淮甸，因緣幸會，得於道途望見顏色。非特大慰累年闊別門下之情，而更蒙感念疇昔，款以舊言，結戀依仰之私，雖寢食不忘。即日恭聞大斾到闕，日奉玉色於燕見之間，恩眷尤異。宜遂入輔熙辰，大快人望！竚聞除音之傳[九]，別當馳賀記室。遞次謹奉前啓，附承起居，兼布私誠萬一。伏惟台慈亮察。

又

自拜違舟次之後，某遂離泗上，途中遇濠倅林通直，出所賜教意累幅，詞札粲然，尤體眷予之厚。收置巾箱，其感無窮。是時竊料方在中途，故約大旆到闕而上此記。今想新命，匪朝伊夕，當繼奉竿牘，以助在堂之慶。伏惟台慈加察，幸甚。

又

伏審還長鼇禁，進讀經闈，釐正一朝大典舊物，前效赫然。而或以爲未足請賀門下，蓋知大任之在即，爲可賀也。孤遠無似之人，遂將從士大夫之後，想望賢業，而永託絣幪之賜，至幸至願！

上范彝叟右丞

季冬極寒，伏惟鈞體起居萬福。即日某蒙恩營職之初，區區幸免，末由參侍。伏乞上爲宗社之重，對時順御，永鎮廟堂。卑情惓惓，祝誦之至。

又

比者恭審某官以世德之盛，與中外積年之人望，進居廊廟。光輔聖時，詞制〔一〇〕所傳，輿情大快，豈特上心之倚重，足明政路之闖開。天下幸甚，有識幸甚！

又

睽違文館，屢更晦朔。去歲冬杪，再奉啓狀，請問記室，爾後無事不敢屢進竿牘，以溷聽覽。其如區區傾瞻繫戀之誠，無日不在左右。即日氣序苦熱，恭惟鈞體起居萬福。某承乏淮甸，仰賴蔭私，以幸免於罪戾。末由參侍，伏覬上爲宗社，精調寢餗，垂副中外依歸之望。卑誠且祝且頌，無任惓惓。

又

伏審某官被膺制命，出鎭北門。暫辭機務之繁，以就居閒之佚。忠貫白日，道合明神，進退之間，其必有道。某限以官守在遠，不獲從百執事攀辭都門之外，引領行旆，神情飛越。謹奉前啓，請問起居，兼布私誠萬一。伏惟台慈，俯賜亮察。

又

伏蒙指揮編次孫家文字，仰辱誨諭再三，不敢以久棄筆硯爲辭。但適以夏初出嫁一女子[一]，閒居窘困之中，勞冗久不定疊，緣此稍稽上報。數日來始檢閱所附至卷册，不出秋間，定得附呈左右。先望賜察。

又

三月末間，於監税宣教處，伏奉所賜誨翰，上體眷意，感激無已。一向欲宿留所編次文字，畢日復布竿牘門下。而偶以私故冗迫，寖成稽緩，下情豈勝愧負。不審涉暑起居之況何如？恭想燕處超然，神宇泰定，遞中謹奉前啓上問，且欲少布區區所欲言者。仰惟台慈，俯賜亮察。

與歐陽學士

某啓：自叔弼學士兄游浙江，及還東潁，數年之間，都不曾奉咫尺之書。蓋交契之舊，與精誠之相與，知彼此不以書問爲事也。區區勤仰，老而益深。即日初冬，伏惟尊候萬福。某壬午年從淮南罷免歸汝，妻室喪亡。又徙居[一二]河陽，留滯五年，而後還汝，今又五年矣。其間兩嫁女，三爲子娶婦，喪次子於均州，又喪次子之婦於西京。行年六十有五，門中大小三十餘口。薄田在潁陽與汝州。宋開叔守汝時，不進尺寸，成何生理，然亦能任之，不置不足於胸中，此恐叔弼兄欲知者。其他種種無足道。惟冀順護眠食，時惠音教，以慰千里相望之懷。不宣。

又

不審自還東潁，起居之況何如？伯和、仲純、季默，位下昆仲與叔弼令嗣，各守任何處，今各何官也？宋開叔寓居在彼，必日夕過從。中間得吕原明書，頗能道叔弼自浙江還動静。原明請宫祠無報，欲謀居陽翟，去汝不遠，此甚望之，會得近信否？紀常、子進捐館已久矣，孫元忠卒於鄭里，大可傷惻。其子有疾，後事可知也。子進諸子丁内艱，在此時時相見。口衆頗苦不給，生事未定疊，亦恐欲知。

與韓循之學士

竊惟丞相儀公，雅言重德，士大夫之所視效，天下之所誦説。雖都元輔之尊，更夷險之變，而色不形於外，心不動於中。其謀議之安國，利澤之被民，如兵家之善戰，而不見其智名勇功之所在，非老於文學者，孰能紀次？而蒙循之不鄙，記及淺陋迂拙之人而屬之筆，雖欲固辭，而言已在前，豈勝愧恐。但某自失子之後，目昏體瘴，心思雕落，年齒衰淺，舊學百不記一，未知終能仰副大孝之誠否也。伏惟尊悉。

上范德孺侍郎

三月中〔一三〕到汶上，即嘗修狀請候起居，而不果者，雖云多故，亦難免稽緩之罪，愧懼瞻戀，日夕馳情。秋氣向中，伏惟台候萬福。某昨承乏山東，意欲久留，而遽蒙恩召，還省爲郎官。見未可期，惟祝順固生理，早膺丞輔之拜，以幸天下。西望惓惓。不宣。

又

不審改臨關輔以來，鎮撫外起居何似？伏惟忠義著於朝廷，威名暴於種落，還帥雍部，計於雅懷遠識，無不足者。某久在省部，無補於公家，而於私計非便。俟過大禮，即卻當請外，若得近西一州，經從大府，少侍坐末，然後託庇宇下以竊食。私願如是，數日而待之也。第恐聖上眷求宗社，想望拜輔大政，不容久留於雍爾。

又

凡所賜諭委曲，蓋嘗如是，思之恐非豫定也；但高居味道，享松喬之算，而不累於事，自是人間難有之福。然事之去來，本不由己。若功名之會，當在晚年。則公雖欲不累於事，何可得耶？文周翰侍郎拜命之後，一對遂留京師門中，大義因以獲伸，其季亦得峻除，計周翰一生，未有如今之亨快也。然卻遽嬰中滿氣急之恙，致妨語言，世之人有喜甚而得疾者，周翰豈類此耶？今必已向平矣。

又

昨在京師，衰衰多故，僅得一再造詣門下，違奉誨言，忽已七八月矣。居閒寡便，多不知外事，因成曠怠。久不附承起居，悚仰愧戀，豈易勝陳。即日冬杪極寒，伏惟鎮臨關輔，台候動止萬福。某待闈中之闋於汝州推遣，伏翼上體宸眷之重，精調寢饗，早膺柄任。卑誠惓惓。不宣。

又

比審出鎮河內，又聞保釐洛師，又聞易帥瀛關，又聞鎮守雍部。逐次皆以閒居，不知外事。比知已後時，竿牘之問，每每不獲至左右，可愧可恨深矣。比得西京親情崔豫法曹書，始知旌旆過洛之雍部已久。而蒙愛存，不異平昔，委曲問念，如憫其老而無成，實大感激。伏惟撫封之餘，經畫素定，阜民利國。蓋跂而望之，自關以西，想已蒙惠渥不淺矣。窘居於此，無由舉動一望見顏色，何勝引領向戀區區之私。

又

某去門下寖久，蹤迹不定，而眷存不異，故敢試以私懇，遠貢於左右。耀州淳化知縣董戩者，某向作河東憲時，戩在絳州監錢監，已知其爲人。某守耀一年後，戩改官，來作淳化令，乃誠廉勤樂，易於公家，孜孜不懈，有足取者，遂復薦之。然淳化至僻，部使者之所不到。今行將官滿，因緣冒聞聽覽之末，欲望更加採察，特輟一升陟文字成就之。使異日破筋絕骨，自效於門下，實某之至願。雖公總統一道州縣官吏，震畏之餘，幸公一顧而收採之者，比比是也。而某於千里之外，託書詞以薦戩，非恃公薄知某而憐之，其敢如是耶！無任引領俟命之至。

又

前日睹報狀中所傳除目，伏審宮使龍圖侍郎，寵膺休復之命，還踐禁林。識與不識者，皆相告而歡慰，則老於門下者，其歡慰之心，宜何如耶？在中外之士，有以生民爲意，願朝廷於老舊之間，圖任得人者，其歡慰之心，又宜如何耶？第恨匏繫於此，不獲同許下搢紳，稱慶於門下，亦不敢作四六啟賀，仰煩記室裁報，而自取疏外。輒恃舊眷，直露情誠之萬一。伏惟台慈亮察。

又

某禀賦在強弱之間，而中年以前，昧於生理，又多疾病。故公頃歲尹洛之時，某年纔五十，於夏間侍坐，輒須以屏風闌之，虛弱之證也。自度不能久長，遂漸學調養，治醫藥，行氣導引，以度歲月。因知世間繫累之事，損多益少，漸而疏之，以便生理。故自淮南罷歸之後，杜門無營，專以調養醫藥、行氣導引爲事業，雖不能如此期，亦薄似有效。故在河橋汝海之時，人皆以爲貌與年不相稱，飲食筋力亦未苦衰減，而夏月與人聚會於空堂大室之中，亦不須用屏風遮闌。前歲來赴留臺，人亦謂其如此。而洛城當東西孔道，留臺雖職閒無公事，而朝謁禮節之勞，數倍於昔年。人事應接，與非泛送迎，皆非昔年之比。飲食之外，如醫藥調養、行氣導引，皆有所不暇。重以門户多難，一歲之中，內外之喪四五人。即今目昏耳重聽，心識健忘，語言時有錯謬，左臂無力，冬月涕下不自覺知，大非在汝孟之時比。雖云年逾七十，而亦洛城擾擾，全廢調養所致也。已令兒子於潁陽所在舊屋之外，增蓋二十餘間小屋，約三四月之間，復丐宮祠以歸，庶得專一調養。雖不敢望如舊，庶得更延殘喘三四年，了老年未了之事。但公復居禁從，圖任在即，以某遊門下歲月之久，過慮有人問某姓名及筋力於公者，願公對以目昏耳重聽，心識健忘，語言錯謬，左臂無力，涕下不自覺知，則於某歸潁陽之計便矣，於暮年調養之方宜矣。近作《劉晦叔墓誌》，輒假楊瓌大夫名字者，蓋實不願姓名復在人眼底也，今則又甚矣。併望台慈賜察，幸甚。

與門下李侍郎〔一四〕

仲夏炎熱，伏惟鈞候動止萬福。伏自今天子即位，起一二大臣在外者，入輔出政。而某官以宗社之靈，還位左省。制命疾傳，大快人望！豈特三執機政，天下之所倚重，而儒林舊德，行將正位廊廟，別膺制作以趨太平。中外幸甚，人物幸甚！某待次在遠，不獲造詣台屏，謹奉前啓上賀，兼此承問起居。下情無任區區想望歡忭之至。

又

去歲歸自吏部，授閬州闕，還汝待次，時某官將官洛師，一得奉狀請問起居。其後以在孤危隱約之中，百爲皆廢，故亦不敢屢修竿牘，以玷門下。私心惓惓，豈易勝布。

上賈明叔侍郎

久違門館，下情瞻馳結戀，幾形於寤寐；而竿牘之間，累年不至左右者，誠以某人在朝，衣冠道否，舉足有罪，出口成獄。方公棲遲於江湖之上，而某亦屛處窮僻，寄命他人，含糞土而苟活，知無益於左右而不爲也。諒如某者非一，則門下之義，亦有以諒之而圖赦其罪否？即日春序極暄，伏惟台候萬福。未期造請之遠，伏望調衛寢饗，早躋柄用。遠誠懇禱。不宣。

又

去歲累聞休復之命，更審異恩，亟升法從，即當上記以助在堂之慶。然人在窮約，而不獲伸，區區之義，既利且達矣。而竿牘之問先至，則尤宜得罪，非專如此也。自去年以來，道路奔走，移易略無定日，期以到官，具述前後誠懇，贄於門下以自贖。敢謂眷存不異平昔，遠枉書教，以候問其死生。開緘申紙，駢發於面，展讀三四，意定而後感激。惟是拙懃之守，甘貧忍賤，百爲俱廢，偶全昔日之蹤迹。再望大君子之門，庶幾未賜誅絕之罪，其然乎，其不然乎？

上周翰侍郎

前年間，歐陽叔弼自吴中歸潁後，嘗以書寄使人至潁問動静，得其回書云："老年諸事不復論，惟近失一六歲孫兒，情懷未能平。"其他來問某家事甚悉，殊喜其康强。後聞其子調官，得西京永寧縣，是見闕，叔弼必隨其子之官，音問近便，亦有可相見之地，故不復作書。豈意文旆到後，已屬疾，只數日，遂奄忽。可痛，可傷，可駭！公之書言，初雖病，猶能握手道舊，後三日，遂化去。不知是何疾？豈醫者用藥不審，陰陽差錯而至此耶？叔弼前所回書，深嘆子進、元忠作昔人，今叔弼又自爲昔人矣。傷痛之外，是真可駭也。其孤未長，成時議之〔一五〕，二月扶護來新鄭，則今已不在潁矣。當探候使人至新鄭，就近祭奠而弔其孤。但公守潁，有西湖而失叔弼，能無悵然？

上王子韶侍郎

伏蒙手示遷徙二賢堂本末，開緘伸紙，口誦心服，至於嘆息而無言。昔曾聞文簡公開寶中爲濟州團練判官，而王元之爲民家子，年絶少，偶以事至推官廨中，文簡公知其賢，留使治書，學爲文。久之，文簡公從州守會後園中，酒行，州守爲令，屬諸賓客，竟席對未有工者。文簡公歸書其令於壁上，元之竊後對甚工，亦書於壁〔一六〕。文簡公見之大驚，因假冠帶，以客禮見之。原注：州守之令："鸚鵡能言争似鳳"；元之對："蜘蛛雖巧不如蠶"。由此元之寖有聲，後遂登第進用，轉在公前。及公除知制誥，元之已爲舍人，其詞，元之所行也，世以文簡公爲知人。其後元之謫黃州，文簡公亦罷翰林學士，以兵部侍郎知潞州，則立朝行道，又可知矣。此濟人所以謂之二賢者也。然二賢堂處非其地，宿昔所患，乃遇太常少卿學士鎮守鉅野，慨然想見其遺風，特爲改作，立堂於宣聖殿側，遷二像其中，春秋配饗，郡人大喜。非宗工鉅儒，樂與二賢同道者，其肯出力以慰邦人之望如此乎！則兩家之子孫，雖不振，宜如何論報，以稱盛德，伏惟亮察。

上吕侍講

長夏酷暑，伏惟尊體萬福。某居汝以來，又已四年，汲汲了婚嫁，今春方畢。惟是交舊阻遠，無由合并，而思向門下，中情耿耿，尤深且劇也。偶遣人往潤州，尋問蘇家女子消息，道過儀真，恐籃輿無出入，且在令嗣官守，因奉此狀。然遣人之意猝猝，故書詞不能盡布。惟冀順時，倍加保重。

又

不審邇來起居何似？交舊阻遠，不得合并，固常以爲恨。而元忠學士，爲交舊四十餘年，汝、鄭相近，時時通書。而感疾止數日，遂至長逝，合并之望，獨於元忠絕矣。痛可知也，恨可知也！想惟聞元忠訃，追往念舊，慘愴尤深，奈何；餘皆未暇及，要須他日會面，始可索言此心。仲益、通直昆仲在制中皆康，時往見之。一向居處爲人動搖不定疊，今卻定矣。乞知。

上門下相公

自違材館，累更時序。内惟官閒位卑，與公府禮絕，是以不敢時奏記通下執事，心繫門闌，無日忘之。春晚暄極，恭想論道餘裕，鈞體動止萬福。某竊禄宮祠，仰繫埏埴之力，以免填溝壑。瞻望屏著，趨伏末由，敢冀順含天祉，冲用太和，永乂王家無疆之休。卑情且祝且頌，不勝惓惓。

與范子夷

向知車馬已入京師，上三侍郎問狀，得侍郎批云，卻已還洛中。不識曾轉附呈否？入夏未熱，伏惟足下起居清勝，眷愛兒女，并惟康寧。某待罪於此，事屬過分，而在公家無補，私計亦良不便。材力單少，不能任本路之事，一也。河外邊報未息，日與漕臺辦理錢穀，孤迹逾差，二也。子弟無所從學，將成扞格，三也。僻遠不能了婚嫁，四也。居大府之下，種種難處，五也。欲候賑濟與應副泛差軍馬糧草了，當秋末冬初，具誠懇告於朝廷，丐一偏郡，不知是常事耶，為復未免也？試此諳度，公以為何如？未卜會見之期，馳情耿耿，餘冀保愛。

又

凡前書所載，不復具道。昨留京師，必屢會應之、文潛，為況各如何？聞《通鑑》已有賜本，不知板只留閣下，為復送國子監，與諸書印賣，恐子夷知爾。賈正之必猶在鄭下待次，纔一通書，何日當赴興元耶？料其美材，必別有差遣。

又

自子夷侍行東去，某之職事亦冗，新帥到後，決日遂行。河外道路艱險，風雪寒苦，雖昔年從軍靈武，亦不如是極也。比歸，妻室臥病已逾月，幾不救。玉汝相公臨行，一醫官粗可用調理，久之方差，故雖請問留守相公啟狀，亦因此後時。然聞子夷已入京，且作子默書。即日極暄，伏惟起居清福。美授定在何處？想非久出都，未知再會之期，東望耿耿，豈勝馳情。伏冀倍加保重，垂副欽祝。

又

　　昨到太原，欲與子夷昆仲爲期月之遊，而不累旬，遂相別，恨悵之私，今未忘也。師載近方意思定疊，司以且居此矣。應之、文潛必屢相會，皆以多故，未曾修問，至愧。舍弟服闋復大病，去冬方至京，迄今未聞有所授，奈何？有可誨督者而語之可也。往聞子夷車馬且留京師，別上狀次。

與范子默

　　久不作子默書，正以許汝相近，得聞門中起居康寧，則老年更不復以書問往還爲禮故也。豈謂伯氏子夷文林感疾，遂至大故，聞訃一哀，涕淚不能自禁。驚呼慘痛之情，言豈能盡？則子默手足之間，痛可知也。奈何，奈何！初見令嗣與寬之書中別紙所説，已大可憂。然同寬之走人附書問候之後，猶十八九望其痊平。蓋子夷平生，履操與古無瑕〔一七〕，事親無所不盡，仕宦雖未通顯，而忠國愛民之心，已見於行事。又所歷患難險阻，皆他人所未嘗經。天若祐善，及好惡相掄，則如子夷者，豈有不得七十之壽而遂亡乎？及附書問候人回，子夷疾竟不起，知天理人事，茫茫不可考究，累日飯不知味，行不知所止。然忠宣公門户至重，今日仰望，先在子默，千萬抑哀忍情，無過爲悲傷，以損天和。至禱，至禱。

回范十七承奉

　　某既辱書文如右，又承惠示長篇，詞意兼麗，非癃無似者所能當。故讀之已盡，而復讀之至於三四而不倦也。某治平中，在陽翟學詩於靈泉陳子思，是時，年與足下今日相若。論其所得，纔能操瓠。從子思之後，何敢望如足下今日之作也。可尚十數年來，齒髮衰殘，更事亦多，舊詩數百首悉焚去，擱筆不復論詩。

故雖辱厚意稠疊，而無由追和以見意，但知感刻愧歎，深藏而已。

與劉朝散

某頓首：區區愧恐之私，與感慚之意，略布之右方。不審即日貳政西州，寢味何似？某去歲三月中喪一子，乃藉以克家者，老懷悲傷已甚。而其年七月中，又嘗遷奉，力不足而心勞，復困於暑，遂成大病。瘧，不食，而發痛於臁脅之間，洛醫治半年無效，生意盡矣。適遇今邛守史載之經過，託渠診候處方，遂能判別病原，服其藥數月，方似痊損。又數月，纔能執筆，今猶有一二分餘證也。故承枉教之後，幾歷二時，方敢詳味教意，剖謝萬一，而至今方成書附上。想憐其老病，而恕其逋慢之罪則可，不爾，無所逃矣。書到，計已秋涼，惟千萬保重。不宣。

與劉仲馮端明

中間附竿牘請問門下，尋蒙台睠，答賜誨翰，所以撫存之意甚厚，區區感激，良難具言。即日氣候炎溽，伏惟鈞體動止萬福。未請侍問，伏望上爲宗社，順護寢興，下副惓惓之禱。

又

不審近日寢味何似？側聞舟御取道東來，已次泗上，方暑遠涉，竊想遵養有道，鈞用冲粹。始謂非晚道楚而南，遂可造詣行府，少布積年之區區。今聞卻欲泝流至符離出陸，復未知請見之日，何勝悵戀蘊結之私。

又

違去門下歲久，竿牘之問，缺然不至前者亦有年矣。而精誠之往，不間遠近，雖一飲一食，未嘗忘之，蓋常在左右也。即日夏序清和，伏惟燕處東州，神相萬祉。某年五十六，自淮南罷任而歸，今六十有七，到汝卜居，遂營菟裘之地，日前諸況粗免溝壑。有顏承議者，長道之子也，偶以事至汝。今歸，赴官登州，當道過東沂，故託附書啓參問起居，伏冀爲國與民，精調寢饔，以永松喬之算，副中外士夫祝望。不宣。

又

伏聞宮使樞密端明，自寓東沂以來，台候康寧，不異平昔。生民雖不厚，足以補一歲之用；居處之地雖不廣，足以待燕閒之逍遥。想台抱泰然無事，第不知造請居下，與之晤語者何人？奉杖几[一八]，侍齋宴，從琴趣弈旨者何士？若某者，迹遠門下雖久，而迂陋戇拙，猶如二十年前。引領東望，恨無翅翎飛去，墮公之側爾。前歲以事過潁昌，見范德孺侍郎無恙，去歲[一九]嘗苦臟氣不固，今已良愈[二〇]。京兆張芸叟侍郎，亦每聞動静，或云自今歲來，飲食差少於前日，似有脾疾，亦未知其的，恐欲知。其他死生契闊，與在江淮之間[二一]者，公必自聞之。更有餘誠，言不能盡。

與呂觀文延帥

仲冬嚴寒，伏惟鈞候起居萬福。某頃在熙寧中，同先兄舍人應舉京師，而出今浙憲學士榜下，嘗獲請謁左右，殆今二十餘年。假守山州，適值某官再帥延安，撫定邊略。道途謂遠，則日聞起居動静，或時捧教檄以從事；謂近，則無由造請門下，以發積年暌違慕用向戀之私。故敢自比於下吏，奉竿牘以布請問之惓惓。伏惟台慈，俯垂亮察。

又

不審近日鈞用何似？竊以盛德遠業，冠映當代，而論議訓猷，誦於天下人之口，宜魁廟堂以福休多士，而爲斯文之主。尚留方面，總領邊吏，豈以中國無犬吠之警，而西顧之憂，在今日最重乎？鋒車之召，旦夕可竢，佇聞爰立，別奉啓進賀於門下。非獨某之私誠，行道之人，均有禱焉。

與林顯謨

自頃歲承乏淮甸，公起治蘇州，邂逅會於山陽，距今十有三年矣。自山陽之後，公顯列於朝，政位深嚴；而某罪戾屏處，喪妻亡次子，患難流離，苟活以至今日。則書問之不通於下執事，諒公察其非忘門下之德，而知處勢當然也。今某蒙恩出籍已數年，近復蒙恩除西京留臺，待次汝州，漸齒仕塗。故方敢作前啓，布私誠請候於左右，懷舊感往，恨無翅翎墜公之前也。伏惟幸察。

與林材中大夫

昨者備員府僚，得從材中之遊，若天幸然，而復過辱顧念，每蒙教誨之益，使免罪戾，何感如之！違奉良久，而思仰德誼，想見顏色，纔若旦夕之近。臘候苦寒，伏惟頒政多暇，起居集福。某近以目疾丐罷府事，蒙恩歸館，猶累鼓司。即日待親過城東。諸況粗遣，末由會合。惟覬調順眠食，行復使範。區區之懇。不宣。

又

昨車馭留城東，深願少卜邂逅，而辱來諭，遂不敢前，至今恨仰無已也。近傳材中謝表，方審善達治部，暨眷愛郎娘萬福，殊以爲慰，士大夫皆言謝表得體。恐知某昨在府中，累足於疑謗之間〔二二〕。幸得善免，近日得請歸館。若在數月之前，則人又以爲會稽而發爾。惟荷材中照悉，故問及之。弋陽郡事如何，土風人物，有足樂者否？右司近緣公事至省中，見之甚康，亦話材中動静。區區不宣。

慰劉民質昆仲

某從先吏部游久矣。蒙知之深，辱念之厚，逾三十年。頃歲先吏部將漕關中，某謬得持憲本路。先吏部作大漕於東南，某亦承乏淮甸。及至晚歲〔二三〕，又同歸於寂寞之鄉。今先吏部順化於大耋之年，而某亦行將七十。哀往念舊，情何以堪。走筆及此，不覺涕泗之横集也。不審只於百日内遂謀襄事，爲復〔二四〕别擇利年，願聞之。

校勘記

〔一〕"請候"，原作"諸候"，刻誤，是正。

〔二〕"五十筒"，《四庫》本、《叢》本皆作"五十箇"。

〔三〕"兼獲"，原作"兼護"，據《四庫》本、《叢》本改。"近聞"二字疑衍。

〔四〕"謝問"，《四庫》本作"謝間"，誤。

〔五〕"權泊"，原作"權洎"，據《四庫》本、《叢》本改正。

〔六〕"已及"，《四庫》本作"已未"。

〔七〕"等事"，《四庫》本缺"等"字。

〔八〕"獲奉"，原作"護奏"，據《四庫》本、《叢》本改正。

〔九〕"傳"，原作"傅"，據《四庫》本、《叢》本改。

〔一〇〕"詞制"，《四庫》本作"調制"。

〔一一〕"一女子"，《四庫》本作"之女子"。

〔一二〕"徙居"，《四庫》本作"徙足"，誤。

〔一三〕"三月中"，《四庫》本作"三月"。

〔一四〕題原作"與李門下侍郎"，今乙正。

〔一五〕"議之"，《四庫》本作"識之"。

〔一六〕"於壁"，《四庫》本、《叢》本"壁"後皆有"上"字。

〔一七〕"履操與古無瑕",原作"古履操與無瑕",疑倒,今乙正。
〔一八〕"杖几",原作"仗凡",形誤,改。《四庫》本、《叢》本皆作"杖幾",非是。
〔一九〕"去歲",《四庫》本作"舊嘗"。
〔二〇〕"良愈",《四庫》本作"矣"字。
〔二一〕"之間",原作"之問",據《四庫》本、《叢》本改。
〔二二〕"之間",《四庫》本作"之門"。
〔二三〕"晚歲",《叢》本作"歲晚"。
〔二四〕"爲復",《四庫》本作"爲後"。

西臺集卷十二

祝　文

祈雨文

宿麥在田，愆陽斯久。野無潤澤，癘氣相仍。仰惟神明，保佑兹土。不腆醪醴，品物維時。將之以誠〔一〕，庶格靈貺。

取聖水文

自冬徂春，歷時不雨。并走羣望，罔孚其應。粢麥將槁，徼福祠下。神不吝澤，隨禱而至。方夏旱暵，秋穡可憂。飢疫已萌，餒莩在道。嗷嗷之人衆，匪神孰依。謹蠲厥誠，再卜靈貺。惟神之仁，克終厥賜。風雲勃興，大雨時至。有秋之望，則庶幾焉。神實可爲，苟緩無救。

謝雨文

祝史初陳，已見油雲之布野；神靈來相，遂蒙甘澤之應時。非惟夏麥之少蘇，固亦秋種之可入。率循南畝，庶幾西成。惠勝櫟陽之金，功倍鄭渠之利。含哺擊壤，釃酒匪惰。遊刃刲羊〔二〕，敢兹拜貺。

又祈雨文

近以春旱之久，謁款廟祠，迨今踰時，未拜靈貺。雖雲雨之施，屢作屢止，有以潤枯槁，屏塵翳。而秔稻之種，未入於田。其已入者，稂莠坌生，耘治不給，不敢覬其成就。維邑西距義陽，南走安陸，其間無數舍。而西南之田，飽於潤澤。以爲天之行，則豈足迹之相接，而飢穰之不同耶？以爲令之罪，則令宜自任其咎，而民猥受其辜耶？不然，豈請禱之方有所未至？而如神聰明正直，每祈每應，而今顧不矜其民耶？時已失矣，農事迫矣。十日之間，雲興雨作，需然而爲賜，則猶可以去稂莠而布嘉種。過此則已矣，無望於歲矣。酒醴惟清，耆耋惟誠。再卜神休，引領而俟。苟能鑒茲，則當具牲牢，備簫鼓，盡禮致恭，以謝廡下。

嵯峨山祈雨文

華原冬不雪，春不雨，嘗以民病告矣。雖獲嘉應，膚寸而止。今又兩月不雨，宿麥淒慘，已槀而無望。地復磽确，如石田不可耕。春候將過，秋種未入，民之流亡殍踣，可立以待。詢諸邦人，皆曰莫如我嵯峨聖母，慈仁深厚，威靈溥博，覆護茲土，豈前日之禱誠未至，而蒙應亦淺耶？將守臣有罪，神未原赦，而民反受其病耶？故躬走祠下，請罪於神而致其誠，庶幾膏澤之大應，而法必有旨，方得信宿於外。且懼後時，不能回枯改涸，以慰答斯民之嗷嗷。謹移文通判軍州事湯景仁，代奉牲牢酒醴，再此赴愬。三日至五日，需然夾洽，周於境內，則在田之麥，猶可望一二。而秋種畢入，徼幸不至流亡殍踣，以遺神之羞於斯時也。敢不祇率邦人，奉其歡欣鼓舞之心，而昭報嵯峨聖母之賜，永永事神不怠。

祈雨取聖水文

夏彝已槀，大田方困於生塵；秋耜未興，比屋重憂於粒食。名山在望，需潤無窮。北雍行祠，威靈如舊。敬以三農之望，求於一勺之多。簫羽初來，雲霓已布。願需滂沱之澤，少寬旱暵之憂。庶幾有年，毋庸罪歲。聿懷盛德，永浹斯民。

又祈雨文

麰麥未秀，穀種不入。雖憫然望歲，如有飢渴。而密雲屢興，需澤未下。是用以民疾苦，赴愬於神。惟神廟食茲土，民賴以生，厥歲美惡，神實司之。願蒙嘉應，以卒農事，當雨作矣，即拜神休。

耀州祭諸廟祈雨文

國家承天宥民，期於靖治。神爲有道，以相我國家。水旱之至，憂實同之。而自十月至於五月不雨，麥槀在田，禾種未入。道路流散，非廩給之所能振，天子聞而憫焉。故發德音，下明詔，俾郡國之吏，遍舉常祀，敢薦吉蠲，以導靈貺。如應於三日之內，則有秋之望，尚得一半。非惟免民於溝壑，而吏之與民，其敢不上承天子之意，永以事神。

就山請神文

天作高山，奠於岐下。靈湫湛湛，神物在焉。一勺之利，澤及千里，邦人赴愬，歷年茲多。邁此驕陽，麰麥將槀。風馬雲車，有求斯應。惟時雨若，汔用小康。敢蠲厥誠，禱於祠下。

太白太湫神祝文

華原自八月至於二月不雨，宿麥將槀，秋種未入。是用赴訴，恭致一勺之多，以求千里潤澤之應。苟非誠之不至，則神無難焉。簫鼓笙牢，從以耆耋。惟神俯悼衆戚，回枯改涸，油然興，沛然下，崇朝而鼓舞於境內。則願率邦人，圖報太白太湫神靈之賜，其敢不腆。

禱華岳湫文

自春徂夏，災旱相仍，咸秩郡神，罔孚其應。惟神之所居，淵深潤澤，爲我州之望。吏民敬事，誠有待於今日。蓋夏苗之槁，十存一二。黍田之耕，方播種而未蘗。流離之氓，已逃而復歸。扶餒而力穡者，猶有望於秋也。今則炎暑彌煩，油雲尚遠。粒食踴貴，糠覈不充。黔黎喁喁，若墮於燎。出乎三數日之間，則土脈焦爛，禾穎弗生，雖雨亦無及矣。今秋失望，則重罹荒歉。羸瘵之農，坐爲骴骼。公私殫屈，所繫攸重。陽之爲盭，未若此歲之劇。蠲蘋蘩，正祝史，以其所憂而籲於神者。吏不敢後，呼雲驅雨，霈霑其澤，活斯民於將隕者，神其速焉。

祈晴文

霖雨踰旬，久妨民事。用涓吉日，仰叩靈祠。惟神威明，廟食茲土，宜能覆護，無使斯民交墊，無穀無居，神亦永有降依。

謝晴文

近者霖雨害田，致禱廡下，荷神降休，俾獲開霽。水旱之餘，或未至餓莩者，以穡事粗存一二。故品物醪醴，薦之以誠，載涓令辰，祗拜靈貺。

又祈晴文

夏大旱，粢麥不收一二，秋稼雖可收一二而雨不止。嘗禱晴於神，既獲嘉應，未拜神貺，而雨復作，至於今不止。民已病矣，災已甚矣，苟復數日不止，民將無以續性命。州縣之吏，亦將無以事神。惟神〔三〕憫吏民之嗷嗷，使風止雨霽，存其未收之稼一二，則民庶幾有以續命，而吏亦永有以事神不敢怠。伏惟鑒之。

祭羅山府君祈晴文

大田甫成，雨已復作，繼此勿息，則誤於有年。是用率籲民戚，禱神之休。惟亟獲霽止，庶或毋害。不腆醪醴，神其臨之。

又祈晴文

近以霖雨過時，害於穡事。禱神之力，覬獲開霽，將拜神貺。而雨復作，連五日夜不止，穀之未斂者不獲斂，已斂者腐壞，而宿種不入，甚可憫也。維神自春徂秋，保衛斯民，或烜或潤，覆露長養，其德深矣。今甫成而敗之，豈縣令奉神不謹，舉措非是，而降之罰，將斯民有流離餓殍之期，而為之災耶？縣令之罰固宜，而民終歲勤瘁，上輸賦役稱貸之煩，下給父母妻孥之養，雖大有年，猶僅足而無餘，況甫成而敗之，又宿種不入，災無乃已甚乎？惟神圖赦縣令之罪，哀斯民之失所，收雲止雨，使不轉於溝壑，則縣令敢不變心易慮，率受賜之民，永有以敬事。

謝晴文

乃月之初吉，至於哉生明，茲民惕然，以霖潦敗田為憂。守土率僚屬，躬至祠下，述民之憂，以請命於王。王維降歆，攄陽滌陰，豁然開霽，如響斯答，則王之孚惠我民，其有窮哉！夫一牲之薦，不足以報王德。將俾我民，歲歲蒙王之休，以奉王祀，無有壞。

祭風伯神文

惟神振發萬物，功宣動植，式崇明祀，祗答靈休。謹以贄幣牲齊，粢盛庶品，明薦於神。尚饗。

謝雪文

近以冬溫不雪，陰禱於神。薄禮未薦，嘉應昭格。豈惟宿麥之膏潤，抑亦癘氣之銷伏，功惠若此，報當如何？薰劑醪醴，將之至誠，從以耆耋，躬拜廡下。

耀州開河祭諸廟文

　　漆沮兩河之爲患有年矣，至於今日，其患已迫。州縣上奉朝廷，作堤防以捍患，豈得已哉！公私悉力，務爲完壯，至水至輒齧敗，使不得爲全堤。今因人之策，別爲籤堤以殺水之怒，庶幾餘堤得存，不重費民力，亦非得已也。堤欲成，雨輒不止，水輒大至，若有物與堤競者。州守以事神養民爲職，既非人力所能勝，則必禱神，協濟其事以靖民，禮雖不腆而誠至矣。況神廟食此邦，人所赴訴，得二十日之晴，水不大至，則堤可成，民患可紓。神苟相之，俾得如所禱，敢不具牲牢而拜貺廡下，使民永永事神。

刻漏告成祝文[四]

　　立表下漏，以考昏晝，天之所以周也，三百六十五度；地之所以升降也，一千餘里；皆不出夫五斗之壺，三尺之箭。凡交於奎而合於角，出於卯而入於酉。繭絲之水，準若權石，而不差乎圭黍之候。雖因物致用，智之所佑，而見於天地之情，莫知其所以然者，必寄乎神之所祐。金壺一新，玉蚪初溜，用告厥成，無斁於後。

誌　銘

司封員外郎令狐公墓誌銘

　　公諱挺[五]，字憲周，山陽人也。丞相彭陽公楚之六世孫。好學善屬文，年十五時，輒補《尚書·湯征》一篇，諸老先生見而異之。及長，博極經史，貫通諸子百氏，而亦旁治天官、族姓、地里〔六〕、鐘律之説，尤喜論兵，慨然有大志。天聖五年進士乙科，爲吉州軍事推官。丁其父博士憂。服除，爲荆南府節度掌書記。因朝廷用兵西方，撰《韜略策論》五十篇以獻，詔藏秘閣。而閭丘良孫者，冒取公所獻書三篇上之，除爲官。歐陽公修知其事，欲出秘閣本以正良孫之罪而不果。移監鄂州茶場，改著作佐郎、簽書節度判官公事。是時，元昊數入盜邊，西師未解，上求方略之士如不及，諫官王堯臣薦公有方略可用，召試對策數千言。故事，策試優止三等，而公策第二等，遂擢通判延州，賜五品服。丁其母王夫人憂。其後契丹聚兵古北口，北方戒嚴。近臣田況等薦公可任將帥，詔但遣秘書丞、通判成德軍。樞密副使富公弼宣撫河北，亦薦公有文武才，可大用。詔但擢知彭州而已。遷太常博士，移知蘄州，未行，改提點兩浙路刑獄公事，移江東路，遷祠部、度支二員外郎。皇祐四年，廣源州蠻儂智高反，陷邕管，連陷緣江九郡，逼廣州。公適罷江東至京師，多從南方來者，問智高事，頗得其要領而爲之策，未有云也。會樞密副使狄公青自請行，天子以爲宣撫使。行有日矣，公見狄公，勞其行，因謂狄公曰：「蠻人阻深走險，時出而戰者，用所長也。如聞智高數勝，去險阻而陣平地，是自棄其所長而從所短。此正智者用奇之時也。」迺謂狄公曰：「步兵利險，騎兵利平地，蠻人不知騎兵，而又以爲中國之騎不能到也，可挾騎士以往，誘致平地，使步兵爲正以擊其前，騎兵爲奇以擣其後，蔑不勝已。」狄公大然之，因請三千騎以行。人謹言五嶺之地，巖險霧毒，中國之步兵猶不可，而況用騎乎？及與智高戰歸仁，卒以騎兵勝，追奔五十餘里，蠻人死者幾萬，計如公策焉。

公在江東時，嘗病，及來京師，病未已，因請爲州。罷監司職事，詔知秀州。遷司封員外郎、知單州。病益甚，遂致仕而卒矣。

　　嗚呼！士之強學而有志於當時者，亦有也，人莫知之，則老死不可用也。如公博記廣覽，獻言指事，殆所謂強學而有志於當時者矣。名公大臣争知之，而官止員外郎，任止州縣。務盡法意以寬民，或拯民於已死，眇然儒生而一心於吏道者也。及國家有緩急，乃更能知其大慮。觀敵制變，籌度萬里之外，猶矢破的，則如公者，用於平日與有事之時，皆宜也。雖死不遇，亦可尚已。曾祖諱某，仕南唐，贈左千牛衛將軍。祖諱嗣昌，任供奉官，贈右武衛將軍。父諱頌，任國子博士，贈光禄卿。夫人丹陽邵氏。生三子，長曰俅，鄧州節度推官；次曰僖，中進士第，潞州壺關縣尉；次曰俁，先公卒。女三人，長適進士閔國均，次適永興軍右司理參軍周遠，次適進士方奎。孫九人，曰勃，早亡；相如，進士第；曰勛、曰勸、曰勔、曰勉、曰勤，皆舉進士有名；二尚幼也。公享年六十有七，其卒以嘉祐三年三月十二日，其葬以元符某年某月某日。其葬之地，則某州某縣某原也。某書二十八卷藏於家，所謂韜略策論者在其中。銘曰：

　　公高之別，有晉大夫，曰文子顉，始氏令狐。秦記太原，漢著伊吾。元魏之守，侯於藍田。藍田孫子，爲隋納言。納言六世，相唐宣宗。文麗行高，周彭是封。丕顯丕承，施及於公。嗚呼公乎，學力而淵，志特且持。少露其奇，百牘是書。誰與敵遠，決策坐隅。翼之張之，卒卷不舒。貳延守蘄，使於江吴。如是已焉，其命也夫，其命也夫！

奉議郎令狐端夫墓誌銘

　　令狐端夫者，諱俅，山陽人也。曾大父嗣昌，贈左武衛將軍。大父頌贈光禄少卿。父挺〔七〕，故尚書司封員外郎。端夫以父任，試將作監主簿。從福唐劉彝先生學《左氏春秋》，得其師法。年十八時，司封君知單州，卒於官，無舍業田產，惟餘橐中裝直百金，爲其族人遠來持去。端夫不問，亦不追止。及仕，強於吏治，必知民所便安與辛苦，務盡心力，愛而利之。嘗調守洺州曲周縣令。漳水歲暴溢，環其城，人無固志，端夫乃經度爲大堤以捍之。曲州豪類皆不欲，而州守監司亦不欲，端夫獨撓衆議而成堤，人始保聚爲安久計。後水至，或齧堤，父老必率其子弟，相縣官之役，曰："無堤是無曲周也。"汝州沙河同德，有公田[八]種稻，置官洺南以領之[九]。民佃作，歲久數罹水旱，逋租至三萬斛，無肯爲言免者，往往脫身棄廬舍桑棗亡去。端夫時爲稻田官，適會故丞相富鄭公守汝，乃爲公分別，具言其狀，上之朝廷，盡貸所負，民亡去者皆復，較數年之課爲最。元豐四年，五路兵入界，端夫以涇原轉運司屬從軍走靈武，行二十日至鳴沙。會軍無見糧，未知所以取濟，文吏從軍者，坐軍中不敢出。端夫遠望有野燒，曰："豈敵人不盡窖而藏之，反燒耶？"乃率蕃漢部兵，棄大軍數十里，直詣燒所，共救止之，果得菽麥二萬八千斛，大軍因之，遂至靈武。如此類甚衆。然端夫天姿峻整，蒞官行己，必得直而後已，不肯爲權勢撓。故在鄆州爲司戶參軍，知之者張文定宮保，他人不知也。在洺南作稻田官，知之者故丞相鄭公，他人不知也。而端夫每以職事與監事辨，卒以語言忤當時監司而坐廢。

　　蓋端夫自鄆州司戶參軍、濮州雷澤縣尉、洺州曲周縣令、監汝州洺南稻田務，遂廢而家居。起爲涇原路轉運司，勾當公事從軍。罷守處州松陽縣令、環州錄事參軍、武勝軍節度推官。未行，以疾致仕。爲宣德郎。有子七人，長勃，次相如、次勳、次勸、次勵、次正平、次皡如，皆通經樂善有立志。勃與勸先卒，而相如、勵、正平、皡如相繼由進士上舍登第得官。相如承議郎，勵爲河南府潁陽縣，正平爲陳州州學教授，皡如爲河南府偃師縣主簿。由此汝之士大夫之子弟，皆勸慕於學，登第者亦衆。於是間里見端夫而賀曰："公雖廢不用，而有子如是，豈直慰公目前而已哉！"端夫致仕後五年，以子恩遷通直郎，又以寶赦恩遷奉議郎。大觀四年閏八月十三日，以疾卒於汝州，即以其年十月二十五日，葬於州郭之北白雲山司封君之墓次，以夫人故崇德縣君李氏祔而葬之。

始吾從軍靈武，邂逅端夫於靈武城下，是時端夫年四十。及吾來汝州，而見家先在汝。端夫自環州來，省識其面目，相與問勞，往還於里中，有子登第，有女嫁人，而端夫年六十。後吾使京東淮南歸，端夫已病，見其次諸子相繼登第，有孫男八人，孫女七人，曾孫女一人，而端夫年七十。今又見端夫之卒，哭而銘其墓。然則吾與端夫舊可知矣，而吾老亦可知矣。銘曰：

其義皦然，其惠藹然，其勇矯然，其仕跌然，其門浡然，命耶非耶，豈嗇於身者，將大其後耶？

常承議墓誌銘

故承議郎雲騎尉常君諱珪，字粹夫，河南洛陽人。以父任補太廟齋郎。嘉祐中，爲鳳州司理參軍，號稱詳明，能治獄。河池遠鄉酒家殺人，無左驗，誣其旁近下貧小民爲殺人者。縣吏受賂，掠笞數千百不服，乃背引其兩足，攫髮與手交縛於柱上，布堅豆於地，使膝之，晝夜不釋。囚不勝痛，誣服。至州，以爲實殺人者，下之獄。而君爲獄官，獨意其非是，聽辭觀色，徐導之使言，囚不敢變。乃更反覆驗問，熟喻之使言，囚亦不敢而涕下。君既微得其情，乃逮捕告者別治之。告者果自言無賴殺人，囚非殺人者。獄既治，河池縣令李撫長〔一〇〕懼得罪，移書州將，與君辨。州將疑之，雖部使者亦疑不敢決。君日抱其獄，分別其冤狀，執不爲疑者。三月，遂竟殺告者而出其囚。熙寧中，爲巴州恩陽縣令。巴號險遠，而恩陽又巴之遠縣，至者鄙夷其民，多笞辱虐使之。

君獨以文法辨告，教以親愛和易之道。亦時時觀遊，與士人講習爲文章，以順其俗，民大安業。及滿受代且去，民擁挽遮留，竟日不得去，至有臥路爲兒啼者。提點刑獄穆珣，行縣至恩陽，適見之，曰："爲吏者不當如是耶？"因問君何爲遠宦，幾考矣，薦者爲誰，亦應改官否？君言家貧，急於祿食，不能擇地。來恩陽書十考，薦者四人，官未應改也。珣曰〔一〕："君而不使改官，誰應改者？"即日薦君。是時宣徽南院使郭逵，用兵安南，失朝廷旨，人人知其且得罪，或謂君曰："逵嘗薦君，今將得罪，君疾行即改官，徐行則無及矣。"君方間道走伯兄朝請官所省其親，留月餘，以盡親歡。及至吏部，逵已得罪，差十日不應改官，而君怡然不介於心也。

君自劍州劍門縣主簿，五任而改宣德郎、知汝州襄城縣事，及三遷而至承議郎，以疾病請監華州鹽酒稅而卒。卒後九年，葬於河南府伊闕縣府下之原。曾祖諱仁美。祖諱晝問，尚書屯田員外郎。父諱吉，爲尚書比部郎中，贈右金紫光祿大夫。曾祖妣王氏，封廣平縣太君。妣陳氏，集賢學士越之孫，封潁州郡太夫人。妻寇氏，建始縣令仲簡之女，封嘉興縣君。四男子，三女子。男嘉猷、遠猷、徽猷、英猷。徽猷中進士第，爲宣德郎知濰州北海縣事。女嫁李準，次嫁張仲，幼嫁薛籛，皆進士也。壽六十，卒於紹聖三年八月辛酉。而於崇寧四年四月甲申，將葬而銘之。銘曰：

常氏遠矣，太原之望。漢惠自侯，唐袞維相。從於臨晉，君實其支。以生代死，君能相之。人行騑騑，君也遲遲。孰不欲遷，實懷母慈。爲吏不遂，爲子亦宜。不遂其宜，銘以諗斯。

校勘記

〔一〕"將之以誠"，此句原脱"以"字，據《四庫》本、《叢》本補正。

〔二〕"遊刃刲羊"，此句原缺"遊"字，據《四庫》本、《叢》本補。

"刲羊"原作"倒羊",顯誤,是正。

〔三〕"惟神",原缺,據《四庫》本、《叢》本補。

〔四〕"祝文",原作"祝之",今是正。

〔五〕"公諱挺",《四庫》本作"公諱梃"。

〔六〕"地里",《四庫》本作"地理"。

〔七〕"父挺",《四庫》本作"父梃"。

〔八〕"公田",《四庫》本作"公曰",誤。

〔九〕"領之",《四庫》本作"民之"。

〔一〇〕"李撫長",《四庫》本作"李撫辰"。

〔一一〕"珣曰",原作"詢曰",誤,是正。參前文。

西臺集卷十三

誌　銘

判西京國子監宋公墓誌銘

　　公諱慶曾，字承甫，姓宋氏。在真宗皇帝朝，有任尚書度支員外郎、直集賢院、贈太師尚書令兼中書令、譙國公者諱皋，公王父之考也。在仁宗皇帝朝，有任兵部尚書參知政事、贈太師尚書令兼中書令、燕國公，諡宣獻者諱綬，公父之考也。在神宗皇帝朝，有任龍圖閣直學士、右諫議大夫修國史、贈太尉、常山公者諱敏求，公之考也。公以王父蔭，起家守秘書省校書郎，十遷至朝請大夫，自監南京糧料院，十任而判西京國子監，積勳至上柱國，封平棘縣開國男，食邑四百户。而某之姑，實宣獻公之夫人，所謂常山郡太夫人者也。某之姊，實常山公之夫人，所謂代國太夫人者也。故公之卒葬，其子燁與輝，屬予譔集公之行事，以誌於墓道，曰：“莫如我先人之舅氏，爲知先人之盡也。”

　　按宋氏出於趙州之平棘，宣獻公以道德文章名天下，藏書萬餘卷，其所著述纂録，合七百餘卷。而公嗣常山公，亦著[一]《平棘集》二十卷、《河南訪古録》一卷、《先公故事》一卷、《愚谷記》五卷，纂《榲中集碎金》一卷。嗚呼！其有家之遺風矣。元豐八年三月，哲宗皇帝即位，太皇太后垂簾共政，有司討論垂簾之儀未備，惟公家有其書，乃詔公上之。昔孫伯黶司晉之典籍，以爲大政，命爲籍氏，而籍談爲司典之後。今宋氏自宣獻公以儒居位，凡郊丘廟祧、會朝禮文、官名制度，一皆出之手。至常山公益明習。而公繼兩人後，卷不釋手者三十年，亦多知古今沿革典故，公卿大夫疑於事，必咨公而後乃行，本朝之籍氏也。是可尚也。

公娶燕氏，右諫議大夫度之女。生兩男子，三女子。男曰焞與煇也。焞今爲通直郎、提舉秦鳳路弓箭手，煇爲通利軍衛縣尉。女曰福和、福延、福因，皆已嫁。孫六人，曰某，郊社齋郎；曰圻，舉進士；餘女子也。公以崇寧元年十一月某日卒，年六十五。至明年二月某日，葬公鄭州新鄭縣西顔村世墓次。或問公之爲人，曰："仁厚恬安君子也。"公嘗通判邢州，國信使吳立禮道病卒，公領其後事，經營悉備，雖其家人不能過。立禮非有德於公也，而公非有待於立禮也，特哀其客死，而爲之盡力，吾是以知公之仁且厚也。元祐中，以十科取士，薦公以文章典麗可備著述者數人，而卒不用。以太子太保張公方平、故戶部尚書呂公公儒、故御史中丞李公之純皆號爲相知，而未嘗倚以進也。平居惟家學之爲嗜，雖一飲一食，未嘗忘其學，若不知也，寧老不用，蓋無慊焉，吾是以知公之恬且安也。其家世門生故吏，類皆聞人，後多至公卿，而未嘗一挽手，公亦未嘗以此望之，吾是以知公之爲君子也。既與問者道其語，因併載而銘諸。銘曰：

公何遊乎？仁厚之域。以恬爲囿，以安爲宅。其安何如？手中有書。其恬何久？其書在手。執冕而赫，我祖之客。執苃而煒，我父之士。公也逌然，惟父是似。懿公之銘，銘其君子。

朝議大夫賈公墓誌銘 原注：代范忠宣作

公字仲通，姓賈氏，其先趙之真定人也。五代晉漢之間，有仕至給事中者曰緯，爲太史，以史名其家。給事之子曰琰，爲太子左贊善大夫，太宗皇帝器之，由贊善大夫擢爲樞密直學士、諫議大夫，於公爲曾祖。諫議之子諱汾，仕至殿中丞，卒葬開封，更爲開封人，贈工部侍郎，於公爲祖。侍郎之子諱昌齡，仕至太常少卿，直昭文館，贈開封府儀同三司吏部尚書，於公爲考。公以尚書遺恩，爲郊社齋郎，調開封府開封縣主簿，移封丘，監潁州酒稅，移鳳翔府郿縣令，改大理寺丞，知輝州富平縣，遷太子右贊善大夫、殿中丞、國子博士，賜五品服，改虞部、比部二員外郎，知青州臨朐縣事，遷駕部，知渠州。今資政殿大學士韓公維知開封府，薦公東明縣，會行役法初下，民有以令爲弗便而自訴〔二〕於朝者。或曰："止之，不止得罪。"公曰："吾非能使民訴〔三〕，亦弗止也。"行法者果怒，諷監司微察公罪過，既不得，遂中公以他法，謫監順安軍酒稅，改虞部郎中，通判江州，判南京國子監。官制行，改朝奉大夫知筠州，遷朝散大夫，賜三品服。有使江西行鹽法者，官吏畏罪，强售民以自免。公曰："吾老矣，不能爲也。"即日稱疾，遂致仕。今天子即位，遷朝請大夫，用其子公直明堂，恩進朝議大夫。居〔四〕於家，元祐四年八月七日卒，年七十。

公爲人好學，慨然有志。溫厚質直，其見於外者，乃似其中也。其介且廉，而尤方於事上，不肯趨和順意，故雖竟老不用。居官治民，所至常見稱述。初爲鳳翔府郿縣令，人以紙爲業，號紙户，歲輸錢十萬，謂之檻錢。其後檻廢不治，無以自資，而輸不改，紙户苦之甚。公曰"吾請於轉運司，不肯蠲也"；乃自請於朝，蠲其輸。耀州富平人穿地得泉，以聖爲號，曰聖泉，遠近爭取而調之，日數百人。公時爲令，不信，曰："昔嘗有聖人，今又有聖泉，巫皆妖也。"遂塞之。安邑令劉顗，以事掠笞人至死，懼罪，乃誣吏自掠人。監司使人薄責顗，更數輩不服，最後公。公謂顗曰："君以事掠人死，非故也，不過抵罪。如誣吏自掠之，則吏又死矣。因誤爲故且不可，況因殺之一人而殺二人，君其安乎？"顗悟而泣，遂服罪。渠州人以吏職相高，富豪大姓，皆占吏職。爲婚姻、民訟，與事至庭，爲吏所亂，不得伸。公至，察知之，乃逐其豪惡吏，參以貧下户爲之。渠人大悦，及公去，畫像祠堂之以自慰。其在東明，吏循用雍熙丁亥[五]之籍爲奸，顧常寬之上户。公更之，因得羨丁幾萬，力役均焉。

始娶范氏，封崇德縣君，資政殿學士尚書户部侍郎文正公之女。再娶裴氏，封仁壽縣君，國子博士士倫之女。子三人，公直，朝奉郎；公立，不仕；公亶，蘄州蘄春縣主簿。女四人，長適三班借職田昱，次適宗室三班奉職祚之，次二女未嫁。卜以元祐五年夏四月二十六日，葬於鄭州管城縣周張原，以二夫人祔。賈氏自給事公下，皆有名當世，而尚書公之孝友，人皆知之。凡弟兄子姪無遠近，不能自養者教養之，女貧無以嫁者嫁之。仕宦可以官其子，推與族人者四。及其卒，六人皆未官。而公視尚書之所爲弗敢改，既以喪其父兄，而弟妹子之孤者十餘人，教養嫁娶，無一不得其所。故自慶曆以來，士大夫皆以賈氏爲孝友之風。而公没之日，家無餘資。某於崇德縣君，弟也，與公遊，知公，而子又來請銘，故書其實而銘之。銘曰：

不願於通，仕以試兮。不疾於艱，方以自正兮。試而止之，道則類兮。克孝而友，由厥世兮。銘以納諸昧兮，是其志兮。

朝請大夫孫公墓誌銘

故朝請大夫、寶文閣待制、提舉江寧府崇禧觀、上柱國、華亭縣開國伯、食邑七百户、賜紫金魚袋孫公，以建中靖國元年十一月二十日，卒於高郵之私第。公，江都人也，徙家高郵，諱覽，字傳師。治平中，舉進士，爲河南縣主簿，稍遷至秘書省著作郎，知開封府尉氏縣。縣多兵屯，而將官與其副以刻治遇之無狀，軍士多欲反者，謀因大閲殺二將潰去。及期，二將微知之，不敢往。民多避之郭外洶洶。公聞即驚起，家人挽止之，不可。遂疾驅至其所，召在前者謂曰："將官以刻治若等，固有所負，而若等所爲，乃負縣官。且若世衣食縣官，而殺其將以逃，去將安之？若等一死，固不足惜，獨不念父母妻子從若而死耶？"在前者感悟，率其衆再拜就列。二將始至，猶衷甲，公召二將前，面數之，顧吏爲奏按治，遂大閱，無敢喧嘩。是日微公徑折其謀，因譙責二將，示以無事，尉氏軍幾叛。神宗皇帝聞之，乃召見，爲司農寺屬官，使荊州湖南京西路爲監司。官制行，爲尚書左司員外郎，使荊湖南北路。

自荊公介甫爲政，始治五溪。而蠻猺介荊、湘、桂、管之間，官兵鎮守，勢不能相屬，數困擄掠。公相視要害，增築障塞，道荊湘、桂管之間，使相通達，兵不留行，蠻費大省而患亦息。會諫者欲招徠誠州西道胡耳等，而辰沅又欲籍蔣波六州猺人爲民，公即奏罷之。及還見上，因極言："徽誠內屬。當時從事者官過其望，雖趣走給使之賤，皆欲資蠻以爲官，未有已期。蠻猺散漫山谷，勢不能羣聚，説諭招來，宜無難者。然地不可賦，人不可使。廣無賦之地，籍不使之民，而大農之費，累百巨萬。願界上之郡縣羈縻之，不以累中國。後有言者，惟陛下察之。"上納用之。哲宗皇帝即位，累遷爲邊帥，以直龍圖閣帥桂管，進寶文閣待制，帥太原，入爲戶部侍郎，遂以龍圖閣直學士帥太原。

太原總四路，而嵐、石、麟府爲邊州，麟府又孤居河外，寇至輒傅城下，自離石絕河而西，與秦地延州相望。而夏人據有橫山，距河爲塞，不得與秦合。元豐中嘗攻得葭蘆。元祐中，棄之。及公來，議復取葭蘆，而其地峻絕，澗谷重阻，兵不得前。夏人聞之，以兵數萬屯境上。公乃下令，須兵滿五萬乃行。夏人益遣丁壯就屯，而公兵終不出。夏人屯既久，涉冬月，飢饉[六]皸疾。公益修戰備，猶不出兵。或告敵騎數萬攻嵐、石之屯垂敗，乞濟師，軍吏夜請計事，公臥不起。及明，乃復曰："官軍已據便地，寇未嘗來也。"公曰："吾固知之矣。"幕府問公何以知之。曰："離石塞外無敵帳，就欲爲寇，非一月不集，豈能遽至而不聞乎？殆諸將以吾未出兵，恐不見寇軍，賞輕矣。"幕府退。乃下令具糗糧，嚴兵械，曰："寇將至矣。"居數日，夏人兵十餘萬，寇至神堂。公厚集其陣以待之，兵方接，斬數百級，獲其酋長數人，夏師度不能支，遂遁去。公曰："可矣。"乃遣王愍、折克行將兵出麟府，張某、王舜臣出嵐、石，遂城故葭蘆。未就，寇數萬猝至，公按兵不動，而使張世永將輕騎，由麟府道出其後擊之。敵前不能進，而後爲世永所擊，遂大敗，卒城葭蘆而還。既退，乃使折克行於津慶州，斬二千級，驅馬牛羊數十萬。使張世永與克行復出龍橫川，斬千級，城寧川。王文振、張某城榆木，而榆木無水，泉有蛇出於南隅，人至蛇所視之，泉如潢湧，遂城榆木。而折可大以兵三千四百踰河入，斬千四百級，寇兵不敢出。乃使世永、克行城端正，平文振城烏龍川。烏龍距延安之泉山二十五里，而榆木與米脂直，於是秦晉始合，而寇不得至麟府矣。

是時章惇子厚爲宰相，曾布子宣知樞密院，欲遂合兵以取靈武。公曰："靈武未可取也。"及移書二府，具言靈武非餘力可下，且曰："靈武之事，曩嘗聞餘議於相君矣，要使陝西不知用兵，而以歲月下之，今返欲速，何也？"二府不聽，公乃上疏論其事。子宣怒，乃曰葭蘆之役，嘗使支郡市馬餵畜，是擾也。即以功進樞密直學士，而以擾奪二職爲寶文閣待制，猶守太原。公上表謝，又曰謝語不虔，可謫也。復襫待制，提舉江寧府崇禧觀。自是數復數奪數年，最後以龍圖閣直學士，知渭州涇原路經略安撫使。時上益厭兵，諸帥稍內徙。子宣欲先事制人使不言，即爲詔，約束諸路固守，愼無以私見撓前功，且令盡知以聞。公方趣州在道，因奏言："臣去渭久，願至渭徐度所宜，即所建築城堡居要害地，屯戍糧饟，可以久矣。則臣固無私見，屯戍糧饟，不可以久，而建築之城非其要，則臣不敢同衆人而敗國事。"子宣怒，徙公知永興軍，又徙成都。辭不行，奪學士，以待制仍知永興軍。遂謝病，請宮觀，得崇禧。歸高郵，以疾卒，年五十九。

公有兄莘老，仕至龍圖閣直學士，以文學行義爲時儒宗。而公亦以文行進，通達世務，長於吏治，與兄莘老幷。莘老平生仕宦，多推所得之恩於族中。而公亦以任子恩，官其從父兄弟三人，及姨之子吳觀。故歷仁、英、神、哲四朝，皆至大官，得名於天下，天下稱賢弟兄者，必曰莘老、傅師焉。然公少以功名自器，遇事輒前，無所凝滯，至辨是非，明當否，可進而退，不可以功名屈。神宗皇帝時，書凡五六上，皆指切事情，究極利害，其言直而不忤，婉而不同，懇至而不迫，直有味之言也。如胡耳、蔣波之議，靈武之疏，涇原在道之奏，雅不爲好事者所喜。而子宣病公，時子宣在右府，邊事悉從中制，人莫敢校，公獨與之辨。嘗移書子宣曰："二府之居，大臣之傳爾舍。去來其常也，而公欲不去，可乎？"雖丞相子厚與公稍厚善，至是亦不善公[七]。爲戶部侍郎，以事至丞相府，謂子厚曰："公之行事，公乎，私乎？"子厚作色曰："何謂也？"公曰："好惡出於他人，而公爲刑賞以循之，是人嫁怨於公而又賣公也，獨何利乎？"子厚不懌。及公駁靈武之議，疏書交上，由是子厚、子宣皆以公爲病，此其所以謫而終廢也。

曾祖諱公誠，祖諱再忻。父諱億，太常寺奉禮郎，贈銀青光禄大夫。母元氏，贈河東郡太君。妻李氏[八]，贈真寧縣君。王氏[九]，封齊安郡君。子竢，潁昌府觀察判官。竢以崇寧元年正月十七日，葬公於揚州某縣某原，實世墓之次。公之去太原也，端明殿學士林希繼之，以公所取之葭蘆建之爲晉寧軍。而榆木之泉以蛇異，賜名神泉，因使榆木之號置廟，祠於其上。將吏嘗刻石於廟，以頌公之烈云。銘曰：

智及之，勇能行之，其行不遲，故人以尉氏之事爲奇。智及之，力能舉之，其舉也時，故人以晉寧之功爲希。謂公不武，晉寧以城。謂公尚武，靈州不行。誠豈爲同，秦晉以通。不行豈異，兵家之貴。以是而庸，以是而廢，以是而功，以是而罪，終焉而無愧。嗚呼！吾傳師之不可不銘也。亦以是。

左朝請大夫致仕王公墓誌銘

宋故左朝請大夫致仕王公，諱競，字彥履。其先曹州乘氏人也。慶曆中，徙家鄧州之穰縣，因葬其上世於穰，更爲鄧人。嘉祐中，及進士第，調峽州司戶參軍，移洺州曲周縣令。未行，丁外艱，繼又丁內艱。思慕哭泣，築室於墓次，終三年之喪。服除，調延州膚施縣令，滿當代去，守臣以公治膚施狀請於朝廷，改著作佐郎，再知膚施縣事。故樞密直學士李公承之爲中書檢正官，察訪河東、陝西，辟公爲屬用。故端明殿學士趙公卨，及今集賢殿修撰章公楶，交薦簽書觀察判官，改簽書節度判官，轉秘書丞。今觀文殿學士呂公惠卿帥鄜延，辟公管勾機宜文字，轉太常博士。團結鄜州路五將軍馬，并爲條約，皆施行，以功遷屯田員外郎。李公承之爲三司使，辟公管勾度支帳司。軍興，從陝西轉運司，辟都大監、護陝、虢、華、耀、邠、寧、環、慶八州糧運。入界至靈州，官制行，易所居官爲朝奉郎，罷帳司；轉朝散郎，知宿州，入爲倉部員外郎，遷郎中，賜五品服。今上即位，遷朝請郎，轉朝奉大夫。元祐初，出提點荊湖南路刑獄，改京西南路。歲大饑，隨州之南，有剽掠於野以爲食者，多至數百人，朝廷患之，遣公同轉運使按捕，類皆得棄市罪，公爲分別輕重，所當活者甚衆。轉運使[一〇]初不聽公，曰[一一]："歲饑民無食，就有粟者食爾，豈與攻劫斷道、椎埋爲姦者同耶？"轉運使曲聽公，奏當論死者纔二人。改提點秦鳳路刑獄，未至，入爲祠部郎中，改金部，遷司農少卿,又遷將作監,轉左朝散大夫,累勳至上護軍,出為京西轉運使。會宣仁聖烈皇后晏駕山陵,應奉猝起。公謹出納,損僥幸,均力役,蠲末費,陵事因以取辦,人多稱之,亦有怨之者。期年召還,知曹州,轉左朝請大夫。公舊知曹風俗,而曹人亦知公之能,既入境,盜賊不除而自止,猾民狡吏斂手,曹遂稱治。明年,公以疾病請致仕,得請未行而卒於曹,實紹聖二年二月六日也,壽六十有四。

公長八尺二寸,語音如鐘。居官治民以嚴稱,若不用法者,而取舍擊斷,實皆在法中。尤能察盜賊。初辟鄜延為機宜,從帥呂公巡邊至禮萬谷,遇盜未得。公言盜可捕,狀使人如公言捕之,盜果得。後在京師奉朝請,宿州徐一起為盜,抄掠旁數縣,神宗皇帝問孰可為宿州守者,近臣以公對,上即命公知宿州。因詔問治宿如何以止盜,公上言:"朝廷法令明具,民物安樂。然盜賊不止者,州縣但行罰而不行賞。賞之不明,猶不行也。賞不可以徒行,願特賜錢五十萬,以待可賞者,則不憂盜矣。"神宗皇帝許其半。至宿,傳示有人告盜者,知其實,面賞之。居數月,宿州賊盜解散,而徐一獨未得。公奏罷朝廷先所遣捕盜之官,自請期年必得。又數月,果得徐一及其黨數十人,以告徐一者聞諸朝,上特官之。

及為京西南路提點刑獄,有盜管三起蔡州,轉劫諸屬縣,熾甚。朝廷為遣使督捕,莫敢近,因詔公至蔡州捕之。公曰:"蔡非我路也。我往而得盜有嫌,不往則盜不可得,非朝廷所以遣我意也。"遂往,至則盡更為前約束,設方略,自使人捕之,管三又得。故凡有名盜未得,人皆曰何不使王彥履。所至厲風采,不以徼倖貸人,吏民側足畏之,服其施設不犯。然不純任刑罰,好為條教,拯拔成就,有德於人者甚眾。從軍靈州,時軍中病死者,類多棄之不收。轉運司有帳下督王慶病死,將棄之,公曰:"慶有所乘馬，可以載其屍，何爲棄之？"因收斂，縛其尸馬上，與并行數百里，得入塞送其家葬之。初至宿州，廷中有桎梏而立者數百人，問之，曰負錢無以償官。公盡解脱遣之，曰："與若等期一歲，善爲生力〔一二〕作，以所有來償，無累我幕中。"吏爭以爲不可，公不聽。後果如期而至，盡償所負，無一人亡去。其告徐一者，符離牧羊兒也。既得官，無知，得其告賞緡錢，不能爲生。公召教之，親爲區處，使買田，求士人爲師，學書計，令益有知，能仕宦。故公雖以嚴用，而人稱爲君子〔一三〕，多愛之者，以知吏治本末故也。

　　曾祖諱文素，大理司直。祖諱朏，不仕。父諱餘慶，光化軍録事參軍，贈左中散大夫。自司直至中散，或仕或不仕，而皆有以得稱於曹。妣朝氏，贈南陽郡太君。妻陳氏，封壽安縣君。生子七人，碓，早夭；公立，鳳翔府法曹參軍；公宣、公奭皆太廟齋郎；碩、磧、公亮先卒。孫男五人，琮、璹、球、珪、瑀。孫女九人。以紹聖二年十月十七日，葬公於鄧州穰縣鄧丘之南原，以壽安縣君陳夫人祔。有文集十卷，《邊防議》一卷。銘曰：

　　王氏在曹，不顯而德。及大夫公，卿士是則。百城是式，忠孝是力。不棘不求，有聞於世。大盗屢夷，惟公所之。敦嚴其聲，惠實在下。殁猶及之，況平生者。介然其中，挺然其質。慨然其爲，較然其實。何必銘公，公自不没。

吏部郎中劉公墓誌銘

　　公諱昱，姓劉氏，晦叔字也。家世居曹，爲曹人。有名有古者，以官治葉三年，葉人宜之，遂留不去，因家焉，更爲葉人。晦叔之考諱惟新。祖諱從一。曾祖諱文顯。而考以晦叔贈官至正議大夫。由正議而上，閒三世不仕，至晦叔始以仕行其志，雖不至通顯，而操節治行，號當時聞人，葉城劉氏遂爲令族矣。晦叔嘉祐中，以讀治五經得高第，歷真定尉、上元縣主簿、博平令，改大理寺丞、簽書永寧軍判官。有能名，擢知開封府襄邑縣，爲京西轉運司屬。召對，提舉秦鳳等路常平。自是爲河北、淮南轉運判官，京西、成都、陝西、河東轉運副使，間爲戶部、吏部員外郎、郎中。使大遼國，押伴夏國泛使，江、淮、荆、浙發運使，知晉州、涇州、滄州、太平州、亳州、應天府，凡二十八任，五十六年，未嘗有瑕謫。爲人樂易溫厚，而明於事。其治民也，視公家如視私家而爲之政，隨其長短有無而用心焉。故所至稱治，而行之久，見於事者衆，故人以爲有古循吏之風。

在涇州時，本道數被寇，邊吏多爲守計不出。公曰："攻守豈有常哉？"乃總計內外屯營，鳩材峙糧，若將繕治而有所待者，期年而辦。居無何，詔進築平夏，發涇以奔命，樓櫓之材以間計者三百四十有九。他州倉猝，一切取於臨時，而公獨辦，以繕治諸營材附調夫以行，無一物取於民者。平夏之役〔一四〕，漕臣下令爲驢運。驢至生地，無芻菽，率〔一五〕多斃踣於道，糧亦屑越，希有達者。公獨教民以小鞘餽邊用，二人輓致之，既益多，而入生地無芻菽之患，小鞘行速，獨先他州至平夏。帥本道者，乃下令諸州，視公所爲而法之。平夏既城，士卒罷歸者數萬人，邊塞蚤寒，公乃預飭屬縣爲衣裘密室，備粻糧以待。又移文旁郡，相與撫其歸者。旁郡如公之教，因緣所活，無慮百萬數〔一六〕。在滄州時，河北繼大饑〔一七〕，朝廷遣使者督視，所在賑給，州縣大爲俵發，人人而給之，以給多爲功。公曰："給其所當，無多少也。務爲給多，則後無繼矣。"秋雖饑，而在少壯者尚可以自養，乃先廩給其老弱疾病而徐及壯者。他州厚其初，至春果無以繼，率多饑死。而公之境內，歷三時無有饑者，兹非治公家如治私家之明驗耶？兹非隨其長短有無而用心之效耶？雖行今之道，而有古循吏之風，信矣。

公累官至奉直大夫。娶楊氏、韓氏，卒皆贈恭人。長子曰民質；次曰民師，朝奉郎；次民瞻，朝散郎；次民則，宣教郎；次民獻，通直郎；次未名而夭〔一八〕，凡六人。孫曰璞、曰琢、曰瓚、曰璪、曰琚、曰璟、曰珆、曰珦，琢，通仕郎，瓚，將仕郎，璪與琚皆夭，凡八人。女長適宣德郎張忱，次適朝奉大夫崔獻，次適文林郎王本，次許嫁未行而亡，次在室，凡五人。孫女長適假將仕郎王頤，次適將仕郎張安老，次適承奉郎范直清，次適承務郎時謙牧，餘在室，凡十一人。曾孫男曰鐸、曰鏜、曰鎮、曰釗、曰鈞，凡五人。曾孫女一人。嗚呼，可謂衆且盛哉！公守應天後，倦於吏治，乃請宮祠於朝，得提舉西京嵩山崇福宮，居許下，日與許下諸老及賢士大夫，以詩書琴弈自娛。凡九年，至政和四年八月，請老於朝，以其月七日卒於家，年八十一。嗚呼，可謂〔一九〕壽考康寧而善終哉！

公既卒，諸子卜地於陽翟縣晉臺鄉紫雲原，將以政和六年七月庚申，葬公於所卜之原。而再拜泣血，謂〔二〇〕銘其墓於東平畢某。惟某雅與公遊，乃網羅公之行事，與其所踐歷及官封卒葬而爲之誌。誌成以示沛國朱光裔公遠。公遠曰："是皆公之大節也，抑有餘事可以益諸？"仲遊曰："可哉！"公遠曰："公在襄邑時，有疑訟，更數令不決。公曰：'何訟之疑而不決如是？第未察爾。'乃深探其事，指授而決之，不在意也。後二十年公守亳社，舟次泗上，有焚薌再拜正直公之舟者，問其故，曰公在襄邑所決疑訟之人也。指其薌曰：'懷此二十年矣，今得見公於此，故焚之。'一事也。公之子若孫既衆多，而其待兄之子偲與民章猶己子也。自偲孩提，即教使爲學，舉進士。及長，與其子民師皆以進士得第，而偲仕至宣德郎而卒。公哀之，會大禮當任其孫璞爲官，公輒薦璞之恩蔭，補民章之子瑗。瑗仕至宣德郎，又卒。公又輒薦瓚之恩蔭，補偲之子璹。則晦叔處兄弟間亦至矣。二事也。公性恬安，守正而不肯與物忤，荊公介甫父子愛公爲人，數稱之。公以官居洛，故相高平范公與當時諸老亦愛公爲人，稱之如[一一]出一口。元豐中，神宗皇帝聞其能，召對，面賜諭甚渥。其後出入內外，與搢紳士大夫遊，無不得其心者。是宜取大官美禄，以鐘其金玉於家，然官止奉直大夫，任不過發運。所居之廬，纔足蔽風雨。而田園卒歲之外，無有餘者。以此知公仕宦出入中，自有義志在。奉公如私，以愛民爲本，要之稱職無所負而已，則良心尤可知矣。三事也。雖非大節，亦可以益諸？"某曰："嘻，孰謂小哉？是亦公之大節也。"因并載而爲之銘。銘曰：

凡今在公，治不爲易。厥惟其家，願言則治。趣公如私，昧者不爲。嗚呼公乎，獨能爲之。涇水之陽，滄海之涘。公爲民父，民則公子。孰有孰無，如家亹亹。惟其亹亹，是以煒煒。有子蒸蒸，有孫繩繩。孫復有子，兄子兄孫。兄子兄孫，再振以恩。何斯銘斯，公半古人。

陳水部墓誌銘

君諱知雄，字守柔，陳氏。故右正議大夫致仕述古之子，故太子太師致仕鄭國文惠公堯佐之孫，故左諫議大夫贈太師尚書令秦國公省華之曾孫也。世爲蜀郡閬中人，後徙鄭，今爲鄭人。君年十五，以文惠公恩，守將作監主簿，累遷光祿寺丞。爲人博聞強記，倜儻任氣節，喜賙人之急。其仕官，不畏強禦，日與上官辨是非，必得當而後止。上官多不悦者，人或告之，君自若。初監河南府酒稅，次監信州鹽、酒稅，竟以與上官辨事爲所中傷而廢，其年未三十也。君一廢四十年。治平中，以神宗皇帝即位，恩授檢校水部員外郎，濮州團練副使，可以復仕矣，而遂不仕。其居閭里，日飲酒爲詩篇，治宅種田，油然自得。出入遊縱，恢諧笑謔，雖老不衰。嘗大病幾死，人以爲自此衰矣，而病已如故。人問之，君曰："他人病者憂死，病而有憂，所以益病且衰也。我病即待死爾，不憂，故不衰。"知者以爲名言。君年六十有九，正議公尚無恙，往來蔡、鄭之間，白首問安，人書嘆息焉〔二二〕。其後正議公卒，君持喪居鄭里。至元祐八年，君年七十有一，平居無事，遂卒，實七月一日也。

娶張氏，故翰林院學士復之女孫，故内殿崇班成之女。男三人：長曰復，前河南府永寧縣尉；次曰某，次曰某。女三人，長適右通直郎辛友直，次適進士介瑜，次未嫁。卜以某年日月，葬公於懷忠鄉某里某原。其子復乞銘於東平畢某。某之外祖，贈金紫光祿大夫陳師古，即正議公之從兄，君於某，母黨也，其可不銘？銘曰：

噫守柔，公相孫。强其志，屯其身。仕一跌，不復論。年雖老，氣益振。所好義，且多聞。人從遊，日諄諄。今已矣，嗟外門。猶有待，觀後昆。

倉部郎中王公墓誌銘

元豐二年四月，河大決澶州濮陽，北流注於海。故寶文閣待制吳居易，方在都水領使者，議欲匯爲東流，隄故道而復之。人多言其非是，而直居易者亦衆，故東流北流之辨，累歲不決。是時故朝奉大夫王公茂之爲都水丞，上言："《傳》稱鯀障洪水，而河北有鯀隄，則是隄而障之與水爭道者，鯀也。《書》稱禹隨山浚川，而《孟子》稱禹疏九河，決汝漢，排淮泗，瀹濟漯，而無一言及於隄障者，禹是也。今折大河之勢而回之，則積蒭茭，料人力，築隄以居，與水爭道。小淤則小增其隄，大淤則大增其隄，水非徒行於地上也，而又行隄上，則終不免決溢之患。願因水之行善導之，釃二渠，疏孫口，鑿狼村，塞寶漛，以順水之性，無與水爭道。"書再上各數百言，下之有司不省，後竟隄其河而回之。至元符中，河卒決内黃，北去泛濫十餘郡。朝廷治主回河議者之罪，而有司返置公名於主議者中，曰，是不切事情，論北而意欲東也。罷公所居倉部郎中職事。或謂公宜辨。公曰："我言在也可求，不必辨。"及公之亡，葬且有日，其孤師覺持公上言〔二三〕之遺藁，與宣德郎王叔堪狀，抵公同年進士畢某，泣血再拜而求爲銘。余固以辭不獲，又視公之遺藁，良信，因雜取叔堪所載而銘之。蓋公自瀛州防禦推官，五遷至朝散郎，賜五品服，又兩遷至朝奉大夫，致仕。歷商州洛縣主簿、知同州馮翊縣、監同州阜民錢監、權京兆府觀察推官、知孟州汜水縣事、知南外丞公事、行都水監丞、夔州路轉運判官、提舉利州常平等事、權知袞州、守尚書倉部員外郎、遷郎中，積勳至騎都尉。曾大父諱某，爲起居郎，贈吏部侍郎。大父諱元一，爲職方員外郎，贈刑郎郎中。父諱規，爲晉州冀氏縣令，贈朝請大夫。公以元符三年四月十有三日，卒於京師，以其年七月二十日，葬公於河南府洛陽縣金谷鄉金谷原上。銘曰：

　　王氏居孟，徙家河清。諱森者誰？大夫公名。公在場屋，當先衆鳴。決科如掇，益振厥聲。試吏洛南，攝商洛令。公田所入，車數十乘。睌而返之，歸若懸磬。其在京兆，從事以時。陳囚三人，謂死不疑。公猶懇請，讞而生之。既生其囚，復念厥士。有勞靡論，但救其死。李馮二猾，并暴汜水。公往爲縣，猾不少止。李敢大言，我實唐裔。公曰欺余，剏其非是。并馮治之，屛不出氣。元祐己巳，公始奉使。爲南外丞，河洶不制。公趣原武，挐舟夜濟。奮以居前，人恐如綴。有子共行，旁立不避。公曰歸哉，我乃王事。從決濮陽，遂徙北去。或曰隄之，可使東騖。公實有言，築隄而處。豈不遽回，後艱孰禦。公言不售，更使劍外。歲饑嗷嗷，民靡所庇。公先下貧，以及一切。廩而鬻之，否則吾罪。既言而行，公遂還矣。東魯嚴嚴，其政甚美。考公舊言，入朝爲郎。爲郎三載，河決内黃。謂公議北，厥意不臧。遂去〔二四〕郎位，匹馬兩童。不趨而趺[二五]，固義之中。或俾公辨，公曰何哉。得之匪求，失亦自來。雖有詔之，吾口不開。人莫與直，謂天或假。所宜百年，以永居下。胡以嗇之，一疾而謝。公配張氏，繼者二室。曰江曰賈，皆祚大邑。有六男子，足侈公後。希道師覺，居長而茂。女實半之，厥孫則倍。六十有六，中壽之次。知公有人，匪時之宗。潞公太師，丞相汲公。凡厥高位，我引我庸。欲行而梲，以放於終。伊洛之北，有原隆隆。有水瀰瀰，有山崇崇。窒而銘之，以諗無窮。

校勘記

〔一〕"亦著"，《四庫》本無"亦"字。

〔二〕"訴"，原作"訢"，據《四庫》本、《叢》本改正。

〔三〕見校記〔二〕。

〔四〕"居"，原作"君"，據《四庫》本、《叢》本改正。

〔五〕"丁"字下原缺一字。依雍熙干支考之，當為"亥"字，今補。

〔六〕"飢饑"，《叢》本作"飢餓"。《四庫》本作"飢寒"。

〔七〕"不善公"，《四庫》本作"不善焉"。

〔八〕按"李氏"前原奪"妻"字。

〔九〕按"王氏"或為繼室，或為妾，故不擅補而識於此。

〔一〇〕"轉運使"，《四庫》本缺"使"字。

〔一一〕"曰"，《四庫》本、《叢》本皆作"公曰"。

〔一二〕"生力"，《叢》本作"小力"。

〔一三〕"君子"，原作"羣予"，據《四庫》本、《叢》本改正。

〔一四〕"役"，原作"沒"，據《四庫》本、《叢》本改正。

〔一五〕"率"，《四庫》本無。

〔一六〕"百萬數"，《四庫》本作"百數萬"。

〔一七〕"繼大饑"，《四庫》本、《叢》本皆作"歲大饑"。

〔一八〕"次未名而夭"，《四庫》本脫"次"字。

〔一九〕"可謂"，《四庫》本作"其謂"。

〔二〇〕"謂",《叢》本作"請"。

〔二一〕"如",原作"愛",承上而誤,據《四庫》本、《叢》本改正。

〔二二〕"人書嘆息",《四庫》本、《叢》本皆作"人皆嘆息"。按"書"或爲"盡"之形誤。今姑存原文而識之。

〔二三〕"上言",《四庫》本作"言上"。

〔二四〕"遂去",《叢》本缺。

〔二五〕"而跌",《四庫》本、《叢》本皆作"跌"。

誌　銘

登封縣李君墓誌銘

　　某曩以事留東州，得拜右司李公，而與其二子偁、侊游。元豐八年十月，偁自東州來，語某曰："吾有兄，好學而文，嘗事先生姜潛。先生以進士不足累吾兄弟，勸學賢良方正。吾兄亦以其文自負。昔鎮戎失守，吾祖尚書坐貶官，先君年三十，乃詣闕上書訟尚書之冤，以爲失守之罪，在帥不在裨將，而帥韓魏公也。得正其罪，人以爲孝。及吾先君爲廣南西路提點刑獄，四年不得代，而魏公適爲丞相，吾兄乃以書見魏公。魏公曰：'非敢忘代也，蓋難其人也。'吾兄曰："知公者以公爲難其人，不知公者以公爲復私怨也。"魏公深納之，而先君始北遷矣。人以吾兄有先君之風。方先君之守扶風也，吾兄疾病且不起，及使河東，召見，神宗皇帝知而問焉。先君以實對，神宗皇帝蓋亦憫之，使吾兄而至於今，可易量耶。今將以某年某月某日，葬吾兄於某州某縣某鄉某原，從先君之墓次。敢屬子爲銘。"曰："不敢辭。"按，君名修，字適道，趙郡人也。曾祖克明，任虞部員外郎，贈吏部尚書。祖緯，任西上閤門使，榮州刺史，贈戶部尚書。父師中，任尚書右司郎中。而君右司之長子也，以祖任試將作監主簿，嘗任河南府登封縣尉。熙寧元年卒於官，享年二十九。娶王氏，生子一人，曰暉，爲太廟齋郎，早卒。女三人，長適承議郎江敏，次適進士范某，一未嫁。而君行事爲人，凡如其弟偁之説。銘曰：

學美矣,而未終乎志,志美矣;而未加乎民。惟其生也,仁人之孫;惟其游也,君子之門。世勇於孝,少而有聞。宜千萬年,與銘皆存。

王彥明墓誌銘

清源王氏之先有諱維清者,爲處士,居河陽。處士之子諱拯,贈官至尚書虞部員外郎,始自河陽徙家於汝,爲汝人。虞部之子諱綬,官至殿中丞。殿中之子即君。殿中生六子,而君第四,諱暕,字彥明。汝、鄭、許、洛之間,士多治辭賦,從科舉,而君獨狹陋,詞賦不肯學。故以未嘗事科舉,專爲長短歌詩以自娛,多或數百言。初若不經意,及成,雖宿學不能過也。爲人敏捷強記,讀書纔三四過,即不忘。輕財尚氣節,遇人緩急,雖傾困帑以賙之不辭也。虞部君無恙時,有田在其郭東,雖稍治而未盡其地力。殿中君久宦不遂,欲歸汝,而郭東田一歲之入,不足以贍一歲之用。乃使人謂諸子曰:"吾欲歸而田不治,歸患不足,不歸非吾志也。"君年纔十八,即奮曰:"是我職也。"因募人剪伐其荊棘〔一〕,墾除其蕪穢,糞治力耕,期年爲上,田歲入十倍。殿中君遂致其官事而歸,日與賓客置酒高會,供帳食飲甚設,皆出於田中。殿中君乃喜曰:"使古人爲子,不過力於仕以祿我,而吾兒力於家以歸我,豈少也哉?"是時殿中君年〔二〕五十八,君年二十三,經紀〔三〕家事,惟君之所爲。議論詞章日進,而君忽病,遂不起。君卒後五年,殿中君亦卒。然王氏居汝,遂爲大家,內外幾千指,而郭東田至今不廢。

元符中,余來居汝。汝潁之間,亦有田可以糞治,輔益吾生,而患其力不足也。故余雖閒而未歸,欲於門中求如君者,從事於田以歸我,蓋未見也。及君改卜有日,其子霂〔四〕屬余爲銘,余忻然爲之,有以哉。君卒於熙寧二年五月壬子,改卜於大觀二年二月甲申，與其室宋夫人合葬。有二子，長曰騧，後君十年卒，次即霖也，與余游汝，人以爲長者。銘曰：

山蠢蠢兮水洋洋，中有人兮汝之良。學不爲仕兮言成章，履田如職兮親裕而康。以一室兮信一鄉，命雖不淑兮家則昌，新丘故里兮其銘其藏。

奉直大夫千乘畢公師聖墓誌銘

千乘公畢師聖者，諱從周，師聖字也。畢氏望出東平，而自唐末五代以來，世居代之雁門，爲代人。至太原文簡公，始葬其父太師於鄭之管城，子孫從之者五世矣，故雁門之畢，今多爲鄭人。太師諱義林，仕至澶州觀城令，以文簡公貴，贈太子太師[五]。文簡公諱士安，嘗相真宗皇帝，薨於位，贈尚書令兼中書令，諡文簡。文簡公之子有仕至太府卿者，諱慶長。自太師而下至太府，即公之曾王父、王父與考也。太府生六子，而公居季，未長而孤，伯仲皆易之。已而伯仲出仕，多病死，或廢老於州縣。而公仕宦歷五朝，無毫釐過失，爲武興、洋州、東陽、歧、衛太守，所至見稱。贈其父太府爲司徒，贈其母趙氏爲榮國太夫人，兄嫂姪及姪之子，生養卒葬，次爲嫁娶者甚衆。雖不至高位，而在吾門中以德稱者三十年，豈易有哉？

公初以父任試將作監主簿，十一遷至奉直大夫，積勳上柱國、千乘縣開國男，食邑三百户。歷漣水軍漣水尉，滁州司理參軍，耀州華原縣令，監青州酒，知河南府河南縣，簽書判官太府主簿，通判河南府事、知洋州、興州、婺州，管勾西州嵩山崇福宮，起知鳳翔府衛州，判登聞鼓院，復請崇福，遂致仕終焉。平生爲人長者，質重氣和，言若不出諸口，從游者望而接之，則知其有德性。居家澹然，雖甚忤不慍，雖甚適不喜，而接遇人物無久近，恭謹之意常存而不懈。在官如在家，人見其溫厚不苛，以爲必有逋事，然所治整飭，吏民信愛。興、洋二州，皆以課最論。晚爲岐守，會朝廷用兵湟鄯，岐當孔道，事劇於平日十百，亦以辦治遷。

初，公爲大理寺丞，出監〔六〕青州酒，道遇天章閣待制河北都運使韓公縝，謂公曰："賢者何自爲酒？吾幸得出入朝廷爲從官，奉使於外，若同諸公薦賢於上，則賢者宜在朝矣。"公曰："食貧口衆，親意以外官爲便，願公止也。"韓公又曰："北道州鎮相望，中多大縣，親意既便外官，欲以一大縣累賢者，意不亦可乎？"公曰："奉親至此，親意既已便矣，而又更求便官，願公止之也。"韓公笑而去。然嘉公引分，陰重公，未嘗忘也。及韓公縝以觀文殿大學士守京兆，而故資政殿學士張公璪守河南，公適通判府事，二人者嘗論公爲人，及上詔舉所知，遂同以公應詔。故公仕宦四十餘年，知交滿朝，若階以進取甚易，而公不爲然，人之知公者多此類也。

娶趙氏，視公爵爲恭人。生三男子，兩女子。男子曰仲淵，儒林郎；曰仲文，從事郎；曰仲莊，將仕郎。兩女適昌黎韓公輔、河南趙仿。而仲淵兄弟復有十一男子。每歲時起居爲壽，公坐堂上，三子十一孫成列再拜於前，公笑而頷之，晚節之慰，可勝道哉！公以大觀四年八月九日，終養於西京之里第，年七十二。以鄭之世墓，無地可容，乃改卜河南府河南縣洛苑鄉司徒之原，葬公焉。實政和四年正月二十日也。而豫屬公之族子仲游銘其墓。仲游曰："世亦有族子而銘其叔父之墓者乎？"曰："柳宗元銘其叔父侍御史之墓，而六一居士歐陽公銘其叔父成之墓。"仲遊曰："然則吾叔父〔七〕行事，可紀而銘亦可爲也。"銘曰：

在昔册畢，克成厥終。遐哉邈乎，至於咸通。咸通之相，有庸在史。爰及景德，文簡復起。公何人乎？文簡子子。洵厚且和，克恭以濟。不棘不求，匪遷則最。在漢有人，家於陵里。舉號萬石，公德是似。多子多孫，庶多受祉。銘以永之，惟千萬祀。

魏國王夫人墓誌銘

　　故觀文殿[八]、大學士右正議大夫、中太一宮使、贈開府儀同三司高平范公之夫人王氏，大名人也。曾大父諱祐，爲尚書兵部侍郎，贈太師。大父諱某，爲尚書兵部郎中，贈太尉。父諱質，爲天章閣待制。而宰相魏國文正公者，乃天章公之伯父也。始天章公與范文正公相友善，約以兒女爲婚姻。夫人其長女也，以歸高平公，而以次女歸今右丞公。

　　夫人生長於王氏貴盛之時，天章公愛之，居處服用幾於侈。而范氏自文自公起家，即每事減損以爲法，雖貴不肯改，居處服用甚約。及夫人歸范氏，人憂以爲不能安，而夫人至，則如未嘗生長富貴之家者，人始賢之。其後高平公[九]仕於朝，益自菲薄以收宗族，將濟人之緩急。而夫人行之於內，亦均節有無於上下，雖族屬數百指無異言者。高平公既貴有祿錫，夫人更推財以賙內外，凡男女之孤，無所歸贅，高平公爲之婚姻者數十人。洛陽衣冠家有女子，因其家破，爲人所略賣，夫人聞之，急推金帛以贖之，爲具衣衾資裝以嫁之。於是宗親內外，益以夫人爲賢而不可及也。元祐中，高平公爲宰相，夫人以命婦入見禁中，太皇太后聞夫人之賢，賜夫人坐，問勞慰撫之尤盡。至不用常儀，張椅置足牀，使[一〇]夫人坐。夫人不敢正坐，太后撝之使正；夫人不敢登足於牀，太后撝之使登。是時高平公數求去位，因詔夫人勉高平公無求去，且曰："帝富於春秋，大臣耆宿，未可去也。"高平公既終去位以論救元祐大臣呂大防等，謫隨州，繼以散官謫永州。夫人隨至永州，一年薨，壽六十八，實元符元年六月三日也。

　　夫人之子男五人，曰正民、正平、正思、正路、正國，而正民、正路先夫人卒。女五人，適崔保孫、莊公岳、司馬宏、蔡穀、郭忠孝，而崔氏、司馬氏二女先夫人卒。歷封同安縣君，同安郡夫人，英、衛、燕、魏四國夫人。夫人薨後二年，高平公得北歸，今天子乃盡復高平公之官爵，以觀文殿大學士、中太一宮使，歸潁昌私第。歸後五月，高平公亦薨。其子正平、正思，乃以其年四月十日，舉高平公與夫人之喪，合葬於河南府河南縣萬安山之原，而以高平公之治命，屬其門人畢某爲夫人之銘。某從高平公二十年，謂公以忠義世其家，得盛名於天下者，公之所固有也。及聞夫人之事，然後知公所以得名者，夫人有助焉。蓋夫人天性簡儉，治家嚴，而以恩行之，頗知出處進退之大致。高平公爲御史諫官時，數以言事斥逐，家事益落。夫人無險易〔一〕，若皆安之，時勉公以國事，不及他也。後居相府，公不改平素，而夫人亦不事文繡衣服珠玉，至於輕財樂施，汲汲賙人之急，如恐不及。則其性雅與高平公合，故公一心國事，無所內顧，所得〔一二〕盛名於天下者，夫人之助，豈微也哉？以是而銘夫人可矣。銘曰：

夫人之出，有閥其門。皇祖伯父，實惟相臣。歸於范氏，文正公子。亦爲宰相，二家之美。夫人不顯，淑德令儀。合其宗親，仁以濟之。宗親如一，施及於外。以成其家，夫人之志。吾道既南，靡不居晦。夫人從焉，雖歿而在。歸祔夫子，孔安且正。銘以昭之，夫子之命。奚以傳之，必有餘慶。

延安郡太君張氏墓誌銘

夫人姓張氏，其上世嘗顯功名於建隆〔一三〕、開寶之間，號爲勳臣。夫人年十有八，歸王氏，爲故秦王審琦曾孫西頭供奉官堯善之婦。生二男四女，而一尚皇叔故贈太師、尚書令荊、徐二州牧魏王，爲潭國夫人，因得召見禁中，賜冠帔。元豐二年，魏王有疾，神宗皇帝與慈聖光獻太后、宣仁聖烈太后皆幸東宮視之。疾少間，潭國夫人入謝，詔問其家世〔一四〕，賜供奉府君成州團練使，封夫人延安郡太君，魏王亦爲夫人起大第於里中。而子溥又賢，好學通書，爲文章以從科舉，夫人益自慰，乃捐金帛賙其宗族，及賑施里中之不能自存者。而居家嚴飭〔一五〕，不妄喜笑，縞衣蔬食，齋戒從浮圖法，未嘗爲戚里間事。元祐九年三月九日，以疾卒，卜其年月二十九日庚午，葬於河南府永安縣蘇村秦王之墓次。溥之遭夫人喪也，東平畢某往弔之。拜首稽顙號泣，自云〔一六〕罪罰不孝，以喪夫人、不自死滅，尚惟後事之圖。今葬有日矣，事嚴而迫，願以誌銘爲屬，乞哀而許之。

按夫人曾祖諱繼旻，左藏庫使。祖諱崇雋，洛苑使賀州刺史。父諱武仲，三班借職，世居鄭州之管城。夫人之男長曰涇，先夫人卒，次即溥也，皆右班殿直。女長適皇叔寧遠軍節度使鞏國公宗祐，封永寧郡夫人，先卒；次適應天府虞城縣主簿趙彥；次適皇叔龔州防禦使仲憫，封靖安郡君，亦先夫人卒；其幼即潭國夫人。潭國爲神宗之弟婦，今上之叔母，宣仁聖烈太后之子婦，則其母亦不賤。而夫人乃持粗菲食，勉其子以儒素，賙宗族，賑閭里，以清浄自娛樂，非賢夫人能若是乎？夫人年六十九。一孫男、三孫女。其孫男名伯鷺云。銘曰：

維王氏有造於國，以基厥家。侯王間起，踵成其華。夫人何歸？秦王之裔。生子何從？魏王之配。子配魏王，有煒其芳。英祖宣仁，實爲姑嬬。夫人爲母，不泰而約。匪車輿是憎，以約爲樂。矧其有子，敬恭朝夕。夫人燕之，既壽且懌。匪夫人是銘，孰爲茲石。

田孺人墓誌銘

元豐五年九月，故宣徽南院使郭公仲通之子忠諫，戰歿於永樂。其室田氏孺人，年二十七，既終其夫之喪，父母欲奪而嫁之，孺人守義不許，事其舅姑。及宣徽公薨，衛國太夫人寡居而老，以嚴聞，孺人事之弗懈。雞初鳴則起，昧爽而至衛國之所，問安以侍，不敢退。食飲非孺人所調視不舉，衣服非孺人所紉製不服，起居上下非孺人扶承不適。及夜，振牀布席，起衾篋枕几以告。衛國臥，孺人俛而覆之，乃退，至雞初鳴復起，以爲常。衛國曰："是善事我。"乃使孺人主其内事。方孺人之寡也，其子體仁數月，以父戰歿得官。及長，調監南京楚丘縣酒税。衛國命隨其子之官，孺人辭不可，乃使體仁自之官。孺人但往視之，三月而歸，曰："我去衛國之傍，三月如三歲也。"衛國益老，孺人事之益盡，不復歸其室，夜分而寢，不離衛國之側，張半牀席〔一七〕不帷。孺人既白首，衛國尚無恙，孺人起恭起孝，猶如初爲婦時。及衛國薨，夫人哭泣思慕，二十一日而得疾，七月而卒，年五十八。故洛城之人，識與不識，皆曰田氏之子，郭氏之婦，其孝可稱也。

孺人之望出雁門，自元魏至唐，家於京兆，今爲京兆人。故文思使、銀青光禄大夫諱守度之女也，年十六，歸郭氏。生二男子、四女子而寡。未寡時，長男已卒，未名。次即體仁也，今爲從事郎、澤州司户曹事。既寡而老，始嫁女娶婦〔一八〕，長女適朝散郎、尚書户部侍郎王革，幼女適從事郎、河中府榮河縣丞吕輔修，而其中二女未嫁卒。有四孫，曰申義、好義、興義、和義。孺人之卒，在政和三年二月二十四日，其葬在閏四月二十二日。其葬之地，則河南府洛陽縣金谷鄉郭氏世墓之次，祔其夫之兆，實南化張里之原也。

孺人之初病也，猶經理家事。及病日侵，乃手自疏家事之曲折，以告後人。且曰："我爲氂〔一九〕婦三十年，事衛國四十二年，衛國之撫我厚，故我不敢不盡曲折以告。"已而曰："我氂婦之薄於命者也，一子四孫，是所有也，他無以累後人。人憫我，欲爲一堂以居我，可姑止，我安於廡下久矣，奚以堂爲？"遂以孺人手疏從事云。銘曰：

柔令婉嬺，洵穆且都[二〇]。有厥家兮，警戒静專，誓而弗渝。天厥夫兮，左右後先，靡寧靡居。燕厥姑兮，始之燕矣，嫠之愉矣。姑之逝矣，嫠之痛矣，何痛不已。嫠之盡矣，維其盡矣，是以銘矣。

清源王太君宋氏墓誌銘

清源王君之夫人宋氏者，汝人也。周顯德中，太子太師彥篍之六世孫也。父諱輔臣，祖諱寅，曾祖諱文蔚，或仕或不仕。夫人年十六歸王氏，二十二而寡，季父清臣，嘗欲奪而嫁之，不可。至五十九而病卒於汝城中之里第。

初余來居汝，與夫人之子霖兄弟游，比今幾十年。故夫人之病也，往問之；卒也，往弔之。而霖因屬余銘夫人之墓。余雖知其賢，未知其事，以問霖里中有道者。里中人曰："夫人之喪其君子也，年尚少，緼衣無飾，以事其舅殿中君、姑長安君不怠。舅姑有祀事，簠簋非其所羞不以祀；舅姑有賓客，籩豆非其所烹飪不以進。雖舅姑没不衰。殿中君生六女，皆嫁傍近士大夫家，貧不給，夫人調護之甚厚。不能自任，則廩之；舍止未定，則爲室廬以招之；有緩急，則推金帛以賙之。或致謝焉，則曰：'此舅姑之所以庇後人也。不爲諸姑費，則異日無以見舅姑於地下，奚以謝爲？'夫人之君子有兄，亦蚤世，娣姒之間，相與如姊妹，故霖之從弟霖，亦相與如親兄弟。而凡在夫人之門內者，無小大皆誾誾如也，遂爲孝友之家。至於整比家事，動有法則，薄衣食而厚賓客，雖僮御未嘗以聲色使之，則猶爲夫人之餘事也。"余曰："嘻，然哉。吾有聞焉，吾有見焉。凡里人所道者，余亦聞之。而夫人之家，內外千指，邸第稱是，用以自厚，無不可者。而夫人之終，無新衣焉，製衣而斂，此余之所見也。以所見而合所聞，則夫人之事無可擇者。"遂銘夫人之墓。余銘夫人之墓，在改歲後六日,去夫人之喪四十日。其葬後,余之銘二十七日,實大觀二年二月三日也。夫人之君子諱陳,二子七孫。其長子曰駒,早卒,次即霈也。其孫,一男子,六女子。孫男二歲,未名,孫女以次適人矣。其葬之里曰王道,鄉曰新豐,在汝梁縣東十里云。銘曰:

夫人之歸灼其華,籩簋籩豆孰與加。縕衣恤緯矢靡他,燕及諸姑亦孔嘉。里中之衆不汝瑕,端以孝友名其家,雖不百歲庸何嗟?

仁昌縣太君李夫人墓誌銘

曩遊洛孟之間,觀書於慕容氏,得會稽顧臨[二一]所作隱君之誌。言隱君築室河上,終其身不仕,御家,合族資生之具,一皆有法,而上下均一,不見聲色,閨門之内,整於公府。因廢書而嘆曰:"隱君,治家之管仲也。賢哉!"後吾以中子娶隱君之季女,頗知其夫人亦有賢操,躬自減損,而調護門内之人,小大曲盡,始悟隱君以治家成名者,夫人有助焉。及夫人終養而葬,其孤泣血,屬予爲銘。得所書行事一卷觀之,言夫人幼失父母而知哀,長與兄嫂而知順,教子而子好學有成,教女而女嫁人皆爲賢。婦與其姊安福縣君,同處陳氏之門,而知相尊愛,終安福之身如一日。兄喪,嫂孤貧不能自生養,夫人存問資給,而終嫂之身如一日。則又廢書而嘆曰:"豈特隱君者治家之管仲,而夫人亦隱君之孟光也。"

蓋夫人之性,和而有禮,寬而有法,平居未嘗與人忤,而人忤之,則嘿然不知校也。曰:"忤而校,是與忤者等夷也。"推此心于門中[二二],門中其有不順者乎?然陳氏自唐歷五代,至今合食共居者幾二十世,家數千指,非世世有賢子而又有賢婦,豈能也哉?而夫人即吾所見之一人也,是可銘也。夫人姓李氏,故光祿少卿晟之子。皇祐五年,歸於隱君,年十七。大觀元年,以子恩封仁壽縣太君。三年正月六日，以疾終於里第，年八十。即以明年正月丁卯，歸祔於河陽縣太平鄉北間里隱君之墓。子三人，女四人，孫男女八人。長子曰立之，奉議郎、通判齊州；仲溫之，季至之，皆爲名進士。女長適朝請郎文維申，次金部員外郎范域，次翼城縣丞李操，次均州司理參軍畢大亮。而文氏、畢氏二女，皆先夫人卒。所謂隱君者，名安禮，字正叔。以行義居鄉，可出而處，故號隱君，贈太尉諱貫之季子也。銘曰：

陳氏之系遠矣，合百室而與居。非子子婦婦而繼出，安能傳世十九而同廬？隱君之賢，吾所聞也，既有誌之者矣。夫人之賢，吾所見也，其可不誌而舍諸？少而知哀者，性也；長而知順者，義也；況又能親其親而恤孤。隱君之阡，比於皇姑。夫人從之，其安只且。

畢氏墓誌銘

宋故尚書駕部郎中、贈太常少卿畢公從古第五女，生而柔惠和厚，女之賢者也。蓋嘗許歸於人矣，而以熙寧六年正月十四日卒於汝陰之沈丘，年十有八。至元豐六年八月十一日，歸葬於開封府管城縣富户鄉祖姑李氏之墓次。其母德興縣太君陳氏，哀其未嫁而夭也，實使仲甫治葬，而使某序而銘之。銘曰：〔二三〕

奚厚而質，奚嗇而齡。維家之矜，其藏其銘。

校勘記

〔一〕"荆棘"，《四庫》本作"榛棘"。

〔二〕"年"，《四庫》本作"卒年"，誤。

〔三〕"經紀"，《四庫》本缺"經"字。

〔四〕"霂"，《四庫》本誤作"霖"。

〔五〕"贈太子太師"，《四庫》本作"贈太師太傅"。

〔六〕"出監"，《四庫》本作"出守"，誤。

〔七〕"吾叔父",《四庫》本缺"吾"字。
〔八〕"觀文殿","觀"原作"魏",據《四庫》本、《叢》本改。
〔九〕"高平公",原作"馬平公",據《四庫》本、《叢》本改。
〔一〇〕"使",《四庫》本作"賜"。
〔一一〕"無險易",《四庫》本作"無儉易"。按"儉"通"險"。
〔一二〕"所得",《四庫》本作"行"。
〔一三〕"建隆",原作"建陸",據《四庫》本、《叢》本改正。
〔一四〕"家世",《四庫》本作"世家"。
〔一五〕"嚴飭",《四庫》本作"則"。
〔一六〕"自云",《四庫》本作"自去"。
〔一七〕"半牀席",《四庫》本作"半嘗席",誤。
〔一八〕"始嫁女娶婦",《四庫》本作"始嫁始娶婦"。
〔一九〕"嫠",原作"嫈","嫈"之訛。"嫠",同"嫠"。《龍龕手鑒·女部》："嫈,力之切,無夫也。"按,《説文》作"嫠",今正作"嫠",下同。
〔二〇〕"且都",《四庫》本作"且那",誤。
〔二一〕"顧臨",《四庫》本作"願臨"。
〔二二〕"于門中","于",原作"干",據《四庫》本、《叢》本改正。
〔二三〕"銘曰",《四庫》本"曰"字前無"銘"字。

西臺集卷十五

行　狀

丞相儀國韓公行狀

　　元符三年十月，詔以通議大夫、守門下侍郎、南陽開國韓公，爲右正議大夫、尚書右僕射、兼中書侍郎。公故侍中魏國忠獻公子也。忠獻之子六人，而公居長。爲人外和，美鬚髯，姿貌辭氣大抵類忠獻，而仁厚平恕，無所矯飾。自忠獻在時，已有人望，識與不識，曰："是魏公之子而如魏公，宜其復爲相也。"及爲相制下，都城傳布除目，行道之間，鼓舞相告。先是，公在仁宗皇帝朝，嘗以太常少卿充大遼正旦國信使，燕於遼帳。遼士問左右："孰嘗使南朝，識所謂韓侍中否？"或言"國信少卿，貌類其父。""果類否？"對者曰："實類。"遂使工人圖之。至神宗皇帝時，公復以給事中使遼，持禮詳重，姿貌益奇偉，凡在北廷之人，皆拭目觀之。及公爲相後，遼人賀正使蕭喜、張從約來語行人李某，曰比持禮回，北主問韓忠彥今安在。從約對曰："在大名。"北主曰："何爲相而在大名耶？"居兩月，聞爲相制下，北主大喜，不覺大聲起曰："此真宰相矣。"然則忠獻魏公事仁宗、英宗、神宗，爲宰相九年，定册安宗廟，隱然爲時宗臣；而公亦歷事四朝，出入內外，所至可紀，卒亦至宰相，公之行可得而言矣。

　　公諱忠彥，字師樸。魏公而上，七世家於安陽，故公爲安陽人。以魏公任恩，守將作監主簿，力學爲文章，登進士第，改郊社局，令勾當府司檢校庫。丁母魏國夫人崔氏憂。服除，改秘書省著作郎。神宗皇帝即位，遷秘書丞。魏公辭位去國，以故事召試，除秘閣校理同知太常禮院。宗室秦楚王後無嫡子嫡孫，同母弟又無庶子，傳至庶孫，疑所襲，議者欲舍庶孫而使曾孫襲封。公奏言申令所載，以古禮，嫡長孫之外皆爲庶孫，既在庶孫之列，則雖非見襲之子，期服兄弟亦皆庶孫矣。今庶孫在也，而舍之使曾孫襲封，若有大功庶孫而無曾孫，則將誰使襲乎？抑遂除其國乎？今秦楚之後，無嫡子嫡孫，同母弟又無庶子，則凡在庶孫之列而長者，當襲之人也。詔用公議。會召故荆公介甫爲翰林學士，與學士吕公著同侍講邇英。二人奏言，故事，講者坐而侍者立，自乾興以來，講者立而侍者坐，請復故事，下禮官，公議以謂故事侍臣與講者皆坐，或侍者坐而講者立，或講與進讀者立而侍臣皆坐，此人主之恩出一時者也，顧皆無所輕重，即人主不命而自請之則非禮。孔子之時，人臣或拜君於上，孔子曰："拜下，禮也。雖違衆，吾從下。"今侍臣講於上前而立，五十年矣。以孔子拜下之義觀之，姑用乾興以來故事可也，何必改。詔是公議，除兼本寺丞事，遷太常博士，判吏部南曹〔一〕，權開封府推官，遷判官，以太常少卿爲大遼正旦國信使。還丁秦國太夫人憂，解所居官。終制，除三司鹽鐵判官，三司使出通判永寧軍事，召還爲三司户部判官。丁魏公憂。服除，貼直龍圖閣知審官西院三司户部副使，改鹽鐵副使，超授右正言寶文閣待制、高陽關路安撫使〔二〕、馬步軍都總管，兼知瀛州，是歲元豐四年也。

朝廷以夏人因殺其長，常用兵四萬，下米脂數十城。夏人陰使遼求救，遼人爲移書至闕下，朝廷報以兵端，而北書復來。會永樂用兵不利，而當遣人使遼賀生辰，上難其人，二府以安壽爲對，上不可。又以李承之、李定爲對，上又不可。上曰："韓忠彦嘗使遼，遼人〔三〕信愛之，而知其父琦有勳勞德望，加重其子。今日使遼，忠彦其人也。"乃以給事中召公充北朝賀生辰國信使。公至上前，辭曰："臣嘗使遼，而今復往，無乃使遼人妄意中國爲乏人也。"上曰："卿無言，行矣。西事未定，無以易卿者。"公遂行。遼人使趙資睦迓公境上，行且問西事，公一切以簡暇對之，且曰："西事小小役爾，何足問？"及至其庭中，縱觀者如堵，皆咨嗟嘆息。乃使其國參知政事王言敷，燕公，問夏國何大罪，而中國用兵不解也。公曰："夏人之罪，中國嘗移文矣。觀所移之文，則罪可知也。"言敷曰："聞已還兵塞上，信乎？如此而南北大國之好可保也。"公曰："問罪西夏，乃細故爾。南北大國之好，豈相奸乎？"言敷更有他語，公連以言拄之。及還，資睦值詘服，返曰先正侍中之制西事，有攻策，今取城若砦數十，使先正侍中而至今，快可知也。公歸，神宗皇帝勞之，曰："使乎，使乎！"後大遼使至，上復使公館客，西北之釁遂解。

官制之行也，章惇爲門下侍郎，而給事中爲之屬，失其職矣。乃復奏言："今月丁亥，詔門下封駁，視中書舍人封還之制。庚寅，復奉詔門下封駁，從執政官議，議不同，乃上之。竊以給事中與中書舍人任遇均也，一則不稟議而聽封還，一則聽封駁而先稟議，且所駁正之事，執政所行也，事當封駁，則與執政固已異矣。異而取決於上，乃其職爾，而更從執政稟議，是爲失職，願從丁亥詔爲正。"從之。公又言："左僕射王珪爲南郊大禮使，所下之事不從中書，畫旨出一時，又不從中書奏審，皆非官制也。官制之行，將爲萬世不易之典，今行未期月，而南郊大禮所行，已不用官制，後將若之何？"神宗皇帝詔如官制，於是中外之事，必由三省而下法官。郝京爲大理司直，有比例而無法，吏部患之，乃稟於都省而具鈔。公曰："官制有令，必用法也。今援比例而廢法，是無官制也。"駁之。神宗皇帝嘉公之守，於是自吏部侍郎郎官都司官吏，皆差次受罰，而丞相與同列謝於殿上，乃以公爲禮部尚書，俄遷樞密直學士，定州路安撫使，知定州。

州貢文綾文絁有常數，詔增貢文綾百疋，絁百疋。公上言：
"唐李德裕爲浙西觀察使，詔貢繚綾千疋。德裕奏言：'若將匪頒
臣下，則千疋豈足於用？若止上躬自服，何至多用千疋？'奏至，
遂停之。臣幸遇聖朝，則德裕前日之言，亦臣今日所當言者。惟
陛下察許。"詔從罷之，凡江東西二浙屬郡增貢之數亦罷。遂召還
爲户部尚書。而元祐會計録成，其大較一歲所入，不足以供天下
一歲之用，公深憂之。因上言："今天下乃祖宗之天下也。祖宗之
時，歲入之數，多於所出，故國計有餘。祖宗之天下，乃今之天
下也。今歲出之數，多於所入，故國計不足。臣竊計之，凡文武
百官宗室之費，加倍於皇祐，而四倍於景德，三班常選胥吏之數，
則又過之。而天下二税，権酤；征商；山澤之利，較之皇祐、景
德之前，無以大相過也。則國計盈絀，正今日所當議者。"上遂詔
議裁省中外冗費，置局於户部。公復上言："上自宗室貴近，下至
官曹胥吏，旁及宫室器械，皆可得而議，惟宫掖之費，有司不得
而見，雖見不可盡也。按寶元中，嘗詔入内内侍省，裁節禁中之
費，報詳定所。慶曆中，又詔入内内侍省，以章聖時簿帳，較近
年禁省之費以聞。願陛下上法寶元、慶曆祖宗已試之效，亦詔入
内内侍省，忖裁禁省之費，報於有司，使天下曉然知陛下節用裕
民自宫禁始，天下幸甚。"當時所裁，雖不盡如公意，而歲省縣官
之費已數十萬計。上倚公以爲執政者久矣。會尚書左丞某甫去位，
即以公爲中大夫。守尚書左丞趙瞻薨，復以公爲同知樞密院事，
進拜太中大夫知樞密院。
　　是時，夏人已得所賜地，事分畫。丞相吕大防，關右人也，
喜用兵，故西師尚未解嚴。而公意在偃兵息民，以安邊境。嘗曰：
"兵在平日，猶爲危事。今主上富於春秋，太皇太后垂簾共政，是
豈用兵時也？"故訖公在西府七年，非甚不得已，兵未嘗窺於境
外。會宣仁聖烈皇后崩，哲宗親政，更用大臣數人，其下觀望，

争取垂簾時事爲言。公見上奏言："古者君薨三年,聽於塚宰不言。古今異宜,故有母后垂簾之制,乃遭會時變,補天之隙,權宜之大者,豈得已哉?昔仁宗皇帝初年,莊獻明肅太后垂簾共政,及仁宗親攬政事,言者亦争取垂簾時事言之。仁宗曰:'是持情近薄不可聽也。'乃下詔戒飭中外,不得言垂簾時事。"遂出仁宗之詔,爲上讀之。哲宗皇帝嘉納久之,謂公曰:"知人實難,然自先正侍中以來,閲人必多矣。今侍從之間,率自引去,誰可以爲侍從者?"公薦彭汝礪、曾肇、井亮采、張舜民、韓宗師、范純禮、韓宗道七人。且曰:"汝礪、肇有詞學,而以名節自許;亮采端亮不倚;舜民質且有文;宗師安恬久次,臨事不苟;純禮、宗道立朝守正,無所阿徇〔四〕;皆今日尚書、侍郎、給舍之選也。"哲宗皇帝亦嘉納用之。

　　然公自章申公爲相,即求去位。至紹聖三年正月,始以觀文殿學士知真定府,改定州路安撫使知定州。章申公幸公去,且憚公復來,乃使言者言公在西府時,嘗棄湟鄯之地。降資政殿學士知成都府,不行。復知定州,改知大名府,兼北京留守司事、大名府路安撫使。先是,魏公嘗以武康軍節師鎮及定武,熙寧中,久以侍中判大名府,有德於趙魏之邦,故定武、大名皆爲廟以祀魏公。而公相去三十年,亦爲鎮定帥而知大名,仍有惠政見稱於二邦,故定人、魏人,亦爲像於魏公之廟而祀之。章申公慊公未已,又使言者言公嘗同尚書左丞王存聯奏,請刊除謝景初過名非是。降中大夫。會哲宗皇帝晏駕,羣臣朝晡臨,道路相傳,曰"召公矣",又曰"公今來矣"。及上即位,以吏部尚書召公。都下相告語,欣欣然如召其父兄。至則除門下侍郎,進封南陽郡開國公。見上,陳四事以裨新政,一曰廣仁恩,二曰開言路,三曰去疑似,四曰息用兵。其廣仁恩之説曰:"孟子曰,湯武之所以得天下者,得其民也。得其民者,得其心也。而唐封德彝,教太宗用刑罰以治天下，太宗曰：'是欲我失人心也。'本朝自祖宗以來，推廣仁恩德澤，以固結人心，故方內大寧，如泰山之安。近年執政大臣，鶩於功利，而以苛察相高，政太急，刑太峻，其失人心多矣，社稷之憂也。願陛下遠鑒湯武、太宗之治，近摹列聖之用心，罪疑惟輕，寬以御衆，益推廣仁恩德澤，以固結天下之人，則人心安，人心安，天下不足治也。"其闢言路之説曰："竊以中丞御史諫省之官，自昔以爲人主之耳目。耳目之官，人主豈可不自擇哉？近年執政大臣，慮臺諫之爲己蠹也，乃布腹心於言路外，雖不事請謁，而中實相通，以蔽欺人主耳目，人主何利焉？其間有論及時事，與執政意少忤，衆人曰：'其必以罪去。'而果以罪去矣。願陛下旁采忠直重厚之士，親加識擢，布在言路，如其敢言有補，惟陛下容納主張，特加旌勸，行其言而用其人，則言路闢，言路闢，則天下之事始可議矣。"其去疑似之説曰："法無舊新，便民則爲利。人無彼此，當材則可用。自紹聖以來，六七臣者，凡曰元祐之事，不問其所從來，一皆以爲非是而不行。凡元祐除用之人，大則投竄，小則退斥，枉損人材，無補於事。且元祐者，先帝在位宣仁權同聽斷之年也，何負於天下而逆施如此？願陛下用人之際，無分熙豐、元祐，惟是之從，惟材之用，則萬務畢舉，天下安寧，自無事矣。"其慎用兵之説曰："臣自先朝蒙恩守土於外，聞朝廷熙、秦、延、慶、涇原、河東六路進築，五七年間，建置城若砦壘數十。得地雖廣而不可耕，皆由永興等路州軍轉餉以饋之，欲實外，而外終不可實。自陝以西，民力大困，斬獲之數，則增一爲百，失亡之數，則減千爲一。願陛下試令有司考其用兵以來之費，出於府庫，及將吏官軍散亡之實，幾千萬數？而所建置城壘可耕之地，收入以爲用者其數幾何？而邊城父子肝腦塗地，與官軍逃散瘡痍物故者其數又幾何？則進築利害，較然可見矣。今日邊事，惟亟罷進築之兵，以休息中外，惠養萬民,則天下幸甚。"上皆嘉納之。

公自召還爲吏部尚書,未拜而爲門下侍郎。爲[五]門下侍郎踰月,遂爲相。命既下,公上免表,其詞曰:"今蠹萌未消,國是難一,事無可否,必分年號而後行。臣無忠邪,概指朋類[六]而皆廢。西方師老而財匱,斗米至於千錢。北道河潰而民流,十室幾於九去。大需更新而猶多禁錮,宿逋雖減而尚困追償。方當大有爲之時,宜得不世出之主。"識者見而喜曰:"上醫醫國。醫者識病,則病可治也。公既識今日之病,天下其有瘳乎?"上既聽用公,遂數下赦令,蠲天下逋責,盡還嶺外流人,甄敍士大夫之遷謫者,而内外之臣可任使,及嘗爲卿史諫官,忠直敢言[七],與天下知名士,率見收用。公嘗與上從容論天下事,上問[八]:"政令之行猶有當先急者乎?"公因建言:"哲宗皇帝即位,嘗詔天下實封言事,由此能言之士獻言於朝者千萬數。今中書所編類章數是也。自章惇爲政以來,與上書言事者爲讎敵,乃置局編類,摘取語言近似者,以爲謗訕,故上書者率皆得罪,大傷求言之體。今臣聞編類之餘,猶有五百餘疏,繼從編類。近日陛下又詔中外許直言朝政闕失,然編類之令未除,則能言之士必懷疑懼,疑者疑求言之意非誠,懼者懼知前日之獲罪,則今日求言之詔,豈不妨哉?臣願陛下亟詔有司,盡將已類未類之章,與省中所行編類前後文書,納之禁中,罷其所置局,則中外之士無所疑懼,而所求忠直之言始可來也。"上即詔罷編類局事,章數文書,盡納之禁中。仍詔公曰:"已焚之矣。"當是時,中外欣欣然,以爲嘉祐、治平之事,可復見於[九]今日也。是歲郊天,爲南郊大禮使,進右光禄大夫尚書左僕射兼門下侍郎儀國公。而曾布子宣爲右相,子宣數至上前留身,務破壞公所爲,以中傷公所引重者。或勸公亦留身上前與之辨。公曰:"宰相自有體,如是又一曾子宣也。其相去幾何!道之不行,我知之矣。"乃上章,乞罷相補外。上封還所上章,使中貴人趣公至都堂視事，而諫臣吳材、王能甫數奏疏，言公以嚮子宣意所便。公聞之，復上章[一〇]請外。章凡三上，乃以公為觀文殿大學士，知大名府。而材與能甫言不已，乃罷大學士，猶知大名。初，欽聖皇太后垂簾共政，而故相章申公惇猶未去位，公與申公簾對，皇太后曰："登極之恩博矣，無所不被。廢后孟氏可復也。"公退謂申公曰："有故事乎？事體之間，無所傷乎？"曰："無傷。"及以事對，上曰："復孟氏則可，而皇太后欲復孟氏而廢劉氏，奈何？復一廢一，則上累永泰豈小哉？公等執政也，其執之。"公曰："陛下之言，乃謨訓也，其敢不執。"退見皇太后。皇太后盛以廢復為言，不可易。公援引古今，具道其所以然，以死爭之，皇太后之議遂格。而言者不知，又曰："是嘗動搖中宮。"乃降右正議大夫、提舉西京崇福宮。公自罷相守大名，凡三黜，怡然無所辨。及言者誣公以中宮事，公曰："是不可不辨也。"乃具言其始末上之，而言者抵公尤力，遂降太中大夫、提舉崇福宮，居於懷。言者未厭，乃曰公在位嘗棄湟州，非是。遂復謫嘗信軍節度副使，居於濟。及復湟鄯，又謫磁州團練副使。是歲崇寧三年十一月也。明年，九鼎成，大赦，公得歸相。又一年，復太中大夫，提舉西京崇福宮如故。俄復通議大夫，請老，遂還公故官，以宣奉大夫致仕。踰年，薨於安陽之里第，實大觀三年八月二十日也。享年七十二。

　　惟公系出博陸，自高祖而上，載於顧命之碑與龍圖閣直學士潁川陳薦所撰次魏公之誌，不備言也。曾祖諱某，太子中允、贈太師、中書令、兼尚書令燕國公。祖諱國華，諫議大夫、贈太師、中書令、兼尚書令魏國公。及公在位，申贈燕、魏二祖，皆太師、開府儀同三司，而忠獻魏公以故韓王趙普[一一]故事贈不加。娶兩夫人，皆故太尉惠穆呂公公弼之女，嫡曰韓國夫人，繼室曰冀國夫人。四女，五子，十一孫，三曾孫。子治，中奉大夫；澡，朝散郎；浩，奉議郎；澄，宣德郎。女嫁蔡承、馮詢、王傅約、王朋約，有既嫁而卒者。孫曰肖冑、肯冑、膚冑、完冑、宏冑、安冑、寶冑、膺冑、昌冑、莊冑、昭冑。曾孫曰和〔一二〕、協、彬。

或問："公之所行孰爲大？"曰："公有大焉，而人未之思也。""爲其父爲宰相而身又爲相乎？"曰："漢唐本朝父子爲宰相者，可問亦可記也。美則美矣，奚其大？"曰："爲其逮事五朝，出將入相，兄弟聯榮，子孫衆多，門下之士誦美無窮乎！"曰："顯則顯矣，奚其大？""然則公之所以爲大者何也？"曰："公質剛氣和，居家不妄語笑，內無機心，外不事矯飾。天下之士，不待被公之恩，承公之力，皆詠公賢而期公貴，非天爵之高不至於此，此則似大矣。然猶未也。蓋嘗聞士處窮困，甘藜藿，褐衣蓬戶，出入爲常，及其遭時遇合，都廊廟，位卿相，得志之事，日日在前，而能不忘宿昔窮困未遇之，心者以爲賢矣。一旦失倚離權，身折勢奪，宜其追惟宿昔窮困未遇而等之，有以自處，然猶憔悴枯槁，或愠懟而自失。故屈平懷石，亞父疽殪，賈誼忌鵩，張昭塞戶。漢唐以來公卿大臣，以廢放不用而顛沛若無以樂其生者比比是。而公生於魏公之世，長於宰相之家，少有聞望，食飲服用居處，行乎富貴者四五十年，卒亦自爲宰相，豈嘗知閒放之事，窮居之樂哉？而崇寧、大觀之間，遭吳材、王能甫之毀，身被五黜，僅夷庶士。去都邑廟堂之重，而寓異鄉下里之居；辭公卿寮采之奉，而接野夫鄉老之陋；謝旌麾徒御之衆，而甘輿臺僕使之約。富貴之事，物物不同。而公中懷漠然，不異平昔。門下之士，間得請謁於前者，辭氣顔色，了不見其欣戚。惟以上思保全，先衆人還鄉里，敘感而已。則良爲大也。蓋能用而不能舍，能顯而不能晦，能處安樂而不能處患難，皆非成德也。能用能舍，能顯能晦，能處安樂且能處患難，然後爲成德，成德始可言大矣。故曰公有大焉者此也。"

公所著文章，集爲三十卷，奏議二十卷，《魏公行事》一卷，《家傳》十卷，藏於家未出。謹狀。

校勘記

〔一〕"南曹"，《四庫》本作"南漕"，誤。
〔二〕"安撫使"，《四庫》本作"公撫使"，誤。
〔三〕"遼人"，《四庫》本此句缺"人"字。
〔四〕"阿狥"，《四庫》本作"阿循"。
〔五〕"爲"，《四庫》本作"自"。
〔六〕"朋類"，《四庫》本作"朋黨"。
〔七〕"敢言"，《四庫》本作"可言"。
〔八〕"上問"，《四庫》本作"上聞"，誤。
〔九〕"見於"，《四庫》本作"見乎"。
〔一〇〕"復上章"，《四庫》本原作"後上章"，據《四庫》本、《叢》本改。
〔一一〕"趙普"，原作"趙善"，據《四庫》本、《叢》本改。參《宋史·趙普傳》。
〔一二〕"和"，《四庫》本、《叢》本皆作"蘇"。按以下二人名"協"、"彬"，則此當作"和"。和，異體爲"龢"，形近於"蘇"之本字"穌"，因淆誤。

行　狀

丞相文簡公行狀

畢氏，出自姬姓，周文王第十五子高，封於畢，以國爲氏。後漢兗州別駕諶，居東平，遂爲東平人。諶之五世孫曰衆慶，宋兗州大中正。衆慶之五世孫曰憬[一]，仕唐至司衛少卿、許州刺史。憬生構與栩。構爲户部尚書，謚景公。栩爲鄂王府司馬。栩之曾孫諴，懿宗朝爲宰相。而構之五世孫楨爲振武天德營田判官。楨生宗昱，仕至雲州雲中令，贈太子太保。娶吳氏，追封鄧國太夫人。宗昱生球，仕至本州別駕，贈太子太傅。娶史氏，追封韓國太夫人。球生府君義琳[二]，嘗以策干漢高祖於太原，高祖深悦其言而不能用。相國扈彦琦，司空蘇禹珪，數以府君太原策中事言於朝，欲召用之，而亦不果。卒於澶州觀城縣令，贈太子太師。娶藥氏、祝氏，追封代國、鄭國太夫人。由太保至鄭國，皆文簡公貴之贈典也。

文簡公諱士安，字仁叟，太師之子也。太師而上，世居代之雲中。太師卒於觀城，公纔二十歲。奉祝夫人居喪，以禮聞。祝夫人取太師手自抄書數篋，授公使讀。及出太師所選《清白規檢》使行之，夫人曰：「澶之士人，吾略知之矣。孺子無可與游者。」乃與公之宋。宋猶澶也，夫人未知所適。或言鄭多士大夫，子弟有賢者，乃自宋復與公之鄭，果得處士楊璞及韓丕、劉錫從游。公於是博綜羣經，通諸子百家之言，究極古今治亂得失、君臣父子、忠孝仁義、治民行己之本末。祝夫人乃喜曰："吾固知孺子之可教也。"乾德四年，公舉進士。而故晉公王祐方知貢舉，見公文大喜，遂以公爲第三人。開寶三年，選授濟州團練推官。州民王禹偁爲磨家兒，年最少，數以事至推官廨中。禹偁貌不及中人，然公陰察禹偁類有知者，問："孺子識字乎？"曰："識。""嘗讀書乎？"曰："嘗從市中學讀書。""能捨而磨家事從我游乎？"曰："幸甚。"遂留禹偁於推官廨中，使治書，學爲文。久之，公從州守會後園中。酒行，州守爲令，屬諸賓客，竟席，對未有工者。公歸書其令於壁上，禹偁竊從後對甚佳，亦書於壁。公見大驚，因假冠帶，以客禮見之。原注：州守令："鸚鵡〔三〕能言爭似鳳。"禹偁對："蜘蛛雖巧不如蠶。"由此禹偁寖有聲，後遂登第進用，反在公前。及公除知制誥，禹偁先已爲舍人。其詞，禹偁所行也。世以公爲知人。

公在濟州二年，太祖皇帝聞公名，詔赴闕，而授兗州管內觀察推官。太平興國初，擢大理寺丞，兼三門發運事。吳越王錢俶入侍，選公知台州。公至臨海，上言錢氏籍其土地，民上之於有司，而賊人之數倍於其舊，蓋欲張大以自納於朝廷。然瀕海之民，新得天子之吏，收養安輯，務從便省，苟徵倍稱之賦，恐失民心。今州縣文書具存，宜明詔有司，一取錢氏舊籍爲賦入之理，則上之惠澤，可以下究，瀕海之民，亦欣得天子之吏，官不〔四〕失職。詔下有司行之，至今浙右之賦有輕者，因公言而用舊籍也。明年，上遣使採訪吳越官吏治狀，公居最，以名聞，遷左贊善大夫，知饒州。原注：事見公集《題國清寺詩序》。改殿中丞，歸朝爲監察御史，知乾州。祝夫人已老，治家益嚴。公與陳國夫人事之，益盡孝道，辨色即往問安，因侍側〔五〕，食焉而後敢退。蓋嘗新其室，牆圬未堅，問安未退，或倚以立，至隱之成迹而不自知。至是從京師走乾州，道遠非祝夫人所便，辭乞下遷，改監汝州稻田務。

雍熙二年〔六〕，諸王出閤〔七〕以左拾遺召公，兼冀王府記室參軍。太宗皇帝延見勞問，賜襲衣銀帶鞍勒馬，遷考功員外郎。端拱中，詔王府官各獻所著文章，上讀累日，謂近臣曰："才則吾自見矣，行孰優乎？"有以公對。上喜曰[八]："卿之言，朕意之所屬也。"遂以本官知制誥。冀王入見，頓首再拜願留。上曰："朕不以愛子而妨用賢也。"卒不許。是時宋興四十餘年，中外幾平，文學侍從、言語政事之臣，輻輳上前，至論德行，必以公爲稱首。淳化二年冬，上欲詔公爲翰林學士，而執政欲用張洎，因對言洎之文學資次，不在畢某下。上曰："劇知洎文學資任不下畢某，第以洎之德行不及畢某爾。"執政乃退。公遂爲學士。明年，與蘇易簡同知貢舉，拜主客郎中，學士如故。以疾辭職，授右諫議大夫、知潁州。會歲大饑，公發倉廩以賑濟。且上言州界民轉徙逃去者甚衆，申訴失時，無以爲賦租，故逃，不問有狀無狀，復額經檢未輕檢，一切賜當年田租，以安流亡。書奏不報，而被召，乃以狀上中書力言之，上始詔有司從公請。公雖去，而所活與安存蓋千萬數。奏疏與上中書狀及三司牒見存。

真宗皇帝將爲皇太子，先以壽王尹京。公由諫議大夫爲開封府判官，及置東宮官屬，詔兼太子右庶子，遷給事中。其出入輔導咨訪謀畫，從容與皇太子議論，陰爲天下之賜者甚衆，而慎重周密，世莫得而聞也。真宗皇帝即位，遂授尚書工部侍郎、秘書直學士，權知開封府。公自爲他官，時以嚴正稱，及爲京尹，上亦知人以嚴正憚公，故宮府常從爲廷職，授外任者必遣至公所，戒勅而後使行。會有貴人，以攀附居近職，放恣不法，民家子既定婚輒強買之，公請對具，言放恣無狀，卒得民家子還其父母使成婚，公之請對也。事連翰林學士王禹偁，故其人日夜訴公、禹偁於上前，久之公罷開封府，以禮部侍郎復入翰林爲學士。請出，遂以尚書兵部侍郎知潞州。而禹偁亦罷職知黃州。歲滿，召入爲翰林侍讀學士、兼秘書監。

契丹謀入邊，上以御劄詔百官言事。時中外久安，承太祖、太宗休養生息之後，府庫廩庾充實，財賦贍足，雖有邊難，而興造建設恩賜如平日。公預以爲憂，乃言五事，應詔四事。論遣將用兵、使命轉餉一事，指言財用，大略以國家穀帛金錢儲峙遍於天下，觀之平日，常若有餘。軍旅既興，則虞不足。蓋俄頃之費，或至萬金，半夜傳餐，即須千數，散亡抄掠，尚未敢論。臣若不極言其理，則兵未罷而財先匱，何以枝梧。乞申言有司，惟英雄才武籌策之人，或陷陣摧堅、執俘折馘，與夫瘡殘死事、有功朝廷，并厚其禄廩，豐以貨財，府庫囷倉，無所愛惜。其如貴近恩澤、僧佛施利、技巧縻蠹、土木修營，左右無厭之求，後宮靡曼之費，願一切罷去，以贍軍需。非惟事之當然，因可得人之死力。書奏上，納用之。

公善談論，美風采，疏眉隆準，望之如冠玉。常寫九經子史，字皆方寸，手自讎校，日以爲常，無復出處之慮。而耆年厚德，上益尊禮之。會李沆卒，中書無宰相，上欲用公爲相，乃先以公爲吏部侍郎、參知政事。公入謝，上曰："未也，行以卿爲相矣。"頓首辭謝。上曰："朕以卿爲相，豈特今日。然國家多事，誰可與卿并爲相者？"公復頓首辭謝，曰："宰相者，非可以假人也，必有宰相之器，然後可以寄宰相之事。如臣駑朽，豈足勝任。寇準兼資忠義，臨事不惑，此宰相器也。"上曰："準固朕意所在，而人言其性剛使氣，難用，奈何？"公曰："準嘗自任以重，復尚氣節，不爲流俗所悅，或致人言。然方今中國之民，蒙陛下聖德，耕桑戮力，安樂無事，而西北攖槍，獨未有寧歲。如準器識，朝臣無出其上，通達善謀，能決大事，此正宜用準之秋也。臣竊以爲無難者。"上曰："雖然，當藉卿宿德以鎮之。"不三旬，公遂以本官平章事，寇準亦同日爲相，而公監修國史，位居準上，蓋上意也。

契丹入邊，北州大略皆警。公既與萊公爲相，始議請上幸澶淵親征，時景德元年九月也。而萊公欲遂治兵請行，公議猶有所待，與萊公不同。上一日御便殿，公與萊公議於上前，曰："累得邊奏，契丹已謀南侵，國家重兵，多在河北，若不深策其事，則邊防之患，蓋未息也。"公曰："陛下已命將出師，委任責成，議戎輅親行，駐蹕澶淵，以見武節。然澶洲郛郭非廣，難久聚大兵，設或輕動，則反失機會。時巡早晚，常俟仲冬。"萊公曰："大兵在外，故須陛下親行澶淵。車駕之發，不宜緩也"。上乃召二府具所議以狀聞，卒用公議。其後契丹統軍順國王達蘭引兵壓境，從騎掠順安，攻北平寨，侵保州，遂合勢以攻定武。所至爲官軍擊卻，乃益引兵東駐陽城。

初，咸平六年，雲州觀察使王繼忠，戰陷敵中，至是自契丹附奏，請議通和。大臣皆莫能任其虛實，上令[九]莫州石普以書答之。原注：上令石普以書答繼忠，見王沂公《筆錄》。而公獨以爲可信，力贊上羈縻不絕，漸許其通和。上曰："自古獫鬻爲中原强敵，非懷之以至德，威之以大兵，則獷悍之性，詎能柔服？今繼忠之奏雖至，而敵情不可測也。何以任之？"公對曰："陛下以至仁撫天下，德冠古今。臣嘗聞契丹歸款之人，皆言其國聚謀，以陛下精於求理，軍國雄富，常慮一旦舉兵，遠復燕境。今既來寇封略，銳氣屢挫，雖欲罷去，且恥於無名。故茲勤請，諒非妄也。繼忠之奏，臣請任之。"上於是始以手詔賜繼忠，許其通和。而契丹之衆，遂擊王超大軍。超等按兵不動，乃引兵攻瀛州甚急。瀛州拒之不得入，欲乘虛抵貝、冀。天雄兵猶二十萬，當是時，已詔隨駕諸軍赴澶州，用雍王元份爲留守，而朝論洶洶不定。公與萊公請對，力陳於上前，上乃駕幸澶淵。契丹之來也，亦知上欲幸澶親征，不信。後聞車駕之發，大軍會城下，與駕前諸軍合數十萬，大懼，悔其深入。然業已南遂掠德、清，寖至澶州城北，及車駕次衛南，其帥順國王達蘭出行軍，伏弩百發射殺之，其衆宵遁。萊公從上卒至澶州觀兵，而曹利用使契丹，得其要領，亦與使人姚東之俱來，遂定通和之約。至今九十餘年，北州牛育蕃息，牛羊被野，戴白之人，不見干戈，多出公計議，及薦寇準同爲宰相之力也。

先是，上已言兵備未發，太白晝見，有流星出上台，北貫斗魁。或言兵未宜北，當姑止。或言大臣應之。而公適有疾病，欲舁疾從行，真宗手詔固止之。公乃移書萊公曰：“雖病宜行，上不聽許。大計已定，惟公勉之。某病非所憂，得以身應星變而就國事，固其願也。”數日疾少間，追及澶淵，見於行在。既行，上還兵罷，乃擇要害，因河北諸將易置之。雄州李允則、定州馬知節、鎮州孫全照、保州楊延朗，與他守將皆各當其任。遂通互市，除鐵禁，招復流亡，使得契丹牛馬皆還之以示信，北方稍安。乃廣畜積，蠲逋負，因當時之務而爲法制，如諸道權酤之額，不得增益。囚已論死而雪活者，爲勞與訴不干己事，特以重論之類相次，行於天下，至今守之。而小人多不便萊公，有欲傾之者，布衣申宗古，伐登聞鼓，告萊公與安王元傑通謀。朝聽大駭，萊公皇恐，未有以自明。公徐起論於上前，請治宗古，具得其誣罔，遂斬之，萊公復安於位。未幾，夏人趙德明，亦款塞內附西北，二方皆定。於是復置賢良方正、直言極諫等數科取士，而公每見上，惟言去佞諛，近忠正，要在天下無事，人給家足。故公居位未逾年，而郡國豐登，刑罰衰減。江南惟袁有二盜，餘皆獄空。上下晏然，稱爲至治。

而公素羸多病，一歲間凡四在告，數上章求去位。真宗皇帝遣使諭公，至於七八，公不得已起視事。一日將朝，公復自占上台有變，因召家人約束家事，且曰：“吾將得出矣。”家人不喻。及至崇政殿門廬，與他執政論所條奏事甚悉，未入對，疾作。上聞，使中貴人絡繹致問。及疾甚，上不俟輿輦，步出至殿廬視之，殆不知人。詔太醫治療不及，詔內侍省副都知竇神保肩輿送歸私第，薨，年六十有八。上即日至其家，臨哭之慟，贈太傅中書令。廢朝五日，制服，百官奉慰，詔皇城使愛州刺史衛詔欽監護喪事。發引日，有司具鹵簿鼓吹，大鴻臚持節護葬，謚曰"文簡"。公薨，上謂寇準等曰："畢某事朕南府東宮以至輔相，飭躬勵行，有古人之風。今其亡矣，深可痛惜。"

公娶駱氏，封陳國夫人。生二子，長曰長世，公薨時爲太子中舍，後終衛尉卿；次慶長，公薨時爲大理寺丞，後終太府卿。孫九人，從善，終光祿少卿；從古，終駕部郎中；從厚；早卒；從誨，終檢校水部員外郎；從簡，終惠州博羅縣令；從道，終殿中丞；從范，終山南西道節度推官；從益，終太常寺太祝〔一〇〕；從周，今爲朝散郎，知洋州。曾孫十八人。喪代國夫人，事繼母祝夫人至孝，以孝聞於當世。原注：王禹偁作公知制誥詞，其略云："文煩國華，行執天爵。老於儒學，久次周行。且事繼母以孝聞，典郡符而治最。謹厚周密，博遠謙恭。求之古人，未易多得。"而史傳亦載公事繼母以孝聞。自束髮即知修飭，爲忠臣義士君子長者而身行之。至爲輔相，終身操行，未嘗有玷，談吐未嘗有過失。其諫說人主至切，不爲曼詞，發言十數，中理而解。景德中，崇文院鏤《晉書》百三十卷，板成，欲印賜輔臣宗室。或上言兩晉事多鄙惡，不可流行，上疑欲罷之。公曰："惡以誡世，善以勸後。善惡之事，《春秋》備載，豈特晉史。"上以爲名言，遂即印賜。其他進對開發，多此類也。平生奉養，至自貶約，而賑贍宗族，賙恤故舊甚厚。未嘗問家事，四海之內無田園，亦無居第。身殁之日，所餘俸祿無幾，比過殯葬，家遂貧。其喪未終，陳國夫人使人問王文正公家假貸。是時，文正已爲宰相，乃見真宗皇帝面奏之，且曰："陛下嘗謂畢某清德，有古人之風，羣臣莫不聞。今畢某任官至宰相，而四海之內無田園，亦無居第，身殁之後，家用不足，則陛下所謂清德有古人之風者可信矣。畢某，先臣祜所舉之進士也，素與臣通家。今喪未終，其妻陳國夫人駱氏，使人至臣家假貸。臣備位宰相，所得俸賜有餘，然畢某之清德，陛下所素知，其家至假貸爲生，竊謂陛下之所宜恤，非臣敢爲私惠之時也。"真宗皇帝聞之，歎息者良久，遂賜錢五百萬。天禧中，陳國夫人卒於家，上念公未已，因詔終其孤俸使終喪，仍加賜繒帛緡錢，非常比也。

公在朝廷，惟呂端、王祜相引重。與寇準、王旦、楊億，及少所從游韓丕、劉錫、楊璞友善。而王禹偁、陳彭年，乃公門下士也。公既力薦寇準爲相，準深德公，兩女皆嫁公之次子。而韓丕、劉錫、禹偁、彭年，遂皆爲名臣。惟璞數徵不起，有高節，世人謂之徵君。他無妄交者。開封之對，禹偁謫黃州，公亦罷職守潞州，人皆咎禹偁。公曰："元之家貧，安能遽之任乎？"乃致白金三百兩贐禹偁，禹偁乃能爲黃州之行。其後濟人作堂，繪公與禹偁之像，歲時禮之，號曰"二賢堂"。公爲冀王府記室，宮中謂之畢校書，及後爲宰相，宮中因事猶以校書名之。莊獻明肅太后垂簾，問畢校書之子孫安在。當時輔臣對公有二子，皆在外爲郡守。太后曰："畢校書有德行，先帝疾革猶思之，宜善視其子。與遷官。"二子素不事干謁，聞太后言，亦竟不請問執政，避匿殊甚，未嘗遷也。仁宗皇帝時，王文正之子素作諫官，上言澶淵之役，寇準之勞居多，準之爲相，畢某之所薦也，有功，願錄用其子孫。而公之次子爲光祿卿十年，不自言。有司遷官〔一〕，乃特遷少府監而已。

公多藏古書，博覽無所不記。著爲文章詩篇，皆辯麗宏遠，指物見意，有古風，不用當時文體。景德中，陳彭年次爲三十卷，尤善議論，其論朝廷事，議奏甚衆。然退當毀其稾，今稀有存者。畢氏自居代雲中，時貧無產，及公遭遇，又不治產。其子去丞相未遠，仕宦亦至九卿，尤貧不肯問生事。諸孫亦然。故畢氏自太師而上，丞相而下，可記者蓋七世無田園云。

尚書郎贈金紫光祿大夫畢從古行狀 原注：代陳知默譔

　　畢氏之先有名憬，仕唐爲司衛少卿。憬生構與栩。構爲吏部尚書，卒諡[一二]曰景公。栩爲鄭王[一三]府司馬。構生炕，天寶中，仕至廣平太守，拒安祿山被害。炕生坰與增。坰爲王屋尉，增爲河北從事。坰生鎬、鈺、銇、鋭四子，皆不仕。而鄭王府司馬栩之子凌，爲汾州長史。凌生匀，爲協律郎。匀生誠，懿宗時爲丞相。而景公之四世孫叔文，仕爲左金吾衛長史。叔文生楨，爲振武天德營田判官。楨生宗昱，爲雲州雲中令。是時，畢氏居代州已數世矣。宗昱生球，當唐僖、昭時，不仕，脫身游京師。會黄巢陷京師，掠屬軍，軍中劫使爲將。球不肯爲黄巢用，遇敵不戰，而衣冠子弟且爲護送，既出關，即逃歸，因廬墓七年不出，號爲處士。處士生義林，義林亦不仕。扈彦珂微時與義林游，及漢高祖起，彦珂言於高祖，薦義林爲滑衛支使，遷鄆州書記。義林不樂，棄官而去。丞相范質，復薦義林於周世宗，爲觀城令，卒於觀城。生士安。士安三歲亡其母，後母祝夫人載士安入居澶州，以澶人無可與子游者，聞鄭多長者，即從鄭。得楊璞、蘇利用、王嘏、韓丞、王延之、劉錫、韋文化七人，與士安游，士安遂成人。太宗時登進士最上第，仕至翰林學士。真宗時爲丞相。真宗用人多矣，而專以士安爲有德行，屢稱之。爲丞相一年，薨，諡曰文簡。文簡生世長，爲衛尉卿，年四十，猶不出仕。丞相薨，終喪，然後出。衛尉既老，居濰陽。而祁公杜衍、賓客王焕、兵部朱貫、虞部馮平、亦老居濰陽，相與游，歡甚。聞於世，所謂南京五老也。

　　衛尉生三子，公其中子也。公諱從古，字幾道，其先河東代人也，後徙鄭，今爲濰陽人。公大父真宗時爲宰相。公以丞相恩爲將作監主簿，稍遷至衛尉寺丞。爲人潔廉有智略，善籌大事，不喜爲少年進取。景祐元年，公以衛尉起監南京糧料院，會郊祀，賞賜諸軍，公與府官坐府上監賜。有軍士出謂衆曰："諸公爲賞不平，先取者價善，後取者價惡，我軍之賜，半無善價。"於是復相與入廷中者數百人，請曰："願易所賜？"官吏愕然，相顧起去，未有以處之。公獨不起，召前數人謂曰："物有新故，而價有善惡。汝欲盡得新賜，誰當取其故者？以新分故，價乃平均，又何易乎？"前數人無以應，遂引去。是時公年二十餘，左右官吏皆竊見，歎服焉。公因諷留守蔡齊，誅其軍士於軍門外，一京爲之加肅。

公有娣嫁宋綬，綬出守南京，公移監泗州糧料院。明年，范仲淹使淮浙，過泗州，見公，與公語大喜，遂請公行，數從容與公計事，請公分視濠、宿、泗三州事。既還，遂薦公。薦未行，公以關母夫人喪解去。其後衛尉老居濰陽，公請爲宋城令以養衛尉，而太子賓客王焕，亦老居濰陽，其子稷臣又請爲宋城令，得請。濰陽人更謂公曰："衛尉、賓客，俱老人也。稷臣與公，俱子也。公請先，稷臣何以得請？宜辨勿失。"公謝曰："衛尉、賓客，同里門而居，且好其子，顧可辨哉？"默然不辨而去。諸公聞之，皆多公之義。公既不得宋城，而范仲淹爲參知政事，謂公曰："長葛，京西邑也。不遠，君第往，吾行召君矣。"公亦欣然欲用，遂調長葛令。居數月，仲淹以毀罷去，不及召公。公亦不去長葛。慶曆二年，衛尉監兗州仙源宮，公請爲兗州通判。既辭行，而河北轉運使田京坐王則事，適通判兗州。公不果行，還詣丞相府訴，丞相執中曰："君奚賴於兗，吾以并州待君矣，此諸郡守之所欲。"公曰："賜則厚矣。而衛尉白首留仙源，請兗者以仙源故也。今并遠甚，不敢行。"丞相不應。他日復詣丞相府。丞相曰："貝兵盜發新解，朝廷以見爲恩州者，滿歲則遷，通判如以恩與君，君亦行否？"公曰："辭并請兗者，非有擇也，親遠而不果行也。今并與恩同，而往就其遷，是委親欲遷也，某不敢。恩州雖劇，遷不果行矣。願復某兗州。"是時參知政事宋庠在焉，色深納之，既罷，庠曰："見利不就以篤於親，此孝子也。願勿奪其地。"遂竟遷公兗州，而徙田京臨江。

公至兗，侍讀學士劉湜者，雅知公。先是，公簽書婺州判官事，婺人有郭令兒者，與叔居，叔殺里中子，而厚賂令兒父母，使驗其子為殺人者，獄成。公從太守戚舜元問狀皆是，然公獨念叔壯而富，姪甚幼且貧，其辭氣與情頗不類，疑之。因謂太守，請移其獄治。太守良久許公，獄既移，令兒父母果自首服，遂反論殺其叔。戚舜元且慚且喜，謂令兒曰："汝之更生，簽判之明也。太守幾誤殺汝。"湜嘗聞令兒事，未識公，及得公為通判，大喜。兗獄非公聽之不決，決必中而獄事多所平反者。湜與公論，湜言其律，公言其情，無不合。湜歎曰："嗟乎，法非仁人不能知也，如通判者，殆可謂知法矣！"公即數決獄，當死而更生者已十數，或以貧代富，或以奴代其主，或自誣服罪而後得其賊。公曰："獄不可不察也。"遂上書言獄吏無害者稍稍自遷之，禁所屬不使薦論以勸公吏。書奏不報。公去兗，三司使田況薦公黃汴河催綱，會衛尉自濠徙無為，公難之。田況及公弗便，復薦公提點淮南十三山場，代史絃。公任其屬官夏希道，而客有與希道不相能者，宣言希道受賕，并及其不法事，辭頗聞。絃見公計事，因曰："任希道固誤，今國中口語奈何，獨可與公首爾？"公曰："某任希道，非能太過人也。度其無害而任之爾。今希道受賕，某得罪，固其所矣，無所辭。若既任人，反首之，則誰敢求其任者？有如萬分之一，其言不酬，誰可相見者？"絃既去，希道竟無事。他日，希道書抵公曰："微公，幾為客所賣。"明年，公上言："茶者山澤之餘貨，利微刑重，貨日以益腐，刑日以益繁，愚民抵死者，歲不下數百千人，可弛其禁而征之。"書奏報聞，罷。後數年，茶益委積，刑益繁，江淮之間尤甚，竟弛其禁而征之，如公所言也。

久之，公以衛尉喪，屏居灘陽數年，復起爲壽州通判，攝其州事。秋大饑，民無食者，相與發富人之倉而攘其粟。捕得者二百名，公乃戒屬縣，先上某[一四]渠帥一輩五六人，公謂曰："歲雖饑雖貧，不俟縣官之命，而羣取人之粟，其如法何？而不得生矣。"即以重械繫之，示以必死。官吏更相諫公曰："情輕繫重殆不可，且又人衆不可動，將有變。"公不聽，會潁上亦大饑，民亦發富人之倉而攘其粟，得數人。其縣令雷詳議曰："歲饑取粟，姑以免死，殆可憫。"使笞二十而生之。民出相謂曰："歲饑無食，縣官使我食人之粟。"遂復相與發富人之倉，三日三夜凡數千，旁諸縣亦各千人，殆不可禁。其後太守李顧反用法日誅數人，以止其盜，盜終不止，而被誅者數十人。至春，道路無敢行者。於是都官員外郎萬寧詣闕上書，且言潁上守令無狀，皆謫去。而壽陽之盜，聞其渠帥且死，無復敢爲盜。繫獄者止其初二百人，或配決縱舍，終無一人死者。朝廷念潁上故善地，猶致盜如是，壽陽，潁東郡也，近山扼淮，素多盜賊，號難治，聞其亦以饑有盜，頗憂之。即以璽書戒飭，使無滋長，書到而獄已空矣。於是壽陽諸官吏，始以公用意爲然。

公故於孫沔善，及沔貴，未嘗請問公，公亦不與沔通問。沔爲州帥，以罪過謫宣州節度副使，朝廷怒甚，以中黄門監護沔送所部。過淮陽，請舟於濮陽太守，太守不與。舟至淮南，謁提刑，提刑不敢見。沔既見公，公爲具舟與車，致其妻子輜重從者數百人。客謂公曰："孫沔負大罪，而公厚送之，使人有一言，則公處何地？且公豈沔與厚之人耶？"公曰："沔，粗將也，貴爲兩府，朝廷雅不以繩墨治沔。今沔有罪，失勢而争棄之，如其妻子無罪何，安可以不送也。奚爲厚焉？"沔聞之，始慚服。

公年五十有八，以嘉祐四年七月四日卒於壽陽。公自爲子弟時甚修可愛。梅詢既見公，謂衛尉曰："宋爲宰相者多矣，畢相向有陰德在子，其後子孫宜有興者，君中子無乃其人乎！"乃以女妻公。然公天資直介，與時人多不合，絕不喜事貴人。貴人之知公者，杜衍、范仲淹、包拯、田況、劉湜五人爾。皆以鄉里識字相見，未嘗私謁也。自范仲淹以毀廢，公亦無意用於世。而衛尉益老，公遂不復爲仕宦計，然亦不能不仕宦。公有兄爲光祿少卿，嘗請官便地，以養衛尉。公不敢以衛尉請，而視官有便衛尉者即仕，否即不仕。衛尉守溫州，公即簽書婺州判官。衛尉居濰陽，公即請宋城。衛尉居仙源，公即請兗州通判。光祿自濠徙無爲，衛尉從之，公即提點淮南茶場。自爲通判，十五年止一任，以衛尉故也。自丞相以來，絕不爲生產計。公仕宦三十年，竟無田宅。居人或爲公憂，曰："其如子孫何？"公曰："使吾子孫賢，雖無田宅，未聞有餓死〔一五〕之賢士也。如不賢，而厚遺以田宅，祇速其敗爾。何益？"故終身以貧聞於人，而不自以爲戚，其見如此。

公在州縣，未嘗取公賞，亦無絲毫譴謫。平生好讀書，讀書數十萬言。好爲詩，詩多至數百千無章句。今有詩二百篇，文五十餘篇，在家藏之。公景祐二年，補將作監主簿，遷太常寺太祝、大理寺評事。上祠汾陰，賜緋衣銀魚，遷衛尉大理寺丞、監南京泗州兩糧料院。終母喪，遷殿中丞、監高郵軍酒，遷國子博士、簽書婺州軍事判官，遷虞部員外郎、知許州長葛縣，通判兗州，遷駕部員外郎。明年，遷虞部郎中、提點淮南十三山場，遷比部郎中，終衛尉喪。通判壽州，遷駕部郎中。累階至朝請大夫勳上柱國終焉。先娶梅氏，故侍讀學士梅詢之女，封永嘉縣君。再取陳氏，故相陳堯叟之孫，封馮翊縣君。男六人，長仲達，青州錄事參軍；次仲容，邛州臨邛主簿，早卒；次仲偃，應天府穀熟縣主簿；次仲衍，許州陽翟縣主簿；次仲游，太廟齋郎；次仲愈。

女四人，長適秀才孔宗堯，次適大理評事田輔卿，次適右侍禁李調，次尚幼。知默，馮翊縣君之弟也，平時與公起居論議，真見公所爲甚實，嘗與公爲道義交。諸子以是請，知默不敢辭，謹狀。

起居郎畢公夷仲行狀

昔文王之子高封於畢，以國爲氏。後漢兗州別駕諶居東平，畢氏始爲東平人。而諶之五世孫曰衆慶，爲宋大中正。衆慶之五世孫曰憬，仕唐至司衛少卿許州刺史。憬生構與栩。構爲户部尚書，諡景公。栩爲鄭王府司馬。栩之曾孫諴，懿宗朝爲宰相。而構之五世孫楨，爲振武天德營田判官。楨之四世孫諱士安，仕本朝宰相，真宗皇帝贈太師、中書令，兼尚書令，諡文簡，即君之曾祖也。文簡之子諱世長，爲衛尉卿，年九十。與故相杜衍、兵部侍郎王焕、郎中馮平、朱貴居，所謂"南京五老"是也。衛尉之子諱從古，爲駕部郎中。以衛尉老，不敢專仕宦，便衛[一六]即仕，弗便衛尉即去，至或十五年不終一任，贈正議大夫。

正議生君，字夷仲，以衛尉恩補太廟齋郎，調許州陽翟主簿。而故相張昇，陽翟人也。由樞密使出判許州，欲爲陽翟興學，既請於朝，乃勒縣許工具材，縣人欲以其力輸者徙之。而故太子中舍馬某之子宏，嘗持吏短長，居邑中橫甚。謂諸豪曰："丞相之爲縣學，非令也，今子以力輸之，不足，則又將使子輸矣，由十百而至千萬，未可知也。子如以百金授我，我爲君費，使丞相自止之。"諸豪信其能，因以百金遺宏。宏得金，得游許州，宣言丞相之爲學甚善，而民力之輸官者，縣吏皆私之，而又將賦於民。丞相果疑之，即復勒縣須後令，具言縣吏無狀，榜於道上。是時君代令部夫居外弗預，及歸，令不知所爲，謂君曰："吾欲上府辨於丞相如何？"君曰："無益也。不如取宏治之，則不辨而自明。"會令之汝州録問，君攝縣事，即使人逮捕宏，案驗，且得其姦利，五日獄成，因上府白丞相。丞相皆如君請，奏其事於朝，不以父蔭杖宏，流鄧州。宏素爲鄉里所患苦，常輕視縣官，而君年纔二十餘，宏尤少之，嘗舉其手，而出幼指曰："縣官於我猶是也。"及爲君捕繫，猶曰無害，恃其能，數以詞辨自解。而竟抵罪，陽翟人大喜。是時，故給事中張問居陽翟，謂君曰："鄙語曰：'鋤一惡，長十善。'君之謂也。"

舉進士，就中第，補潁州沈丘縣令。而故少師歐陽修以觀文殿學士知蔡州，故太師申國公呂公著以翰林侍讀學士知潁州，皆知君，交薦之，遷著作佐郎，知蔡州遂平縣事。未至，改簽書大明府節度判官廳公事，入爲司農寺主簿，遷丞，以事至中書。丞相吳充素不識君，一見大喜，即以君爲中書刑房檢正官，俄遷戶房。先是，提舉市易司歲榷民糯米爲贏，凡商賈之至者，官盡榷買之，而益其價以售酒戶。酒戶售米，多陳且貴，酤益不行，遂廢其坊。而三司歲課大耗，惟市易得私其贏以爲功。戶房欲弛其禁，而提舉市易司弗便，數與戶房論難，不決。其人方用事甚寵，會遷戶房，人爲君憂之。君取紙半尺許，疏問市易未榷糯米之前，京師酒戶爲坊者幾何，歲停幾何。已榷之後，京師酒戶爲坊者幾何，歲停幾何。蓋未榷之前，酒戶爲坊者多而停者少，既榷之後，酒戶爲坊者少而停者多，利害明甚。市易徒與戶房以言語返復相詰，及得所疏問，無他一詞，遂不知所答，卒服非是而罷榷事。改太常丞，充北朝賀正旦國信使。與北人習射，一發中的，以爲偶然，再發又中，敵人以爲神。而君天資白皙，髭眉如畫，辭令溫雅。敵人喜之，其主陰使人取君衣以爲度，製服以賜君。君預其元會，盡記其儀與登降節奏，歸爲圖以進，賜五品服。其後數年，今龍圖閣待制錢勰使契丹，契丹主猶問曰："畢少卿何官，今安在？"是時，故岐公王珪，與吳正憲在中書，議論不合，以君爲正憲之所用，遂深嫉君，數求罪過，欲中傷之。而爲人詳慎精密，卒無纖芥可乘。然亦四年不遷。及置局定官制，遂以君爲檢討官。君乞罷户房檢正事，即除秘閣校理、同知太常禮院。君在官制局，所領户部事也。户部文書千萬計，君區别分類，損益删補曲當，雖户部老郎吏不能窺也。官制之事，遂以君爲主，凡從中問某事，必須君然後報[一七]，他人不知也。嘗以君爲進士發解考官，上問官制事不知，或曰："畢某爲考官，故不知。"上即詔君罷考事還局，遂以官制專屬任君，雖他局事，時時兼付君矣。人多嫉之者。久之，高麗入貢，上自選君館伴高麗使人。上元觀燈，君與使人宴東闕下，因作詩道盛德，上見，俯同君韻和而賜焉。諸公畢和，當時以爲寵[一八]。及官制行，君以秘閣校理換遷朝奉郎，上又自除君起居郎，兼詳定官制。是時，吴正憲已薨，他宰相素不右君，即留除命不使受，而争於上前，曰："畢某以秘閣校理換遷官，而又爲起居郎。起居郎即修起居注也。前日修注者，未嘗不帶職[一九]，即是畢某以職换相一官，復帶職而又爲修注也。優甚。"上知君不爲宰相所右，因笑曰："是當得爾，是當得爾！"君以力辭而後受命。蓋官制起於後周，備於隋唐，其後盜起兵興，漸失其序。更歷五代至本朝，純以他官兼領，無復舊制。先帝慨然，欲加釐正。而文書浩繁，沿革制度，本末稀有知者。惟君討尋論次，以夜繼日，抉剔搜捕[二〇]，曲盡其當。及推行，羣有司以疑問於君者，日以百數。君指畫應對，人人得所問而去，官制遂定，而君亦勞矣。會大暑，君坐宣徽院，與他官論録黄，語未竟，疾作，久之，殆不知人。上聞驚，仰詔君肩輿歸私第，遣侍醫治療。是夕卒，年四十三。上悼惜久之。翼日，遣中使劉援撫問其家，賜錢五十萬，遺恩當補子一人爲官。而宰相猶以平昔芥蔕不肯行者五年。及司馬文正入朝，舊相或死或罷去，始得補其子完爲太廟齋郎，則君之進退可知矣。

君爲人温厚儒雅，事其母壽昌太君至孝，自幼[二一]寢處，不離其親側。及長,既娶,亦稀至其私室,寢處猶在親側,蓋終身焉。正議公捐館,君年纔十八九,家餘一馬,賣以爲棺殯。君徒手養親,教養諸弟妹,嫁娶仕宦不失時。而君亦自不廢學,蓋家治之管仲也。當景德中,文簡公以德行相真宗皇帝,人想見其風采,而居略似之。治隆殿成,繪文簡之像於其壁,先帝識焉[二二]。及臨軒策進士,君方爲檢正官,立廷下,先帝望見,使人問君爲誰。及知,因歎曰:"祖孫固有相類如是者乎?"及君在官制,待遇日厚,如定學制、帳法,爲北朝[二三]信使館伴高麗使人,皆先帝自選者。嘗受詔撰《中書備對》三十卷,天下之事,盡在其中。及奏篇,先帝歎息稱善。而今士大夫家爭相傳録,以爲不可無之書也。娶張氏,故職方郎中公度之子,封瑞昌縣君[二四]。子二人,曰完,太廟齋郎;曰宷,尚幼。女二人,長適承務郎蘇如晦,次在室。將以元祐五年七月,葬於鄭州管城縣,廬村南原文簡公之墓,君次之事應銘,故敢書其大略以告銘者。

校勘記

〔一〕"憬",原作"景",《四庫》本、《叢》本皆作"景",按下一文述此人正爲"憬",因改。

〔二〕"羲琳",《四庫》本作"羲林"。按《宋史·畢士安傳》作"乂林"。

〔三〕"鸚鵡",原作"鸚鶒",據《四庫》本、《叢》本改。

〔四〕"官不",《四庫》本、《叢》本皆作"宜不"。

〔五〕"側",原作"則",據《四庫》本、《叢》本改。

〔六〕"雍熙二年",原作"雍熙三年",據《宋史》本傳、《四庫》本改。

〔七〕"諸王出閣",原作"謂左右向",據《宋史》本傳、《四庫》本改。按"左右向"當爲"主出閣"形誤。

〔八〕"上喜曰",《四庫》本作"上言曰",誤。

〔九〕"上令"，原作"正令"，據《四庫》本改，參原文注。

〔一〇〕"太祝"，原作"大祝"，據《四庫》本、《叢》本改。

〔一一〕"遷官"，《四庫》本作"還官"。

〔一二〕"卒諡"，原作"卒謚"，顯誤，今改。

〔一三〕"鄆王"，原作"豐王"，據《舊唐書》卷一七七《畢諴傳》改。按，下一文述此人，正作"鄆王"。

〔一四〕"先上某"，《四庫》本作"先下其"。

〔一五〕"餓死"，《四庫》本作"饑死"。

〔一六〕"衛"下當脱"尉"字。

〔一七〕"然后報"，《四庫》本作"然從報"，誤。

〔一八〕"以爲寵"，《四庫》本作"而爲寵"。

〔一九〕"不帶職"，《四庫》本作"不帶識"，誤。

〔二〇〕"搜捕"，《四庫》本、《叢》本皆作"搜補"。

〔二一〕"自幼"，原作"自孝"，據《四庫》本、《叢》本改。

〔二二〕"識焉"，原作"議焉"，據《四庫》本、《叢》本改。按識音志，記誌也。

〔二三〕"北朝"，原誤作"比朝"，據《四庫》本、《叢》本改。

〔二四〕"縣君"，原作"縣公"，據《四庫》本、《叢》本改。

西臺集卷十七

祭　文

宣仁聖烈太皇太后哀策文

　　維大宋元祐八年，歲次壬申，九月三日癸酉，大行太皇太后崩於壽康殿，旋殯於崇政殿之西階。越明年，正月遷祔[一]，坐於永厚陵，禮也。叢殿帝空，祖庭燎晻。雲似卻而復凝，月雖輝而加慘。孝孫嗣皇帝臣某，臨遣奠以興哀，瞻振容而永慕。鳳吟管以何悲，龍挾輴而若駐。羽衛罷闕，神儀布路。爰制近司，紀陳聖度。其詞曰：

　　皇矣大宋，寶命自天。重明累聖，跨成軼宣。正后其中，契於坤乾。較任比姒，亦逾於前。有系自姜，源深積厚。功熙我朝，方虎是偶。奄韓宅魯，益昌厥後。月瑞日符，是興太母。於鑠太母，躬義率仁。居靜猶地，含和如春。正素自稟，聰明夙聞。作合英祖，齊昇并曜，受養神考，陰功善教。體道不違，惟德是傚。元豐末命，帝命惟辟。聽斷勉同，以補天隙。擁祐神孫，立民之極。恭以勵人，儉惟化俗。衣有大練，奩無片玉。房闥不出，四海在目。信義由中，九夷思服。如鑑不塵，如璞不緇。三事大夫，正直是咨。宗蕃外戚，滲漉惠茲。人爵王官，雖卑不私。廟謁靡行，外朝靡踐。池禦靡臨，惟正是勉。服御靡更，惟惡是善。庸爾萬方，為則為典。左右皇躬，動有壇宇。居由範防，造次於是。爰茲治運，寖隆且昌。如天清明，霽日之光。化理方成，憂勞亦至。外若平居，中潛遘厲。坤軸軋以夜摧，月輪翩而曉墜。守大化之靡怛，尚斯民之爲意。嗚呼哀哉！珠箔低垂兮雲霧猶隔，蕙帳髣髴兮爐煙未消。想仙馭以何適，謝人寰而已遥。萬乘號慟，哀纏九霄。千官縞素，雨泣東朝。嗚呼哀哉！人與神兮變何速，秋復春兮時以徂。犧罇盈兮未忘於平昔，龍紼動兮難留於須臾[二]。翼八翣以爲衛，陳六衣而汜塗。嗚呼哀哉！野蒼茫兮人漸遠，仗徘徊兮天欲晚。遡洛潤兮嗟備物之如在，逾鞏岸兮知神遊之不返。山川已兆於真宅，松柏猶凝於故苑。嗚呼哀哉！玉晦龍蟄，金藏鑑昏。泉闕掩夜，宮闈泣晨。車軌同兮雖來於萬國，寶座閉兮惟朝於百神。魚爲炬以非日，雁長飛而不春。嗚呼哀哉！成內則於三朝，貽素風於千祀。致理之勤兮今已往，大道之公兮古如此。宜大書而作册，俾永光於宋史。嗚呼哀哉！

祭太師潞國文公文

元豐四年，公以太尉留守洛都，某實知長水縣事。長水，洛屬邑也。始識公，而待某加於等夷。又二年，公以太師致政，入覲神宗皇帝。某時爲倉官，復得請謁於京師。及聞神宗皇帝作詩以餞公，自丞相以下皆有詩，某亦爲詩四百言，以紀公之行事。時公年七十有八，號太師，豈惟在廷之臣，無出公右，而上世之臣，亦少出公右者。惟鬻熊爲文王之師，年九十。故某之詩，嘗以鬻熊祝公，而公之壽考名位，卒過於鬻熊，則舉三代以來爲人臣者，殆無與公比。今公捐館舍於西洛，其如傅說[三]之爲星，臺駘之爲神，梅福之爲仙，不可知也，是無足恨。而西方萬里道路之人，皆咨嗟涕洟，不謀同悲者，非公人人而德之，蓋失天下之大老，不能不悲爾。況某嘗造公之門，又嘗升公之堂，望公之顏色，接公之話言，豈可僅與道路之人同悲已耶？故凡以道德功名、崇高[四]富貴，與夫康寧壽考，略見於前日之詩者不復載，而載夫詩之所不及者，爲文以祭公。然則某之所以祭公者，其異乎人之祭公矣。嗚呼哀哉！尚饗。

祭司空吕申公文

昔在真宗，文穆爲政。內舉兄子，是爲文靖。文靖之起，實相仁宗。三入之榮，禮如伯父。文靖傳公，公復名世。合德裕陵，相今皇帝。西樞舊臣，北門學士。司徒司空，上公之貴。誰實爲之，父子兄弟。名聲焜燿，軒冕峨巍。世有令德，所以將之。請言公德，翼翼繩繩。至仁至靜，至忠至平。國有大事，疑而未成。羣疑四起，雨電雷霆。趨舍相異，水火交興。公徐一語，不折而明。氛披霧霽，風斂波澄。雖有異論，莫公與京。人舍公就，公出人處。逮公還朝，文正是與。無遠無近，云司空〔五〕吕。作之營之，所以具舉。徐之寧之，所以安堵〔六〕。公所從事，官人以叙。大法以明，繁文以去。爲蓍爲鑑，爲棟爲輔。公所無事，風俗以固。禍亂以銷〔七〕，蠻夷以附。長善興能，勝殘去侮。矧公平昔，惟德之名。山爲其重，淵爲其清。三十四十，有煒厥聲。六十七十，邦家以寧。以身殉國，以義殉身。以人事上，以身任人。世有杞梓，乃以蘭蓀。施及不肖，亦遊公門。遊而無取，我實辱公。逶迤紆鬱，逮公之終。公既終矣，道亦崇矣。豐功偉烈，莫形容矣。遺德餘勞，被無窮矣。失聲而慟，士斯同矣。嗚呼哀哉！尚饗。

祭故相曾魯公文

維元豐元年，歲次戊午，某月日，具位畢，某謹以清酌庶羞之奠，致祭於故侍中魯國令公之靈。

在昔仁祖，公爲元龜。典謨告教，公實贊司。制度名法，公嘗總持。北門西掖，斗星昭垂。中國夷夏，衡繩不欺。昔人之言，道無拾遺。公守鄭國，斯言也宜。昔人之治，桴鼓不鳴。公尹京兆，大成其名。智深而通，事核而練。非徒傳聞，亦某親見。公相三朝，十有二年。公言不出，出而不愆。公事不爲，爲而必全。如砥之平，如玉之堅。奪人取人，不損公焉。資之予之，爲公當然。仁嗣未立，公言不疑。定我英考，如山四維。謂公尚武，而不用兵。謂公不武，方隅以寧。公踰八十，實爲上壽。衍食萬戶，公家之富。爰自中年，不疾而康。所好無二，惟德是常。考終於家，雖哀愈光。五福云備，人何可忘。自公之少，衆謂老成。三十四十，遹駿其聲。五十六十，邦家以平。矧復有子，持國之樞。公親見之，近世所無。昔升公堂，言未書紳。今奠公堂，悅如[八]明神。南山取竹，載公之文。北山伐石，勒公之勳。一酹而泣，公聞不聞。尚饗。

祭劉莘老相公文

嗚呼，公生北方，少爲國器。如芝九莖，一時之瑞。如松千尺，挺拔其萃。道廣且周，行純[九]以粹。學博而淵，文富而麗。大佩峨冠，衆目環視。落筆風雨，詞場奪氣。遂冠諸生，得名當世。自此直行，志一不二。熙寧之初，作於先帝。或出或舉，可進可退。或默或語，有命有義。元豐之末，召節其馭。橫榻已嚴，專席尤厲。永泰響焉，命以三事。袞佩隨之，顯無與二。物盛而變，譽忽爲毀。厚忽爲薄，榮忽爲瘁。竟斥炎陬，胡跋尾疐。魑魅與鄰，二童遘厲。索水洋洋，遂與俱逝。嗚呼哀哉！公逝於南，旋殯三歲。三歲之間，九喪相繼。十旐同歸，水陸萬里。行道興嗟，石人亦涕。僅返故山，合窆如禮。非有子賢，未易得此。嗚呼哀哉！念昔曾祖，嘗都相位。景德之初，主臣道契。吏官有傳，未銘於隧。公實銘之，丘山北賜。論德在前，懷恩爲次。紼不共持，弔不同綴。千里寓文，祭公以意。公如明神，則必享是。嗚呼哀哉！尚饗。

祭范忠宣公文

嗚呼，天不可與道，慮不可與謀。俾[一〇]公之德，以德於世[一一]，宜利且達也。而貶傷摧剥，流離顛頓，若造化與之爲仇。屈公之身，以厄於世，宜廢且窮也。而名都方面，中臺右省，出將入相，聲名風涌而雲浮。方公之未用也，志於仁而好義，人但知其爲文正之子。及公之既用也，奉其道以進退，人又以爲房、魏之流。故每居言路，而舉朝想見其議論。再爲宰相，而行事可著於春秋。蔡忠懷之遇公，素無恩也，乃解相印，捐萬户，以救其敗。元祐諸公之得罪，不可言也。而公言之力，寧與之同放於南州。聞其風者，以爲如高山喬岳，峰竦壁立，凌厲而不可犯。而造乎前者，乃溫恭自下，雍容愷樂，清談亹亹而不休。至於接朋舊以終始，懷宗族而綢繆，力施乎外者已盡而更勉，心忘於内者有怨而不修。在他人嘗聞其語矣，而公皆自得而悠悠。故年雖耄而縉紳猶願其用，病既聞而天下皆祝其瘳。矧如某者，挈提於筦庫之賤，待遇如父子之游，言雖往而不棄，時已忤而獨收。宜其扶輿奉杖以娱公於隱約，破筋絶骨以從公於阻修。事既莫裨於既往，而公來已憊而可憂。徒拜公於牀下，猶語切而情周。謂歲年之可覬，而乃忽逝而不留。嗚呼哀哉！故老盡矣。名言絶矣，斯民之望，徒喁喁矣。遺德餘芳，誰其記矣。一哀而慟，何嗟及矣。嗚呼哀哉！尚饗。

又祭范忠宣公大葬文

遊公之門，士有千百。某所蒙公，不獨其力。方公盛時，左右朝夕。及公謫去，限以南北。莫持莫扶，恨何有極。公歸未幾，棟壞山圻[一二]。欲贖前恨，而不可得。尚期遠日，送公安宅。庶比役人，執紼與綍。乃以王事，一東一西。心實往矣，而形則靡。

矧聞改卜，四月是期。倉黃遣使，文不及思。惟公名德，百世所師。天子所敬，庶民所宜。昔嘗有言，姑以塞悲。今不復云，言奚足爲。前恨既往，後願亦違。臨風隕涕，敢寓一辭。百年之後，從公所之。嗚呼哀哉！尚饗。

祭宋龍圖文

維元豐二年，歲次乙未，八月丙申朔，十五日庚戌，文林郎、試秘書省校書郎、守信陽軍羅山縣令畢某，謹遣人以清酌庶羞之奠，致祭於故修史龍圖諫議宋公之靈曰：

惟公渾厚恬澹，柔嘉粹純。天與其質，相之以文。白玉縝栗，芳華敷芬。不偏不倚，惟中是循。世有儒服，閉書不觀。游談恣縱，苟偷目前。卷軸之富〔一三〕，視人偃然。公獨萬卷，汪洋波瀾。孰爲國典，郊丘廟祧。辟雍封禪，明堂會朝。臺閣府寺，森羅綱條。而公之腹，牢籠并包。惟宋有書，金匱石室。五世百年，英聲茂實。禮樂制度，聖功盛德。賢士大夫，忠言偉績。爲建太史，欲屬之筆。學士如林，而公第一。矧公字書，有法而妍。虞薛歐褚，聲稱後先。始也家學，今而自然。天子之作，公寶書之。銘記表誦，公書乃宜。石半天下，皆公之碑。爰自宣獻，其門煒煒。公大厥後，而又有子。天胡不弔，六十而止。嗚呼哀哉！我今哭公，想見其形。哭公而慟，如聞公聲。公書在目〔一四〕，儼然丁寧。自我先世，姻婭蟬聯。曰姑與姊，宜家之賢。中外出入，逾七十年。我實後生，上公之堂。公顯而盛，吾門之光。公殞而替，吾族之傷。如公有守，如公有常。如公有識，而壽不長。天不可問，哀哉蒼蒼。尚饗。

祭游景叔龍圖文

曩歲識君靈州之役，書行軍前，黃沙大磧。夜宿車下，飄蓬亂石。風雨爛衣，冰霜破席。同甘邊馬之塵，僅免戰場之骼。我還君留，君入我出。一心如丹，兩首俱白。中條之陰，黃河之側。逍遥春朝，名閫月夕。酒不飲而嘗同，歌無聲而自適。津亭摻袂，未賒於歲月；幨車載旐，已聞於奄岌。嗚呼哀哉！吾景叔者，止於斯耶？功名事業，願卒違耶？風義慷慨，今復誰耶？慈仁殷勤，孰不思耶？一觴之奠，寓此詞耶。再拜而慟，知不知耶？嗚呼哀哉！尚饗。

祭范德孺侍郎文

曩歲識公，靈武之城。公貌既偉，公氣亦英。黃河瀚海，間關共行。公矜我戇，我知公誠。遂同夷險，期以死生。其後公顯，鏗鎬有聲。既顯而貴，隱然大名。帥慶帥延，帥熙帥并。武夫悍卒，怖若雷霆。軍師老將，心服其能。屬鞭聽命，甘從使令。四路十年，不知有兵。及公尹洛，以嚴輔明。下教既悉，摘伏亦精。洛城萬室。千里爲畇。家家畏公，如公是鄰。宿奸巨猾，魂褫魄淪。擊斷取捨，莫知其因。遂皆斂手，以公爲神。凡人之情，僥幸苟得。公獨裁之，如穴被塞。凡人之情，好寬喜逸。公獨檢之，規矩繩墨。宜其不懌，而以爲病。乃獨懷公，式歌且詠。豈其施設，遠而難窺。人樂其大，而忘其私。公若不然，公不爲奇。矧公門户，奕世顯榮。太師爲父，宰相爲兄。公又崛起，岌嶪崢嶸。宜繼二人，秉國之成。而公一廢，十有八齡。公廢於家，匪公匪卿。二邊倚重，猶如長城。人言公復，士夫倐興。人言公用，寇敵震驚。公復之日，萬耳皆傾。復未之用，而公已薨。嗚呼哀哉！人琴喪矣。胸中之奇，包而往矣。威名氣象，豈可爲矣。予末小子，將何依矣。慟哭於野，出相送矣。追念平昔，恍如夢矣。嗚呼哀哉！尚饗。

祭韓贄文

昔仁祖之在御，合中外而多賢。其高才碩德，功名道藝，固不可以縷數。而仁厚忠信，寬和亮直，始終如一者，有如公焉。方斯之時，士或以爲常爾。而流風遺俗，日日以遠，人方歎息於當年。蓋世臣舊德，今止十數，而或出或處，若經星常宿，隱見之昭然。況陰陽寒暑，日夜相代，有莫得挽以留者。而東海之瀕，歷山之下，又聞丹旐之翩翩；譬如岐陽之鼓，鄒嶧之石，其古文大篆略有存者，而風昢雨蝕，浸尋磨滅，僅存一二於人間。雖清名遠識，純德懿行，自可以不殁。而懷賢感舊，悽凉悲惻，則惟涕下而無言。寓一觴於千里，魂髣髴其居前。尚饗。

祭范子夷文

忠宣之道，吾道是明。子夷爲子，夙有賢聲。我事忠宣，義陽之城。子夷一見，兩蓋俱傾。義雖友生，恩若弟兄。前後三紀，可量此情。中間出入，佁離合并。我廢於北，子夷南行。過嶠至海，百驛是程。妻喪子失，始還其生。邂逅相遇，血涕交零。如夢之怪，魘極而驚。已而大飲，長嘯且歌。言終此身，期百相過。曾不再見，疾猶湧波。崩騰而逝，末如之何。嗚呼哀哉！我哭子夷，豈但哭亡。哭其承家，義男靡亢。中朝之詔，明著於章。臺獄之峻，獨身以當。一斥萬里，歸而徜徉。百陃皆具，謂年可長。今又不壽，漫漫彼蒼。惟名不隕，九原之光。尚饗。

祭張應之朝奉文

生而死乃理之常，如應之之逝也，獨爲可傷。嗚呼應之，宦學有公卿之志，居家欲衣食之穰。然謗讒災疾，低垂連蹇，不釋於下位；而孤兒幼女，婦孫臧獲，僅飽於糟糠。豈惟居官治民，鬱抑掩塞，不得見於施設；至於私門之願，子孫之計，亦終負而不償。嗚呼應之，嘗悲人之死矣，謂區區於是非，屑屑於得喪者爲可笑；而吾復悲應之之亡，則夫得喪是非，果真不足以芥蒂，而後來之士，猶奔走出力而遑遑。將知之而死者，與不知者有間，抑知與不知，同歸於盡，兩失而都忘。故自應之之卒，交游執友，失聲出涕；雖輿臺隸卒，亦欷歔感慨而不自禁者，此乃應之之所長。想音容於平昔，接神靈以馨香。反袂掩泣，固人情之不免；而死生禍福，則難問而茫茫。伏惟尚饗。

祭范待制慈母文

太夫人躬治其家，既不墜文正公之法度，而生子復能自奮發，入爲天子從官，出總邊吏號賢帥，人皆曰太夫人之教也。夫人治家，既率循其先世，教子又貴，爲時名臣。近代以門户爲事者之至願，而況錦衣華髮，享其榮禄數十年，至親屈天子之使，褒恤於家，則雖亡有不亡者。某爲太夫人之子待制所知，未得上堂再拜爲壽，而遽聞訃音於千里之外。是宜有以相待制公之哀，則酒醴殽蔌之奠，垂涕洟而送之者，豈無從出哉！伏惟尚饗。

代范忠宣祭伯庸文

某昔謫安陸，與公際會。公德剛明而志樂易，納我於仁，援我以義，因得盡心以濟公事。公事之餘，尊俎相對，談笑詠歌，陶陶天地。遂得婚姻，以永今世。賢如溫國，實公之季。公友而愛，同胞異氣。而視老夫，貴與相似。季也入朝，四方厭然。公髮如雪，行居季前。都人觀之，頂禮道邊。季留京師，相我天子。公返於夏，康強蕃祉。維國之正，與家之治。清德蓋人，高名絶類。夷齊以來，有公兄弟。丞相云亡，我則憂公。及聞公訃，與憂適同。憂既往矣，而哀在中。中不可見，作文以通。從斯日遠，君子之風。嗚呼哀哉！尚饗。

代范忠宣祭提刑張師民文

嗚呼師民，今復何言。不摻公袂，而奠公墦。我謫於申，實公所部。山城草野，嵐煙毒霧。我匪公舊，公非我故。慷慨留連，相如之暮。念公之明，明而有容。忘情燭理，惟道之中。念公之材，才不病物。舉措操守，惟義之恤。淮濆潁尾，嵩臯汝川。童兒野叟，猶知公賢。公德既厚，公疾不年。理不可請，則歸之天。嗚呼師民！尚饗。

代范忠宣祭蔡浚明文

人有所懷，失則茫然。況於生死，親舊之間。君也昭昭，凌厲奮發。每將騫騰，則必顛越。十年之中，進寸退尺。謂君永長，乃其所得。云何半塗，不行而蹶。事既移矣，人既非矣。高才令譽，若徒爲矣。寓言數十，隨涕洟矣。嗚呼哀哉！尚饗。

祭仲兄舍人文

維紹聖三年，歲次丙子，正月壬辰朔，六日丁酉，弟奉議郎、充秘閣校理、新差知虢州軍州、兼管內勸農事、輕車都尉、借紫某，謹以清酌庶羞之奠，致祭於故詳定舍人八兄之靈。己巳之歲，某罹家禍，以墳墓之故，獨居於鄭丙舍，內外之喪，漸營襄事。其一則先妣馮翊郡夫人，次則吾兄也。至庚午歲之孟秋，可以葬矣。而嫂氏獨謂歲時月日，或不利於吾兄之兒女，不知得於何人，出於何書，而誰教之也？書十返，人三往，而竟不易。某使宗親內外，說嫂氏萬端，大要舉尊喪而卑喪從之，不一一校，天下古今之所同也。而嫂氏移書宋匪躬家，反使勸某，且言不必會葬。故當時內外大小，凡舉十有五喪而遺五兄，雖鄭人知之，而爲恨豈可量耶？其後吾兄之子益長，嫂氏既悔之，歲在丙子，始克葬吾兄。而某千里，偶得會葬於此，平昔之恨，庶幾少弭。惟吾兄孝能適親之心，忠可尊主之德。早歲家無儋石之儲，教養諸弟，嫁諸妹，宜學婚葬，各得其所。及居朝廷，以行義材識，見稱於時。雖大制作，一經其手，遂爲不刊之典，蓋治家之管仲，而本朝之蘇綽也。不幸早世，不得殫見於事業，葭塗京城之南，十有五年，而後克葬，豈皆有命而復有時耶？追念疇昔，言悲心怛。姑陳野祭，以寄臨穴之哀。尚饗。

省墓祭文

維年月日，孫朝散郎、新差知鄭州、軍州兼管內勸農事、兼專提舉黃河掃岸護軍、借紫某，謹以清酌庶羞之奠，敢昭告於皇高祖太師、高祖妣太夫人、皇曾祖文簡令公、皇曾祖妣楚國太夫人、皇祖侍郎、祖妣郡君、皇叔祖侍郎、叔祖妣郡君、皇伯光祿、伯母郡君、皇考銀青、妣永嘉郡夫人、妣馮翊郡夫人。某近蒙朝廷牽用，改守奉寧之官。在塗來覲阡壠，恭陳野祭，祇合明靈。雖入里下車，具存於先訓；而過家上冢，寔賴於國恩。矧如父母之邦，更此松楸之託。敢忘惕屬，以墜家聲。尚饗。

祭代州祖墓文

維元祐七年，歲次壬申，三月甲申朔，七日庚戌，孫左朝奉郎、充集賢校理、權提點河東路刑獄公事、兼本路勸農、提舉河渠公事、上騎都尉、借紫某，謹以清酌庶羞之奠，致祭於諸祖府君太保、太傅、諸祖母鄧國、韓國、代國夫人之靈。某承君子之澤，食祿於朝，待罪河東，來訪阡壠。年祀寖遠，潛德逾新。松檟雖亡，遺迹猶在。不改山川之舊，僅聞父老之傳。兆域可分，豐碑莫辨。謹陳野祭，祇合明靈。相像歎歆，徘徊終日。敢忘惕厲，以墜家聲。伏惟尚饗。

校勘記

〔一〕"祔"，《四庫》本作"祠"。

〔二〕"須臾"，原作"須曳"，據《四庫》本、《叢》本改。

〔三〕"傅説"，原作"傳説"，是正。

〔四〕"崇高"，《四庫》本作"高崇"。

〔五〕"司空"，原作"司馬"，據題與上文改。

〔六〕"安堵"，原作"按堵"，是正。

〔七〕"禍亂以銷"，原作"禍亂以錯"，據《四庫》本改。

〔八〕"悦如"，《四庫》本、《叢》本皆作"怳如"，義長。

〔九〕"行純"，原作"純行"，今乙正，參上句。

〔一〇〕"俾"，原作"卑"，據文意正。

〔一一〕"以德於世"，《四庫》本、《叢》本皆作"以鳴於世"。

〔一二〕"山圻"，原作"山坼"，據《四庫》本、《叢》本改。

〔一三〕"卷軸之富"，《四庫》本作"卷幄之富"。《叢》本作"卷軸一富"。

〔一四〕"目"，原作"日"，據《四庫》本改。

西臺集卷十八

五言古詩

雞鳴行

雞鳴問路行，挾馬渡溱洧。老樹勢突兀，指點疑山觜。茅茨漸分別[一]，牛馬猶昏翳。霜落路四平，星沉天若水。小民幸安樂，朝廷多賢士。食祿乃強顏，留連[二]為妻子。吾聞嵇阮輩，放蕩形骸弛。而我小縣中，區區又何理。

自羅山入信陽再過金關道中作

陰林寂無風，鬼火自明滅。山泉怨何事，耳聲入嗚咽。青泥濺馬腹，黃葉沾人髮。半夜渡前溪，昏昏水中月。

自山陽還至壽春道中有感

寒風切人骨，晴日淡無色。千里今又還，何時許安宅。此身方齟齬，此地尤反側。安得羽翼生，高飛離楚澤。

潁河夜泛

提攜俯清流，自適固閒燕。深行豈不好，路遠怯縈轉。撐舟上孤渚，星月燦水面。目力不自收，隨波起花眩。誰家種禾黍，綠色壓秋甸。樹密雲更深，雲昏山不見。杯盤任狼藉，起坐有餘戀。幸偶東山儒，況逢京國彥。何人發高詠，滿坐清風遍。顧我童子吟，奚能愧雕篆。

從范龍圖月夜泛舟

年豐閭里安，歲晚生事歇。官池公載酒，痛飲消日月。迫冬上青林，山氣凋人髮。坐若江海遊，樓船中夜發。冷光飛太虛，照我盤中蕨。清影落潭心，逃遁蛟龍没。如窮河源邈，相見崑崙崒〔三〕。怪石鈎我衣，嵌空盡山骨。上賓富佳詠，音動黿鼉窟。涌溢詞有源，倒恐三江竭。公懷滄洲趣，一夕夢南越。別有諫諍姿，屹如韋補闕。

五更 原注：簡子思舅損之諸君

五更不成夢，起坐〔四〕倚東壁。曉月下中天，照我西屋白。路行相衝衝，林宿聞啞啞。便欲就巾冠，巾冠正狼藉。

自靈泉晚過崇因寺口占

前峰竦而嵬，後峰屹且硪〔五〕。冷月射溪水，緊風平野火。同遊獨無語，此意誰知我。虎避無情人，出門不須鎖。

宿崇因寺十韻

山大石巖巖，川平〔六〕沙莽莽。深崖忽有路，一寺何高敞。彼僧胡爲知，迎我共攀上。夜深眺前峰，百里如指掌。詩翁旋沽酒，欲得詠今曩。下筆皆珠璣，嗟予豈能仰。往來氣益乘，欲敵不敢往。回笑塵埃人，何殊在羅網。吟哦不自制，逸韻彌清響。便可書壁東，留爲異時賞。

和子思舅氏晚出崇因之什

煙花寒已凝，風色晚尤惡〔七〕。路雪愛縈綿，簷澌訝垂籜。途行想前事，數歲只如昨。漸欲過陰崖，愁看冰鑿鑿。

留別陳子思舅

三載豈不長，回念如轉燭。南行在今夕，何以圖款曲。朱輪走歧路，夫子駕牛犢。權門聚冠裳，夫子偃空谷。甘貧分始定，樂道心乃足。自怪離別間，悽然悲滿目。欲爲商聲操，操變不可復。欲爲秦聲吟，吟短不可續。杯行童無語，慷慨遶空屋。別後兩何如[八]，祇應保饘粥。

佳　辰

春風雪中來，吹我堂上茵。斑衣次命服，左右如卿雲。芳樽洗復酌，再拜屬吾親。親年如大家，四子十二孫。子孫亦何事，忠孝而能文。請看今世願，不必辭賤貧。三牲苦易得，軒冕祇榮身。願以五百歲，獻母爲一春。

再至兗州簡黽十二子履

送客客未至，自作河梁遊。清瀾浴曉日，爛漫黃金浮。頻藻飄不斷，悵望蓮亭幽。憶君古堞詩，八月如轉頭。

静勝軒

官居背西埔，有屋[九]惟蔀室。川原在其外，指掌千里隔。李侯富天巧，鑿壁盜山色。清風灑面至，竹蔭橫西北。坐令方丈地，萬古遺勝蹟。管氏南州來，謂侯有靜德。朱輪走歧路，夫子駕牛軛。權門聚冠蓋，夫子偃空壁。甘貧分始定，樂道心乃得。自怪塵土人，茲焉憩行役。欲爲居士操，聲淡不可識。欲學幽人吟，詞野不可易。忘懷古今混，問道乾坤窄。此意竟如何，青燈夜方寂。

古　寺

崎嶇五六州，夏行今欲雪。亂山出已盡，平地心目豁。晴日午未溫，霜雲晚如潑。蕭疏秦樹遠，曠蕩周原闊。徑竹掩招提，門庭苦淒颯。廊低不可步，壁朽何堪劄。歲月驚轉頭，是非紛若櫛。行歸聊可悲，再出尤凜冽。用此免饑寒，謀生一何拙。

城中見山

塵埃埋馬足，人事如鼎沸。朝餔尚不厭，何暇論身計。北山十里近，雲色常陰翳。日日在目前，無由謝城市。

曹南席上分題警鶴

清風來九皋，月出寒夜永。故人聞鶴唳，驚起同引領。山遙聲有怨，樹暗飛無影。不若君子言，詩書日相警。

熙州蔣潁叔侍郎席上

仗鉞出金門，投壺開玉帳。高秋沸簫鼓，萬疊環青嶂。白雲襯湖底，舟行若天上。絕勝後將軍，峽中惟四望。

蒙晁美叔秘監召觀書帖繼示長句次韻

作官在閒地，而我不得閒。有懷南陽書，三載願未還。駕言覲中郎，踴躍心桓桓。軟言慰孤寂，芳樽潔晨餐。詞妙編簡動，理愜心意安。期爲高人知，匪效男女歡。珍怪漸傾寫，寶墨來三韓。內愧無衣裾，靦面依門闌。元非白眉者，謬作青眼看。古書羅異代，千百猶示殫。如何二王迹，到今紙墨完。若獲摩尼珠，實在承露盤。開緘龍蛇踴，偃蹇風濤寬。熟視已收卷，愛惜還重觀。筆意不可盡，始知學書難。永慚出納卑，敢近華省觀。珍重難再覯，出門猶據鞍。

感興簡歐陽仲純兄弟

昔我來潁州，繫馬西湖濱。潁州絕褊小，所愛民心淳。中間入南國，八載寄壽春。去潁無十舍，上風已頑囂。從茲重所處，不敢擇要津。遷徙雖未固，常潁爲潁民。今者伯氏來，得官邑相鄰。民愚少門訟，所訊由饑貧。吏戀不識字，況復能舞文。惟有租與貸，未免勞躬親。而我無官事，獨得頤精神。日高偃空房，睡足方欠伸。日暮近燈燭，誦書忘冠巾。懶來起復坐，自在如閒雲。憶昨遊京師，交友千百羣。賢否未可辨，正直惟仲純。仲純年始壯，氣概雄三軍。文章不待學，下筆如千鈞。飲酒或一醉，萬物如埃塵。近過潁州見，顏色彌清醇。兄弟亦相遇，磊落皆奇人。邀我上書堂，爲我拂素茵。呼奴正大案，食飲羅甘辛[一〇]。論議不惜口，彼此從天真。夜川月已黑[一一]，笑語猶相聞。丈夫各有志，大者思經綸。其志苟未得，不如安其身。何時買鋤犁，耕鑿潁水垠。潁鯉如可釣，持竿就漪淪。相逢俟頭白，不復思淮瀕。

送王君儀北歸

不能送君行，強題送君詩。詩中有鄙語，不是離別辭。君長不五尺，氣若千丈霓。談輕掩衆口，論道驚羣兒。況君擅才華，文若老吏爲。剛腸乏軟語，面折不我隨。人嘗論君材，照坐珊瑚枝。疇能論君心，清淨加摩尼。奈何三十六，未免州縣卑。君裝赴國門，僕瘦病馬羸。太倉幸可糴，窮達慎所之。儒冠易感慨，華屋難伸眉。紛紛兒女曹，足令壯士悲。工部貪採藥，漢老甘茹芝。不逢方外人，勿吐胸中奇。

贈盧礪

東風吹大河，北客思故鄉。門前車且留。念子[一二]道路長。子服儒衣冠，其家有禁方。非徒學之精，而又心術良。聞聲辨生死。易臂知陰陽，救療先閭里，懶上王公堂。子來視余疾，反側方在牀。頭風應手愈，珍重不敢忘。遺我刀匕藥，三年用康強。我家乏黃金，我才非庾郎。贈子不成禮，禿筆題藥囊。

和孔毅夫學士題小閣

共坐既云隘，出也欲何之。晴牕日可負，此地猜瑠璃。朝衣雖已穿，襆被亦已遲。緬思廬霍勝，入手當何時。

和孔毅夫省宿

拙學如拙商，欲益翻折閱。壯心消已盡，況復形羸苶。君年雖不少，而目猶冰雪。漢署夜如何，青燈兼白月。

再和孔毅夫省宿

吾懶不閱書，知書不吾閱〔一三〕。雙瞳瞀仍眵，四體病如苶。黑鬚忽已蒼，但未頭如雪。空食竟何裨〔一四〕，留連驚歲月。

和晁秘校

墻濕生野蒿，簷低脅嘉樹。涼飆屋上過，故以逃大暑。念彼遠戍人，荷戈事軍旅。而我幸安寧，尚愧林泉主。

和僧圓益題靈泉

我思靈泉遊，不免去閭里。山寒景更清，觸目皆可喜。茲泉何潺潺，宛若雲霧起。酌之無淺深，那更〔一五〕問泥滓。盤盤山爲腹，巒巑石爲齒。噴薄無四時，其靈止如此。斯言聞於人，豈得盡其理。更喚山老來，煩師問初始。

壽李少卿

佳辰遡中元，大第羅燕席。千歲〔一六〕共茲日，冠蓋合佳客。中堂上壽遲，喜氣生四壁。男女燕雁行，樽俎皆潤澤。惟公臺省舊，況是文章伯。明星在中天，五福陰有力。惟茲基本厚，未止家萬石。共揖廟堂尊，蒼生日安宅。南園椿已大，悠久與之敵。長看堂上兒，白頭衣五色。

希魯奉議四兄生日

畫工畫青松，慘澹千年姿。遼鶴俛不喙，下有〔一七〕龜如綦。丈人坐中間，白髮衣帔帨。云是東方宿，來爲壽者師。再拜致此圖，惟兄能似之。骨强老於松，心靜靈於龜。形健瘦於鶴，自與長年期。從來事丹竈，得道今已遲。定應圖上人，適照生之時。富貴雖常情，在兄奚足爲。王侯金滿堂，不義乃滓泥。豈如食舊德，朝冠與朝衣。況復源流遠，後昆未可知。好看學行者，恐是麒麟兒。

讀縣父詩榜

縣地苦迫窄，縣亭乃荒涼。胡爲君子來，到此成詩章。上陳圖史樂，次道爲政方。終焉戒易足，俾爾能自强。荒亭實何幸，得此人不忘。年深粉墨剥，辭意彌激昂。誰云官究小，會有真龍藏。其珠在人家，門戶常有光。余來誦反覆，感歎鳴中腸。臨風亟欲和，把筆猶徬徨。安得杜陵翁，爲我題屋梁。

讀于濆詩

于濆詩不多，遺藁數千葉。細觀作者意，重歎今人拙。雅辭清我骨，勁氣噴壁裂。感激生亂亡，辛酸更愁絶。長城句最苦，三讀淚流血。莫學蒙將軍，功高家國滅。

傷春

人傷春色老，我傷春色深。桃花未肯落，半月羈吾心。有酒且斟酒，無酒將奚斟。有詩謾吟詩，無詩將奚吟。詩酒兩不得，坐愧桃花林。咄嗟富家兒，滿堂收黃金。

苦雨

陰雲藏雨來，風吼如海潮。乖龍喜當路，下雨連三霄。平河忽瀰漫，不見城東橋。蟄者灌其穴，飛者飄其巢。惟有魚與黿，得勢饒腥臊。雖聞雷霆震，若有鬼神號。禾豐不得斂，穗濕依生苗。農家堵戶歎，始覺虛勤勞。乖龍莫之悟，自謂膏澤饒。始知旱魃虐，未得如雨妖。

七言古詩

自羅山入信陽過金關道中作

村南聞雞在村北，土堡如堪竹巋脆。野蒿誅盡露溪滑，山樹燒殘空石骨。疾風吹蓬如卷裘，河水夜凍凌割舟。但願黃堂賀新雪，單衣布韈非吾憂。

濟陰

東州女兒年十七，身在風塵如在室。紅腮綠領巧相宜，露浥海棠嬌滴瀝。態濃意遠畫不盡，對客無言卻真實。濟陰縣令為留連，樽俎相逢復相失。我讀古人書，又愛斯人美。既未能忘情，亦未能忘禮。以情敗禮禮之賊，以禮約情情有止。上不與汝礙崆峒之山，下不與汝隔滄浪之水。無山無水有城市，咫尺青樓三萬里。東家酒香噴蘭芷，對客醉歌而已矣。君不見魯國有男子，拒户不開寧老死。

送范德孺使遼

都門冠蓋如雲多，馬頭匝匝金盤陀。平明三節出城去，使華已過桑乾河。桑乾地寒氈作屋，水霜[一八]漫野飛鴻鵠。道旁簫鼓動地迎，鐵面蕃兒皆拭目。金鈌裝成寶刀利，銀鞍半露貂裘燠。日高賓館駐前旌，饋客往來隨酪粥。河間未弛新亭障，山後猶存舊風俗。幽燕婦女白如脂，露面來覘漢冠服。邊風吹雪氈氈城，氈城在處爲屯營。黃沙行盡到靴淀，新年下馬單于庭。庭中之人識漢事，而公赫赫傳家聲。君臣把酒重相勸，知有從來忠孝名。好言天子神聖武，際天接地皆王土。桑麻萬里富中原，制作千年還太古。白日親觀丹鳳翔，黃河近報神魚舞。不須鐵甲屯大荒，坐見長城倚天宇。況君總髮懷剛腸，往年司直中書堂。單騎走馬絶瀚海，而今復使天一方。平時出入雖故事，男兒舉足安可量。鄙人再拜贈公語，北邊射獵雲雪罔。平安烽火三萬日，羽林超距閒金湯。年年蕃馬輸漢地，後車礧礧牽玄黃。願持成效獻天子，歸來躍出尚書郎。歸來躍出尚書郎，鏘金鳴玉趨明光。

送朱彥文通直從慶陽辟命

洛陽之人秀眉宇，束髮從軍心自許。南徹梁江西瀚海，萬里相從舊賓主。慶州之險山作城，青岡路狹如門鼠。我嘗與君馳大漠，夜掘黃沙枕冰土。君今重行計安出，羽檄攪槍待君處。去年天狗墮地鳴，今年擬破靈鹽城。男兒鞍馬是常事，髀肉消盡須重生。況君到日春風發，行雲夜閉沙場月。戰馬沾泥不用嫌，功成便浴讎人血。君不見高平范公慶曆時，往築大順人不知。千金散士得死力，橫山可取猶提攜。至今塞下呼老子，關中使者公之兒。當年奏議千萬語，攻守二策真可師。勿云近事不足道，狄青之輩爲偏裨。

送田百里歸唐

田百里，飄泊如雲心似水，我每思之中夜起。忽來訪我黃河涘，抵掌欣欣不能已。身形雖幺麼，膽大無與比。兹行若過汝水濆，爲寄新詩與陳子。

次韻和歐陽季默觀書紀事之什

歐陽季默年三十，處世雖艱心地吉。居於頹垣[一九]壞屋偪仄之巷，而有倜儻慷慨汪洋之美質。高才橫騖若飛走，橫野騰山漫罝畢。吾懶居家病益生，絮帽蒙頭造君室。兒童驚窺前復後，笑我衰遲見風栗。升堂發篋數百紙，爛錦繁華照初日。怒生風雲與神會，怪走龍蛇堪股慄。奇蹤雖在人已亡，今也源流苦蕭瑟。吾家緹囊亦三四，縱有名書未充實。妻孥饑餓謂無用，詳語如蠻常唧唧。黃籤青縹纔數種，若比君家百無一。後會慇懃定若何，人生聚散胡能必。

次韻和晁秘校招飲

侯門公子桃花色，歧路書生情反側。羨君脫灑心坦平，交友如林真少得。懷中有疏未肯上，鄉里小兒空太息。黃粱甑冷且沽酒，爲客典衣無顧惜。淳于道舊醵五斗，倒載不辭門戶隔。共約他年江海遊，醉斬鯨魚尋李白。

依韻和祖休承議

吾聞明霞之綺良工造，若比君詩工不到。擲地方知作者神，補天非是常人巧。放懷似覺乾坤小，名節雖高生事少。君不見漢陰有丈夫，脚踏空山樹芝草。

蓋公堂歌

膠西丈人頭皓白，避世不作諸侯客。黃帝老子是其師，短褐補肩人不識。嗚呼相國起文吏，能解干戈謀社稷。諸田喋血腥未已，封裹瘡痍與休息。三齊儒生多説士，強讀詩書談治國。席間衆口亂如髮，鄉飲明堂盡陳迹。丈人西來貌甚野，藜杖柴車面黧黑。坐言治道本無事，要爾蒼生自安適。爾能高卧知大體，男子耕耘女蠶織。用之天下如掌上，況爾區區城七十。相君再拜受其教，舍以高堂奉顏色。相君已死君不來，千五百年人歎息。耽耽新堂作者誰，密州太守文章伯。太守高吟醉太白，年穀常豐無盜賊。三牛倒曳九仙木，大斤截落琅琊石。修梁巨柱屹如湧，磊落巍峨稱公德。太守思公公不見，闔戶張筵望南北。詩成鬼神相對泣，文就龍蛇驚辟易。公今存亡詎可問，況今自有神仙骨。五巕山高近城郭，太守有堂奚不宅。我欲寫公之意於鳴琴，又欲畫公之容於四壁。太守胡不置我於其側，我欲奮飛無羽翼，注目高歌淚沾臆。

鴻濛歌 原注：范龍圖生日

山川鴻濛火未流，祝融羽衛行九州。南方有氣纏斗牛，乃生之人宜公侯。諫書十上辭不留，繡衣夜過咸陽樓。清談玉帳羌戎羞，羽林超距閒貔貅。單車弭節瀰岸遊，世間萬事公無求。兹辰歌舞良燕休，滿堂賓客來曹劉。再拜酌酒交獻酬，文彩照耀珊瑚鉤。願公壽考踰山丘，以八千歲爲春秋。

海　内

海内儒生十七萬，日誦詩書頭白半。中有成名當路人，卻視詩書猶弊券。猶弊券，可奈何？勸君收淚莫零落，古往今來此輩多。

古冢行

朝行古冢東，暮行古冢西。冢中古人骨已朽，冢外遊子今何之？朝食古道南，暮食古道北。道傍古迹不可見，道上行人常役役。古人居今人必愛，今有古人人不識。面前和好兒女顏，背後往往張弓射。拂衣歸去非不會，無宅無田歸未得。長靴短笏隨衆人，斂首低顏爲俗客。深居晏坐尚恐喧，平路緩行猶恐蹶。口中有聲未嘗吐，嚥入喉嚨化爲血。君不見谷口鄭子真，又不見蜀中揚子雲，子真老死耕巖石，子雲嗜酒惟釅釅。丈夫窮達皆有命，萬事得失非由人。街頭沽販味雖薄，猶可賒來傾入唇。

提葫蘆行

提葫蘆竹叢裏鳴，昔嘗見人學，今乃聞爾聲。草深山遠徑路狹，春盡日長花竹明。往來行人竟何事，足繭滕穿千里行。離家去國已牢落，況復饑渴貪前程。是時聞爾勸沽酒，下馬解帶留長亭。

花溪四松

君不見吾植四松樹，多植六松非溢數。高織筠籠避猛風，頻挑壞穴防根蠹。直幹清音已可憐，短長尺寸詩可傳。草堂舊客今安在，錦里花溪四百年。

觀文與可學士畫枯木

韋偃樹石名天下，後日良工無及者。任侯借我枯木圖，石氣蒼茫若唐畫。畫時只用牀頭筆，與可親題是真蹟。霜皮合抱隱不彰，老蓋支離存半壁。梢摧骨朽心已穿，幹爛龍鱗體猶瘠。生意雖休根柢在，崛強杈牙倚天黑。膠流斷節文理深，笋枝剝落如鍼直。坐久疑行古塞外，凌空慘澹千年色。起身就視覺有神，不見筆痕惟澹墨。豈徒揮酒無人似，苦節清風貧到死。任侯珍重意何如〔二〇〕，不獨畫好心君子。若使與可為俗流，枯木雖佳侯不收。

楊照承議蘆雁枕屏

畫師不肯傳風蝶，故作枯乾逞奇絕。清秋未合結繁陰，深戶何曾灑風雪〔二一〕。雪裏鴨兒苦耐寒，眠沙枕浦白雲團。黃蘆槭槭枝葉乾，江頭鳴鴨恰飛起，恍如身到瀟湘間。瀟湘洞庭雲水隔，山路坡陀斷行客。從來冬景畫已難，況有翎毛似鶴白。已覺冰漫稻粱少，更疑水宿溪垠窄。生平有道付滄州，今日牀頭行動色，屏風主人家近便。我昔曾過潯陽縣，田蘆野雁嘗親見。出門解榻定近逢〔二二〕，借我江鄉今對面。

校勘記

〔一〕"分別"，《四庫》本作"分明"。

〔二〕"留連"，《四庫》本作"流連"。

〔三〕"崒"，原作"萃"，據《四庫》本、《叢》本改。

〔四〕"起坐"，《四庫》本、《叢》本皆作"路坐"。

〔五〕"屹且硪"，《四庫》本作"屹且峨"。硪，同"峨"。

〔六〕"川平"，《四庫》本作"平川"。

〔七〕"晚尤惡"，《四庫》本作"寒尤惡"。

〔八〕"何如"，《四庫》本作"如何"。

〔九〕"有屋"，《四庫》本作"有居"。

〔一〇〕"羅甘辛"，原作"甘羅辛"，今乙正。

〔一一〕"月已黑"，《四庫》本作"月色黑"。

〔一二〕"念子"，《四庫》本作"念此"。

〔一三〕"吾閱",《四庫》本作"我閱"。
〔一四〕"空食竟何裨",《四庫》本作"空室驚何裨"。
〔一五〕"那更",《四庫》本作"那再"。
〔一六〕"千歲",《四庫》本作"今歲"。
〔一七〕"下有",《四庫》本作"又有"。
〔一八〕"水霜",《四庫》本作"冰霜"。
〔一九〕"頹垣",《四庫》本作"頹敗"。
〔二〇〕"意何如",《四庫》本作"竟何如"。
〔二一〕"風雪",《四庫》本、《叢》本皆作"飛雪"。
〔二二〕"近逢",《四庫》本作"相逢"。

西臺集卷十九

五言律詩

出　郊

出郊雖未遠〔一〕，已似惡塵埃。徑穩車先到，門閒客自開。花從今日見，會是隔年來。載酒無知數，揮金可快哉。

索　馬

索馬周岡寺，鳥鳴問去程。頑風入衣冷，寒日帶霜清。朝市心雖懶，江湖計未成。因循已三十，真恐誤生平。

信陽道中避暑

下馬湯家市，前村數里賒。敗籬瓜少蔓，簇舍豆先花。放袖從風入，停鞍待日斜。欲知爲客恨，更久不成家。

郾城道中阻雨

秋雨連三晝，羸驂驅不前。氣昏吁可怕，雲斷復相連。風急時翻蓋，泥暄懶著鞭。窮途不須問，吾道付高天。

許田道中雨止

索索風回陣，暉暉日弄晴。掃門收石潤，走馬覺身輕。路闊車添轍，泥乾僕問程。暮川行客遠，雲氣自昏明。

虞城病中遣懷

本作看書室，翻成搗藥堂。心違經歲月，病久怯風霜。未數囊中帙，先論肘後方。喜聞臨賀守，鼓枻過湘江。原注：長兄國博守賀州已滿，歸必有藥物。

望王屋

感激愚公事，傳從太古時。伏中猶積雪，雨上見朝曦。氣與扶桑接，心疑峻極卑。天壇如可至，吾欲摘參旗。

過朱仙驛

氣象皇州近，川原暮靄中。沙平千里白，日入半城紅。出處形容改，驅馳歲月同。身名行可料，天地一衰翁。

遷居潁谷〔二〕

漸入深山處，都無客到來。輕裘勝挾纊，渴飲當銜杯。得失情何預，閒忙老共催。清風一披拂，安坐興悠哉。

定 居

臘盡風霜急，東城始定居。豫抄新歲酒，卻讀少年書。好事心渾懶，談空病未除。轉頭成四十，吾道竟何如。

贈修顒上人

巾鉢來何所，茅齋近竹林。能談高士傳，會得祖師心。我識詩情苦，公求理性深。三年居潁水，誰復是知音。

留別損之大士

去去南州遠，無人可問禪。牽懷從此日，聚首在何年。水落城東路，風清淮上船。我心須自寫，彈斷古琴絃。

河陽[三]閒居

飄泊成留滯，河陽見五春。壞池無過路，委巷作比鄰。糲食稀留客，肩輿懶倩人。臨流休照面，自合鬢如銀。

河陽重九

佳辰雖可重，無客共登高。蒸粉隨粗飯，挼花對濁醪。放歌元不解，擬賦亦徒勞。坐聽兒童語，悠悠愧爾曹。

獻壽二首

慶日三陽近，高門附帝居。迎祥春入幕[四]，獻壽晚連裾。中子今持節，諸孫日誦書。始知題萬石，未足大吾閭。

家近黃金闕，筵供白玉船。兩孫今應詔，一子日朝天。壽酒如鱗次，斑衣作陣圓。夢齡人試數，從此更千年。

佳辰二首

傍臘春猶遠，佳辰氣自和。慈顏親事少，壽相比人多。姊妹新爲會，兒童預作歌。萊衣容醉倒，始奈錦茵何。

戶內三千口，誰爲第一樽。清風傳舊族，陰德助吾門。阿母神仙降，班姑法度存。他年堂上燕，侍立見玄孫。

姪馬子試晬[五]

去歲當今日，兒生在北堂。眉疏才必秀，耳大壽應長。乳驥蹄猶小，冥鴻翼未張。吾門如可大，藉汝志強梁。

早赴城西倉即事呈諸同志

上馬雞鳴後，都門四望中。曉光欺月色，和氣挾春風。計拙功名遠，官閒況味同。醉鄉如可入，相率慰飄蓬。

就南排岸謁宋成伯，不值而還蒙詩見贈，次韻

懶作青門客，來尋隱史居。上堂誰解榻，窺户卻還車。似怕臨池驛，空翻插架書。生涯知有地，共學灌園蔬。

乙亥歲八月十五日夜，同景叔知府少卿、翼道提舉大夫，望月於河中之名閫堂，兼簡襄守歐三叔弼、虢守孫八元忠二首

上樓初照席，條華漸分明。佳節三秋半，前期一雨晴。冷光天外散，高會世間清。坐久疑輕舉，微風習習生。

秋深仍雨過，望月晏高城。列岫呈中夜，微雲避太清。星沉天若掃，林迥[六]野無聲。故友知強健，應同醉五更。

陪蒲守景叔學士會暢家園

亭[七]幽宜更酌，樹近合頻行。蒲劍摻摻長，荷錢疊疊生。隔林千岫踴，帶郭一川橫。共選尋山屐，無心更濯纓。

沈丘縣遇冬至夜會夷仲、明叔

佳節無佳句，留連小縣城。客來爐火著，人靜佛燈明。把酒隨時俗，高吟屬弟兄。令人驚歲月，屈指是新正。

次韻和宋寧道太祝許氏園席上

雅宴[八]屬才華，清詩自一家。高談落風雨，醉目傲煙霞。席地疏林隔，傳杯小徑斜。再來春已老，猶得醉殘花。

次韻席上

無聊[九]情易感，多病酒先除。城影落平地，月光飛太虛。高

吟空有調，倦思本無餘。讀罷傳三鼓，披衣歸我廬。

夜宿崇因寺述懷奉呈諸公

月老庭除白，火明山頂高。酒容無俗客，詩興性吾曹。促席暫歡謔，思家還鬱陶。坐聞鐘磬響，那免話離騷。

寓宿樂明之殿直家戲作

地狹開爐小，門深掩逕斜。雨寒冰裹木，風怒雪翻車。北第頻留客，南園欲探花。我身無定所，酒到是吾家。

會草堂嘗酒戲成四十字呈子思舅

白酒旋開封，身如鳥出籠。愁腸先抹倒，醉眼任矇鬆。甕近那妨就，杯寒且更烘。翁居鎮如此，我馬又西東。

酒　後

爲爾題詩句，詩成莫浪傳。避人那是怯，勵酒[一〇]自知妍。翠袖身如削，清歌喉未圓。良宵誰與并，明月共嬋娟。

次韻子思舅

幽居山霧合，日色曉相交。凍馬空嘶櫪，癡鴉不離巢。舊醅澄綠沫，新橘破朱苞。我豈揚雄比，無須苦客嘲。

讀子思詩二首

子思詩二百，開卷淚霑衣。今世識者少，古人能亦稀。當年出咳唾，此日成珠璣。誰憐盛名後，妻子貧無衣。

子思詩句好，當日少知音。不作蘇梅體，猶勝庾鮑吟。郴城山不改，清潁水猶深。試問安良事，流傳直至今。

次韻李成之待制見寄

有客昔遭遇，郎官帥秦川。得閒欣燕處，佳句出天然。羽翼九萬里，功名三十年。詩成傳萬口，世俗累都捐。

次韻和子夷秘校見惠之作

啓函如會面，懷抱爲君開，昔有風騷主，今爲伯仲才。士風門外轍，生計掌中杯。早晚依閭巷，烏巾恣往來。

次韻楊久中阻雨

雞鳴雖不改，人病自添慵。地滑泥無迹，簷疏瓦有松。天低渾是幕，雲怒不成峰。欲決繁陰破，慚無利劍鋒。

次韻和越州監酒鄭令七兄見寄

去國悲新壟，還鄉曳故裾。澗寒迷路晚，花落度關初。計拙家無補，官閒睡有餘。生兒如可教，早晚大吾閭。

讀將叔弟送路帥詩

定州詩刻好，模寄比南金。道盡行人意，堪論作者心。邊城歸盛事，雅道付知音。珍重吾將叔，當時亦苦吟。

和宋成伯

度日門長掩，尋春事已非。鵲驚隨吏散，燕熟傍人飛。手拙裁書懶，頭昏瀝酒稀。坐來空咄咄，不是悟禪機。

蕨澗曹正叔有詩見寄，因以答謝

子學有餘力，我生無定居。與人常不合，謀己一何疏。酒熟同誰酌，詩成懶自書。會須還潁水，高枕閉吾廬。

得來書有感，因成四十字，呈夷仲、宣仲

獨坐長如醉，書來意暫醒。未能論會合，猶且慰零丁。客少庭稀掃，人回户又扃。歸期試聞卜，兄説紫姑靈。

寄南齋諸君兼簡牧之公遠

寄語平生[一]友，睽違情若何。每斟樽内酒，常憶醉時歌。大賦相如巧，新詩子建多。幸煩傳數紙，且欲恣吟哦。

寄鄭介夫

鄭子安强否，梅花萬里春。如何投虎穴，直欲犯龍鱗。北闕今無數，南方信有人。可憐妻子在，年少不謀身。

次十五里店寄交代楊十七判官

世事元無定，吾今得已多。轉頭新歲月，開眼舊山河。蹭蹬如君少，因循奈我何。此生深會得，不用接輿歌。

和李善初會張、范二公

會面雖難得，情親豈易忘。定須留客醉，應話老夫忙。地去朝門遠，身依古寺涼。相逢拚一醉，千日未爲長。

從軍還京贈羅適正之奉議

一别書渾廢，相逢老可嗟。免爲邊地鬼，還宿故人家。塞路風霜惡，京塵歲月賒。衰顔不重少，兒戲煉丹砂。

出巡河東與徐勳宣德

防敵無時節，論兵有是非。屯營蕃馬健，部落漢人稀。土屋

穿寒月，氈裘護鐵衣。相逢一樽酒，分首雪中歸。

送寅亮宣義赴明州

隨分之官好，舟行不計程。江山新入夢，風物舊知名。客館離人醉，賓筵楚士清。須知今夜月，近海更分明。

罷淮漕歸汝

任拙因成懶，求閒偶得歸。前途純可料，往事盡成非。汝岸瓜田薄，風川藿逕微。終須一遷徙，知有瀿魚肥。

至鄭州，望故陳子思靈泉舊居，愴然有感，詩以述懷

孔子嘗招隱，雞鳴汝上川。飲徒隨手散，詩草任人傳。甥舅元相好，妻兒也可憐。有魂招不得，嗚咽間靈泉。

忤俗

忤俗真堪笑，謀生又不能。放懷衣落拓，高臥髮鬅鬙。面垢常揮汗，牙衰怕嚼冰。牀頭鬖拂弊，不為〔一二〕逐青蠅。

書懷

高城壘修竹，小舍似山居。痛飲謀身懶，高歌與世疏。拂衣慚國士，買釣夢江魚。可笑虞卿老，窮愁強著書。

永日

永日梅空發，夜眠分作題。不因懷北客，未折向南枝。渡嶺朝雲斷，緣江春路遲。如何夢中作，常勝覺來詩。

秋　風

天地東南遠，秋風萬里來。青雲如漫語，白日會相催。頭帶千莖雪，心闌一寸灰。說歸歸未得，江海路悠哉。

夜　雨

夜雨洗殘暑，秋風應候來。庭柯色未減，黃菊意將開。布被已思夾，霜鐘漸欲催。歲華空向晚，心事日成灰。

破　屋

破屋風千穴，襦疏日一竿。長巾籠短髮，舊褐怯新寒。道路形容改，悲啼骨髓乾。乾坤非不大，無地得閒官。

疏　簷

疏簷團鳥雀，畫壁飽風霜。汲水三村遠，誅茅半畝強。齋錢隨客意，佛事寄僧堂。日落人相對，陰陰塔影長。

早　起

起作南樓望，山河在我傍。春風入河濟，曉霧合嵩行。帶郭名園少，穿雲古岸長。留連成皓首，何處是吾鄉。

策　杖

策杖西原上，東風意浩然。山河思舊隱，日月換新年。徑曲穿林巧，樽移席地偏。野花誰飣餖，故故簇平川。

亂水二首

亂水號新港，頹雲蘸古城。山樓遙出沒，野日自昏明。樹冷禽聲滅，霜高鶻翅輕。夢歸今未得，寂寞寸心驚。

水落芙蕖老，山高薜荔長。野雲吹不斷，晚雨氣先涼。信筆題詩逸，停杯漉酒忙。酣歌露雙足，有意濯滄浪。

恭輓神宗皇帝二首

御極三宸正，調元一氣淳。銅臺漳水夜，玉匣漢陵春。地拓山河舊，天升日月新。自今遺老內，有是四朝人。

北極迥天象，西陵法帝居。松門黃道直，帳殿紫宸虛。宴罷千秋節，縗〔一三〕纏六尺輿。御詩兼手詔，新見睿思書。

恭輓哲宗皇帝二首

遍覆仁無外，尊居道可名。就堯方日出，過杞忽天傾。海闊金梟下，宮開玉鑣鳴。早知龍竟去，鑄鼎不須成。

容衛千官出，攀號萬國同。新名西下壘，空定北郊宮。天泣時零雨，神遊恐御風。孤臣如在列，應許抱遺弓。

恭輓宣仁聖烈太皇太后四首

受遺開嗣聖，約禮避前人。聽覽存公議〔一四〕，艱難付老臣。宮車〔一五〕閶闔晚，帳殿鞏原春。似待吾君長，雲軒即上賓。

聽朝驚履輟，端拱畢平居。垂殿簾初徹，因山道已除。書遺長樂記，音斷濯龍車。誥下猶加惠，華夷定宴加。

因革功兼至，權宜道可稱。力扶天步穩，端拱太陽升，椒寢迷彤管〔一六〕，泉關付漆燈。須知天子孝，不獨改園陵。

勳業三朝盛，哀榮萬國同。人疑無外戚，家不選中宮。天泣時零雨，神遊恐御風。憂勞如治水，九載亦成功。

恭輓欽聖憲肅皇太后二首

維昔艱難際，安危屬母慈。玄龜猶不豫，大策更誰咨。搴霧雲方合，當空月遽迷。聖君常泣慕，知以〔一七〕舜爲師。

嗣聖當天日，權宜道不居。力明當辟事，豫下撤簾書。備物端門遠，神遊武帳虛。不知任與姒，較德定何如。

恭輓欽慈皇后二首

神考當天日，宮闈祝燕禖。日符元有感，坤軸歘先摧。追册音容閟，樊號吉葬哀。行知九虞祭，欽聖仗同迴。

緬懷章懿事，聖孝代相傳。比上欽慈册，還同明道年。玉衣晨不整，帳殿〔一八〕夕相連。聞説詞多感，哀容可動天。

輓司馬溫國公丞相二首

黃髮來雖暮，丹心病未休。艱難天下事，際會老臣謀。似覺浮風返，空嗟白日留。定知名洶洶，萬歲與千秋。

禮絶非因貴，哀深卻有榮。世間都畫像，海外亦聞聲。後事從諸老〔一九〕，前賢是友生。故應房魏輩，泉下定交情。

輓范丞相忠宣公六首

曳杖三朝老，持衡一品尊。忽同秦逐客，幾見楚冤魂。公袞方還第，輀車已及門。遺言不須記，一一表中存。

出處從來定，榮華取次休。嘗看居相府，只似在安州。不事千金產，能捐萬户侯。哀哉天報施，僅免葬江流。

伏枕言雖少，遺書志可哀。尚謀禆國事，猶欲盡人材。白日空垂照，悲風亦自來。更驚諸老盡，吾道信悠哉。

大節誰堪擬，危言每可驚。不牽身外物，寧向澤邊行。近闕官皆復，還家歿亦榮。升堂誰慟哭，知是老門生。

忠義傳三世，衣冠盛百年。功名富貴地，父子弟兄賢。被放長如往，生歸豈偶然。至家還不起，無處問蒼天。

揮淚西原上，晴雲爲我陰。誰知如望歲，竟不復爲霖。主聖空撝己，民思未絕吟。已休還一慟，非但哭知音。

輓司空申國呂公六首

浩蕩風雲地，哀榮屬老臣。兩朝尊柱石，三世擅經綸。際會看前輩，安寧付後人。不須論制作，風俗近還淳。

騎吹西城曉，衣冠一望中。尚疑歸鄭國，還似葬溫公。道在民先定，兵銷歲自豐。故知伊呂事，千載有遺風。

試論司空事，還如慶曆年。鹽梅雖國論，袞繡是家傳。二聖知人望，三公託世賢。奚須論燕處，無事不超然。

歲月還箕尾，風雲暗上臺。定超三界外，元自九天來。冰木逡巡合〔二〇〕，泉門颯沓開。太平雖已見，吾道亦悠哉。

位與諸公絕，恩逾上相尊。朝廷惟再拜，論道掩諸昆。體貌傳三世，光華聚一門。蒼天苦難料，端坐讀招魂。

道繼三賢後，名成六相齊。氣摩南斗直，功蓋北山低。背日衣冠祖，穿雲鹵簿迷。道旁誰白首〔二一〕，堅臥作兒啼。

輓王元之相公二首

門風清可尚，有道付陶甄。舊載傳家榜，新承顧命篇。遺文星轉斗，定策日升天。東府功名地，安居十五年。

道與風雲會，恩留雨露滋。小心黃閣老，大手白麻詞。家有衣冠盛，朝無故舊私。不須三寸舌，終號帝王師。

輓歐陽伯和三首

不起斯人疾，哀歌未是哀。淚流千點血，心死一團灰。白日空垂照，悲風亦自來。半塗成永訣，天道信悠哉。

慟哭西原迥，晴雲爲我陰。山河一長劍，生死兩知心。世譜傳來久，天文驗自今。此名埋不得，未信九原深。

純孝慈顔感，悲啼令季傷。鳧飛元傍母，雁少不成行[二二]。壽夭從開闢，賢愚竟渺茫。不須論甲子，未省鬢毛蒼。

輓履中學士二首

孝悌由家法，詞章亦世傳。婚姻甥舅好，門户弟兄賢。問疾猶樽俎，遺文謾簡篇。平生惟一轍，何事不長年。

漫向蓬丘老，都無一遣車。家人新買道，弔客舊通書。樂事生來少，兼官病後除。蒼蒼吾欲問，生理竟何如。

輓晁端友著作二首 原注：其子補之來求

好學五車富，輕財四壁負。風流漢家令，文物晉詩人。門户青氈舊，窮途白髮新。招魂誰解意，慚愧屈靈均。

試問生何事，清詩七百餘。父兄無舊產，妻子有遺書。散誕謀生懶，高情與世疏。蒼天高莫問，長短竟何如。

輓李成之待制六丈三首

高論嵇中散，行吟楚大夫。笑談雖自若，放逐竟何辜。浮世終難料，蒼天不可呼。莫論身後事，忠義付諸孤。

西帥旌幢舊，東州幾杖新。偏裨嘗破膽，徒弟盡書紳。雄略渾無敵，沉機妙若神。不須鋤盜賊[二三]，公在本良民。

道孤從白眼，骨朽任黄泉。不與今人合，容爲後世憐。文章還誤己，窮達竟歸天。遺槀知猶在，應空手自傳。

輓盧革通議三首

耆宿今多少，惟公景德人。家鄰吴市卒，名重漢庭臣。路在猶耕月，門閒似送春。纔知圖畫好，時見舊精神。

教子生前貴，休官物外榮。去家[二四]金節重，開户玉棺輕。江水元如舊，松林長未成。祇應山烏恨[二五]，長向壠頭鳴。

誰記先生事，聲名五十年。素風人不及，陰德世相傳。氣與名流合，官隨子舍遷。閽門賓客散，悵望白雲天。

代范忠宣輓中散母[二六]公三首

平日書生貴，中年使者尊。繡衣雖去國，珠履會填門。奏疏皆民事，遺言爲國恩。哭君無好句，端坐獨招魂。

宿昔函關路，遊人作上官。雞鳴軒蓋入，馬到吏民安。苦節催頭白，清名[二七]過齒寒。生平彈與挂，只是一朝冠。

解組將安適，無何乃故鄉。門庭雖取次，詩酒是尋常。車過音猶在，琴閒調已亡。因居悟生理，天地只茫茫。

代范德孺輓李稷轉運使四首

倥傯軍中事，飛騰使者尊。龍岡雖有地，馬革返無門。未見朝廷誄，空遺子弟恩。不如行楚澤，先自作招魂。

萬里魂應返，沙場血未乾。幽明新雨露，恩怨舊衣冠。聲作虞歌易，詞賡楚些難。莫憐歸骨晚，弔奠只空棺。

吾道何伸屈，斯人忽已亡。夢妖非二豎，風變哭三良。室有千年記，塵無一窖藏。舉頭天色在，今古自蒼蒼。

遺札何堪問，知無封禪書。殺身今已矣，報國事何如。人去衣冠在，魂來戶牖虛。應同廣川記，惟見玉蟾蜍。

五言長律

送太師潞國文公致仕赴闕朝覲歸洛

事業觀前輩，汾河出異人。擎天爲柱石，蓋代服經綸。早歲登黃閣，羣公會紫宸。指揮平大盜，咳唾福生民。契合由天意，威行靜塞塵。飽聞鳴鷺鷟，久已畫麒麟。陰德歸宗社，昌言啓聖神。功成能絕口〔二八〕，道在不謀身。自昔規模定，於今風俗淳。立廷山不動，容物海無津。文力揮南斗，台光拱北辰。英姿元歲業，雄略只逡巡。慷慨遺軒冕，光華被縉紳。十年三冊命，四海一師臣。貴極多齊物，名高卻任真。氣完神灑落，骨老石嶙峋。正殿需雲合，初筵醴酒醇。異恩非故事，全美勸朝倫。高卧鵷鴻集，忘懷烏雀馴。鬻熊心益壯，原注：鬻熊九十爲文王師，曰：投石超距，吾即老矣；坐策國事，臣心尚壯。尚父德逾新。行色嚴舟御，榮光照席珍。二疏翻小節，九老盡佳賓。坐上文章士，田間道義鄰。曹劉不難致，園綺會相親。穎脫居塵外，逍遥占水濱。孔光靈壽杖，山簡接羅巾。賤子登門晚，微官侍坐頻。倦遊心落拓，多難骨酸辛。懷古悲寥廓，低顔任屈伸。鄒裾羞掃地，墨突自營薪。餓死猶思洛，當年偶過秦。填溝知幸免，彈鋏更何因。宦況淳于賤，交情鮑叔貧。廢書頑度日，逃飲病酬春。請謁衣冠弊，留連體貌均。不堪名碌碌，尚辱誨諄諄。器小甘無用，詞繁恥重陳。綵衣園鶴氅，壽酒吹魚鱗。江海新歸計，乾坤舊化鈞。終篇懷感激，肝膽覺輪囷。

送交代楊應之判官歸洛

借問楊夫子，還家洛浦春。兩爲黃綬吏，雙健白頭親。烏帽斜欹面，班衣穩稱身。鵲靈方報喜，龜夢久方神。原注：應之光祿君，皆夢遊壙中，見其祖焉。旁有龜行，謂光祿君曰，以是賜而爲子。及生，應之遂名龜寶。取《史記》所謂龜者，國之寶也。高卧今賢相，居間舊老臣。上堂從隱几，侍坐好書紳。存沒空懷感，交遊索耐貧。先生墳上淚，御史甑中塵。嵩頂饒穿屨，伊流慣幅巾。直絃歌太尉，曲學笑平津。自滯心元懶，偷閒味〔二九〕卻真。折腰陶靖節，散髮屈靈均。王屋風鳴籟，龍門月漾銀。白芽烹澗水，緑荀當江尊。折鹿諸儒喜，騎驢大尹嗔。贈人袍已弊，賒酒券常新。小子元疏放，忘歸任屈伸。馬肝嗟屢食，犬吠脱無因。文史慚方朔，形骸謝伯倫。恥同珠履客，寧作醉鄉人。瓜熟叨爲代，情親願卜鄰。乞賤金躑躅，試研玉麒麟。祖道無供帳，停車有吐茵。心胸兩傾倒，轇轕動星辰。

送鄆州楊子安教授由京歸洛

好去嵩陽客，清河穩放船。東州新學校，南郭富林泉。悟道先生敏，爲文子弟傳。烏皮常隱几，黄絹動成篇。太尉風流在，裴休理性玄。老松生幹直，大海得珠圓。肆筆君房好，論才賈傅賢。尚書行給札，博士久虚員。獻策諸公喜，談經衆手編。長鯨鱗鬣就，儀鳳羽毛鮮。小子甘環堵，窮途懶著鞭。家貧門外轍，酒價杖頭錢。官冷雖知命，身閒學問禪。功名看異日，交契賴同年。明月行梁苑，涼風度潁川。叫閽宜上疏，負郭莫歸田。飲散杯投地，更闌斗挂天。離懷吟不足，彈斷古琴絃。

早　寒

十月清宵永，空齋已怯寒。霜籬飛葉密，風案拂沙乾。晏叔狐裘穩，公孫布被完。簷溜方綴瓦，井凍漸封幹。飽食留鷹距，虚驚落雁翰。誰來沽酒飲，自笑典衣難。想望存心曲，嘻吟恣筆端。河冰思澤國，路雪寄長安。邑邑爐灰冷，熒熒燭燼闌。門前生計在，葦蓆稱車單。

校勘記

〔一〕"未遠"，《四庫》本作"已遠"，非是。
〔二〕"潁谷"，原作"穎谷"，是正。
〔三〕"河陽"，原作"何陽"，據《四庫》本、《叢》本改。
〔四〕"春入幕"，《四庫》本作"春入暮"。

〔五〕"睟",原作"晬",是正。

〔六〕"逈",原作"逈",是正。

〔七〕"亭",原作"亭",是正。

〔八〕"宴",原作"晏",是正。

〔九〕"無聊",《四庫》本作"無寥",誤。

〔一〇〕"勵酒",《四庫》本作"勸酒","勵酒"意長。

〔一一〕"平生",《四庫》本作"生平"。

〔一二〕"不爲",《四庫》本作"不會"。

〔一三〕"縗",原作"哀"。按哀爲衰之誤,縗、衰通。

〔一四〕"存公議",《四庫》本作"聽從公議"。

〔一五〕"官車",原作"官車",是正。

〔一六〕"迷彤管",《四庫》本作"移彤管"。

〔一七〕"知以",《四庫》本作"常以"。

〔一八〕"帳殿",原作"悵殿",據《四庫》本、《叢》本改。

〔一九〕"從諸老",《四庫》本作"雖叢老",非是。

〔二〇〕"冰木",《叢》本作"水木"。

〔二一〕"白首",《叢》本作"首白"。

〔二二〕"不成行",《四庫》本作"不成雙"。

〔二三〕"盜賊",原作"盜賊",據《四庫》本、《叢》本改。

〔二四〕"去家",《四庫》本作"居家"。

〔二五〕"恨",《四庫》本作"憾"。

〔二六〕詩題"母"字,疑衍。

〔二七〕"清名",《四庫》本作"清明"。

〔二八〕"能絶口",《四庫》本作"絶能口"。

〔二九〕"味",原作"昧",據《四庫》本、《叢》本改。

西臺集卷二十

七言律詩

興龍節

簪笏千官拱帝宸，四方同日燕君恩。五絃度曲南風應，萬壽稱觴北極尊。金奏無譁覃雨露，瑤圓月算比乾坤。願爲善頌賡天保，如日如山萬子孫。

羅山即事

吏情臨老盍偷閒，異縣人風倦往還。古屋半摧元是塚，重岡相帶不字山。昇平是處容歪口，應接非心祇強顏。早晚騎鯨跨滄海，欲拋簪笏寄人間。

信陽軍筵設樂口號二首

談笑西州塞上春，歸來不薄兩朱輪。功名致主期三代，忠孝傳家第一人。御史平生能許國，將軍未老肯謀身。義陽今與淮陽比，汲孺當年亦諫臣。

曾將行事著成書，前世嘗聞近世無。帝闕天門辭禁近，蜀山秦塞任崎嶇。殿帷昔用書囊染，皮几今隨道帽烏。忠孝成名生計懶，義田十頃近蘇湖。

至曹州，值羅正之著作赴河上，有阻會合，以詩見意

百里傳書浪有期，到頭樽俎恰相違。春回通沇花爭發，冰泮

明河客未歸。年老無成今世有，身閒不飲古人稀。諸公憐我如相問，爲道因循未拂衣。原注：穀熟羅仲元著作與定陶、寧陵下邑諸宰，皆相識也。時與正之同部夫河上。

內中考進士

北風吹雪舞長廊，束帶三千筆陣忙。地色不通金瑣澀，天香未散玉爐光。龍埠暴漲詞源湧，鶴駕迷空羽衛翔。三月漢庭重射策，幾人彈幘待王陽。

入內考進士同考官唱和三首

早歲成名地已尊，徘徊五十始乘軒。官同長孺寧居後，疏似王陽獨上言。道氣鬱紆灤嶺秀，詞源浩瀚峽江渾。研朱共較公孫策，坐覺文風似建元。

未得還家意不忙，日斜人散傍修廊。白頭已向新吟懶，青眼相逢舊話長。高閣無聲沉晝漏，側門有路想天章。聞公自謂忘懷者，今日情懷豈易忘。

明光寓直偶然同，八百儒衣席漢宮〔一〕。下筆春雷〔二〕從地起，舉頭帝座在天中。條陳不啻三千牘，品藻今惟六七公。況是篇章容易得，好令編集附唐風。

登瀛閣

穿池引水事清幽，水有寒魚釣艇浮。慣識蓬萊好風月，裝成滄海舊汀洲。波涵弱柳雙行影，露裹衰荷半頃秋。從此東州富賓客，菲才先得從公遊。

余除鑄錢使者，居厚除尚書郎，俄皆銷印。即事二首呈居厚

出處平生大致同，中間得失等雞蟲。髦髦昔似晉羣謝，華髮

今成楚兩龍。握有蘭香爲子崇，御無銅臭坐余窮。善和舊宅殘書卷，只合連牀聽曉鐘。

病鴻垂翅噤無聲，慣見虛弦莫浪驚。二仲卜鄰元不惡，兩生堅壁未嘗行。出關誰識爲周史，入社猶堪伴洛英。都把首陽山占斷，採薇到老沒人争。

秦州道中

單車五月使西州，行入秦關鳥鼠秋。蘇季金多纔過洛，子房功大願封留。新詩欲報難開口，舊物聞思若轉頭。邊戍移書謝妻子，搗衣相寄不須愁。

別從事

從事歸來半白頭，吾今便欲別南州。穿花載酒知難得，散髮行歌且自由。官小恰爲黃綬吏，興濃思共赤松遊。莫嫌潁上生涯少，會向焦陂買釣舟。

潁州道中有感

異鄉聞説潁人賢，我到常疑地使然。江泛五程無險岸，馬行千里盡平川。新禾狼藉團團毯，遠樹婆娑簇簇煙。寄語汝陰官長道，曾須日上泛湖船。

臨潁道中值雨

野氣寒雲漫不收，飄風送雨冷颼颼。路長馬怯驚蹄滑，巢濕鴉飛打樹稠。計拙甘爲黃綬吏，途窮空敝黑貂裘。閉門坐臥真安穩，吾道東西不自由。

暫居河上，獲從致政丈朝請之遊，仰慕高風，因成拙句

葛巾欹側鬢毛疏，安穩揚雄宅一區。縱酒偶然因客至，行歌渾不用人扶。穠花嫩蕊何曾歇，小榭幽亭亦勝無。春日出郊惟跨馬，牡丹纔發到西都。

清河閒居

書囊藥笈付妻孥，解語嬌兒戲坐隅。几淨飽看新印史，壁高親挂舊山圖。待憑風月招佳客，豈有功名屬腐儒。小睡接羅巾自落，未甘散髮號狂夫。

望春宋公第

宋公池館舊相招，人比青松更後凋。但怪麒麟猶素壁，不知祥鳳已丹霄。賓筵揖讓雖分散，儒館風流未寂寥。不比填門并擁篲，百年纔過即聲銷。

題崇因寺

閒遊偶此共攀緣，勝事誰能為我傳。山鳥無巢任來往，溪流有石更潺湲。路迷空谷寒生霧，目極平林遠自煙。便是瀛州與方丈，不知何處有飛仙。

過天清寺

收拾閒官作伴來，百年懷抱為君開。高標不數慈恩塔，迥眺如登單父臺。料有神明扶岌嶪，恍疑星斗接崔嵬。不妨痛飲相牽率，待把生涯付酒杯。

曹南貢父學士席上

真珠花小帖顋垂，不分蘇州説杜韋。漢殿香新初著體，楚宮腰怯未勝衣。風林巢穩鶯雛嫩，水閣梁高燕子飛。欲作清詩答清唱，恨無清思敵玄暉。

賀吕子進舍人告謝

金殿移班再拜歸，門庭未冷又光輝。百年相府風流在，三世詞臣際會稀。應復異時常化筆，莫留同甲弊朝衣。似觀天上三階正，又有文星入紫微。

次韻和子思舅

聞説幽居傍北溪，莫將歸思作新詩。未爲野客隨翁去，應被山僧笑我癡。近日病中爲酒敵，原注：舊有戒酒之意，方可爲敵。他年物外得禪師。林泉漫有花開約，借馬相從能幾時。

和陳子思舅探梅

曉過東堂探早梅，山翁指處一枝開。只憐舊路無人到，誰爲新詩有意裁。晚雪欺凌空自怨，春風吹拂似相猜〔三〕。更須催問今朝客，有酒有花宜早來。

次韻蘇子瞻内翰入直鏁院，賜官燭法酒

兼金作帶玉爲郎，夜步花磚拜賜忙。絳蠟持來元未點，黄封纔破已聞香。星隨燼落花猶在，霜送杯深味更長。乞曉〔四〕卻穿丹鳳入，白麻宣對殿中央。

和趙達夫入試院

不帶書來倦日長，詩傳新語似襄陽。工夫不比唐風集，氣味

如聞漢著香。醉酒典衣吾已老，賜袍奪錦子行將。憑詩更作騷人體，爲説幽蘭静處芳。

和趙堯夫晨起

留連夜色城中月，造作秋聲雨後桐。殘燭有花非目眩，宿醒無病似頭風。未從丹竈遊方外，且對黃粱説夢中。三十萬家天欲曉，非煙非霧氣葱葱。

次韻和應之判官寵示之作

青衫補綻髮鬇鬆，未信無文可送窮。醉入南山題石虎，夢回西洛賦驚鴻。君才特起如秋鶚，我病微吟若夏蟲。場屋舊遊都老大，可憐樂事轉頭空。

和吕紀常奉使契丹

雪壓胡沙老上庭，春華雖減使華增。且看意氣并人物，未説文章與史能。轓淀早行圍曉月，漙沱還渡坼春冰。紅牙新下都司誥，異日應須五色綾。

次韻和錢穆父提刑九日登州鄆樂郊

灑面〔五〕吹花點客衣，茱萸採盡葉離離。蒼苔不掃迷三徑，緑竹長生任四時。文會難逢嗟已散，清歡易失卻成悲。北垣龕石皆陳迹，賴有曹南慰我思。原注：樂郊有劉原父、永叔、聖俞、貢父同賦詩刻石，而今惟貢父在。

和錢穆父舍人

簪笏三人共一班，仙凡回首不相關。連名花判圍宫硯，隔坐香焚暗博山。紅藥對開堦雨畔，紫宸入侍殿中間。更知外省文書少，草罷詞頭閣老閒。

寄鄆州李常武，兼簡王希才先生、須城王敦夫

胡髯洛面少知音，會愛清閒忙至今。負郭買田元有意，上書論事已無心。參軍近日詩情老，居士從來理性深。若見須城王令尹，爲言憔悴白頭吟。

寄歐、蔡二家兄弟

人靜身閒日月遲，酒來誰共倒玻瓈。吟如峴首山前過，醉似武陵溪畔迷。新夢未曾離潁上，舊交長是憶淮西。郡城到處頻行樂，馴馬驢車理卻齊。

和夷仲寄仲純、叔弼

流水無聲凍未鎖，故人何日許相招。雪花〔六〕開遍城頭樹，月色應添淮上橋。十載塵埃身碌碌，百年杯酒意飄飄。弟兄已有東歸意，早晚同來採藥苗。

和河南尹上清宮祈雪

旌旄十里駐邙山，夜醮琳宮太古壇。寶殿降真方隱隱，大田彌望已漫漫，撫封和氣通爲潤，載路歡謠不避寒。瓊苑玉樓扃大內，惟瞻銀闕在雲端。

和董十二司戶見寄

官居破屋兩三間，佳客留連我厚顏。一月俸餘纔有酒，十分地僻卻無山。折腰州縣慵來久，散髮江湖願未還。不是清朝甘吏隱，偶因多病伏安閒。

次韻魏承議

翠柏相交夾路深，閉門憔悴白頭吟。曉風駕月粘天去，宿雨堆雲接地陰。酒伴留連非北道，交情珍重比南金。近來髮落牙仍缺，惟有如丹一寸心。

次韻和貢父學士遊左山歸，泛北湖

帶郭湖山歸故丘，使君把作醉鄉遊。僧軒愛客長開戶，沙鳥迎人不避舟。一塔清風來自遠，三樓寒月影相留。酣歌想見江南路，野客溪禽好在不。

次韻和裴士傑庫部對棋，上貢父學士

吏散公堂訟已平，東軒一局晚牕明。風雲不動星辰燦，樽俎無聲玉石爭。意外死生由巧拙，手中舒卷乍陰晴。自憐小數非秋格，坐久惟聞鴻鵠聲。

次韻和褚恕通察推淮上有感

小牀高枕卧書空，節物淒涼歲歲同。錢在杖頭嘗自醉，花開門外爲誰紅。君閒好事成棋癖〔七〕，我病裁詩句不工。故國欲歸歸未得，東風隨夢去匆匆。

和梅德充見寄

前年離陝宴溪傍，白髮蒼顏各老郎。親意百年楊仲武，原注：楊仲武之姑，嫁潘散騎，所謂潘楊者也。而某之外祖，乃德充之大父也。友情千里晉真長。原注：晉劉惔，字真長，與王羲之雅相友善。孫盛作《易》、《論語》〔八〕，簡文使殷浩難之，不能屈。帝曰：「使真長來，固應有以制之。」論詩手出都官蓻，原注：聖俞爲都官員外郎，以詩名天下。德充之世父也。劉原父嘗言：唐有鄭都官，今

有梅都官。好事家傳侍讀香。原注：德充之大父，翰林學士侍讀，在真宗爲朝臣。性善焚香，其在官所，每晨視事必焚香，至今人傳《梅侍讀香方》。書到并州何處覓，柳溪高會正傳觴。

和歐陽伯和見寄

自笑無能與世疏，此身疑作野人居。穿花載酒雖難得，散髮行歌許自如。賴有兒童守門户，不妨賓客到階除。會須佛拭烏皮幾，準擬虞卿共著書。

和李文叔寄虢州孫元忠學士

病懶逢春不似春，已衰心力未閒身。入關勝迹題都漢，度隴方言漫計秦。人會一時親賈馬，交情千里屬雷陳。漸知歸計無多事，只待男婚女嫁人。

次韻和穀熟徐仲元著作監倉之作

行見東州山外山，卻回河上醉春寒。新詩點檢留心苦，舊事尋思覺鼻酸。上疏未能同主父，帶經猶得學倪寬。只今欲作歸休計，淮上田園累歲乾。

奉呈中叔仙翁覗永光和

兩君相得富家聲，書字題詩別有名。健筆九分張長史，苦吟再産謝宣城。門閒掩月居人少，木老凌風直舍清。顧我菲才空有願，願同吏隱過昇平。

和希魯四兄奉議，陪蒲守景叔學士，宴名閫堂書事

大棟修梁城北樓，使君冠蓋簇樓頭。左山右水足清會，弔古懷賢非俗流。月出長天猶未夕，風來大暑頓成秋。登高能賦真吾

事，未及相如死不休。

和宋開叔韻遊風穴山白雲寺

人去人來半日間，徘徊絕頂覺身閒。風雲不動心猶恐，星斗相輝手可攀。皂蓋遠如天上至，籃輿曾記月中還。防身一劍今誰倚，何必崆峒始是山。

和僧圓益晚歸三峰

昨朝分路指溪泉，今日憐師寄一篇。歸去且看松徑綠，重來應見杏花妍。風吹林杪聲初鬧，日曬牆陰影漸延。待是青春夜如晝，卻煩相喚詠嬋娟。

和夷仲兄嵩山岳寺會宿

相迎終日踏泥沙，行過山南路更賒。雖有風光堪共賞，自憐詩酒屬吾家。野僧好事招題壁，稚子無端愛折花。官冷囊空不須問，此身強健自生涯。

悲陳子思

別後悲傷今已休，相逢淚散不能收。遺書俗問難開口，往事尋思若轉頭。李白才華都是夢，淵明牢落幾經秋。草堂故地今存否，留作生祠記舊遊。

輓歐陽文忠公三首

夜夢鈞天去不還，送車千乘出長安。醉翁亭遠名空在，會老堂深壁未乾。墓草荒涼秋日暗，松林蕭索晚風寒。北山有石誰能取，四十年名不易刊。

少師盛德書生服，居士高名數歲餘。清潁歸來人事近，白雲乘去夜堂虛。累朝舊籍刊成史，集古新編滿載車。聞説使星來已晚，茂陵應復進遺書。

冠冕魁吾二府尊，義緣宗社不謀身。生前事業成三主，天下文章無兩人。志與經綸埋厚地，道懷正直作明神。未年七十身先退，再使人間風俗淳。

五言絶句

和陳子思遊靈泉山

婆娑盤石大，狼籍野雲多。借問山中客，桃源路幾何。

和十一舅題金蝦蟆

石窟昔藏金，蟾光射百尋。今朝在何處，山景正陰陰。

和希之

幽禪吾不學，靜處豈無心。日轉眠雙樹，風和散雨襟。

月　没

月没雲生障，風和雪壓沙，居家嘗似客，行路卻如家。

七言絶句

過泗州贈同行

往來不絶千竿纖[九]，頭尾相銜兩岸船。安向樓高三萬丈，與君直上看雲煙。

將次六邑讀子美詩有感

蘇嵐背日千盤曲,沘渚迎風四面吹。此水此山吾有恨,杜陵才子不同時。

從霍丘赴六邑道中即事

野塘無渡水潺潺,五月涼於八月間。傳語弟兄今好在,有聲相喚即西還。

與信陽王君儀司理約遊首山寺不遂

渡河五里列南山,僧閣連延半嶺間。歲暮相招春晚去,出城風雨又空還。

杜家溪

入山先到杜家溪,水溪長流不住泥。好作清新紀秋色,竹林深處爲君題。

江 行

長航駕浪入煙空,大醉高吟天地中。快事平生未曾有,渡江纔得一帆風。

楓橋寺讀張祜[一〇]詩,碑云:"長洲苑外草蕭蕭,卻憶相從歲月遥。惟有別時應不忘,暮煙疏雨過楓橋。"是夜與温老語,殊可人。翼日又邂逅程夢良,二人相送寺門,因留一章紀事

茂苑春歸花信空,黃梅漸熟麥摇風。今朝門外分携處,還見

楓橋煙雨中。

和陳子思謝見過

入城那復得逍遥，酒熟花開卻見招。從此相思不須説，只將詩句寫無聊。

和陳子思宿陳家寺

詩老才多又好奇，吟來直欲壓玄暉。惟予不奈思家意，夢逐山雲一夜歸。

和陳子思晚出崇因

兩山夾路鬱崔嵬，雲縷飛空似剪裁。此日定須相別去，甕中殘酒待誰開。

和陳子思馬上口占，令益師携茶紙赴會之作二首

幾時曾買建溪芽，小篋深藏品必嘉。豫約今朝狂醉後，須煩同泛一甌花。

早携數幅過山隅，明日詩情各有餘。案上羅文如已少，金花銀葉也堪書。

次韻陳子思

每到題詩偏得趣，自憐把酒不能歌。他時若有相思意，寄我千篇不是多。

和陳子儀

臨行又探北園芳，且欲相延伴酒觴。不似春花少顏色，只看蜂蝶逐風狂。

次韻陳子思留別

上馬同尋舊路行，風林日暖自無聲。此時話別難爲語，山水淙淙聒耳鳴。

次韻十一舅留別

莫説他時招我易，須知此日別翁難。還家何似偏相憶，卻檢殘書獨自看。

和子瞻題文周翰郭熙《平遠圖》二首

牕間咫尺似天邊，不識應言小輞川。聞説平居心目倦，暫開黄卷即醒然。

木落山空九月秋，畫時應欲遣人愁。因思夢澤經由處，二十年間若轉頭。

和宋開叔監簿解榜

衣冠相見雖甥舅，場屋同遊若弟兄。今日青雲皆有意，他時白首見功名。

和夷仲兄舟次蒼陵

蒼陵每過怯舟還，聞説蛟龍在水間。今我到來都不問，一聲鳴櫓見青山。

和宋寧道太祝簡陳濟翁

從吾坦率任吾真，每到花時得意新。但恐詩人足離別，此生何處不逢春。

某在洛中，蒙朝請惠書促歸，兼錄示賞家園芍藥兩絕，比離洛中，芍藥已闌矣。因次元韻，追和二首

花開次第剪繁枝，先後爭妍各是時。謾和新篇隨尺素，何須親見始題詩。

看花不覺過花時，香草纔餘十數枝。聞説殘樽酒可倒[一]，曉風吹袖已披披。原注：韓退之詩："何如不待報，歸袖風披披。"

次韻和魏聖源

市朝雖近是閒官，詩句清新酒量寬。料得還家霜滿地，贈袍應有故人寒。

寄潁川歐陽仲純兄弟

早來簷雨瀉空階，抆晚陰雲四向開。最好西湖今夜月，不知誰在女郎臺。

寄蔡州歐陽仲純

東西相去若比鄰，肥馬輕裘有故人。美酒如霞花似錦，莫令辜負汝陽春。

寄成都宇文裦

春深相別已秋深，日載[一二]烏巾邁竹林。斫得魚竿長十丈，無由同釣錦江心。

次韻答楊二十器之簡後見貽之作

門外曾留長者車，醉如白也騎鯨魚。恨無車騎堪生計，不得

長安買酒壚。

再次韻

散髮行歌意自如，不須身作蠹書魚。相逢酌酒彈棋外，共杵丹砂試藥爐。

戲贈濟陰令羅正之

飲酒不論彭澤令，草書渾學右將軍。更知近日詩爲苦，未及襄陽有幾分。

和僧圓益

山峰望處人難到，草徑行來馬自知。多謝山僧掃塵壁，我今有意不能題。

戲留僧圓益

城頭雲景曉漫漫，未雪先驚特地寒。明夜若能沽美酒，詩僧應不問歸鞍。

和僧圓益先到靈泉

無煙遠數三千幛，有馬同驅十二蹄。卻喜山前堪洗耳，水聲激激聽寒溪。

飛　泉

飛泉噴薄萬珠圓，宛似驪山十月間。好作湯池沿寒月，醒人心處是潺潺。

神　泉

神泉題字若魚鱗，短句長篇數十人。試向壁間尋作者，李師中後有黃莘。

書　軒

　　書軒東向木欄干，寒食相招對酒盤。日色帶陰春竟晚，幽花未落蝶成團。

即事二首

　　屋破風斜漏不休，布衾無裏臥窮秋。貧家未説田家苦，狼籍殘書濕自收。
　　溪迴帶樹灣灣綠，山遠迎人步步高。春水滿塘頽岸去，也如江上見風濤。

偶　題

　　拄杖行行去路遥，城荒樹老色蕭條。潁州寺裏僧知否，夜夢常遊飛蓋橋。

自　嘲

　　箸下嘗來新蟹美，甕中篘得舊醅渾。只今醉倒君休笑，便足當時吏部孫。

自　憐

　　自憐貧病也爲儒，燈火相親十歲餘。昔作兒童今已老，案頭猶有未看書。

病　中

　　閒後題詩醉後歌，身名官業任蹉跎。不知老境何形狀，但覺新來病痛多。

五更有感

杯酒雖同興自殊，夜來不寐自嘻吁。五更月落牎還暗，愁聽山禽叫勃姑。

放　魚

續縵沉鈎釣水濱，衆魚撥撥錦爲鱗。卻將鮮鯉池中放，待倩傳書付遠人。

社　鼓

社鼓鼕鼕南北村，老人相倚話柴門。自從嘉祐初年後，直至元豐有稻孫。

天磨石

玉京傳詔下南山，鐫鑿高崖使轉旋。大匠不知人世用，未施輪軸便升天。

金錯刀

傾囊倒篋皆珍怪，中有如刀兩大錢。不是美新能制作，爲憐今近一千年。

玉　刀

鏡臺杵臼昔嘗有，何人更以玉爲刀。已覺空堂走魑魅，卻緘虹氣授兒曹。

校勘記

〔一〕"席漢宮"，《四庫》本作"度漢宮"，"席"字義長。

〔二〕"春雷"，《叢》本作"春重"，誤。

〔三〕"相猜",原作"相尊",出韻,依《四庫》本是正。

〔四〕"乞曉",疑當作"迄曉",姑存。

〔五〕"灑面",原作"酒面",誤。

〔六〕"雪花",《四庫》本作"霜花"。

〔七〕"成棋癖",《四庫》本、《叢》本皆作"棋成癖"。

〔八〕此句疑有訛誤。按《晉書·劉惔傳》:"時孫盛作《易象》,妙於見形論,帝使殷詰難之,不能屈云云,錄以備參。錢勰,字穆父,錢彥遠子。神宗時,歷提點京西、河北刑獄。累遷户部侍郎,進尚書,加龍圖閣學士。

〔九〕"繖",原本字糊,據《四庫》本、《叢》本是正。

〔一〇〕"張祜",原作"張祐",是正。

〔一一〕"酒可倒",《四庫》本作"猶可倒"。

〔一二〕"載",疑當作"戴",姑存。

莊靖先生遺集

〔金〕李俊民 撰
李蹊 點校

點校説明

《莊靖先生遺集》十卷，金李俊民撰。俊民字用章，號鳴鶴，世稱鳴鶴老人，澤州晉城人。據作者自述，乃唐高祖李淵第二十二子韓王元嘉之後（見本書卷八《李氏家譜》）。少年穎悟，博學經史，對宋代理學家程氏之學尤有心得。二十五歲（金承安五年）中經義進士第一，授應奉翰林文字，歷任沁水令、提舉長平倉事、朝請大夫。不久，棄官，以所學教授鄉里，并進一步探索理學淵源，史稱"冥搜索引，雖片言隻字，務有根據"（見乾隆《鳳臺縣志》）。楨祐二年，金都南遷，遂隱居嵩山，繼又徙懷州，隱居西山。隱士荆先生授以邵雍《皇極數》，遂精於象數之理。金亡後，劉秉忠推薦其"易理易數，兩造精微"，元世祖以"安車"召見，"延問無虛日"。但他還是"遽乞還山"，世祖只好遣中貴護送他還家，曾慨歎："朕求賢三十年，惟得竇漢卿、李俊民二人。"俊民逝世後，世祖特賜諡號"莊靖先生"。

李俊民經歷了金元兩朝和南北對立的局面，在動盪中度過一生。前期受理學影響較大，後期則傾向於道釋，但并不消極。他的詩文作品在金元間除了元好問，無人可比。許多作品，讓我們看到了一顆身處動盪年代，强烈追求蒼生太平和個人自由生活的心靈。《四庫全書提要》《莊靖集》云："俊民抗志遯荒，不縻好爵，出處之際，能潔其身。集中於入元後，祇書甲子，隱然自比陶潛。故所作詩類多幽憂激烈之音，繫念宗邦，寄懷深遠，不徒以清新奇傑爲工。文格沖澹和平，具有高致，亦復似其爲人。雖博大不及元好問，而生平志節，約略相等，實可謂無愧所學者矣。"這個評價大體不錯。

今天我們看《莊靖集》，自有其不可替代的文史價值——對金元兩代歷史、地理、文學、民俗、文人心態諸多領域的研究，提供了寶貴的資料。

明人李瀚説：“（李俊民）生平著述，數千萬篇，中遭兵燹，遺棄殆盡。當郡侯段公正卿鳩集之日，僅得千百之十一爾”（見本書李瀚序），此説或有誇張，但其詩文遺佚之多，是可以想見的。古所刻《莊靖集》有四：最早的刊本，爲元初澤州守段直所刻，已佚。所存唯李仲紳、王特升、劉瀛、史秉直四篇序文，此其一。明正德三年，郡人李瀚重刊本，此其二。但明刻本到乾隆間編輯《四庫全書》時，"板已久佚，衹存寫本"，也就是説，《四庫》所依據的本子，并非明刻本，而是鈔本，即所搜集的"兩淮馬裕家藏本"（見《四庫全書總目提要》），此其三。清光緒十六年（庚寅）李葆恂（文石）在大梁所得的"正德本"（即"石蓮盦匯刻九金人集"的本子），乃是經趙熟典整理後的重刻本，而這個本子又經過吳重憙"手自校勘"後付梓，顯然已非正德本原貌（見本書附録《趙跋》、《李跋》）。此其四。民國二十三年，山西省文獻編纂委員會編輯《山右叢書初編》時，所據就是吳重憙刻本。那麽，今所存《四庫》本與《山右叢書初編》本是來自兩個不同的流傳系統。但在元明刊本失傳的情況下，吳重憙的刻本也算是最爲接近明刻本的本子了。

從書中異文可以推知，光緒十六年的重刊本、《九金人集》本是一個本子，與《四庫》所收鈔本互有所長，此次點校，我們以《山右叢書初編》所收《莊靖先生遺集》爲底本（簡稱"《山右》本"），以《四庫》本爲參校本。凡可斷定正誤者，點校者一般注出是正理由。凡所未能判定孰是者，只出校勘記，注明不同處，以俟高明。有些字，如"於"字作"于"，"蓋"作"盖"，"遊"作"游"等等，仍照録，以存古籍原貌。個別極僻的異體字，如

"喪"作"䘮","希"作"帝",均依《四庫》本錄作"喪"、"希"。值得注意的是,《山右》本凡"間字,一律作"閒",蓋有作者之深意存焉,并一律照錄。有的字前用法不同,如"棃"又作"梨","柰"又作"奈",則統一規範作"梨"、"奈"。

又,點校者於雍正《山西通志》卷二百二十二,輯得李俊民佚詩一首《宿仙山朝元觀題示》,附錄於第六卷之末。

莊靖先生遺集序

　　澤於郡爲近古，山川環抱，有自然之險。人性質而好學，其氣豪勁，故發爲文章者，往往奇偉雄邁，獨能與天下爭衡。若吾莊靖先生，殆其人也。

　　先生炳靈毓秀，天姿穎異。弱年志於伊洛之學，窮探力求，超然有獨得之妙。金承安庚申，嘗以經義大魁多士。入爲應奉翰林文字，文名雄於一時。行且柄用，而先生厭世棄官，授徒鄉里。後復逃名，佳遯嵩山之中。清才雅韻，隨寓發舒。流麗精華，膾炙人口。人有得其片紙數言者，珍護若至寶。然秉筆以主文盟，踰四五十年，生平著述，不下數千萬篇，中遭兵燹，遺棄殆盡。當郡侯段公正卿鳩集之日，僅得千百之十一爾，而況今日也哉！

　　予鄉郡晚生，自知學以來，即知嚮慕。宦學四方，購求先生之集，甚饑渴之於飲食。比得之，惜其本存無幾，復恐散失，因托山陽尹常在鏤梓，與四方博雅君子共之，使吾郡寔因之以增重，而先生之德之學，抑豈吾一郡之所得私耶？

　　先生姓李氏，名俊民，字用章，別號鶴鳴老人。勝國初，嘗徵入見，仍乞還山，重其節而從之。高風絶塵，事載信史。莊靖，其追諡云。

　　正德三年，歲次戊辰六月既望，賜進士嘉議大夫奉敕總督漕運都察院右副都御使沁水李瀚書。

重刊莊靖先生遺集序

　　程氏完全精粹，幾於聖者也，所以接孟子道學之傳。邵氏窮理盡性，至於命者也，所以紹孔子先天之學。讀程、邵遺書者，又當知程之學重於易理，邵之學重於易數。程之言曰："至微者，理也。至著者，象也。體用一原，顯微無間。"〔一〕太洩露乎象理天機矣。邵之言曰："心法中起月窟天根，合之爲一，衍之爲萬。"太洩露乎象數天機矣。

　　澤州李用章先生，早歲得程氏傳授之學於名儒，後又得邵氏皇極之數於隱士，粹伊洛之精華，大乾坤之眼目，搜羅羣籍，貫穿六經。故其發而爲文章也，若岱宗之雲，飛騰活動，不崇朝遍雨天下，非颺空不雨浮雲也。流而爲詩賦也，若黃河之水，千里一曲折，九曲奔赴滄溟，非集坎無源行潦也。

　　金承安中，進士第一人，入爲應奉翰林文字。尋棄官，教授鄉里，隱遯嵩山。元秉忠劉公盛稱先生"易理、易數，兩造精微"。世祖嘗召對金鑾，賜還山。既卒，賜諡莊靖先生。

　　時澤守段正卿嘗刻先生詩文行世，越二百載於茲矣。今總漕都憲李公，先生鄉人也，酷愛先生詩文，每曰："五色靈芝，三危瑞露，豈可自咀自嚥？要當與天下同志者共。"視舊本頗多錯舛，親加校正，乃授山陽尹常在梓行。索贊作序。

　　贊覽讀數過，慨然歎曰："先生之文，經天緯地之文也。玉潤珠輝，光粹自奇。先生之詩，感善懲惡之詩也。韶作鈞鳴，音響自別。"先生自號鶴鳴，故其集亦以名之。在"中孚九二"云："鶴鳴在陰，其子和之。"言誠信感通之理也。在《小雅·鶴鳴》云："鶴鳴於九皋，聲聞於野。"言誠身莫掩之機也。吾即此知先生心湛誠源，腳踏實地。故讀先生之文者，當如讀程氏《易傳序》，上溯《十翼》之淵源可也。讀先生之詩者，當如讀邵氏《擊壤集》，上合六藝之中正可也。又何必以韓昌黎、杜少陵比方乎先生者哉？遂書此以應命。

　　正德三年戊辰夏五月上澣，賜進士通議大夫刑部左侍郎致仕淮東葉贄書。

校勘記

　　〔一〕按，此語見於程頤《伊川易傳序》，"原"字，諸書所引或作"源"，或作"元"。

莊靖集原序〔一〕

　　夫水之有源也，始焉濫觴，其流不已，派而爲川，匯而爲澤，會而爲江，豬〔二〕而爲海。波瀾吞吐，乾溢如一。乾坤涵浸，古今不竭。噫！觀水者，觀至于海，觀止矣。然後乃知其水之有源也。若夫雨集而溝澮盈，潦停而蹄涔漲，朝滿夕除，涸可立待。是惡足以爲水哉？學之有本，亦猶是也。韻而爲詩章，聲而爲樂府，律而爲詞賦，廣而爲騷雅，其文愈弘，其筆愈雄，其篇愈鉅，其詞益富。蓋有本者之如是。其視落霞秋水，畏日薰風，一聯一詠，雖膾炙人口，然器小易盈，敵大則怯。是惡足以爲學哉？

　　吾鄉李用章先生，粵自弱冠，以明經擢第，爲天下甲。爾後仕官數奇，積年不調。先生雅志，亦厭於乾沒，恬於學問。自初筮仕，距今四十餘年，手不釋卷。經傳子史百家之書，無不研究。其學之有本，可知矣。故其作爲文章，句句有根源，字字有來歷。格老而意新，辭經而旨遠。不涸不竭，其汪洋之學海歟？郡牧段正卿，公退之暇，一日召諸士大夫，謂之曰："澤雖巖邑，俗尚儒風。今桑田更變，桂樹凋零，幸有狀元先生在是，天之未喪斯文於吾地也。使其平昔著述，秘而不揚，我輩不厚顏乎？"遂裒集其文，募工鋟木，以壽其傳。可謂賢於用心矣。

　　豈特此耳，又能重賁大成之像，復新立道之堂，給田以贍學校，蠲役以優鄉秀。此一舉也，衆美具焉。自今以始，吾道有所宗主，可無慶乎？故喜而道其實。歲次單閼三月哉生明，長平李仲紳敬序。

校勘記

〔一〕此序光緒本、《山右》本均無標題，今採用《四庫》本標題。

〔二〕"豬"字，諸本并同，疑爲"瀦"字之誤。

王特升序〔一〕

　　好古樂道之士作爲文章，豈偶然哉！蓋感物即事，傷時懷舊，陶寫蘊奧之情，涵泳無窮之意，千態萬狀，卒歸于堯舜禹湯周孔授受服行之實，學者仰之若泰山北斗。噫！非極深造之妙者，莫能至焉。鶴鳴老人，吾鄉之巨儒，國朝之名士也。經學傳家，尤長於禮。未及壯歲，擢進士第一。時方顯用，勇退居閑。朝經暮史，冥搜隱索，四十有餘年。其德行文學，庶幾乎古。雖片言隻字，亦必有據。如太羹玄酒，有典則而無浮華。一時文士靡不推讓。郡侯段公銳意文事，時與士大夫會於錦堂，乃鳩集先生近年著述，得詩賦古文僅千餘篇，合爲十卷，鏤板以傳。僕忝預席末，雖不能增日月之光，詎可無言？故引之。

　　王特升序。

校勘記

〔一〕諸本并無標題，爲讀者醒目，今加標目。下兩篇序文同此。

劉瀛序

夫文之爲文，其來尚矣，與造化一氣俱生者也。日月照臨，星辰輝映，天之文也。山川流峙，草木敷榮，地之文也。人得天地之秀，而爲萬物之靈，有仁義禮智以根於心，故觸物感情，發而爲言，無非天下之至文也。如風行水上，自然而然。固非有力者之所强能，亦豈徒吟詠風景，模寫物象而已哉？將以經天緯地，厚人倫，美教化，貫乎道者也。先生世家濩澤，唐韓王元嘉之裔。生而聰敏，幼而能文，弱冠而魁天下。蓋以學問精勤，耽玩經史，諸子百家，無不研究。故其文章典贍，華實相副。字字有源流，句句有根柢。格律清新，似坡仙句法，奇傑似山谷集句。圓熟脈絡，貫穿半山老人之體也。雄篇鉅章，奔騰放逸，昌黎公之亞也。小詩高古涵蓄，尤有理致而極工巧，非得天地之秀，其孰能與於此？先生平昔著述多矣，喪亂以來，蕩析殆盡。此特晚年遊戲之緒餘耳。每一篇出，士大夫争傳寫之，第以不見全集爲恨。錦堂主人崇儒重道，待先生以忠厚，迺與諸同道購求散落篇什，募工鋟木，用廣其傳，使國人有所矜式。門下劉公濟之、君祥、仲寬、姚子昂左右其事，未百日而工畢。瀛久蒙先生教載，仍嘉錦堂之好事，不揆荒蕪，姑道其梗槩云爾。

余月初吉，劉瀛序。

史秉直序

　　史稱：唐文三變，至韓昌黎而後稍稍可述，誠確論也。以其當世文士類皆流於一偏，如白樂天之平易，李長吉之放逸，孟東野之酸寒，賈浪仙之窮苦，是豈不欲去其偏而就其全乎？蓋以平日所賦之性，所養之氣，所守之學，迂疎局促，執之而不能變之耳。唯韓昌黎則不然，中正之學發爲文章，粹然一出於正，其於觴詠之間，給談笑，助諧謔，叙人情，狀物態，鈎玄提要，據古論今，左右逢原，意各有寓，爲時人之宗師，豈一偏之所能囿哉？我鶴鳴先生，今之昌黎公也。其出處事業，自有年譜，德行才學，自有公論。雄文傑句，板行于世，名儒鉅公又從而備序之，尚何待僕之諜諜也？然承先生之教，游先生之門，誦其詩、閱其文者，三十餘年矣。睹兹偉事，安敢默然。姑道其萬一，亦涓塵裨益之意也。故喜而書之。

　　癸卯年四月望日，門人史秉直謹序。

四庫全書《莊靖集》提要[一]

臣等謹按：《莊靖集》十卷，金李俊民撰。俊民，字用章，澤州人，少通程氏之學。承安五年，以經義舉進士第一，應奉翰林文字。未幾，棄官教授。南遷後，隱於嵩山，自號鶴鳴道人。元世祖以安車召見，仍乞還山。卒，賜諡莊靖先生。集凡詩七卷，文三卷，嘗爲澤州守段正卿所刊行，長平李仲紳等爲之序。明正德間，郡人李瀚重付諸梓。今板已久佚，所存祇抄本而已。俊民抗志遯荒，不縻好爵，出處之際，能潔其身。集中於入元後，祇書甲子，隱然自比陶潛。故所作詩類多幽憂激烈之音，縈念宗邦，寄懷深遠，不徒以清新奇傑爲工。文格沖澹和平，具有高致，亦復似其爲人。雖博大不及元好問，而生平志節，約略相等，實可謂無愧所學者矣。詩末間有注語，序不言何人所加。殆即俊民所自注歟？

乾隆四十一年十月恭校上。總纂官臣紀昀、臣陸錫熊、臣孫士毅，總校官臣陸費墀。

校勘記

〔一〕《山右》本只錄《四庫全書莊靖集提要》，考慮《四庫全書總目提要》、《四庫全書簡明目錄》內容稍有不同，今全錄於此。

四庫全書總目提要
《莊靖集》十卷 兩淮馬裕家藏本

　　金李俊民撰。俊民字用章，澤州人。承安五年，以經義舉進士第一，應奉翰林文字，未幾棄官，教授。南遷後，隱於嵩山，自號鶴鳴道人。元世祖以安車召見，仍乞還山。卒，賜諡莊靖先生。集凡詩七卷，文三卷，澤州守段正卿嘗爲刊行，長平李仲紳等爲之序。明正德間，郡人李瀚重付諸梓，今板已久佚，祗存寫本而已。俊民抗志遯荒，於出處之際，能潔其身。集中於入元後，祗書甲子，隱然自比陶潛。故所作詩類多幽憂激烈之音，繫念宗邦，寄懷深遠，不徒以清新奇崛爲工。文格冲澹和平，具有高致，亦復似其爲人。雖博大不及元好問，抑亦其亞矣。詩末間有注語，序不言何人所加，無可考證。今仍舊本錄之，而註者姓名則姑闕焉。

四庫全書簡明目錄

　　《莊靖集》十卷，金李俊民撰。其稱《莊靖集》者，元世祖所賜謚也。凡詩七卷，文三卷。俊民以金代舊臣，不食元禄，有陶潜栗里之風。其詩多佗傺幽憂，寄懷深遠，文格亦冲澹和平。論其詞章，蓋元好問之亞。至於爲崔立作碑，則俊民無是也。

莊靖先生遺集卷一

古　賦

醉梨賦

　　花殘葉疎，鳥勸提壺。春回雨淚之容，香滿白雪之膚。得之霜而顔始紅，見其日而頭欲扶。夫天之酒星，不在於天，化爲巢飲之徒。煦甘嫗旨，嚅膏嚌腴。張公之裔，遊無何之鄉；哀家之胄，入步兵之厨。笑君子之交淡，閔大夫之色枯。其未醉也，磊磊落落，高世之傑，趨之者衆，甚於成蹊之李；其既醉也，昏昏漠漠，保身之哲，趨之者寡，比於不材之樗。凌寒傲暑，舞空蹈虛。兀然將頽之叔夜，塊然獨留之淳于。其醉於心者，心朋心友也，如郭奕之見阮咸；其醉於面者，面朋面友也，若程普之遇周瑜。小二豪之在側，悼一夫之泣隅。當是時也，以日月爲過客，以天地爲蘧廬，猶笑夫獨醒之子，不肯醨糟之餕餔。乃有心如渴烏，勿燥未濡。夢三江而吞五湖，然後乃得蒙其齒録，策一醉之勳也。莫不愜魏梅之望，快湯稼之蘇。是所謂以醉醒醉者邪？梨之爲物也，秋而後成，屬西方之金。其花皎而白，金之色也。其實甘而冽，金之味也。皆得天地之義氣，介然特立，確乎不移，此性之常也。然今之所謂醉者，乃其性之變者歟？故今日之放，乃向日之拘；向日之潔，乃今日之汙。隨俗俛仰，因時卷舒。彼常而不知變者，未免乎憔悴，而守其株者也。嗚呼噫嘻！以舉世爲桔橰邪？則漢陰之甕，不以用拙而不抱。以舉世爲鴟夷邪？則井眉之瓶，不以近危而不居。蓋可及者智，不可及者愚。然則是梨之醉也，其中有趣。雖父不能傳之子，宜其櫨之不如。

馴鹿賦

有足而跂，有角而枝。處山而適，食野而肥。一旦爲雉兔者所獲，遂見縶於藩籬。不纆而縛，不械而羈。睹常如崖異，履平如險巇。野哉之性，何異夫由也之見仲尼？鄭人之夢，鄭人之疑；秦人之指，秦人之欺。母而歸〔一〕，未能如西巴之麑；與犬而嬉，慎勿效臨江之麋。鹿兮鹿兮，汝生我依，我恩汝知。不見夫人之子，食其肉而寢其皮。

四言古詩

蕭權府三害圖

長橋之蛟，南山之虎。在彼州曲，父老所苦。豈獨苦此，亦有周處。周乃慨然，恥聞斯語。薄險投深，踴躍健武。爾蛟既除，爾虎既去，周乃自勵，履規蹈矩。卒以將種，效忠典午。按劍平西，貞節克舉。瑕以瑜掩，過以功補。身雖云亡，名播千古。

止姚亞之刲羊

養生之鞭，隴種之苗。欲魯去朔，在齊聞《韶》。咄嗟老饕，腹如瓠柉。踏破菜園，合喫藤條。

焦天禄野叟聽音圖

梨園弟子，天寶之後。誰其知音，百歲遺叟。曲終悵然，淚迸林藪。時清眼明，萬事緘口。

唐叔王韋生臥虎圖

梁鶩之養，或失其時。曹公之肉，不救其飢。羊質而皮，狐假而威。誰能於此，辯是與非。

學中史正之會客

有懷伊人，在泮飲酒。我客戾止，其嘗旨否？未見君子，我心孔疚。惠然肯來，小大稽首。

烟江絶島圖

江風不波，峭壁森立。冥冥飛鴻，翔而後集。

雙松古渡圖

傾蓋相逢，堂堂兩公。寂寥渡口，以濟不通。

古柏寒泉圖

冬夏長青，晝夜不捨。拔本塞源，豈知量者？

紙　扇

竹疎而骨，楮剥而膚。權以行巽，風乎坐隅。

椶　扇

直節貫中，怒髮衝上。朝蠅暮蚊，畏風長往。

五言古詩

成之夜談省庭新事

偉哉青雲器，底蘊莫能見。開口論利害，坐客服雄辯。汪汪江海量，氣不許黃憲。從來布衣願，一擲輕百萬。投瓜必報瓊，豈望在焚券。雖承雨露恩，慷慨輒自獻。與其便於已，孰若於國便。蓋嘗推此心，天下欲兼善。儒家惟有孟，日夜講不倦。儻以利爲利，請看《貨殖傳》。

復 和

驅馳戎馬間，太平不復見。往往談雋永，寧許齊士辯。有田宜早歸，奪恐遭竇憲。再三欲買鄰，愧我無千萬。難倩沽酒奴，待立便了券。籌堂天下士，風度邁羲獻。別後曳裾人，造門恨無便。握手再相逢，虛左待益善。平生身口累，老大折腰倦。莫訝陶先生，自作《五柳傳》。

鎮山堂

崢嶸屋下城，突兀城上屋。初看頗驚眼，再見堪捧腹。能無鬼神笑，可奈瘡痍俗。不哀梁閒叟，欲竭南山木。

嵇康淬劍石

尋常論養生，未得養生説。擬從林下游，一書交盡絕。既無當世志，安用三尺鐵？頻頻石上磨，神光浸秋月。可憐麓疎甚，自謀何太拙。危絃發哀彈，幽憤終莫洩。死留身後名，有愧侍中血。

樊噲戲石

丈夫氣慷慨，隱迹在東市。或逢逐鹿人，乃棄屠狗事。壯哉鼓刀勇，旁若舞劍地。遂摧拔山力，自嘆時不利。至今空山石，傳是將軍戲。能興卯金運，頗與黃石類。不期兩都後，復有三國志。過客對春風，徒灑山陽淚。

寄籌堂

老爲人所憐，貧恨友獨寡。等閑門外車，盡入宰肉社。欲隨射虎將，爭奈無匹馬。安得化爲雲，四方逐東野。大庇天下士，擬作萬閒廈。顧我蓋頭茅，寧肯助一把。非無問舍心，或恐臥牀下。縱有願留人，有館不能假。還因索居久，往往罪商也。須待舍館定，然後見長者。

毛晉卿肖山堂

悠然林下客，世事頗能料。閑中意自適，身外名肯釣？卜居山之陽，初爲識者笑。勢將凌岱華，氣欲吞嵩少。方尋愿谷歸，稍近孫臺嘯。微茫數煙岫，巉絕對雲嶠。爲我增雙明，未必在遠眺。始雖如直友，久乃得心照。恐隨有力去，或被移文誚，已見成膏肓，百計莫可療。一時煙霞語，慎勿駭廊廟。咄哉肖山堂，所以警不肖。

廟學落成

斯文天未喪，吾道有時厄。方嗟鳳兮衰，遽嘆麟也獲。繼遭秦焚書，又被魯壞宅。邇來天下事，多自馬上得。不修下車禮，不獻在泮馘。不授羽林經，不講博士席。旁若沒字碑，肯見一逢掖？偶因長樂老，盡挾兔園冊。及見中選人，始知爲學益。學者如牛毛，自古數濩澤。連年取青紫，易於地芥拾。爭將逸駕攀，遂向塞路闢。揮之無倚門，從者皆入室。肅肅俎豆風，洋洋絃歌邑。幾時復論秀，四海望偃伯。術能嚮者誰，世無秋風客。

德老栽花成竹 芍藥花

物性隨所移，歲晚氣自變。失卻本來身，還於身外見。尋〔二〕參玉版禪，如對菩薩面。叢林一花祖，派入香嚴傳。

劉漢臣堂甫北歸

哀哉同隊魚，盡在枯池裏。縱免鼎中烹，將見渴欲死。造物何不仁，豈獨困二子。我雖江湖心，恨無斗升水。

母應之餉黍

憶昔周室衰，周人詠黍離。君今餉我黍，爲賦《黍離》詩。厥初蓺黍時，飯牛使牛肥。八月黍未穫，胡兒驅牛歸。胡兒不滿欲，我民還買犢。今秋犢未大，又被胡兒逐。胡兒皆飽肉，我民食不足。食不足尚可，鬻子輸官粟。

遊碧落

壬寅重午日，陪郡侯段正卿暨王用亨，劉漢臣、濟之、君祥、仲寬，姚子昂，張唐臣祿卿，平陽趙君玉，王潤之同行。

浮雲翳炎景，長夏愜幽事。相陪林下友，共造金碧地。清流潄寒玉，老樹聳蒼翠。何人開山祖，妙處發天秘。悠悠歲月深，剝落磨崖字。遨頭興不淺，有酒留客醉。幽鳥背人飛，不慣聞鼓吹。抵暮出山門，溪風送歸騎。

史遂良索詩

立身有道邦，誰似直哉史？流傳百世後，各各異行止。許史有何厚，在漢勢如彼。安史有何薄，在唐亂如此。人之賢與愚，皆爲類所使。近從儕輩中，偶得一狂士。未能通一經，謂可拾青紫。時時出俚句，技癢不自已。只恐落調歌，難入知音耳。縱橫言世事，不顧刺〔三〕舌恥。焉知阮嗣宗，口不挂臧否。年高鬢如雪，鄉曲所不齒。試與阿戎談，咄哉犁之子。男牛兒。

留別李巽之 癸卯三月十七日癸巳

嗟嗟平生交，所恨不耐久。幾年戎馬間，大半正丘首。憶初識君面，同門皆小友。倏忽五十春，相見成老叟。淹淹泉下人，樹拱骨已朽。崎嶇見在身，何幸得此壽！感慨歲云晚，哀淚迸林藪。古今均一夢，萬事付杯酒。

七言古詩

司諫許道真徵復圖

君不見退休綠野平淮相，靈臺不許丹青狀。又不見五湖歸去鴟夷槳，越人爭鑄黃金像。功成身退天之道，道直天憐去官早。鹽梅須借築巖人，羽翼重來採芝老。袖中諫草力回天，害除利興車載懸。何憂不識荊州面，圖畫如今處處傳。

郭顯道美人圖

君不見昭陽殿裏蓬萊人，終惹漁陽胡馬塵。又不見吳宮夜夜

《烏棲曲》，竟使姑蘇走麋鹿。移人大抵物之尤，喪亂未免天公愁。雖然丹青不解語，冷眼指作鄉温柔。試問人間何處有，畫師恐是傾國手。卻憐當日毛延壽，故寫巫山女麓醜。

杜詩："誰道巫山女麓醜，何得此有昭君村？"

宣差射虎 十二月初九日

北原風勁霜草枯，草間出沒藏於菟。耽耽來此被誰驅，不防邂逅馮婦車。將軍膽氣勇有餘，手中笑撚金僕姑。等閑如射兔與狐，兩眼錯莫精光無。深山大澤失所居，或撩汝頭編汝鬚。可憐肉食無遠圖，伎倆不及黔之驢。

羣鼠爲耗而猫不捕

欺人鼠輩爭出頭，夜行如市晝不休。渴時欲竭滿河飲，飢後共覥太倉偷。有時憑社竊所貴，亦爲忌器不忍投。某氏終貽子神禍，祐甫恨不猫職修。受畜於人要[四]除害，祭有八蜡禮頗優。近憐銜蟬在我側，何故肉食無遠謀？耽耽雄相猛於虎，不肯捕捉分人憂。縱令同乳不同氣，一旦反目恩爲讎。君不見唐家拔宅雞犬上昇去，彼鼠獨墮天不收。

注：《仙傳》：唐公昉師李八百，得其神丹，遂舉家昇天，雞犬皆去，唯鼠空中自墮，腸出，一月三易其腸。今山下有拖腸鼠。束廣微所謂唐鼠。

埽晴婦

世俗爲埽晴婦者，蓋假燮理之手，導陰陽之和，使民閒免乾溢之患也。感其事而賦之。

卷袖褰裳手持帚，挂向陰空便搖手。前推後卻不辭勞，欲動不動誰掣肘。偶人相對木與土，神女但誇朝復暮。龍公不作本分事，中閒多少閑雲雨。見説周人憂旱母，寧知東海無寃婦？慇懃更倩封家姨，一時斷送龍回首。

雨雹

庚子年四月二十八日壬戌，大雨雹。五月七日、八日，又雹。按《左傳》昭公四年，魯大夫申豐曰："聖人在上，無雹。雖有，不爲災。以古者藏冰爲禦雹之道，祭寒而藏之，獻羔而啓之。今棄而不用，雹之爲災，誰能禦之？"由是言之，禦災其在人乎？感而賦詩，傷今之不如古也。

按《月令》："仲夏行冬令，則雹凍傷穀。"注："子之氣乘之也。陽爲雨，陰起脅之，凝爲雹。"

雲龍失守元氣乖，隱隱愁聽狂車雷。須臾飄驟不成雨，一天風雹從何來？交橫散落星石隕，紛霍迸擊冰山摧。坳平忽訝坑谷滿，垤起俄作丘陵堆。驚忙飛走殘殀夭，斲喪枝葉枯根荄。穿窗入户彈相射，填街溢巷把莫推。恢恢難補天網漏，凛凛欲壓坤軸頽。一方生理遭殄瘁，造物不恤空自哀。是時仲夏行冬令，誰把四序顛倒催。雖有舜絃愠不解，孰謂鄒律春能回？陽雖位降乾道在，一陰纔進力可排。履霜之漸此其始，司寒挾黨結禍胎。春秋大小百餘國，獨向魯地三爲災。《左傳》僖公二十九年、昭三年、昭四年，大雨雹。世間萬事豈不見，那用區區書觀臺。我思天變豈徒爾，以象告人當自裁。

注：《五行》占雹有眼，天罰，戒民過也。〔五〕

鼎齋

司馬景仁因病瘧而得腹疾，鼎齋療之而愈，因索詩爲賦。

茂陵千載文園客，流傳耳孫猶病渴。引飲自嫌江海窄，家無麴糵奈腹疾！水帝之魂成水厄，女丁婦壬不相得。始圖一溉滋湯旱，卒見九河歸禹畫。嘗聞秋夫曾療鬼，大勝扁鵲能起虢。君不見上醫可醫國，異哉鼎齋堪鼎食。

姚子昂畫馬

雄姿卓立開天骨，騰踏萬里如神速。可憐不遇九方皋，空使時人指爲鹿。自從大奴守天育，無由更騁追風足。中原一戰收乾坤，白髮將軍髀生肉。

苴履

待詔門前東郭趾，藍關路上仙人迹。雪花紛披蓋地白，東家不借借不得。雖然近市屨亦無，以故爲新即有餘。同行留我木上座，補〔六〕過仰渠金十奴。一生能著屨幾兩，用心猶在阮孚上。不須更覓下邳侯，山林此計成長往。時守下邳。

兒輩剡木作匕

一震之威乃如此，坐閒或失將軍匕。不能便染公子指，有意欲割崑奴耳。小兒造物窮物理，斗柄之揭如其尾。雖然劍頭有炊米，又〔七〕愁遇著挍手鬼。

聞蔡州破 甲午年正月十日己酉

不周力摧天柱折，陰山怨徹青冢骨。方將一擲賭乾坤，誰謂四面無日月！石馬汗滴昭陵血，銅人淚泣秋風客。君不見周家美化八百年，遺恨《黍離》詩一篇。

籌堂尋梅

蕭疎籬落誰家圃，尋芳信逐游蜂去。眼前荊棘少人行，馬蹶直到香來處。怕愁貪睡獨開遲，瘦損春寒鶴膝枝。可是東君苦留客，斜風細雨不堪詩？

和秦彥容韻 五首

彥容寄詩有"先生高見真吾師，速營菟裘猶恨遲。窗明炕暖十笏地，松風蕭蕭和陶詩。山野已尋雲外路，直入天壇最深處。踏開李愿舊游蹤，請君自草盤谷序"之句，故依韻和之[八]。

養賢列鼎手自烹，爕調元化和如羹。馬蹴一蹙燕地裂，氈裘尚拂陰山雪。將軍表請願出師，壯士戈揮惟恐遲。武成纔試二三策，《黍離》已見閔周詩。縱橫門外豺狼路，我老此身無著處。君不見平淮十萬兵，猶向襄陽守朱序。見征淮漢。

又[九]

君不見子幼自勞羔日烹，何如命駕季鷹吳中煮蓴羹？又不見姜侯設鱠鑿冰裂，何如徒步拾遺長鑱黃獨雪？幸遇南來董鍊師，説似壺天日月遲。謫仙之游乃非謫，長安市上斗酒百篇詩。蒲輪休指商山路，得到白雲採芝處。諸生待揖隆準翁，馬上未遑事庠序。

又

獵犬已爲兔死烹，猶向漢俎分杯羹。脚靴手板凍欲裂，尚立唐堦没膝雪。三寸舌爲帝者師，終比赤松見事遲。相看一笑在目擊，何用左思招隱詩？出門便是天壇路，雲間指點巢仙處。不辭杖屨從子游，王者之後養老在西序。時寄王子榮西齋。

又

穀因辟後厭鼎烹，那在丘嫂轑釜羹？冠未挂前已先裂，一簪卻上山頭雪。我雖無師心我師，速修何恨下手遲。論中自得養生理，筆底盡是游仙詩。休向回車問前路，終須有箇安排處。晴窗點檢白雲篇，不知誰爲作者序？

又

不嫌瓠葉日猶烹，不羡公子染指争。黿羹不把荷衣等閑裂，不羡曹人共服麻如雪。愛身肯似賤場師，凡骨只愁輕舉遲。北山未出移休勒，東老雖貧樂有詩。望中雲海蓬萊路，誰道樂天無歸處。一千年鶴再來時，行鴈難將弟兄序。

暴 雨

秋夜暴雨，上漏下濕，終夕不寐，因得鄙句奉呈。

疾雷破山雲暗天，雨脚不斷如麻懸。淋浪一室無乾處，何異露坐乘漏船？鼠牙便是潰隄蟻，牆有百道飛來泉。狂客豈因狂藥使，眼花如落井底眠。採石江頭弄明月，一夕去作騎鯨仙。我雖忘我亦可憐，但恐不免蛟龍涎。苦無根源笑潢潦，可能朝宗東注冕[一〇]海道？君不見耒陽禹力所不到，至今難尋杜陵老。

綵 樓

高平縣綵樓，聞之舊矣。今始親見。議者猶謂高下侈麗，不及向者三分之一。因感而賦之。

層層華構高且崇，萬綵糾結塡青紅。何人下手奪天巧，都入意匠經營中。書契以來未省見，異事驚倒百歲翁。郢斤般斧莫敢近，卻立屏息慙無功。寒窗戛戛鳴機婦，積年杼柚一日空。山川謂可錦繡裹，塵土盡皆羅綺封。前者攀轅後者挽，奔車徑欲趨靈宫。三年送迎禮雖舊，人事不與天時同。方當炎屬行夏令，權勢大抵歸祝融。神之於人無厚薄，蓋以至誠能感通。豚蹄豆酒道旁祝，所獲神賜亦巳豐。閭閻疾苦還知否，我爲大夫歌大東。享炎帝閏年。

上九里谷與濟之君祥仲寬李德方朱壽之姚子昂

太行巍巍形勢尊，造物設險雄中原。巨靈一朝擘石裂，連峯忽斷開山門。侵雲直上幾千尺，挂壁一徑愁攀援。十步回頭五步坐，慄慄汗出如漿飜。清風掖至最高頂，下視寰海塵埃昏。天壇咫尺若有待，顧我不往憖食言。世間好處豈不愛，脚力雖盡心長存。爲君試寫遠游興，夜半月出清吟魂。與祁〔一一〕定之約游天壇，不果。

剝蓮蓬

相將去採秋江蓮，青房戢戢飽〔一二〕且圓。倒輂收蒻亦可喜，春筍未剝空流涎。玉井有花開十丈，至今依舊藕如船。試索綠莖不尋藕，與誰共此從巢仙？

遼漆水郡王降虎 陳仲和之遠祖

秋風漸高秋草衰，空山校獵千騎圍。突然有物勢□〔一三〕猛，萬里侯相食肉肥。橫行妥尾不畏逐，挾□似有百步威。當時扈從懦於鼠，雖欲下車人其非。將軍一奮躍身出，氣雄志勇捷若飛。攘臂搏虎虎負去，須臾□皮擒虎歸。北方銳兒皆好武，無愧疋馬及短衣。聲名赫赫耀前古，卻笑馮婦膽力微。胙田命氏報恩異，至今漆水生光輝。君不見射石李廣一箭亦可喜，死不封侯知者希。

遺善堂

雪嚴老人欲其子孫之善，何如是諄諄也哉！有子仲賢，以其遺命書之於堂，訂曰"遺善"。遵而行之，朝夕於是。其命之使行者，不敢不行。其所行者，皆善事也。命之使不行者，不敢行，其所不行者，皆不善事也。非惟不失士君子之行，其孝子之心，何時而已耶？噫！處世兵革之間，不忘於善，亦所未聞，故喜而爲之詩。

君不見遺子韋侯只一經，相門出相那在金滿籯？又不見燕山教子以義方，靈椿老去五枝丹桂芳。破散錢堆一百屋，紫微不願有子如窟郎。陷爲天下輕薄子，伏波不願有子學季良。身前身後事茫茫，我怕我躬猶未遑。長把賢愚挂懷抱，請看積善之家遺善堂。

贈出家張翔卿二首

翔卿，河內人也。籌堂毀其簪冠，使復儒業。昔唐李素拜河南少尹，呂氏子炅棄其妻，著道士衣冠，謝母曰："當學仙王屋山。"去數月復出，閒詣公。公立之府門外，使吏卒脫道士冠，給冠帶，送付其母。事類翔卿，故書。

大袖斜襟麓布袍，髻丫撐似彌明高。滑稽自謂世可玩，清净不守形徒勞。百年光景已強半，容易便把青春拋？欲向蓬壺尋福地，奈何龍伯釣後負山無海鰲？欲駕天風朝帝闕，奈何巫陽去後九虎守關牢？養生未獲一溉力，那忍遽絕平生交？但今造物哀正直，豈肯屈曲從仙巢？留侯學道欲輕舉，尚且強食扶金刀。安期當年本策士，意氣直謁扛鼎豪。平地作仙亦不惡，或恐上界官府名難逃。

注：《後山詩話》："昔之黠者，滑稽以玩世。蒯通初善齊人安期生，安期生嘗干項羽，羽不能用其策，而項羽欲封此兩人，兩人卒不肯受。"

又

君不見醉吟居士不歸海上山，又不見昌黎先生屈曲自世間。

況非出塵風骨羽化難，夜叉白日守天關。黃庭正恐坐誤讀，鐵鎖縱垂那可攀。我笑學仙王屋著道冠，只待河南李侯脫去然後還。

籌堂燕

籌堂梁上巢燕將雛，幾墮鼠計，飛鳴哀訴者久之。主人得其情而護焉，卒無所害。夫舐犢之愛，物物皆爾，感而爲之賦，且以戲克紹。

陰陰池館落花泥，出入通家獨見知。曾遭江上海河嚇，又被巢邊野雀欺。且欺且嚇亦不惡，奈有鼠輩窺其兒。兒方在卵卵何危，哀鳴若訴冤勝悲。主人能得腹中事，百計護持彼毒無所施。羽毛養就刀剪齊，雄雌相隨引雛飛。尋常百姓家，汝巢非汝宜。春兮來，秋兮歸，莫忘烏衣巷裏時。

趙倅司馬山謝雨

乙未歲旱，自春徂夏。五月丙申，澤倅趙公唐齋沐潔，誠就司馬山祈禱八日。庚子大雨，年穀遂登。民物安逸，累獲嘉應。次年丁酉孟夏己丑，公與本郡僚屬父老人等，具牲幣酒醪簫鼓之禮，仰答神休，仍求嗣歲。祭畢，聊識歲月云爾。

去歲不雨民憂深，愆陽亢甚多伏陰。冥冥造物豈難料，感以至誠神所歆。我公默禱若響應，出岫誰謂雲無心？天瓢疑是池中水，三日以往皆爲霖。淋漓元氣滿人望，解慍何止薰風琴。家家豚酒樂豐歲，空山鼎沸簫鼓音。春祈秋報有常典，仰荷靈貺如桑林。

四舍人生日

驥之子，鳳之雛，精彩丰容美且都。年至十二三，頭角已異同隊魚。積善之家慶有餘，掌中幸得雙明珠。定知他日必充閭，不妨更讀古人書。絳帳先生當今之範模，步亦步，趨亦趨，執經北面預先講唐虞。明主何嘗不用儒，相門出相文可無？豈獨手擫金僕姑，能騎生馬駒，然後稱爲大丈夫。

贈儒醫卜養正

孰親如身在所慎，一病能惱安樂性。囊中探丸起九死，以其病病人不病。豈獨和扁號神聖，能於鬼手奪人命。嘗聞上醫可醫國，何不使權造物柄？

游濟源

庚子春季，與劉濟之、君祥、仲寬、仲美、姚子昂，秦懿夫，馬子溫，李德方、深之、伯英，朱壽之下太行，抵覃懷，望方口，臨沇水。二十三日丁亥，郡侯段正卿因西山鎮遏回，自析城來赴期。值雨，留宿奉仙觀。翌日己丑，天霽，具牲酒幣帛，謁清源王廟。禮畢，會友人郭伯玉，李慶之，王天益，史德秀，王輔卿，紇石烈、仲傑，完顏壽之，方外士祁定之，郭道正，元明道部將段玉等，大飲於裴公亭，用麾下鼓吹以樂賓。薄暮，極歡而罷，故賦之，紀一時之勝游也。

元戎小隊閑登臨，悠悠旌旆穿山林。太行南下路險澁，不憚著脚窮幽尋。清源祭秩世所重，喬木掩映靈宮深。是時方口雨初過，天風破曉開微陰。入門爲問廟見禮，白髮黃冠通古今。且言享誠非享物，那在與俗占浮沉？鞠躬執簡默有禱，脯酒縱薄神所歆。幾年願違莫能遂，至此始得償初心。點檢圖經歎禹迹，山青水綠無知音。竹根醉倒客星散，夜聽波底蛟龍吟。

樊氏昆仲懶窠

君不見讀書邊孝先，謂師可嘲何典記。又不見梁州陰子春，足不肯洗恐敗事。何須向人説道理，養得疎慵性如此。擺手便行誰家子，嵩洛之間兩居士。未嘗點檢形骸外，挂角羚羊心已死。問之非漁亦非樵，人言似癡還似高。叔夜自知不堪七，以書遂絶平生交。一官從此束高閣，賴是天教閑處著。時人争賦懶窠詩，我羨懶窠詩不作。

壬申歲旱官爲設食以濟飢民

千里地赤澤未霑，驕陽爲沴烈火炎。就中秦頭晉尾旱魃所棲托，十室九室突不黔。撑腸一飽豈易得，咀嚼草木如薺甜。山川課雲職不舉，無乃風伯號令嚴？民是天民天自恤，何時霹靂起龍潛？

男揚洗兒十九歲

自慙無德爲兒父，今朝把酒爲兒壽。爲兒今賦洗兒詩，願兒他日於兒厚。我猶不恤況我後，委蜕自天汝非有。速宜修德大吾門，無復心童年十九。

兒歸來禽名

兒歸來，兒歸來！百年郎罷恨，何日寧馨回？東去但除嚴母墓，望思空築茂陵臺。兒歸來，兒歸來！一聲未盡一聲哀。

贈郭顯道醫

惡石聚散元氣撲，本草搜剔造化窟。俱收并蓄籠中物，山精水怪藏不得。休言魄爲天所奪，入其手者命可活。須防姮娥去奔月，大勝扁鵲能起虢。君不見錢子飛，藥不敢施爲鬼脅。

和答董用之

將軍死戰血染衣，空山白骨鬼夜嘯。洗兵政要及時雨，天禍未悔無雲霓。卧龍不起主張漢，獵犬待烹僥幸齊。就中儒冠身多誤，如坐矮屋頭常低。敢將龍鍾哀造物，但幸老大能扶犁。咄哉董生三寸舌，善謔不思爲虐兮。人間回首憂患始，去之不速將噬臍！

再和秦彦容韻

炭虖歌後伏雌烹，箸猶未下愁覆羹。布衾多年踏裏裂，夜半寒窗灑風雪。待與重尋痛飲師，東山杲杲日出遲。撐腸拄腹文字五千卷，一字不入高人詩。幾年不踏紅塵路，直入白雲最深處。君不見洛陽城下來〔一四〕歸魂，一夢思鄉歎溫序。

按：後漢溫序次房，行部至襄武，爲隗囂將苟宇所執，欲降之，序不聽，伏劍而死。光武命送喪到洛陽爲塋地。長子壽爲鄒平侯相，夢序告之曰："久客思鄉里。"壽即棄官上書，乞骸骨歸葬，帝許之，乃反舊塋焉。

校勘記

〔一〕此句諸本同，"母"上疑脱一字。

〔二〕"尋"字，光緒本、《山右》本同，《四庫》本作"得"。

〔三〕"剌"，諸本并作"剌"，并誤。引錐刺舌，乃成語，徑改。

〔四〕"要"，光緒本、《山右》本同，《四庫》本作"惡"。

〔五〕"五行"句，"五行"後，光緒本、《山右》本并空一字，康熙本空處作"志"。

〔六〕"補"字，光緒本、《四庫》本、《山右》本并誤作"鋪"。按本句所言"金十奴"，出自《昌黎文集》卷三十六《下邳侯革華傳》："……上繇是疎之，詔將作大匠治之，又命其友金十奴等補過之，尋獻於上……"此文乃韓愈遊戲之作（寓言），與《毛穎傳》屬同類文章，"革華"蓋謂皮靴之類的皮革鞋子，"金十奴"蓋謂鍼，文中説革華老憊，謂其已破舊，而所謂"補過"，是説用鍼綫補綴。這正與題目相應。從《四庫》本作"補"是。

〔七〕"又"字，光緒本、《山右》本并作"有"，今從《四庫》本。

〔八〕"之"，光緒本、《山右》本并"脱"，據《四庫》本補。

〔九〕光緒本、《山右》本凡一題數首，從第二首起，一般標"又"字，但此題第二首、第四、第五首均未標"又"，《四庫》本不標"又"，皆另起行。今依光緒本例，凡未標者，悉依例標明，下文不再出校。

〔一〇〕"覔"字，光緒本、《山右》本并同，覓之異體字，《四庫》本作"覓"。爲存光緒本原貌，仍録用"覔"。

〔一一〕"祁"，諸本并作"祈"《四庫》本作"祁"，是。

〔一二〕"飽"字，諸本并作"實"，《四庫》本作"飽"。

〔一三〕"□"，諸本原缺，下同。

〔一四〕"來"字，諸本并同，《四庫》本作"未"。

莊靖先生遺集卷二

五言律詩

答祁定之韻

黃菊催秋暮，青山勸客歸。事隨時漸改，人與物皆非。爽氣收殘暑，閑雲送落暉。平生會心侶，別後往來稀。

游太平泉

稍有林泉興，相陪杖屨游。百年人易老，千種事堪愁。是處花無主，誰家酒可篘。芳時好行樂，春去不能留。

宿夾谷彥實菴

挂名仙籍上，晦迹茂林閒。門外丹河永，牆頭明月山。境隨心自遠，人與話俱閑。應笑紅塵客，區區謾往還。

河橋成 三首〔一〕

　　橋成有日，必有佳句寫河上逍遙之興。贈子榮及督役楊成之。

預積他山木，重新兩岸隄。龍依天上卧，虹傍水心低。不假鞭秦石，何勞立蜀犀。落成應有日，誰向柱先題？

又

河廣思同濟，天寒怕涉冬。冰雖將自合，船尚不宜從。柱引來歸鶴，淵藏未躍龍。一編圮上叟，千載願相逢。

又

勢截長河浪，橫陳百步梁。經營方斷手，過涉不褰裳。漫惜千金瓠，休誇一葦航。西風簫鼓咽，奠酒水仙堂。

癸巳冬至二首

共愁天紀亂，依舊日南時。氣本自然應，策今誰可推？每懷添線女，還意覆杯兒。偃蹇無歸計，天涯兩鬢絲。

又

歲以四時成，氣自一陽始。雖然廢羲職，那可亂軒紀？人生幾寒暑，天道頻甲子。徒嗟潦倒身，汲汲百年裏。

乙未冬至

已應黃宮律，初生復卦陽。道隨天在北，愁與日俱長。節物驚時換，年光有底忙？浮雲多變態，試與問何祥？

任仲山弄璋

奕世多陰德，傳家得寧馨。人間熊有夢，天上昴無星。喜洽犀錢座，光生玉樹庭。鍾情笑盧老，白髮望添丁。

五哥生日

落落青雲器，天然骨骼奇。自從懷橘後，每恨學書遲。同樂憐荊樹，相煎笑豆萁。氣豪常自許，躍馬自男兒。

代四哥贈

相戒南陔養，長看花萼輝。義深姜季被，恩重老萊衣，隊似魚同戲。行如鴈共飛。讀書當自勉，繼取錦堂歸。

元夜有感

春城行欲遍，百感到愁邊。市冷猶燈火，人稀尚管絃。梅從今夜落，柑憶舊時傳。歸去西窗月，無情照不眠。

四哥生日

秀出三株樹，芳聯五桂枝。杜家憐驥子，徐氏重麟兒。已有高門望，方當志學時。一杯添壽酒，滿酌不須辭。

寒　食

爲戀風光好，那堪節物催。事隨浮世往，花似去年開。莫灑無家淚，須傾有限杯。詩人多少興，都向醉中來。

九日下山

宰肉陳平社，折腰元亮鄉。車無門外轍，菊與徑皆荒。所恨國難守，若爲家不忘〔二〕。天威寒氣逼，急急下山陽。

王生壽日 仲紀〔三〕

幾度縣弧節，當年琢玉郎。徐行知禮讓，幼學愛文章。莫厭魚同隊，休隨燕入堂。眉間色多喜，禁臠近東牀。

游青蓮 二首

閑攜方外友，同謁梵王宮。山吐三更月，松搖萬壑風。流年飛鳥過，浮世落花空。不有歸來興，何能見遠公？

又

行處春風惡，山中勝槩藏。漸佳如蔗尾，薄險似羊腸。翠揖雙峰角，清臨一水堂。夜長僧睡少，爲我話興亡。

過雲中

把酒不成醉，出門行路難。客愁千里破，歸夢五更殘。三仕有何喜，一生常鮮歡。恨無南去鴈，爲我報平安。

宿海會寺 二首

同孫講師、明上人、趙叔寶、劉巨濟夜酌。

佛堂光未放，桑下喚難回。是處皆堪歇，何山不可開。泉因龍吐出，經自兔銜來。徑向黃沙過，尋僧問劫灰。

又

青山雲水窟，杖錫幾時來。竹待香嚴擊，松經道者栽。西江無水吸，震旦忽花開。三笑圖中友，同傾破戒杯。

遊碧落

乙亥仲夏十有九日，平水曹漢卿、楊子平[四]、本郡李鑑臣、劉濟之、君祥、姚子昂、史遂良同謁治平院，與上人和霽月煮茗道話，抵暮而歸。

寂厯松間寺，臨流勝槩藏。斷雲開石壁，橫吹爽溪堂。謾與詩情在，留連道話長。行人貪弔古，歸路半斜陽。

九里谷

九曲羊腸路，千層劍戟山。行鉤藤蔓刺，坐印石花斑。樹發三春暮，雲歸萬壑閒。相陪林下屐，雖倦不知還。

食芡

池底休鋪錦，雞頭自有栽。柔中皆水性，剛外乃天才。精彩惟魚目，珠圓出蚌胎。坐間咄嗟致，不似荔枝來。

潁[五]陽元道人虛白菴

有山心可算，有水耳堪洗。飄飄元逸人，寓意在山水。勘破人閒世，不聽心與耳。一室虛生白，自得吉祥止。

八日登山同謁吳王祠四月

老樹凋殘盡，靈祠寂歷中。古今時易改，幽顯意能通。歲享屢登樂，俗追三讓風。送迎人散後，日落亂山空。

陽城懷舊呈陽敬之、燕子和、李文卿。二首

路梗傷時事，春歸感物華。風波千萬丈，烟火兩三家。樹杪失巢燕，牆根無主花。當年人不見，何處是生涯？

又

道途行處惡，故舊別來稀。澗口分流水，林稍挂落暉。好山留客住，幽鳥背人飛。門外秋光老，征鞍尚不歸。

上長平寄楊成之

衰遲長在外，矍鑠愧征鞍。世路驚心惡，天風刮面寒。迢迢人漸遠，冉冉歲將殘。今夜梅梢月，同誰共倚欄？

獨　坐

地偏無俗客，日在掩柴扉。暑退閑蒲扇，涼生換葛衣。風高雲散影，露下月揚輝。獨據胡牀坐，心清即道機。

乙亥過河

一身長道路，四海尚風塵。昔作依劉客，今爲去魯人。渡河

年在亥，乞酒歲非申。別後山中友，相逢話又新。

河陽呈苗簡叔

妖氣長斗北，殺氣尚河東。人物不如古，地圖祇自雄。三城環野水，二麥臥天風。多少逃亡屋，荒涼晚照中。

即　事

炎涼愁裏過，陵谷暗中遷。素拙生生計，尋耕下下田。爲嫌頻告糴，卻恨不逢年。門外催租吏，長妨對聖賢。

中秋對月

雲山懷素隱，秋興暫來歸。月與人同醉，星隨客漸稀。入河蟾不沒，遶樹鵲何依。浩氣凝光界，瑤臺夢欲飛。

山中寄張漢臣李廣之

枳棘非所棲，繫匏焉不食？未黔墨子突，又奪伯氏邑。一年三褫服，半歲兩塗敕。歸去來山中，無喪亦無得。

經　童

盈門修鄭校，同隊執韋經。蘇子應千里，徐兒向九齡。鴈行成次序，鶯語太丁寧。堪笑西城老，朝朝酷教刑。

自　遣

居閑聊自適，造物果何如？生理年年拙，交情日日疏。吠猶聞跖犬，技可笑黔驢。誰識徘徊意，西山有舊廬。

過星軺

古道開天險，危峯拔地形。連營南北戍[六]，過客短長亭。野燒驚山鬼，胡雲掩將星。何人弄羌管，哀怨不堪聽。

七言律詩

小旱雲而不雨

阿香誰使送雷聲，敢望天瓢一滴分。恨魃長爲周地虐，閔尫幾被魯人焚。風吹海立垂垂雨，澤與山通處處雲。何事臥龍猶不起，得微往見葛陂君。

注：山谷："得微往從董父餐，寧當罪繫葛陂淵。"

復用韻

區區布穀不停聲，安得銀河水半分。湯稼未應枯後溉，周川豈獨旱如焚。是誰主當知時雨，有底商量出岫雲？造物不爲天下計，只將花事了東君。

十六日雨

平地俄驚霹靂聲，老龍功過此應分。不知東海因誰祭，卻笑西華欲自焚。四面蔽虧無日月，百神奔走會風雲。時人那識天公事，一漑惟知有巨君。

注：鄭弘字巨君，行春，天旱，隨車致雨。

注：後戴卦爲西華令，縣旱，積薪以自焚。火起而大雨。

王子榮過家上冢

暫令[七]元戎小隊行，盡驅春色入山城。蔥蔥佳氣隨軒蓋，嫋嫋高風卷斾旌。題柱橋邊男子志，散金閭里故人情。貴游前後知多少，不使堂虛畫錦名。州有畫錦堂。

用趙之美留別韻五首

把酒離筵且莫辭，坐中瓜葛暫相依。花從識後常含笑，鳥自還時想倦飛。往事微茫春夢斷，故人牢落曉星稀。天涯白髮禁愁得？好在西山不早歸。

又

長短亭中送別時，問君東去復何依？今宵明月三人共，來日紅塵一騎飛。傾蓋莫嫌相見晚，斷絃惟恨賞音稀。天涯盡道還家好，笑我雖歸似不歸。

又

爲君不惜送行詩，但恨蒹葭失所依。流水盡朝東海去，孤雲只向太行飛。仕途冰炭收心早，客路參商見面稀。一曲陽關歌未徹，聲聲頭上聽催歸。

又

遙指東山去恨遲，爭如蓮幕早來依。須知宋鷁猶能退，有底齊禽尚不飛？洛下書生憐我少，燕南壯士似君稀。主人好客慨慨醉，正要髠留肯放歸。

又

平生藏器待何時，除卻荆州不可依。預報行人應鵲噪，相將送客有花飛。鴈從去後弟兄少，鶑未來時朋友稀。不盡赤心今日話，東山無以我公歸。

赴山陽寄君祥、濟之、仲寬、子昂

立馬西風不忍行，往回只是片時程。一年又作半年客，百里有如千里情。落日寒林山[八]下路，淡煙疎竹水邊城。願君把酒休惆悵，四海由來皆弟兄。

白文舉王百一索句送行

世事紛紛亂似麻，不堪愁裏度年華。傷心城郭來家鶴，過眼光陰赴壑蛇。彈鋏歌中成老境，班荆話後各天涯。何時造物歸真宰，卻睹人間第一花。

承二公寵和復用元韻二首

脱卻朝衫著紵麻，殘年猶復夢京華。世情共指鹿爲馬，天意反教龍作蛇。白髮不公人易老，青山有素恨無涯。那禁送別東郊外，滿目離離濺淚花。

又

有客銜從説蓺麻，要教身後見西華。若爲養得能言鴨，未解除他引睡蛇。歸去稍知閑氣味，荒唐猶種老生涯。眼前浮世憑誰問，獨倚東風看落花。

重午偶題

龍鍾歎我百年身，幾見山城節物新。水荇長如牽翠帶，石榴半似蹙紅巾。可憐今日依劉客，便是當時弔屈人。誰道南來風解愠，試從比屋問吾民。

春　日

白頭不奈隙駒催，慣飲屠酥最後杯。百歲無多偏晝短，一年將盡又春來。東君得地權終在，北斗隨天柄已回。造物卻還真宰手，衆人今後試登臺。

和參謀李舜舉二首

平步青雲感遇初，試看傾蓋氣何如。橘皮應笑陳人牓，雋永爭談辯士書。夢鹿果能誰得鹿，知魚未必子非魚。青山馬上多詩句，北斗以南名不虛。

又

一怒王師弔伐初，堂堂人物古誰如。劒頭何患無炊米，楯鼻多應有檄書。盡道公孫能躍馬，應憐學士獨焚魚。旌旗未度長河水，千騎元戎已擣虛。

和東菴孔安道韻二首

擬結閒中一草堂，此心安處即吾鄉。須知見在身爲患，見說長生藥有方。老去看書徒引睡，愁來得句不成章。從前習氣都除盡，待與高人論坐忘。

又

淡泊生涯共一堂，杖藜踏遍水雲鄉。不妨廬結在人境，應念客來從遠方。三笑可無陶靖節？八仙宜得賀知章。袖中時出烟霞語，習氣師兄亦未忘。

和子榮

暫使彭宣到後堂，安昌只以醉爲鄉。浮雲世事日千變，流水生涯天一方。老子興雖如庾亮，故人恩不減蘇章。能消幾兩尋山屐，回首孤邱本未忘。

五舍人生朝

積德高門慶有餘，隔年記得掌中珠。清新月窟兩枝桂，俊逸渥窪千里駒。戲自老成看蠟鳳，志從小異見樗蒲。一朝騰踏青雲上，快睹徐卿第二雛。

籌堂壽日 二首

此生但覺醉鄉寬王績，誰謂螭猶北海蟠王猛？處處相迎皆倒屣王粲，人人共喜欲彈冠王陽。州應向日懸刀夢王浚，山試今朝挂笏看王子猷，仙馭未來緱氏鶴，月明吹徹玉笙寒王喬。

又

烏衣歷歷是名家，人物于今比晉多。俗論不侵揮塵話王衍，壯懷都付缺壺歌王大將軍。雖無金埒堪調馬王濟，賴有《黃庭》可換鵝王羲之，見説長江欲飛渡王浚，那須冰合望滹沱王霸。

和子摺中秋

最後賓來舉白浮，要須同賞桂華秋。蛾郎應恨燈無焰，孿女能教月再修。分外高寒天上闕，就中明徹水邊樓。姮娥不我爲生客，休把光芒取次收。

和子摺九日謾興 二首

此身到處賈胡留，細雨斜風冷淡秋。佳節又從愁裏過，故鄉不似舊時游。試拈紅葉題詩句，強摘黃花泛酒甌。落帽龍山幾人在，雲沉鳥没恨悠悠。

又

節物催人分外愁，干戈眼底未能休。丹楓落處吳江泠，黄菊開時壩岸秋。可是涼風添寂寞，更堪缺月照綢繆？悠悠今古何須問，淚灑牛山亦過憂。

沁園懷古

風波平地難開眼，劍戟羣山欲割腸。冠蓋隨時成物故，園林何日破天荒。摩挲碑石空懷古，點檢圖經爲補亡。誰是熙熙堂上客，近來老子也和光。欲復而未。

和即事

擬將唾手取封侯，世事那禁種種愁。未可搏他馮婦虎，終須享此景升牛。但知勿翦甘棠在，莫爲難圖蔓草憂。自古貴人天所予，定教名字到金甌。

和新秋

簾捲西山雨乍停，自知時節候蟲聲。新涼邂逅如佳客，殘暑留連似宿酲。可見韓檠燈下志，且憐班扇篋中情。若爲解得吾民慍，更鼓南風一再行。

寄史正之

往來門下亦風流，分得籌堂幾許憂？剛甚養他橫槊馬，何如了取濟川舟。人還忌器休投鼠，誰爲蹊田欲奪牛？聞早抽身閑處著，不妨仍帶醉鄉侯。

聞捷音招王德華吳天章等出山

紅塵一騎報平安，知是元戎小隊還。且喜好音來汴水，仍將舊事問潼關。橫雲自護車箱澗，落日空銜箭筈山。只恐膏肓歸不得，早隨春色到人間。

用子榮河橋送別韻

河橋把酒不成歡，正是離人去住間。公道幾時饒白髮，世情今日見青山。娟娟明月無家對，慘慘孤雲待我還。慙愧慇懃花裏鳥，一聲聲送出陽關。

承徐子賢賈仲常張伯英寵和復用韻

天涯杯酒强追歡，白髮光陰轉首間。獨夜夢魂千里月，暮年心事數重山。回腸都爲愁將斷，行脚猶疑債未還。儻得一廛休老地，柴門今後定牢關。

宿村舍四首

別後曾無一日歡，風光都在落花間。眼青羞對門前柳，頭白相驚雪裏山。華表鶴來猶是客，烏衣燕去不知還。森森庭院荒荆棘，虎豹窺人夜撼關。

又

握手親情有底歡？疎籬茅舍兩三間。尚憐作者千年調，那肯分人一半山。安得意如張翰適，憑誰放取浩然還？得君斗酒須防客，不怕重門更著關。

注：坡[九]云："重門著關不爲君，政恐惡客來仇餉。"

又

懷抱何曾得少歡？春愁飛上兩眉間。一瓢謾酌獨清水，幾屐能窮無盡山？見說酒兵長日備，江諮議："酒猶兵也。可千日不用，不可一日不備。酒可千日不飲，不可一飲不醉。"未知詩債幾時還？須防別後將軍禦[一〇]，不待尋盟輒斬關。

又

三兩殘杯不盡歡，強陪年少貴游閒。客中未必常爲客，山上那堪復有山。鶴髮都從愁裏變，貂裘直待醉時還。一朝卻入龐公市，驚倒城門老抱關。

注：坡云："城門抱關卒，怪我此重游〔一一〕。"

閔董用之

怪底年來懶下帷，似嫌牓尾姓名題。一枝自謂烏〔一二〕難借，百里誰知鳳肯棲？頗訝生前徒強項，未應老後不然臍。試將點檢平時友，太半佳城在馬鬣。

用之次韻復答

小齋飄雨注風帷，門外青山困品題。足躧盡知齊是假，膽嘗爭奈越猶棲。任教別後書盈篋，贏〔一三〕得年來氣暖臍。聊與老農歌帝力，一缸村酒薦豚蹄。

夜雨 三首

五月十八日夜雨，濟之、君祥、正之、顯之、漢卿、子昂燈下酌酒相賀，喜而爲之書。

元氣淋漓徹九垓，那消掩耳一聲雷。雨雖不解知時節，雲豈無心出岫來。所恨龍潛猶未起，大都天意卒難回。等閒莫話爲霖事，且對簷花盡此杯。

又

夜半天公號令催，即時驚起阿香雷。須知稼穡艱難甚，誰把陰陽燮理來。不使魃爲周地虐，定應龍自葛陂回。鄰家酒熟留連客，聊與愁人共一杯。

又

化工寧許著詩催，平地俄驚失筯雷。行雨夢從巫峽斷，爲霖人自傅巖來。老農學稼無多力，太史書年有幾回？愛酒陶家纔種秫，何如共此即時杯？

用之請還公府用韻拒之

殄[一四]寇將軍力自宣，幕中議論可回天。氣吞驕虜鞭先著，威定并門檄罷傳。正恐一隅防飲酒，張漢臣、馬武有同醉堂。休從百尺笑求田。揚雄禄位誰能動，姑爲侯芭草《太玄》。

弔劉伯祥

記曾林下見臞仙，惆悵紅塵未斷緣。不憚廣文寒處坐，屢逢元亮醉時眠。難逃辰巳賢人歲，有負虀鹽太學年。落落天才無地用，卻還英氣與山川。

伊闕鸂鶒堂二首

同王德華、子正、善卿、澤之，焦彥昭，唐俊卿，張伯宜，史正之，李文長，姚子昂，男李楊，杜浩然書壁。

千年古道入荒城，破屋頹垣一聚塵。天地如何收險阻，山川猶覺露精神。餘波《禹貢》朝宗水，習俗周南既醉人。把酒西風無限興，黃花時節對佳賓。

又

一日灘流淺自分，灘頭鸂鶒似通神。大都荊棘無多地，畢竟烏臺得幾人？浮世堂堂春易去，隨時局局事皆新。當年靈翼今何在，滿目西風動白蘋。

亂後寄兄二首

長劍何人倚太行，氈裘入市似驅羊。怒降白起不仁趙，死守裴侯無負唐。可奈崑炎焚玉石，更堪蜀險化豺狼。紫荊猶是堦前樹，風雨何時復對牀？

又

萬井中原半犬羊〔一五〕，縱橫大劒與長槍。晝烽夜火豈虛日，左觸右蠻皆戰場。丁鶴未歸遼已冢，杜鵑猶在蜀堪王？此生不識連昌樂，目送孤鴻空斷腸。

送趙慶之赴邠州

且莫恩恩數去程，一壺別酒爲君傾。三年簿領妨行樂，十里溪山管送迎。溢浦蘆花風裏恨，渭城柳色雨中情。三峯無復同州看，休著新詩笑不平。

別郃陽申伯福昆仲

百里相望邂逅遲，如今始得話心期。情深堂上留髡夜，興盡山陰訪戴時。客舍故人那用送，異鄉游子不勝悲。煙村水驛秦川路，來往郵筒好寄詩。

和〔一六〕子摺來韻

新年桃李似無情，回首繁華一夢驚。點檢青氈非故物，等閒傾蓋昧平生。雨中燕子還留客，風裏楊花欲送行。試聽東流橋下水，向人時作斷腸聲。

郭仲山壽日

乘興游山也自賢，千金奚羨築臺燕。誰爲洛下同舟友，人道江頭弄月仙。欲向漳源歸舊隱，便從莞谷種閑田。橐駝樹得長生理，不解如君養性天。

和河上修橋四首

故里風光衣錦游，賦詩誰與共臨流？相逢依舊山青眼，也有何愁浪白頭。官渡方當橫槊日，合肥正是著鞭秋。坐間有客誇雄辯，不念題橋志未酬。

又

日日相陪杖屨游，往來林下亦風流。雲閒隱隱堆螺髻，雨後鱗鱗漲鴨頭。休恨臨津<small>臨津河經始晚</small>，且看利涉<small>河橋名</small>落成秋。尋常公事閑中了，詩債如何尚不酬？

又

眼底關山憶舊游，滔滔河漢自東流。星槎不覺來天上，鐵鎖那能護石頭！顧我已嫌題柱晚，喜君正是濟川秋。酒間豪氣誰堪共，一醉千金價不酬。

又

落魄天涯頗倦游，片帆歸去得安流。幾年無事誇犀首，一旦封侯看虎頭。飛將正當南渡日，拾遺還是北征秋。龍鍾不稱凌烟像，只有山林志可酬。

壬寅九日同史正之劉濟之君祥仲寬姚子昂東城小酌寄錦堂王君玉二首

長天一色鴈行斜,雨過南山氣勢加。懶後不冠羞白髮,興來無酒負黃花。何人見憶閑陶令,有客徒嘲老孟嘉。秋景滿前宜共賞。未應件件〔一七〕屬詩家。

又

興來落筆任橫斜,坐上朋尊續續加。貌似葉紅皆被酒,頭如雪白也簪花。金風漸急秋將暮,玉樹相依客盡嘉。酩酊入城扶不去,臨街下馬是誰家?

隨州長官張鵬舉暨壻陳振文見過

寂寥秋思梗吟懷,幾度柴門鵲噪開。一話勝看江表傳,百書不及隴頭梅。馬催行色日邊去,鴈送歸程天際來。萬里龍庭莫辭遠,中原事業望人才。

和子榮悼恒山韻二首

功名人比漢淮陰,猛虎俄因犬輩擒。星落旄頭兵似火,雲屯細柳士如林。豈期虞虢乖唇齒,謾倚良平作腹心。灑盡英雄憂國淚,變風那得不傷今!

又

消盡羣陽道長陰,將軍何患敵難擒?唐家外望歸藩鎮,漢室中興仰羽林。忽墮曹吳分鼎計,方知胡越濟舟心。依然錦繡山川在,一旦浮雲變古今。

剛忠公

未除妖氣斗牛閒，一夜長星落將壇。天意欲將全節界，人心無奈此時寒。斷頭那肯降朱泚，血指誰思滅賀蘭！立盡太行山上石，我公忠烈不容刊。

同濟之遊百家巖懷郭延年有感 三月

雨晴閑向百巖游，今古都成一段愁。老衲解回山下虎 稠禪師，真人跨入洞中牛 陸真子。水流花落三春暮，鳥沒雲沉萬事休。有道碑前空墮淚，往來誰復共仙舟？

辛丑中秋夜與用亨漢臣濟之君祥子昂仲寬及諸同志聚飲於學宮陰不見月 二首

節物相催近覺頻，勝游携酒意何勤！幾人白髮對明月，萬里青天愁片雲。嫋嫋風高秋已半，厭厭客醉夜將分。督郵氣味從來惡，今日尊前也獻芹。戲遂良酒。

又

莫嫌勝日燕游頻，且慰寒窗力學勤。白也停杯將問月，退之利劍欲開雲。清光難比秋三夜，痛飲何辭酒百分。況在泮宮思樂地，與君共采水中芹。

送別曹漢卿

馬上功名奈老何，出門無地不風波。憑誰試著回天力，有客空揮卻日戈。青眼乍驚行處少，赤心常笑話中多。愁人近亦無腸斷，又聽離筵送別歌。

九日濟之君祥仲寬子昂攜酒於漢臣書齋小酌已而乘興與衆老人會於城西馬氏東籬談笑盡醉抵暮而歸爲賦此以紀一時之勝事

相扶醉袖出西城，翠展秋山一望晴。坐上孟嘉嘲未解，籬邊陶令話多情。酒猶强飮狂時藥，菊莫尋餐落後英。興盡歸來天色暮，老人星散月還生。

暮春和端甫韻

暮春索詩，且以不能陪郊外之游爲恨。

雨夕風朝樂事妨，老來猶自爲花忙。春光一歲只三月，尊酒百年能幾塲？辛苦衙蜂輸蜜課，等閑巢燕得泥香。如何復共遨頭醉，待把銀瓶指點嘗。

承和復用韻

草草杯盤興不妨，一年一度送春忙。我無酒量難投社，君有詩情合擅塲。衣錦堂前冠蓋貴，落花徑裏綺羅香。暫時忘卻愁滋味，驀上心來似膽嘗。

答趙之美見和

不堪春事等閑妨，汲汲光陰過隙忙。青眼久懸高士榻，白頭羞入少年塲。風從定後花猶落，月自修來桂復香。休向兵廚問消息，且教下馬客先嘗。之美有"深鎭兵厨未許嘗"之句。

李子摺約同上山督之

踏青時節醉何妨，一掬歸心想見忙。杖履不須從捷徑，觥籌且莫戀歡塲。明山秀水家家景，野草閑花處處香。休訝登臨無脚力，世間險阻備曾嘗。

答史正之

正之至，連日清話，恨不能文字飲也。時三月晦日。

草堂深處百無妨，卻爲高岑對屬忙。<small>高適、岑參。杜："遥知對屬忙。"</small>喉鳥送春歸閬苑，妖星亂世跼文塲。閑花空怨緑衣使，煮酒不隨青杏香。見説麴生風味少，尚堪留與老饕嘗。

陽城題北臺觀壁

幾年空負北山移，今日方知見事遲。猶憶王髡初去後，忽驚丁鶴暫來時。雖無壁上題名字[一八]，頗愧棠陰聽訟詩。指似荒城舊游處，西風摇落菊花期。

客中寒食

斷蓬蹤迹寄天涯，劍戟林中閱歲華。又值禁煙焦舉節，<small>焦亦作周。</small>奈無對月少陵家。驚心咄咄催歸鳥，觸目冥冥濺淚花。老後愁懷誰遣得，未應端的酒勝茶。

和徐子賢西行留别

便從傾蓋話詩情，風雨端能落筆驚。金馬謾誇三學士，碧油曾見一書生。竹溪花圃留連醉，水郭煙村取次行。自恨年來懷抱惡，與君相别但吞聲。

調祁定之

風埃滿面髮蓬垂，欲學喬松久遠期。浮世幾塲漂杵血，流年一局爛柯棋。不須玉女引巢父，那在神官邀退之。果待吹嘘送天上，人間事了未爲遲。

姪謙甫鞏縣寄魚

掣三牽兩得沈腥，顧我庖厨遠未能。幾度敲鍼無處釣，一朝醒酒不須冰。居官止合如羊續，命駕何須學季鷹。當念家風本寒素，莫從今後蓺饞燈。

母師聖醉中落水用郭進之韻

無人橋上醉婆娑，腳力危時可奈何。賀監未應真落井，屈平到底也隨波。浮雲世事黃粱夢，斜日秋風薤露歌。點檢交情能有幾，柴門今後雀堪羅。

下鰲背

浮雲蹤迹去留難，谷謗巖嘲勒我還。畢竟一身無著處，大都百計不如閑。無多伎倆三休外，是亦風流二老閒。昨日主人今日客，回頭山色若爲顏？

許司諫歸來圖

社稷憂深志未舒，陸渾山下賦閑居。幾年不復朝雞夢，一旦飜隨壠鶴書。□□朱雲徒折檻，寵踰疎□□懸車。商巖了卻和羹事，方信旁求象不虛。

寄伊陽令周文之括户

幾年客裏厭馳驅，故向伊川好處居。剛受一廛同許子，誰知四壁過相如！厥田不稱中中賦，此事真堪咄咄書。疲俗脂膏今已盡，看看鞭算及舟車。

和子摺秋晚出郭

陶寫詩人得句忙，舊游能復憶嵩陽？山頭雲霽雨聲歇，水面風來花信香。今日事雖非向日，故鄉景自勝他鄉。杖藜忘卻尋歸路，獨立河橋詠晚涼。

和述懷二首

簪履三千氣壓齊，寒林那羨一枝棲。坐中有客鵬將賦，門外何人鳳欲題？沽酒未嘗防惡犬，著鞭寧復待荒雞？夕陽休憑欄干望，今日長安不在西。

又

擬將齊物物難齊，惟有山林迹可棲。身望鳳池慙不到，名登鴈塔愧先題。未能忘舊歸家鶴，長是思鳴失旦雞。天爲東周道垂喪，肯生夫子在關西？

戲嘲

江西社裏幾詩流，詠月嘲風未肯休。得句不能當競病，措辭那敢向春秋。笑靨王氏三珠樹，驚倒張家五鳳樓。帶繫雪詩三十韻，勝如騎鶴上揚州。

答子榮

行藏事拙且乘流，游徧人間老即休。多汗愈膚三伏暑，漸衰潘鬢一時秋。風高勢欲欺茅屋，雨急聲疑在竹樓。今世宦情何處好，但憂無蟹有監州。

送史邦直入洛

肉山南去汗如流，了取公家事便休。征棹不霑瓜蔓水，歸裝莫待菊花秋。忙中暫過平嵩閣，別後頻登望省樓。若問鶴鳴近消息，翅翎飛不到揚州。

即　事

鐵馬長驅汗血流，眼前戈甲幾時休。誰能宰似陳平社，那免悲如宋玉秋。漠漠微涼風裏殿，蕭蕭殘夜水邊樓。千村萬落荒荊棘，何止山東二百州。

寬張文玘

怪來久不造龍門，依舊相逢一笑溫。任把錦囊嘲李賀，休將布皷詫王尊。事隨勢過心猶駭，言與時違舌可吞。誰爲書生肯推轂，綈袍且念故人恩。

和竇君瑞

勒石燕山後世名憲。子孫蟬蛻起風塵融。誰憐喜鵲飛來意由。自歎靈椿老大身禹、鈞。愁見灌夫杯酒過嬰。夢驚蘇蕙錦書新滔。幾年客裏無情話，一笑相逢姓麥人。

竇子溫宅爲有力者所奪

謾勞買宅著千萬，此又卜居何適[一九]從？得把茅來頭可蓋，但教窗下膝能容。尚憐相賀巢邊燕，知爲誰甜花底蜂？速向元龍問閑舍，暫將一榻過今冬。

子榮途中見憶有先生在世人中龍三十年前到月宮之句依韻謝答

高樓日日望元龍，禾黍離離閟故宮。兩地謾看千里月，五湖能借半帆風，囊錐穎脫何難出，名紙毛生未肯通。好在沁陽山色裏，一廛寧許寄揚雄？

弔曹慶之

杯酒中間氣沓拖，從教千丈起風波。絲棼世事無一可，花落人生得幾何？休向棘林長夜哭，試聽蒿里送行歌。豈容身後鍾君在，阿鶩如今嫁者多。

弔王德華

衰鬢愁添鏡裏絲，流年恰及夢中蓍。可憐白日佳城地，正值黃楊厄閏時。丁亥閏十一月。撫柩恨深元伯母，負薪情慘叔敖兒。髑髏不識生前樂，枉卻招魂費《楚辭》。

贈醫郭顯道

小隱嵩陽種德時，智能博物物皆歸。籠中無愧狄仁傑，山下常逢臺孝威。子細論來生可養，斬新卦得遯之肥。麓疎誰似嵇中散，幽憤詩成憶採薇。

焦彥昭失中子

相逢地下果何如，自謂情鍾亦太愚。未必珠能空老蚌，豈期玄不與童烏。且憐商也無三罪，尚喜徐卿有二雛。萬事盡歸天予奪，速宜收淚謝玄夫。

讀五代史

破卻千金築一臺，折衝閫外望人才。中原山岳河分斷，塞上牛羊草引來。西海正驚天狗墮，北人忽擁帝豺回。猶憐仙掌英靈在，能把潼關閉不開。

春溫軒

三尺枯桐膝上橫，一彈洗盡綺羅塵。芙蓉城裏誰為主，姑射山前別有人。雲雨不侵行處夢，丹青難寫醉時真。早尋林下乘鸞侶，莫遣春溫過卻春。

索和長平諸詩友送行韻信筆奉呈君玉聞之資客中一笑四首

漢厦非無論道氈，自慙老去鬢皤然。閑愁似海藏皮裏，往事如風過耳邊。幾度班荊誰與話，一朝傾蓋自[二〇]相憐。柴門近日多來客，火速移牀待孝先。

又

青春人物正當時，咫尺雲天快樂披。相見便如膠漆密，此行還似筈弦離。方傳細柳將軍令，或賦甘棠召伯詩。待得一朝公事了，聯鑣西去未爲遲。

又

此身莫輒犯鍼氈，只合浮沉委自然。久墮風波人海裏，暫依雲漢使星邊。斗升乞活真堪笑，青紫歸耕亦可憐。早晚皇家重名器，著鞭當在祖生先。

又

老覺龍疎過往時，赤心今始爲君披。交情大抵無新舊，人事從來有合離。見說片辭能折獄，未嘗一話不言詩。河東自古文明地，可惜儒冠感遇遲。

昨晚蒙降臨無以爲待早赴院謝聞已長往何行之速也因去人寄達少慰客中未伸之志耳二首

縱橫入市盡裘氈，一旦衣冠氣索然。豈信魯連歸海上，頗哀屈子老江邊。汗流石馬誰堪恨，草沒銅駞世所憐。莫憚區區困刀筆，論功終讓指蹤先。

又

書生掉舌豈其時，手底青編亦倦披。鐵鎖尚沈江漠漠，銅駞又沒草離離。陰山路上明妃曲，天寶年中杜甫詩。古往今來幾興廢，白頭恨見太平遲。

任仲山談西府事

德音到處下情通，喜動山城百歲翁。和氣挽回中國化，威聲振起外臺風。少酬漢使澄清志，不愧周官燮理功。南北封疆歸一統，太平立法自河東。

唐臣滿月洗兒索詩故賦兩滿月

白頭休恨夢熊遲，卻是人間久遠期。有客已爲摩頂記，爲君復草弄璋詩。一從老蚌生珠後，再值姮娥月滿時。咫尺昂霄看英物，不須女子作門楣。有二女。

留題靳載之園亭

幽徑疎籬竹外村，淡煙斜日水邊城。地形占斗〔二一〕辨南北，風俗以人分重輕。坐上有山圍似畫，樽中得酒論如兵。青春將種多才調，拂袖林泉恐不情。載之，靳千〔二二〕户之子。

送郡侯段正卿北行二首

征途萬里朔風寒，過盡陰〔二三〕山復有山。歲既在於辰已後，星多客向斗牛閒。漫漫積雪無冬夏，刼刼飛鴻自往還。若到龍庭試回首，太行一片白雲閒。

又

獵獵霜風墮指寒，一鞭行色抵天山。馬嘶衰草孤煙外，鴈没長空落照間。入塞盡穿氊帳過，去鄉須待錦衣還。功名大抵黄粱夢，薄有田園便好閑。

送參謀劉君祥二首

寂歷書齋獨坐寒，白頭羞見雪中山。虛名得失蝸争外，浮世榮枯蟻夢間。半夜朔風催客起，幾時新月望君還。鶴鳴林下無人共，何處煙霞不可閑？

又

馬首風花拂面寒，十年兩度過陰山。浮雲暮暮朝朝裏，行鴈兄兄弟弟間。大抵故鄉生處樂，莫教明主放時還。如今造物尤難料，枉使身心不得閑。

杜 門

近來人事頗相乖，獨坐何曾得好懷。犬吠爲連沽酒市，雞鳴長傍讀書齋。門終待學張家塞，閫恐難當噲等排。惡客就中多氣岸，時時下馬繫堂楷。

中秋二首

露下天街一氣涼，月明不復被雲妨。正當金帝行秋令，疑是銀河洗夜光。蛟室影寒珠有淚，蟾宮風散桂飄香。席間醉客忙歸去，獨共三人盡此觴。

又

共對青天好舉觴，從前三五是尋常。一年佳節秋將半，萬里清輝夜未央。纔向缺時舒窈窕，欲從盈後斂光芒。姮娥曾得長生藥，我欲停杯問此方。

和喬舜臣韻六月十四日。二首

畫圖懸箇老人星，一炷香烟禱處靈。見說蟠桃將結子，不知槁木已忘形。倚空山色青排闥，埽地槐陰綠滿庭。凡骨恨無輕舉便，且求強健保殘齡。

又

幾年鬢髮已垂星，豈是長生藥不靈。席上精神歡伯力，塵中面目偶人形。來歸徒訝荒陶徑，學退還思過鯉庭。鄭重世情相愛甚，一杯酒勸望延齡。

郎子雲酒熟同李茂卿史正之豪取不許

愛錢揩大眼孔小，病酒先生舌本乾。債是尋常誰不有，囊嫌羞澀且留看。三人未必一人損，豪氣難忘習氣酸。眊瞤相逢欲空去，從來如此四幷難。

再赴陽城用前韻別茂卿子雲正之

誰使腰間印欲懸，不知面上唾纔乾。先生敢以督郵去，坐客莫將官長看。祖席又成攜手別，離盃何苦上眉酸。且休凋落高陽社，來往雙鳧也不難。

代樂仲和張温甫處督米

未必書生氣盡寒，食常不足爲居閑。清於孺子滄浪水，瘦似[二四]詩人飯顆山。欲向田文彈鋏去，恐因丘嫂頡羹還。聞君自有江湖量，肯爲枯魚少破慳？

清明席上同史正之姚君寶子昂

浮雲雨後自縱橫，不待風收放曉晴。百計花期成謾與〔二五〕，一年春色過清明。誰家鑽燧罷藏火，何處吹簫猶賣餳。回首故園魂欲斷，鳥飛只是片時程。

悼　亡

須信人生足別離，別離不待白頭時。因憐曩日在縲絏，豈憚今朝炊㸑㕎。中道奈何奔月去，此情惟有落花知。眼前活計無聊甚，空對當年紙局棋。

段侯行春顯聖觀喜雨

癸卯季春小旱，清明後七日，段侯正卿行縣回，會名流勝士五十餘人於仙翁山下之顯聖觀，須臾雨作。自未至亥而止，大滿人望。酌酒相賀，莫不盡酣適之興。張種德有詩，因和韻以紀其勝。元帥申甫段玉使姚昇書於壁。

行春冠蓋暫躊躇，誰信東山面目疏？興盡奚勞風送客，氣和不覺雨隨車。移民雖恨梁加少，腐粟猶誇漢有餘。獨嘆吾儒有何貴，自今牛角莫橫書。傷儒人種田事。

寄答趙公定

他人共折依依柳，居士但飲薄薄酒。豈其必取齊之姜，又恐不爲白也母。雖然客或許敦麗，憨媿我無白璧雙。更向稠桑老人卜，準備買紅纏酒缸。

姚子昂壽日 二月初三日

門外風光二月初，衣冠把酒慶懸弧。一生接物無腸蟹，萬事隨緣短脛鳧。坐上書空窺草聖，醉中疥壁笑詩奴。年來世事俱嘗遍，只合千金養客軀。

又用濟之韻贈子昂

綿綿宗派自何時，借問吳興第幾支？書愛換鵝功不到，獄因劾鼠法先知。爲秦徙木思無地，在漢高門福有基。此去鄉閭結仁愛，請君聽取忍齋詩。有"仁人已結鄉閭愛"之句。

爲劉益之營中上王懷州 二首

自分毛錐不入時，如今尤恨埽門遲。徒勞魏氏貪雞肋，卻笑虞人望殺皮。未有赤心相待處，奈何白髮是歸期。儻令扶病還桑梓，橫草難忘報所知。

又

氈帳連雲逐日移，胡笳月底不勝悲。中原爲患有驕子，造物戲人如小兒。馮鋏縱彈無便去，晏驂未解有誰知？天涯回首消魂處，故國霜前鴈過時。

錦堂碧落壽席 年五十一

年光過隙一何忙，知命年來百念忘。公事了時陰德大，塵緣斷後道心涼。未償勇退求閑志，先得長生不老方。共勸十分添壽酒，莫辭酩酊醉山堂。

答張文玘見戲

邂逅騷人興愈多，不知賜也許同科。君猶老去詩魔在，我奈新來技癢何！但幸近無阿買寫，憑誰付與雪兒歌。一從探得驪珠後，驚倒中洲蚌與鼉。

和王季文襄陽變後二首

逐鹿中原未識真，指蹤元自有謀臣。虞全不念脣亡國，楚恐難當舌在人。拔劒挽回牛斗氣，舉鞭蹙起漢江塵。相逢空灑英雄淚，誰是荆州一角麟？

又

天命須分偽與真，蚵蜂戰蟻盡君臣。蛟龍不是池中物，燕雀休嗤壠上人。衣不能勝嵇紹血，扇無可奈庾公塵。自從絕筆《春秋》後，誰復傷時為泣麟？

僧奴劉氏甥，十一月二十一日生，籌堂子。二首

白髮因緣短犢車，可憐小德外家無。蚌生珠後何嫌老，鳳有毛時亦自殊。會看伯仁興絡秀，不妨節信論潛夫。劉生誰謂難成事，將相從來有種乎？

注：劉牢之甥酷似其舅，共舉大事，誰謂無成？

又

喜事相尋種種來，豈期天意一朝回。璋從弄後熊無夢，月到圓時蚌有胎。便可字教阿買識，那消錢為窟郎堆。賢愚懷抱俱休挂，且盡前尊露頂杯。

和楊之美韻趙

光華異域伏全才，銜命恩恩出吹臺。物外英標傾水鏡，坐中妙語落瓊瑰。節回北闕旋如斗，名振西陲聽若雷。不踏賀蘭山下石，國風未合入詩來。

和李唐傑韻二首

翰墨塲中第一人，而今委翅在雞羣。縱橫詩律凌徐庾，浩汗詞源媲《典》《墳》。兵氣橫流存此老，天心未欲喪斯文。年來草就歸田賦，嘯傲南山卧白雲。

又

郵筒寄後憶詩人，落落英才迥出羣。試問槐花忙幾舉，可憐桂子落誰墳。浮沈且與陪中立，喜慍何嘗見子文？傾破葵心望天表，龍庭不日會風雲。大朝再試。

悼籌堂

霞鞍金轡紫絲絛，玉帶紅靴織翠袍。赳赳少年真手臂，津津玉氣見眉毫。不愁造化功難補，可惜秋山勢自高。那免牛車身後患，一塲春夢亦徒勞。

和秦克容來韻

白頭羞入利名塲，得得歸來自遠方。何日詩豪離上黨，去年道話憶山陽。可憐杜宇訴亡國，還笑沐猴思故鄉。不意閑中春色早，黃鸝喚破謝家莊。

癸酉榜後寄姪謹甫第一科

萬軸牙籤未是多，十年辛苦短檠歌。敢忘奕世箕裘業？忽玷清朝甲乙科。我已夢君三舉後，君如輸我一籌何！二疏此去人方識，名字先應報大羅。

塵忝後，夢一人云："王道衡、李搞更三舉，二人亦高第。"癸酉省試，王道衡第二。御試搞第二，道衡第十一，隅〔二六〕"三舉"也。本壬申舉場，爲兵事移至次年。

和安齋見寄調祁定之

麻衣補破紙爲條，不羨仙人宮錦袍。天地老於雙轉轂，山河渺似一秋毫。煉深寶鼎丹砂就，瑩徹靈臺夜月高。上界而今官府足，暫游塵世莫辭勞。

校勘記

〔一〕"三首"，光緒本、《山右》本脱，依前例及《四庫》本補，下文類似情况，徑補，不再出校。

〔二〕"忘"，光緒本、《山右》本同，《四庫》本作"亡"。

〔三〕"仲紀"，光緒本、《四庫》本正文脱，據光緒本、《山右》本目録補。

〔四〕"平"，光緒本、《山右》本同，《四庫》本作"方"。

〔五〕"穎"，光緒本、《山右》本同，《四庫》本作"頴"，疑并誤，似當作"穎"。

〔六〕"戍"，光緒本、《山右》本作"戌"，誤，據《四庫》本改。

〔七〕"令"，諸本同，《四庫》本作"領"。

〔八〕"山"，光緒本、《山右》本作"上"，《四庫》本作"山"。對句爲"水邊"，出句自然應是"山下"，據改。

〔九〕按此處引詩非蘇軾，出自黄庭堅《便糴王丞送碧香酒用子瞻韻戲贈鄭彦能》（見《山谷内集詩註》），作者因黄詩題目涉及蘇軾，偶然誤記。

〔一〇〕"禦"，諸本同，《四庫》本作"禁"。

〔一一〕此註引蘇軾詩與原文有出入："城門抱關卒，笑我此何求。"（《蘇詩補註》卷二十二《日日出東門》），《東坡志林》卷八"笑"作"怪"，均不作"重游"。

〔一二〕"烏"，諸本同，《四庫》本作"鳥"。

〔一三〕"嬴"，諸本作"贏"，并誤，據《四庫》本改。

〔一四〕"殄"，光緒本、《山右》本爲墨塊，據《四庫》本補。

〔一五〕"半犬羊"，諸本同，《四庫》本作"矚ｗ汴梁"，疑爲清人忌諱而改。

〔一六〕"和"，光緒本、《山右》本作"賀"，據《四庫》本改。

〔一七〕"件件"，諸本同，《四庫》本作"種種"。

〔一八〕"字"，諸本同，《四庫》本作"記"。

〔一九〕"適"，光緒本、《山右》本闕，《四庫》本作"適"，據補。

〔二〇〕"自"，光緒本、《山右》本闕，據《四庫》本補。

〔二一〕"斗"，光緒本、《山右》本同，《四庫》本作"氣"。

〔二二〕"千"，光緒本、《山右》本誤作"干"，據《四庫》本改。

〔二三〕"陰"，光緒本、《山右》本同，《四庫》本作"阻"。

〔二四〕"似"，光緒本、《山右》本作"以"，《四庫》本作"似"，於義爲長，據改。

〔二五〕"與"，光緒本、《山右》本同，《四庫》本作"興"。

〔二六〕"隅"，諸本同，疑當作"寓"。

莊靖先生遺集卷三

五言絕句

一字百題示商君祥

　　余年三十有九，遭甲戌之變，乙亥秋七月南邁，時姪謙甫[一]主河南福昌簿，迎至西山，僑居廳事之東齋。小學師商君祥投詩索和，頃刻間往回數十紙。謙甫曰："一鼓作氣，未可敵。姑堅壘以待。"姪壻郭鴻漸曰："可以單師挫其銳。"乃出百字題，請賦以酬之。遂信筆而書，殊無意義，付其徒孫男樂山示之，三日不報。謙甫笑曰："五言長城，不復敢攻也。"君祥於是攜酒來乞盟，大會所友，極歡而罷。

風
汝未聞天籟，簸揚箕有神。能清常侍暑，不動庾公塵。

月
過圓旁死魄，過缺哉生明。尚賴玉斧手，再修然後成。

雲
旱魃將爲虐，從龍便出山。人間三尺雨，命駕早知還。

雨
晚有來蘇意，憂深望歲人。一犁雖美滿，猶恨不當春。

雪
細看花是雨，將見麥宜秋。度臘無三白，梁園誰與游？

山
功名雙鬢雪，心事數重山。山下人家好，終朝爽氣間。
泉
滾滾勢長往，泠泠味自清。擬將修水記，何況有詩情。
塵
不憂懸榻室，可奈汙人風。踏破青鞋底，猶疑是軟紅。
春
來莫怨春遲，去莫怨春忙。春不隨人老，誰教汝斷腸？
暑
人間三伏暑，海内一薰風。獨詠微涼句，公權似不公。
寒
廣廈千萬間，吾廬弊〔二〕獨寒。猶將折絃琴，欲和薰風彈。
晝
冬之日何速，夏之日何遲。山中無曆日，遲速兩不知。
夜
今乎日之夕，政乎日之朝。一尊待君子，風雨會良宵。
晴
展盡舒長景，銷殘片段雲。區區負暄子，炙背不忘君。
陰
朝見白雲縱，暮見白雲橫。不作及時雨，何爲點太清？
花
惜花不論命，看花須努力。能得幾時好，狂風妬春國。
蓮
碧因圓更展，紅向老猶粧。鏡裏風流在，人言似六郎。

菊
色笑秋光淡，香嫌酒力慳。東籬在何處，客裏見南山。

梅
未報江南信，先開雪裏村。要看花上月，立馬待黃昏。

松
鬱鬱愁無地，青青獨有心。疑從大夫後，傾蓋到如今。

竹
瀟灑能醫俗，檀欒看上番。我寧負此腹，忍使籜龍冤？

草
日沒露易濕，日出露易晞。人生大都幾，王孫胡不歸？

燕
社後來何暮，梁間話頗多。巢泥愁未穩，無面見淘河。

鴈
俄見天邊字，徒銷客裏魂。一書言不盡，為我敘寒溫。

鷗
江靜烟籠雪，天晴水浴衣。漁歌驚不起，物外兩忘機。

鶴
去家丁令威，化身徐佐卿。不戀乘軒寵，九皋堪一鳴。

蜂
弄晴沾落絮，帶雨護園花。有課常輸蜜，無春不到衙。

蝶
元從生處樂，肯向死前休？花底人閒世，如何不夢周？

龜
汝殼將自遮，汝腸還自刳。可憐一底板，雖智不如愚。

魚

華亭載月舡，長安遮日手。一網腥城市，吾於爾何有？

蟹

食必視本草，貴在精物理。蔡侯何鹵莽，幾爲勤學死。

儒

秦坑秦即孤，魯戲魯尋削。伊誰蹈前軌，可謂束高閣。

僧

貌與松俱瘦，心將絮共沾。一菴空寂地，香火讀《楞嚴》。

道

自知身是患，常謂道無名。欲作閒中友，隨緣論養生。

仙

千載遼東鶴，雙飛葉縣鳧。應憐塵世裏，無地著臞儒。

禪

見桃渾不悟，對柏未嘗參。虎嘯龍吟子，風雷振一龕。

醫

愈風陳有檄，止瘧杜能詩。雖然醫者意，何意亦何醫？

卜

棄置復棄置，其然豈其然？百錢聊爲我，更看小行年。

漁

一聲歌欸乃，萬頃國烟波。鰲蟹中閒醉，蓑衣拜浪婆。

樵

雲外山將遍，人閒日易斜。不知棋換世，柯爛未還家。

客

渺渺亡羊路，悠悠化鶴身。人閒同逆旅，誰主復誰賓？

農

賣劍田園計，溫家種樹書。新年無罪歲，事事有乘除。

牧

蓑底因緣曲，腰間觳觫鞭。月明歸去晚，想見葛洪川。

射

手撚金僕姑，身出麞相圃。不穿百步楊，志在狷狂虜〔三〕。

獵

終日無獲禽，古人獵在德。非德爲禽荒，獵食吾不食。

詩

裁作牛腰束，愁於飯顆山。近覺故步窘，十債九不還。

書

入室五千卷，挿架三萬軸。何似曬書人，坦此便便腹。

筆

不見中書君，不聞老成人。爲君作佳傳，繼者皆尖新。

墨

松閒老潘谷，何處得玄圭？速置薔薇露，詩仙醉欲題。

紙

慇懃翰林主，揮埽驚風雨。滴滴是玄珠，點破先生楮。

硯

端溪溫潤石，價重百車渠。一滴玄潭水，蠅頭萬卷書。

畫

有意皆堪譜，無言總是詩。潭潭居相府，此譽不妨馳。

琴

陰壑鳴松籟，空巖響石泉。此聲并此意，誰得寄徽絃？

棋

縱橫連井地，明暗列星圖。兩角觸蠻戰，一家瓜葛無。

劒

帶牛移漢俗，匣刃出酆城。安得治復古，器農不器兵。

香

小炷博山鼎，半殘心字灰。游蜂何處客，應爲百花來。

茶

人多愁水厄，若箇有詩情？靈草還知我，平生事不平。

師

絳帳風流遠，青衿禮貌驕。定須防射羿，何必問嘲韶。

學

邑化絃歌地，鄰漸俎豆風。二三言志子，六七詠歸童。

仕

雖有乘桴意，能忘出晝情。一官百僚底，是亦道之行。

富

狼籍胡椒斛，破散堆錢屋。不見貧者愚，求榮是求辱。

貴

鴟得腐鼠嚇，犬笑狡兔死。唾手功名塲，不知憂患始。

貧

書生祿有籍，造物費亦省。顏回一簞食，不得盡晚景。

隱

孔負二宜去，嵇[四]知七不堪。青山休老地，佳處是終南。

智

樂在知幾早，憂因見道遲。遙憐鮑莊子，人笑不如葵。

愚

膏以明自煎，薰以香自薪。善哉柳侯意，一字辱溪神。

壽

灰如戀闕心，雪似窮經首。問年今幾何，看飲屠酥酒。

老

尊年鄉飲禮，擊壤太平歌。甲子君休問，光陰得最多。

名

求爲天下士，所望不亦厚？得少失有餘，何況在身後。

友

偶因勢貴賤，乃見朋得喪。歲寒山陰雪，獨有戴可訪。

身

黃卷平生志，青山見在緣。百年今已半，只合鬭尊前。

影

相對鏡中真，相隨月下人。我今未忘我，身外還見身。

行

水笑杯猶渡，山驚錫尚飛。垂垂瓶鉢老，何處未來歸？

住

俗尚家靈運，誰堪社遠公？空山雲不出，愁殺渡溪風。

坐

一軒容膝安，半世行腳債。龐家老居士，舉似無生話。

臥

一室散天花，一榻颺茶烟。家風嗣阿誰，殘月曉風禪。

笑

和氣須懽伯，開顏只孔方。世情如苦海，件件可閩堂。

吟
冥搜腸亦苦，隻字得之難。作者有六義，惜哉坐一寒。
醉
愛此真珠滴，能於大道通。與君同舉白，憐我獨潮紅。
醒
暫出陶陶境，那禁種種愁。舉觴邀明月，卻帶醉鄉侯。
飲
竹葉杯中酴，金釵坐上春。淺斟低唱境，猶道是閒人。
舞
野鶴聞琴態，孤鸞對[五]鏡妍。爲君《小垂手》，無地可回旋。
睡
客隨陶令遣，齋甚太常嚴。儻或非黃嬭，那知此黑甜。
夢
物外日月忙，人間憂患長。休談夢中夢，萬古一黃粱。
歌
大音聲自希，賞音人亦寡。寧可逆汝耳，不可廢作者。
嘯
成璿風生坐，孫登月滿臺。東皋今寂寞，元亮早歸來。
傲
王公輕以道，富貴驕以志。我見高尚人，蓋有高尚事。
閑
太傅懸車里，仙家避世壺。老妻爲紙局，坐隱是功夫。
懶
交有書堪絕，師何記可嘲。不僧亦不俗，似癡還似高。

話
萬事就庚談，一心對芝宇。不思炊作麋，但見風生塵。

浴
子春恐事敗，佟之坐水淫。二者過不及，何如我洗心。

歸
世路雖多梗，吾生豈繫匏。西風倦飛翼，樂在一枝巢。

別
更盡一杯酒，出門行路難。送君過南浦，忍淚憑欄干。

愁
解使回腸斷，能催兩鬢秋。天涯未歸客，容易上眉頭。

忍
氣留臍可燰，唾使面自乾。無怨亦無惡，此腹如此寬！

蠶
蠶月始條桑，恩恩婦姑忙。天寒授衣節，婦姑無完裳。

織
泛槎驚誤客，折齒笑狂隣。不作迴文字，愁嫌愁殺人。

春
斷木讒脫粟，濕薪空爆竹。朝餐動及午，奈此雷鳴腹。

炊
旅食寄天涯，愁如桂玉何！莫忘生處樂，聽取炭窯歌。

砧
對影無情石，關心寄遠衣。天涯鎮長客，鴈後不懷歸。

琴 此以下四首和籌堂
山水有清音，琅然出枯木。若教俗耳聽，絲竹不如肉。

棋

森森戈戟[六]心，盡在皮裏著。傍有爛柯人，點破都是錯。

書

一坑科斗灰，難破祖龍惑。三兩挾策人，今誰席肯側？

畫

手與心相應，妙處在咫尺。筆尖多少鋒，揮埽天地窄。

東郊行

四海尚干戈，幾人知稼穡。青青原上麥，忍放征馬食？

書壁

世事紛紛變，人生種種愁。行年三十九，得歲又平頭。

避亂

雪巖依日煖，霜樹弄風悲。山似王維畫，人如杜甫詩。

資聖寺壁

是誰將壁疥，盡可著紗籠。今代無詩史，何時入國風？

別陳之綱李得之南子榮 時在宋

已兆池魚禍，尚多風鷂過。寄與遠遊人，莫待賒行貨。

戲高廣之

一飲遇伶婦，一飯值丘嫂。徒教乞米僧，時時送盧老。

雨後

新秋積雨霽，涼風吹我衣。歲月不知老，乾坤何處歸？

九日答朱壽之

與客登高處，節物傷遲暮。不見白衣來，三復秋風句。

竹林

初見錦綳脫，氣已傲霜雪。天寒十萬夫，未聞一死節。

栢徑

歲晚節自抱，足見有心哉！游人從何處，帶得春風來？

槐亭

蟻穴功名重，或作封侯夢。主人心已閑，不爲黃花動。

稻塍

一水自縱橫，厥田無上下。居民不佩犢，歲事在秧馬。

儒

世治其術重，世亂其術輕。太平然後用，用然後太平。

蝶

轉首一塲夢，驚心三月春。揚揚枝上蝶，不見惜花人。

熊白

所居無禹廟，有官升典籤。掌亦我所欲，二者不可兼。

十六日夜戲書

貪作梅花夢，都忘柳絮禪。可憐人與月，不似夜來圓。作，臧祚切。

六言絶句

雪菴題錢過庭梅花圖

已把傳神畫譜，又看格在詩評。月落難尋清夢，雲空乃見高情。

示姪輩

諸阮以富相誇，二疏恐財爲病。濟叔不羨金埒，勛兄曾有摑命。

淵明歸去來圖

先生從來寄傲，肯向小兒鞠躬？笑指田園歸去，門前五柳春風。

中　秋

三百六旬歲周，一十二度月圓。試問姮娥甲子，和閏到今幾年？

郎文炳心遠齋

竊笑濫巾北岳，那能補衲中條？自有胸中丘壑，不妨隱向市朝。

伯德仲植張長史帖

莫就嚴陵買菜，無勞逸少換鵝。但得雲煙一紙，那在鄴侯書多？

戲沂公巨川

八仙詩裏蘇晉，三笑圖中遠公。選甚逃禪破戒？我師自有家風。

戲武夫韓公二首

論功終是獵犬，見事不如擒虎。我願一識荊州，人道莫逢玉汝。

又

結柳未送窮車，弊〔七〕衣先入歌院。雖得蕭何指蹤，難與老子同傳。

老杜醉歸圖二首

尋常行處酒債，每日江頭醉歸。薄暮斜風細雨，長安一片花飛。

又

百錢街頭酒價，蹇驢醉裏風光。莫傍鄭公門去，恐猶恨在登牀。

史遂良酒債四首

都因焚券〔八〕家貧，親與當爐人賣。問得街頭酒價，索取江頭酒債。

又

酒誥一篇既出，離騷亦可不作。愧我家無阿堵，笑他人飲狂藥。

又

滌器不辭親酌，過門無奈客惡。未嘗解下金龜，必能畫得黃鶴。

又

從來歡伯氣和，何故督郵味惡。陶令無錢但賒，潘子著水不錯。

竇子温江山圖

醉裏扁舟烟浪，望中幾屢雲山。長天秋水一色，明月清風兩閒。

猫犬圖

狡兔空有三穴，首鼠漫持兩端。我輩天生健武，從渠股慄心寒。

北窗高臥圖

問字不得兀兀，借書不得陶陶。誰遣人來送酒，枕邊正讀《離騷》。

雪谷早行圖

積素茫茫縞夜，流光耿耿揚輝。行人抵死貪路，何處家山未歸。

史正之喪子買得

陸郎初見懷橘，阿買頗解識字。或恐西河喪明，忙爲東野收淚。

靈照女

留下一重公案，有女誰似龐家。不試提籃[九]手段，若爲點破丹霞？

錦堂四景圖

春水滿四澤

淼淼舒如羅帶，鱗鱗皺似縠紋。誰道卧龍不起，須臾變化風雲。

夏雲多奇峰

幸得從龍變態，尚何出岫無心？正苦人間畏日，不思天上爲霖。

秋月揚明輝

清光一片如洗，西去姮娥耐秋。可惜廣寒人老，誰將玉斧再修？

冬嶺秀孤松

山前傾蓋獨奇[一〇]，雪裏盤根歲深。千年老鶴相伴，誰似蒼髯有心？

校勘記

〔一〕"謙甫"字，光緒本、《山右》本、《四庫》本并如此，卷二有詩题目"癸酉榜後寄姪謹甫",作"謹",疑此處誤,或爲"謹甫"兄弟歟?

〔二〕"弊",光緒本、《山右》本同,《四庫》本作"敝"。

〔三〕"猖狂虜",光緒本、《山右》本同,《四庫》本作"南山虎"。

〔四〕"秅",光緒本、《山右》本作稭,誤,《四庫》本作"秅",據改。

〔五〕"對",光緒本、《山右》本同,《四庫》本作"覽"。

〔六〕"戟",光緒本、《山右》本同,《四庫》本作"戰"。

〔七〕"弊",光緒本、《山右》本同,《四庫》本作"敝"。

〔八〕"券",光緒本、《山右》本同、《四庫》本并作"券",并誤。"焚券"典出《戰國策》,據改。

〔九〕"籃",光緒本、《山右》本作"藍",從《四庫》本改。

〔一〇〕"奇",光緒本、《山右》本同,《四庫》本作"倚"。

莊靖先生遺集卷四

七言絶句

謁秦吴二王廟二首

三月十八日，與馬子温，郭謙甫，楊茂之叔姪，劉濟之、君祥、仲寬，姚子昂，邢文炳同行。

頽垣陊殿夕陽中，血食雖同事不同。揖讓干戈兩陳迹，酹觴抛與落花風。

又

杖藜行處記曾過，草草杯盤野興多。舉目山川縱如舊，一塲夢抵幾南柯！

卜居

東鄰西舍兩三家，簌簌牆頭落棗花。憋愧畫梁雙燕子，笑人今日又天涯。

中秋夜夢

中秋前一夕，夢入僧寺。往來人物有送别意。須臾，有一麗人於橐中出一春衫，再四整疊，欲相贈聞而雨作，趨避漏室中，其人行歌而至。雨止〔一〕，聽之，歌未終而覺。故爲紀之。

征衣不用贈春羅，試聽尊前一曲歌。爲問從來雲雨事，如何偏向夢中多？

讀項羽傳

鴻溝時暫割山河，楚國山河一半多。欲去故鄉誇富貴，不知沛有《大風歌》。

糟筍

甕中有地可藏真，子子孫孫麴糵醺。誰是聖之清者後，此君應負此君君。伯夷，孤竹君之子。

新樣團茶

春風傾倒在靈芽，纔到江南百草花。未試人間小團月，異香先入玉川家。

重午偶題

只爲《離騷》話獨清，至今猶恨楚君臣。魂招不得歸何處，閑氣都留與艾人。

子猷訪戴圖

雪後山陰本乘興，似非特爲故人來。縱能一見戴安道，舡未回時心已回。

和籌堂途中即事三首

晚風吹雨過山堂，燈火秋涼好對牀。卻被荒雞笑人懶，一聲催起著鞭忙。

又

悠悠旌旆出山城，世事驚心幾變更。水郭烟村誰是伴，老夫钁鑠尚堪行。

又

斗酒中閒詩百篇，錦囊新句落誰邊？無窮山水吟難盡，說似畫師僧巨然。指楊舅彥明。

船子和月圖

千尺絲綸在手中，月明歸去滿船空。寒江豈是魚難釣，釣得還將不釣同。

和河樓閑望孟州二首

去去來來不繫舟，至今師渡幾時休。洗兵豈是天無雨，盡逐黃河入海流。

又

一夜長空落將星，不知誰抱越人冰。中原可惜衣冠地，自古以來多廢興。

用籌堂韻

清尊莫惜再三開，別後何曾得好懷。爲向綠衣花使道，杖藜不是等閑來。

答滿法師

此身分付水雲閒，不見高人得句難。待學江西立公案，便宜築箇小詩壇。

和泰禪

淡泊生涯分自甘，十年霜葉碎青衫。忽從問道山前過，牧馬之兒是指南。

橙數珠二首

　　水月禪師有橙數珠、竹如意，恨不見作者之句，鑿空道其髣髴。

典刑釀出洞庭霜，只取青圓不待黃。凡俗盡從千佛轉，忘言老宿但拈香。

又

從頭細轉梵王經，一串秋香得洞庭。爲報重甦當自惜，莫教落入念珠廳。重甦，即水月也。

竹如意二首

曾爲彈琴指甲傷，有時曝背竹書光。不須爬癢倩仙爪，忍待一朝春筍長。

又

即時參得指頭禪，說似家風玉版傳。一日佛堂光自放，我師歇在古靈前。

雪菴二梅圖

老對風光百不堪，畫圖彷彿見江南。爲君試草花開賦，未必心腸似雪菴。

贈碧落和講主

蕭蕭古寺掩松關，雨後無人草木閑。埽地家風誰舉似，我師特特爲開山。

跋竇子溫江山圖

森森澄江欲拍天，參差烟樹老江邊。舉頭不見長安日，一棹秋風載酒船。

過雲臺

夜半風吹霽色開，曉乘殘月過雲臺。連山斷處瞰平野，一線黃流掌上來。

濟源龍潭

塵世悠悠不識真，一潭春碧養潛鱗。可憐無故驚雷起，誤卻山前失筯人。

裴公亭

青山如畫水如藍，自笑平生性僻耽。尊前留連妨逸興，不能一到侍中菴。

與奉仙觀道士元明道

野鶴飄飄性自高，徘徊塵世豈難拋。棲真舊隱無多地，何處仙山不可巢。

富公草堂

青山萬疊水縈回，山水中間幾往來。風物不殊人世改，中州何處是崑臺。

謝楊成之

與客西從濟上回，明朝扶杖到雲臺。一尊相送休頻勸，留作山行軟脚杯。

雨後

春空靄靄暮雲低，飛過山前雨一犁。明日卻尋歸去路，馬蹄猶踏落花泥。

阻風

東風作惡幾時休，況値春光欲盡頭。誰謂閑人無箇事，一年長是爲花愁。

答籌堂見招六首

須信人間〔二〕足別離，相看能得幾多時。浮雲一片無根蒂，去去來來自不知。

又

日日相陪鶴髮翁，烏紗白葛道家風。火雲堆向山南去，暑氣蒸人似甑中。

又

俯仰隨人亦自欺，精神無復似當時。年來世事俱嘗遍，只有閑中味不知。

又

冠世聲名蓋世功，尋常杯酒坐生風。區區問舍求田客，盡在元龍一笑中。

又

日日言歸未得歸，白頭纔是入山時。依前卻趁逍遥出，慚愧山靈我不知。

又

誰謂長河不可通，只消送客一帆風。故人別後情偏重，猶恐相逢是夢中。

史遂良壽日

任他白髮不相饒，兩頰春紅醉裏潮。今夜鳳凰臺上月，未知誰可共吹簫。

和王季文襄陽變後

將軍橫槊面潮紅，一舉淮南埽地空。堪笑楚人無伎倆，至今猶說馬牛風。

張翔卿出家

絳帕蒙頭讀道書，孫郎見後肯容無？休將僥幸乖名教，天上臞仙即是儒。

鰲背元夜

山市家家秉燭遊，風簷齊挂月燈毬。不須更用閑粧點，人在鰲峰最上頭。

許司諫醉吟圖

席地風光引興來，不辭白髮被春催。眼前有句貪拈掇，閑卻梨花樹下杯。

明皇擊梧圖

不使梨園弟子知，太平音在鳳凰枝。一朝野鹿銜花去，長恨秋風落葉時。

秋江斷鴈圖

不堪愁裏見秋光，江北江南木葉黃。誰信朔風猶跋扈，天涯吹斷弟兄行。

游石堂山

與史正之、王廷秀、姚子昂、郭顯道、李廣之同行。

雨後青山畫不如，算心人去有誰居？紫雲空鎖神清洞，不見丹崖四字書。邢和璞算心處，歐陽文忠公神清之洞。

句龍廟

溪行十里氣如蒸，危檻憑虛不厭登。咫尺仙山在塵世，杖藜來往幾人曾？

陽關圖

一杯送別古陽關，關外千重萬疊山。試問青青渭城柳，不知眼見幾人還？

烟江疊嶂圖

揮毫落紙生雲煙，江北江南水墨天，愛畫主人胸次別，臥游不用買山錢。

千里江山圖 二首

曾把雲山爛熳酬，杖藜隨處賈胡留。如今腳力那千里，水墨中間只臥浮。

又

筆下江山取意成，一峯未盡一峰生。憑誰試向行人問，水郭煙村第幾程？

答祁定之

歸袖迎風拂面埃，青山望處白雲埋。如何千載離家鶴，學得仙時不便來。

戲　贈

布袍襤褸化風埃，是處青山骨可埋。三笑家風□時了，我師容易去還來。

雪中寄

秋空一洗絕纖埃，著脚街頭雪半埋。試問希真門下客，衣蓑曾有葛三來？

不　寐

露下中庭鶴睡驚，娟娟缺月照窗明。夜深讀罷牀頭《易》，紙帳梅花夢不成。

西山問羊

淡泊不禁頻皛飯，尋常無以致氈根。西山繭耳多於石，肯與書生踏菜園？

暮秋有感

亂〔三〕鴉無數噪寒林，林下風吹落葉深。惟有黃花枝上露，向人猶似泣殘金。

即事

將軍下馬氣如虹，書生折腰曲如弓。好山無限歸未得，白雲慙愧渡溪風。

即席〔四〕

秋色南山氣勢高，坐閒牛酒話麃豪。自憐萍梗天涯客，俯仰隨人似桔槔。

陸渾佛髻山

十步都無一步平，往來人似畫圖行。可憐一派溫泉水，不與荒山洗惡名。

湯下寺壁

滾滾龍泉自吐吞，誰能箇裹混光塵。再三遶壁尋題句，饒舌山禽不避人。

跋背面彌勒

萬水千山特特來，謾勞皮袋走塵埃。橫擔拄杖明州去，世上誰能喚得回！

題斷碑

節角摧殘臥夕陽，豈無神物護文章？一從薦福雷轟後，片石猶爭日月光。

游青蓮浦〔五〕值巨川彥廣二上人出

寂寂荒庭落葉堆，與誰重上遠公臺？青山不解留人住，立盡秋風曦未來。

戲曹漢臣二首

一見高僧話亦高，醉中往往愛禪逃。爾曹自謂曹溪後，不怕曹溪笑爾曹。

又

移得花將碧落栽，一枝開後百枝開。今生也有狂靈〔六〕運，待入東林社裏來。

碧落院松

霜幹亭亭聳碧空，幾年春雨養髯龍。也能説得菩提法，何處人間有萬松？

雪後送寶泉之碧落

洒面輕風不覺〔七〕寒，天花散落滿人間。慇懃行脚休辭遠，出得城門是雪山。

陶學士烹茶圖

□□天寒對酪奴，竹間雪鼎與風爐。書生事業真堪□，莫〔八〕謂粗人此景無。

修武騫林觀

道經："天上有玉京山，騫林觀。"

□□帶雨阻登臨，往事看碑或可尋。不是青牛洞中□，人間何處有騫林？

射虎

逐鹿中原鹿已無，功名那在一於菟？分明射中南山虎，李廣元來不丈夫。

答籌堂二首

寄詩有"青燈佳話正當時"之句，見其戀戀之至也。用來韻答。

休嫌堂上聚星遲，懷宮有聚星堂。邂逅人生似有時。雞黍恐忘今後約，預先報與巨卿知。

又

秋涼急急授衣遲，便是霜林葉落時。夜聽寒砧動離思，恨無鍼線小蠻知。

參謀王君玉魏文侯冒雨出獵圖

終朝[九]冒雨入山林，畢竟馳驅獲幾禽？自是魏侯言不負，當時只合獻虞箴。

抱樹石

火餘介子身猶在，槁立鮑焦心愈堅。欲向前村問遺叟，石荒樹老不知年。

和王成之梅韻二首

踏雪尋芳路帶沙，南枝初放兩三花。高樓寄語休吹笛，留取春風與大家。

又

朝來一雪冪晴沙，行到前村始見花。驛使便將春色去，暗香今夜落誰家？

狂　風

春光著物酒如濃，白白紅紅眼界中。又是一塲蝴蝶夢，能禁幾度落花風？

游錦堂後園

與濟之、君祥、仲寬、子昂共。

妝點園林次第新，野花無數不知名。即時喚起閑中興，憨愧陶家趣未成。

袁景先東歸喪馬二首

汗血奔馳死即休，東郊骨骼有誰收？舉鞭遙指前山路，野草閑花滿地愁！

又

長鞦短轡慣騎驢，人日徒行爲的顱。得失從來等閑事，未知愁得塞翁無？

玉李花

盤根春後幾枝分，似比樹頭花更新。落月試將顏色照，便如傳得謫仙神。

半丈紅

艷冷香清是就中，等閑不肯媚春風。東君也恨無顏色，染出枝頭點點紅。

溪　竹

崎嶇一徑逐溪斜，泛泛溪流帶落花。爲問風前雙燕子，銜泥飛去入誰家？

吳　神

山頭多少往來人，香火爭將瓦鼎焚。簫鼓下山人漸遠，晚風吹起一溪雲。

過古寨

繫馬垂楊日半斜，荒村籬落兩三家。可憐華屋生存處，瓦礫堆中幾樹花？

大陽與諸友話舊

尋芳來入杏花村，見客人人有典刑。不用看碑問前事，坐中一話即圖經。

聽樂 時錦堂小疾

聞韶還似在齊時，三月猶然味不知。若要得他安樂法，請君聽取四休詩。

郜氏院看花

誰道〔一〇〕花枝不耐寒，就中姚魏欲開難。賞心未愜空歸去，更待明朝爛熳看。

長平懷古

趙括雖能讀父書，長平一舉見規模。縱橫戰國俱陳迹，只有青山似畫圖。

枯松

爲嫌紅紫汙家風，故向春來學種松，秖恐等閑兒女輩，輒將斤斧損髯龍。

勸行

衣錦山前往復來，莫教酒興盡時回。前村見説無深巷，留向谿堂把一杯。

留別

耳畔頻頻杜宇聲，馬頭山色翠相迎。一杯不盡留連意，送客風來便好行。

送母受益之洛陽

有心待種洛陽田，早趁西風送客船。借問梅花堂上月，不知別後幾回圓？

寄大師孫仲遠講道經

鶴骨仙人別後臞，無由得近嘯臺居。我師不了孫家事，絳帕蒙頭説道書。

下太行

山中日日伴雲閑，不見閑雲只見山。君去試從山下望，青山卻在白雲間。

德老瑞竹二首

主人本望鳳來棲，遂把孤根特地移。不念平安猶未報，誰教節外强生枝！

又

籜龍日日斧斤聞，可惜孤根托處難。待得上番成竹後，一枝還作兩枝看。

山前偶得

白頭來往話難親，琴酒重尋別後雲。縱使山英不相棄，奈無面目見移文。

爲徒單雲甫作二首

萬里相將鶴髮親，倉惶未拂綵衣塵。眼中滴盡孤寒淚，誰是同門請粟人？

又

男兒糊口在四方，聚蚊成雷不可當。孝哉穎叔豈無恥，恐君之羹猶未嘗。

過碧落寺二首

流水溪邊一徑通，參差殿閣倚晴空。東林少箇開山祖，何處人間有遠公？

又

古寺荒涼不記年，庭松相對欲參天。入門不見溪堂主，秖恐蒼髯是老襌。

趙二首

欲憑從約抗强秦，完璧那能係重輕？兩虎共圖全國計，豈無一術救長平？

又

紛紛列國事縱橫，誰似邯鄲得地形。會罷澠池方氣勝，不思嫁禍有馮亭。

觀射柳

羽箭星飛霹靂聲，追風馬上一枝橫。平生百中將軍手，不意今朝見柳營。

戒　酒

誰肯收心醉六經，只言酒是在天星。若能讀得《離騷》後，學取先生半日醒。

游青蓮分韻得春字

己亥暮春十有八日，劉巨川濟之、瀛漢臣、王特升用亨、郭甫仲山、姚昇子昂、史顯忠遂良同游福嚴禪院，與巨川、彥廣二山主道舊。兵革之餘，不勝感嘆。仍以"春山多勝事"爲韻，賦詩以紀其來。

四面山圍故故青，茶煙榻畔坐忘身。與師貪論安心法，門外飛花送卻春。

慈氏閣

金碧相輝跨杳冥，憑高佇目記吾曾。勸君試倚欄干望，愧我今無脚力登。

出　山二首

興盡東山命駕忙，斷雲似與雨商量。出門卷地顛風起，送客何須爾許狂？

又

東林景物畫中詩，老恨因循著腳遲。背了青山卻歸去，頭灰面土任風吹。

水簾

倒傾蛟室瀉瓊瑰，派落空巖雪浪堆。卷地封姨收不起，素娥垂下玉鈎來。

柳二首

一年春色到溪頭，展盡眉間幾點愁？纔得東君暫時意，笑他張緒不風流。

又

千絲萬縷弄風柔，爲愛春陰盡日留。杖屨重來有佳處，道人鑿石沼清流。

臨清臺二首

與諸友憩於臺上，須臾四面雲合，垂垂欲雨。

忽驚平地一聲雷，爍爍驕陽氣欲回。安得霂霈片時雨，臨清臺是望雲臺。

又

登山興盡早宜歸，況是東風送客時。只有臨清臺下水，怪人來此不留詩。

懷舊

杖藜重到古招提，硤石雲深一徑迷。不見同來舊時伴，怕看雙翠壁間題。

新安

芳草原頭一望空，村南村北落花風。可憐當日堆錢屋，寂寂無人晚照中。

過二聖王氏故居感戰死者

數仞牆圍石作基，幾年風雨長苔衣。英雄地迫難爲計，血汗遊魂不得歸。

東山道中

採遍山城草〔一〕木芽，百年老樹盡枯槎〔一二〕。眼前多少閑田地，雨後春耕有幾家？

擲筆臺

空山老卻涅槃師，擲筆臺前旦過稀。雉子豈知身後事，至今猶傍法堂飛。

太平泉 二首

試從澗底覓根源，剔蘚刓苔得舊泉。人事盡隨流水去，幾時復見太平年？

又

水邊堪賦濯纓歌，來往遊人分外多。爲問太平何處是，等閑不識起風波。

子榮過家上冢二首

班超萬里歸無期，張翰雖歸如不歸。君看畫錦堂中相，十五年前一布衣。

又

名遂功成不肯閑，故鄉曾見幾人還？百年扶杖華顛老，爭看錢家錦繡山。

十七日送行

恩恩又別故園春，花落猶隨馬後塵。相對離筵莫惆悵，送行人是欲行人。

勉和籌堂來韻四首

往古來今秋復春，嬴顛劉蹶總成塵。蝸牛角上爭閑氣，笑倒南華夢蝶人。

又

氣似陽和處處春，但隨流俗混光塵。須知舌在爲身累，非是是非何等人！

又

四海男兒得志時，歸來一段話新奇。野人不管興亡事，飲恨閑看老杜詩。

又

漢祖龍興自有時，未應六出計皆奇。採芝人向山中老，不見功名一首詩。

送潁陽史正之之鄧州

風俗相鄰鴂舌蠻，杖藜南去早宜還。年今已近強而仕，捷徑休離少室山。

贈陳仲和

吾友仲和，故遼降虎太師之後，以廕補官，累階三品。喪亂之際，相會于山陽，年六十有二。神閑而意適，手持數珠，日誦佛書不輟，真髮僧也。因誦"飽諳世事慵開口，會盡人情只點頭"之句，以此意索詩，因書以示之。
百年浮世落花風，漆水榮華一夢空。拈起數珠都忘卻，大千沙界入圓融。

和秦彥容韻

花信風傳閬苑香，騰空鶴駕望仙郎。當年誰爲看爐鼎，曾得丹砂入藥囊。

碧落途中遇雪

出郭山行十里餘，據鞍擁鼻一臞儒。飛花落在吟肩上，便是藍關遇雪圖。

大陽值雪

掃地陰雲撥不開，北風吹落豆稭灰。相逢父老應相笑，直待山頭白後來。

呈濟之

朝醒暮醉幾時休，雞黍人家見客留。聞道麴生行處有，西村明日趁扶頭。

留　別

故人不寄一枝梅，親到前村雪裏來。興未盡時還又去，爲君更覓暖寒杯。

留別草堂諸友

青山莫厭往來頻，野鶴孤雲自在身。客路傍春風色好，明朝便是遠行人。

校勘記

〔一〕"止"字，光緒本、《山右》本作"立"，誤。《四庫》本作"止"，據改。

〔二〕"閒"，光緒本、《山右》本同，《四庫》本作"生"。

〔三〕"亂"，光緒本、《山右》本同，《四庫》本作"慈"。

〔四〕"席"字，《山右》本目録同，光緒本、《山右》本正文誤作"事"，《四庫》本作"席"，據改。

〔五〕"浦"字，光緒本、《山右》本空缺，《四庫》本作"浦"，據補。

〔六〕"靈"，光緒本、《山右》本同，《四庫》本作"時"。

〔七〕"覺"，光緒本、《山右》本同，《四庫》本作"作"

〔八〕"莫"字，叢書本闕，《四庫》本作"莫"，據補。

〔九〕"終朝"兩字，光緒本、《山右》本闕，《四庫》本作"終朝"，據補。

〔一〇〕"誰道"，光緒本、《山右》本并闕，《四庫》本作"誰道"，據補。

〔一一〕光緒本、《山右》本"草"，《四庫》本作"華"。

〔一二〕"槎"，光緒本，《山右》本同，《四庫》本作"查"。

莊靖先生遺集卷五

七言絕句

和籌堂送別韻二首

山城望斷首重回，猶勸春風馬上杯。有似衛軒當日鶴，羽毛養就卻歸來。

又

白髮相逢得幾回，離亭苦勸送行杯。元龍不識求田意，徒使青山笑往來。

和河上送行韻

沁南幕客盡詩豪，斧月斤雲得句高。吏部文章笑東野，若爲自比倚松蒿。有"芝蘭元肯伴蓬蒿"之句。

寄　別

馬蹏踏破亂山青，送客風回酒半醒。歸路莫將雲外指，大都一十五長亭。

蟻戰圖二首

聲勢何勞鬭似牛，看看一雨到山頭。大家不肯勤王去，只待槐宮壞即休。

又

膠膠擾擾戰爭多，歲月循環得幾何。樹下老人觀物化，夢魂應不到南柯。

畫鶴

兩翅如輪骨已仙，昂昂只合在林泉。且休相逐乘軒去，自有人謀二頃田。二頃田應爲鶴謀。

海棠露

輕風嫋嫋泛崇光，長恨司花不與香。春睡一聲鷥喚起，卻教老眼見啼妝。

張氏肯堂 張文定公後

百年蘭玉水邊村，萬軸牙籤席上珍。同隊魚中見頭角，一朝富貴異於人。

孟浩然圖 二首

卻因明主放還山，破帽騎驢骨相寒。詩句眼前吟不盡，北風吹雪滿長安。

又

蹇驢卻指舊山歸，可笑先生五字詩。仕爲不求明主棄，此行安得怨王維。

上陶固嶺

恩恩出郭曉風寒，一片雲收爽氣山。上盡坡陀試回首，人家住在翠微閒。

野菊

風露叢中取次芳，愁邊過卻幾重陽？秋光到處多無主，不是閑花不肯香。

席次

不到西山二十春，風光別後一番新。再三點檢尊前客，白髮相看有幾人？

驢爲人盜去

磨嫌居士謀生拙，碑恨詩人下道看。好在隔花臨水處，爲誰信轡逐金鞍？

又

長街愁殺鄭昌圖，便是徒行魯大夫。縱復東家借還許，不知泥滑敢騎無？杜詩："東家蹇驢許我借，泥滑不敢騎朝天。"

淵明歸來圖

一旦倉惶馬後牛，衣冠從此折腰羞。先生不是歸來早，束帶人前幾督郵？

席上戲李巽之

薰風原上麥連雲，簫鼓家家樂社神。半醉尊前喧語笑，老夫愁獨淚沾巾。

和史邦直橋上韻

規模杜預見成功，橫截長流跨彩虹。亭長莫邀來往客，須防中有奪牛公。韓伯林，奪牛公。

過龍門

流水潺潺漱石根，又還懷古過龍門，行人但禮龕中像，誰識當年禹作痕？

夜夢月下與數仙子酌酒仍各賦詩

天風一埽暮雲開，收拾羣仙共酒杯。但指今宵是新月，不知曾照古人來。

七夕

雲漢雙星聚散頻，一年一度事還新。民間送巧渾閑事，不見長生殿里人。

姪謙甫任長安回 二首

歸去連昌憶舊游，長安回望使人愁。只誇楊氏錦繡谷，曾上李家花萼樓。

又

枝連葉附本同氣，骨親肉疎今幾家？但留濟叔易一卷，與送蔣兄麻兩車。

母師聖醉歸夜溺伊河抱橋柱而死

日日貪杯醉不醒，待將風味學劉伶。可憐王子龕前水，夜半寒光落酒星。

和張文玘 四首

來詩有"匠手今逢老作家"之句，因用韻和。

景物秋來件件佳，江山都助與詩家。我憐五鬼俱難送，先爲文窮結柳車。

又

白髮詩人喜誕誇，詞源傾倒少陵家。問君讀後書多少，得滿當年惠子車？

又

書生幢下布衣多，盡是嘲風詠月家。若使烏臺不彈後，看看欲載十牛車。山谷文章六經來，汗漫十牛車。

又

數閒茆舍老生涯，籬落相依四五家。不見近來門外轍，故人應駕角輪車。

和籌堂送迎偶得四首

懷抱秋來強自寬，相逢賴有舊青山。郊原雨後堪圖畫，句引詩人興不閑。

又

出門天地望中寬，馬首濃迎著色山。詩句滿前無可道，恨今不復見閑閑。

又

畫手從來説范寬，何如著眼看真山。天公不欲山無主，分付籌堂好處閑。

又

詩愁誰道酒能寬，得句多於飯顆山。莫使移文誚長往，工夫那取片時閑。

和平太行路韻 四首

六丁驅役鬼神奔，一夜開山掌樣平。多少往來車馬客，尚憂行路澁難行。

又

鑿開險阻若天成，暫使時聞眼界平。卻羨長安西去路，青山不管送人行。

又

千年古道跨山城，可笑人心自不平。容易莫將天險壞，須防閑客此閑行。

又

自古太行天下險，縱令禹鑿不能平。尋常著脚無安處，何況羊腸路上行。

和君瑞月下聞砧

夜涼枕上夢頻驚，有底秋天不肯明？老眼近來閑淚少，那禁月下擣衣聲。

和籌堂述懷 二首

長恨周人詠《黍離》，不期親到閔周時。一朝小雅廢將盡，何處如今更有詩？

又

白頭相見話存亡，可惜漫漫夜轉長。煩惱盡無安腳處，出門十步九羊腸。

訪德老 二首

月下與君瑞、邦直從籌堂攜酒訪德老，既而有詩見示，因用韻和

夜投破戒遠公家，醉墨成章點不加。堪笑潁師無手段，聽琴人似聽琵琶。

又

一朝不飲奈愁何，月下敲門載酒過。佳句曉風楊柳岸，醉時吟了醒時哦。

老杜醉歸圖

花下騎驢不踏泥，花間醉後復何之？慇懃驥子扶歸去，明日重來別有詩。

按：王內翰注《宗武生日》，宗武小名驥子，曾有詩"驥子好男兒"，又曰"驥子最憐渠"。

保漢公廟

倉惶劉氏未能安，跋扈將軍力拔山。若使楚人如邵子，肯教義士不生還？

按，《左傳》：丑父令齊侯如華泉取飲。齊頃公與晉戰，為晉所敗，退而奔走。丑父為御，晉帥追之，將及，丑父請

君潛服而去，自著君之飾，坐於車上而待晉師。晉師獲丑父，知非頃公而欲殺之，丑父嘆曰："自今以後，若有身代君者，皆當如我今受戮！"晉大夫邰獻子義之，歎曰："臣不難死而免其君，殺之不祥也。宜赦其罪，以成其節。"丑父遂免死而還齊。臣，逢丑父也。

戲呈節使王子告

喚取佳人舞繡筵，醉中往往愛逃禪。我無紅袖堪娛夜，翠被薰香獨自眠。

戲北臺孫講師仲遠

何處閑田不可耕，山頭烽火水邊營。道人高臥雲千頃，留取南臺與鶴鳴。

香　梅[一]八首

鄧妓之小字匠手，有詩，邊仲寧索和，因用其韻。

便敢承當入格梅，爲經詩老品題來。如何偏得東君意，占了百花頭上開。

又

近將風度學官梅，底事何郎興未來？休道司花無妬忌，又從昨夜一枝開。

又

被誰説破夢中梅，應有羅浮倒挂來。秖爲怕愁貪睡後，返魂纔向北枝開。

又

歌拍從誇大小梅，典刑難入箇中來。洗粧[二]不使風塵涴，冷眼詩人莫倦開。

又

爲憐種性透塵香，收拾閑愁共一觴。向道坐間能賦客，莫教容易見心腸。

又

不知誰使姓名香，珍重詩人幾詠觴。也學西湖林處士，爲花著莫惱枯腸。

又

一枝瀟灑隴頭香，分付新愁竹葉觴。紙帳不須尋短夢。天涯倦客已無腸。

又

自是尋常不肯香，與花同壽百年觴。黃昏樓上誰家笛，吹斷愁人寸寸腸。

悼 蜀

劒閣誰知累卵危，厭厭賓主醉無時。蜀人不識忠臣淚，剛道嘉王是酒悲。

元夜與泰禪洛陽觀燈

行歌聲裏落梅風，爍爍華燈萬盞紅。何似吾師方寸地，一輪明月小参中。

歷陽侯范亞父

韓生去世冠軍廢，獨望楚强心亦勞。謾向鴻門撞玉斗，豈知鹿死在金刀。

酈食其

多少中原逐鹿人，獨憑片舌下齊城。淮陰不喜書生事，能免他年獵犬烹？

四皓奕棋圖

坐看咸陽王氣收，豈無人傑自安劉。都緣鴻鵠心猶在，一局閑棋不到頭。"鴻鵠高飛，一舉千里。羽翼已就，橫絕四海。"

魏　徵

立朝讜議盡良規，誰使君王死後疑？一旦鑾輿渡遼水，即時扶起墓前碑。

王季文南邁怏怏不得意書此以緩之

大家都待倚欄干，摘索幽花草棘間。方便春風無不到，忍教雪裏一枝寒？

代別呼延路鈐

森森戈戟亂如麻，剛把毛錐傍史家。彈鋏去年門下客，白頭今日又天涯。襄陽守史嵩。

梅花堂小酌與河南府馬師共

往來不絕鄭崇門，清濁那分北海尊。今夜梅花堂上月，與人作箇好黃昏。

過濟源

幾年不到竹梅閒，天際歸來兩鬢斑。一片白雲風埽盡，雙明喜見舊青山。

壬寅九日和君玉來韻二首

山城與客醉陶然，日日相陪費萬錢。馬上行人幾時去，一杯我欲助離筵。

又

書生紙裹亦枵然，欲去街頭恰百錢。寄語西風莫相笑。一杯便是菊花筵。

和段正卿韻出入格二首

悠然相對酒杯閑，忽有新詩落坐間。喚起東籬無限興，黃花須待與君看。

又

百計尋閑不得閑，功夫那取片時閒？誰知九日龍山客，卻被秋光冷眼看。

秋日有感

節氣先凋一葉桐，人閒何處不秋風？梁園勝事隨流水，滿目愁雲鎖故宮。

賈佐之以進士充軍被撻

便從寧越立威名，可信王尼長作兵。著甚不談軍旅事？碧油幢下盡書生。

孤　村

舍南舍北地多荒，三兩□□□□□。□士盡歸箕歛〔三〕手，未應醫得眼前瘡。

解　嘲

尊前共醉潑醅香，下馬誰家白面郎。見說千金能買笑，老夫那得一錢囊？

王德華默軒

春秋豈敢措一字？賓主不須談兩都。萬事盡皆皮裹著，爲君終日鼓嚨胡。

對　棋

到頭不可託安危，那用搜尋局上機？縱出吳宮陣圖外，陰山未免嫁明妃。

送苗世顯歸上黨

故人千里寄書來，長恨天涯喚不回。行路難行澁如棘，歸裝莫待北風催。時河北防秋

跋魯直帖

雞毛不擇三錢筆，蠆尾揮成一幅書。莫使觀江神會得，因風奪去錦囊虛。

許道真醉吟圖

斷蓬踪迹寄天涯，老去情鍾戀物華。回首錦江春寂寞，一杯

愁裏賦梨花。_{道真號錦江漁隱。}

探官

版圖填寫百官志，楮券類排《千字文》。堪笑吾儒多伎倆，一時鷺爵借吾君。

跋馮應之許司諫䭾羊帖

還思寫論付官奴，想見臨池興有餘。莫把家雞等閑厭，恐教人笑換羊書。

王庭秀悠然軒

小軒開後快雙明，峭拔南山立翠屏。好是晚來新雨過，白雲堆裏露尖青。

同申元帥遊司馬山

千年古廟映崇岡，寂寂空庭草樹荒。見說旱時求得雨，一池由有老龍藏。

留別

主人把酒再三留，送客風高勢未休。更聽愁眉歌一曲，尊前腸斷小溫柔。

寒食戲書

驀見花開弄藥回，同心髻綰綠雲堆。多情更有墻東月，送得秋千影過來。

戲楊成之

客路風霜頗倦游，出門又是一番愁。行人立馬無情甚，扶上征鞍不自由。

李晉王墳

雄名凜凜振沙陀，爲國功深柰老何。多少三垂岡上恨，伶人都進百年歌。

游沁園

多少庭臺墮劫灰，勝游踪迹幾殘碑。風流人物今誰在，水綠山青似舊時。

申元帥四隱圖

嚴子陵
羊裘隱迹喚難回，曾犯當年帝座來，京洛江湖各〔四〕天性，釣魚臺不羨雲臺。

陶淵明
迎門兒女笑牽衣，回首人間萬事非。自是田園有真樂，督郵那解遣君歸？

孟浩然
平生只有住山緣，北闕歸來也自賢。破帽蹇驢風雪裏，新詩句句總堪傳。

李太白
謫在人間凡幾年，詩中豪傑酒中仙。不因採石江頭月，那得騎鯨去上天？

大顛圖二首

星斗文章世所傳，狂瀾回在禹功前。先生不踏潮陽路，震旦花開幾大顛。

又

一夕投荒萬里行，增光日月更誰能。相逢盡說空門話，多少人間有髮僧。

三害圖 二首

慷慨平西氣不衰，勇於三害欲除時。流芳已入忠臣傳，何處人間更有詩。

又

挾矢操弓短後衣，揚揚意氣似男兒。欲憑一怒除民害，可惜爲人自不知。

平水八詠

陶唐春色

府西南三里，有陶唐廟，每至春月，傾城出游祭享。

松栢森森護帝宮，至今和氣在河東。詩人不盡當時事，八景圖中見國風。

廣勝晴嵐

府北七十里，有寺曰廣勝，霍山之陽。寺下有海曰大郎。

等閑過了萬千峰，偃蹇相看意不濃。洗出青山真面目，祇疑海底有天龍。

平湖飛絮

府西五里，有泊曰平湖，姑山之東，汾水之西，四面皆楊柳如幄。三月上巳，居民祓禊於此。

三月湖邊祓禊亭，依依楊柳雨中青。晚來風起花如雪，春色都歸水上萍。

錦灘落花

府西門外有汾水退灘，南北二十餘里皆樹桃焉。

春風桃葉復桃根，相妒封姨似少恩。無限亂紅隨水去，人間何處覓仙源？

汾水孤帆

府西二三里有渡口。

古渡無人鳥迹多，眼前歷歷舊山河。片帆不是秋風客，誰向中流發棹歌？

姑山晚照

府西五十里，有姑射山，神人居焉。

物外神仙自一家，等閑不許占烟霞。只今冰雪人何處，惆悵山前日易斜。

晉橋梅月

府西南二十五里，有縣曰襄陵，北門外有橋如虹，左右皆梅圃。

嫩寒籬落似江村，雪裏精神月下魂。橋北橋南路分處，行人立馬待黃昏，

西藍夜雨

府北五十五里，洪洞縣之西，有寺曰西藍，近汾水一二里。遶寺多花竹，有水杯池。

暮雲深鎖梵王家，樓閣崢嶸閱歲華。香火半殘僧入定，卧聽窗外落簷花。

錦堂四詠

春水滿四澤

一番雨過綠生肥，正是桃花欲浪時。掠地風來吹不皺，細看面面盡玻璃。

夏雲多奇峰

初見雲從山裏出，須臾雲結勢如山。一聲霹靂催時雨，雲不能閑山自閑。

秋月揚明輝

誰爲天公洗眸子，試將把酒問姮娥。清光一片已如許，斫卻桂時應更多。

冬嶺秀孤松

凜凜蒼髯晚節孤，雪中傾蓋若旁無。一經元亮盤桓後，氣壓秦時五大夫。

沁園十二詠

熙熙堂

眼前草木強爭春，往日繁華一聚塵。山水中閒賞心在，不知誰是肯堂人？

翠蘭亭

蓬艾叢深特地藏，游蜂何處覓幽芳。楚人大段無分別，不識《離騷》傳裏香。

暗香亭

三兩橫斜鶴膝枝，一朝須有返魂時。試看今後黃昏月，得似西湖七字詩。

七賢臺

放迹山陽志尚同，至今林下仰高風。欲將人物圖中看，恐過生前李衛公。李衛公焚七賢圖

潄玉池

古人觀水必觀瀾，一滴涓流一滴寒。放取黃陂千萬頃，莫教龍口吐吞難。

江源亭有流杯

羽觴到處不容停，爭看中流落酒星。彼此一時修禊事，未應人物愧蘭亭。

屏俗庵子猷別墅

世上無人可立談，眼前只有此君堪。當年借得誰家宅，疑是今來屏俗庵。

清暉亭

高山森似劍鋩立，流水平如羅帶舒。人在水光山色裏，笑渠潘閬倒騎驢。

富覽亭

天於萬物豈私我，領略風光天不嗔。自古山陽景佳處，盡都分付與閑人。

桃　園

一時得意笑春風，不見春風滿樹空。老去惜花心尚在，為君留眼看蒸紅。

意在亭

綠水古今流不盡，好山前後勢相連。適來荷蕢者誰子？應笑有心哉此賢。

涌珠泉

淵底睡龍徒有頷，沙中老蚌恐無胎。疾雷驚裂蒼苔地，迸出鮫人淚顆來。

碧落四景

橫峰臥雲

蟄龍起後願相從，便有人間潤物功。一片青山是歸處，無心更逐渡溪風。白雲無心，逐風渡溪耳。

陰壑積雪

漠漠山陰雪擁門，何時天道變寒暄。雖然不是回光地，銷得陽和幾許恩？

寒泉漱玉

瀝瀝山泉枕畔鳴，六根先得一根清。從來只向琴中聽，不識徽絃意外聲。

枯松挂月

門前老樹數難推，獨有栽松道者知。夜半風催山月上，政當鶴睡覺來時。

周昉內人圖

吹笙

舊曲聞來似斂眉，料應只恨賞音遲。梨園傳得新翻譜，著意參差竹裏吹。

汲泉

非關古井不波瀾，秪恨銀瓶一掬慳。欲助長流御溝水，再教紅葉到人間。

倦繡

心情猶在未收時，卻顧花間影漸移。不道春來添幾線，日長只與睡相宜。

擣衣

一夕秋風鴈過聲，鐵衣辛苦向邊城。將軍不用和戎[五]計，雙杵休辭月下鳴。

剪爪

袖裏纖纖只合存，如何春筍不嫌髡。金釵墜後無因見，藏得開元一捻痕。

彈　琴

休言三尺是枯桐，大抵聲音與政通。曾得王君意中事，便從絃上和薰風。

學　書

數幅雲牋自卷舒，試教落筆看何如。休將彤管題閑句，正要班姬續《漢書》。

按　樂

倚風無力見溫柔，初下喧天羯鼓樓。猶向花陰理新曲，君王不惜錦纏頭。

覽　鏡

不教朱粉汙天真，長對菱花顧影頻。但把蛾眉埽來淡，尚嫌不似虢夫人。

校勘記

〔一〕此題至《悼蜀》共九首詩，光緒本闕，《山右》本注曰"詩已遺"，《四庫》本則有詩八首（按題目"香梅"兩字，作"梅"四首、"香"四首），今依《四庫》本錄於此。下《悼蜀》詩同此。

〔二〕"粧"，光緒本前文已兩見，并作"妝"。

〔三〕"斂"，光緒本、《山右》本并作"欲"，《四庫》本作"斂"，據改。

〔四〕"各"字，光緒本、《山右》本同，《四庫》本作"樂"。

〔五〕"戎"字，原闕，據《四庫》本補。

莊靖先生遺集卷六

七言絕句

襄陽詠史

襄　陽闕

南峴山闕

中峴山闕

萬　山闕

江　漢闕

古　隄

年〔一〕。平地溢四丈五尺，魏太守胡烈補缺隄以利民。至唐，盧鈞爲山南節度，因烈之舊而增培之，俗謂附城。北者爲金鎖隄，南曰白銅隄。

一決江源水自東，長隄隱隱臥如虹。不因傳得襄陽操，人世何由見禹功？

注：張參議詩："未雨還須徹桑土，白沙湖上水湯湯。"元祐二年，邢恕守襄，詔以漢有決溢之患，其畫經制久遠之策。公來訪被水之地，得之東南隅，當漢水之衝，土雜白沙，

水至輒陷民，號白沙湖。隄之内，其勢平一，決則兩城相望三十里，瀦爲汙澤。近郊之民趨西山，甚至登木杪。

白沙湖

聞道沙隄水陷時，茫茫無處覓完隄。當時禹迹依然在，以壑爲隣笑白圭。

戍邏墾田

羊公鎭襄陽，吴人罷守石城，戍邏減半，分以墾田八百餘頃。公之始至，無百日之糧，及季年，有十年之積。

屯徹南陽井井田，劍牛刀犢兩功全。石城驚落吴兒膽，野宿貔貅萬竈烟。

樊　城

在襄陽北漢江之湄。張參議："昔年山甫興周地，想見曹仁霸魏功。"昔仲山甫封於樊城，曹公使曹仁守樊，關羽〔二〕攻之，不能破。

暫來朱序秦還守，初入曹仁漢復攻。顛倒江山今幾主？樊侯依舊襲周封。

漢高廟

在襄陽縣西南鍾山。

垓下未聞歌散楚，澤中已見哭亡秦。乾坤到底歸真主，愁殺鴻門碎斗人。

光武廟

在襄陽東四十五里。光武，南陽棗陽人，今棗陽縣是也。春陵，在棗陽東，望氣者蘇伯阿至南陽，遥見春陵曰："氣佳哉！鬱鬱葱葱。"光武始起兵，還春陵，望舍南火光燭天。今棗縣在襄陽東界六十里。

海内英雄待一呼，雲龍際會入東都。羯奴〔三〕不識真人事，徼倖中原欲并驅。

楚昭王廟

在宜城東北。唐韓愈作《宜城記》，言之甚詳。愈又有《昭王廟詩》："丘墳滿目衣冠盡，城闕連雲草樹荒。猶有國人懷舊德，一閒茅屋祀昭王。"

一閒茅屋暗塵埃，香火凄涼幾奠杯。故國到今如傳舍，後人復使後人哀。

宋玉宅

在宜城縣。

《離騷經》裏見文章，水綠山青是楚鄉。往事一場巫峽夢，秋風搖落在東墙。

保漢公廟

在襄陽子城南。世傳紀信忠義祠，今爲州之城隍。

將將提兵氣自揚，一朝翻爲沐猴忙。得從虎口抽身去，不必雷霆怒假王。

鄧城

蕭何初封在谷城縣西，《漢·功臣表》：高祖六年十二月甲申，封曹參，以正月甲午封張良，最後封蕭何。

誰是興劉第一功？我侯只合最先封。當時獵犬猶争甚，得鹿權都在指蹤。

三顧門

世傳襄陽水西門爲三顧門，先主自此三往見武侯。張參議："水西門外公來處。"

將軍命駕出門西，想見門從向日題。山下卧龍誰說破，賞音元直在檀溪。

注：徐庶宅在檀溪之陽，檀溪在襄陽西四里。

隆中

諸葛亮宅在襄陽縣西二十里。

一朝師出震關東，料敵曹吳幾日功。未畢將軍天下計，乾坤容易老英雄。

關將軍廟

在襄陽南九里鳳林關。

鼎足相吞勢未分，誰能傾蓋得將軍？曹吳不是中原手，天下英雄有使君。

鹿門山

有龐德公宅，在襄陽東南三十二里。杜《贈別鄭鍊赴襄陽》：“爲於耆舊內，試覓姓龐人。”

百年巢穴子孫安，十日長聞九日閑。説破姓名人不識，鹿門山是德公山。

注：杜詩：“昔者龐德公，未曾入州府。襄陽耆舊閒，處士節獨苦。”

龐士元宅

在襄陽。

鷹自養來飢肯去？龍從卧後顧須頻。到頭驥足非難展，祇在當時駕馭人。

徐庶宅

在檀溪之陽。習鑿齒與謝安書云：“游目檀溪，念崔、徐之交。”

誰知方寸去留初，盡把功名付葛廬。舉目檀溪人不見，空傳谷隱念交書。

注：先主率其衆南行，諸葛亮、徐庶并從，曹公追獲庶母。庶辭先主曰：“方寸亂矣，請從此別。”

劉表祠

祠前有墓，在府城東門内。

天運端能卧可收，江山形勢數荆州。當時若聽韓嵩策，那得曹瞞享士牛。

　　注：曹操與袁紹相持於官渡，韓嵩説表："起乘其弊，不然則以州附曹公。今曹公先舉袁紹，然後稱兵以向江漢，將軍必不能禦。"表不從。操征表，表病死。表之子琮竟以荆州降。"

谷隱山

袞斧留心漢晉間，豈期谷隱避名難。一人有半隨秦去，不得相離釋道安。

　　注：是時桓温覬覦非望。習鑿齒著《漢晉春秋》以裁正之，後以脚疾廢於里巷。襄陽陷於苻堅，堅素聞其名與道安，堅俱輿而致焉。《與諸鎮書》："昔晉平吴，得二陸，今獲士才一人有半耳。"俄以疾歸襄陽。

龐公祠

唐龐藴也。祠在鹿門山，本自衡山得馬大師法來隱。張參議："家池龍種去無蹤，珍重龐公似德公。"龐德公宅在鹿門山。

踏破衡山急急回，鳳林盡是瀧籬材。大家了得無生著，傾出團圞話裏來。

　　注：張參議："擺盡世緣空所有，誰知佛法異還同。丹霞不用傳心印，靈照端能繼父風。"

鳳　林

孟浩然故居，在襄陽縣南十里。

天寶詩人去卻回，果曾北闕上書來。若爲耆舊無新語，明主何嘗〔四〕棄不才？

　　注：張參議有"朝宗強欲相牽率，豈識先生玩世心"。

斬蛟渚

晉鄧遐爲太守，襄陽城北沔水中有蛟，常爲人害。遐拔劍入水，斬之而去。

久憤江干投水俗，近憂泉室泣珠人。到頭不是池中物，血濺驚波劍有神。

夫人城

在今襄陽西北一里。苻[五]丕之攻朱序也，其母韓深識兵勢，自登城履行，謂西北角當先受弊。遂領百餘婢并城中女丁，於其角斜築城二十餘丈。冦力攻西北角，果挫衄而退。襄陽號曰夫人城？

見說韓門素識兵，故知西北勢先傾。未應有子如豚犬，何在夫人自築城。

注：張參議："五申下令吳姬肅，三遂無譁魯築城。"

誡虎碑

宋傅僎，字子成，爲襄陽令，有善政。縣多虎，僎常追虎，入城誡勵，虎去，不復爲害。邑人爲立碑。

未除不必煩周處，欲刺何須待卞莊。入市如羊聽命去，至今無害到襄陽。

注：張參議："應無白額煩周處，解使於菟字子文。"

杜甫故里

杜易簡，預之遠裔，有從弟曰審言，生子閑，閑生甫。世居襄陽，甫徙家鞏縣。

不知故隱幾時離，天寶年間處處詩。過客不須尋世譜，萬山山下看沈碑。

按：杜詩："吾家碑不昧，王氏井依然。"注：杜預沈碑峴山之下。

尹氏一門四闕

在襄陽縣東南三里，唐尹忡有父曰嗣宗，居喪逾禮。貞觀中旌表。忡年十三，竭力就養。父卒，負土成墳。紫芝產墓側，天子下詔稱揚。龍朔中，刺史改其閭曰南陔里。子慕先、孫仁恕，皆著孝行。萬歲通天中，繼被寵襃，一門四闕。張柬之、張九齡爲之記贊，歐陽文忠公《集古錄》言之甚詳。

萱堂猶是忘憂地，烏屋相傳反哺恩。一段家風誰出自，千年鼻祖守關門。

注：東坡尹可元詩[六]："千年鼻祖守關門。"

武安君廟

祠白起，在南漳縣。

歸去咸陽是老頭，如何此地肯重游？分明祀典無交涉，只合英靈在杜郵。

修禊亭

在峴山半。王子年《拾遺記》云："江漢之人思周昭王，至春上巳神遶祓禊，集王祠下，如屈原故事。"

相喚相呼上巳游，國人無日不思周。近來烽火遭三月，那得閑杯逐水流。

漢陰臺

在宜城西三十步，《莊子》："子貢過漢陰，見一丈人方將爲圃，鑿隧而入井，抱甕而出灌，用力甚多而見功寡。子貢曰：'有械於此，夫子不欲乎？鑿木爲機，後重前輕，挈水若抽，其名爲槔。'爲圃者笑曰：'有機械者。必有機事；有機事者，必有機心。機心存於胸中，則純白不備，神生不定。吾非不知，羞而不爲也。'"

怪來賜也多言甚，笑倒忘機老漢陰。巧拙大都歸一槪，寧教勞力莫勞心。

善謔驛

在宜城縣驛前，有淳于髡墓。

皆因盂酒與豚蹄，致使他鄉笑滑稽。無限驛亭來往客，獨言齊贅不歸齊。

滄浪歌

屈原既放，游於江潭。漁父見之，鼓枻而歌曰："滄浪之水清兮，可以濯我纓。"

江上揚揚一棹波，眾中清濁笑懷沙。不知歌後滄浪曲，卻入騷人屈宋衙。

競渡

屈原以五月五日赴汨羅，土人追至洞庭湖欠舟水[七]莫得濟者。乃歌曰："何由得渡湖？"自此習以相傳，爲之戲。

憔悴沉湘楚大夫，魂招魚腹肯來無？至今江上漁歌在，尚問何由得渡湖。

抱玉巖

在南漳縣，卞和得玉於此，以進楚王，王以爲詐，刖其足。乃抱璞泣於荆山。

特特來從抵鵲山，一心都在獻芹間。非關楚國真難辨，舉世人皆厭等閑。

習家池

即高陽池也，在峴山南百步。《水經》云："沔水東，入襄陽習郁池內。郁依范蠡養魚法，作大陂，列植竹木，游燕之名處也。"

日日山公載酒過，醒時常少醉時多。兒童拍手闌街笑，驚破《滄浪》一曲歌。

的顱溪

本名檀溪，在襄陽西四里。劉表因會取劉備，備潛遁，所乘馬名的顱。走墮檀溪中，備急，曰："的顱，可努力！"的顱一踴三丈，渡中流而追者至。

得雨蛟龍未易圖，柱勞木禹用機謨。死生畢竟誰堪託，今日纔方見的顱。

按《東漢》劉表本傳云："表欲卧收天運，其猶木禺之於人也。"注云："如刻木爲人，無所知也。"《前書》有"木禺龍"，《音義》云："禺，寄也。寄形於木。元具反。"張參議云："垓下衆傾騅不逝，合肥橋徹騎能飛。"孫權征合肥，爲張遼所襲，權乘駿馬上津橋，橋巳徹板，着鞭超渡。至今合肥名曰飛騎橋。

作樂山

酈道元注云："昔諸葛亮好爲《梁父吟》，每所登游。俗以作樂山名之。"今在襄陽西北二十里。

悠悠曾不倦登臨，眼底何人爲賞音？白雪一歌猶掩耳，安知《梁父》是龍吟？

冠蓋里

漢靈帝時，宜城太山廟有四郡守、七都尉、二卿、五侍中、一黄門侍郎、三尚書、六刺史，朱軒高蓋，同日會於山下。荆州刺史劉表行部，見之甚歡，歎其豪盛。乃題道口亭爲"冠蓋里"，刻石銘之。

道口亭前多貴游，一時來往亦風流。若能共畫安劉計，豈獨《英雄記》裏收。

呼鷹臺

在襄陽縣東七里，高三丈。表性好鷹，常登此臺，歌《野鷹來》曲，臺之側有司馬徽、龐統二宅。

英豪并起望人才，底事將軍謾築臺？倘使曹公肉能飽，如何喚得野鷹來？

注：曹公曰："養士如養鷹，飢即爲人用，飽則揚去。"

仲宣井

在萬山王仲宣故宅，郭帥杲移井欄於戎司，其後破碎埋没。李帥奕收拾補甃，置之便坐側，稽考古今歲月，爲之記。

試看汲古幾何深，猶有餘波慰渴心。誰把石欄移便坐，并鄰又得一繁欽。

按：《耆舊傳》："王粲與繁欽并鄰同井。"杜甫詩云："應共[八]王粲宅，留井峴山前。"張云："繁欽有識還歆羨。"

兹樓

王粲樓。按：《襄陽雜詠》題曰《兹樓》，蓋取粲《登樓賦》所謂"登兹樓以四望兮"。《襄陽志》亦因之，而樓不存。

見說襄陽有古風，可憐耆舊老無功。當年漢主龍興地，盡在登樓四望中。

墮淚碑

在南峴山上。

憤深藉舘年年祭，痛切夷陵歲歲祠。不見征南遺愛地，至今淚墮峴山碑。

注：伍員破楚，鞭尸藉舘，郢中立廟。今自湖北至淮西，故楚之地，處處有祠。白起伐楚，燒先王墓。夷陵宜城有白起堰，灌城中，死者流東陂，臭聞遠近。號曰臭陂。

沈碑

在萬山下，杜元凱刻石爲二碑，紀其勳績。一沈萬山之下，一立峴山之上。

中原人物老書生，塞破乾坤萬古名。俗子不知碑尚在，一朝南渡愧荒傖。

晉栢

在南峴山上，即晉人所植，下有小石題刻，柯榦如鐵。

亭亭霜榦上參天，色黛皮蒼老更堅。當日不知誰手植，到今人與樹千年。

文選樓

在子城南門。按,《祥符圖經》云:"梁昭明太子於此樓撰《文選》,聚才人賢士劉孝威等一十餘人。資給豐厚,日設珍饌。諸才子號曰'高齊學士'。"又云:"世傳《文選》成,樓下所棄書與樓齊。"

朝朝暮暮蠹書魚,選盡人間得意書。常恐不能精此理,秪緣老杜近樓居。

注:杜詩:"熟精《文選》理。"又:"眼前文字積如山,想見中閒筆削難。一自登樓開卷後,滿天依舊斗星寒。"

解佩渚

在襄陽西十里,北臨沔水,有曲隈。按,《郡國志》:"鄭交甫至漢皋臺下,遇二女,佩二大珠,交甫求之,二女解佩。行數里,二女及珠俱失。"

相遇江皋事頗奇,一雙佩解去還遺。未能南國無游女,詠取周人《漢廣》詩。

弄珠灘

楚俗以嬉游爲事,《襄沔記》:"歲以正月二十一日、二十二日謂之天地穿日,移市於城北津弄珠灘。"按《南都賦》云:"游女弄珠於漢皋之曲。"

江沙一日蚌胎虛,游女争誇掌上珠。美化不將風俗禁,他年恐作媚川都。

注:《襄陽志》云:"楚女於弄珠灘尋水竅石,穿簪於釵上,帶歸。"又云:"楚俗,三月游南山諸寺,移市於山壽寺。四月八日罷游,謂之辭山。"

金沙泉

在宜城縣東一里,造酒絕美,世謂宜城春。又云竹葉杯。

何處山泉味最佳,從來獨説有金沙。楚人遍地宜城酒,莫著淄澠誑易牙。

涌月亭
在南峴山。

徘徊亭上〔九〕晚相宜，月與高人本有期。不比尋常三五夜，十分圓後是來時。

七言絕句

集　古

南　游
一片歸心白羽輕，高蟾。一場春夢不分明。張泌。東風二月淮陰郡，劉商。總是關山離別情。王昌齡。

自　遣
南路蹉跎客未回，樊晃。山桃野杏兩三栽。雍陶。逢春漸覺飄蓬苦，《才調集》。更向花前把一杯。嚴憚。

雨後出郊
柳塘煙起日西斜，鮑溶。馬踏春泥半是花。竇鞏。何處最傷游客思，武元衡。綠陰相間兩三家。司空圖。

寒　食
閑身行止屬年華，薛能。故國春歸未有涯。司空圖。一樹梨花一溪月，《才調集》。不知牆外是誰家。郎士元。

寒食席次
鞦韆打困解羅裙，韓偓。把酒相看日又曛。韋莊。處士不知巫峽夢，蓮花妓。春來猶見伴行雲。韋氏子。

郭 外

寒食悲看郭外春，雲表。數聲鴉噪日將曛。潘閬。山中舊宅無人住，戴叔倫。一樹繁花傍古墳。盧綸。

小 桃

桃花依舊笑春風，崔護。悵望無人此醉同。趙嘏。應是夢中飛作蝶，呂溫。樹頭樹底覓殘紅。王建。

看 花

兩岸山花似雪開，劉禹錫。開時莫放豔陽回。李商隱。明朝攜酒猶堪賞，李涉。雨漲春流隔往來。劉商。

感 花

無人不道看花回，劉禹錫。猶憶紅螺一兩杯。陸龜蒙。曾是管絃同醉伴，趙嘏。來時歡笑去時哀。韋冰。

惜花二首

花樹流鶯日過遲，武元衡。少年爭惜最紅枝。崔塗。何人盡得天生態，薛能。爲報東風且莫吹。李涉。

又

繡輧香轤夜不歸，崔塗。看花只恐看來遲。韓偓。今朝幾許風吹落，楊巨源。多在青苔少在枝。崔櫓。

暮 春

一年春色負歸期，韓偓。綠葉成陰子滿枝。杜牧。公子王孫莫來好，韓琮。如今不似洛陽時。崔櫓。

送 春二首

可憐寥落送春心，高駢。負郭依山一徑深。李涉。燕子不歸花著雨，韓偓。小溪猶憶去年尋。山谷。

又

二月已破三月來，杜子美。常嗟物候暗相催。樊晃。幾時心緒渾無事，李商隱。終日傳杯不放杯。山谷。

遣 興

讀徹閑書弄水回，_{趙嘏。}綠楊移傍小庭栽。_{成文幹。}閉門盡日無人到，_{韋莊。}便有春光四面來。_{邵謁。}

下 樓

繡簾珠戶未曾開，_{東坡。}卻向春風領恨回。_{李山甫。}行到中庭數花朵，_{劉禹錫。}遙聞語笑自空來。_{李端。}

招 飲

當時朝士已無多，_{劉禹錫。}故里心期奈別何。_{羊士諤。}不用憑欄苦回首，_{杜牧。}且來花裏聽笙歌。_{東坡。}

春 感

歲歲無如老去何，_{劉長卿。}東城南陌強經過。_{謝皎然。}不知誰唱歸春曲，_{曹唐。}斷得人腸不在多。_{王建。}

春 怨

已恨東風不展眉，_{段成式。}落花惆悵滿塵衣。_{趙渭南。}與君試向江邊覓，_{東坡。}贏得悽涼索漠歸。_{吳融。}

約同歸

故國煙花想已殘，_{盧弼。}浮生各自繫悲歡。_{司空圖。}青山一道同雲雨，_{王昌齡。}步步相攜不覺難。_{劉禹錫。}

江 村

夜添山雨作江聲，_{羊士諤。}綠暗紅藏江上村。_{韋莊。}何處人間似仙境，_{劉禹錫。}寥寥一犬吠桃源。_{劉長卿。}

送客之江陵

獨上江樓思渺然，_{趙渭南。}故人去後絕朱絃。_{山谷。}西南一望和雲水，_{竇鞏。}入郭登橋出郭船。_{羅隱。}

贈 別 三首

蕭蕭落葉送殘秋，_{權德輿。}樓上黃昏欲望休。_{李商隱。}滿目暮雲風捲盡，_{陸龜蒙。}亭亭孤月照行舟。_{蓋嘉運。}

又

洞庭風軟荻花秋，鄭德璘。客散江亭雨未休。岑參。南去北來人自老，杜牧。此中離恨兩難收。魏野。

又

誰家紅袖倚江樓，杜牧。白袷行人又遠游。陸龜蒙。今夜不知何處泊，權德輿。青山萬里一孤舟。劉長卿。

秋懷

八月霜飛柳遍黃，盧弼。鳥鳴山舘客思鄉。薛逢。十年馬足知多少，雍陶。地角天涯不是長。張建封妾。

洛中

洛陽猶自有殘春，劉禹錫。水北原南草色新。張籍。山酒一巵歌一曲，許渾。不能回避看花塵。趙渭南。

洛中感舊

千里江山一夢回，盧中。悔緣名利入塵埃。雍陶。年光到處皆堪賞，令狐楚。誰與愁眉唱一杯。山谷。

席上

春風寂寞旆旌回，武元衡。兩度天涯地角來。雍陶。重到笙歌分散地，杜牧。與人頭上拂塵埃。李山甫。

憶昔

憶昔爭游曲水濱，王駕。當軒下馬入錦茵。杜子美。如今不似時平日，王建。風起楊花愁殺人。李益。

送客之荊南

千山紅樹萬山雲，韋莊。山鳥江楓得雨新。雍陶。我自飄零是羈旅，東坡。不堪仍送故鄉人。顧非熊。

南征

兩行旌旆接揚州，李涉。烽火城西百尺樓。王昌齡。九姓如今盡臣妾，趙嘏。青天猶列舊旄頭。汪遵。

老　將三首

蓬根吹斷鴈南翔，盧弼。曉鼓鐘中兩鬢霜。趙嘏。獨倚關亭還把酒，杜牧。不堪秋氣入金瘡。盧綸。

又

憐君一見一悲歌，劉長卿。破虜曾輕馬伏波。趙嘏。今日寶刀無殺氣，朱沖和。太平功業在山河。吳融。

又

門前不改舊山河，趙渭南。淚落燈前一曲歌。李羣玉。更把玉鞭雲外指，韋莊。只緣君處受恩多。朱沖和。

感征夫家

臂上雕弓百戰勳，王維。居延城外又移軍。令狐楚。不知萬里沙塲苦，高駢。猶自笙歌徹曉聞。王建。

從　軍

萬里還鄉未到鄉，盧綸。受降城外月如霜。李益。誰家營裏吹羌笛，蓋嘉運。不是愁人也斷腸。戴叔倫。

聞　角

鐵馬狐裘出漢營，常建。瘴雲深處守孤城。劉禹錫。無端遇著傷心事，吳融。嗚軋江樓角一聲。杜牧。

聞　笛

山頭烽火水邊營，來鵠。祇有牛羊與馬羣。蓋嘉運。羌笛何須怨楊柳，王之渙。忍教嗚咽夜長聞。趙嘏。

漢　女

大邊物色更無春，蓋嘉運。碧玉芳年事冠軍。楊巨源。人世死前惟有別，李商隱。陽臺去作不歸雲。趙渭南。

有　別

長對春風裛淚痕，《才調集》。殷紅馬上石榴裙。張謂。無端更唱關山曲，王表。哀怨教人不忍聞。蓋嘉運。

怨　別
書來未報幾時還，寶鞏。終日昏昏醉夢閒。李涉。別易會難長自歎，韓偓。不堪重過望夫山。真氏。

寄　遠
桃李年年上國新，李益。單於鼓角隔山聞。馬逢。一行書信千行淚，王駕。不是思君是恨君。武元衡。

恨　別二首
悽悽長是別離情，韋莊。冰簟銀牀夢不成。溫庭筠。昨夜秋風今夜雨，盧綸。篝燈愁泣到天明。韓偓。

又
君問歸期未有期，李益[一〇]。邇來中酒起常遲。韋莊。山長水遠無消息，李涉。指點庭花又過時。韓偓。

感　舊三首
流鶯驚起不成棲，陸龜蒙。入到繁華夢覺時。崔塗。人面只今何處在，崔護。魏公懷舊嫁文姬。舒元。

又
碧欄干外繡簾垂，韓偓。曾識雲仙至小時。李涉。見我佯羞頻點[一一]影，李商隱。滿頭猶自挿花枝。劉德。

又
九陌初晴處處春，趙渭南。日高深院斷無人。李商隱。尊前花下長相見，劉夢得。宋玉東家是舊隣。王碩。

代送別
隴上流泉隴下分，崔涯。自隨征鴈過寒雲。李涉。人生適[一二]意無南北，王介甫。莫向陽臺夢使君。戎昱。

悼征婦
萬里行人尚未還，儲嗣宗。百年多在別離閒。盧綸。當時驚覺高唐夢，李涉。爲雨爲雲過別山。李羣[一三]玉。

春　夜

春風二月落花時，武元衡。憶得前年君寄詩。崔道。共道人家惆悵事，牛僧孺。向燈彎盡一雙眉。韓偓。

睡　起

萬轉千回懶下床，崔氏。不辭鵾鳩妬年芳。李商隱。酷憐一覺平明睡，羅隱。枕破施朱隔宿妝。薛能。

無　睡

江南江北望烟波，劉禹錫。顰黛低紅別怨多。李羣玉。盡日傷心人不見，許渾。臥來無睡欲如何。李商隱。

謾　書

已共紅塵迹漸疎，李九齡。畫簷愁見燕歸初。徐凝。無端有寄閒消息，杜牧之。腸斷蕭娘一紙書。崔氏。

寄情三首

年光空感疾如流，吳商誥。同向春風各自愁。李商隱。有境牽懷人不會，齊己。落花深處指高樓。權德輿。

又

曾留宋玉舊衣裳，李羣玉。雲雨巫山枉斷腸。李太白。不爲傍人羞不起，西廂崔。夜來新惹桂枝香。裴思謙。

又

寂寥滿地落花紅，京兆女子。獨倚欄干花露中。趙嘏。征客未來音信斷，張泌。年年回首泣春風。王絛。

秋　夜

擲卻風光憶少年，顧況。多情信有短因緣。鮑生妾。欲知此恨無窮處，羅虬。星落銀河月半天。趙象。

有　感

風輕簾幙燕爭飛，《才調集》。到處煙花恨別離。韋莊。倚柱尋思倍惆悵，張泌。映人勻卻淚胭脂。韓偓。

戲　答
公子王孫逐後塵，崔郊。近來方解惜青春。鄭谷。春心不愜空歸去，滕傅嗣。長伴吹簫別有人。劉禹錫。

戲　遣
雨散雲收一餉閒，真氏。不知何處入空山。盧綸。慇懃好取襄王意，戎昱。下蔡城危莫破顏。李商隱。

又
枉破陽城十萬家，李商隱。門前初下七香車。王維。自緣今日人心別，鄭都官。隔坐剛拋荳蔻花。軍倅。

偶　見
莫愁還自有愁時，李商隱。眉斂春山知爲誰。東坡。含淚向人羞不語，崔涯。芙蓉頭上綰青絲。李涉。

又
滿身花影倩人扶，陸龜蒙。清潤潘郎玉不如。楊巨源。畢竟多情何處好，韋莊。庾樓明月墮雲初。趙渭南。

又
雲鬢朝來不欲梳，徐凝。娉娉嫋嫋十三餘。杜牧之。分明記得曾行處，方干。看遍花枝盡不如。趙嘏。

聽　歌
清歌空得隔花聞，楊巨源。寂寞堂前日又曛。趙嘏。共待夜深聽一曲，戴叔倫。女兒絃管弄參軍。薛能。

寄　懷
愁雲漠漠草離離，竇庠。去國還家一望時。韓琮。幾度相思不相見，武元衡。雪中梅下與誰期。李商隱。

秋　怨
且將團扇暫徘徊，王昌齡。淚滴閒堦長綠苔。鄭谷。春色似憐歌舞地，姚合。不論時節遣花開。東坡。

悲故宮人

雲慘煙愁苑路斜，孟遲。宮鶯銜出上陽花。雍陶。朱[一四]鉛滴盡無心語，張祜。生死深恩不到家。竇鞏。

懷 古

暮雲宮闕古今情，韓琮。芳草長含玉輦塵。韓偓。春意自知無主惜，崔櫓。落花猶似墮樓人。杜牧。

舊 游

山南山北雨濛濛，韋莊。十載長安似夢中。李涉。今日獨來張樂地，劉禹錫。故人墳樹五秋風。杜牧。

關 中

岳北秋空渭北川，司空圖。一村桑柘一村煙。韓偓。行人莫訝頻回首，貫休。記得春深欲種田。薛能。

過梅溪舊居

遠到音書轉寂寥，徐凝。青山隱隱水迢迢。杜牧之。村園門巷多相似，雍陶。花落梅溪雪未消。靈澈。

登山陽郡樓

將軍一去泣空營，乾符童謠。槐柳蕭疏遶郡城。羊士諤。試上高樓望春色，李涉。落花流水嘆浮生。溫庭筠。

王公樓上會飲

詩酒能消一半春，趙嘏。紫微才調復知兵。崔道融。黃河九曲今歸漢，薛逢。獨上高樓故國情。羊士諤。

送客之南宮

蕭蕭風竹夜窗寒，武元衡。書劍催人不暫閑。杜巖。對酒已成千里客，盧綸。斷腸聲裏唱陽關。李商隱。

答籌堂

一夕秋風白髮生，《才調集》。相思迢遞隔重城。李商隱。前歡往恨分明在，韓偓。贏得青樓薄倖名。杜牧。

夜　集
金鳳羅衣濕麝薰，韋莊。裝成掩泣欲行雲。戎昱。傍人未必知心事，劉卓。一曲狂歌酒百分。高駢。

戲　書
春風何處有佳期，武元衡。花滿西園月滿池。高駢。料得也應憐宋玉，李商隱。東隣墻短不曾窺。段成式。

重　九
事去人亡迹自留，劉長卿。白雲猶似漢時秋。岑參。如今暫寄尊前笑，劉禹錫。明日黃花蝶也愁。東坡。

十日遣興
露葉如啼欲恨誰，劉禹錫。曉庭空遶折殘枝。鄭谷。芳尊有酒無人共，趙嘏。臥看南山改舊詩。韋莊。

古　城
東風漸急夕陽斜，朱鵠。馬上懷中盡落花。薛能。腸斷入城芳草路，韋莊。孤煙起處是人家。東坡。

送　行
天涯方歎異鄉身，韋莊。雲別青山馬踏塵。趙渭南。欲問孤鴻向何處，李商隱。依依還似北歸人。東坡。

宮　柳
寒食東風御柳斜，韓翃[一五]。輕盈嫋娜占年華。劉禹錫。試看三月春殘後，李山甫。不見人煙空見花。韓偓。

對　花
盡是劉郎去後栽，劉禹錫。爲誰零落爲誰開。嚴惲。風流才子多春思，戴叔倫。半醉閑吟獨自來。高駢。

宿橫望
遠上寒山石徑斜，杜牧之。月臨荒戍起啼鴉。高蟾。故鄉今夜思千里，高適。每到花時不在家。張祜。

妓爲尼

無地無媒只一身，趙渭南。蛾眉畫出月爭新。高騈。春來削髮芙蓉寺，楊巨源。從此蕭郎是路人。崔郊。

新 居

每憶雲山養短才，雍陶。蓬門今始爲君開。杜子美。落花寂寂黃昏雨，韋莊。依舊去年雙燕來。趙渭南。

寒食野外

浮雲飛盡日西頹，韋檢。莫向花前泣酒杯。趙嘏。獨上郊原人不見，成文幹。野風吹起紙錢灰。吳融。

贈 別

綠柳纔黃半未勻，楊巨源。灞橋攀折一何頻。皇甫冉。相逢且莫推辭酒，白樂天。明日忽爲千里人。劉禹錫。

柳

還到春時別恨生，張泌。渭城朝雨裛輕塵。王維。自家飛絮猶無定，羅隱。不解迎人只送人。皇甫冉。

惜 春

自有林亭不得閑，溫庭筠。長安豪貴惜春殘。東坡。晚來風起花如雪，劉禹錫。爲問無情歲月看。高蟾。

春 望

半似羞人半忍寒，韓偓。風和時拂玉欄干。段成式。門前不見歸軒迹，錢起。強把花枝冷笑看。張祜。

寒食夜雨

風景依稀似去年，趙渭南。鳥嘷花發柳含烟。顧況。夜深斜搭鞦韆索，韓偓。獨向簷牀看雨眠。雍陶。

早 行

一聲歌盡各東西，趙渭南。花外煙濛月漸低。陸龜蒙。馬上政吟歸去好，韋莊。山山樹裏鷓鴣啼。張籍。

過友人別墅

少游京洛共紅塵，李益。依舊瓊林照映人。山谷。且向白雲求一醉，戴叔倫。麻衣草坐亦終身。靈澈。

不遇二首

來往風塵共白頭，戴叔倫。誰人肯向死前休。韓退之。直教桂子落墳上，賈島。富貴何嘗潤髑髏。山谷。

又

豈有文章動聖君，丁謂。欲將書劍學從軍。溫庭筠。平生名利關身者，翁綬。執戟官資笑子雲。孫僅。

隱居

此去秦關路幾多，李商隱。中原無鹿海無波。吳融。荷蓑不是人閑事，李涉。造物小兒如子何。東坡。

訪隱者不遇

忽聞春盡強登山，李涉。卻笑孤雲未是閑。施肩吾。惆悵仙翁何處去，高駢。尋真不見又空還。韋應物。

懷韓居士

烏巾年少歸何處，姚合。陵谷依然世自移。李涉。上天下地鶴一隻，高駢。還在人間人不知。東坡。

古道人

鶴骨飄飄紫府仙，東坡。香風引到大羅天。牛僧孺。無人寂寂春山路，李羣玉。洞在清溪何處邊。張顛。

遊仙

霧爲襟袖玉爲冠，韓偓。委佩低簪彩仗閒。劉禹錫。上界真人足官府，韓退之。不如歸去舊青山。東坡。

李道者

麻衣年少雪爲顏，施肩吾。聞說經旬不啓關。韓偓。弄玉已歸蕭史去，趙嘏。洞門深鎖碧窗寒。高駢。

仙　廟

桂泠[一六]松香十里間，康求。水晶如意玉連環。李商隱。年年笑伴皆歸去，盧綸。門對寒流雪滿山。韋應物。

又

殿臺渾不似人寰，唐永。花態嬌羞月思閑。李涉。高坐寂寥塵漠漠，劉禹錫。秋風落葉滿空山。謝皎然。

女仙臺

上青真子玉童顏，李涉。石座苔花自古斑[一七]。王禹偁。雲雨今歸何處去，竇庠。受人祭享占人山。郭震。

聽　琴

蟬鬢慵梳倚帳門，劉卓。抱琴花夜不勝春。趙渭南。不應更學文君去，李昌鄴。擬作梁園坐右人。劉禹錫。

重九日

二十餘年別帝京，劉禹錫。可能朝市汙高情，韓偓。秋光何處堪消日，李法[一八]。漫遶東籬嗅落英東坡。

九日戲幕賓

一任斜陽送客愁，沈彬[一九]。邊鴻不到水南流。劉禹錫。自從身逐征西府，張祜。破帽多情卻戀頭。東坡。

晚　菊

白露寒花自遶籬，羊士諤。從他桃李笑開遲。冉宗敏。一年秋色吟中過，沈彬。門外重陽過不知。齊己。

十日對菊

籬菊香寒晚吹笙，孫僅。可憐榮落在朝昏。李商隱。浮生也共花無別，杜光庭。不受陽和一點恩。李山甫。

梅

我今移爾滿庭栽，韋莊。不向東風怨未開。雍陶。回首看花花欲盡，高駢。北人初識越人梅。東坡。

落　梅

每到花時把酒杯，韓偓。暮天何處笛聲哀。趙渭南。縱然一夜風吹去，司空文明。不恨凋零卻恨開。杜牧之。

塞　上

古溝芳草起寒雲，許渾。斷續鴻聲到曉聞。令狐楚。萬里江山今不閉，李益。死生同恨舊將軍。高駢。

登　樓

東池送客醉年華，呂溫。獨倚危樓四望賒。李九齡。日暮鳥嘶人散盡，吳融。輕風細雨落殘花。武元衡。

花期不赴

雲泥豈合得相親，戎昱。還把閑吟慰病身。丁謂。一種是春長富貴，杜子美。有愁人有不愁人。來鵬〔二〇〕。

醉　眠

糁逕楊花鋪白氈，杜子美。日西鋪在古苔邊。王建。滿山明月東風夜，韓偓。留與遊人一醉眠。鄭谷。

山中偶得

棄擲功名脫屣閒，孫僅。東風吹雨過青山。盧綸。行人莫話金章貴，鄭谷。久許孤雲作往還。義先。

夜　飲

虛榻吟窗更待誰，王禹偁。酒無多少醉爲期。東坡。明朝騎馬搖鞭去，楊憑。會有求閑不得時。王建。

附　錄

宿仙山朝元觀題示

太行北走開四門，川原落落風烟屯。仙山西峙如虎踞，石嶺東抱猶龍奔。道林中盤百餘畝，顧揖殿寢何雄尊！仙翁得仙事惝恍，碧霞洞主玄元孫。百年朝元去不返，寶籙秘泄風雷燉。陰靈訶護石壇古，老雨留漬蒼苔痕。緬懷矯矯東瀛老，變化能大天溟鯤。謝公本是濟時具，誰使卧老東山墩？豐碑不愧蔡邕筆，且拜遺像儼以溫。我來夏交樹陰翳，萬橘翠瑣分蘭蓀。平生素有林壑癖，苦厭闤闠埃霾昏。每來福地愛瀟爽，跬步乃與仙凡分。山川景氣得人勝，喜對羽客開清尊。夜深靜卧月東出，林影布地翻瑤琨。天風吹空萬籟息，明星當上手可捫。恍然人境兩奇絶，月露一洗清心魂。世間塵土幾千丈，有夢不到瑤臺垠。人生幾何胡不樂，例自跼束駒服轅。惜哉清景不可駐，一聲啼鳩開林煙。明朝人事隨日出，坐看蟻穴蜂衙喧。（雍正版《山西通志》卷二百二十二《藝文》四十一）

校勘記

〔一〕"年"，此字前當有闕文。

〔二〕"羽"，光緒本、《山右》本同，《四庫》本作"侯"。

〔三〕"羯奴"，光緒本、《山右》本同，《四庫》本作"季龍"。

〔四〕"嘗"，光緒本、《山右》本同，《四庫》本作"曾"。

〔五〕"苻"，光緒本、《山右》本作"符"，據《四庫》本改。

〔六〕"尹可元詩"，《東坡詩集註》卷十九：《贈李道士》詩序云："駕部員外郎李宗君固，景祐中良吏也。守漢州，有道士尹可元，精練善畫。以遺火得罪，當死，君緩其獄，會赦獲免。時可元八十一，自誓：且死，必爲李氏子，以報可元。既死二十餘年，而君子世昌之婦夢可元入其室，生子曰得柔，小名蜀孫。幼而善畫，既長，讀《莊》、《老》，喜之，遂爲道士，賜號妙應。事母以孝謹聞。其寫真益妙絕一時云。"

〔七〕"欠舟水"，光緒本、《山右》本同，《四庫》本作"大舟小"，亦難通，當作"次，舟小者"。

〔八〕"共"，光緒本、《山右》本同，《四庫》本作"同"。按《九家集注杜詩》卷二一，《一室》詩作"同"，《全唐詩》卷二二六，亦作"同"。

〔九〕"上",光緒本、《山右》本同,《四庫》本作"下"。

〔一〇〕"李益"當爲"商隱"之誤。

〔一一〕"點",據《四庫》本《李義山詩集》當作"照"。

〔一二〕"適",《臨川文集》、《王荆公詩注》本詩作"失"。

〔一三〕"羣",光緒本作"弄",據《四庫》本改。

〔一四〕"朱"字,諸本并同,然《全唐詩》作"珠"。

〔一五〕"翃"字,各本作"郤"(卻)《全唐詩》作"翃",據改。

〔一六〕"泠",光緒本、《山右》本同,《四庫》本作"冷"。

〔一七〕"斑"字,光緒本、《山右》本、《四庫》本并作"班",同誤。宋·王禹偁《小畜集》卷七《遊虎丘山寺》作"斑",指石頭上是苔蘚的斑點(古稱"石花"),據改。

〔一八〕"李法",各本如此,然《全唐詩》卷四百七十七作"李涉"。

〔一九〕"彬",光緒本、《山右》本并脱,據《四庫》本補。

〔二〇〕"來鵬",光緒本、《山右》本、《四庫》本同,《全唐詩》卷六百四十二作"來鵠",小傳注曰:"一作鵬"。

莊靖先生遺集卷七

樂　府

洞仙歌_{謝楊成之寄梅}

隴頭瀟灑，辜負尋芳眼。浪蕊浮花問名懶。縱看看，驛使帶得春來，祗恐怕，綠葉成陰子滿。　　暗香無恙否？月落參橫，惆悵羅浮夢魂短。賴故人情重，不減西湖、花一〔一〕月，分我黃昏一半。更選甚、南枝與北枝，是一種春風，待爭寒煖。

又_{汴梁與計道真、郭伯誠、劉光甫同賦}

百年富貴，一覺邯鄲夢。識破中流退應勇。縱生前、身後得箇虛名，褒貶處，一字由他南董。　　故園歸去好，還肯同歸，大廈如今有梁棟。對青天咫尺，列宿森然。君莫恠，不見少微星動。且拂袖、林泉作詩人。盡明月清風，笑人嘲弄。

又_{中秋}

秋光海底，湧出銀盤爛，只怕微雲淡河漢。料姮娥，應笑醉舞仙人。今夜裏，空恁樽前撩亂。　　尋常三五夜，也有團圓，爭奈人心未能滿。記當初破鏡，飛上天時。雙照影，留得人閒一半。待仗他，玉斧再修成。問明月明年，共誰同看？

瑞鶴仙_{細君壽日}

蕭然林下秀，笑簷外梅花，似人清瘦。東風在垂柳，算幾時吹散，眉間春皺？興來搔首，問今朝何處有酒？怕一塲醉後，漁歌樵唱，大家拍手。　　知否眼前合計，無辱無榮，地久天長。不須肘後，望懸他、金印如斗。待一朝隨我，騎鯨去後，共尋天上王母。把碧桃花底流霞，爲君添壽。

　　　　又 弟[二]李經略生朝。二首

曉窗寒氣悄，問小槽滴後，真珠多少？博山壽烟裊，向百花頭上，梅花開了。金樽頻倒，甚坐閒猶恨盃小。記去年今日，大家同慶，太平佳兆。　　堪笑浮雲世事，流水生涯，南柯夢覺。風光正好，欲退時，何似聞早。把俗緣拋盡，逍遥林下，青松長伴難老。與鶴鳴立箇家風，作千年調。

　　　　又

綿綿仙種李，有大道家風，逍遥活計。長庚[三]見苗裔，問如何謫在，落花浮世？麴生風味，爲喚回席上和氣。被誰人説破，黄粱夢裏，一塲富貴！　　何濟不如歸去，樂取閒身，登山臨水。衆人皆醉，笑獨醒，澤畔憔悴。但從今管甚、雲翻雨覆，暫教心上無事。且一杯盡後一杯，滿百千歲。

　　　　又 沁南守劉巨源誕節。十月十五

人生爲郡樂，推拯俗仁懷，濟時英略。和風散蓮幕，把功名一事，暫宜高閣。興來自酌，要酒澆胸次磊落。比月中玉兔，別有長生，安心是藥。　　休錯早還識破，一夢南柯，宦情漸薄。北山素約，試回首，千巖萬壑。況竹林當日，七賢遊處，物外驂鸞駕鶴。在爛柯局畔樵人，看君下著。

　　　　又 錦堂壽日。壬寅十一月十五

河東賢太守，使草木生光，太行增秀。功名落誰後，醉歸來馬上，氣衝牛斗。一陽應候。看春風先到細柳。笑座中有客，侯輕萬户，詩誇千首。　　依舊桂花盈處，蓂葉圓時，爲君添壽。滿堂飲酒，盡平生，傾蓋素友。對水雲鄉裏，真山面目，錢家誇甚錦繡？但年年歲歲相逢，似人耐久。

酹〔四〕江月 壬午中秋與楊外郎仲朋姪堉郭仲進姪謙甫福昌待月

中庭待月，正催詩，雨過暮山橫碧。別後連昌秋幾度，一話團圞今夕。萬里清風，坐中爲我，埽盡雲踪迹。冷〔五〕光不似、尋常些小窺隙。　　應憐白髮功名，倚樓看鏡，惟酒禁〔六〕愁得。且鬭樽前身見在，亹亹風生談席。洛下仙舟，斗間星使，邂逅非生客。天涯雙桂，廣寒誰念幽寂？

又 六月十四日，感舊先生誕日

臞仙風格，暫天教、作箇人閒浮客。白髮光陰催老境，誰見摩挲銅狄？揮劍成河，曳戈卻日，著盡回天力。黄粱夢覺，轉頭一段陳迹。　　休問花謝花開，春蘭秋菊，總被風欺得。華表鶴來人換世，惟有眼前山色。偎徑栽松，傍門插柳，笑比陶彭澤。晚涼月下，一樽聊永今夕。

又 承濟之和，復用元韻

脱巾挂壁，向雀羅，門外幾回迎客。縱有一樽陶寫後，不遇當年儀狄。未著祖鞭，先投班筆，老恨無才力。天涯地角，斷蓬流落蹤迹。　　歸去作箇閒人，錦囊詩句，都向閒中得。謾説他鄉光景好，多少世情風色。損友違三，益朋近五，易卦占山澤，人間星聚，不知天上何夕。

又 王懷州壽日。丁酉年

堂堂玉立，看坐間，揮塵風生談席。相對竹林三四友，氣壓蘭亭豪逸。招隱詩中，登樓賦內，此恨無人識。缺壺歌後，佩刀還向誰得？　何用三窟謀身，醉鄉一笑，與元規塵隔。好在輞川堪畫處，寫出高人椽筆。雲外鳧舃，月邊笙鶴，邂逅騎鯨白。蟠桃會上，不爲王母生客。

摸魚兒 送姪謙甫出山

這光景，能消幾度，大都數十寒暑。結廬人在山深處，萬壑千巖風雨。朝復暮，甚不管、堂堂背我青春去。高情自許，似野鶴孤雲，江鷗遠水，比[七]興有誰阻？　功名事，休歎儒冠多誤，韓顛彭蹶無數。一溪隔斷桃源路，只有人家雞黍。歌且舞，更不住，醉中時出烟霞語。暫來樵斧，貪看兩爭棋，人間不道俯仰成今古。

謁金門 贈教授李勉之

初雨歇，槐夏綠陰時節。萬里無雲天紺滑，一輪光皎潔。好怕暫高還歿，好怕暫圓還缺。同是廣寒宮裏客，相逢無話説

又 和邦直二首

烟雨曉，夢斷池塘春草，坐上麴生風味好，銀杯休厭小。剛要玉山醉倒，社甕釀成微笑。人世閒愁都占了，有情天也老，

又

昏又曉，蝶夢不棲芳草。照映瓊林人物好，薰香荀令小。不怕醉時健倒，恐怕醒時花笑。潘鬢都因愁白了，老人心未老。

謁金門[八]十二首

西齋得梅數枝，色香可愛。一日，爲澤倅崔仲明[九]竊去，感歎不已，因賦《謁金門》十二章，以寫其悵望之懷。

寄 梅

開未徹，先把一枝偷折。看取黃昏今後別，暗香浮動月。誰爲尋芳時節，誤了前村踏雪。爲問花閒能賦客，如何心似鐵？

探 梅

誰便道，昨夜雪中開了？次第不將消息報，探芳人草草。宜在嫩寒清曉，興比孤山更好。籬落逢花須醉倒，惜花人易老。

賦 梅

金的爍，猶帶枝頭寒色。休道北人渾未識，自然梅有格。初見花時摘索，再見花時狼籍。詩句眼前拈不出，惱人樓上笛。

歎 梅

頻點檢，依舊雪肌清減。似恨海東花使濫，不教么鳳探。休笑詩人冷淡，道盡影疎香暗。桃杏雖然無藻鑑，承當應不敢。

慰 梅

誇獨秀，動把春光洩漏。誰道江南無所有，一枝先入手。須是日就月將，那在風飄雨驟？直待豆稭灰落後，初嘗山店酒。

賞 梅

全不讓，占了百花頭上。殁[一〇]箇知音人共賞，陶潛無處望。也有江湖酒量，也有風騷詩將。休道花前無伎倆，疎狂些子放。

畫 梅

偷造化，秀出含章簷下。爲問花中誰可嫁，海棠開已罷。占了十分閑雅，占了十分瀟灑。若使畫工能此畫，九方皋相馬。

戴 梅

花譜內，莫作等閒看待。鬭草吳王無可對，有他西子在。好在一枝竹外，影也教人堪愛。未免世閒兒女態，折來頭上戴。

別 梅

懷抱惡，猶被暗香著莫。想在隴頭誰領略，一枝分付錯。

今夜雲窗霧閣，明夜煙村水郭。紙帳天寒人寂寞，夢回聞雪落。

望　梅

春一半，留與大家同看。覓箇溫柔林下伴，北枝猶未煖。
縱有姮娥照管，可惜羅浮夢短。斷嶺不能遮望眼，幾時魂卻返。

憶　梅

多少恨，不見舊時風韻。浪蕊浮花都懶問，江頭春有信。
誇甚壽陽妝鏡，説甚揚州詩興？雲破月來堪弄影，世間無此景。

夢　梅

隨健步，已過市橋江路。費盡西湖多少句，暗香留不住。
銷得黃昏幾度，又是天寒日暮。枕上吟魂無著處，化爲蝴蝶去。

又 再和邦直

人未曉，古錦囊中詩草。抹月批風滋味好，氣吞雲夢小。
要把鳳棲驚倒，不學烏臺嘲笑。多少閑愁陶寫了，數篇吟可老。

又 河南府同知高誠之壽

風漸力，水剪飛花狼籍。鼎沸笙歌催舉白，玉堂金馬客。
歡動周人頌德，喚起洛陽春色。況值日南天道北，老人星拱極。

水龍吟 翟端甫壽日。十月一日

勝遊漫説山陰，算來不及山陽好。七賢林下，一時人物，何如安道！況有奇才，縱橫筆陣，千軍獨埽。向碧油幢底，真儒事業，倚馬看，檄書草。　　誰識平居隱操？翟湯遇江州，十分禮貌。世情交態，雀羅門外，幾人曾到？且鬭樽前，等閑休問，高山白早。賴姮娥，留得一枝丹桂，伴靈椿老。爲男孫哥在。

又 籌堂壽日

一朝衣錦歸來，高門不負于公望。怳然如舊，黃流萬里，大行千丈。只此當時，添些氣勢，減些風浪。記采薇戍罷，分茅議定,凱歌動,聲悲壯。　元自山西出將,卻從他,山東入相。兜鍪須待,貂蟬換了,凌烟畫像。且把功名,暫都分付,淺斟低唱。但年年,看取三臺長在,老人頭上。

阮郎歸 戲李子摺

江南江北水連雲,江山憔悴人。華簪猶拂洛陽塵,離筵何太頻?　歌近耳,酒盈樽,樽前見在身。昨朝罵坐灌將軍,近前丞相嗔。

又 楊彥明壽日,籌堂之甥

年來宅相有誰承,人誇似舅甥。帶牛佩犢盡春耕,菟裘了一生。　閑事業,寄丹青,筆端如有神。試看自寫鏡中真,老人南極星。

又 郭延年誕日

斷蓬蹤迹去依劉,試登王粲樓。此心安處即菟裘,尚何來往求?　詩遣興,酒消愁,竹林多勝遊。與君何日共仙舟,相看應白頭。

感皇恩 楊成之生朝。四月初三日

喉鳥怨春歸,一聲聲切,蓂莢初生兩三葉。征鞍何處,撩亂楊花如雪。鵲聲頭上喜,來時節。　香篆半銷,壽波重酌,玉帶金魚坐中客。幕天席地,便是仙家日月。試從今後數,蟠桃結。

又 李子摺壽日。戊申年甲乙科第

甲乙占科名,同根仙李,富貴南柯夢相似。天涯雙桂,慙愧廣寒宮裏。恩恩歸去覓,佳山水。　休話升沉,休形慍喜。且論《南華》養生理。問君甲子，少我行年一紀。須知鄉黨禮，莫如齒。

又 出京門有感

忍淚出門來，楊花如雪，惆悵天涯人離別。碧雲西畔，舉目亂山重疊。據鞍歸去也，情悽切！　一日三秋，寸腸千結。敢向青天問明月，算應無恨，安用暫圓還缺？願人長似月，圓時節。

滿江紅 孟洲長馮巨川誕日

解慍風來，天氣爽，綠陰庭院。多少話，暫都分付，畫梁雙燕。明月欲隨人意滿，十分未愜姮娥願。但一年一度壽觴時，身長健。　玲瓏曲，低低唱，玻璃盞，深深勸。任春紅，吹上桃花人面。簪履盡居彈鋏下，煙嵐休恨平嵩遠。待試看，南極老人星，今朝見。

又 和張文玘。二首

宿酒纔醒，聽喚起，一聲春曉。無限恨，滿城風絮，一川煙草。年少拋人容易去，萬紅千紫都開了。試但教，頭上插花枝，花應笑。　狂言在，人絕倒。狂藥盡，愁難埽。待叮嚀，囑付再來青鳥。團扇不堪題往事，斷絃惟恨知音少。但時時，頻把鏡來看，人將老。

又

名利塲中，愁過了，幾多昏曉！試看取，江鷗遠水，野麋豐草。世事浮雲翻覆盡，此生造物安排了。但芒鞋，竹杖任蹉跎，狂吟笑。　樽有酒，同誰倒？花滿徑，無人埽。念紅塵，來往倦如飛鳥。懶後天教閒處著，坐閒人比年時少。向太行，山下覓莵裘，吾將老。

又 李孝先壽日。四月八日

小雨初晴，風搖蕩，綠陰清晝。見說道，長庚復向，人間鍾秀。又對上番成竹筍，能忘贈別垂條柳？看將來，三五月圓時，人如舊。時東平取前妻。　浮世事，君知否？春夢斷，空回首。笑平生，豪邁氣沖牛斗。幽鳥自歌無譜曲，飛花故送長生酒。待騎鯨，海上再相逢，爲君壽。

又 詠雪

漠漠愁陰，銀界曉，浩然一色。誰剪水，就中撩亂，燕山如席。天若有情天也老，高山底事頭先白？甚教人，錯恨五更風，花狼籍。　寒欲退，劉叉筆。深欲殁，韋郎膝。問何如，江上孤舟簑笠？君不見過門多惡客，等閑踏破瓊瑤迹。便麂豪，下馬坐人牀，尋歡伯。

婆羅門引 重陽與元帥竇子溫暨衆友東城賞菊，即席賦

浮空霽色，江涵秋影鴈初飛，相逢共邀東籬。點檢樽前見在，人似曉星稀。對滿山紅樹，葉葉堪題。　大家露頂，任短髮，被風吹。只恐黃花人貌，不似年時。盃添野水，更何用，頻頻望白衣？沉醉後，携手方歸。

清平樂 壬申歲六月十四日

滿斟綠醑，勸我千金壽。不住光陰催老醜，三十七年回首。　鏡中白髮無多，缺壺安用長歌？有志封侯萬里，列仙不奈臞何！

又錦堂壽

青雲得路，休嘆功名誤。好在輞川堪畫處，聞早抽身歸去。任他千丈風波，光陰著酒消磨。識破落花浮世，笑看金狄摩挲。本作抄。

又閏重九宋翔卿席

黃花今後，纔是秋光暮。依舊滿城風又雨，勾引錦囊詩句。東籬尚可重遊，羨君來往風流。莫惜樽前健倒，這回節去蜂愁。

又戲贈

城南歸路，信馬隨車去。家在白雲樓下住，簾幙深沉庭戶。不論天上人間，到頭此債須還。一枕行雲夢覺，小樓卻似巫山。

南鄉子 李克紹生朝

來往亦風流，曾伴仙翁衣錦遊。聞道長平朱紫地，西樓，依舊人人説故侯。　能得幾春秋，未必靈椿老便休。自有枝枝丹桂在，何憂？寶月忙催玉斧修。

又上夫人壽日

香靄博山爐，羅綺森森奉燕居。晝錦歸來冠蓋里，當時，曾拜金花大國書。　一旦得雙珠，阿大中郎喜有餘。見説上天雖富貴，爭如，平地仙家碧玉壺？

又錦堂壽日

弓劍不離身，唾手功名馬上成。見説人生爲郡樂，班春，政事如棋局局新。　　熊夢慶佳辰，喜動山城擊壤民。晝錦堂前爭獻壽，留賓，盡是蟠桃會上人。

又錦堂碧落壽席

爽氣逼人寒[一]，相對溪堂雪後山。賴有忘年林下友，盤桓，都把功名付等閑。　　盡道好休官，况在黃柑紫蟹閒。天意不隨人意改，平安，愁莫能侵鏡裏顏。

太常引同知崔仲明[二]生日

太行千里政聲揚，問何處是黃堂？遺愛幾時忘，試聽取，人歌召棠。　　錦衣年少，插花躍馬，休負好風光。三萬六千場，但暮暮、朝朝醉鄉。

又竇君瑞壽日

燕山勳烈有餘光，問丹桂幾枝芳？陰德後來昌，但教子，應須義方。　　功名看破，黃冠野服，林下道家裝。何處是仙鄉，這日月，閑中最長。

又劉君祥壽二月十五日

區區州縣肯徒勞，誰得似卯金刀？一笑醉蟠桃，問何處，仙山可巢。　　兩朝人物，積年陰德，心力過蕭曹。門戶便須高，看今後，君家鳳毛。

西江月籌堂壽

落落瓊林人物，飄飄鶴氅仙風。渡江已後見英雄，那在懸刀一夢？　　霧恰山中隱豹，雲還天上從龍。太行直枕大河東，猶比聲名不重。

又裴節使壽。字懷誠

薦疏李誇精鑒㻞，壻佳韋得賢侯寬。手如霹靂在同州琰之。不讓當時談藪頎。　但可稱爲勁草誼，莫教指作清流樞。歸來綠野任沉浮度，這箇家風耐久。炎

又張堂臣壽日

人比當年楊柳，六郎元似蓮花。漁經獵史是生涯，那羨章臺走馬？　鱸膾未歸風[一三]駕，斗牛尚客星槎。直教三戰過崔家，伴取赤松林下。

又答亞之

漠漠烟生碧樹，溶溶水滿芳溪。東風吹淫落花泥，忙殺營巢燕子。　百字詩慭我寄，一壺酒望君携。休將閒事等閑題，且把眉頭放起。

鵲橋仙 段侯壽日

題橋志氣，沉碑勳業，不在著鞭人後。浮雲富貴轉頭空，似一夢南柯太守。　輞川別墅，平泉小隱，此計地長天久。金章還肯換簑衣，買陂塘旋栽楊柳。

又劉君祥壽。癸卯二月十五日

歲方值卯，斗方指卯。卯月月圓時候，大家來把卯時盃，共與箇卯金爲壽。　一盃壽酒，一盃貴酒，更有一盃富酒。一盃留得[一四]賀添丁，見積善之家有後。

點絳唇 重陽菊間小酌，同申元帥等

秋樹風高，可憐憔悴門前柳。白衣去後，閑卻持盃手。

一笑相逢，落帽年時友。君知否，南山如舊，人比黃花瘦。

又錦堂壽日

馬上功名，射鵰誰似將軍手？一朝肘後，金印懸如斗。錦繡山川，何似人長久？閑中友，爲君添壽，共勸忘懷酒。

又王懷州壽日。戊戌十月一日

橫稍將軍，是他馬上男兒事。河山表裏，養就英雄氣。衣錦歸來，占盡人間貴。功名遂，神仙平地，學取留侯計。

又馮巨川南齋牡丹

花恨開遲，爲花遲後爲花惱。問花開了，卻恨花開早。人貌年年，不似花長好。還知道，年年人貌，卻笑花先老。

又酒。贈車元帥

著甚乾忙，人生只合糟丘老。一盃軟飽，從事齊能到。不讀《離騷》，恐怕愁難埽。春光好，醉時便倒，何處無芳草？

鷓鴣天弔李克修

須信人生足別離，此情惟有落花知。方憂躍馬明年事，年四十二亡。忽至黃楊厄閏期。乙未七月二十六日閏前。　生有限，去何疑？騎鯨公子賦成時。得從上界真官府，百計招魂不肯歸。

又和田久雨

滴滴寒聲攪夜眠，行雲似與楚山連。百川到底終歸海，一水元來不護田。　□□□，□□□，□□□□□□□。□□□□□□□。

又

　　喪亂來來少睡眠，□□□榻又留連。那堪又下瀟瀟雨，可奈無秋薄薄天。　　□□□，□殘年，眼前戈戟尚森然。得他真個風雪手，不信人間有漏天。

校勘記

　　〔一〕"一"，光緒本、《山右》本同，《四庫》本作"上"。

　　〔二〕"弟"，光緒本、《山右》本同，《四庫》本作"壽"。

　　〔三〕"庚"，諸本并同，疑當作"庚"。

　　〔四〕"酧"，光緒本、《山右》本誤作"酧"，據《四庫》本改。

　　〔五〕"冷"，《四庫》本作"泠"。

　　〔六〕"禁"，光緒本、《山右》本同，庫本作"澆"。

　　〔七〕"比"，光緒本、《山右》本同，《四庫》本作"此"。

　　〔八〕此題目光緒本脱，據《四庫》本補。

　　〔九〕《四庫》本"明"字後有一"所"字。

　　〔一〇〕"殁"字，諸本并同，疑爲"没"字之誤。

　　〔一一〕"寒"，光緒本、《山右》本同，《四庫》本作"家"。

　　〔一二〕光緒本、《山右》本"崔仲明"，《四庫》本作"崔齊"。

　　〔一三〕"風"，光緒本、《山右》本同，《四庫》本作"夙"。

　　〔一四〕"得"，光緒本、《山右》本同，《四庫》本作"待"。

莊靖先生遺集卷八

序

無名老人《天游集》序

　　元陽子一日携無名老人《天游集》見囑曰："守一自簪冠以來，出入玄門中，皆老人引度也。不敢忘其德，今將平日遺稿命工刊行，使傳於後，庶不負平昔諄諄之意。願題其端，且爲老人光華。"

　　老人姓陶，農家子，平水襄陵人。父珍，母賈氏。初，母夢青童金盤中獻一大果如瓜，半黄半紅。言："上仙賜汝無名果也。"因而娠。十三月而生，皇統壬戌十一月十三日也。性沉静寡欲，舉動與羣兒異。正隆年間，全家避役陕州靈寶縣，時年方壯，有勇力，喜談道。雖不讀書，便解義。補縣弓箭手。縣令許子靜與語，奇之。時贈以詩，不以常人待也。

　　大定壬辰八月十三日，隨丹陽馬祖師過關，服勤三年。祖師曰："此非干汝修行事，汝自修行去。"於是，浩然長往，隨方乞化。與若志趙公爲侣，每歸，二人背坐相倚，不言不笑，人莫能測。凡七年，忽覺體中屈者伸，窒者通，神與氣非故吾也。游戲人世三十餘年，行步如風。一日，讀《太上西昇經》，豁然有省，謂同行曰："我今還鄉去也。年前，有韶州岳家泓王氏請住庵，我已許諾，不可食言"已而，王氏果至，迎歸所指處，到庵索湯，沐浴畢，振衣入静位，留辭世頌，儼然而逝，春秋八十有六，葬於永寧縣西。時正大丁亥三月初七日也。無名之號，以其夢歟？

集中詩、頌一百八十三，長短句九十一。信手拈得，如萬斛泉源，不擇地而出，皆仙家日用事也。七言有"造化遠離生死外，機關超過有無中。古木開花春寂寂，寒潭浸月夜澄澄。但言造化都歸妄，畢竟陰陽總屬私。千里暮霞烹絳雪，半林明月搗玄霜。汞死鉛乾天地靜，龍吟虎嘯鬼神藏。有作有爲俱妄想，無名無字是真常。願君早悟玄中趣，學我優游物外修。"五言有"對客談黄卷，呼童烹紫芝。性似山猿獨，心如野鶴孤。頤神春寂寂，調息夜綿綿。俯仰長春景，遨遊不夜鄉。"若此等句，頭頭見道，無一字閒，非烟火食人所能道也。中閒舛錯，講師祁定之校正，觀者無憾焉。辛丑年七月望日序。

《大方集》序

净然子者，濟南人，姓郎名志清。幼而穎悟，舉止作高尚事。年十二，灑落有塵外想。求出家，父母肯之。十四，遇一道者，見而奇之，曰："是兒有仙分，安得在此？"語以真理，釋然有所得。自後，稍加精進。一日，忽見重陽真人繪像，駭然曰："此乃前者所遇之師也。冥契相投，豈偶然哉？"於是絶嗜慾，屏紛華，刻意於道學。弱冠，僑居澶淵。三十一還濟上，主者誘以玉霄觀圓客大師，咈然不受。遂之益都，從者雲集。師不悦，乃渡河，逃名於南陽山中。去圭角，混光塵，舍者與之争席矣。逍遥雲水閒，其對景述懷，託物見情，片言隻字，沾丐者多。簡而古，峻而潔，邃而深，無一點俗氣。蓋玄門之星斗歟？

庚寅歲冬，復歸澶淵，返寂於通真觀，年五十一。師所畜馬，哀鳴廄下，弟子劉志源見而嘆曰："師已仙矣，尚留何爲？不如淮南之雞犬乎？"言訖乃仰而吁，俯而默，眼光落地，不復芻豆矣。聞者異之，葬於先師靈兆之側。

襄事後，志源等鳩集生前遺稿，刊之於木。元湯子紇石烈守一索余序之，前後作者贊述詳矣。言之則贅，姑道其大略云。辛丑歲七月朔日序。

《錦堂賦詩》序

士大夫詠情性，寫物狀，不託之詩，則託之畫，故詩中有畫，畫中有詩。得之心，應之口，可以奪造化，寓高興也。侯之別墅葺一室曰"錦堂"，時時班春，往來於此，合親友而燕之。因命畫史以"春水"、"夏雲"、"秋月"、"冬松"繪之於壁，蓋取陶靖節之句也。四時之景，叢於目前。滌煩慮，暢幽懷，超然與造物者游。坐上之興溢矣，侯乃語客曰："今夕之賓樂乎？但恨對景無言，敢請逐題而賦之。"客曰："古人之詩，今人之畫，二者盡矣，言之則贅。然景與時遇，人與景會，不嫌冷淡，可停杯而待。"侯乃口占而首唱之。時壬寅十一月望日序。

傳

孟氏家傳孟駕之

高祖唐牧，字堯臣，雲中人也。幼業儒術，擢進士第，仕遼爲太子洗馬。牛令公見而異之，以女妻焉。生子彥甫，字仲山。金運革命，廕補品。子後以明法中選，知西北路招討司事。時有疑獄，獄成，當棄市。公拒不受命，雖怒而迫之，莫能奪也。後三日，得實，免死者百餘人。招討公執手而謂之曰："子之陰德如此，其能無報乎？可勉之。"徙宣德州司候、登州軍事判官，享年八十而終。二子：曰龜、曰鶴。龜早世，鶴字壽父，幼聰敏好學，手不釋卷。同進士第出身，主汾州西河簿，宰宣寧縣，進階儒林郎，致仕。六子：曰仁，曰義，曰禮，曰智，曰信，曰楫；女曰蕤，曰賓。太師張公之甥也。

仁更名澤民，字安宅。性敦厚博雅，不喜檢局，與人交，豁如也。事王父母孝，居喪過哀。友愛同氣，鄉黨稱焉。父亡母病，與妻張氏奉侍溫清，頃刻不離。命醫視藥，必親嘗之。以人肉治羸，割左臂肉，雜羹中而進之，母自是善飲食，勿藥，孝感然也。郡守知之，欲聞於朝廷，母恐孝子之傷生，力勸止之。年逾三十，不就資廕，折節讀書。母罄囊金，聚經史以成其志。工屬文，頗爲進取計。有聲於場屋，學者從之如林。崇慶元年秋，魁大同府選。辛巳，登進士第，調河南福昌簿，以廉能稱。中外交辟，不就。世亂，避地於陸渾南山，以詩酒自適，號雲巖老人。有著述聞於世。壬辰秋九月一日，卒於槐林平。伊陽令周文炳、察判盧某，備禮權厝焉。累官朝列大夫。妻清河縣君。二子：曰琦，曰璘；女月娥，歸白登郭文振。

琦字伯玉，游學齊魯間。貞祐之亂，莫知所從。璘，易名攀鱗，字駕之，因夢故也。自束髮從父訓，不經他師指授。十三，薦名於京師，庚寅，擢進士第。任陝州州判，辟舉靈臺令，入補省掾。壬辰，京師失守，隨回軍渡北，僑居河津。癸巳，抵平陽行臺，胡公異禮待之，每事諮議焉。內省委管句印造經籍事。己亥，朝廷以近來文風不振，分三科，諸路選試精業儒人。監試劉中以贍於才學，皆優其等，充本府議事官，權宜之職也。妻韓氏，濮王之後，繼母韓氏之姪女也。二子，曰史嚕，曰桂哥，皆幼。孟氏，姬姓，魯公族孟孫之後，保姓受氏，於今不絕。其閒賁之勇，舍之約，軻之儒，光映百世，凜然如生。

裔孫攀鱗駕之，亡其世系，自高祖而下，得其傳焉。又懼其湮沒，以前後事略託所友而紀之。意者，欲文之碑而誌於墓歟？或錄其實於太史，世其家歟？狀其行於太常，議其諡歟？將施於蒸彝鼎，如古之所謂銘者，自成其名歟？審如是，其志遠且大矣。其自敘者備矣，尚何言哉！然有美而不聞於世，友之過也。故不敢不書，以俟來者。

譜

李氏家譜

按《大唐天潢玉牒》：顓帝之後生大業，大業生媧，媧娶有喬氏之女，感月光貫昴而生咎繇，咎繇生伯翳，伯翳之後世爲士師，至里成避桀之亂，遯居伊侯之墟，食李實，乃改爲李氏。此言咎繇之後以理獄爲功，遂姓理氏。其後子孫或改里氏，至伊侯之墟避難，遂改里爲李也。成生利正，當商湯之時，利正生昌祖，昌祖仕陳爲大夫，因居苦縣。昌祖生明，明爲陳相，葬瀨鄉之北，立廟，因有相城。明生慶賓，慶賓生靈飛，一名虔會。所言陳國，乃古之陳國，非周時所封胡公滿之國也。自李成至虔會，五世相承，年代相類。當此之時，太皞之後已爲陳國，及周封舜後，當是此陳既滅，乃封胡公而王其地也。靈飛之妻真妙玉女，感日精之夢而生老君，此一説也。又按本記云：老君生而能言，指李木曰："此我姓也。"隋内史舍人薛道衡《老君祠庭碑》云"感日載誕，莫測受氣之由，指李爲姓，未詳吹律之本"是也。又《樓觀先師傳》云："老君因聖母攀李木而生，謂曰此汝姓也。"三家之説，經傳備載，今并明之，以彰聖人之宗緒矣。

至紂王時，居岐山之陽，西伯命爲守藏史。武王克商，召爲柱下史。其子名宗，仕魏爲將軍，有功，封於段干。宗之子注，注之子宫。宫之遠孫假，假仕漢孝文帝。假之子解，解爲膠西王卬[一]太傅，因家於齊。《風俗通》云："李伯陽之後，出隴西趙郡、頓丘、渤海、中山、襄城、江夏、梓潼、范陽、廣漢、梁國、南陽，十二望。"

唐高祖淵二十二子，其韓王元嘉守澤州，武氏盜國，宗室潛謀恢復，事露，皆被害。妃房玄齡女，妃亡，四子於碧落聖佛谷追薦母氏，黃公譔善篆，磨崖碑存焉。其後，裔孫因家於澤，或隱或仕。

宋初，李植，字彥材，熙寧間中武舉科，隨范文正公西征，官至右侍禁。《墓誌》云："葬於澤州晉城縣五門鄉，從先塋也。"三子：持、搆、授。高祖李憲之，忘其所出生。曾祖猷，猷生祖行可，行可二子：長之邵，次之才。之邵一子，曰楫。楫子六人：長儀[二]應進士舉恩牓。二子，亡。有女，在北。弟馬興，男閏郎在，餘亡。之才三子，長植，次搆，次俊民用章。植三子，曰挺、曰摅、曰振。挺男世英，渭南馬鋪監，沒於王事。摅謙甫，進士第一科，孟津機察。男世寧，監福昌酒。搆，洛陽茹店商酒監。男鉄塊，女蓬仙，在北。俊民男揚，伊闕商酒監。揚一子，道兒。甲戌兵火，值甲午，二十餘年間，皆物故矣。獨閏郎在，楫之孫也。二子皆幼，爲李氏之胤。癸卯年四月初一日丁未譜。

記

睡鶴記

人之情有所甚好。有所甚好而不得，則必見似之者而喜，非徒好之，蓋感而有所得焉。濠梁之魚，得之樂；山陰之鵝，得之書；支道林之鷹與馬，得之神俊。不有所得，夫何好焉？鶴鳴之好鶴，亦猶是也。

　　鶴也者，物之生於天而異者也。其性潔而介，其聲亮而清。潔而介，則寡所合；亮而清，則寡所和。獨以孤高自處，飛鳴於霄漢之上，豈求其異也哉？蓋天之所賦者異也。夫才高則無親，勢孤則失衆。鶴奚恤焉？若或矯情自浼，下同於頻頻之黨，變常而喪其真，非鶴之德也，非鶴鳴之所好也。叔世道衰，天物暴殀，思其所好而不得。

　　逮丙申歲，於新居之側，有蹲石曰"睡鶴"，昔人取其似而名之。鶴鳴見其似而喜之，事與心會，豈偶然哉？三復觀之，其骨聳而奇，其背瘠而僂，其頸宛，其喙箝，若無意飛鳴者。雖沉潛靜默，有飄然物外之想。疑其孤高之過，爲衆所棄而自晦歟？抑衛人之軒不足乘[三]歟？烏程之樹不足棲歟？將遺世遠舉，羽化而仙，此特其化身歟？不然，何爲不飛不鳴，日游於睡鄉者乎？謂其果不能鳴，則陳倉之雞，胡爲而鳴耶？謂其果不能飛，則零陵之燕，胡爲而飛耶？吁！是時也，以飛鳴而望於鶴，不可望於石，尤不可姑以其似而又有所得。故感而爲之記云。

劉濟之忍齋記

　　彭城劉君巨川，治別室之西偏，訂曰"忍齋"，卜日，會諸同志落之。

　　鶴鳴怪而問焉，劉君曰："凡有血氣者皆有争心，在人，則尤甚焉。人情甚不美，小有不協，至於按劍相怒，没齒而恨，不解是何耶？血氣之所役也。忍之之意，非敢望於人，蓋將以自警耳。孔子語門弟子曰：'小不忍則亂大謀。'成王命君陳亦曰：'必有忍，其乃有濟。'聖賢以'忍'之一字，諄諄而告人者，於血氣方剛之時而戒之也。昔之人有能之者，如張公藝之忍於家，朱將軍之忍於敵，耳、餘爲功名而忍，王、謝爲性命而忍，元載以鼎餗之讖忍於笑，翁思以狗曲之辱忍於醉，師德之忍於唾，懷祖之忍於罵，是皆不以一忿而動其氣，其得聖賢之心乎？吾名吾齋，亦猶是也。"

鶴鳴喟而嘆曰："異哉！未有無事而忍者。若子之言，所以自處者得之，恐非所以處人者。得之於己，失之於人，可乎？夫情深則怨匿，理到則心服。與其匿怨，孰若服心？我以情怒，彼以理屈，則門外負荊者踵接矣。莫不釋然開，怡然暢，廓然通，無一毫芥蔕於胸臆。初以自警，卒能警於人。過此以往，足之所履，皆君子之忍齋也。獨戚戚於一室之內，何其自狹也？"

劉君於是矍然而起，拱手而謝曰："厚矣，子之托吾境也！請刊其說於石，以廣其傳。"

歲寒堂記

節婦樂氏，澤郡南關宣銳巷樂玨女也。幼亡父母，依於外族，外王父李榮鞠養之。年十五，適本關劉璋，泰和五年乙丑，夫亡，二十一歲守志。長子禎五歲，次禮，十七日也。從吉，外氏豪俠，欲奪而嫁之，堅誓不許，苦節自勵。事王母、舅姑，小心敬順，盡為婦之道。□□□黨。同焉而不違於禮，婉焉而不失其正。舅姑□以□。家[四]嚴恪潔勤，躬操井臼，無一日而少懈，上下畏愛焉。主中饋，助祭祀，怵惕之義，表儀宗門。

值貞祐亂離，往往骨肉不收。樂氏俯育二子，流散他方，遑遑涕慕，抱終身之戚。丙戌，復歸寧故里。子禎娶東林隱君子母俊卿之孫女，生二女。長適秦茂才，次許嫁本州趙次官姪男餘慶。禮娶楊氏，生三男一女。長犍兒，定婚樂家社王氏，次伴犍，婚東蜀村李氏，次堅，童。女許嫁下町張氏。夫之兄益、弟儀、偉、俣、仁。妹適梁氏。偉娶徐氏，二男一女。長福，妻谷下栗氏，次祐，妻本州王氏，女嫁□氏。祐二男，長丑兒，次顯兒。中外族姻，無不周恤者。

禎字君祥，參謀本州宣差。所事巘巘特立，篤於孝友。念無以報劬勞之德，因所友而榜其堂曰"歲寒堂"，冀母氏之名節有光於後。噫！幼而孤，長而寡，老而其福厚。歷憂患五十餘年，始終不易，凜凜有松柏之操，名其稱矣。當是時也，不能安其室，如七子之母者，十常八九，有不登是堂而愧者乎？癸卯三月辛巳書，復繼之以詩[五]：

家貧子幼如月魄，煩惱林中世途惡。荒墳木拱淚不乾，野店天寒孤莫託。歸來扶杖雪滿梳，山頭化石猶望夫。萱堂忘憂忘亦得，孝哉一雙反哺烏！

重修悟真觀記

高平縣南二仙廟者，在張莊、李門之間，唐曰真澤，宋曰沖惠、沖淑真人。爲居民祈報之所，無禱不應，一方之休戚係焉。大金真祐甲戌歲，國家以征賦不給，道士李處静德方納粟於官，勅賜二仙廟作悟真觀，俾其徒司[六]，見真主之額。之後，有慊於心，爲其名位之乖也。其意若曰：以廟爲觀，則是無廟矣；以觀爲廟，則是無觀矣。不亦誣於神，違於人乎？惴惴然不安，積有日矣。於是，市廟東之隙地，爲三清殿，爲道院。蠲庖湢，表壇墠，外力所施田以資工役。其修齋行道、拜章啓玄、步虛華夏、儀鸞而引鳳者，於此焉。觀之西曰廟，棟宇宏麗，像容粹穆。遂以重門，翼之兩廡，旁列諸靈之位。其時和歲豐，民無疾癘，歈幽擊鼓，婆娑而樂其神者，於此焉。各事其事，互不相雜，名與位判然矣。識者韙之。

按禮云："凡祭，有其廢之，莫敢舉也。有其舉之，莫敢廢也。"蓋禮所重者祭，或舉或廢，不可得而私。即廟而觀，既觀而廟，是未嘗敢舉，亦未嘗敢廢，豈私也哉？兩得而不兩失，神人俱悦，無遺恨矣。此重修之意也。德方請以其事書之於石。余用其意而筆之。

德方，陵川人，年二十出家。明昌三年壬子，禮本州神霄宫郭太寧爲師。泰和丙寅，奉祠部牒，披戴登壇，爲大法師。後七年，貞祐改元，賜紫，號達妙，充澤州管内威儀。偶值喪亂，晦迹不出。大朝丁酉歲，遣使馬珍考試天下隨路僧道等，共止取一千人，德方乃中澤、潞二州選第一。是歲八月，於燕京受戒回，請以白鶴王志道知神霄宫事，郡長段公從之，俾遂其高懷。乃於宫西別院爲鶴鳴堂三間，日與方外友彈琴話道，焚香煮茗，誦《周易》、《黄庭》、《老子》書，究諸家窮理盡性之説。與悟真相去五十里，時時往來，適游衍之興。不以傲爲高，不以誕爲異。簡而和，婉而通，行必合於義，動不悖於禮，其肯誣於神，違於人，慊於心，亂名改作者乎？

重修浮山女媧廟記

澤之爲郡，在太行之頂，其四面亂山環列。東向望之，突然而起，孤高峻絶，不與衆峰相連者，曰浮山也。山之腹有巖穴，中有二像，廟而祭之，傳者以爲翁婆神。居民之爲嗣續計者，往往禱於是焉。按《圖經》，翁婆神在郡東南二十五里浮山北坡上，宋元祐六年建，計屋八間，共二十二椽，周圍七十五步。又紹聖三年丙子，李旦亦言此廟自元祐六年，及觀至和二年郭寶碑，已重修矣。《圖經》所云元祐六年建，亦重建也。究其原，莫知所從來。或曰女媧廟，并無所據。按《淮南子》云："女媧氏鍊五色石以補蒼天，斷鰲足以立四極，殺黑龍以濟冀州，積蘆灰以止淫水。蒼天補，四極正，淫水涸，冀州平。"此皆有功烈於民者也。民追而祀之，其以此耶？傳者通謂之浮山神。

大定二十六年，郭道珙等增舊制而新之，蓋五載，工始畢。

值貞祐甲戌兵火，復毀。逮大朝庚子，本郡次官趙唐，以其男山兒幼亡，不能忘情，因謁是廟，慨然有起廢之心。遂命耆老張珏輩，庀工計費，又令總領景用與提控許堅督其役。斧斤者，瓦甓者，版築者，不召而從，不鳩而集。富者輸其財，貧者竭其力，不日而告成。自是，公得男女三人，又從而起敬焉。

辛丑歲三月十八日，會郡人而落之，索余紀其事，將刻之石。姑以前人所聞而書之。噫！人而無後，爲不孝之大。然人生於天地之閒，果由人乎哉？或得之於卜，如成季者，生而有文在其手，曰友。或得之於夢，如唐叔者，生而有文在其手，曰虞。周之翰皆嵩岳之神，魯之儒乃尼山之秀，是山也，果能以英靈之氣賦予於人者乎？求而得之者有之，不求而得者神何與焉？天地，萬物父母也。物莫靈於人，天地之委蛻也。豈私於人哉？夫臧孫達之有後也以德，其所求者異於人。辛丑年三月十五日記。

陽城縣重修聖王廟記

按《圖經》："陽城，蓋漢之濩澤縣也，屬河東郡，今縣西三十里故城是也。晉隸平陽郡，後魏文成興安二年癸巳，自故城移於今治。隋屬長平郡，唐武德元年，於此置澤州，玄宗天寶元年，改爲陽城縣。"又云："殷湯廟，在縣西南七十五里析城山上。宋熙寧九年，河東路旱，委通判王伾，親詣析城山祈禱，即獲休應。十年五月某[七]日，牒封析城山神爲誠應侯。政和六年三月二十九日，析城山殷湯廟可特賜廣淵之廟，爲額誠應侯，可特封嘉潤公。"

宣和七年《重修廟記》云："本路漕司給係省錢，命官增飾廟像及廣其庭壇，高其垣墉，列東西二廡，齋厨、庖庫、客次，靡不畢備。華榱彩桷，上下相煥，以稱前代帝王之居而致崇極之意。以其餘材完嘉潤公祠，合二廟凡二百有餘楹。"

大金革命，廟止存九間，共六十椽。大朝壬寅年春，因野火所延，存者亦廢。民間往往即行宫而祭之。本縣行宫在郭内東西街北，右去城門五十餘步，左距縣衙一里強。至大金壬午年〔八〕，歷一百二十八年而毁。邑人王元、武全、王昇、張義、王通、王漢等，雖在擾攘之際，相與鳩工，復起正殿三間。元帥延陵珍補蓋西廡。歲有水旱疾疫，禱無不應。民之戴商，厥惟舊哉！噫！神依於人，廟食百世，亦豈有昇沉時耶？抑成壞之數，幽顯莫能逃耶？何天禍未悔如此之酷耶？僕重過是邑，王元等託友人燕子和求識其始末，故書以示之。時壬寅十月庚戌朔。

重修佛堂記

吴道子畫酆都宫，畏罪者衆。韓吏部題木居士，求福者多。世之人莫不知罪之爲可畏，福之爲可求。然信賞有所不能勸，必罰有所不能懲。而睹道子之畫、吏部之題，竦然有動於心，不待賞而勸，不待罰而懲，何耶？豈正率者難從，幻化者易感歟？兵興以來，俗狃於惡，以強陵弱，以衆暴寡，以勇苦怯，恬終自若。當是時也，未有不嗜殺人者。夫佛教自殺者不復得人身，況於他人乎？宣差察之鎮是邦也，因謁廳事後之佛祠，閔其爲風雨所壞，遂命工起廢。缺者補之，污者墁之。壁繪像飾，爲之一新。乃與其妻孫氏時時敬禮，倍堅迴向，益勵齋嚴。其見於臨事，寬而不苛，仁而不虐，皆如來慈悲之心。下之人亦復歸依，見善則樂而爲之，見不善則憚而不爲。不陵弱，不暴寡，不苦怯，皆如來慈悲之化。夫以易感之化易難從之俗，亦救時之一助也。若夫化流天下，使人有士君子之行如周家太平之時，其待木鐸之政乎？

重建修真觀聖堂記

按《圖經》：“修真觀在東門内街南，宋大觀戊子，陳遷孟新堂之故基也。"值大金貞祐甲戌，兵火而毁，煨燼之餘，瓦礫堆積。二十八年間，無一人刮目者。女冠張守微與弟德忠因逃難四方，俱獲生還，欣然有起廢之念。乃求訪本觀遺迹，道士李君淨歷歷而告之曰："此殿堂也，此道院也，此客舍也，此堵而環也，此圃而蔬也，此井而飲也。"既得其詳，於是首建聖堂三間，爲修敬之地。復夷荒壤，剗惡草，出墻根而築之，仍爲後圖。是堂也，經始於辛丑十月甲子，次年三月丙戌工畢。始終其事者，郡侯段公暨夫人衛氏、守微。晉城縣高都管樂南中社人幼婦趙氏，夫亡，正大甲申五月，捨俗出家，禮太原榆次縣專井村玉真菴洞妙散人楊守玄爲師，師乃長春真人門下寧神子所引度者也。傳授有源，故其信道也篤，守志也確。肅而莊，強而敏，新故而潔污，蕭爽峻逸。雖在城市，有林下風。異時天上，定歸王母之家，今日人間，獲睹飛瓊之室。弟德忠及妻王禮善，益加歸向，皆生無上道心。男留住，女梅兒、慶仙、宜哥、滿惜，告成之後，伏願免離五苦，延納百祥。中外存亡，同證妙果。壬寅年五月初一日記之堂上，以警來者。

題登科記後

承安五年庚申四月十二日經義榜[九]：

李俊民，字用章，年二十五，澤州晉城。
郭伯英，字伯誠，年三十，潞州上黨。
劉從謙，字光甫，年二十五，解州安邑。
張孺卿，字介甫，年二十七。大興府左巡院。
王知進，字崇禮，年三十一，東平府平陰。
孫璵，字子玉，年二十七，大名府夏津。
彭悦，字子升，年二十三，真定府録事司。
石抹世勣，字景略，年二十八，咸平卓齊特千户所。

李適，字適之，年二十九，大定府長興。
晁李中，字寶臣，年四十一，通州三河。
朱焕，字文伯，年四十四，開封府警巡院。
伯德維，字公理，年四十一，中都和魯胡千户所。
趙楠，字庭幹，年二十四，澤州高平。
王元，字善之，年三十三，解州司候司。
糜元振，字彥升，年二十八，磁州司候司。
祁午，字子善，年四十一，解州聞喜。
潘希孟，字仲明，年二十八，磁州司候司。
孔天昭，字天安，年三十，大興府左巡院。
王毅，字知剛，年二十八，大興府左巡院。
侯尚，字世卿，年三十，太原府平晉。
高應，字大中，年三十二，磁州邯鄲。
趙銖，字敬之，年二十五，大興府左巡院。
晉蕃，字天佐，年二十五，奉聖州礬山。
嚴葛希奭，字仲傑，年三十五，婆速路五里甲海。
郝鈞，字國器，年三十五，大名府舘陶。
鮑元，字善長，年四十四，潞州長子。
康鼎，字晉卿，年二十五，博州高唐。
閻詠，字子秀，年三十七，兗州磁陽。
鄧浩，字君猷，年二十六，平陽府録事司。
宋克俊，字英叔，年二十七，河中府録事司。
趙宇，字公定，年二十八，澤州陵川。
劉磻，字溪叟，年七十四，濟南府章丘。
杜實才，字克彥，年四十四，南京巡院。

　　余閱承安庚申《登科記》三十三人，革命後，獨與高平趙楠庭幹二人在。一日，邂逅於鄉邑，哽咽道舊。壬寅歲五月初吉，庭幹復挈家之燕京，感慨忍淚。書五十六字寄之："試將小録問同年，風采依稀墮目前。三十一人今鬼録，與君雖在各華顛。君還携幼去燕然，我向荒山學種田。千里暮鴻行斷處，碧雲容易作愁天。"癸卯春。

大陽資聖寺記

晉城縣，漢之高都縣也，屬上黨郡，晉因之，後魏改屬建興郡。明帝移建興於高都城，孝莊帝復改建興郡爲高都郡，縣屬焉。北齊置長平、高都二郡，後周又以長平、安平二郡併入，爲高都郡。隋開皇初，郡廢爲澤州。十八年，改高都縣爲丹川縣，因縣北丹水爲名，屬長平郡。唐武德元年，移於源漳水北。三年，析丹川於古高都城，置晉城縣，屬建州。六年，州廢，縣屬蓋州。六年，省丹川縣，蓋州入晉城。貞觀元年，蓋州廢爲澤州，縣亦屬焉。宋及大金因之不改。

本縣境內寺院二十一區，大金貞祐甲戌至甲午，存者十之三四。資聖寺在縣北四十里大陽社，北齊文宣天保四年癸酉，梁元帝承聖二年也，號永建寺。至武成河清二年癸未，建石塔二級。後唐明宗長興四年癸巳，立尊勝幢。宋真宗天禧四年庚申，改賜資聖寺。周圍二百六十三步，屋宇二十八閒，共一百二十椽。與碧落治平院、澤州浴室院，皆法眷也。

本寺素乏常住，且過者稀。貞祐兵火後，居民蕩析，鄉井荆棘，寺幾於廢。里人王簡等亦流落四方，艱苦萬狀，默有所禱："異日平安到家，當捨所有，以答佛力。"既歸，乃以所居之正堂五間，與本寺修香積位。其殿宇寮舍缺者完之，弊者新之，靡不用心焉。且語耆老曰："本社宋阿李生前爲無後，將本户下地土一頃五十餘畝施與本寺，充常住。見今荒閑有無，借衆力開耕，給贍本寺，爲修飾潤色之費。仍與住持僧添鉢，不負我輩報恩之願。"衆忻然諾之。命本寺僧行廣主其事。行廣俗姓李，本社人。純愨謹愿，可託，故令專之。

自齊文宣天保四年至今癸卯，七百五十一年，其閒升沉興廢者，屢矣。虐焰之酷，未有甚於此時者。賴有其人家風不墜，不幸中之幸者也。劉巨川濟之欲傳於久遠，求碑以實之，故書。癸卯年四月初六日壬子記。

澤州圖記

《禹貢》："冀州，厥土惟白壤，厥賦惟上上錯，厥田惟中中。""九州之中爲第五。"《周禮·職方氏》："掌天下之地圖。河內曰冀州。"《漢·地理志》曰："河東、河內，得魏地觜、觿、參之分野。其地帝堯、夏禹所都之域，《詩·唐國風》，此晉也，而謂之唐，本其風俗憂深思遠，儉而用禮，乃有堯之遺風焉。"三晉屬韓，周赧王五十三年，秦武安君白起代韓，拔野王，上黨路絕。上黨守馮亭以上黨歸趙，趙使平原君受地。五十五年，秦攻上黨，拔之。上黨民走趙，趙軍於長平，以按據上黨民。秦因伐趙，四十萬人降白起。秦并兼四海，分天下爲郡縣。漢興，因之。

先王之迹既遠，地名又多隨時改易不同，《漢·地理志》：河東郡，秦置，濩澤、端氏二縣隸焉。上黨郡，秦置，高都、泫氏二縣隸焉。河內郡，高帝元年爲殷國，二年更名，沁水隸焉。

按澤州，《圖經》屬《禹貢》冀州之域，後魏置建興、長平、安平三郡，明帝移建興郡於高都城，孝莊帝復改建興郡爲高都郡。後周又以長平、安平二郡併入，改爲高平郡。隋初，廢郡爲澤州。

按晉城，《圖經》本漢高都縣也，屬上黨郡，晉因之。後魏改屬建興郡，至孝莊帝，改屬高都郡。北齊置長平、高都二郡，後周併爲高平郡。隋開皇初，郡廢，十八年改丹川縣，因縣北丹水爲名，屬長平郡。唐武德初，移於源漳水北。三年，析丹川，於古高都城置晉城縣，屬建州。六年，州廢，縣屬蓋州。是年，省丹川縣，蓋州入晉城。貞觀元年，州廢，屬澤州。

按陽城縣，本漢濩澤縣，屬河東郡，今縣西三十里故城是也。晉屬平陽郡，後魏興安二年，自故城移於今，後隋屬長平郡。唐武德元年，於此置澤州。八年，移州端氏縣。天寶元年，改爲陽城縣。

按端氏，本漢縣，屬河東郡。《史記》趙成侯十六年，與韓魏分晉，封晉君以端氏，今縣是其地也。其故城在縣西北三十里，即漢治也。晉屬平陽郡，後魏置安平郡，縣隸焉。真君七年，省太和，八年復置。隋開皇三年，郡廢，十八年，自故縣移於今治，屬長平郡。唐武德八年，移澤州於此治。貞觀元年，又徙州治晉城。

按高平縣，漢泫氏縣，屬上黨郡，後魏於古高平城置。《唐志》云："漢泫氏縣，地因以名之，屬長平郡。隋因之，又併泫氏入焉。唐武德初，於縣置蓋州。貞觀初，州廢。"

按陵川縣，在漢屬泫氏縣地。隋開皇十六年，以戶口滋息，山川修阻，遂割長平郡二縣戶，析置爲中縣。至唐武德元年，改長平郡爲蓋州，縣亦屬焉。六年，移蓋州於晉城縣。貞觀元年，改蓋州爲澤州，縣屬澤州。

按沁水縣，漢縣，屬河內郡，晉因之。元魏爲永安縣，後於此置廣寧郡。後齊郡廢，改縣曰永寧。隋開皇十八年，復改爲沁水縣，屬長平郡。唐屬澤州，五代後因而不改。

皇統三年，程先生《左輔國碑》云："澤之爲州，蓋以境內有濩澤名焉。州之治晉城，蓋以其地故晉封名焉。夫晉者，堯所居之墟，舜所耕耘之地，二帝遺風至今猶存。"自開皇三年爲州，迄今五百六十一載，蓋開皇三年癸卯至皇統三年癸亥也。宋張商英《題桃固嶺》云："大舜耕耘地，斯民聚落居。"昔人皆以舜澤名之。"舜耕于歷山",鄭玄曰:"在河東。""漁于雷澤",鄭玄曰:"雷,夏兗州澤,今屬濟陰。"《圖經》引《墨子》云:"舜漁于濩澤。"《墨子》本云"漁于雷澤",不同。舜澤,取舜耕處名之也。

歷山,河東之境近之,必有辯者。州四至:東至衛州界二百里,以孤松樹爲界,自界至衛州一百六十里。西至絳州界一百九十里,以烏嶺堆爲界,自界至絳州一百四十五里。南至懷州界四十五里,以土堆爲界,自界至懷州六十五里。北至潞州界一百里,以山口村爲界,自界至潞州六十五里。東南至懷州界七十五里,以枯冢爲界,自界至懷州六十里。西南至孟州界六十里,分水嶺爲界,自界至孟州一百二十里。東北至相州界二百里,以城嶺爲界,自界至相州一百六十里。西北至晉州界一百六十里,以長城嶺爲界,自界至晉州一百七十里。至南京四百六十二里,河南府二百二十五里,係大定年前里堠也。

隋開皇三年至天興甲午,六百五十二年。歷唐、五代、宋、金,易十二姓,或興或廢,有如傳舍。金國自大安之變,胡騎入中原,北風所向,無不摧滅者。貞祐甲戌二月初一日丙申,郡城失守,虐焰燎空,雉堞毀圮,室廬埽地,市井成墟。千里蕭條,闃其無人。後二十年,大兵渡河。甲午正月初十日己酉,蔡州城陷,金運遂絕。大朝始張官署吏,乙未,遣使詣諸路料民。本州司縣共得九百七十三戶,司候司六十八戶,晉城二百五十五,高平二百九十,陵川六十五,陽城一百四十八,端氏一百一十七,沁水三十。至壬寅,續括漏籍,通前實在一千八百一十三戶。

以鄉觀鄉,以國觀國,以天下觀天下,其可知也。噫!生斯世者,何不幸邪?百六之數,莫能逃邪?死者已矣,生者倒縣,何時而已邪?上天之禍如此,其酷尚未悔邪?泫然記之,庶幾父母瘡痍之民者,生怵惕之心。

校勘記

〔一〕"卬"字，光緒本、《山右》本、《四庫》本并誤作"邜"，《史記》、《漢書》并作"卬"，今據改。

〔二〕"長儀"二字後，《四庫》本注"闕"字，然光緒本"儀"下空一字，《山右》本直接"應進食舉……"，無缺字痕迹。從下文内容看，所謂"六子"，應有其名，不當只列長子名而已，再下文，與前文更不相銜接，確有闕文。

〔三〕"乘"，光緒本、《山右》本并作"棄"，據《四庫》本改。

〔四〕"家"，《四庫》本家前有"治"字。

〔五〕"復繼之以詩"五字，光緒本、《山右》本無"復"字，"繼之以詩"四字提行，低兩格；《四庫》本有"復"字，不提行。今從《四庫》本。

〔六〕"徙司"，光緒本、《四庫》本作"徒司"，《山右》本作"徙"。此句蓋言使其徒衆轉移所屬官方管理機構（宋以後，僧、道徒衆分別有專門管理機構僧録司、道録司或僧綱司、道紀司）。

〔七〕"某"，光緒本、《山右》本作"空"，《四庫》本作"某"，據改。

〔八〕"年"，光緒本、《山右》本脱，據《四庫》本補。

〔九〕本文排列人名、年甲、籍貫，一依諸本原式，俾讀者覽知古代榜示原貌。

莊靖先生遺集卷九

碑　銘

重修真澤廟碑

　　柳子厚《書南岳大明寺律和尚碑陰》："昔者公室禮，得用碑以葬，其後子孫不去，遂銘德行，用圖久於世。及秦刻山石，號其功德，亦謂之碑，而其用遂行。"自是，所在營建者，莫不用焉。大朝龍集庚子九月十五日丙子，悟真觀樹落成之碑，冠蓋雲集，酌酒相慶，循故事也。或者謂碑之所云，異其名也。名雖異，人心未嘗異也。所慊者，材不中度，不足以壯福地。此處自有石，豈無知者，乃相率而求之於荒榛間，微露節角，出土而得之，真良璞也。德方以《易》卦筮之，得臨之節，有大而可觀之象，於是命工加磨礲焉，無毫髮恨。父老愕然相視，曰："夫神所依者人，其有所待邪？或廢或興，亦其數邪？事與時會，豈偶然邪？"

　　是廟也，自唐天祐迄今，三百餘年。庇庥一方，實受其福。水旱疾疫，禱無不應。貞祐甲戌烽火以來，殘毀殆盡，幸而存者，前後二殿，神且不安，人其安乎？由是感激奮厲，踴躍就役，斧斤者、陶甓者、版築者、圬墁者，不募而來，不勸而從。缺者完之，仆者起之，繪事之墁漶者色之。不日而新，無愧於初。

　　父老請以其事實之碑，德方笑而諾之。就用其石，慰人心也，其使之敬鬼神，向玄化，振仙風。德方有力焉。因索予爲文以刻之，其詳具於前後之作者，言之則幾於贅，姑頌之以詩，以告其成云：

　　川原自秋色，爽塏變荒土。騰空仙馭遠，閱歲遺廟古。

頹基埋草莽，敗壁剥風雨。枯松噪寒鴉，老瓦竄饑鼠。
煌煌星各位，耿耿月獨苦。鞠躬香火民，默與杯珓語。
真游厭塵雜，非類敢狎侮？豈惟奪時享，乃又虐神主。
曾無一震威，蕩滌還净宇。黃冠得仙李，起廢心已許。
聞聲應如響，争地築環堵。圖全出衆力，能事在一舉。
周旋禮俗中，百福神所予，刻石示將來，不朽邁石鼓。

重修王屋山陽臺宫碑

王屋山者，在底柱析城之東，仙家謂之清虚小有洞天，三十六洞天之一也。壇之南十六里，曰陽臺觀者，小有洞天之一也。其靡然而逝，隆然而起，似近而遠，欲斷而連，隱隱乎山之陽者，九龍戲珠嶺也。東向二百步許，溢天一之水，白而不濁，甘而不壞，爲九鼎金丹之祖者，洗參泉也。巖竅其腹，廓然有容，噓吸元氣，與山澤通者，西北白雲洞也。位高而自抑，勢仰而還俯，如竦如懼，如趨如附，北面而朝壇者，華蓋峯也。亂峯之閒，邃而深，幽而往，窈窕而入，延袤而上者，紫陽谷也。樹林叢翳，虎豹動郤走，蕭爽森肅，鬼神護守者，上方院也。

自是出避秦溝，陟瘦龍嶺，躡仙橋，欵天門，然後登壇而朝玉頂。淩風汗漫，披雲杳冥，其去天闕，猶咫尺爾。時天界諸天，悉以天衆見於每歲朝山之會，宜其爲洞天之冠也。

大唐中，中巖道士司馬鍊師始奏置陽臺觀道塲，立像而嚴奉之，并御書額。壁畫神仙，龍鶴雲氣等，升降輦節，羽儀金彩，輝光滿宇。遣監齋韋元伯齎圖畫事迹，題目奏聞，時開元二十三年六月十二日也。玄祖之教，繇此而振。山林學者，皆生無上道心，不退轉志，宜其爲福地之冠也。

又按，司馬別記曰：“余届王屋清虚洞側，獲真篆仙經二品，一曰《元精》，一曰《丹華》。又睹玉皇寶籙，乃知上古丹寶并傳，而莫不遐年。自夏禹後遂止，亡有繼者。余不敢嫚泄，復藏於名山，以俟其人。開元十七年仲秋十五日記。"以是考之，陽臺觀之成也，在司馬鍊師藏丹寶後之六年，開元二十三年乙亥也。下值大金貞祐二年甲戌，凡四百八十年。兵火而毀，觀改曰宮。隨世沿革，崇其名爾。嗚呼！玉笈秘文，流運道氣，猶有昇沉之時，況巍峩華構，豈無成壞邪？累代重規，一夕焦土，草木色斂，烟霞氣沮，方外之遊，未嘗過而問焉。正大四年丁亥，林州先生王志祐，由平水抵王屋，周覽勝區，感嘆陳迹，慨然有動於心。邑令及司氏昆仲，挽留住持。養道餘暇，以起廢爲事。不募而役集，不鳩而材具。變污以潔，易故而新。宏大殿堂，修直廊廡。復靈官之位，列齋厨之次。接遇則有賓舘，招納則有道院。其用簡，其功速。旋天關，回地軸，華日月而平北斗。其爲力也大哉！廢始於戌，終於戌。興始於亥，終於亥。一紀而廢，一紀而興。疑其有數存乎其閒爾。

　　先生少業儒術，長慕玄理，年高行積，境滅心休。幽人逸士，望風稟受，號曰棲神子。一日與余邂逅於山前，頗得其所長。蓋以靜爲基，以慈爲寶，愨而願，厲而溫。有竹林高致，不嘯傲升平。有盤谷雅尚，不輕欺富貴。味老子五千言，不讀非聖書。悟廣成長生說，不作矯俗事。龍伯釣後，長愁海上之鼇；子晉歸時，難駐雲間之鶴。大朝己亥歲三月二十二日壬辰，登真於岳雲觀，春秋八十有八。其徒曰定，曰忠，曰祥，曰玄，曰溫，索余文其碑，故欣然書之，以示來者。其辭曰：

　　太行硠兀，連亘王屋。天設之險，神奇所畜。
　　烟蘿眇然，若化若遷。誰其主者，小有之天。
　　天臺鍊師，即宮于兹。奕奕榮觀，百世之基。
　　中原繹騷，刦火莫逃。虐熖毒燎，毀仙所巢。
　　猗歟王公，復此故宮。彼徒者清，始終厥功。

事舉其墜，風振其頹，濫觴玄源，實實枚枚。
欲去者留，既往者來。雲軒羽蓋，肅焉徘徊。
突峰秀巒，光凝翠寒。乍隱乍見，聳如髻鬟。
泉涌流決，巖回岸薄。或抑或揚，響如珮玦。
栢茂松悅，芝芬桂芳。可糗可粻，既壽且康。
鶴騫龍矯，鸞翔鳳鳴。可駕可耕，游乎太清。
朝煙暮霞，我仙所家。坐閱人世，浮如落花。
大哉道域，悠久不息。何以誌之，他山之石。

縣令崔仲通神霄宮祭孤魂碑

人之生，或幼而殤，或壯而夭，或幸而不殤不夭，獲考終命者，則煢而獨。或不幸而遭天之變，人之禍，邦之憲，身没而名滅者，宗亦覆。吁！幸不幸，皆命也。其視世其家，碑其墓，廟其貌而配饗不絶者，異矣。夫不幸之中，又有幸不幸者焉。人死曰鬼，鬼者，歸也。故鄭子産有言曰："鬼有所歸，乃不爲厲。"吾所以歸之，政謂此也。

道否以來，乂政交惡，玉石俱焚。冤魂無依，哭聲相聞。哀於泰山之虎猛，悲於桓山之鳥别。其無所歸，幾何不憑於人而爲厲者哉？當是時也，生且不遑恤，况夫死者乎？獨晉城縣令博陵崔公達，惻然有動於心，乃於野外拾遺骸而瘞之，又與前上清宮提點大師孫景玄、道正李處静，十月十五日就本州神霄宮，設黄籙大醮，爲壇位而祭焉。其幼而殤，壯而夭者，在此位。幸而不殤不夭，考終命而煢獨者，在此位。不幸身没名滅，覆其宗而無配饗者，在此位。師乃於玄科之外，以幽明之故，始終之説，施報之理，因果之事，發揚呈露，豁人心而駭鬼聽。

公乃吉蠲從事。其迎來也有餘敬，其送往也有餘哀，欲其慘而來，舒而往。新大故小，皆適其歸。嗚呼！恤人之所不遑恤，使不爲厲，合於子產之言，識者以爲知禮，其可以無辭乎？銘曰：
　　雅廢國屯，四海揚塵。魂兮來兮，天地廓清。
　　虐焰方沃，蠆蜂搖毒。魂兮來兮，鱷鯢被戮。
　　干戈厥躬，腹背劷敵。魂兮來兮，靈臺偃伯。
　　骨肉不收，離居蕩析。魂兮來兮，宜爾室家。
　　不周之粟，不虞之臘。魂兮來兮，今薦馨德。
　　不屋而號，不宮而弔。魂兮來兮，今有寢廟。
　　忠肝義膽，不辱不屈。魂兮來兮，此乃血食。
　　暴露風日，沙場草白。魂兮來兮，此乃掩骼。
　　洋洋如在，曳曳而出。公之豐潔，是享是格。
　　如歆而類，如祀而族。公之信乎，宜介之福。

郡侯段正卿祭孤魂碑

　　無戰之國民多壽，好戰之國民多夭。夫戰，危事也，民之壽夭係焉。春秋二百四十二年間，書戰者二十三，內戰敗績六，外戰敗十二，豈惟戰哉？其侵伐襲討，潰滅殲獲等，例書者不絕，故其民壽者少，而夭者多。豈唯民哉？死而不得其所者，何可勝紀。或見於新城之巫，或嘁於貝丘之豕。或踴搏於寢丘之夢，或叫登於昆吾之墟。或如若敖之餒於楚，或如伯有之懼於鄭。或與獻子而相訟，或同實沈而爲祟。皆不得其所而又無所歸，可哀也哉！聞內史過之言者，則以物享之。用鄭子產之事者，則撫之乃止。由是，鬼有所歸，無復爲厲。故筆之以爲《春秋》法。

　　自中國雅廢以來，天道在北，日尋干戈，無異於春秋之時。糜爛之餘，百怪爭見，無異於春秋之民。呼！是時也，孰能以《春秋》之法，享而止之哉？

　　澤州長段直，念常在此，欲爲之而未暇也。歲在鶉火，毅然力行之。應於郊野暴露之骸，歛而哀之。卜葬於馬英，得鳳凰之兆，且其繇曰："鬼宿騰芒，積尸在傍。月建之下，可以伏藏。"正月十一日壬午，隨所指而窆焉。乃以信士劉巨川檢舉典常，嚴修祀事。外内戒飭，以洽百禮。建立壇場，設無上黄籙。净醮三晝夜。位分三百六十，不以遠近，無主孤魂，并投壇附薦。亡靈等衆，一切召請而祭之。十五日丑時，解席告畢，以清虛大師前提點上清宫太上昇玄内教秘籙弟子賜紫孫景玄、妙達大師前管内威儀太上正一三五都功賜紫李處静，奉行法事暨法籙，道士程德元等四十餘人，三時行道，華夏步虛，備演三洞靈章，敷露五方真文，拜表啓玄，散花賦水。惠風與薌燎清塵，壁〔一〕月共燈輝縞夜。無礙筵前，至者相憐；昇仙橋畔，度者争先。聽元始符命，受九真之戒；佩昇天寶券，出五苦之獄。悔深咎消，行高障滅，迥脱冥津，咸躋道域。

嗚呼！死生之説，果如何哉？夫死者生之盡，物之變者也。其有知乎？其無知乎？豈蕩爲大空，與化無窮乎？將與木俱腐乎？豈精爽在天，結爲光輝，以助臨照乎？將復乎還名山大川，返其英靈之氣乎？豈奮爲明神，廟食人世，福善禍淫乎？將厭人間之勞，貪南面王之樂乎？是未可知，雖聖人亦所不言。然而於死者之禮尤盡其詳者，蓋欲盡其事死如生，示民之不忘也。以春秋之事考之，則見矣。謹屬辭而爲之銘曰：

懷沙楚騷，江沈浪漂。不有巫陽，孰與之招？
横縱戰場，地塗肝腦。不有李華，孰與之弔？
豺狼路荒，羈鬼相望。咸殄厥祀，君子攸傷。
悠悠返魂，我公所賓。享之吉蠲，靡疎靡親。
肅肅靈壇，我公所建。誠之感格，靡近靡遠。
盍簪星會，恪居精思。不倦於勤，用相其事。
斂彼棄骸，葬筮之地。告以兆語，於艮之位。
暨啓冢土，其日壬午。入此穴處，靈其皷舞。

送之而往，迎之而來。來迎往送，且敬且哀。
靡神不舉，無虐神主。以禮始終，宜福是與。
亡者可矜，存者可恤。存亡之民，係公休戚。

故王公輔之墓誌銘

世傳王氏，周靈王太子晉之後，以其是王家太子，其子孫遂稱王氏。有二十一望，各以分封食采而立。《史記》秦有王翦，漢有王陵，最爲顯姓。太原、琅邪二望爲尤著。今按，王姓非獨出於子晉之後，又非分封食采而得。出太原、琅邪者，子晉之後。後漢逸民霸、司徒允、魏司空昶、晉司徒渾、後魏龍驤將軍慧龍、梁太尉僧辯、唐侍中珪，并出太原。漢諫議大夫吉、晉司空祥及宋、齊、梁朝王氏，盛於江右者，唐宰相方慶，皆出琅邪。王子比干之後，以王爲姓者，出河東、天水。六國齊王田建子孫，以王爲氏者，出北海、陳留。魏公子信陵君無忌子孫，以王爲氏者，出高平、京兆。

公諱翼，字輔之，其先河中人，疑王子比干之後。世遠，不得其傳。祖明，避靖康之亂，徙居[二]濩澤晉城之王城里。父德，遷於星軺鎮，生翼。驚姜之後，不聞噭聲者數旬。王父以爲痴，及能言，與他兒小異。性穎悟，稍勤於學。七歲，常從師行，有誦杜牧之《華清宮》詩，後師舉似，歷歷能道之，師頗奇焉。八歲，能屬文。既長，日記千言，應進士舉。因感疾，遂留意於醫。與名輩□全道、趙子華友，講究《難》、《素》及《本草》物性，藥證病源，以拯濟爲務。

貞祐甲戌，郡檄諉以巡檢南山土寇，一日破葛萬賊。性不嗜殺，遂辭職。晦迹月院山。耽味經史百家之説，每有疑事，書之別卷。疑釋，塗去之。尤精於《易》，占無不應。與人交，尚義，重然諾。友愛同氣，分財，取衆房之所不取。武城張氏數口遇盜，不知所適。公一日因採藥，偶得張遺橐及書契，瘞於巖下。後其孤還，給之。寡婦李氏，有少年安姓者強娶之，不從，力斃之，棄屍古冢。繼而婦活，公乃誘其父兄，訴之官，安服其辜。人皆義之。丁先生女以父亡，值艱食，兄鬻與豪民焦氏，焦婦疾篤，命公視之，曰："若差〔三〕，從公所欲報之。"公曰："但得丁女，可矣。"焦諾之，婦安，攜女而歸。長，嫁於汝陽庾氏。

醫不取利，衆醫讓之，曰："予所重者人命，奚以利爲？利心一萌，何異紾臂奪食乎？"咸愧其言。薄游河南，從者如市。謂其徒曰："汝輩若依得《論語》'知之爲知之，不知爲不知'此兩句，便可行醫。如孫思邈者，亦有所不知。若不知爲知，雖思邈亦不足敬。"盧氏、劉氏各遣子學醫，亦令二子說《論語》。

人或有疾，醫不克瘥。公至，問所服藥，曰："是也，但病深藥未效爾。"及愈，謝之，曰："非獨此藥，亦向者服藥之功也。"常謂其子從儉曰："人與汝有隙，病而求治，何以處之？"從儉徐應曰："若羊叔子，豈酖人者邪？"公首肯之。

致仕阿不罕特進在汝州，忽暴風疾，不語，公曰："服此藥，三日愈。"十月又病，公曰："宜吐之後，服玄明粉，半月愈。恐來年十月病必復。"次年，如期而病。公曰："此不須藥。過後月十六日寅時，無恙。"上遣太醫庾公來視疾，服藥輒斃。公曰："藥勢太急，正不勝邪故也。日晡，當復甦。"其二子哀泣求藥，不許，曰："藥能起生人，不能起死人。"翼日寅時，特進公斃，十一月十六日也。

河內崔氏子年三十餘，病不救，將就歛，公至，曰："此已不能藥，當鍼之，猶可活。"其父不信，公三鍼而體溫，明旦再鍼而目開，七日如故。

梁縣尉范某，傷寒不起，公曰："六日汗解。"請藥，曰："善攻不如善守。"過五日，昏眩，左右手無衇，妻子泣謝。公熟視之，徐笑曰："勿驚，汗將出矣。"頃刻，汗而愈。

防禦完顏公問《易》，曰："當先理會心。"又問，曰："以靜以誠，如水動則濁，濁則不能照物。"王彥明問："讀《脈經》，皆能誦之，然臨證切脈，多惑，何也？"曰："汝但口誦而心不悟，譬猶按圖求馬，果得馬乎？"時吉仲器在傍，曰："學者尚如此，況不學者乎？"

於秀老、德老二人處悟禪理，太原公處精術。數誦古今才人詩，得句法。平生著述，有《素問注疑難》二十卷，《本草》、《傷寒歌括》各一卷，《算術》一卷，古律詩三百餘篇，長短句二百首，雜文四十篇。

辛卯至日，召子從儉謂曰："早來望氣，不祥，我數將盡，汝勉之。過次年二月初八日酉時，可免。壬辰正月入汝陽山避天兵，所臨遇游騎，俘至營中被害。"皆如所占。臨終語妻李氏："我平日別無大過惡，惟破葛萬賊，不能無冤。此其遺恨爾。死於兵與死於病，相去幾何？古人視死如歸，我死無憾。男從儉必在，可往求之。"李氏以遺命入山，見從儉曰："我豈是要活，爲汝父所囑。今既見汝，死無恨矣。"終於玳瑁寨。

公始娶山陽張氏，生三子，長曰從約，業進士。次早卒。季曰從儉。再娶馬氏，無子。再娶李氏，一子，夭。從儉有父風，業儒。大朝委劉中試諸路精業儒人，從儉中平陽選。癸卯春，將以某月日葬，狀其父行，託所友德老、李子擶求誌諸墓，故哀而銘之曰：

家世儒業，靡忘厥初。尤所長者，活人之書。
葛萬之賊，一埽滅迹。不忍於殺，乃退厥職。
遭時之變，潛居月院。左經右史，好學不倦。
周流河外，聲震汝海。向風而從，無小無大。
有疾則視，得脈於指。囊中探丸，起人之死。

神妙不測，莫善於《易》。擬議而動，與時消息。恤人之寡，篝撻之下。贖人之孤，備禮而嫁。德如叔微，藥如宋清。宜其有後，不墜家聲。淺土之喪，客於他方。有子克孝，護還其鄉。委骨原野，其誰與藏？魂兮獨歸，閟此玄堂。

姚子昂宜休齋銘

物極則反，器滿則覆。居安慮危，身寵思辱。金然眉塢之臍，玉刖荆山之足。室高爲鬼瞰，貨積爲盜蓄。名不可貪，利不可逐。宜休宜休，以小人之心，爲君子之腹。

贊

中書君贊

心乎其畫，腹乎其槀。雲煙落紙，龍蛇揮埽。汲冢孔壁，殷盤周誥。嗟乎孤秦，欲窮吾道。黔首未愚，彼惡先老。嗚呼噫嘻！天之將喪斯文也，吾不得而知之；天之未喪斯文也，何屑屑乎使中書君而枯槁！

啓

郡守段正卿上中書啓

某啓：伏念職在分符，有忝承流之寄。權歸造物，共推論道之公。凡預獎提，奚勝慶抃？欽惟中書相公，經邦偉器，佐命元勳。自有典刑。蓋是相門之相；一變風雅，或睹詩人之詩。宰天下，思天下之均；遇國士，以國士而待。豈謂吹竽之末，亦蒙推轂之私？然梟脛續之則憂，念雞肋棄之可惜。猥辱袞褒之字，願爲穎脱之錐。光耀鄭鄉，春回鄒谷。某敢不勉所未至，求爲可知？白首效勤，不憚執鞭之事；赤心圖報，寧無結草之功？謹奉啓事，躬詣臺屏陳獻。伏惟鈞慈，俯賜照察。

上行省中書啓

某啓：伏以任尊百揆，蓋優佐命之勳，望峻三臺，咸仰調元之化。遠依大庇，倍積歡悰。欽惟行省中書相公，治世棟梁，清時羽翼。唐資房、杜，遂開田口〔四〕之基；漢任良、平，竟啓卯金之運。位常虛左，志在圖南。方當師渡之朝，遽播公歸之詠？以申伯之功，文武是憲；宜鄭武之職，父子并爲。不吐不茹，激古人之風；無黨無偏，公天下之選。致令庸瑣，亦預甄收。某暫脱戎行，獲膺民寄。忝荷璽書之賜，重加袞字之褒。承乏刀州，增輝梓里。某敢不益堅素守，少效微勤？待用無遺物，幸充於狄籠；見知則悦恩，難報於蘇天。

牓

段正卿祭孤魂牓

《易》爲游魂，遂著"返終"之説。傳因化魄，乃明"爲厲"之由。未有所依，是誠可恤。雖卒歸於冥漠，猶不昧於英靈。勿仗道慈，曷超幽域？願殫款素，冀有感通。謹擇某月某日，命前上清宮提點大師孫景玄，就某處設黃籙大醮三百六十分位，祭一切無主孤魂，并各家投壇，追薦遠亡近化姻親，及收斂暴露骸骨，正月十一日安葬衰集，誦念經文。來春正月一日，會疏將興法事，預戒前期。因豈無因，有似樹花之落；死猶不死，還隨月魄而生。尚賴同心，共成善果。

崔仲通祭孤魂榜

伏念：無可奈何者，命歟？終歸於盡，不得其所而死者，奚禍之深？義有當爲，祭而非諂。況乃龍蛇歲在，螻蟻生輕。或因師旅饑饉之加，或在桎梏巖墻之下，以棘林爲長夜，以薪野爲佳城。京觀非楚子則誰封？戰場無李華而誰弔？達願傾誠懇，庸藏淨筵，所望上格神休，下開冥路。聞而起，起如從夢裏之呼；樂且融，融皆自隧中而出。今請到講三洞寶經提點大師孫景玄，擬於十月下元日，就本州神霄宮設黃籙大醮一坐，計陳一百二十分位，祭河東南路無主孤魂，并投壇追薦各家遠年近代姻親，同登道岸。富如王氏，宜輸請命之錢；貧似杜家，可剪招魂之紙。敢希勝侶，同結善緣。

高平縣瑞雲觀祭孤魂榜 王希及道淵

伏念：縱橫血刃之兵，毒痛安忍？暴露衣薪之野，精爽奚歸？其生也不辰，其死也無地。徒有青蠅之弔，奚勝黃鳥之哀？形可復乎？亦莫能於司命；魂兮來些，或有賴於巫陽。所依者人，得請於帝。豈特融融之樂，徧及黃泉；抑令鬱鬱之居，重見白日。尚希善衆，同啓虔心

孫講師約束亡靈榜

當壇謹按太上法籙，修設無上黃籙淨醮，薦拔孤魂亡靈等衆，

衾奉高真，祈求拯濟。除已依科關奏外，誠恐亡人從來，未知壇內威儀，誤有干犯，重遭陰責。須至出榜者。

右具如前。今出榜曉示亡靈等衆：即聽次第呼召，昭與昭齒，穆與穆齒，無引非族，無雜非類。其閒孝子順孫，義夫節婦，有新有故，有長有幼，無相棄背，如在左右。不臘之虞，薦未必馨；殺牛之鄰，福未必受。無求人祀，無奪人享。無嘯於梁，無見於堂。善有餘慶，惡有餘殃。天之施報，無異存亡。固當率相教戒，敬心歸仰，領受功德，速求超度，無致別有違犯。故茲告示，各使通知。

孫講師約束孤魂榜式同前

右具如前，今出榜曉示孤魂等衆：即聽呼召，男有男位，女有女位，無亂人倫，無參異類。無託物爲妖，無憑人爲祟。無逞私憾，無尋寃對。無叫天無辜，無請罰有罪。其有強弱相欺，貴賤相侮，棄義陵上，背恩憎主，或號或呼，或泣或訴，或攘或奪，或貪或妬，輕躁跳梁，笑傲狂舞，前過未除，重犯靈怒，永繫幽囚，難尋生路。固宜率相教戒，敬心歸仰。欽受符戒，速求超度，無致別有違犯。故茲告示，各使通知。

開元寺重修經閣榜

本州開元寺經閣，近遭壞刼，幸有遺基。雖存起廢之心，尚賴贊成之力。今則度材計費，鳩役募工，冀我同誠，畢茲能事。且平地爲山，尚有往者，豈道傍築室，獨無成乎？高下隨宜，共敞黃金之地；廢興有數，復來白馬之經。德不妄施，福從實受。暨善知識，結大因緣。

碧落治平院祝壽榜

竊以叢林標準，法海津梁，開諸佛方便之門，證無上菩提之路。雖云弘教，所重報恩。今請到因公和尚，本院開演圓覺靜講，爲國祈福，祝皇帝萬歲。伏願寶曆無疆，洪基永固。四海享太平之樂，百僚崇相讓之風。一切有情，同登覺岸。

結冬開講榜

伏念：海會福田，忽躍唧經之兔；藏陰淨域，尋來聽法之雞。物尚結緣，人何背境？本州碧落治平院者，近將就毀，今復增新。欲開重悟之門，庸闡大乘之教。今請到裕州寶泉山因公和尚，結冬開演圓覺靜講一百日，爲國焚修，祝延聖壽者。勿謂一花五葉，止掉葛籐；要從萬水千山，盡來瓶鉢。庶幾善衆，咸仰宗風。

化供榜

伏以衲衣雲集，共依彌勒之龕。魚木雷鳴，咸仰如來之粥。顧茲香積，賴我檀那。但學雪峯住山，莫訝趙州貪食。常念助緣之力，敢忘惜福之心？幸免負牛頭之糧，少望送南臺之米。稍能添鉢，無愧上堂。

請益榜

竊以鐘鼓聲邊，盡入雨花之界；鉗鎚手底，未施點鐵之功。不有發明，難成頓覺。伏惟講主因公和尚，維持宗教，模範叢林。孤如嶺表之雲，瑩若波心之月。雖長空過雁，不立文字，然枯木龍吟，無離語言。身後茫然，莫舉三生之話；指箇歇處，願揚百丈之風。傾落妙音，發蒙大衆，曲垂慈憫，無吝獎提。

茶　榜

詩人多識，遂留茶苦之名；文士滑稽，乃立葉嘉之傳。豈謂詩情之重，或成水厄之憂。驛徒致衛公之泉，喫不得盧仝之椀。

今兹團月，別其典刑。與其强浮泛而體輕，孰若自快活而心省？甘易回頰，枯免搜腸。但歸愛惜之家，以待合嘗之客。

設粥榜

人方著土，舉聞賣劍而買牛；歲雖在申，不應乞漿而得酒。豈君子之不周急，況居者之有積倉。轉壑之民，之四方者幾矣；滿堂之樂，如一夫之泣何？宜損有餘以補不足。

青　詞

段正卿祭孤魂青詞

民不聊生，豈亦自求之禍？天無私應，蓋由所感之誠。爰瀝丹悰，仰干洪造。臣誠惶誠恐，頓首頓首。伏念：臣某立身艱險，涉世憂危。偶叨五馬之榮，承乏三刀之寄。欲使化霑遠邇，惠及存亡。可堪暴露之餘，猶在照臨之下。念就死之地，以無罪而隱焉。恐不善之殃，所由來者漸矣。冀悉宿愆之珍，必須大道之依。是用精建靈壇，虔修法供，肅延羽侶，妙繹真科。伏望上聖降臨，衆真孚佑。曲加哀眷，開濟冥塗。出彼黃泉，咸賦融融之樂；見夫白日，罷形鬱鬱之嗟。

崔仲通祭孤魂青詞

民雖易虐，寧無就死之冤？天豈私親，蓋有感誠之應。輒披丹悃，仰瀆玄穹。伏念臣某，遭世艱危，脫身荼苦，幸延殘喘，念及非辜。然命之短修，皆莫逃其數爾；而理有施報，何如此其酷邪？庶招冥漠之魂，宜腆馨香之薦。謹差穀旦，爰敞凈筵。萃羽裾之清流，繹琳科之祕旨。伏望上真垂佑，列聖降臨，鑒是哀衷，錫之嘉貺。人生有限，卒隨宿草之陳。物化無涯；妙證落花之果。

馬子華百日子九成追薦青詞

靡瞻匪父，奚勝痛割之情；不反者時，尤切孝思之感。輒傾丹款，上瀆玄穹。伏念臣父命不其延，身莫能代。向者劬勞之德，今而冥漠之靈。冀拯迷塗，須憑法廕。謹因卒哭，肅建清壇。萃琳宇之勝流，演瓊科之祕旨。伏望上真昭格，列聖降臨。亮是哀衷，錫之休應。多生積纍，潛消玄籍之書；未拔幽魂，并造朱陵之境。

劉濟之禳哉青詞

生不可輕，幸遂求安之請；應由所感，誓殫圖報之誠。爰瀝丹悰，仰酬洪造。伏念臣某內守或戾，外邪所侵，蓋不善於養和，敢遽期於勿藥？心因默禱，身即小康。願惟無妄之哉，恐亦自招之咎。不依大道，曷洗宿愆。是用祗建靈場，精修法事。肅延淨侶，妙繹冲科。伏冀上聖垂慈，眾真孚佑。蠲除過責，殄息憂虞。周濟存亡，保寧外內。將安將樂，不罹六極之凶；難終難窮，密賚一門之慶。

郡守郭彥卿禳蝗青詞

民猶艱食，幸逢多稼之秋；物或為妖，欲作稊田之害。敢披丹款，仰叩洪私。臣某誠惶誠恐，頓首頓首。伏念時雨既霈，嘉苗未實。慮失垂成之望，夙堅懇禱之誠。爰建靈壇，虔修法醮。伏冀聖慈眷佑，玄鑒照臨。亮是精衷，錫之休應。遺殃悉殄，并無入境之憂；和氣潛回，永納降康之佑。臣無任祈天請聖，激切屏營之至。謹詞。

馮裕之析城山祈水設醮青詞

民服其業，式堅望歲之心；神享者誠，聿獲降康之佑。肆披懇款，仰叩明靈。臣伏念：巖邑遺黎，下田薄產。切慮陰陽之沴，或成乾溢之栽。爰即祠宮，精修法事。仰祈沖佑，垂鑒虔衷。雲上於天，常沐既霈之澤。稼豐於野，屢書大有之年。

裴懷誠禳蝗青詞

臣某言：民初務本，恒深傷稼之憂；物或為栽，益儆畏天之戒。爰輸丹款，預答洪私。臣某伏念：攝領郡符，疚懷民事。雖秋成之在邇，奈田害之未除。非誠則無以動於神，而妖固不足勝夫德。慮嘗在此，為之惕然。故有事於靈場，冀潛垂於嘉應。餘殃悉殄，并無入境之虞；和氣頓回，不失有年之望。

段正卿新居謝答年豐青詞

物其多矣，頗酬望歲之心；天實佑之，以篤降康之祜。肆傾丹款，少答洪恩。伏念臣脫迹戎行，分司郡寄。所願公私之給，仍求中外之安。衛公子之居，亦既完矣；漢良吏之職，果能稱乎？責恐難逃，憂未嘗歇。欲立於無過之地，必依夫衆妙之門。是用肅命清流，虔修法事。仰祈靈鑒，俯亮精衷：福錫厥民，普浹三刀之境；慶鍾於後，光增萬石之家。

楊榮追薦母及姪男青詞

無母何恃，奚勝終慕之懷？謂天蓋高，未獲孝思之感。爰披款素，仰瀆圓靈。伏念臣涉世多艱，遭家不幸。方痛虞丘之樹，或憂謝氏之蘭。感恐自貽，應如此酷。冀悉罪根之洗，敢忘道廕之依？是用延集羽流，肅陳法供。仰祈昭鑒，俯答哀悰。長夜幽魂，早遂往生之果；合門殘喘，潛消無妄之栽。

齋文附

事親爲大，匪母何依？徒深瞻望之悲，未盡劬勞之報。爰陳法醮，周濟冥靈。

崔時可舉子醮謝青詞

皇矣蓋高，必以至誠而感；居然生子，允符吉夢之占。爰罄丹悰，仰酬洪造。伏念臣某幼違慈訓，長慕貞詮。稔經二紀之艱危，遠賴一家之餘慶。方篤奉先之孝，俄膺錫胤之祥。續莫大焉，望不到此。難稱生前之報，預圖身後之修。是用精建靈壇，肅陳法供。命琳宮之净侶，演瓊笈之沖科。仰賴聖慈，曲垂嘉祐。豈惟見在，潛消無妄之栽；亦冀未來，獲享自求之福。

秦贅孟贇追薦婦翁青詞

業由所履，遂分善惡之塗；情未能忘，故有死生之説。輒輸危懇，仰叩圓靈。臣某系自孟孫，出爲秦贅。緹縈父喪，已修過去之緣；衛友母存，豫證未來之果。謹因誕月，肅建靈場。命琳宇之清流，繹蕊章之祕旨。伏望上真孚佑，列聖降臨。俯鑒愚誠，式垂嘉貺。敬終敬始，益堅報德之心；身後身前，悉荷降祥之祉。

孫德爲弟男設醮青詞

家道或乖，念其親之難保；天鑒不遠，諒所欲之必從。乃罄虔祈，庸償夙願。臣某艱危兹久，聚屬不收。方懷急難之原，仍建求亡之鼓。居嘗慮此，爲之泫然。俯憐無告之民，仰冒蓋高之聽。緬惟靈鑒，亮是哀衷。既壽且康，永介一門之慶；由中及外，均蒙百福之祟。

郭彥卿謝雨青詞

臣某言：和氣未回，徒切三農之望；至誠所感，遽霑一溉之恩。爰瀝精衷，仰酬靈貺。臣某叨膺民寄，承乏州麾。顧多稼之在田，奈密雲而不雨。恐因亢沴，或害秋成。肆伸懇禱之忱，即獲休祥之應。神之所賜，天且不違。有開必先，式表年登之瑞；無德不報，難忘祀典之常。

崔仲通中元醮青詞

天所親者無私，惟德是輔；人之應也以實，有感必通。肆蠲克享之誠，仰瀆蓋高之聽。伏念：臣某幼違真教，長昧玄風。屬百年喪亂之餘，當四海毒痛之後。艱苦萬狀，保存一家。上以慰陟岵之恩，下以全舐犢之愛。夫何修而致此，寔莫大之幸焉！尚慮過未能亡，悔猶可及。庶幾獲其終吉，敢不爲之敬威。冀滌罪根，依須道廑。是用謹差穀旦，肅蕆淨筵。萃羽裾之清流，繹琳科之秘旨。伏望上真孚佑，列聖降臨。答是精衷，錫之嘉貺。爰念恢恢之網，不失之疎；益堅翼翼之心，聿懷茲福。

郭彥卿追薦夫人青詞

時往不返，恒深逝者之嗟；道窮必乖，尤切慨然之感。肆伸丹悃，仰叩玄穹。伏念臣官以恪居，室靡違處。遂致起家之配，俄成彌月之裁。憂喜相尋，禍福莫測。事寧免於一失，義不容於兩全。數寔難逃，孽恐自作。冀悉餘殃之殄，敢忘大道之依？是用肅建靈壇，虔修法供。集琳宮之羽侶，繹蕊笈之沖科。周濟存亡，普安中外。伏望上真降鑒，列聖垂臨。答是精衷，錫之休貺。克蕃厥後，已符夢姞之徵；不及其泉，早賦出姜之樂。

秦氏得子後報謝青詞

責已也周，猶有求亡之恨；應天以實，庶幾所欲之從。伏念某識昧玄風，動違真教。虞丘蚤歲，遽纏風樹之悲；謝氏晚年，方睹庭蘭之瑞。念常在此，爲之泫然。嗟窮而無告，獨四者之民；恐積者不善，非一朝之故。痛自懲而悔過，若不及以檢身。恩滌罪根，仰依道廕。謹因穀旦，即事靈壇。萃羽服之清流，繹琳科之祕旨。伏望上真垂祐，列聖降慈。答是精誠，錫之多祜。無後爲大，免貽不孝之譏；由漸而來，獲保有餘之慶。

裴懷誠禳蝗青詞

膏澤既濡，已有順成之望；嘉苗方秀，或憂飛孽之栽。爰罄丹悰，仰干玄造。臣伏念：民服其業，稼多於田。在三務垂成之功，皆八政所先者食。慮因貪類，有害豐年。肆堅懇禱之衷，冀速餘殃之殄。緬惟靈鑒。庸示休徵。

校勘記

〔一〕"璧"，各本如此，當爲"壁"誤。

〔二〕"居"，光緒本、《山右》本同，《四庫》本作"家"。

〔三〕"差"，諸本并同，疑當爲"瘥"字之誤。

〔四〕"田口"，諸本同，疑當作"庚口"，爲唐字，與下句"卯金"（劉）相對。

莊靖先生遺集卷十

祭 文

郭彥卿祭蝗文

三日爲霖，已沐漑枯之渥；八月其穫，尚虞飛蠚之栽。方致虔祈，遽蒙嘉應。蓋以至誠而神感，遂使大田之稼多，無害有秋。敢忘昭報。肅陳菲薦，仰答靈休。

又秋報祝文

旱蝗爲虐，年穀未登。肆殫懇禱之誠，即獲休徵之應。不妨穡事，有恤民勞。屬大田多稼之秋，皆上帝諸神之賜。勝妖以德，易儉爲豐。祇薦菲儀，仰酬景貺。

又湯廟祈雨文

亢陽爲沴，時雨久愆。徒深稼穡之憂，未答雲霓之望。神或不祐，民何所依？肆堅懇禱之誠，冀獲休徵之應。仰希靈鑒，俯亮精衷。普垂一溉之恩，庸示三登之兆。速回和氣，密贊生成。尚饗！

史沖霄祭清源王文

導流既東，《書》備明乎禹績；祭壇而北，禮詳著於《周官》。昔者封侯，今而王爵。善利於物，克長厥靈。驅雷叱電，以張天之威；騰雲致雨，以澤地之產。不愛其寶，故時時而效珍；所享者誠，宜翼翼而懷福。肅陳菲薦，仰瀆明靈。冀有感通，曲垂眷佑。

設醮祭亡靈文

嗟嗟汝靈，生非汝有。寄此浮世，薤露易晞，風花易墜。倏然而來，忽然而逝。賀者未已，弔者隨至。亡者之魂，存者之淚。傷心哉！陰德之門，或子或孫，蘭刈之後，有時而生；急難之原，或弟或兄，荊枯之後，有時而榮。投江爲父，孝感者女。化石爲夫，思深者婦；悲樹之風，念親而哀。望思之臺，欲子之來。顏死相繼，一家忠義；袁死相告，一門忠孝。嗚呼！人之生世，如夢一覺。其間利害，竟亦何校？生非所惡，死非所好。伊誰不然，在順其道。日月之行，蹙其來往；霜露之降，助其悽愴。雖在幽冥，不昧英爽。潔我庶羞，宜其來享。

設醮祭孤魂文

嗟嗟汝魂，生何不辰！罹此多難，道喪生輕。時危命賦，壽夭所係。將軍一戰，同爲枯骨。游魂之變，可哀可矜，可弔可嗟。蚯蚓鑽額，烏鳶啄面。月苦霜白，風悲露泫。傷心哉！時邪命邪？何不幸邪？蜂蠆之毒邪？鱷鯢之戮邪？彼氣之竭，旗之靡邪？彼血之流，戈之倒邪？泰山之哭，虎之猛邪？桓山之悲，鳥之別邪？愛人之官，鬼之樸邪？爲人之役，鬼之倀邪？枕者之尸，誰其封邪？爨者之骸，誰其掩邪？嗚呼！天地之間，人爲過客，能壽幾何？各反真宅，何者爲休，何者爲戚？雖皆人禍，亦乃天厄。所棲者魄，有兆有域。所享者德，有黍有稷。魂兮不昧，宜其來格。

齋文附

擾攘茲久，奚堪血祚之戈？暴露者多，長歎衣薪之野。今則遺骸既掩，旁魄未招，欲通幽爽之靈。庸致薦修之款，肅陳浄醮，周濟冥塗。

崔仲通祭孤魂齋文

佳城馬過，益增鬱鬱之嗟；華表鶴來，徒切纍纍之恨。諒惟冥漠，不昧英靈。肆陳黃籙之筵，爲指朱陵之路。

疏

趙子容之河州贈行糾疏

適齊而請，難爲繼富之周；在宋者辭，宜有遠行之贐。且聞大夫之無者貸，豈惟君子則贈以言。矧夫易足之廉，望者[一]肯來之惠。

顯真觀重修三門疏

昔年樓觀之居幾成而壞，今日烟霞之侶既往復來。相與合謀，共圖起廢。今則度材計費，鳩役募工。尚虞經始之難，須借贊成之力。敢希信士，同結勝緣。

請楊仲顯同住神霄宮疏 李德方

伏念白首鵝經，頗媿山陰之士；青雲鶴駕，望來華表之仙。某夙夜[二]琳宫，近經灰刼。所欠煙霞伴侶，風月閒人，共堅弘道之心，庸敞棲真之地。伏惟先生主張宗教，壯觀玄門。雖所樂者巖居，亦何妨於市隱？當如修静，暫辭蓮社而來；那在季真，更乞鏡湖之賜。幸無固拒，曲示光臨。

請寶泉因長老碧落開講疏

一把蓋茅，便是開山之祖；九年面壁，豈無立雪之人？不舉話頭，曷傳心印？伏惟堂頭和尚，花開震旦，雷震叢林。每笑古靈放光，不許豐干饒舌。宜示諄諄提耳之誨，以破昏昏無眼之禪。行處道場，誰非法器？寶泉巖下，拈起拄杖便行；碧落雲間，放下鉢囊且住。宜無多讓，少振家風。

留請因老住持碧落治平院疏

五葉開時，不昧栽松之境；一庵破後，忽來結草之人。但恐緣疎，豈求旦過？隙光難挽，講席易終。方惓惓乎法中之王，何屑屑乎桑下之戀？當須摩頂授記，何在擺手便行？發藥叢林，復萃鉢瓶之衆；主張教閫，載揚鍾鼓之音。少屈高懷，俯從衆望。

請雲老開堂疏

竊以團圞坐上，共話無生；煩惱林中，便覓重悟。方悵達摩去後，卻嫌彌勒生遲。試拈一瓣之香，爲闡三乘之教。伏惟雲公長老，機鋒峻捷，戒行孤高。曾向維摩問禪，不許丹霞下著。以一則語，振祖師將墜之風；於萬斯年，祝聖主無疆之壽。早陞法席，佇聽潮音。

開元寺重修經閣疏

劫火騰空，忽碎雨花之界；業風蕩地，漸摧龍藏之基。不救其危，將歸於盡。欲復翬飛之勢，必須鳩僝之工。見義則爲，當仁不讓。量財助役，施雖毛髮之輕；隨喜結緣，行若丘山之積。敢希善衆？共啓誠心。樂贊其成，有光於後。

張村寺爲佛寂滅設齋疏

十方蘭若，久爲灰刼之塵；六祖叢林，未睹花開之兆。達摩歸去後，彌勒下生遲。雖鐵石人，皆有向道心。於瓦礫中，誰是説法者？因緣佛事，舉似家風。暮鼓晨鐘，驚破龍蛇之地；千山萬水，喚回瓶鉢之流。

史正之酒疏

伏念君子有酒，既多且旨。衆人皆醉，奈何獨醒？可以忘憂，速宜就飲。聊共孔文舉之客坐，莫聽劉伯倫之婦言。惠然肯來，永以爲好。

燕子和重修陽城縣廟學疏

能修泮宮，魯美僖公之化；不毀鄉校，鄭高子產之風。天未喪文，人能弘道。本縣文宣王廟，梁木將壞，仞墻未窺。牧兒爲薪刈之場，童子無詠歸之地。思與衆共，期於一新。是皆好事者爲之，未見有力不足者。當仁莫讓，同氣相求。庠序未遑，久仰詩書之治；絃歌不絕，復還禮義之鄉。

陵川縣重修廟學疏 郭子昭、張仲德、盧仁美

大成教立，共尊百世之師；釋奠禮行，敢怠二丁之享？今則仞墻就毀，廟貌無依。雖漢之庠序未遑，在魯則絃歌不絕。大凡被三遷之教者，有能用一日之力乎？得助者多，圖成也易。梁其壞矣，第形安仰之嗟；學果廢邪？能免不修之刺？儻蒙許可，請惠好音。

本州廟學築墻疏

學久不修，幾廢大成之教；廟雖如故，悉摧萬仞之基。時然

後興，文斯未喪。自行束修以上者，豈無一簣之往焉？所助者多，其成也速。敢希同志，共力鳩功。

段正卿西學請劉漢臣疏

鄭校不修，舉是在城之子；鄒舘既假，悉爲受業之人。須鳴其待問之鍾，方鼓此入學之篋。漢臣殿元先生，吾黨領袖，士林範模。凡一卷而立之師，不三年而至於穀。行束脩以上者，就有道而正焉。春暮風雩，未遂詠歸之志；秋涼燈火，會看同隊之親。無倦發蒙，當請主善。

李君卿藥局會疏

秦緩未來，罕悟膏肓之疾；孟孫猶在，復何藥石之憂？生不可輕，命由所養。固嘗媿扁鵲之先見，豈徒望叔微之陰功？細詳肘後之方，共濟籠中之物。用雖一粒，重若萬金。知伯休之價乎，守之不貳；受康子之餽者，達則敢嘗。

張伯宜藥局疏

未精所業，猥叨三世之醫；欲濟於人，賴有萬金之藥。豈云小補，非敢自私。

李德方畫十王糾疏

善惡兩途，難逃陰責；幽明一致，各有司存。生而上柱國之榮，死則南面王之貴。不寫尊嚴之像，曷伸黃奉之誠。尚賴同心，共求妙手。

葬枯骨疏二篇

禮備後人，奚取衣薪之葬？序迎春孟，正宜掩骼之時。況久惨於毒痛，尤不堪其暴露。可爲矜恤，當共瘞埋。庶爲亡魂，一同薦拔。

又

禮詳《月令》，具垂掩骼之文；辭按《離騷》，尤重招魂之些〔三〕。蓋所哀者民命，其可後於天時？爰收暴露之遺，俾反措安之兆。且希同志，共贊陰功。

抄簡疏

浩浩玄穹，密運資生之化；冥冥長夜，良多不返之魂。未知所依，是誠可憫。爰軫薦修之念，但無幽贊之人。與我同誠，畢兹能事。

抄紙疏

焚紙錢而祭，唐之遺事；用紙衣而葬，周之儉風。習以爲常，俗莫能易。然念鬼神之感，豈求享祭之豐？不腆冥財，曷伸哀款？庶能周恤，須賴勸緣。

抄經疏

譯而爲經，作者爲聖。豈惟貫道之器，是亦升天之階。將有事於靈壇，可不資於精業？仍希善衆，共積陰功。

陽城縣楊敬之重修太清觀四聖閣疏

奕奕靈宮，爰敞棲真之地；巍巍重構，忽搖經始之基。不救其危，將歸於壞。本觀四聖閣者，光揚道域，威護法門。歷歲月而漸深，因風雨而就毀。欲復翬飛之勢，方圖鳩僝之功。莫不聞風而悅之，多見得道之助者。宜堅信向，同結勝因。香火緣中，載肅太清之境；鼓鐘聲裏，一新華夏之音。

段正卿請講師孫仲遠疏

初罹多故，長昧大方。雖存恥過之心，未有投誠之地。不依法廡，曷薦愚衷？伏惟提點大師，洞貫玄機，表儀羽裳。謂此道善於利物，況其力可以回天。咸仰登壇，無辭枉駕。儻垂惠肯，何幸如之！

喬舜臣酒疏

百年能得幾時，斗酒可以自勞。好向幕天席地，縱意所如；免使明月清風，笑人不飲。況值麴蘖事了，何妨指點索嘗？肯令坐上之尊空，不比街頭之價貴。一時勝友，共醉新醅。

潁[四]陽鎮修宣聖廟疏

欲復漢庠，雖在未遑之際；當思鄭校，常存不毀之心。念道寔在於人弘，文豈由乎天喪？今茲潁士，不負孔門。舞雩然[五]有詠歸之風，在城尚多挑達之子。欲擇采芹之地，重修釋菜之儀。備禮執經，得從茲而北面；連年取第，庶不減於西城。

表

丘和叔析城山祈請聖水表

東作西成，方著舜耕之土；春祈秋報，必因禹奠之山。蓋以享者克誠，豈有求而不應？臣伏念：本境土兼冀壤，儉襲晉風，小人知稼穡之艱，大旱有雲霓之望。神或不祐，歲何以登？肆堅懇禱之悰，冀速休徵之應。緬惟靈鑒，答是精衷。雨不失時，以畢三農之務；祀有常典，仰酬一溉之恩。

馮裕之析城山祈請聖水表

三代以還，咸仰配天之澤；百世而下，猶多戴舊之民。凡致虔祈，必蒙嘉祐。伏念臣某職專奉上，志切憂時。室家襲晉儉之風，稼穡闢舜耕之壤。慮因旱虐，有害秋成。是用謹請靈官，肅伸懇禱。仰希昭鑒，俯答精衷。應若桑林，咸沐溉枯之渥；祀如《那》首，敢忘降福之私？

上梁文

高平縣宣聖廟上梁文

百世大成之教，將喪於天；二丁釋奠之儀，欲行無地。庶幾見聖，須賴有功。況河東人物之豪，在長平朱紫者半，憫其梁木易壞，仞墻未闕。悉存起廢之心，方屬未遑之際。而乃度材計費，鳩役募工。於時則咸謂之迂，而爲之猶賢乎已。點因言志，必期春暮之風；符欲讀書，奚待秋涼之雨？所望入其門，見宗廟之美；升其堂，聞絲竹之音。今則畚鍤具陳，斧斤告畢。謹差穀旦，爰舉虹梁。因採歡謠，式揚善頌：

拋梁東〔六〕，比屋衣冠似魯中。二十餘年荊棘地，一朝刮目見華風。

拋梁西，水漫城根欲斷時。不見向來挑達子，盡爲市上買書兒。

拋梁南，謾說中牟異政三。何似此開游學路，流爲萬古作名談。

　　拋梁北，路從闕後無楊墨。琴堂美化及民新，吏事方知有儒術。

　　拋梁上，吾道隨時有消長。邇來門户爭相高，要取人閒卿與相。

　　拋梁下，往日蔬園今學舍。不遇當年董仲舒，誰爲後世修書者？

伏願上梁之後，家家俎豆，處處絃歌。政誇令尹之新，人有君子之行。不獨文翁之郡學亦能興，抑令子產之鄉校無敢毀。

湯廟上梁文

禮莫重於祭，神所依者人，享以克誠，思戴商者久矣；放而不祀，肯與葛爲鄰哉？肆堅肅敬之心，爰敬奉安之地。五丁爲之戮力，百鬼爲之駿奔。奕奕而新，巍巍乎大。庸俟斧斤之畢，具修俎豆之容。不日而成，蓋天所佑。今則謹涓穀旦，肇舉虹梁。因採民謠，式揚善頌：

　　拋梁東，人物熙熙樂土中。了卻[七]公田無箇事，豚蹏豆酒慶年豐。

　　拋梁西，人事天時一旦回。佇聽春雷起驚蟄，世間翹首望雲霓。

　　拋梁南，四面山光滴翠嵐。惟有新城嘉潤地，休功美利與天參。

　　拋梁北，宅土落茫茫[八]咸仰德。慘舒一氣兩儀閒，無物不資神妙力。

　　拋梁上，峻宇淩空雄且壯。春祈秋報有常時，靈貺應人如影響。

　　拋梁下，吹簫擊鼓農桑社。百靈受職風雨時，萬頃連雲看多稼。

伏願上梁之後，俗化衣冠，人離塗炭。澤被九圍之遠，禮還三代之初。精意感通，慄慄桑林之事；歡聲歌誦，洋洋《那》首之詩。

神霄宮上梁文

金碧朝真之地，刼火所焚；斧斤起廢之人，家風猶在。方圖鳩僝，俄睹翬飛。莫不聞風而喜之，未見有力不足者。告成有日，當落霞孤鶩之秋；會集如雲，盡佩玉鳴鸞之侶。謹涓穀旦，爰舉虹梁。因採歡謠，式揚善頌：

拋梁東，萬象咸歸道域中。靈宇巋然還舊觀，共爲鼻祖立玄風。

拋梁西，成壞須知自有時。技癢游人休疥壁，留爲君子看花題。

拋梁南，華玉夷荒共結庵。絳帕蒙頭多少衆，從今剔耳聽玄談。

拋梁北，清高地位仙凡隔。天風吹散步虛聲，化鶴時來千歲客。

拋梁上，冠劒登壇環珮響。門外黃塵不見山，致身福地何蕭爽。

拋梁下，人物山陰隨所化。不須更覓換鵝書，手內《黃庭》皆自寫。

伏願上梁之後，地天交泰，神鬼護持，徐甲復來，不憚埽除之役；可元再出，一新香火之緣。

錦堂上梁文

德邁於公，素有高門之望；賢如晏子，欲更近市之居。此心所安，乃卜既吉。爰即鳴珂之里，以新衣錦之堂。爲天下士，欲得萬閒；在大丈夫，安事一室？象蓋取諸"大壯"，歌載播於《斯干》。已許王翰爲鄰，將見許伯入第。謹涓吉日，肇舉修梁。因採歡謠，式揚善頌：

拋梁東，崇構巍巍聳碧空。天際浮雲風捲盡，放教遠岫列窗中。

拋梁西，落霞孤鶩與齊飛。扶搖萬里垂天翼，肯向枝巢借一棲？

拋梁南，百屋堆錢不可貪。何如養取閒中趣，漸漸佳如食蔗甘。

拋梁北，歸意濃於山有色。故鄉曾見幾人還，多少朱門鎖空宅。

拋梁上，子子孫孫枝葉壯。不知更有貴甥誰，能與外家成宅相。

拋梁下，壁上尤堪三絕畫。更將黃卷教兒童，學取鄴侯書滿架。

伏願上梁以後，門闌多喜，家道克昌。鬼神爲之護持，民物於此安逸。豈止梁閒之燕，咸賀其成；抑令屋上之烏，皆知所止。

崇安寺重修三門上梁文 僧圓勝

歲月既遷，久曠莊嚴之境；家風不墜，大開方便之門。結十方隨喜緣，種三生無量福。恃者衆力，期於一新。使檀越如此用心，欲衲子有箇歇處。謹涓吉日，肇舉修梁。因採歡謠，式形美頌：

拋梁東，一旦精藍埽地空。誰似崇安能起[九]廢，聖人門戶見重重。

拋梁西，橫峯側嶺護招提。卻[一〇]還舊觀凌霄漢，氣厭龍門一望低。

　　拋梁南，瓶鉢生涯共一龕。試問龍蛇今幾種，前三三與後三三。

　　拋梁北，色即是空空即色。有時天女散天花，莫認毗耶居士室。

　　拋梁上，一榻茶煙小方丈。幾年面壁少林師，肯向人前呈伎倆？

　　拋梁下，山林所在皆蓮社。此心安處便宜休，銷得蓋頭茅一把。

　　伏願上梁已後，永光法界，不墮刼灰。看取佛堂放光，且爲道塲起本。金得長者之布，日日而興；衣自祖師而傳，源源不絕。

高平顯真觀三門上梁文　郜志淵

　　瓦礫積年，未敵棲真之地；斧斤一旦，共爲起廢之人。時然後興，應者如響。同力莫不相濟，下手惟嫌太遲。得助者多，能事將畢。謹差穀旦，爰舉虹梁。因採歡謠，式形善頌：

　　拋梁東，壯觀玄門似有功。幽事不妨清淨念，便從林下立家風。

　　拋梁西，看破棲霞不肯棲。別爲道塲重起本，紅塵背鏡笑人迷。

　　拋梁南，杖屨山林處處庵。但結卧龍岡下伴，不須海上覓仙龕。

　　拋梁北，地位清高風雨隔。一朝白日上青天，得道旌陽人不識。

　　拋梁上，有作有爲俱是妄。問君何處是真游，試向仙翁山下望。

　　拋梁下，蕭爽殘年香火社。姓名今已籍丹臺，空界時來鸞鶴駕。

伏願上梁已後，羽衣雲集，宗教日崇。不羨陶家隱居，如在壺公謫處。靈宮載肅，蓋多星斗之臨；歷刼長存，自有鬼神之護。

雜　著

鏡山人陳時發屏風

道尊孔氏，妙窺三絕之編；市隱君平，坐閱百錢之肆。在憂患而作者，其精微之教乎？儻學者加以數年，則愚者必有一得。龜鏡角折五鹿，閣束九師。以變者爲占，其應也如響。滕公之室，屈子之居。晉隗焰之索金，漢張伯之懷璧。知來者逆，情見乎辭。筮而不從，動則有悔。莫靈如卦，定因三畫之吞；或泄此書，未免六丁之取。蓋有聖人之道，以斷天下之疑。秦鏡雖亡，幸斯文之未喪；楚龜已朽，賴其策之無遺。問而以言，瀆則不告。

副元帥討亂臣諭將士

伊戚自貽，久露滔天之惡；帝德乃大，尚寬棄市之刑。儻滋蔓而不除，將噬臍其難悔。某官某，誘竊戎柄。包藏禍心。飛書構亂華之夷，詭計爲奔軍之將。幸免崇山之外放，敢兆蕭牆之內憂。衆叛親離，人怨神怒。雖欲不忌器而投鼠，或恐以蹊田而奪牛。若執小嫌，有傷大義。忠於爲國，奮不顧身。少正兩觀之誅，彼自取爾。趙盾一字之貶，我其免乎？無爲彼先，勉出乃力。

道藏經後

洪惟玄祖，遠振宗風。垂三洞之靈文，演一真之妙理。要使學仙之子，咸與道俱；尚憂誤讀之人，或遭陰責。宜新刊正，用廣流傳。

劾張唐臣酒過

欲解憂於杜康，佳期難遇；俄立威於寧越，和氣有傷。民自速辜，酒以爲禮。序點揚觶而語，杜蕢歷階而升。罰以兕觥，脅以童羖。被醉不臧，縱意所如。受爵不讓，多言數窮。登牀而忤鄭公，脫靴而忿力士。鴟夷過左阿君之家，沐猴舞平恩侯之第。自以爲適，不知敗德。自以爲真，不知喪身。至有汝陽涎流，公孫腹溢；賀監眼花，夷吾舌出。未歌《驪駒》，先賦《相鼠》。犯朱虛之令，激灌夫之怒。拳安劉伶之肋，帽脫張旭之頂。曳墮地之遁，罵到官之鄭。不聞南康之納狂客，不見後閣之遣窮賓。在側雖有二豪，所指豈惟十手。醉猶未醒，死而復甦。初逐武坐之蠅，便可去矣；誰謂宋門之犬，如此惡邪？仰天而呼烏烏，向空而書咄咄。幾年程普，方思公瑾之交；一旦楚元，罷設穆生之醴。宜加薄責，用儆非彝。盡省前愆，勿貽後患。

酒檄 山堂酒不至，戲檄以督之

人生貴在意適，我輩況復情鍾。念樂事之難并，須同欲之相濟。山堂主人作真率會，鬭見在身。掉船尋賀老於稽山，齋具邀淵明於栗里。盜甕而飲者醉，指瓶而索者嘗。伶婦無言，宋犬不吠。乃有忘形爾汝，痛讀《離騷》，了一生於蟹螯，視二豪如蜾蠃。以其無公田而種秫，故不待酉歲而乞漿。莫謂寧逢惡賓，亦可便稱名士。獨不與李將軍爲地，方且共江諮議論兵。徒使汝陽涎流，想見子幼耳熱。醒猶未解，釀可速傾。得到於齊，請鑒青州之事；或薄如魯，未免邯鄲之圍。惠而不傷，吝則有悔。余言不食，衆怒難犯。

焚問舍券〔一一〕

高堂主人，好客不倦。肇開東閣，大闢南舘。坐上簪盍，戶外屨滿。客有趑趄而不獲進者，乃持問舍之券而見焉。其文曰："百尺樓前問舍，萬人海裏藏身。誰念入室相如，四壁徒立；自笑移居東野，一物全無。略敘幽懷，勿嫌多事。不欲起樓背山，借宅種竹；當門蓺蘭，開徑訪菊。不欲犬吠於門，梟鳴於木；鬼嘯於梁，鼠穿於屋。所望取友必端，序賓以賢。屣為粲倒，席因賈前。鄒不可不迎，枚不可不延〔一二〕。醴如楚設，榻似陳懸。無使籍恥臣蔣，雲羞吏宣。謣謣者去，唯唯者來。紆餘者悅，卓犖者哀。豈樂正子後長者而不見，而燕昭能自隗始而築黃金之臺乎？"主人讀畢，怒而投之地。客懷歸，以語鶴鳴。鶴鳴曰："吁！夫心契則言入，目擊則道存。豈不見鳥能擇木，木豈能擇鳥哉？子欲以垂雲之翼，投覆卵之巢，其可邪？"乃取其券而焚之。客於是浩然長往。不數日，主人及於禍而客免焉。

求　田

願為聖人氓，但得一廛田。大庇天下士，安用萬間屋？我館既定，我鄰既卜，人壽幾何，生理易足。約以自處，能者養福。非敢望設醴楚元，指困魯肅；馮驩食魚，子思餒肉。乃有鄭相葫蘆，薛公苜蓿；陰將軍之蔥葉麥飯，石季倫之萍虀豆粥；吏部公之藜莧，天隨生之杞菊；商山隱士之紫芝，少陵野老之黃獨。請學為圃，中有樊遲之祿。至於華元羊羹，庾悅鵠炙，監州螃蟹，典籤熊白，雖不至於嗟來，而客不可以不速。蓋在人者，己所不為。在己者，人所不欲。以小人之心，為君子之腹。是則釜不須轑，鼎不須覆；犬不須吠，蠅不須逐。無事而食，有靦面目。噫！忘其朵頤之凶，以養吾之老饕，何其耐辱！

悼　犬

　　家有畜犬，始善終惡，衆勸烹之。姑息閒，其惡彌甚。戊戌秋，烹以饗衆。衆意頗快，獨惻然悼之。

　　非土性而畜，常戒於《書》。祖陽氣而烹，敢違於禮？生豈不好，禍皆自求爾。心則獸心，食者人食。其志不如槃瓠，其力不及韓盧。盜如在齊，吠如在桀。楚人之井爲汝溺，宋人之酒爲汝酸。孝子爲之去妻，里媼爲之逐婦。徐勉不敢以選[一三]宅，楊布不敢以易衣。飢則乞憐，飽則反噬。不敬而養，雖猛何爲？稍能聽指蹤於蕭何，自可得終老於柏直。孔門弟子，寧無敝蓋之思？噲等少年，争効鼓刀之勇。有此行者，其能免乎？蓋與衆而棄之，豈無故而殺者？雖然逐兔，難忘上蔡之情；可柰嗾獒，終速桃園之禍。

校勘記

　　〔一〕"者"，光緒本、《山右》本同，《四庫》本作"有"。

　　〔二〕"夜"，光緒本、《山右》本同，《四庫》本作"業"。

　　〔三〕"些"，光緒本、《山右》本同，《四庫》本作"句"。

　　〔四〕"穎"，光緒本、《山右》本同，《四庫》本作"穎"，疑并誤，當作"潁"。下頁同。

　　〔五〕"然"，光緒本、《山右》本同，《四庫》本作"雖"。

　　〔六〕此是民間上梁歌謠，每段均以"抛梁"起句。光緒本、《山右》本首段有"抛梁"二字，下空一格，分別作東、西、南、北、上、下，除東外，皆省去"抛梁"二字，今依《四庫》本補足。以下各篇同此。

　　〔七〕"卻"，諸本并作"郤"，并誤，應作"卻（却）"，徑改。

　　〔八〕"茫茫"，光緒本、《山右》本同，《四庫》本作"芒芒"，是，出《詩經·玄鳥》。

　　〔九〕"起"，光緒本、《山右》本同并作"超"，不辭，據《四庫》本改。

〔一〇〕"卻",同校記〔八〕。

〔一一〕"券",諸本并作"券(倦)"之異體字,正文中作"券",徑改。

〔一二〕"延",光緒本、《山右》本作"涎",《四庫》本作"延",是。

〔一三〕"選",光緒本、《山右》本同,《四庫》本作"還"。

附録：《莊靖先生遺集》書後

趙　跋〔一〕

　　李俊民字用章，别號鶴鳴老人，唐韓王元嘉之後，家於澤州。少通程氏之學。承安中，以經義舉進士第一，應奉翰林文字，棄官教授。南遷後，隱於嵩山。嘗遇隱士，授以邵伯温"皇極數"。元世祖在藩邸〔二〕，劉秉忠盛稱之，以安車召見，廷訪無虚日。遽乞還山。卒，賜謚莊靜。集作"莊靖先生"。世祖嘗曰："朕求賢三十年，唯得竇漢卿及李俊民二人。"澤守段正卿刻其遺集十卷。《山西通志》

　　乾隆癸巳春，余於百神廟會購得此集。碎爛難閲。及秋，修正，遂得完好，因録省志於首。我朝顧子嗣立《元詩選》，選先生詩爲一卷，入乙集。

　　太平趙熟典藥齋記。

校勘記

〔一〕此跋及後二跋《山右》本原無標題，爲點校者所加。
〔二〕"邸"，光緒本、《山右》本并無，據《四庫》本補。

李 跋

　　此集惟當時段正卿一刻暨明正德李瀚重刻二本而已，今并罕覯。海内藏書家如小玲瓏山館馬氏、愛日精廬張氏，號稱富有，亦只有傳抄本。故《四庫書目》云"板已久佚，以寫本著録"也。余己丑歲，重游大梁，乃得正德本於市上，驚喜過望。擬爲重梓，以事牽率，弗果。適海豐吳仲飴太守有《五金人集》之刻，聞余有此，移書見假，遂舉以畀之。太守手自校勘，凡四閲月而工竣。余既幸兹集之有傳，而太守好古劬書之嫩，不可以勿紀也。因識其緣起如此。舊有太平趙藥齋氏一跋暨所録《山西通志》一則，并坿刊於後云。

　　光緒庚寅二月上浣，義州李葆恂文石甫識。

吴　跋

　　余欲彙刻金元人專集爲一書，王漘南有淡生堂祁氏鈔本《趙淦水集》，借得曹倦圃家鈔本《李莊靖集》。雖有明正德間刊本，傳世絕少。《四庫》收錄時，即據鈔本錄入，以未見刊本爲憾。向知陸氏皕宋樓及振綺堂均有鈔本，王太史懿榮許爲借鈔於陸氏，尚未得寄。己丑冬，晤李太守葆恂，知藏有正德時刻本，遂假以付梓。是冬，卓計入觀，泛舟衛河。少得閒暇，乃於船窗校之。按盧氏文弨《補遼金元藝文志》，載《莊靖集》十卷。錢氏大昕則列之《補元史藝文志》中，卷數悉與今本合符，喜無缺佚。刊既竣，因誌於末。

　　光緒庚寅三月海豐吳重憙記。

老生常談

〔清〕延君壽　撰

李正民　點校

點校說明

《老生常談》一卷，爲詩話類論著。其論唐宋詩人，宗杜崇蘇，對杜詩蘇詩多所推崇，但反對模擬而主張出新。選杜詩、蘇詩之傑作予以條分縷析，指示門徑，甚便后學。其次，對當代詩人也有所評論，而以袁枚之新穎、蔣士銓之雄健、趙翼之豪放、黃景仁之俊逸四家爲冠。對詩壇之時弊，如貴耳賤目、怪僻自是等予以批評。論山西詩人，則盛贊傅山、陳廷敬。此外，關於讀書方法及爲人處世之道，也間有論及。其後，論清代山西詩人之論著，往往引用此書。

作者延君壽，字荔浦，別號六硯老人，清代道光年間山西陽城縣人。歷官山東萊陽、浙江長興、安徽五河等縣。著作有《六硯草堂詩集》、《老生常談》。又編輯《樊南詩鈔》四卷，收明清兩代陽城籍41位詩人詩作585首。

此次點校，以《山右叢書初編》本爲底本，以山西省圖書館藏清刻本《老生常談》（簡稱"清刻本"）爲校本。

該書書名下原有"陽城延君壽荔浦手編"字樣，今刪去。

老生常談

　　五律限於字句，雖有才氣，無從施展；極縱橫變化之能，仍不許溢於繩墨之外。如工部之《岳陽樓》第五句"親朋無一字"，與上文全不相連；然人於鄉登臨，每有此種情懷。下接"老病有孤舟"，倘無"舟"字則去題遠矣。"戎馬關山北"，所以"親朋無一字"也，以此句醒隔句。"憑軒涕泗流"，親朋音乖，戎馬阻絕，所以涕泗流。憑軒者，樓之軒也。以工部之才爲律詩，其細鍼密綫有如此，他可類推。

　　看古人詩，要這等去講究。自家作了詩，要這等去推敲。漸漸打將去，便到好處。然於搆思拈筆時，則不必如此。若預先安排我某處照應某處，胸中先有死法，筆下便無靈機。惟平日能領悟得功夫深了，則閉門造車，出門自然合轍。惟長律五十韻、百韻，卻宜先分段落層次，又不在此例。

　　作詩，當陳言之務去。所謂陳言，有一題即有一種口頭套話。如送人則有驪歌、驛柳、惜別、分手、把杯、灑淚等字，其他類此。此種字未嘗不許用；我有真氣以帥之，則俗字化雅，粗字化細，言短音長，隨形賦物，學古人纔能操戈入室。

　　學古人濃至處易、疏澹處難。興會淋漓，一氣趕下，濃至也；迂迴往復，其不著力處不弱不冗，游行自在，疏澹也。稍不留意，則諸病痛出矣。是又在洗伐功深，久久自免。時、古文，古近體詩，皆然。

　　詩話之作，要皆爲初學指示，若入之已深，心解則耳目皆廢，況古人之陳言乎？輕嘗淺試之人，先記了許多浮話，如杜稱詩聖、李稱詩仙、李賀之鬼、盧仝之怪、元輕白俗、島瘦郊寒。及叩其所以然之故，彼仍如墮終南霧裏，茫然不知巔岸。索觀所作，去輕俗寒瘦不啻霄壤，何論仙聖鬼怪。深沉好學之士當深戒之也。

　　讀書是徹上徹下工夫，如人之全身。然今之作時文者，讀經書後即讀墨卷，博取科名，往往得之。經書如人之首也。先秦兩漢至於本朝諸書籍，如人之項以下也。作詩文者，絕不沿流而下。其淺者，亦不信歸震川以至王耘渠、方百川[一]輩，皆千古上下、洞悉古今成敗人物理數，而後能卓卓自立也。若以時文為時文，如芥舟而坳水也，不一刻水盡舟膠矣。作詩者，又多習於唐以後故實、詩話等書，絕不沿流而上。其淺者，亦不信漢魏以至本朝諸家，皆千古上下、領會山川草木風雲變態，而後能卓卓自立也。人生作事，不作則已，作則如斫堅陣，不破不休。常徒業於徒慕虛名者，終其身不濟事。

　　人原有敏鈍之不同，然上智下愚少，中材人多。學問進益，才氣未有不隨之進益者。若只憑才氣，是導人以廢學也。做到登峰造極，便各有至處。且休信人言，老實做將去。

　　傳人之作，未有不經營慘澹而出者。太白之天才，似不關讀書。試想太白真未曾讀書、先能作詩邪？功夫到了純熟田地，亦有天機偶觸、率然而成者，非可數數見也。太白詩如"陶令辭彭澤"一首，是何等錘鍊而成！世人震於工部稱為敏捷千首，斗酒百篇，便謂才氣好便能為詩，豈不誣哉！

　　三十歲以前，皆要立有根基，方能層壘而上。若時文、律賦、試帖詩鬧了半輩，中年方為詩，則用功苦而難成。今與家中子弟約：小時日授古今體詩數語。到作秀才後，每次鄉試，九月初即可回家。屏去高頭講章、八股等書，專用力於詩，其功倍於尋常。至次年元旦日，仍習舊業。久久自能入門。

　　讀書、謀生，不是兩事。彼有憑藉[二]者無論矣。若本來家寒，心地又不能開爽，時刻惟薪水子孫是慮，作詩必不能超脫。百事不關心，枵腹又難從事。東坡在廣東，置錢梁間，日叉取用；如既有一年之費，即可讀一年之書。亦一法也。

　　古體詩要讀得爛熟，如讀墨卷法，方能得其音節氣味於不論平仄中，卻有一自然之平仄。若七古詩，泥定一韻到底，必該三平押脚。工部、昌黎，即有不然處。《聲調譜》等書，可看可不看，不必執死法以繩活詩。惟平韻一韻到底，律句當避，不可不知。

　　七古無不轉韻者，至韓、蘇始多一韻，工部偶有之耳。蓋一韻易失於平，轉韻則多峭折之致，要各隨其才力。若强宗韓、蘇而爲疥駱駝，反不如瘦驊騮之爲愈也。至韻轉而氣行，韻[三]不轉而波湧，才也而有學焉。入手當師高、岑。岑之詩氣盛而筆健，不在李、杜下。工部七古選本，頗盡其精華。餘則啓韓、歐一派，可以緩讀。前人學前人，亦只能得其中等之作，再加以自家心胸學問以變化之。如《哀王孫》等作，雖韓亦不能得其妙。所謂各人有各人獨至處。

　　沈歸愚謂工部秦州以後五言古詩，多頹唐之作。或亦有之；然精意所到，益覺老手可愛。選本中常不經見者，亦當斟酌鈔讀，方有頭緒可尋、門户可入。若但讀其《三吏》、《三别》、《出塞》、《北征》、《詠懷》等篇，急切難以入手。黄山谷善於學秦州以後詩，真能工於避熟就生；歸愚先生非之，非是。

　　大家之詩，佳者儘多，選本如何能盡？所以必得盡發其全，方能胸中有主宰。凡認真作事之人，豈有不讀李、杜、韓、蘇，不見全唐人詩之理？此特爲家中子弟鞭策之耳。其實不但四家。人於初學，當看選本。學業稍有進日，當悉覽古今諸名家之作，參其變化以擷其精華，方能有得。

　　太白歌行，真是不許人學。學之者先得其字面：上有云云、下有云云、"噫吁嚱"等字，則永墮呆相矣！

　　讀書一事，如鑿堅壁，東敲一下，西打一拳，是不中用的。

聰明人先從一個地面起手，一孔能開，則有迎刃解牛之妙。即如時文，果能上下千古、源源本本，他途學問，罔有不通者。本朝如張京江、韓慕廬諸人，皆工於時文，其詩謂非專門則可，總不至於可笑。鄉曲秀才偶爲書札，甚至噴飯，何也？彼於時文，亦模糊而未了了也。我當做時文時，讀古人文多不了了。廿年做詩，偶覽舊業，多能心口了了者。洛山西崩，銅鐘東應，理固如是乎！

眼高手生之說，論未盡確。夫能到眼雪亮，非讀破萬卷、下筆有神者不能。嗜之深則出手快，何手生之有？工夫到純粹去處，斷斷無手生之理。夫俗所謂手生，皆工夫本來未用到，只是有幾句口頭禪；及詩文到眼，終隔一層膜。眼并不高，安怪手生？隨人云云，巧於藏拙。

人到沒人敢說他不是處，則日流於怪僻而不自覺。所以士有諍友也。從小有嚴師，有父兄，自可受教。此病多在中晚年，自以爲老於世故，邃於學問，無人能更置一辭。此而無密友以婉致或明告之，其昏瞀尚可問乎？

心不虛，意不下，斷斷無成。人生才智稍稍上於人者，皆有傲人之心。然遇當服善處，不可不低首自謝也。凡人不肯自道己短，必己無一長者也，作籠統樣子以罔人耳。凡不肯稱人之長，必己先有所短者也，作忌刻心腸以自欺耳。丈夫磊磊落落，斷斷不當如此。即或生性少偏，亦當學宋儒之言，從性偏難克處克將去。

人有數年不見之朋友，一旦把晤，領其議論，與從前不殊，其人必無長進，不必觀所著作。魯肅之驚於呂蒙，即此之故。數年前所讀之書不甚了了，再讀之仍如往日，學問必不長進。自家所作詩文，才用了一番苦心，脫稿後自然得意；久便看出毛病來。亦有彼時用心太過，并不知其可否，經旁人看出，然後覺悟。此中大有消息，是自鏡鏡人之一法也。

自家學問有一分，然後能看人詩文得一分，其權衡毫髮不爽。籠統作獎語、作惡語，究不能指出所以然處，皆皮相摸[四]稜一流人。

　　人之喜好不同。毛西河不喜東坡詩，於東坡無礙，於毛亦無礙。學不必定成於東家子。古人好的儘多，只怕説孔子不好，并柳下惠、伯夷都不愜意。終身何所適從？然於稠人廣座中，顯攻古人，强口飾非，大屬非是。今之狂多，古之狂少，可勝嘆哉！

　　科甲是個招牌門面，不關繫學問，持以傲人最可鄙。期於不愧科甲而已。無科甲人要傲有科甲人，亦是矯枉過正。有麝自然香，不必效市儈粗材，與人挽强引重，較力量大小，當面落不好看。

　　自家學問不好，自家先要知道。有一種人全不知覺，覺自家之牛鬼蛇神真能字字珠玉，其實并此不能。夫牛鬼蛇神，正要有材料。人不能歸於中道，然後傍行側出，以自文其陋。如近人多學鄭板橋之字是也。

　　詩文之有圈點、批語，頗醒人心目，最混人識見。我平生看書，不喜有批點者。迨自家實有不明白處，然後看注釋講解未遲。又當再四審量，參以己見。如此讀一書方能受一書之益。

　　我嘗勸人不要作詩。其人之骨格俗、腸脾穢、性情卑下、舉趾庸劣，學亦不得好。及至導之肯讀書，寢食魂夢以之，骨格雅矣，腸脾潔矣，性情開朗，舉趾俊秀矣。稍不自檢，毀者至矣。學詩者，自然該宗李、杜。二公之脾氣即不平正，李之高力士脱靴，杜之"嚴挺之乃有此兒"，其氣概落落自佳。設不遇明皇、嚴武之愛才，能不得禍乎？程子謁王荆公，荆公之子蓬頭赤腳，手持婦人巾幗，突如其來，口稱"梟富弼、司馬光之頭，則新法行矣"！其没家教、目無父執已甚！程子并不加以呵叱。此有涵養處。馬伏波之待梁松，則不能矣。人生作詩，當學李、杜；作人，當學程、朱。二者又斷難相兼。但能時時留心，其過差少。

南人能詩者多。南人喜標榜、好凌架，歸根真能自樹者，亦寥寥焉。北人能詩者少，有則多謗之。然亦偶有強漢子百折不回，其造就亦必有可觀。北人之出游南方者，震於南人，歸述鄉曲，謂書籍之多、北人一世不曾見過。固也。夫學者不常經見之書或非書之至者，充棟汗牛，留以壯觀可耳，能如張睢陽之一字不遺邪？貪奇好異，徒詫人耳目。詩文之工拙不繫乎此。即如家藏類書一部，每行文查寫堆砌，豈能嚇人？

七律當以工部為宗，附以劉夢得、李義山兩家。杜詩選讀甚難，當看其對句變化不測處。如"春水船如天上坐"，豈料對句為"老年花似霧中看"哉！其妙處不可講說，正要出人意表。若只讀其"信宿漁人還泛泛，清秋燕子故飛飛"，又震此為《秋興八首》句也，便不可與言詩。

讀書，隨人稱佛呼祖，隨人打街罵巷，皆不是好漢。必要設身處地，細細斟酌，不可孟浪。論者多引誅奸諛於既死為口實，然昌黎集中不曾叫罵前人。如袁子才拂水山莊詩："老婢尚能憐沈約，興朝終竟薄楊彪"，言外有多少婉惜，便合風人之旨。可惜又有"官大降名署上頭，君多還要事空王"等句，則有傷雅道。

古文更難於詩，不可輕易捉筆。古人兼工者已少。韓、柳、東坡、介甫輩才力甚大，人不能及。前代歸震川、王遵巖不能詩。本朝壯悔堂詩又當別論。魏叔子、姜宸英，未見其有詩。汪堯峰詩，似不及文。邵子湘文，又不能過於詩。尤西堂文，恃才而怪，不可法。吳梅邨、阮亭、午亭、飴山、竹垞、荔裳以及諸名人，多刻有文集，要非專門。方望溪不為詩。近年閩中朱梅崖亦不工詩。一人之精力、聰明有限，豈能兼工？但不可不解耳。詩中之有序，即古文也。工部詩中小序，其古奧歷落之致，昌黎豈能遠過？其精神命脈不在此耳。

一鄉一曲，皆須有文字。如壽序、墓誌、廟碑等類，必得有一二人稍稍能動得筆者，否則大是棘手。俗人之見，每要檢個舉人、進士去做，其中盡有好手。若實在不能，不妨老實回復，并無不是處；卻又不肯折架子，弄出來大不妥當，豈不可笑？

寫字、作畫、刻圖章三件事，許讀書人不能，不許不讀書人做到好處。何也？有工匠之能、無書卷之氣故耳。陳香泉謂林吉人是鈔書匠，語雖稍刻，未嘗無理。小楷形如算子，古人所忌。蓋字體本有大小之不同，強使之勻，非古法也。惟寫殿試策、奏摺、稟帖，又以圓熟如算子爲妙。讀書作詩文，到有成就後，其神理能通之於書畫。即如果是通人，縱未臨帖，其點畫必無市井氣，可一望而知，如雋三之字是也。獨於下圍棋，不用去讀書，市儈之夫與酒肉僧道，盡有好手。文人亦有酷嗜之者。楸枰相對，時聞落子，有靜中光景，雅於呼梟喝雉耳。

人生寫館閣體字，作墨卷文字、律賦、試帖詩，致身顯要甚多。欲求富貴，必得嗜之，未嘗不可羨，特終身由之爲可笑耳。早得手、早丟開爲妙。若要自家尋苦吃、尋窮受，莫過於作詩。歐公謂"窮而後工"，東坡謂"是窮人之具"，凡此皆論其常。若論其變，高達夫平生遭際極好，本朝如漁洋、午亭，少年登科，官至宰相、尚書。惟是論宰相、尚書，又不必定以詩傳耳。古人如王右軍，經濟、人品，種種可傳，乃以書名掩之，又一不幸也。文章畢竟是小技，若以天子與人爭"空梁落燕泥"句，尤屬沒味。昔元順帝覽徽宗畫稱善，巎巎[五]進曰："徽宗多能，惟一事不能。"帝問一事謂何？對曰："獨不能爲君爾。"又韓魏公言：王荊公爲翰林學士則有餘，處輔弼之地則不足；嘗謂道君皇帝若在民間，通籍爲翰林；荊公只官至翰林，豈不大妙？造化又偏不如此位置人，何哉？

鄉人無識，以爲場中考古學常取超等，其詩必佳。此試帖類也，不可與窗下作古今體詩一例論。

後人論前人，以迹求者多。如稱孟子通於六經而尤深於《詩》、《書》，是見其長引二書[六]，解説深透耳。豈於《易》、《禮》、《春秋》，僅止於通，遂不深邪？於是後人恐後人疑己經學，則六經皆有著述；究其闡發處，必下孟子遠甚；即愛之者，亦不敢以爲多了三經、遂謂賢於孟子。即如論詩，則謂孟襄陽學問下韓退之遠甚。初聆之似亦可信，細想來，韓所見之書，孟豈未曾見過？要是性情不同，不逞博、不好張大，或才氣本不能恢廓，正無妨各行其是、各成其好。韓門張籍、孟郊、皇甫湜輩自是不如韓，亦不似韓。然正以不如、不似，能自成家數。古人雖同時一堂，不相依傍如此。後人摩仿古人，酷肖陶、謝，酷肖韓、柳，自家之真面目性靈在何處？作詩與作墨卷不同，不許單仿人家樣子以求速飛。

李于鱗云："唐無五古詩而有其古詩。"此正不相沿襲處。唐去漢魏已稍遠，隋末纖靡甚矣。倘沿去則日趨日下。曲江諸人振起之功甚偉，不可謂唐無古詩。獨工部出，目短曹、劉，氣靡屈、賈，前無古人，後無來者。予嘗謂讀《北征》詩與荆公《上仁宗書》，唐宋有大文章。後人斂袵低首，推讓不遑，不敢復言文字矣。

此言出，人必謂震其長篇大作耳。不知"齊魯青未了"才五字，《讀孟嘗君傳》才數行，後人越發不能。古人手段，縱則長河落天，收則靈珠在握；神龍九霄，不得以大小論。前論太白七古句，有斷不當學者，工部亦然。如"得不哀痛塵再蒙"，著"鳴呼"二字，又疊一語，是其筆力氣勢行文至此，有不得不然之勢。李空同意在仿古，不嫌履人陳迹。後人以爲空同曾如此矣，我何不可如此？是讀書寡識之過。

作詩先要能下死工夫，如甘茂謂"城不下，當以宜陽之郭爲墓", 示必死也。工部之"語不驚人死不休"可證。當以氣爲主, 電[七]掣雷轟不及掩耳。人稱石曼卿詩如饑鷹乍歸, 迅速不可言。東坡之"筆所未到氣已吞"可證。臨時還須審視巧拙, 然後落筆, 一發則中其要害。昌黎之"盤馬彎弓惜不發"可證。脱稿後又當細細推敲, 隔日再視, 隔數日、隔年餘再視。事過情遷, 閱之尚如冷水澆背, 陡然以驚, 是一團精誠之氣結於紙上, 便永遠不可磨滅。訂全集時, 當虚心與朋友商其去取, 妙能割愛。工部之"晚節漸於詩律細"可證。歷觀古人所云, 此是何等鄭重事, 可輕心掉弄？如只是掠影浮光, 天下何者不可爲, 必要作詩？

在墻上見人所黏詩草, 案上見人所刻硃卷, 論當從寬；蓋[八]能中式、能倡和便好。若是刻了集, 是出以問世, 人便恕不過去。此刊行之不可造次也。然有人吹毛索瘢, 想來尚是有斑之豹皮, 值得去吹索。綿津似不如漁洋, 人能知之, 當時有合刻詩稿。人吹索漁洋, 不吹索綿津, 是綿津死、漁洋不死也。古人謂蓋棺然後論定, 到蓋棺了, 人品學問已定, 一切功名勢位、窮簷陋巷, 皆無分別, 則真評出矣。

從小先讀古體詩, 發筆時當從五律入手。此體爲試帖之源, 且可上開古體、下啓七言。亦有先從歌行入者, 余友雋三是也。若先從七律, 一落俗格油腔, 便不可醫治。少年做不通詩, 容易教得好；中年做俗通詩, 斷斷教不好。何也？濕革之鼓永不響、墮檐之瓦猶有聲也。

古人各體已不能兼工。大約自前代文人始, 以不全爲恨；然總有偏至處。餘能站得住, 即是好手。朱竹垞謂: 看人詩, 若古體太少, 今體太多, 五言少, 七言多, 必非作家。袁子才謂: 古體如雅頌, 今體如國風。亦頗有理。鄙意以爲古體如古文中之有金石碑板文字, 八股中之有理典長題。既[九]要有一大部稿, 缺了一種, 自是不全美。生到今日, 便比不得古人。

五古常有整句，是正格。七古用整句，亦是正格。蘇、黄五古，多不用整句。李、杜歌行，則風雲變態，不可測其出没。能效則效，可量力爲之，不可勉强，亦不可畫地自界。到實在知難而退，人事盡矣，庶乎無憾。

每見鄉曲學生，恪守一師之言，牢不可破，可見"都都平丈我"，確有是理。所以人貴早早釋褐，與海内賢士大夫游，則學問自有長進，俗所謂見世面也。終身布衣，有家學書籍，有明師益友者，又當别論。

淺人多淺視。郊、島兩家詩，初未嘗深究之也。東坡不甚喜東野詩，其天才雄邁，不能如此之吃苦耳。然必能爲東坡之"千山動鱗甲，萬谷酣笙鐘"，方許稍稍雌黄之。後之學東野甚多，卻要説是學杜、韓，撐門面，最是可笑。如王幼華之"峽亂無全天"，非從東野之"楚山争蔽虧，日月無全輝"化出來邪？評者必稱爲學杜。

閬仙五古《精舍》云："耳目乃鄽井，肝肺乃巖峰。"《贈友》云："一日不作詩，心源如廢井。"《寓興》云："今時出古言，在衆翻爲訛。"語語有真氣，有真性靈。人於讀王、孟、韋、柳後，不讀郊、島兩家，猶是缺典。五律尤極瘦峭之能事。然五律終當以杜爲宗，大則"奇兵不在衆，萬馬救中原"、小則"行蟻上枯梨，細麥落輕花"之類，無所不有也。近日高密李十桐增選《唐人主客圖》，亦五律入門正法。但山東學者多爲此本所囿，洋洋大國之風幾乎息響。非十桐之過，學之者之過也。

晚唐劉駕五古詩，極有〔一〇〕風味。如《送人歸嵩少》云："要路在長安，歸山卻爲客。"《酒醒》云："不記折花時，何得花在手。"不僅東坡所稱"馬上續殘夢，馬嘶時復驚"二語。人當讀韓、杜後，偶看此種，以博其趣。如連日食大塊肥肉，忽吃蛤蜊湯一碗也。

有明一代之詩，終當推何、李，其氣魄骨力自在也。李學工部，多有痕迹未化，知其短處則可耳。近人乃有謂明一代無詩，真是何說話？謂本朝之詩不輸於明可也；謂即有過於明亦可也。謂明無詩，則大不可。

楊升庵、徐青藤是豪傑之士。當何、李登詞壇，獨不與之合。詩雖非中聲，然才氣生動可嘉。本朝漁洋登詞壇，陳午亭、趙秋谷、查初白不與之合，亦是豪傑之士。然一代有一代之風氣，雖賢者不能不爲之囿。近來蔣心餘、黃仲則輩出，大變漁洋之風。其實不歸三唐則歸兩宋，含蓄、刻峭之不同耳。"深谷野禽毛羽怪，上方仙子鬢眉纖"，東坡句也。"生才固有山川氣，卜築兼無市井囂"，荆公句也。"汝南去葉才百里，賤子與公皆少年"，山谷句也。心餘、仲則多宗之。久則變，不變則不能推陳出新，勢所不得不然。漁洋之"吴楚青蒼分極浦，江山平遠入新秋"，未嘗不佳，然無人瓣香矣。後此之變，大概跳不出古人範圍，惟能各人自留情性面目耳。夫子所謂雖十世可知也。

七古，高、岑、王、李是一種，李、杜各一種，李長吉一種，張王樂府一種，韓一種，元白又一種。後人幾不能變化矣。東坡雖是學前人，其橫說竪說、喜笑怒罵、跌宕自豪，又自成一種。此下更無變法。山谷、遺山皆好到極處，然不能變前人也。六一、介甫學韓，張文潛、晁無咎輩是學韓、歐、東坡。陸放翁、虞伯生，此體亦佳。楊鐵崖、謝皋羽、張玉笥是學張、王樂府。楊、謝奇闢處尤能上追長吉。若任華、盧仝，則又不當去學。前明當推何、李。本朝此體，人各有能處，無專門名家也。

看人家一部詩，要靜志凝神看一兩週。其人之學問大小，才氣厚薄，并其人交游出處，都能了了，若似與之曾相識者。若只見得十餘首，尚定不準。凡有詩一千首，能得百首心許可傳之作，便是好手。人之一生，該做得多少好詩，亦有數存於其間，非可强求。

　　生前要傳詩，必先得有科分、入詞館，至少做三四品京外官，有門生故舊揚其光輝，便容易得許多。若草茅下士，讓你有本事，先爲人所輕。即如吳蓮洋、吳野人一輩人，幸遇著漁洋、櫟園稱許，不然窮餓而死，詩刻不成，誰能知道？故力能爲死友刻遺稿，其陰功不小。稿能流傳，果是明珠寶玉，有目自能鑒賞。北方詩人少，未必不由不能刻詩之故。

　　作詩，先自家擬題目。或偶有得句足成，再加以題。或是先生所命，或同道中共擬。能做自家題目，不能做人家出的，與能小題不能大題，皆是工夫不到。於可以動得手時候漸漸鍊，至酒酣鬥捷、優伎當前，總可還他一首妥當詩出來，方能出門依人生活。如今日之雋三是也。若不用出門謀生，即爲陳無己之靜臥吟榻，未嘗不可。《鄴下引》"晝携壯士斫堅陣，夜接詞人賦華屋"，非曹公不足以當之。上馬能擊賊，下馬作露布，甚非易事。想到此種人生七尺軀，只解伏案弄筆墨，真昌黎所云"人生但如此，其實亦可憐"也。平居誦陶、韋詩，可以平矜釋躁；讀此種句與唐人邊城塞上之作，可以壯心寄膽。

　　"屋上春鳩鳴，村邊杏花白。持斧伐遠揚，荷鋤覘泉脉。歸燕識故巢，舊人看新曆。臨觴忽不御，惆悵遠行客。"此詩整而不板，舊而實新，學右丞此種爲最。其五律，前人論之甚詳。《終南山》詩結句稍弱，由於前半氣盛。即如太白"犬吠水聲中"一首，何等穠秀，結到不遇道士恰好。但"愁倚兩三松"，畢竟是爲韻所限，不得不爾。詩之不能全美，盛唐已然，何論中晚。但學者不得援此以自解耳。

　　皇甫持正《題浯溪石》云："次山有文章，可惋只在碎。然長於指叙，約潔有餘態。心語適相應，出句多分外。於諸作者間，拔戟成一隊。"意所欲言，筆即隨之，清白如話家常。從陶公入，不從陶出也。余中年極喜此種。

　　義山五律，冥追元索，魂出魄現，神工鬼斧，莫喻其巧。工部後一人而已，當潛心玩味。即於作試帖，亦大有裨益，不僅常時所誦"池光不受月，野氣欲沉山"等句也。馬戴諸人非不佳，然於義山只是附庸。李才江不僅師長江，其得意處全得力於工部。不可不知。

　　溫飛卿七律，如《贈蜀將》、《馬嵬》、《陳琳墓》、《五丈原》、《蘇武廟》諸作，能與義山分駕，永宜楷式。至皮、陸兩家，多工於琢句，可讀可不讀。司空表聖神韻音節勝於皮、陸。方干、羅隱、鄭谷、周樸輩，皆有可觀。至鴛鴦、鸂鶒等名目，皆近場屋一派。又〔一〕當別論。大約晚唐諸人詩，總當以義山爲宗，餘皆從略。

　　詩教甚大，不必定要去學韓偓之香奩體。即偶爲之，似亦不必存稿，等之游戲筆墨可耳。然遣詞終須雅道。偓之句云："撲粉更添香體滑，解衣惟見下裳紅"、"斂粉難勻蜀酒濃，口脂易印吳綾薄"、"坐久暗生惆悵事，背人勻卻淚胭脂"、"爲要好多心轉惑，偏將宜稱問傍人"、"四體著人嬌欲泣，自家揉損砑繚綾"，艷極矣，尚不傷於雅。乾隆年間，閩人黃莘田工於此體，莘田詩贍雅，不僅工此。論閩詩人，當在丁雁水之上。從前見《隨園詩話》載時下人香奩詩，有"吃虛心細善防人"句，是活畫出一個偷漢婦人來，有傷雅道，斷斷不可！

　　貫休詩是三唐好手，不僅冠於諸僧也。《臨高臺》云："涼風吹遠念，使我升高臺。寧知數片雲，不是舊山來。"《古離別》云："離恨如旨酒，古今飲皆醉。只恐長江水，盡是兒女淚。"此種妙思，非太白不能。《戰城南》云："萬里桑乾傍，茫茫古蕃壤。將軍貌憔悴，撫劍悲年長。胡馬尚陵逼，久住亦非強。邯鄲年少輩，個個有伎倆。拖槍半夜去，雪片大如掌。"詩有奇氣，絕不同於貌肖古人。《古意》云："乾坤有清氣，散入詩人脾。"尤是慧根人語。《江邊詞》云："松森森，江渾渾，江邊古祠空閉門。精靈應醉社日酒，白龜咬斷菖蒲根。花殘冷紅宿雨滴，土龍甲濕鬼眼赤。天符早晚下空碧，昨夜前村行霹靂。"《匡山老僧庵》云："筼簹紅實好鳥語，銀髯瘦僧貌如祖。香烟濛濛衣上聚，冥心縹緲入鐵圉。白麞作夢枕藤屨，東峰山媪貢瓜乳。"此種詩上追長吉，下啓鐵崖、皋羽。詩教廣大，正不可删去。此等緣能抱奇氣行於文字之間，不同行尸走肉，所以不可棄擲。五律如"竹鞘畬刀缺，松枝獵〔一二〕箭牢"。《塞上》云："月明風拔帳，磧暗鬼騎狐。""朔雲含凍雨，枯骨放妖光。""大河流敗卒，寒日下蒼烟"。《送僧入山》云："山響僧擔穀，林香豹乳兒。"《題院》云："泉聲掩卧榻，雪片犯爐香。"何物阿秃，乃能如此！

有明五律推謝茂秦、徐迪功。謝厚而微嫌於實，徐清而微嫌其薄。由於學杜而筆氣不靈，學李而才力不雄，不能不犯此小疵。屈翁山後出，能以古體行於律中，然亦有極整鍊處。學者當從整處學去，太散終竟非法。工部於起二語對，下二句始散行，未有四句全不對者。即太白、襄陽，亦偶有之耳。

近時海内名下士，有"作詩要新，作字要舊"之說。我想字要舊，是不寫館閣體之謂；然名士之字，長一片短一片，亦有舊的太可笑者。詩要新，"新"字要認得真切。有從字面新進去者劣，有從意思新出來者優，不可不辨。放翁謂"文章本天成，妙手偶得之。"天成之物象〔一三〕，未有不新者。試看天上風雲，頃刻有新色。

從前偶見前朝人文集，開卷即有擬古詩十九首者。夫此安可擬之哉！試看太白《古風》一卷，有一句一字依傍古人否？學古在神不在迹，譬如優孟裝關帝，焉能真是關帝？說來好笑，可以悟矣。

學問一道，最怕自家不認得自家，李赤公然以爲是太白，宜其死於廁。昌黎云："世無孔子，僕不當在弟子之列。"亦是自家能認得自家處。世之昌黎少，李赤則不少。

胸中時時刻刻要有古人，自家魂夢皆與之接焉。當落筆時，則一意孤行，破空游虛。及至脫稿，不能及古人之半。若先東怯西怕，安心作不濟漢，永無出頭日期。

吾陽城詩人，午亭是天下士，不僅式一鄉一邑。前代之王疏庵、張藐山，非專門難與抗行。後來田退齋工詩，卻未多見。繼之者爲郭冀一、田楚白、張芝庭、王青甫、衛容山、樊梅軒、王魯亭、陳明軒。余曾刻八人詩爲《樊南詩鈔》。再稍後則爲雋三、金門、禮垣與余。後起少年，余曾與之結樊南吟社。多年不歸里，聞諸生忽作忽輟，多不認真。午亭之香，危乎幾息。

海內近人詩，余所及讀者不下百數十種。袁子才新穎，蔣心餘雄健，趙甌北豪放，黃仲則俊逸，當以四家爲冠。餘則各有好處。此事必須如此用工夫：見人家好詩，自家不能，先有愧色，然後發憤去做。與天下人論詩，到了頭，尚恐不能一與之較伯仲。若先夜郎自大，既不得與海內人接交，又不曾見得海內人著作，意謂左近惟我算可以去得的。一自滿，便不能長進。

通才是天下一個美名色，若人人通才，則己之通才不貴矣。持以發狂凌人者，最可恥。況通才，人加之也；若果於自許其通，正是可慮。

樂府不傳久矣，歷朝紛紛聚訟，究亦不知何說近是。李、杜偶爲之，皆以現事借樂府題目，不另立名色，即雜於歌行中最是。若只就題面演說，則了無意味，可以不作。張、王、鐵崖，皆不能近古，成其爲張、王、鐵崖之歌行詩可耳。自尤西堂有《明史百首》，後之作者日衆。

大凡好大喜多，皆是一病。工部有一百韻長律，元、白亦有之。後人讀之已少。竹垞亦有《風懷二百韻》、《鴛湖櫂歌》一百首。近人亦多有作絕句百篇、長律一二百韻者，出以詫人。其實工少拙多，又好學宋人疊韻不休，皆不關繫人之能詩不能詩。余四十歲以後，方能有疊韻詩，偶爲之，非所好也。疊韻詩有極難押之韻，苦思幽索，忽能押得，倒亦自可喜，不必以此矜長耳。亦有作慣用韻詩，反不能自成一首，更不成事。

凡款接文人，不必先與之談學問。我所知之一二事，不必彼亦即知。即尋常典故，亦許偶然遺漏。此未足以定人。座中有生客，或非同道之人，及工力不能悉敵者，不可高興聯句，落不下臺，令人難堪，且恐惹禍。

世人貴耳賤目，原不足怪。張率之詩一假沈約，則字字珠玉。可見俗人何時無之。我平生不曾妄謁一人，即是此意。片言之浮獎，一茶之款待，我有何益？且所謁之人，貴人也，聲中隆赫之人也，未必能常貯我之姓名於胸中。我且誇耀於人，設聞者反而叩之，彼且茫然不省，豈不傳爲笑柄？戒之戒之！

聽人說話，便能知人學問，市井無論矣。有一種讀書人，於閒談時説某縣官坐堂，有一寡婦來送兒子忤逆，必要打死。官説：「你子母一場，可去先買一口棺材來。」使人偵之，代市者是個和尚。於是喚和尚來：「你是個行好人，可替這婦人的兒子吃打」。如在萊陽，則說是即墨事；在陽城，則說是長治縣事。意篤而色莊。若座中有識者，告以當初一日，總有這們一樁事，搬來搬去，張冠李戴，不是現今有的事，則必大拂其意。此人必不會做文字，必是不通鬼。

少年子弟，有一種恬不知恥，逢人獻其詩文，疥人墻壁，高談闊論，自負爲名下士。即是稍稍能讀數行書，其外面如此輕肆，亦斷斷使不得。況舉趾高、心必不固邪？又有一種子弟，藏於甕牖下，師不高，弟子拙。見了人來，如鄉村新婦，差縮不自安。

索其詩文，項赤面紫，堅不肯出，亦是沒出息。惟隱窺之[一四]神藏氣静，招之則詞安語和；視其所業，如雛鳥學飛，雖未能健舉，而有一種神鷹俊鶻之勢，似不可羈勒。偉器也，不可旦暮遇。

　　學問最忌生刻，非同道契合不可談。有一種天生忌刻之人，你即不談，他還要尋將來，憑空譏誚一兩句，況自家毫無瞻顧邪？做官的到家說官場，有科分的說同年座師，做生意的津津講買賣，最討人嫌。若是有人問起，也不過略爲酬答則可，不必自家先發凡起例。倒是種莊稼人課晴說雨，卻是可聽。

　　人不可不避嫌疑，不只閨門也。即如咱是個窮人，見人家平兌銀錢，即當遠遠走開。亡璧打張儀，即一證也。太多心固不必；太不懂眼，亦斷斷使不得。

　　從小密友，即偶有參差，可以復契；中年以後新交，一決裂則不可救。真氣、客氣之不同耳。老於世故者久，久則骨肉皆有客氣，可嘆也。我平生無不可對人說的話，口快心直，往往見罪於人。我的詩雖不能佳，卻有真氣，此帥真性情也。有吃虧處即有討便宜處。

　　古歌謠七古之源，其中多不可解處。諸解亦難盡信。我讀書從來疏節闊目，不能穿鑿。要惟熟其音節、用韻、神味可耳，何必强解。即如《木蘭詩》，賞其佳焉可也，何用考證是某人作，究實誰見其人秉筆？近來考據家太多，曠日持久，考出一條來，如獲至寶；隔不多時，見一種書，人家已有了。白費工夫。

　　從小偷寫人家詩文，或請捉刀人，哄同窗師傅父兄，雖然不可，尚是無礙。後來好好用工，到有學力、有知識時，自然曉得改過。二十歲以後再幹這個營生，便是無恥。又有子弟赴場，父兄爲之打關節。一則有身家性命之憂，縱得亦不足榮；二則引著子弟作奸犯科，安能教他成人？我有極通脫處，有極介介不可犯處。介自佳，通脫亦多不足爲法。

不以人廢言，有言者不必有德。常見有假讀書人，不曾究得史書原委，耳食數語，便評論前人出處，鄙其詩文，此非真能疾惡也。疾惡者疾其惡，其人有善，仍不可没也。況且論人只論人，論著作只論著作。文人無行，不必多責。且自家先當克己，那有工夫詆古人。此與好談人家閨門隱事，同是一病。家中子弟休厭我之灌灌不休也。

蘇子美之"濤面白烟昏落月，嶺頭殘燒混疏星。遠嶺抱淮隨曲折，亂雲行野乍晴陰"，王元之之"風疏遠磬秋開講，水響寒車夜救田"，皆從夢得、義山兩家入手，方有此深造獨得之能。至張乖崖之"官舍四邊多種竹，湖溝一面近生蘆。病嫌見客低徊甚，老覺臨官氣味粗"，梅宛陵之"夾道名園迷屈曲，壓枝秋實亂青紅"，則純乎宋人矣。孔常父在北宋時，亦是好手，其歌行體，張文潛不能過也。七律如"冷風有意生空闊，密雪無聲下廣寒。一江見底自秋色，千里無風正夕陽"，亦疏朗可誦。

王介甫詩，昔人謂如鄧艾用兵，專以奇險爲功。確論也。古體學杜、韓而不襲，殊勝六一。今體亦能我行我法，依傍一空。余另有讀本，真卓然大家也。

詩以有真氣爲主。曾記得張文潛《雜詩》句云："興哀東坡公，將掩郟山墓。不能往一慟，名議真有負。可能金玉骨，亦逐黃壤腐。但恐已神仙，裂石終飛去。"又云："我不知暑退，但覺衣汗乾。頗怪庭中天，湛然青以寬。"不襲唐人聲調，不落宋人習氣，居然好手，不可多得。

南渡後，以劍南爲大家。集中如《玉局觀拜東坡畫像》，可謂傾倒之至。昌黎極力推尊李、杜，放翁極力推尊東坡，俗所謂豪傑能認得豪傑也。後人如錢牧齋，偏要攻擊何、李；現今詞人偏要攻擊漁洋，是不及古人處。雖何、李、漁洋不得與李、杜、東坡比，不相師可也，何必詆之哉！

少讀《說詩晬語》，謂楊誠齋詩如披沙揀金，幾於無金可揀。以是從不閱看。四十歲後，方稍稍讀之。其機穎清妙，性靈微至，真有過人處，未可一筆抹殺。今摘句於左：《明發陳公徑過摩舍那灘石峰下》第一首句云："遥松烟未消，近竹露猶滴。石峰矜孤銳，喜以江自隔。清潭涵曦紫，碧岫過雲白。回瞻宿處堤，路轉不可覓。"云云。第二首云："昨宵望石峰，相去無一尺。今日行終朝，祇繞石峰側。石峰何曾遠，江路自不直。"云云。第三首云："澄潭涌晴暈，不風自成花。回流如倦客，出門復還家。江晴已數日，新漲没舊沙。知是前溪雨，濕雲尚橫斜。"云云。《碧落堂晚望荷山》云："荷山非不高，城裏自不見。一登碧落堂，山色正對面。"又云："指揮出伏兵，萬騎橫隔岸。後乘來未已，前驅瞻已遠。"此皆無忝於古作者。袁子才單學其"屋角忽生明，山月到庭户。似憐幽獨人，深夜約清晤。我吟月解聽，月轉我亦步"等句，靈機獨引，未嘗不佳；其弊恐流於淺滑，不可不知也。誠齋七古如《太平寺徐友畫清濟黃河》云："波浪盡處忽掀怒，攪動一河秋色暮。分明是水才是畫，老眼向來元自誤。佛廬化作金柁樓，銀山雪堆風打頭。此身漂然在中流，奪得太乙蓮葉舟。"《東山》云："天風忽吹白雲拆，翡翠屏開倚南極。正緣一雨染山色，未必雨前如此碧。"《南海廟》云："青山缺處如玉玦，潮頭飛來打雙闕。晴天無雲濺碎雪，天下都無此奇絕。"《題東文嶺瀑泉》句云："石如鐵色黑，壁立鏡面平。水汎鏡面一飛下，靳笛纖箏風漪生。石知水力倦，半壁鍾作玉一泓。水行到此欲小憩，後水忽至前水驚。分清裂白兩派出，跳珠躍雪雙龍争。不知落處深幾許，但聞井底碎玉聲。"云云。如此歌行，刻意生新，非才情絕大者不能。世人輕之者，但舉其《夜雨》句云"夢中搔首起來聽，聽來聽去到天明"，何直一哂。

宋釋惠洪詩，方於貫休。古體氣質稍粗，今體七律殊佳，在宋僧中亦好手也。古體《春去歌》云："吳蠶睡起未成繭，肺腸已作金絲光。"大類太白七律。如"盤空路作驚蛇去，落日人如凍蟻行"；"永與世遺他日志，尚[一五]嫌山淺暮年心"；"斂目舊游真可數，蓋棺前事尚難知"；"不知門外山花發，但覺君來笑語香"；"顧紹神情掃秋晚，瘦權詩句挾風霜"；"山好已無歸國夢，老閑猶有讀書心"；"一軒秋色侵衣重，半夜波聲拍枕來"；"枕中柔櫓驚鄉夢，門外秦淮漲夜潮。"真能於蘇、黃外又作一種筆墨，讀之令人神清骨爽。

李西涯《畫鷹》詩云："人間狐[一六]兔自有地，慎勿反擊傷鵷鴻。"史稱其能保全善類，於此可見。

李空同歌行，病在貌杜；然其氣魄自大，才力猛鷙，非人所能及。如《送劉公歸東山草堂》句云："九重移榻數召見，夾城日高未下殿。英謀密語人不知，左右微聞至尊羨。"又："上書苦死只欲歸，聖旨優容意悽惻。内府盤螭縷金織，賜出傾朝皆動色。白金之錠紅票記，寶鈔生硬鴉翎黑。"此種又何嘗不是學杜？卻各人有各人真氣，與白畫現形不同。

何仲默歌行，頗工修飾，如《津市打魚》、《胡人獵圖》等篇，皆不失古人家數。五律《昭烈廟》云："中原無社稷，亂世有君臣。"亦卓然有識。邊貢句云："山城稀見菊，關樹不開雲。"張佳孕句云："楚雲高不落，巴水去無聲。"雖謹守唐人法度，卻自家別有骨格神韻。至謝茂秦之"夜火分千樹，春星落萬家"，則病其太肖唐人矣。

李長吉歌行，如"二十八宿羅心胸，元精耿耿貫當中。殿前作賦聲摩空，筆補造化天無功"四語，雖工部、昌黎警句，不過如是；出諸少小人手，豈非奇才！《湘妃》云："蠻娘吟弄滿寒空，九山靜綠淚花紅。"《浩歌》云："青毛驄馬參差錢，嬌春楊柳含細烟。"真如出太白手。若只學其"提攜玉龍為君死"、"筠竹千年老不死"、"元氣茫茫收不得"、"練帶平鋪吹不起"等句，則永墮習氣矣。

楊鐵崖詩，讀之能開人聰明，長人神智。長吉後不可無此以繼之也。如《鴻門會》、《媧皇補天謠》、《龍王嫁女詞》等作，直追長吉而無愧色。余尤愛讀其《殺虎行》一首，大有短兵相接之勢，奇險非常，尤足發人才思。詩云："夫從軍，妾從主。夢魂猶痛刀箭瘢，況乃全軀飼豺虎。拔刀誓天天爲怒，眼中於菟小於鼠。血號虎鬼冤魂語，精光夜貫新阡土。可憐三世不復仇，泰山之婦何足數。"

《晉兩徵君詩鈔》，於傅青主五律誤收工部《秦州雜詩》一首，殊不成事，何怪海內人之笑話山西人也。青主詩奇闢精奧，與其嗣壽髦詩，皆孤行傳世，本不當與蓮洋合刻也。《游樂平石馬寺》云："愛石即欲死，礔砢而扶疏。天華蒸太始，古菊千葉敷。采采日月菁，饑餐渴亦荼。心肝藉貞氣，物外保廉隅。何處雲根罅，不堪埋老夫。"又"斑璘石上華，青綠硃沙塗。沉吟計年代，豈非天地初？何有於商周，屑屑誇尊壺。文章落言句，真彩日受污。偃仰玩自然，寶色當其無。丘蓋焚筆硯，經緯省拮据。雕龍競藻繢，轉眼亦土苴。雲霞幻鸞鳳，神仙誰規圖。"題是游石馬寺，眼中意中卻別有領會，尋常詩人伎倆都不用著。先生五古詩，不能名其學那一家，即當一種子書讀可也。集中有學東坡一種，老筆紛披，絕似坡公老年海外文字。《題自畫老柏》云："老心無所住，丹青莽蕭瑟。不知石苟木，不知木挐石。石頑木不才，冷勁兩相得。飛泉不訾相，憑凌故衝激。礔砢五色濺，輪菌一蛟蟄。寒光競澎渤，轉更見氣力。擲筆蕩空胸，怒者不可覓。笑觀身外身，消遣又幾日。"《石城讀書》云："讀書何故爾，莫測淚從來。吟者見真性，會家能不哀。酸甘黑白傍味色，眼睛齒舌皆奴才。"筆墨奇橫而卻無粗獷之氣，故佳。

五律以古體行其疏蕩之氣，學太白、襄陽一派，唐以後尚不乏人。如徐禎卿"吾憐范巨卿，悃愊不邀名。作吏竹林下，清風訟獄平"之類。若以古體行其奇鬱之氣，工部後竟難其人。以吾所見，獨霜紅龕猶能爲之。此非關讀書，全是一種神力，所以眼空四海，寥寥無人。《溝外》云："溝外一團白，花將月共明。小窗難得夢，春鳥已先鳴。岸柳牽情遠，山烟著體輕。酒尊殊不厭，翻覺友朋生。"《病征》云："青外響孤鵠，綠中哀亂蟬。秋心滿天地，病客淡山川。開眼見村店，支頤問水泉。若能來野化，真足〔一七〕飽烏鳶。"《太行》云："紫盤天井上，青幕太行郛。風雨詩何壯，岡巒氣不奴。爭韓來破趙，報楚去趨吳。臨老河山眼，蒼茫得酒壺。"《江月》云："可惜此江月，教吾今乃看。同舟無語得，獨坐有情難。賈客眠牆穩，荒雞覺夜闌。菰蘆人不見，寂寂好長干。"《春興》云："睡足徐徐覺，日高總未知。老人伏枕看，花影上簾遲。飯後道心在，溪前春水期。安排入柳路，花鳥不生疑。"先生《論詩》一則云："詩無才則不高，不博則不典。無氣則不厚，無力則不雄。不藻彩則不艷，不老則不淡，不淡則不遠。無性則不真，無情則不風流。無理則俗，重理則腐。無格則野，變化則神。神非內、非外、非離、非合。"余謂"變化則神"云云，非深人不能言，亦不知也。《古意》二首云："乾坤既有郎，不可郎無妾。請郎腰下劍，看妾頭上血。郎有萬里行，不得隨郎去。郎若封侯歸，一盞酹妾墓。"此種詩，奇傑之氣涌出毫端。海內詩人如恒河沙數，此又何只如楊汝士，僅僅壓倒元、白。

壽髦詩，奇氣稍遜於乃翁，而幽折深靜之致，則能與之并。世謂文字不代興者，非也。《日曛黃時到崛嶼上頭憑閣闌》云："神理喜幽困，不語憑崖閣。因緣靜始離，形精勞亦合。真信隱隱來，黃葉自然落。反照摘金錦，一概被岑壑。岩花界烟道，石縫抽雲絡。隅限多風颸，起滅在林薄。"境能獨領，語能深造，不學古而自能與古合。《丹崖無論朝夕》雜詩云："妙知不可預，安排多失期。柳堤常亦到，未必如此時。不知所以靜，和之以天倪。高雲不罣眼，慢慢冒柳枝。孤鳧一雙起，誰或使之飛。"又云："天地暖欲雪，空林雀飛鳴。晝雪天地晦，夜雪天地明。有薪可以爨，有米可以蒸。不飢復不寒，且不勞我營。"又云："夜柏團幽黑，丹崖淡月明。雪靜樹影動，寒空搖小星。一縷曳河霧，暗鴻聞遠聲。薄酒既新熟，閉門舉青燈。遠鐘隱隱來，無往耳不盈。"又云："不能斷接搆，早起誦我經。戶牖夜閉塞，始受天地清。一徑取高場，寂歷耳目靈。林巒朝氣紫，寒蕪朝氣青。青紫冥寞間，日動一河明。"又云："物化不必窮，偶始坐空林。一心捐河水，乃得其常心。中往既造適，外來不入陰。收散各有得，闇會兩不尋。"又云："無可奈何事，強付之不聞。行吟橋梁上，峽口生夜雲。日入萬物息，中軫歇紛紜。無始亦不遠，因愛生逡巡。貪痴差可離，不能斷其嗔。聞道遂自忍，吾不如靈均。所際若有冀，云何強其身。"題爲《丹崖無論朝夕》，是無題可尋，枯坐冥搜，日朝月夕，不覺連篇而下。其精思妙意如獨蛹抽絲、孤蟬吸露，遂成天地至文。近人作詩，不肯如此用心，只道沒人唱和，沒有題目，或又謂"詩中沒有大題目"。皆時人口頭語，不足信也。

鳳臺乾隆年間工詩者爲苗季黃、范春山、胥燕亭，余皆未及見。稍後爲李牧坪、范耳黃，與余友善。范《僧樓雪中客至》云："磴滑忘躋攀，山樓容偃蹇。客到認衣痕，始知雪深淺。入室就磚鑪，頓令寒意減。我坐粟生膚，況子溪路遠。次第帽裙脫，瑟縮書帷卷。薄飲取微醉，憑欄閒指點。可惜人踪稀，多爲松葉掩。"《賓至》云："貧居畏賓客，削迹宜荒村。如何叩門者，遠道來相存。自出布塵席，呼弟潊酒尊。草草失禮數，恰恰通寒暄。鄰女佐弱婦，過午營一飱。客亦憫我拙，粗糲非可論。語畢卻辭去，巷暗烟火昏。我閑婦亦憊，慚顧終何言。"今二人皆化去。所餘詩稿，未知其家人能收藏否？爲之悵然。牧坪詩我無留稿，耳黃此二首，偶於舊書中檢得，故錄之。

閻百詩《送周道士》長歌中有句云："人言河塞田可耕，田耕焉用金滿籯。我笑此若蒼蠅聲，世間孰若黃金精。朝結壯士任縱橫，夜吟華屋羅羣英。即如仰眠目上瞠，著書欲求後世名，亦須飽飯腸充盈。孟郊吃飽僻思生，韓愈牽率筆不停。"云云。用筆奇崛恣肆，持以接武遺山，寧有愧色？余嘗謂讀書人原不該去求富，然無以養生，書亦難讀。讀"孟郊吃飽"二語，爲之憮然。

作詩，題目大小雅俗、詩之長篇短句，一不能用意，則可以不作。如徐青藤《題抱琵琶美人》，此等題最難討好。句云："行到花陰忽回首，去年此日嫁明妃。"又《丁辛老屋半閑堂》云："秋蟲若解襄樊厄，也直湖山養相公。"黃莘田《瓶花》云："膽瓶便算黃金屋，一晌春風貯阿嬌。"皆有意致。若以爲小詩，初不經意，出筆一率，味同嚼蠟。志此以例其餘。

蔣師退知讓，心餘先生嗣官唐縣令，與雋三交好。《阜城祈雨》云："浮辯侈荒政，往往揚嘉襃。天聽自古卑，人幸止蟄黴。"《官卑》云："法重情逾僞，官卑志不行。古人多禮意，循吏盡經生。"《病中》云："氣傷詞自寡，賓雜耳宜聾。"此是今日作令中之佼佼錚錚者，不徒詩有法紀。余曾致信索其《妙吉祥行窩詩稿》，書未復，而師退旋即病故。

詩有令人讀一過即不能卻置者。劉後村《客中作》云："漂泊何須遠，離鄉即旅人。吹薪嘗海品，書刺謁田鄰。家寄寒衣少，山來曉夢頻。小兒仍病瘧，詩句竟無神。"結用工部事，何等蘊藉有味。七律佳句如《老嘆》云："無藥能留炎帝在，有人曾哭老聃來。"《耕仕》云："貧求生墓爲謀早，病學還丹見事遲。"皆可諷誦。學詩一事，全要見得多，眼界方大；守一師言，挾一束書，終是三家村秀才。

放翁云："我不如誠齋，此論天下同。"兩人詩妙是全不相似，不必不如楊也。古人虛心下氣，每每如此。如我之詩不如雋三，卻是真話。然其好處，正在絕不相似。不然如王介三、李松溪歌行，力追雋三；須知追到相似處、又能造到不相似處，則介三、松溪爲雋三敵國矣！弟子不必不如師，兩生其知所勉之哉！

　　人當讀李、杜詩後，忽得昌黎《石鼓》等詩讀之，如游深山大澤、奔雷急電後，忽入萬間廣廈，商彝周鼎羅列左右。稍稍憩息於其中，覺耳目心思又別作寬廣名貴之狀，迥非人世所有，大快人意！

　　余向日有《讀太白歌行》詩數首，與各家選本稍別，每以己意妄著評語。鄙意以爲學太白必當從此種入手，詩有本集可按。今錄評語於後，即有未當，尚可隨時改正也。《醉後贈從甥高鎭》："江東風光不借人，枉殺落花空自春"二句，不問能知爲太白之詩，通體俱從醉後著筆，而豪俊英爽之氣軒軒人世，須玩其跌宕承轉處，幾無筆墨痕迹可尋，此化境也。

　　《江夏贈韋南陵冰》，是初從夜郎放歸，忽與故人相遇，一路酸辛淒楚，閑閑著筆。末幅"頭陀雲月多僧氣，山水何曾稱人意"二句，忽然擲筆空際，此下以必不可行之事，攄必當放浪之懷，氣吞雲夢，筆掃虹霓。中材人讀之，亦能漸發聰明，增其豪俊之氣。

　　《憶舊游寄譙郡元參軍》詩，以董糟丘陪起，入題先用"回山轉海不作難"二句一頓，方能引起下文如許熱鬧。"一溪初入千花明"云云，東坡每能效此種句。前段入漢東太守，主中之賓也。插入紫陽真人，又賓中之賓也。又復折回漢東太守手持錦袍云云，不特氣力橫絕，而用筆回環，亦極奇幻不測。"當筵意氣"五句，用單句作過脉，有峰回嶺斷之妙。"君家嚴君"云云，又起一波，引起下半首，便不更添一人，只以美人歌曲略作點綴，與前面文字虚實相生，恰好。末路回映渭橋，章法〔一八〕完密。一首長歌，以驚艷絕世之筆，寫舊游朋從之歡，乍讀去令人目炫心搖，不知從何處得來。細心繹之，中之離離合合，一絲不亂。

《夢游天姥〔一九〕吟留別》詩，奇離惝恍，似無門徑可尋。細玩之，起首入夢不突，後幅出夢不竭，極恣肆幻化之中，又極經營慘淡之苦。若只貌其格句字面，則失之遠矣。一起淡淡引入，至"我欲因之夢吳越"句，乘勢則入，使筆如風，所謂"緩則按轡徐行，急則短兵相接"也。"湖月照我影"八句，他人捉筆，可云已盡能事矣，豈料後邊尚〔二〇〕有許多之奇奇怪怪。"千巖萬轉"二句，用仄韻一束，以下至"仙之人兮"句，轉韻不轉氣，全以筆力驅駕，遂成鞭山倒海之能。讀去似未曾轉韻者，有真氣行乎其間也。此妙可心悟，不可言喻。出夢時用"魂悸而魄動"四句，似亦可以收煞得住。試想，若不再足"世間行樂"二句，非但喝題不醒，抑亦尚欠圓滿。"且放白鹿"二句，一縱一收，用筆靈妙不測。後來惟東坡解此法，他人多昧昧耳。讀古人詩，無論前人是作何解，我定細細去體會一番。自家落筆久久，庶有投之所向、無不如意之妙。

《魯郡堯祠送竇明府薄華還西京》詩，全用一拓一頓之筆，如神龍夭矯九天，屈強奇攫。近日黃仲則差能彷彿其用筆，遂得雄視一代，辟易萬夫。學者於嘉州、工部後，再熟此種，便可悟縱橫跌宕之妙。"廟中往往來擊鼓"，此等接落，真出人意表。"堯本無心爾何苦"，意極正當而筆極恣橫。"深沉百丈洞海底"二句，力爲排奡。"昨夜秋聲閶闔來"云云，忽然又起一波，令人已不可測。"我歌白雲倚窗牖"云云，忽又作一頓折之筆，奇橫至此爲極。"高陽小飲"四句，本作一氣讀，偏於下二句連再下二句，另爲一韻，順帶一筆，挽回堯祠。有千鈞力量，結亦遒勁。

《單父東樓秋夜送族弟沈之秦時凝在席》一首，"孤飛一雁秦雲秋"，句峭而逸。"絲桐感人弦亦絕"云云，突接硬轉。學古人全要在此等處留心，方能筋絡靈動。下用短句間夾長句，一路接去，其音淒愴，其筆俊逸。此太白獨異於諸家處也。

《酬中都吏携斗酒雙魚於旅店見贈》詩，賞其雋逸。宋明人爲之，未嘗不佳，便少此逸氣。

《答杜秀才五松見贈》詩，兩人出處，正爾相同，故情真而言暢，洋洋灑灑，讀之永無轅駒之誚。

《下途歸石門舊居》云云，篇中多用整句。太白詩未可多得，最宜師法。"將欲辭君挂帆去"二語，是太白本色。"俯仰人間易雕朽"，亦突接硬轉法也。"我離雖則歲物改"四句，當玩其轉筆之捷，真能如風掃籜。再接"石門流水舊桃花"四句，益覺得氣味濃厚，文境寬綽有餘。將到結尾，又用"何必常從七貴游"二語一束，可云到底不懈。選本不登此種，美不勝收也。從此問津，覺武陵仙源尚在人世。天地生一傳人，從小即心地活潑，理解神透。如東坡《入峽》詩："聞道黃精草，叢生綠玉篸。盡應充飲食，不見有彭聃。"《八陣磧》云："神兵非學到，自古不留訣。至人已心悟，後世徒妄説。"《雙鳧觀》云："雙鳧偶爲戲，聊以驚世頑。不然神仙迹，羅網安能攀。"以年譜按之，公作此詩時不過二十歲。若鈍根人，有老死悟心不生者，難以語此。

作詩不必有出典，而形容能盡極妍態，令人一讀一驚喜。東坡《浴罷》句云："老鷄卧糞土，振羽瞑雙目。倦馬輾風沙，奮鬛一噴玉。"此等生造，能與昌黎之"赤龍拔鬚血淋漓"，各有虛實不同之妙。

選古人五七古詩若干首，讀萬遍或數萬遍，熟其音節氣味，心解神悟，久久覺得撐腸漲腹，有無數之奇奇怪怪，不可名狀。再加一二年醞釀工夫。所謂醞釀者，寐〔二一〕食魂夢若或遇之，我之形神與古人之氣脈息息相關，又覺得前所謂撐腸漲腹者化而爲浩浩然、汩汩然，作挾沙走石之勢，不可控制。此當落筆候也。

元遺山《宣和雲峽石》云："薰蒸似欲出泉脉，瑩滑定應凝石髓。剝裂雯華漬秋月，辛苦詩仙費摹擬。車箱箭筈連西東，仇池百穴窗玲瓏。飛墮不嫌雲鷟小，奇探已覺太湖空。"又"膏血網船枯九州，亡國愁顏爲誰洗。"此種精鍊，實爲集中上乘。學遺山正當如此著力。若"舉頭西望忽大笑，太華落落長庚高"，以及"半空擲下金芙蓉"等句，仿去便覺省力容易，然後人已用之爛熟矣。學者作詩，先讀李、杜、韓、蘇，若自家才氣實在平弱，未必不知難而退。試取遺山之學前人者讀之，當有彼丈夫之想。鼓氣而前，終當有濟。

我小時作詩無師授，種種工夫，皆是從漆黑處摸弄出來，吃苦不小。家中子弟，如今有人指示，自然省力；然切莫視爲容易事。若以爲明明白白，先有人都與我擺在眼前，只用讀去，不肯細意研究；不知如此種講究，是一人所得，他人視之，仍如紙上談兵一樣。自家不造入一境，終不能曉得一境之妙也。

手編一書，自不容易，而能讀之者更難其人。如溫公《通鑑》，在當時惟王勝之借讀一過。他人讀，未盡一紙，即欠伸思睡矣，況其下者乎？今之人動刻著作，望一王勝之於千百年後，豈不難哉！

宋儒金履祥謂門人許謙曰："士之爲學，如五味之在和，醯鹽既加，則酸鹹頓變。子來三日矣，而猶夫人也"云云，此即三日拭目之意。今學生在書房讀書，有成年不見長進；稍稍敦促之，咸謂我爲性燥。然則古人之說，又何謂也？即才氣不佳，果肯埋頭苦讀，亦斷無一年不長進之理。其知所勉哉！

作僞，心勞日拙，一點不錯。即如王莽爲新都侯時，嘗私買侍婢。昆弟或頗聞之，因曰："後將軍朱子元無子，聞此兒種宜子。"即日以婢奉朱博。其匿情以博時譽如此。當日名士如戴崇、金涉、陳湯輩，皆受其籠罩，何況餘子！王荊公之"王莽謙恭下士時"〔二二〕一詩，卻有見解。惜莽之死不早耳。作僞何益之有！

人多謂能文章者不死，何也？人於生前能以精誠之氣爲文字，則心爲精誠之所結聚，必不同尋常之人。身死魂魄俱盡，必爲靈鬼，上升天界。世人妄希仙佛，豈知此與仙佛無二。不必論李、杜、韓、蘇，其精誠不散；石延年尤爲人所共知。即如郊、島輩，詩既長留人世，其精氣必生天上。較生前持齋號佛、打座運氣，似覺駕輕就熟，省力許多。此論亦未甚穿鑿，更與有識者共參焉。

昌黎《謁衡岳廟》詩，讀去覺其宏肆中有肅穆之氣，細看去卻是文從字順，未嘗矜奇好怪。如近人論詩，所謂説實話是也。後人遇此種大題目，便以艱澀堆砌爲能，去古日遠矣。"侯王將相"二句，啓後來東坡一種。蘇出於韓，此類是也。然蘇較韓更覺濃秀凌跨。此之謂善於學古，不似後人依樣葫蘆。

《贈崔立之》一首，工於展拓，妙於收束。其鋪叙處用轉折以取勢，轉折處用警句以整頓，遂不嫌拖沓，無懈可擊。至全用仄韻到底，工部已有之。盛於作者，極於東坡，歌行之能事備矣！鄙意以爲作仄韻頗易於見長。學者當先從轉韻入手，再作平韻，終作仄韻，功夫方有層次。

文人荒誕好怪，自是一病。如《赤藤杖歌》，其奇創處要能言之有物。劉叉、盧仝、李賀、任華輩，往往怪而不中理，是無物也，所以不及昌黎。"共傳滇〔二三〕神出水獻"四句，已好到極處，後又著"浮光照手"句，猶以爲未足，更以"空堂晝眠"二語以束之。筆力奇傑，直可橫塞九州，鼎足李、杜，非公而誰？

《鄭羣贈簟》一首，遇此等題，無可著議論，又作平韻到底，如何撐突得起？看其前面用"携來當晝"云云，故作掀騰之筆以鼓蕩之，便不平板。末幅"側身甘寢"云云，作突過一層語以收束之。昌黎極矜心之作。前人有誚作者是以文爲詩，殊不知詩文原無二理，文如米蒸爲飯，詩則米釀爲酒耳。如此突過一層法，即文法也。施之於詩，有何不可？"唐人知有前期在"一首，亦是此法。

《華山女》一首，用微言以諷之，與《諫佛骨》用直筆不同。詩文各有體裁耳。"洗妝拭面著冠帔，白咽紅頰長眉青"，如見女道士風流裝束。"觀門不許人開扃"，先作一折筆，見有如許做作。至"觀中人滿坐觀外，後至無地無由聽"，便好笑人也。末四句"雲窗霧閣"云云，隱語也，不必求甚解而穿鑿之。

昌黎五古，語語生造，字字奇傑，最能醫庸熟之病。如《薦士》、《調張籍》等篇，皆宜熟讀，以壯其膽識，寄其豪氣。"橫空盤硬語"云云，此公自壯其詩耳。"杳然粹而清，可以鎮浮躁"，卻到東野分際。《調張籍》，開口便是"李杜文章在"，緣心中意中傾倒已久，不覺衝口而出。通首極光怪奇〔二四〕離之能，氣橫筆銳，無堅不破。末於張籍只用一筆帶過，更不須多贅。至《贈張秘書》，"險語破鬼膽"云云，亦非公不能當此語。《送無本》云："狂詞肆猋葩，低昂見舒慘。奸窮怪變得，往往造平澹。"此詩文歸宿之要旨也。不然狂肆不已，卒入鬼道。

嘗論東坡七律，故是學問大，然終是天才，迥不猶人，所以變化開合，神出鬼沒，若行乎其所無事。如《和晁同年九日見寄》後半首云："古來重九皆如此，別後西湖付與誰？遣子窮愁天有意，吳中山水要清詩。"又有一意翻爲一聯，用筆用氣直貫至尾，魄力雄健者。《送傅倅》云："兩見黃花掃落英，南山山寺遍題名。宗成不獨依岑范，魯衛終當似弟兄。去歲雲濤浮汴泗，與君泥土滿衣纓。如今別酒休辭醉，試聽雙洪落後聲。"又《雪夜獨宿柏山庵》云："晚雨纖纖變玉霙，小庵高卧有餘清。夢驚忽有穿窗片，夜静惟聞瀉竹聲。稍厭冬溫聊得健，未濡秋旱若爲耕。天公用意真難會，又作春風爛熳晴。"純以質勁之氣作閃爍之筆，遂能於尋常蹊徑中，得此出没變化之妙。王荆公《詠雪》一首云："奔走風雲四面來，坐看山壟玉崔嵬。平治險穢非無德，潤澤枯焦是有才。勢合便疑包地盡，功成終欲放春回。寒鄉不念豐年瑞，只憶青天萬里開。"則又是一種筆墨，從艱險中入去，卻從明顯處出來。學者知此，可參其變。

人生讀書，於科名一條，得固佳，不得亦不足憾。惟能自家克苦用力，則造化自有安排。工部《遣懷》詩云："編蓬石城東，採藥山北谷。用心霜雪間，不必條蔓綠。非關故安排，曾是順幽獨。"即此意也。我少非科甲，二十年來窮愁潦倒，稍閒，惟有簸弄筆墨，稍自消遣，亦無可奈何事，"順幽獨"耳。《遣懷》共二首，後一首句云："榮名忽中人，世亂如蟻蝨。古者三皇前，滿腹志願畢。胡爲有結繩，陷此膠與漆。禍首燧人氏，厲階董狐筆。君看燈燭張，轉使飛蛾密。"云云。去年在萊陽，借人家杜詩看，是王西樵批本，此首皆著單點，不見稱賞。乃知"羚羊挂角"一語，誤人不淺。

人生太窮，至於飲食不繼，雖説該去忍飢讀書，然枵腹高吟，肚裏如何支架得住？偶憶東坡絶句云："北船不到米如珠，醉飽蕭條半月無。明日東家當祭竈，隻雞斗酒定膰吾。"夫以東坡之賢豪，餓到十來天，也想人家饋東西吃。而真率之氣，妙能縱筆寫出。乃知陶公叩門乞食，浣花偕妻乞絲，都不足爲古人深病。

人要孳非自作，難道任其餓死，天公也不來管一管？昨讀元遺山《送王亞夫》詩云："天公醉著百不問，汝偶而偶奇而奇。"不覺爽然自失。此等語庸而實奇，前人不曾道過。此遺山之所以能雄視金元也。

工部云："但覺高歌有鬼神，焉知餓死填溝壑。"太白云："吟詩作賦北窗裏，萬言不直一杯水。"遺山師其意，則云："長衫只辦包瘦骨，故紙何緣變奇貨。"此謂善學古人。若工部之"羣胡歸來血洗箭"，李空同便云"逐北歸來血洗刀"，是謂之襲古，不是師古。

人生做事，全要各人自拿主意，斷斷[二五]不可聽人慫恿。古人如陶公，人但知其"傾身營一飽，少許便有餘"，幾與鄉里小民無異。細讀其飲酒詩"清晨聞叩門"一首，行文至後半，忽然勒轉，用答田父語云："深感父老言，稟氣寡所諧。紆轡誠可學，遠己詎非迷。且共歡此飲，吾駕不可回。"斬釘截鐵，勁氣勃發，可以想見陶公之爲人。讀陶後，當去看東坡和陶諸作，方爲元元本本。乃知古人有斷斷不可及處。讀古人詩，本來不許心粗氣浮。我於陶，尤覺心氣要凝鍊，方能入得進去。有看古人詩，略一披閱，便云："不過爾爾，吾已瞭然於心口。"此無論聰明人、鈍漢子，皆自欺欺人也，斷不可信。如陶公《和郭主簿》云："露凝無游氛，天高景物澈。陵岑聳遙峰，遙瞻皆奇絶。"一樣寫秋，迥與唐人不同。氣味深靜故耳。若工部之"萬壑樹聲滿"，雖淺人亦知叫好矣。讀陶當從此得力，方能破前人學陶藩籬。若只摩仿其"狗吠深巷中，雞鳴桑樹顛"、"相見無雜言，但道桑麻長"等句，引入孟、王、儲太祝一路去，自家便不能出頭。

《五月旦作》起筆云"虛舟縱逸櫂，回復遂無窮"，寫舟行之妙，不可思議。"逸"字下得新。"回復無窮"，是從上"縱"字來。"神淵瀉時雨，晨色奏景風。"用"瀉"字、"奏"字，妙能狀出"神"字、"晨"字來。末云"即事如已高，何必升華嵩。"收得挺健。於此可悟用字起結之法。又《劉柴桑》云："良辰入奇懷，挈杖還西廬。""奇懷"字，是自家覺得於無奇處領會出來，他人不得而知也。

《九日閑居》一首，上面平平敘下，至末幅"斂襟獨閑謠，緬焉起深情"，忽作一折筆以頓挫之。下二句"棲遲固多娛，淹留豈無成"，以一意作兩層收束，開後人無數法門。

《癸卯十二月中作》云："淒淒歲暮風，翳翳經日雪。傾耳無希聲，在目皓已潔。"自是詠雪名句。下接云："勁氣侵襟袖，簞瓢謝屢設。"接得沉著有力量。又云："高操非所攀，深得固窮節。平津苟不由，棲遲詎爲拙。"想見作者之磊落光明、傲物自高。每聞人稱陶公恬淡，固也；然試想此等人物，如松柏之耐歲寒，其勁直之氣與有生俱來，安能不偶然流露於楮墨之間？余有《冬日雜詩》數首，頗能得力於此種。

《桃花源》詩云："雖無紀歷志，四時自成歲。怡然有餘樂，於何勞智慧。奇蹤隱五百，一朝敞神界。淳薄既異原，旋復還幽蔽。"此種又何嘗不仗議論？"奇蹤"四句，筆力颯爽，雖健者瞠乎其後。杜、韓用筆，每每宗此。

《擬挽歌》云："幽室一已閉，千年不復朝。千年不復朝，賢達將奈何？向來相送人，各自還其家。親戚或餘悲，他人亦已歌。"說得冰涼，令人忽笑忽哭。詩文之至者，自能感人。如金正希時文，則不當以時文論，《民到於今稱之》一篇，正與此種一樣可感。

昌黎《詠雪》云："崩騰相排揍，龍鳳交橫飛。波濤河漂揚，天風吹旛旗。白帝盛羽衛，參影振裳衣。白霓先啓行，從以萬玉妃。"極形容之妙。王荊公《詠雪》云："滔天有凍浪，匝地無荒隴。飛揚類挾富，委翳等辭寵。穿幽偶相重，值險輒孤聳。"又"荒林無空投，幽瓦有高隴。分才一毫細，聚或千鈞重。飛揚窺已眩，摧壓聽還凶。魚舟平繫舷，樵履沒歸踵。空令物象瑩，豈免川塗壅。爭光姮娥妒，失色羲和恐。"又作一樣形容，不蹈韓之一字。壯夫斬將搴旗，各有能手，斯爲大家。

昌黎《送盤谷子》詩，東坡謂："退之尋常詩自謂不逮老杜，此詩當不減子美。"余謂此詩學杜得其疏處，濃處仍不似也。東坡學韓此種，卻能神骨俱肖，所以稱之耳。詩中句云："開緘忽睹送歸作，字向紙上皆軒昂。"此公自壯其詩也。今人作詩，多字字睡在紙上，便能令讀者亦沉沉睡去矣。

稍知自愛者，向朋友借貸，原是萬不得已事。若以悠悠行路之人，而望以慷慨好義之舉，所謂立談之下，豈能使人痛哭也哉？張船山有句云："飲酒也消名士福，通財漸拂故人心。"誦之爲之慨然。去年在濟南，聞船山物故，海內文人又弱一個矣。

昌黎《盛山詩序》云："儒者之於患難也，其拒而不受於懷也，若築河堤以障屋霤；其容而消之也，若水之於海，冰之於夏日；其玩而忘之文詞也，若奏金石以破蟋蟀之鳴、飛蟲之聲。"人當處失意時，憂戚不堪，皆是不能以學問自勝之故。余半生憂患相仍，窮愁落魄，嘗誦此數語以自遣。可惜有作，不能出金石聲耳。

詩能窮人。其所以能窮之故，前人無所發明。然所謂窮者，窮而不達耳，非必衣食不繼也。以我想來，詩文以氣爲主，氣盛則必有矜色，便欲駿轢羣物，戾氣從此乘之。氣盛者，狂之將發也，狂則窮之兆也。可不戒哉！

家鄉米羹飯，以黃小米拌豆麪、豆葉菜爲之。田家終歲食此，所謂能咬斷菜根者是也。我嘗向人說，不能吃這樣飯，必不願罷官家居。彼出必安車、食必列鼎，除死方休耳。

學五古詩，才質平鈍者當先從曹植、鮑照入手，超拔者當先從陶、謝入手。彼既超拔，於謝令其練才就法，於陶令其去華就實。猶之平鈍者，非陳思、明遠之精銳開脫，不能啓其懦而發其警也。然後讀杜參其變，讀李疏其氣，讀韓肆其志，讀蘇宏其聲而博其趣，猶懼不能刻入也。讀東野、山谷，以堅其表裏，再泛覽諸家，勢如破竹矣。王、孟、韋、柳，當另鈔一册，於讀諸家之餘，然後讀之，不可憑仗爲安身立命之處。七古前已論列，先讀嘉州，次李、杜，次韓、蘇，餘皆可略。至於用工之法，當如饑鷹攫食，如壯士砍陣，以必得必破爲功。種種作俑象人、翦彩爲花，皆所弗尚。久久自到是處。古人謂"文無難易，惟求其是"，"是"字正不容易。

才不足以雄一代者，不能代興。太白之《大雅久不作》一首，是以一代作者自期也。人生讀書，一面要埋頭苦攻，一面要放開眼孔，方有出息。

太白《西岳雲台歌送丹丘子》中云："雲台閣道連窈冥，中有不死丹丘生。明星玉女備灑掃，麻姑搔背指爪輕。"下接仄韻云："我皇手把天地戶，丹丘談天與天語。"每於轉韻處，稜角峭厲，令人耳目頓覺醒豁。學者要從此種尋去，方有途徑可通。若但貌襲其起句"石作蓮花雲作台"，便是鈍漢。

《扶風豪士歌》："天津流水波赤血，白骨相撐亂如麻。我亦東奔自吳國，浮雲四塞道路賒"，以下若入庸手，便入扶風矣；卻接"東方日出啼早鴉，城門人開掃落花。梧桐楊柳拂金井，來醉扶風豪士家"。日出鴉啼，城門洞開，梧桐金井，人掃落花，一種太平景象。與上之白骨如麻作反映，從閒處引來。第四句方趁勢入題。用法用筆，最宜留心。

《妾薄命》云："寵極愛還歇，妒深情卻疏。長門一步地，不肯暫迴車。"下忽接："落雨不上天，水覆難再收。君情與妾意，各自東西流。"此種神妙，讀者縱能瞭然於心，不能瞭然於口。

《白頭吟》云："此時阿嬌正嬌妒"，接法有形無迹，有一落千[二六]丈之勢，其妙不可思議。"莫捲龍鬚席"四句，尚作迴護之筆，至"覆水再收"句，方下決絕語。用筆如晴絲裊空，深靜中自能一一領會。

"荊州麥熟繭成蛾，繰絲憶君頭緒多。雲鬟綠鬢罷梳結，愁如回飆亂白雪。"可云善於言情，工於言愁。

黃仲則詩，趙渭川、翁覃[二七]溪皆有刻本，非其全也。早年至吴門，識其嗣小仲，得以鈔本全稿托范紀年寄歸。其學太白處，如"經時臥病出門望，但見短草搖天青。"《春晝》云："楊花飛，游絲颺，兩地相逢不相讓。畢竟楊花性更柔，因風復上楊枝上。"《病愈觀城西水上合樂》云："粉妝照水愁水渾，病回照水愁水清。水清水渾不相入，眼前士女空傾城。"《秋夜》云："絡緯啼歇疏梧烟，露華一白涼無邊。纖雲微蕩月沉海，列宿亂搖風滿天。"《樓上對月》云："濛濛薄霧蒼蒼烟，山意亦如人可憐。一絲清氣共來往，星辰自動高高天。"此真能直闖太白堂奧，東坡而後罕有其匹。今試略舉東坡之學太白數句，可以頓悟矣。《上堵吟》云："臺上有客吟秋風，悲聲蕭散颺入空。臺邊游女來竊聽，欲學聲同意不同。"又《次韻》云："猿吟鶴唳本無意，不知下有行人行。"此皆非有意學太白也。天才相近，故能偶然即似耳。

仲則學東坡，亦有神肖處。如《題李明府天英借笠看山圖》云："是物等閑難得戴，著屐何如放船快。君與東坡兩蜀人，披圖似有英靈會。"《鋪海》云："返照一縷衝波開，彩翠細縷金銀臺。初疑百萬玉鯨鬥，闌入一道長虹來。"《采石尋三元洞因登妙遠閣》云："海雲下棟猿接臂，河鼓隱竇蛇藏車。最高一閣小於艇，憑闌浩浩江聲粗。采石上峰翠窈窕，歷陽遠樹烟模糊。魚龍怪氣走虛壁，水聲天闊無象無。"《山鏗》云："山非極高水非深，無一直筆方耐尋。"又句云："不知深入濃陰中，但覺逢人鬢鬖綠。"《雲棲寺》云："齋餘寺後看巖澗，腰腳縱好須扶藜。蘚階四漫泉瀧瀧，藤壁獨裛風悽悽。回峰閃綠埋倒景，急瀑挂練飛長霓。延緣復值徑窮處，嶺頭尺五天抽梯。飛空騰擲我無具，有不盡意輸鼪鼯。"其學坡公，能在語言之外脫胎換骨，淺者倉卒無能領會。其他歌行佳者，可得五六十篇，有集可按。本朝此體，幾無二手。

陳午亭《酬于秀才》云："多君長劍倚崆峒，況事仙人白兔公。王屋天壇青嶂里，河陽古寨碧流中。詠從洛下書生好，詩是山西老將雄。欲共飛車三萬里，赤松同訪趁西風。"後半浩氣行空，讀去增人豪興。第六句大爲老西吐氣。

午亭全是一團學力，抱真氣而能獨往獨來者也。余謂其深造之能，直駕新城、竹垞而上之。世人見其用力過猛，使筆稍鈍，看去覺得吃力，遂輕心掉之耳。五古詠漢事數首，絕不用推陳出新，旁見側出，而用筆自然，銳不可當。太白《秦皇掃六合》等篇，正是此詩之源，識者辨之。五律，學唐人不抉其髓，則失於熟；學宋人但襲其皮，則失於生。惟濃不染唐之蹊徑，淡不落宋之窠臼，經營於意象之間，咀嚼於神味之外，午亭五律剛到好處。《登普照寺》云："樹杪水濺濺，羣峰矗碧天。松門留曉月，板屋過流泉。谷口山城遠，窗中鳥道懸。前林人迹少，寒磬下溪烟。"此首似是從太白"犬吠水聲中"化出，卻無迹象可求，尤佳是後半不弱。

《對菊》云："秋老雕羣卉，天寒有菊花。月稀階影白，風定檻枝斜。獨立真憐汝，逢開每憶家。故園經別處，籬外即天涯。"此詩用意全在一結。

《問王給事病》云："昨夜眠多少，思君落月時。高齋聞雁早，秋圃見花遲。省被稀囊草，安危有鬢絲。連朝同寂寞，吾病亦支離。"此學工部而泯其迹，細味之，中邊虛實俱到。《立秋日子顧繹堂貽上湘北幼華過集時西樵荔裳相繼淪亡》："生死傷心後，悲歌把臂初。皇天留數子，秋日集吾廬。風雨孤亭窄，苔花晚徑疏。不慚供給薄，離別較何如。"此首人咸知其學杜矣，不知起四句卻容易，難處正在後半。文章著力處省力，不著力處費力。

《望西山》云："列嶂橫天壁，連雲并女墻。晚風落空翠，疏雨濕斜陽。巖壑鄉心亂，關河別路長。白雲如蓋處，冉冉近高堂。"末句用梁公望雲事，通首濃秀而整鍊。他如《春日》云："旅夢牽花信，春心著柳條。"《西原》云："籬花殘雨澹，澗柳古烟青。"《雪隝》云："塵垢河山净，琉璃世界平。"《淮上》云："舊日英雄里，殘陽野草花。"并稱佳句。"淮上"二句，對句尤空靈得妙。

午亭《送吳蓮洋歸蒲東》，有"狗監人難遇，蛾眉老易猜"之句，應是罷鴻詞科時所作。又："人物雄才老，雲山間氣多。玉谿終古在，相并得金鵝。""金鵝"，蓮洋館名。其所稱許之者至矣！人惟有名，而後與人不争名；惟有才，而後能愛人之才。昨見一人詆一人云："你説你會做詩，我偏不喜歡做詩；且你有才情是你的，與我甚麽相干？"是不同道也，安得相契？

午亭七律，兼學宋人，余另有讀本。如《卧病輙直》云："回驚廊閣三番仗，稍學仙人五戲禽。"《課兒》云："繩牀穿座知吾老，書案量身覺汝長。"亦宋人中之卓然能自立者。

吳蓮洋原有粗服亂頭之妙，特才氣不能雄肆耳。歌行非無大篇，如《海上贈秋谷》詩，起首筆力超拔，中間屢用"噫吁兮"字，反受其累。《宋中吟》、《蔡州道上》、《祖龍行》等篇，可稱合作。其小品卻有可觀，不僅"當門九曲崑崙水，千點桃花尺半魚"也。《鄉寧山城即景》云："山雲啓新霽，林屋含清暉。風吹兩黃蝶，時繞山樓飛。老農向烟且驅犢，溪女背人猶浣衣。"又："雲來松際陰，泉到竹根散。"宛然如出柳州手，勝於"泉繞漢祠外，雪明秦樹根"等句。作者五古，當以此意求之，方能無失。五律一體，實在本朝諸人之上。《寄向書友》云："曾聞向始平，能注南華經。之子真苗裔，江山發性靈。寒蛟終謝餌，老鶴不梳翎。載酒鸚花節，長吟入洞庭。"無一字不錘鍊而出，不必定是學太白。《留王孟穀游風穴時將歸楚》云："風穴何年寺，傳聞水石間。雲中千樹密，谿上幾僧閑。花信宜携酒，春心且看山。休言涉魚齒，凍雨損朱顏。"著力不多，味之彌覺雋永。"春心"五字，尤有逸致。《題顥亭皋園》云："鄰舍草堂近，灌園同一泉。白雲扶杖客，芳草著書天。税在桃花外，心當緑水前。東屯愁柱老，錯買瀼西田。""藹藹藥苗緑，茸茸梅蕊紅。懷人眠夜雨，種樹立春風。避世幾曾見，素心今不同。何年能負笈，幽桂日成叢。""仲叔羈棲日，山公把酒時。林泉從此識，花竹盡堪思。野蔓纏青壁，山禽下緑枝。他時尋石路，應得九峰疑。"著語之妙，不可思議，神韻氣味，居然自異。

《憶棲巖寺》云："最憶棲巖寺，招涼有舊亭。河流週郡白，山勢入關青。崖斷蜂留蜜，松高鶴墜翎。盧師吾有約，許共一函經。"新城尚書極稱"山勢"句，然好在下邊接得健，否即空腔矣。《送周星公禮部出守南康》云："萬里敷文命，歸無翡翠裝。一麾辭北闕，十月下南康。問俗匡君側，狂歌五老傍。彭湖秋正闊，波浪浩茫茫。""香爐吾最愛，雲氣似香烟。太守能清静，高齋對晏眠。更邀徐孺子，同聽谷簾泉。好在春明候，騎牛西澗邊。"一片化機，更不知爲五言律。後一首中二聯未嘗不對，卻似散行者。於下半首"更邀"二句，忽作一折筆。律詩至此，可云靈妙絶倫。

陳思王《箜篌引》"置酒高殿上"云云，一路説得極其繁華，忽接"清風飄白日"數語，頓成華屋山丘之感。而用筆之跌宕排奡，遂開千古法門。

《野田黃雀行》云："高樹多悲風，海水揚其波。利劍不在掌，結友何須多。不見籬間雀，見鷂自投羅。羅家得雀喜，少年見雀悲。拔劍捎羅網，黃雀何[二八]飛飛。飛飛摩蒼天，來下謝少年。"突接"拔劍"句，用筆斬截，與上"利劍"有草蛇灰綫之妙。結二語另換一韻，神致爽朗，繳得亦極便捷。

《贈白馬王彪》第六首，全以議論行其鬱律之氣，達以挺拔之筆。後人乃以著議論便落宋人門徑，此則魏人詩也。章法用蟬聯而下，後人亦間有效之者。其實其迹也，可以不必。

《贈王粲》詩中間云："悲風鳴我側，羲和逝不留。重陰潤萬物，何懼澤不周。"平平序説，陡然用此四句振起，令讀者神聳氣旺。不如此則不雄橫，便塌〔二九〕下去矣。作慰之之辭，卻撇開羲和，轉出重陰、受澤來，可謂新刻之至。

《聖皇篇》句云："沉吟有愛戀，不忍聽可之。迫有官典憲，不得顧恩私。"語有曲致，有深情。工部"三别"等詩，多師此種。《當來日大難》云："日苦短，樂有餘，乃置玉尊辦東厨。廣情故，心相於。閭門置酒，和樂欣欣。游馬後來，輒車解輪。今日同堂出門，異鄉别易會難。各盡杯觴。"此歌行之鼻祖也。"游馬"二句，作一停頓，即排纂法也。熟此，可悟行文用筆之妙。

《當墻欲高行》云："龍欲升天須浮雲，人之仕進在中人。衆口可以鑠金，讒言三至，慈母不親。憒憒俗間〔三〇〕，不辨僞真。願欲披心自説陳，君門以九重，道遠河無津。"起二句七字一意，第三句六字，"願欲"句仍用七字。其錯綜之妙，歷落之致，實爲太白先聲。

謝康樂詩，如《登江中孤嶼》句云："懷新道轉迴，尋異景不延。亂流趨正絶，孤嶼媚〔三一〕中川"。其深細處，非鉤意攝魄以領會之，不能探索其妙。"亂流"二句，落題有景有勢。《齋中讀書》後半首云："懷抱觀古今，寢室展戲謔。既笑沮溺苦，又哂子雲閣。執戟亦以疲，耕稼豈云樂。萬事難并歡，達生幸可託。"全以筆力驅駕，氣味亦極濃厚。工部行文至興會處，往往宗之。《從斤竹澗越嶺溪行》云："猿鳴誠知曙，谷幽光未顯。巖下雲方合，花上露猶泫。"東坡殊有此筆意。其他率沁心藻績，濃深縝密。學之者使不得一些浮躁。學陶不成流於率，學謝不成流於澀，謹防其漸而已。

學明遠詩，惟調落已爲後人所模範者，則不當再仿。其英俊之氣，精悍之筆，與夫種種抑鬱之思，最能發人哀感、長人才思。

讀陳思、陶、謝、明遠畢，然後再泛覽諸家，以收其美，未爲晚也。

大家之詩，每細讀一過，手自丹黃，以爲遺漏頗少矣。隔數月讀之，又有前此看不到處。此等緣故，才隔數月，不是關學力有淺深，是一時心有勤怠、事有觸發之故。又如看這一部頭太熟了，須另換一部來看。字之大小行數不一，頓覺眉目一清。此種道理，全要自家留心精細。

工部五律《歸雁》一首云："聞道今春雁，南歸自廣州。見花辭漲海，避雪到羅浮。是物關兵氣，何時免客愁。年年霜露隔，不過五湖秋。"後半突接硬轉，他人無此手筆。

《九月一日過孟十二》前四句云："藜杖侵寒露，蓬門啓曙烟。力稀經樹歇，老困撥書眠。"宋人劉後村、陸放翁多師此種。我謂學杜斷斷當從此入手。現身説法，即如我《歸家次日早至西坪》云："風外聽書聲，到來慰此情。買春村酒賤，敲竹曙樓清。"此於工部有小得力處。非自炫，正欲與有識者一證之也。

東坡句云："平生飽蠹簡，食筍乃餘債。"弄筆生趣，人多知其爲宋人句。"我欲泛中流，搪突黿獺瞋"，乍讀之，初不知爲工部句。乃知唐宋之分，是論其大段不似耳。人人讀書，具有靈性，安有唐宋之別哉！即如工部之"溪行衣自濕，亭午氣始散。冬温蚊蚋在，人遠鳧鴨亂。"讀者又猜以爲東坡詩矣！諸如此類，未可枚舉。是又在有眼力人，檢好的讀將去，自不致走差路頭。

工部《蘇大侍御訪江浦》詩序云："余請誦近詩，肯吟數首，才力素壯，詞句動人。接對明日，憶其涌思雷出，書篋几杖之外，殷殷留金石聲。"此種散行文字，即使昌黎捉筆，寧能遠過？後生家不肯留心看書，開口低昂古人，豈不大錯！

工部《酬韋韶州》云："養拙江湖外，朝廷記憶疏。深慚長者轍，重得故人書。"與七律《賓至》一首，皆有老名士派頭。後人無此老本領，派頭往往過之。阮吾山云："狎優童、窮烹飪、講骨董，便稱名士。"令人可嘆。

近人刻自家詩稿，序文至於一而再、再而三，題詞詩句連篇累牘，未免過於標榜好名。其實詩之能傳與否，則不在是，徒災禍梨棗耳。有豪傑之士，定能力矯此弊。

有靈心肯讀書之士，能深知道古人，方能認得定自家。古人如鏡也，觸之然後妍醜得見。不認得自家，是兩目都瞎，雖有鏡，亦不能照見矣。輕嘗淺試之夫，以詩謁人，既非素日至交，誰好意思直〔三二〕斥其非？只合將就批些好話，其〔三三〕實隱約其辭，固未嘗許之也。彼卻信以爲真，謂某人説我好，想來不錯，便有井蛙之意。於是居然刻集，公然託消〔三四〕。可惜今日更無秋谷其人，謹爲回札曰："土儀拜登，大集璧謝。"

人咸謂坡公歌行學昌黎，不知其源出於太白，於韓則支分派衍耳。其自闢境地，横説豎説，以精悍之筆，逞生花之管，真能前無古人、後無來者。所當熟讀者不下百數十首，然意愜神飛，各有領悟，又不在多與少也。近年細讀其集，稍稍病諸選本未能精當。讀古人詩，最是難事。有古人驚天動地之作，我自問斷斷學不來。震其名而強誦之，仍是没交涉。然亦要防己之粗心，或是學力打不到，以俟後日。又或雖未是名篇，我於這一種筆墨，卻是生疏，尚須揣摩，亦未礙一讀再讀。且各人病痛，未有不自覺者，對症下藥，便容易見功。至於操選本，是難事，我嫌他人選本不愜我意，設我爲之，又實不愜人意。大家之詩，如入五岳，探山問水，可以各隨其心之所好而獲，正不必強同。

一鄉有一鄉之詩文字畫。如在萊陽，無不知有周繭園之畫、李碩亭之書者。兩人自佳，然取以蓋天下，則未能也。從未有提及蘿石之文與荔裳之詩者。即如吾鄉中，近日後生家多好作詩，亦未有一人立志，欲上追午亭者。道聽塗説，貴耳賤目，人人皆坐此病。能自樹立之人絕少，安怪江河日下，一蟹不如一蟹。

閉門造車，出門合轍。鄉曲中吟詩作文，孜孜不懈，可謂能閉門造車矣。可惜無書可讀，又無名師益友與之切磋，及至出門，多不合轍。果自知尚好，否則恨牛馬之不馴良、道路之不平坦，卒至於覆車敗輗而歸，終身不悟我拙工也。可哀也哉！

工部云：“文章一小技，於道未爲尊。”明知作詩算不得甚麼武藝，然尚冀萬一弄到稍稍站得住時候，或一鄉一曲，於身後尚有稱道之者，庶不與草木同朽。三代以下，惟恐不好名，卻也難去深怪他。吾邑從前有衛侍御者，少年科甲；才隔得五十餘年，四鄉讀書人便多不能舉其姓名、官爵，無論鄉會墨卷。田楚白者，一老諸生，没亦三十五六年，鄉人無有不知者。何也？會作數首詩之伎倆耳。

家中子弟作秀才，成年不肯看書，亦不作八股，胸中苟苟營營。一旦所圖不遂，則懊惱不堪。凡此皆求之於人者也。不得，尚不堪其憂。今與之三史一部，多不過六七套書，三四年不能披閱一過，卻夷然不以爲意，尚搖擺人前作斯文樣子。人爲之一笑，我爲之一痛。

人到年紀大了，讀書全要心入，拿得起來，放得下去。當放下去時，衝風破浪，繁劇冗沓。雖乍覺苦處，有才料人稍久即處分有條有理，仍可讀書。拿起來時，要不數行便覺此中翕翕然動，神與古會。試看韓、柳、東坡之遭際，以常人當之，安能捉筆更爲詩文？此是從小功夫入深了，所以心入若入不進去，無論投艱失措，即尋常安樂時，偶然看戲聽歌，心亦搖搖不能自主。歸來展卷，如墮十重霧，安能更爲詩文？其能入不能入，總在三十歲[三五]以前。老馬學竈，便不中用。且人到三十歲以後，上有父母，下有妻子，即家道豐足，亦不能百事不關心，與從小下帷一樣。入得不深，拿得不穩，徙業改塗，勢所必然。家鄉讀書，有

"案頭荒"之説，心不入可知。余"無一事堂"有句云"迹混神則秘"，五字是中年讀書妙法。

從小在書房，至二十一二歲，非嚴冬入場、出遠門，不許穿皮袍子。即雄於財，只可著皮套一件。食以飽爲度，不可多用肥膩，常令微饑薄寒，則骨力清健，心便靈動，既可惜福，亦戒侈心。即如我已及艾之年，半生食貧茹苦，偶然肥甘過多，便懶怠看書。可知"飽暖"二字，當僅僅使之飽暖，不可少過分數。所謂志不在飽暖也。

老杜《牽牛織女》詩："颯然精靈合，何必秋遂通。"此等處看題有識。後邊講到君王夫婦大義上去，不必定去學他。工部之詩，柳州之文，到撒〔三六〕手放筆、興會濃至時，多有此種，不可不知。

文人無行，多藉爲口實，此大不可也。夫以文人而作市井無賴之事，豈不可愧？子夏"小德出入"之言，已有語病。人生寧可爲數馬策以對之謹愿，不可爲一擲百萬之豪縱。願家中諸人謹志此語。

工部《同元使君舂陵行》云："安得結輩十數公，落落然參錯天下爲邦伯，萬物吐氣，天下稍安可待矣！"邦伯，即今督撫藩臬也。有好督撫藩臬，然後有好府道；有好府道，然後有好州縣；州縣果好，則上下安而黎庶康矣。工部自許稷契，或稍溢分；使其得時行政，必有可觀。卒以窮餓空山而死，豈不惜哉！

人生以筆墨依人吃飯，實是窮得無可奈何。若有數畝山田，三間草屋，嘯飲弦歌，何求於人？雋三二十年游幕，鄉人無不羨之者。殊不知雋三雖好，不如少陵；東家雖賢，不如嚴武。少陵呈嚴句云"束縛酬知己，蹉跎效小忠"，可以想見依人之不能游行自在矣。他日雋三見此，當爲三嘆。

"衣上見新月，霜中登故畦。""鳥下竹根行，龜開萍葉過。"

工部句也，宛然韋、柳、王、孟，特不肯以此自囿耳。

侍於君子有三愆，即所謂不懂眼也。人有全無知覺，隨處得愆，直是可厭。又有怕去招愆，藏頭露尾，永不敢侍於君子，則是可惜。金正希云："與羣小狎處，則終日不得一愆。"令人真如冷水潑[三七]背，陡然一驚。

漢高箕踞謾罵，終有柏人之變。能罵人不是便宜處。諸葛武侯名士風流，一生謹愼，不曾罵過一人。要學名士，當先從"謹愼"二字入手。

在家能做好學生，處鄉黨能爲好人；日後出門涉世，或貿易，或作官，習與性成，自能諸事安閒妥帖。亦有跅弛之士，未嘗不邀名，當時駕御失法，終是可慮。且是爲好人、爲惡人，皆是從讀書中來。惡人讀書，更足以濟其惡，如曹操篡漢是也。若是不曾學問，單會作惡，便容易制伏；不過一個鄉里無賴鬼，一經枷杖便知稍悛。

人有讀書一輩，手不釋卷，與之談，雖悉是陳言，無所發揮，然腹笥可稱富有矣。及行文作詩，則毛病百出；若從不拈筆，尚可藏拙。更有一種人，偏要著作，刊集刻稿。雖轉眼灰飛烟滅，算不得事，然親見其刻苦如此，終身不得入門，豈非怪事？

天之生有器識人與全無心肝人，迹似相類，而實有不同。如患難之來，窮波百折，眞弄得少皮沒毛、降心殺氣，依然讀書樂業；與一種敗家子弟，非但不知警畏，無憂無慮，坐任覆敗，迹窺之，坦然處極是相類。不知讀書樂業者之隱憂萬端，力欲挽回氣運，不勝其憔勞也。設不幸無可奈何，要是命裏早有安排，此心終無愧報。

刻一人專集，當稍稍從寬。蓋一人有一人之交游，苟可存得，未便棄擲。選一省人詩與天下人詩，勢不得不嚴。盧雅雨有《山左詩鈔》，近年吾鄉有《山右詩存》，山東近日又有續刻。二書頗爲人所雌黄。然能搜輯收於一處，亦是好事；精當與否，似未可苛。詩存中有附錄現在人詩，當是爲托消[三八]起見。所收余詩，今集中删落殆盡。十五年前本來没好詩，非操選者之過也。所以名人存稿不貴少作。鄙意謂刻集當待晚年，或竟是身後，早則終有所悔。不然則是入得不深，又從此抛荒，反覺得後來做不出，雖刻，亦何益之有？

事之從前未有者，昔人謂之破天荒。吾家世住北陰村梨村街，自明末至今，諸生不下三四十人。食餼、官訓導，間一有之，從未有登甲乙榜者。然非先人不能也。耕田懋易，摒擋家事，未嘗從事於此耳。大凡人家不大顯達者，多不速敗。二百年來，豐衣足食，或亦由此。今日則家徒四壁，無田可耕，無貲可懋，無家事可摒擋，是以著子弟讀書，稍稍留心舉業。日後倘得破天荒，則凡中材者，皆可勉力爲之。官可不做，舉人、進士則斷斷不可不中。人生貴能自立，不必定是遥遥華胄。狄青謂："一時遭際，安敢妄附梁公？"自是通人語。若時時刻刻誇耀先人，最叫人嫌。生人地位如文王，王季爲父，武王爲子，千古罕有之事，仍要自家能小心翼翼。即不幸仲弓爲犁牛之子，叔度爲牛醫之兒，亦未爲辱。將相無種，何必深較？且功名富貴，雖父子兄弟不能相假，況雲礽之裔以先人自炫邪？此皆不讀書之過。王文成公之父，晚年自署楹帖，有"任老子婆娑風月，看兒曹整頓乾坤"之句，雖是説得起嘴，亦不無與王福峙同有譽兒[三九]癖。譽兒與誇祖宗，正是一樣毛病。

山谷《秋郊》云："風力斜雁行，山光森雨足。壁蟲先知寒，機織日夜促。""山光"句全在"森"字用得妙。《太湖僧寺》云："松竹不見天，蟠空作秋聲。谷鳥與溪瀨，合弦琵琶筝。"意亦尋常，寫來卻十分濃秀。此渣滓去盡、清氣在中故也。《觀音院》云："谷底一墟落，地形如盎盆。"吾家踞太行巔，村落形象多半如是。《刀坑口》云："羣山黛新染，蒙氣寒鬱鬱。""蒙氣"二字，精妙乏〔四〇〕至。與《宿寶石寺》之"鐘磬秋山静，爐香沉水寒。晴風蕩濛雨，雲物尚盤桓"同工。《皖口道中》云："寒花委亂草，耐凍鳴風葉。江形篆平沙，分派回勁筆。"寫景能字字精到，不肯著一摸〔四一〕稜語。此山谷獨得。《貴池》云："橫雲初抹漆，爛熳南紀黑。不見九華峰，如與親友隔。"《別李端叔》云："我觀江南山，如目不受垢。"《曉放汴舟》云："又持三十口，去作江南夢。"皆憂憂生新，不肯一語猶人，筆力精能，實出宋人諸家之上，所以蘇、黄并稱。特坡公天才横溢，尤不可及耳。其《答東坡》句云："枯松倒澗壑，波濤所舂撞。萬牛挽不前，公乃獨立扛。"非東坡不足以當此語。後人多有以此意譽近代名流，殊未可當也。

　　萊陽趙鈞彤，字絜平，乙未進士，官唐山令，謫新疆，歸卒於家。予作令時，已前一年物故。覓其詩稿，家人秘不肯出。去年至萊，始得閱一過。才氣學力，種種過人。古體如《故關》、《落齒》、《黑熊歌》、《養馬行》、《和樂詩》等篇，皆能力追古作者。予為題詞於上，并書寄其令嗣四川大足縣令，屬其刊行問世。近體亦佳，如《登州重謁蘇公祠》云："一官儕俗吏，七載別先生。再睹祠前樹，旋登海上城。詩留殘碣在，氣壓晚湖平。異代仍尸祝，何妨五日行。"一結是登州東坡祠，移不到別處去。《白溝河》云："古道通青塞，橫流劃白溝。沙牽魚浦遠，雲壓雁聲秋。寒色迷邨口，孤懷感渡頭。壯哉張叔夜，一死謝中州。"此首佳處，亦在一結。絜平與李十桐同時人，五律即不苟雷同。可見人當自樹，不必去依墙靠壁。幼孫名復孫，甫三齡而嗜肉甘酒，就余乞餘。口占贈之："饘薇烹處語啁啾，孺子含嬌媚老牛。撮吻頻煩人借箸，擎拳并學客傾甌。翁官豈便如屠伯，祖廕應須襲醉侯。他日脱靴還拔劍，謫仙曼倩暫同游。"作家雖游戲筆墨，其不苟如此。

天下斷無閑人。其水雲野鶴之徒，逍遥暮年，而一日之中，精神命脉所寄，非在文字，即在山水，手足縱閒，心未嘗無寄也。若少年人一無所事，便是行尸走肉，與死何異？然用心當自有竅。百務蝟集，懆者力與之爭，懦者氣與之靡，皆不足以任事。至作詩文用心，更要操縱由我。余《冬日雜詩》有句云："不用心不靈，過用心轉滯。江郎才豈盡，滯即無妙筆。"頗能得用心欸要。我嘗與學生們説：人大了，讀書行文先要養性靈。倘不能剔透玲瓏，斷斷不濟事。余曾有句云："彼雖有至文，我卻無性靈。兩木合魚膠，終存兩木形。"肯用心人從此悟入，庶乎漸到佳處。東坡作詩，非只不能同孟東野之吃苦，并不能如黄山谷之刻至，賴有天才，抱萬卷書，以真氣行之耳。漁洋作詩，不能同吳野人之吃苦，并不能如初白、秋谷之刻至，天才真氣又不能上追東坡，所以不免後人雌黄。可見此事不想吃苦，不求刻至，斷斷無益。我輩作詩，其才氣、書卷，又下漁洋，再不一層一層打進去、吃苦刻至，聊以自娱則可，如何能不朽？

從前在舊書肆中，得周櫟園所刻吳野人《陋軒詩》一册，僅百首。朋輩借看久，已不知歸落何處。去年在萊陽，始得從鬱生家返回。古瘦堅峭，於諸布衣中另竪一幟。惜傳流甚少。此刻諒非其全。檢《別裁》所登，即有此刻所無者。《義鸛行》云："山寺高，塵市遥，鎧鎧兩鸛來爲巢。巢成子生，翼僷神勞。十日雨，千里水，遠去覓食，笑殺村竪。攀曳上寺，潛以鵝卵易其子。卵破子出，雌鸛待飼。子出形殊，雄鸛驚呼。飛飛且怒，疑雌暗私他羽。東西南北，遍告其同類去。寒日瘦，北風哀，同類四面來。瞋目屬喙，且視且猜。無端紛紛逼迫，頃刻天窄地促。可憐雌兮潔如玉，懷不得明，義不受辱。啄爛巢中雛，自挂山頭木。雄見雌死，轉噴爲啼。同類無賴，各返南北東西。踽踽矓影，此夜孤栖。栖遲到曙，霜露遍瓦，同類復來集僧廈。率一雌鵲，云是新寡。雄不顧，去四野。終身不雙，以報泉下。"叙事用字、措語之妙，不可思議。此所謂寫生好手也。

《訪周櫟園先生兼呈汪恥人》云："櫟公之冤一朝白，歡呼聲滿長安陌。暫時歸卧江南春，從游獨重汪恥人。恥人學大年更少，與公與我爲同調。聞我有疾眠清谿，十日不能開口笑。酒酣離席向公云，草野今將失此君。櫟公不覺搔首語，世有此君胡不聞。索詩一讀一長嘆，其時鴉叫寒宵分。公悲轉令恥人喜，貧病故人得知己。即遣蒼頭走雨風，陋軒半夜扶予起。跋涉舟車三百程，指日追隨公杖履。公既再生予未死，俱到恥人雙眼裏。"質而不俚，曲而能達，鈍根人正難領會。歌行體詩，能堂堂正正，力攻正面爲上。否則偏師制勝，旁行側出，以盡其變。野人即用此法。而堅勁之質，生辣之味，似無意求工而他人萬不能及，泂推老手。

野人五律《送森公》云："人顔何可向，久矣勸師行。短杖又無定，斜陽皆有情。從今尋一寺，應不負餘生。古渡暮分手，蘆花伏水明。"此種詩，當賞之於聲色臭味之外。食人間烟火者，非但不能爲，亦不能解其妙也。

有人攻自家短處，不但謝過，兼能力改。若面赤耳紅，是怕當下一人攻短、不怕後世千人攻短矣。常有人拿詩來看者，再三要問可否。察其心果虛，乃肯告之曰："若是只徒自家快活，與人唱和，盡可去得；若還要想上追古人，與今代名家抗行，希圖自壽，非再讀書深入不能。"倘察之不是真心來請教的，則當以"極好必傳"四字了之。我二十年來，愁到無可奈何，只有看書排遣一法。幸而把卷心入，如好飲酒人，一杯入手，則千愁頓消，所以尚能活到今日。昨在濟南行館，有句云"諸愁集鬢容顔老，一卷對燈心力深。"詩雖未能佳，然皆是老實話，毫無客氣。

教訓子弟，宋儒之"身敎者從，言教者訟"，尚是爲中人説法。下愚不移，即身教仍是無益，如父肯讀書，兒愛賭錢之類。又最可笑者，嘗見老子管兒子云："我打牌，你卻不得打牌！"是自家殺人放火，不許兒子打家劫寨，有是理乎？自古及今，幹蠱之佳兒少，濟惡之頑童衆也。

東坡《觀張師正所蓄辰砂》詩云："將軍結髮戰蠻溪，篋有殊珍勝象犀。漫說玉牀收箭簇，何曾金鼎識刀圭。近聞猛士收丹穴，欲助君王鑄梟蹄。多少空巖人不見，自隨初日吐虹蜺。"此種詩是心中先有感觸，適有此題到手，遂如萬斛珠泉，一齊涌出。與尋常小題大做不同。即如工部櫻桃詩，非身膺部郎，流落西蜀，亦斷難憑空結構也。大抵作事，不可無所謂而爲之，況臨文安可苟哉？又如陸放翁《大雪》一首云："大雪江南見未曾，今年方始是嚴凝。巧穿簾罅如相覓，重壓林杪似不勝。氈屋擲盧忘夜睡，金羈立馬怯晨興。此生自笑功名晚，空想黃河徹底冰。"放翁當南渡後，忠憤之氣時時溢於毫楮間，此詩其一見者也。若使他人爲之，則没味矣。

人之初學爲詩，謂其學放翁，彼必未以爲然。即語之者，亦必勸其去學李、杜。迨至少有造就後，意謂東坡以下舉不足以過我也。今試舉放翁一二瑣屑小題以例之，彼必縮手自謝，然後信古人卓然成家，皆有斷斷不能及處，未可以輕心掉之也。七律一首，題云《病足累日不出庵門折花自娛》："頻報園花照眼明，蹣跚正廢下牀行。擁衾又聽五更雨，屈指元無三日晴。不奈病何抛酒盞，粗知春在賴鶯聲。一枝自浸銅瓶水，喜與年光未隔生。"語語空靈，卻語語沉著，他人已難，第六句尤妙。我輩作詩三十年，放翁之不易到已如此，何況老杜！

詩貴能參活語。何也？今試略言之。東坡《是日至下馬磧，憩於北山僧舍，有閣曰懷賢，南直斜谷，西臨五丈原，諸葛孔明所從出師也》，前半皆言山川形勝，當日出師云云，末幅忽著二句云"山僧豈知此，一室老烟霞"，則題中"北山僧舍"四字，方有著落。此參活句一證也。羅昭諫《題潤州妙善寺前石羊》（注：吳主孫權與蜀主劉備嘗置此會），第五六句云"英雄已往時難問，苔蘚何知日漸深"，此又一證也。書此付常棠，以當一隅。

　　七律之對仗，靈便不測，雖不必首首如是，然此法則不可不會用。東坡《贈僧》云："每逢蜀叟談終日，便覺峨眉翠掃空。"黃仲則之《游西山道中》："漸來車馬無聲地，忽與雲山有會心。"似從此化出。此等緣故，不是有心去學；讀得古人多了，自有不知不覺之妙。又東坡《和晁同年九日》云："古來重九皆如此，別後西湖付與誰？"《喜雪御筵》云："偶還仗內身如寄，尚憶江南酒可賒。"得此可以類推。東坡喜笑怒罵固多，然亦有極蘊藉之作。如《次韻王鬱林》云："平生多難非天意，此去殘年盡主恩。"又《元日過丹陽明日立春寄魯元翰》云："竹馬異時寧信老，土牛明日莫辭春。"學者當細心檢點，不可鹵莽草率，道聽塗説。

　　詩有空寫而不覺其空者。不讀書人效之，便味同嚼蠟。屈翁山云："白鷺一溪影，桃花何處灣？"其神韻色澤，味之彌長。欲寫此等，當先讀書。即如太白"牀前明月光"一首，似不從讀書得來，然其機神一片，又非藉書卷之氣以發性靈，則斷斷不能。古人所傳，亦有思婦勞人之什，然持較氣味終別。又有故典與題全没關涉，信手拈來，妙不可言者。翁山《太白祠》句云："才人自古蛟龍得，太白三閭兩水仙。"讀之令人驚喜。如此捏合用事，豈非妙手？

　　翁山《家園示弟》云："先人好種藥，遺我神農書。與子理常業，參苓帶雨鋤。道從多病入，力是耦耕餘。莫嘆生涯拙，韓康此隱居。"第五六句接得深健，通體脉胳，方極靈動。若此處稍弱，末即扯出韓康作結，仍是單薄。作者五律與蓮洋一派多用散行，余小時喜其省力，模範之，頗爲受病。中年細心讀杜，始能漸漸改轍。凡讀古人詩，甚不容易。自家學淺識陋，非名師以引導之，鮮不壞事。

陳後山《宿合江口》云："風葉初疑雨，晴窗誤作明。穿林出去鳥，舉櫂有來聲。"與翁山之"秋林無靜樹，葉落鳥頻驚。一夜疑風雨，不知山月生"，是一種神理。不待深者，能擊賞之。然必有真實學問，方能手揮目送，役使羣物，刻劃化工；若儉腹之人，無真興會而仿爲之，則定落空腔。可一望而知也。

翁山《拜方正學》詩，末二句云："莫問三楊事，忠良道各分。"作者自不能説壞三楊，看他下"道各分"三字，何等生辣！作文字要有膽力、有識見，即此等也。

詩有看去極省力又極自在流出、卻不許人捉筆追蹤者，天才、人力之別也。翁山《贈楚客》云："聲詩江漢始，莫謂楚無風。我祖離騷賦，人稱小雅同。明珠貽下女，香草惠童蒙。之子南荆起，還將樂府工。"其妙處尤在後半不弱。學者學古人到水到渠成之候，方可偶得此種。初上來則不可師此，所謂"教不躐〔四二〕等"也。

人惟心能深入，然後能讀書。不然一室坐擁，有何樂處。蔣心餘有《看書》一律云："老眼看書如讀畫，峰巒溪壑太分明。文成波皺循行出，著紙烟雲逐字生。窈窕態宜橫側看，飛凌心許破空行。百回愈見軒昂甚，舉手捫來覺未平。"此是真能看書者。作者七律，絕有才氣，得力於劉夢得、李義山兩家爲多。《潤州小泊》云："微雨夜沽京口酒，大江橫截廣陵潮。"《薦福寺》云："不關天地非奇困，能動風雷亦異才。"《過貴溪》云："山色遠消龍虎氣，春帆橫走馬牛風。"皆卓然可傳者。

東坡《送鄭户曹》詩，後半首云："蕩蕩清河壖，黃樓我所開。秋月墮城角，春風搖酒杯。遲君爲座客，新詩出瓊瑰。樓成君已去，人事固多乖。他年君倦游，白首賦歸來。登樓一長嘯，使君安在哉！"《送頓起》句云："岱宗已在眼，一往繼前躅。天門四十里，夜看扶桑浴。回頭望彭城，大海浮一粟。故人在其下，塵土相壓蹴。"二詩即同話家常云：樓修起了，正好約來做詩，卻遍值遠行；日後歸來，我卻走了。到了樓上，定然想起我來。後一首即如今日送人登泰山，每云："上了山頂，想必該看見我們在這裏，塵土滿面，不得清净。"然雖是實話，言之無文，行之不遠，必得有東坡之才之筆，曲曲傳出，便能成奇文異彩，匪夷所思。若如近日講詩要説實話，街談巷語，流弊所至，尚可問邪？

趙甌北七律登臨懷古之作，激昂慷慨，沉鬱蒼凉，能手也。《袁州城外石橋最雄麗，相傳爲嚴世蕃所作》："飛梁橫鎖急流奔，遺惠猶傳濟洢溱。黃閣階前跨黿子，青詞燈下捉刀人。選材幾費深巖石，得地依然要路津。終欠出都騎款段，一鞭來此踏霜晨。"第六句拍題甚緊，末用徐階語，卻好。《萊陽杜工部墓》云："生無一飽人誰惜，死有千秋鬼豈知？"《赤壁》云："烏鵲南飛無魏地，大江東去有周郎。"《韓蘄王墓》云："勳業未來先卧虎，英雄老去亦騎驢。"《喬公墓》云："生有隻鷄留戲笑，死猶兩女嫁英雄。"《明太祖陵》云："千秋形勝從三國。一樣江山陋六朝。"讀之雖氣質稍粗，能淵淵出金石聲，最長人才思、啓人聰明。

文章一道，斷無僥幸能作傳人者。連日多雨，閉門無事，偶閱陳星齋制義。其精能處，如讀心餘、仲則兩家詩，必傳於後無疑。又閱牟默人制義，其入理之深，措詞之妙，又與星齋不同。駸駸乎不肯拾金、陳餘唾，無論餘子。因嘆文章者精氣所固結，永同金石，豈妄也哉！古人應試策論，即今之制義也，未有文字不能文從字順而先學爲詩者。有剥蕉抽繭之能，然後有風發泉涌之奇。入手當從五律。前談宋人諸作，猶[四三]遺陳後山一家。緣所記得者寥寥數語耳。昨日始得檢出，録之以爲學者津梁。《元日雪》云："度臘閲三白，開正還積陰。炊烟茅舍濕，噪雀暮枝深。

短髮千方誤，中年萬里心。成書著巖穴，或有後人尋。"一結深情若揭，似不著題；而一年方始之日，看雪杜門，自視所作，無愧於心，可傳於後。其神理之妙，有不可思議者。嗚呼！外人安得而知哉！《晚坐》云："柳弱留春色，梅寒讓雪花。溪明數積石，月過戀平沙。病減還增藥，年侵卻累家。後歸棲未定，不但祇昏鴉。"末二句翻用工部"獨鶴歸何晚，昏鴉已滿林"句，有神無迹，各具深情而無雷同之弊。即如東坡《九日次韻》云："明年縱健人應老，昨日相陪意已遲。"亦是翻進一層，用杜句。余曾舉此以語家中子弟，不會這個法，便是心死。此古人明明以金針度人也，安可不留心體察！《宿齊河》云："燭暗人初寂，寒生夜向深。潛魚聚沙窟，墜鳥滑霜林。稍作他年計，初回萬里心。還家只有夢，更著曉寒侵。""墜鳥"句，前人不曾道過。作者學杜，又與義山不同。精鍊工能，東坡、山谷皆出其下。《和王子安至日》云："近節翻多事，爲家不亦難。老成須藥力，愁絕向誰寬。凍雨能防夢，朝霜故作寒。顏衰心自了，不待鏡中看。"只著"凍雨"一句，通篇皆有新色，而無土木衣冠之病，惟第二句學杜不佳。

李松溪云：前在京師，晤部郎方鐵船元鵾，稱"昌黎詩似大銀餅，東野則如碎金子，更令人可愛"。此解人語也。東野五古，學者當覽其全集方妙。五律《送遠吟》一首云："河水昏復晨，河邊相送頻。離杯有淚飲，別柳無枝春。一笑忽然斂，萬愁俄已新。東波與西日，不借遠行人。"有此種詩，昌黎安得不視爲畏友。拗折生辣，氣厚力健，第四句陡然作一拓筆，令人不測。結二句"東波、西日"，常語也，一經錘鍊，真有聲淚俱盡之妙。此等五律，工部而外，真無兩手。

蔣心餘詩，予所極心折者。第一卷有《擬秋懷》詩數首，不徒於少年時作大言炎炎，終竟能卓然有所樹立。詩亦堅栗深造，力掃浮言。其《醉言》句云："讀書心久死，每被酒力活。"亦非深能領略知味者不能道。集中七古，當以《題表忠觀碑後》爲第一豹。君題兒子知廉《詩本一律代謝》詩，東坡即不敢知覺；遺山老人捉筆，無能遠過。即此可悟，於行文下筆時，非不當讓古人，不敢讓古人也。東坡作《石鼓歌》，不敢讓韓，即是此意。心餘五律《湖上晚歸》云："濕雲鴉背重，野寺出新晴。敗葉存秋氣，寒鐘過雨聲。半檐羣鳥入，深樹一燈明。獵獵西風勁，湖心月乍生。"《霽雪曉行》云："凍雲留曉日，孤寺不曾開。雪屋寒光定，山風虎力迴。谷深羣響合，筇健一僧來。爭似茅檐底，呼兒索酒杯。"《雨過》云："雨過帆腰重，灘迴槳力柔。雲衣隨去鳥，風幔落閑鷗。酒趁輕航買，魚看細網收。江南楊柳岸，翻欲小淹留。"此等五律，又作一種明爽之概，以工部爲宗，以宋人爲歸也。遂覺於謝茂秦、施愚山外，別具風骨氣魄，令人耳目爲之一新。其他如《金山》云："元氣留江影，天光縮漲痕。"《妙高臺》云："混茫旋一氣，分野亂羣星。"《康郎山》云："亂峰衝雨出，孤月抱秋圓。"《采石磯登太白樓》數首，皆能刻意生新，羞作雷同語。如"使氣非真醉，沉江豈是狂？錦袍聊自適，不許後賢傷。"最妙。太白錦袍，是自家風流瀟灑，後人傷而弔之，翻增無數煩惱矣。作詩從此落筆，前人窠臼一掃而空。

　　詩無新意，讀之不能發人性靈。人每謂："非不能作新語，生於古人後，已被其說盡了，更從何處說起？"此皆隔靴搔癢，不肯深入讀書，顢頇以欺人自欺耳。果能得間而入，何患無新意？今錄黃仲則詩以作一證："子雲耽清淨，家貧常晏如。奇字世不識，不知讀何書。苦爲玄秘言，惜此名山軀。後塵匪能步，尚哉珍令譽。"夫以舉世不識之奇字，而一人讀之，則所讀究是何書，必深有識之疑。往日頗有此意，解人先得之耳。"古交戒情盡，今交患情離。苦自留其餘，不知將贈誰。寶劍既心許，慨然脫相遺。安用挂樹日，悲此宿草爲。"慧心慧眼，方許讀書。又一首云："行行向京洛，冠蓋織古今。疲極或慨息，偶云暮泉林。長揖挽之去，至竟非其心。朝來出門望，車迹恐不深。驚流少潛魚，疾颷無安禽。亮矣子陵釣，憖哉嵇生琴。"此種事，向來没人好意思説破，此竟[四四]直抉其心，用"長揖挽之"云云，仲則大是刻薄鬼。

人生遇下人，寬嚴總要得當。張率之壯哉鼠雀，不若柳公權之銀杯羽花。《宋書》稱韓魏公嘗夜作書，持燭柄他顧，燭燃公鬚，公以袖拂之，作書如故。頃回視，已易其人。公恐主吏鞭之，急呼曰："渠方解持燭，勿易也。"此所謂有相度。凡讀書人當有此氣量。若張桓侯之鞭撻下人，卒不免有范建之禍，可不戒哉！

人生讀書一場，倘能中式作官，第一是不可佞媚上官，第二是不可要錢。要人家錢，若遇刁悍之人，不肯給他，故入人罪，還有上司開脱；獨佞媚上司，爲叨好起見，尤當克制。不然虞侯爲帥君割股、大卿爲丞相放生，事所必至矣。

國家以時文取士，家中學生自當好好做去應試；然必得自家有一把好手，能去教導，不用去請先生才好。若延師，花[四五]費自不消説，正臘兩月不能在館，遇節過令，省親上墳，親朋拜答，此十個月中，只好在館八個月。學生也有遇節過令等事，再去了兩個月。則是一年之中只有半年可讀。間斷日久，則心神不守。刻苦下帷，一年能有幾日？如何得好？自家有把好手，委家事於一人，三百六十日盡可讀書。父訓其子，兄訓其弟，科甲書香，可以不斷矣。延賞筆太平板，多病，不能用功。人之筆氣平板，到學力深沉時候，如大江之水，無風自涌，便不平板了。可惜因病不能耳。

和古人詩用古人韻，當於自家現在所處之地、所遇之人，一一盤算，聽我處分。然後是自家詩，攙不到古人集中。東坡《和李白潯陽紫極宮感秋詩序》略云："紫極宮，今天慶觀也。道士胡洞微以石本示余，蓋其師卓玘之所刻。玘有道術，節義過人，今亡矣。太白詩云：'四十九年非，一往不可復。'今余亦四十九，感之，次其韻"云云。句云："緬懷卓道人，白首寓醫卜。謫仙固遠矣，此士亦難復。"余謂此和太白詩也，乃從一卓道人倒落出太白來，用筆奇橫不測。若只追想太白，則人人能之矣。

東坡《中秋月》一首，起首言去年看月、今年卧病云云，皆人所能。至"月豈知我病？但見歌樓空"，則去年今年、虛神實理，兩面皆到矣。下接云："撫枕三嘆息，扶杖起相從。天風不相哀，吹我落瓊宫。白露入肺腑，夜吟和〔四六〕秋蟲。坐令太白豪，化爲東野窮。"云云。若入尋常人手，"撫枕三嘆息"以下，便追想去年，傷感今夕，可以結局矣。看其著"扶杖"一語，下邊還有如許好光景，卻不曾脱卻"卧病"二字，可謂妙於布局，工於展勢。文章家不解此法，終是門外漢。又《九月十五日觀月聽琴西湖示坐客》云："白露下衆草，碧空卷微雲。孤光爲誰來，似爲我與君。水天浮四座，河漢落酒樽〔四七〕。使我冰雪腸，不受麴蘖醺。尚恨琴有弦，出魚亂湖紋。"云云。此首紀曉嵐評語，深能知此詩妙處。謂清思裊裊，静意可掬，不似俗手貌爲惝恍語。"尚恨琴有弦"，入得有神無迹。入俗手，非琴月對寫、即另寫琴聲一段矣。余謂東坡一集，其命題有極瑣屑、他人斷不能得好詩者。公偏能於無奇處生奇、無新處生新。細玩其捉筆時，似亦未嘗鋪排：我先寫月一段，"琴"字只用一筆帶出。是其天機活潑，法律精深，其成文也如風水相遭，亦不知其所以然之故。後人千辛萬苦，弄來了無生氣。總是讀的書不多，心源養的〔四八〕不靈妙耳。

一日之中，以晝夜相停算起，學者白日讀書，著四個時刻用功，餘則稍稍休息，則機行而悟生。或性之所近，蒔花、灌菜、掃地、燒香，無之而不可。若逼令枯坐，時候太長，神倦氣索，與不讀同。此雖爲已知讀書人説法，其實小孩子亦同此理。惟頑劣者，朴作教刑，不在此例。倘收得心轉來，仍要此法。

每下帷苦讀一月書，則當一日出游，以舒暢其氣脉筋骨。或獨或偕，可以任便。有良朋則訪之，與之縱談今古，質疑問難，互相印證，歸仍刻苦如前。看經史以及文字，有不明白處，一時無人可問；再四思索，仍不了了，則黏簽於上，待質有識。每有所見，如匾對、詩詞之類，不知出處，必當私記咨詢。所看史籍，可隨手摘録，每歲終則分類編出。日後八面受敵，學有根源矣。當起初入手時，覺得甚煩苦；行之日久，同於無事矣。

今日之做州縣，攤派過重，事敗則不得瓦全。予緣此同落職者四五人。先有一人捐復，部議不准。皇上旨意謂：此案終竟是攤派，不是餽送，准其捐復原官。可見事久自白，皇上聖明也。先是，予未到官時，縣有命案一件，官驗明，辦理未協，以憂去，遂告部狀。予莅任，適發侍郎中〔四九〕廣興審訊。種種攤費，則惟現任是問矣。然與之，則不得無過。若遇椒山、剛峰一輩人，則斷斷不與矣。我輩讀書一場，正是有愧古人。説者曰："此以智自全也。"殊不知古人之以智自全之説，如陳平裸衣刺船之類，非此之謂也，不得援以自解。偶書此一條遺示後人，以志予過。

余五六歲時，先祖携余至佛廟中，見泥塑神像五官皆活，但所説之話聲甚細微，聆之不能了了。後來問人，皆不知是何緣故。余早年有詩云："小時見泥佛，官骸如生人。呀唔作何語，傾耳聽未真。我或西土來，輪回昧前因。再世方爲僧，恐爲佛所嗔。"又有句云："此生得禄休嫌晚，再世爲僧尚未遲。"即用本事也。余少不慧，十五歲讀不周四書。次年，隨侍先大人於閩中，至漢陽，登黃鶴樓。舟小江大，每波浪一鼓盪，心竅翕然一開，覺得心裏瞭亮，喜歡之至。歸舟，把所讀書，忽知句讀，兼曉其行文用筆之大概。此與見泥佛事頗相類，故牽連書之。

古之賢人，斷無矯飾者。如東漢羊續爲廬江太守，丞餽魚，續懸之梁上。再餽，則出前魚示之，丞慚而退。此中必有緣故。

丞或挾此戔戔者，有非分之干；不然，餽生魚於子產，何爲不罪之？我在官時，四鄉紳嘗來餽食者無不受之。彼業已烹飪，不受則物敗不可食矣。平生非曹、劉、沈、謝，最懶怠記其人之姓名。彼時非無名帖來投，過即不能省記。來日決事，送魚鴨者竟有受責而去。人皆譁曰："官是論曲直，不是論送東西吃的。"我去官後，民情愛戴，此其一端。若一味讀死書，去學羊續，豈不誤事？又如王粲愛聽驢鳴，此有何好聽處？或亦劉貢父所云"馬默驢鳴"之類。余嘗有《途中雜詩》云："野店真嘈雜，耳中無好聲。不能解王粲，何事喜驢鳴。有託留諧謔，古人無矯情。著鞭公事急，一飯束裝行。"詩不必佳，而識則不泥。

　　山西當代文士，如傅青主之人品、戴楓仲之經學、閻百詩之考據、畢亮四之奇奧，而名臣及工辭翰者不與焉。安見得不如南人？鄉曲中有涉大江以南歸來者，艷稱書籍之多，詩文之麗，鄙鄉人幾一文不值〔五〇〕。此如舊家子弟當式微後，見富貴人家穿華服、營美室，欲仰其與共之懷、伸彼賃廡之私，便自忘先世之狐裘皇皇、夏屋渠渠也。此之謂長他人威風，滅自家志氣。

　　萊陽之梁子口，重岡復嶺，茂林矮屋，五龍河界其左側。宛然吾家樊麓、一曲沁流東注光景。故當日有句云："便須鼓櫂隨漁父，何異還鄉守會稽。"去年重至，宿其地，得詩一首云："嶺狐穴古墳，日夕怪聲聞。門隔一溪水，心期數片雲。石苔侵廢井，長劍動秋雯。欲作還家夢，山多路不分。"此種五律，脫渣滓而留清古之骨，求之古人，當與東野作忘形之交。他日六硯草堂數卷詩，或不致泯泯無聞。

　　好作綺語，自是不可，然人品則不關繫乎此。韓偓爲人，有《唐書》可按，可以作香奩語短之耶？其《安貧》句云："謀身拙爲安蛇足，報國危曾捋虎鬚。"至今讀之，猶有生氣。再如羅昭諫一輩人，勸錢繆討梁，堂堂正正，豈詞華之士所能及？其形於文字之間，風骨亦自可見。《夜泊淮口》云："秋深霧露侵燈下，夜靜魚龍逼岸行。"亦非晚唐靡靡之響。

談詩者每言不可刻意求新，此防其入於纖巧、流於僻澀耳，非謂不當新也。若太倉之粟，陳陳相因，作者無意緒，閱者生厭惡矣。如義山《思歸》云："固有樓堪倚，能無酒可傾。"又《即目》云："地寬樓已迥，人更迥於樓。"難云不佳，然再仿爲，則味同嚼臘。然人之犯此病者則不少矣。

贈人詩，切姓最俗，此亦爲俗手而言。若古人之精切有味、剛剛安頓得好，則又不爲嫌矣。王荆公《上元喜呈貢父》云："車馬紛紛白晝同，萬家燈火暖春風。別開閶闔壺天外，特起蓬萊陸海中。盡取繁華供俠少，只分牢落與衰翁。不知太乙游何處，定把青藜獨照公。"前四句了不異人，第五句忽然束一筆，六句著到劉身上，剛剛起起末二句。俠少看燈，衰翁讀書，兩兩相形，妙不可言。而筆氣之靈動堅整，又最起發後學。

校勘記

〔一〕"方百川"，"川"原作"里"，據清刻本改。按方百川即方舟，古文家，方苞之兄。

〔二〕"藉"，原作"籍"，據清刻本改。

〔三〕以上兩"韻"字，原本作"運"，誤。

〔四〕"摸"，當作"模"。

〔五〕"嶸嶸"，原作"濛濛"，據清刻本改。

〔六〕"長引二書"，"長"當作"常"。

〔七〕"電"，原作"雷"，據清刻本改。

〔八〕"蓋"，原作"益"，據清刻本改。

〔九〕"既"，原作"即"；有，原作"其"，據清刻本改。

〔一〇〕"有"，原作"於"，據清刻本改。

〔一一〕"又"，原作"文"，據清刻本改。

〔一二〕"獵"，原作"臘"，據清刻本改。

〔一三〕"象"，原作"衆"，據清刻本改。

〔一四〕清刻本"窺之"後多一"而"字。

〔一五〕"尚"，原作"向"，據清刻本改。

〔一六〕"狐"，原作"孤"，據清刻本改。

〔一七〕"足"，原作"是"，據清刻本改。

〔一八〕"法"，原作"治"，據清刻本改。

〔一九〕"姥"，原作"老"，誤。

〔二〇〕"尚"，原作"向"，據清刻本改。

〔二一〕"寑"，原作"浸"，誤。

〔二二〕"王莽謙恭下士時"，爲白居易《放言》詩中句，當作"王莽謙恭未篡時"。

〔二三〕"滇"，原作"真"，據清刻本改。

〔二四〕"奇"，原作"寄"，據清刻本改。

〔二五〕據清刻本增一"斷"字。

〔二六〕"千"，原作"十"，據清刻本改。

〔二七〕"覃"，原作"潭"，原本及清刻本皆誤。按翁方綱號覃溪，故改。

〔二八〕"何"，《曹子建集》作"得"。

〔二九〕"塌"，原作"榻"，據清刻本改。

〔三〇〕"間"，清刻本作"問"。

〔三一〕"媚"，原作"眉"，據清刻本改。

〔三二〕"直"，原作"真"，清刻本作直，義較勝。

〔三三〕"其"，原作"餘"，據清刻本改。

〔三四〕"託消"，當作"託銷"。

〔三五〕"歲"，原作"幾"，清刻本作"歲"，意較勝。

〔三六〕"撒"，原作"撤"，據清刻本改。

〔三七〕"潑"，原本及清刻本作"撥"，據原句意改。

〔三八〕"消"，當作"銷"。

〔三九〕"之"，原作"子"，據清刻本改。

〔四〇〕"乏",當作"之"。
〔四一〕"摸",當作"模"。
〔四二〕"躐",原作"獵",誤。
〔四三〕"猶",清刻本作"獨"。
〔四四〕"竟",原作"意",據清刻本改。
〔四五〕"花",清刻本作"化"。
〔四六〕"和",清刻本作"如"。
〔四七〕"樽",原作"杯",蘇詩作"樽",據改。
〔四八〕"的",清刻本作"得"。
〔四九〕"中",清刻本無此字。
〔五〇〕"值",清刻本作"直"。

餘藉室詩草

〔清〕馮婉琳　撰
李正民　點校

點校説明

　　《餂藾室詩草》一卷，作者馮婉琳（1848—1914），字佩藾，號雁門女史，清末山西代州（今代縣）人。父馮習三，爲道光咸豐間山西著名詩人。婉琳少時受學於洪洞王軒。16歲，嫁洪洞董文燦爲繼妻。28歲時文燦去世。她撫育繼子、禮佛誦經，寡居以終。其著述除《餂藾室詩草》一卷外，尚有《佩藾日記》4册，記敘同治六年（1867）至八年及光緒十年（1884）之事。除家庭瑣事外，還記有捻軍及氣候變化等資料（據《山西文獻總目提要》）。

　　《餂藾室詩草》一卷，收詩200餘首，多爲五、七言近體。集中第一首詩寫於1868年作者20歲時，卷末之詩當寫於1881年。其内容主要爲思親懷友、感時、詠物三類，還有少量的詠史、叙事之作。其中多數詩篇反映了她寡居生活的寂寞和對親人的懷念。《劉夫人節孝詩》寫道："烈風動地起，吹折連理枝。黄鵠難比翼，徘徊鳴聲悲。泉下誓相見，忍死待須臾。"透露出丈夫去世后，她曾有死志。"仰視堂上親，誰爲供甘旨？下顧袵中兒，妾去將焉恃？念此柔腸斷，代夫盡子職。"則似曲折地反映出她忍死盡孝的心態和奉老育孤的志節。《苦雨行》則反映了天災和酷吏給人民造成的疾苦，流露了作者的仁愛之心和"生無柔骨易忤時"的正義感。宋代才女朱淑貞，曾在自己的《斷腸集》中，痛陳"獨行獨坐，獨唱獨酬還獨卧"的凄涼生活；而馮婉琳的《餂藾室詩草》，又是一部清代才女的"斷腸集"。

　　此次整理，以《山右叢書初編》本爲底本，以山西省圖書館藏民國馮鵬翥手抄本（簡稱"手抄本"）爲校本進行點校。

餖藕室詩草

夜坐偶成

讀餘時寂坐，庭樹穩棲鴉。珠箔因風起，階前月影斜。

杏花 己巳

廿四番風換，關心景物賒。幽香迷野徑，春意到山家。雨蕊林間濕，風枝竹外斜。折枝堪作供，曉色絢[一]紅霞。

日夜思親

微風動簾幕，皎月照中庭。竟夜不成寐，披衣且剔燈。鄉關別離久，昕夕念老親。膝下十餘載，形影未曾分。教誨殫親力，寒燠勞親神。一旦相睽違，能不悵苦辛？椿蔭悲凋謝，慈顏入夢頻。嗟予鮮兄弟，誰爲侍昏晨。感此千里隔，無語獨沾巾。

劉夫人節孝詩

嚴霜凋百卉，青松抱勁姿。賢哉劉節母，貞孝乃如斯。烈風動地起，吹折連理枝。黃鵠難比翼，徘徊鳴聲悲。泉下誓相見，忍死待須臾。仰視堂上親，誰爲供甘旨？下顧褓中兒，妾去將焉恃？念此柔腸斷，代夫盡子職。饑寒不改色，顧頷暗吞泣。迢迢長夜静，耿耿殘燈碧。丸熊佐宵讀，柏舟懍冰清。詩書手澤在，課子有遺經。劬勞廿餘載，教誨成令名。芳名播彤史，閭里爭光榮。伊余欽賢淑，握管吟高風。

偶　感

閒雲散空碧，淡月隱曲欄。微風天宇静，庭樹影團圞。歸期頻年阻，回首憶舊歡。迢迢關山隔，悠悠悵路漫。離鄉瞬七載，知否勉加餐。徘徊望去雁，遙盼尺書難。

尺五天 有序

己巳清和十日，夜夢至一處，層樓復閣，金碧輝映，樓上下人來往甚多；予登其巔，觀樓額"尺五天"三大字，筆力蒼古。醒時歷歷如繪。因成小詩以記之。

夢境分明繪目前，逍遙一枕等游仙。瓊樓玉宇紛無數，喜我曾登尺五天。

即　景

陰陰夏木晝初長，獨倚闌干納晚涼。補壁蜘蛛黏網密，翻枝蛺蝶曬衣忙。盆花過雨香埋徑，籜竹搖風影出墻。領取吟懷兼畫意，一鉤淡月上迴廊。

雨餘即事

一碧天如洗，庭前景物清。花含晨露潤，竹戞晚風輕。緣壁留蝸迹，穿林悅鳥聲。深宮寅盼慰，時宮中方祈雨。占歲愜歡情。

榴　花

過雨探芳訊，榴開又幾叢。朱華宵挹露，翠蕚曉迎風。何事[二]霞裙妒，居然錦幄同。攜來安石種，結實更玲瓏。

月夜偶成

天宇纖雲凈，微涼倦倚樓。月移花影動，風送笛聲悠。點點蒼苔碧，陰陰遠樹幽。塵懷消永夜，得句豁吟眸。

雨後觀荷

空庭過雨喜微涼，翠蓋搖風送暗香。一夜池邊添嫩緑，亭亭玉映鬥新妝。

初秋晚興和藕龕韻

雨過開新霽，陰晴一日中。池荷晨挹露，牖竹夜敲風。讀史偏多感，閒吟愧未工。家山千里碧，應有夢魂通。暑退涼生早，逢秋倍憶親。挑燈溫舊課，掩卷惜良辰。蛩語如知夜，螢飛解避人。疏桐偏應候，摇落乍經旬。秋至人先覺，蟬鳴又夕曛。簾深遲得月，樹密礙歸雲。自羨家庭樂，休争竹帛勳。静中真趣在，方寸息紛紜。料峭西風起，高吟快倚樓。芙渠臨水面，薜荔過墙頭。月落礁催曉，霜寒雁報秋。蕭然塵事遠，此意共綢繆。

夜　雨

濕雲送雨來，開窗喜軒敞。庭竹乍蕭疏，風逐落葉響。寒蛩繞砌吟，似報秋氣爽。須臾片月升，静觀獲新賞。

中元夜寄懷仲姊

颯颯西風動別愁，離懷無那又經秋。今宵一片團圞月，半照并州半薊州。

讀張氏四[三]女集題後

幼讀三百篇，頗解比興理。二南首關雎，化自閨閫起。内治德爲先，至行在倫紀。吟詠寄性情，雅音追正始。温柔與敦厚，詩教本如此。賢哉蘭陵張，伯仲相濟美。趨庭傳家學，篆籀別偽體。一門富文章，聯吟敲宫徵。不數謝女才，欲續班姬史。韻事足千秋，巾幗能有幾？展玩霏珠璣，披誦芬頰齒。予亦耽吟毫，樗材非杞梓。勉學邯鄲步，歌成慚下里。無緣拜絳紗，瓣香切仰止。

憶母

翹首慈雲意渺茫，傳箋何計慰高堂。不因此日想思苦，異地寧知歲月長。

讀顧亭林先生全集

經明貴行修，學古期平治。聖賢有要圖，淑身乃淑世。末俗競浮華，卿相惟倖致。欺人盜虛聲，廉恥遂委地。緬維顧先生，絕學富經笥。深識閱禍福，潛修淡名利。不羨弓旌招，獨行山林志。濟世利病篇，博物金石記。日知究天人，餘事辨音義。西游太華雲，嘯傲烟霞寄。至今二百載，儒宗誰堪比？衣冠野雲墓，家伯子舊藏朱野雲處士手摹先生遺像一幅。俎豆城南寺。京師慈仁寺有顧先生祠。幸讀先生書，掩卷三致意。私淑跋高踪〔四〕，瓣香從此始。

除夕感懷次韻呈藕龕

前燭增離緒，敲詩興不加。春書迎節序，歲酒送年華。牖竹新舒籜，盆梅早著花。慈雲頻悵望，歸夢隔天涯。

秋夜懷仲姊季妹庚午

風來簾幕捲，貪涼夜眠遲。雨餘新月上，坐看花影移。四壁亂蛩吟，不平欲訴誰。感此物候變，流光迅駒馳。羨彼林間鳥，啞啞繞故枝。嗟予雁行隔，八載遠結褵。音書欣無阻，難慰飢渴思。夢寐偶携手，猶似少年時。迢迢雁門道，茫茫涂水涯。伯也成永訣，此生無見期。仲姊悲怨耦，琴瑟久乖違。弱妹方待字，誰爲整嫁衣？況我堂上親，筋力漸衰疲。甘旨何人供，形影爾相隨。安得凌風翮，頃刻至庭闈。探喉成怨曲，愁懷祇自知。

春日感懷

村居城市遠，閉户知音稀。鳩燕報春深，風絮入我幃。芳草醒前夢，桃李綴新枝。東風鼓太和，萬卉争光輝。榮悴信自致，造物本無私。撫景惜華年，傷哉遠别離。憶昔處閨闈，趨庭習文詞。上艾六七載，伯仲相追隨。爲歡日未久，迢遥賦于歸。慈闈悵遠隔，鱗鴻慰相思。人事多變更，何日卜歸期。無言轉悽惻，零涕沾裳衣。

送仲嫂之京都

半載欣重聚，蘭閨誼獨親。同爲行路客，聊慰倚閭人。柳折汾堤緑，花看蘇嶺新。臨歧無限意，執手共沾巾。時予亦將歸寧。

晚行遇雨

遠道征人怯，崎嶇日易昏。溪深多繞寺，樹密自成林。歸牧牛羊下，投林鳥雀喧。涼風吹短袂，暮雨倍消魂。

雨後偶成示四妹

空庭初過雨，暑退晚涼生。淡月侵窗碧，微風拂簟輕。蟲吟籬豆細，螢度砌花明。坐久渾忘倦，簷頭參斗横。

秋夜寄許齋主人

細雨斜風葉滿林，小樓憑眺獨蕭森。愁懷此際憑誰語，一夜思君海樣深。

千里迢遥悵路漫，聊憑雙鯉報平安。西窗剪燭心先醉，欲寫相思落筆難。

月夜聞笛

小院西風冷，疏窗月上遲。一聲何處笛，吹起故鄉思。

秋分日憶許齋主人

落葉深三徑，歸心懶倚樓。關河千里夢，風雨一城秋。欲寄相思字，恐添遠道愁。黃花應比瘦，曾否著輕裘。

忻州留別四妹

惜別陽關怯曉風，匆匆握手訴離衷。柔腸欲斷難為別，盡在無言嗚咽中。

長途迢迢一望賒，霜林紅葉點征車。重逢未卜他年事，願愛芳年餐飯加。

山行即景

萬仞接青霄，峰迴疑無路。豁然兩岐分，天光破煙霧。溪深怯馬蹄，小橋通前渡。古樹不知年，根盤龍蛇怒。紅葉駐秋色，明滅殘霞護。何來碪杵聲，人家臨水住。茅屋半遮籬，柴門眠浴鷺。峰轉境更幽，懸崖飛瀑布。不隨平地波，休為出山誤。一塔寄嶺腰，樵僧雲端度。寺遠但聞鐘，隱約林深處。歸鳥背夕陽，畫圖紛指顧。行行道苦賒，前峰日將暮。

雪窗偶成

乍覺寒威重，開窗玉屑霏。雲濃鴉陣亂，風峭雁聲稀。文字翻來謗，詩書與俗違。故園翹首處，魂夢隔庭闈。

梅花

南枝數點淡妝成，月色朦朧鶴夢醒。畫閣宵深琴罷撫，隔簾香霧不分明。

水仙

仙骨珊珊不染塵，須從洛浦證前身。霜寒洗盡鉛華態，桃李東風漫效顰。

詠梅

南國傳芳訊，春光小院遲。風來香自溢，月過影頻移。冷淡癯仙格，橫斜處士詩。羅浮前夜夢，翠羽認迷離。

曉起即事

曉日瞳曨映碧紗，篆煙低裊一痕斜。垂簾莫放東風入，半怯春寒半護花。

大雪和東坡尖叉二首同許齋

宵深不見月痕纖，閉戶寒威傍曉嚴。皎皎樓臺如積玉，紛紛庭院已堆鹽。梅添素萼花臨水，竹壓疏枝葉拂檐。卻憶京華吟侶在，笑呵凍筆鬥新尖。

凍雲擁樹起棲鴉，竟日門無俗客車。繞砌繽紛霏玉屑，敲窗細碎舞璇花。抽妍句好推梁苑，詠絮才高艷謝家。欲擬衝寒沽酒去，依稀莫辨路三叉。

春日雨中偶吟

空濛細雨濕蒼苔，簇簇繁英次第開。蜂蝶似憐人寂寞，競銜花片入簾來。

雨　餘

雨霽閒雲淡欲流，清風習習挂簾鉤。迷離花影閒階墮，明月多情又上樓。

初夏即事

紫榆庭院晝偏長，四面窗開喜嫩涼。拂拂棟風侵硯匣，霏霏梅雨潤琴牀。蠶垂葉底貪清露，蝶抱花枝醉暗香。肩户且欣塵事遠，兀然獨坐理縹緗。

夜　坐

雨霽雲懶飛，園林茁新綠。濃露滴芙蓉，涼風曳窗竹。藤陰月影移，茶煙散輕馥。小庭喜幽曠，靜觀愜心目。披襟愛久坐，夜漏聲遥促。

偶　成

困人天氣小年長，半捲湘簾納晚涼。一縷篆煙飄不定，風來更送藕花香。

幽居雜興

門掩苔痕長，庭空日影斜。歸鴉爭古樹，狂蝶閙新花。書罷閒揩硯，詩成靜品茶。幽懷何處寄，一室足煙霞。

習習薰風至，疏簾捲夕曛。竹聲涼似雨，花氣淡如雲。搦管拈新韻，開函校舊文。北窗清夢覺，爐篆尚氤氳。

雨歇層陰霽，微涼拂素襟。蟲貪藏葉底，蝶倦醉花心。月映簾紋細，煙籠樹影深。書聲鄰舍起，願爲理瑶琴。

暫卻塵懷擾，欣觀景物幽。荷擎晨露潤，竹漾晚風柔。夜靜蛩如語，天空月自浮。茗香聊破睡，小院且勾留。

即　事

夢醒疏窗雨過時，空庭人靜捲簾遲。尋芳痴立花前久，露濕弓鞋尚未知。

夜　坐

虛堂寂寂晚涼天，寶鼎頻添裊篆煙。風定池蓮香自在，月籠簷樹影偏圓。敲詩戲仿連珠體，習字時臨道德篇。靜坐烹茶煩慮滌，沉沉銅漏滴窗前。

七　夕

瀟瀟細雨濕黃昏，天上人間總斷魂。回憶昔年諸姊妹，也曾乞巧向天孫。

游二衖口占

出郭乘幽興，一葉理扁舟。風日正清美，行行櫓聲柔。水天相輝映，波光淡不收。叢葦沿岸密，野鳧戲中流。臨渚幾人家，竹樹綠陰稠。嬉笑兒童樂，忘機等鷺鷗。頓除萬斛渴，涼生不待秋。夕陽忽西下，返棹白蘋洲。蕩槳者誰子？呷啞發清謳。江湖惟夢到，此境足夷猶。

寄　書

欲寄家書下筆難，無言獨自坐更殘。殷勤勉作平安語，臨發開封幾度看。

秋日感懷

西風瑟瑟日遲遲，庭院蕭森冷桂枝。世態如雲蒼狗幻，韶光逝水白駒馳。愁中沽酒聊尋醉，讀罷攤箋勉索詩。寸草有心慚報稱，顯揚無分到蛾眉。

疏桐一葉報新秋，暮捲珠簾月半鉤。千里思親愁聽雨，兼旬多病怯登樓。蟲吟冷露聲何苦，雁送長風勢倍遒。極目鄉關無限意，天涯何處覓書郵。

偶　成

露重煙消碧落空，西風搖落到疏桐。殘蟬如怨蛩如訴，似報秋歸細雨中。

獨坐感懷

冷露閒階坐，輕寒透碧紗。風欺將退葉，雨弄欲殘花。望遠情難達，思深夢易通。團圞今夜月，兩地照應同。

寄衣曲

一夜西風木葉飛，深閨慰貼到寒衣。卻愁寬窄無憑準，刀尺暫停淚暗揮。

秋日柬三妹

相離咫尺即天涯，棣萼相思恨轉加。雨後蟲符鐫敗葉，風前蛛網冒殘花。羨君福慧能超俗，笑我痴頑祇憶家。借問香車何日過，待除苔徑煮新茶。

秋日寄懷二妹

匆匆分手忽經年，極目雁行悵各天。時有家山縈夢寐，何堪秋雨更連綿。

遊江亭

地僻稀人迹，驅車葦徑通。疏櫺臨水面，高閣出花叢。蘚守螭碑暗，霞拖雉堞紅。西山紛在眼，蒼翠有無中。

暫喜塵煩滌，憑闌豁遠眸。波搖依岸柳，雲護傍山樓。日夕鐘聲動，風徐鳥語悠。年來厭城市，欲去更遲留。

擬遊山詩

峰轉疑無路，林開嶂忽分。崖深能作雨，石古欲生雲。破寺無香火，殘碑有篆文。松陰聊小憩，鐘語隔溪聞。

尋幽人境別，蘿徑試登攀。鳥倦爭投樹，雲閒欲定山。風吹松子落，笛引牧童還。斷碣螭文古，摩挲認蘚斑。

秀色開圖畫，行行陟翠微。雁拖殘照去，鴉逐斷霞飛。危塔寄山坳，鳴泉瀉石磯。漸看新月上，徙倚淡忘歸。

勝地欣臨眺，塵懷一笑輕。羣山青到郭，一水綠環城。樹古涼先覺，花奇韻自清。編茅宜小隱，何事戀微名。

山樓晚眺

薄暮層陰次第開，蒼然秋色近樓臺。山經雨洗濃於染，樹引雲歸碧作堆。採藥僧尋煙外徑，買花人自水邊來。幾回欲作登高賦，握筆慚無錦繡才。

曉雪即事癸酉

嚴風逼曉峭寒加，浩蕩乾坤净點瑕。銀海光搖生幻相，不知是絮是飛花。

七葉新葭驗律回，春風消息到寒梅。東皇留潤工妝點，一夜瓊花遍地開。

送玉卿嫂之秦州

一載相依情更親，無端聚散若溪蘋。燕山草色初含碧，汾水桃花正待人。定有門閭勞悵望，休因跋涉怨風塵。天涯後會期難卜，執手臨歧各愴神。

鶯聲歷亂若爲忙，一曲驪歌幾斷腸。別酒未斟心已醉，離懷欲話恨先長。關河迢遞隴雲暗，戎馬悾偬渭樹荒。願助使君成上理，潢池早靖勸耕桑。

春　曉

輕寒天氣乍陰晴，春色怡人畫不成。料得前宵新雨足，街頭處處賣花聲。

即　景

十二闌干外，瞳瞳日影移。花深春自駐，竹瘦俗能醫。雨後鶯聲脆，風前燕語遲。忘言真契在，此意少人知。

榆蔭空庭靜，年來愛此廬。花嬌滋露重，草軟漾風徐。學篆參蟲鳥，披圖訂魯魚。陶然吾意樂，及此好閒居。

曉起即事

深閨曉起懶梳頭，春夢無痕也覺愁。爲惜韶光留不住，又拾花片上妝樓。

春深三徑綠陰肥，惆悵殘紅帶雨飛。蜂蝶多情忙不了，風前隊隊抱香歸。

春晚偶成

蕭齋無意理釵鈿，偶藉新詩破晝眠。著雨花容疑中酒，敲風竹韻誤調絃。作書每愛蠅頭細，煮茗初翻蟹眼圓。閑捲疏簾添畫稿，落紅飛到綺窗前。

春日書感

日日惜春祇自知，東風寒重滯花期。燕衝細雨銜泥過，鴉逐歸雲到樹遲。不信多才能折福，非關有恨始吟詩。此生已被羅衣誤，懶向妝臺學畫眉。

暮春口占

一夜風聲雜雨聲，惜華心事夢難成。流鶯似恨春將老，故向人前訴不平。

城外書所見

雨過郊原翠色連，薰風拂拂柳含烟。隔花酒幔疑無路，近水漁莊別有天。古寺僧貧梵貝靜，荒園草盛鼠狐眠。停車不語閑翹首，隱隱城樓落照邊。

偶　成

閒來日比小年長，老樹參天覆畫堂。抱葉蟬如高士懶，穿花蝶似酒人狂。書多未讀方知悔，詩到無題每易忘。閉戶差欣煩熱滌，瑤琴一曲靜焚香。

思　親

自別慈闈二載餘，雲山極目渺愁予。不知眠食平安否？惆悵何人問起居。

次許齋書感[五]韻

潤物宜疏雨，庭花一色新。燕歸猶識主，鼠黠敢欺人。得失寧堪問，炎涼未足瞋。閉門謝車馬，剪燭賦詩頻。

次許齋雨餘即景韻和杜石生作

雨洗遥山翠黛連，斷霞明滅晚晴天。隔簾芳草可憐碧，冒沼新荷隨意妍。瘦蝶穿枝忙曬粉，昏鴉棲樹怯衝烟。眼前幽趣成圖畫，惜少鷗波妙筆傳。

晚霽

霖霽添新爽，閒庭景物妍。晨花清浥露，夜竹静生煙。到耳蛙聲聒，當頭雁陣連。烹茶聊小坐，不醉亦陶然。

即事有感

閒倚闌干覺晝長，緑波如畫漲陂塘。韶光半爲耽書誤，鄉夢常因中酒忘。世態自來多譎詭，人情何處不炎涼。卻憐蝴蝶貪痴甚，又逐飛英過短墻。

讀魯川先叔遺集

少年文采冠詞場，薄宦浮沉滯省郎。未必才高難致福，何堪名重反嫌狂。恤刑雲司清風在，減賦皖江惠澤長。太息生平勵孤介，不將琴鶴伴歸裝。

風雅宗工一世豪，坫壇旗鼓每親操。酒緣好客尊常滿，詩爲分題格愈高。經術濟時難避謗，馳驅許國敢辭勞。宦聲[六]早定千秋論，不愧清勤兩字襃。

苦雨行

墨雲壓天天圍[七]低，赤烏退匿扶桑西。屏翳失紀飛廉虐，朝朝雨師麾旌旗。雷車迅馳無停晷，乘龍吸盡長江水。掉尾噴散萬斛腥，軒然平地大波起。長安六月已如秋，米價日增閭閻愁。屋破垣圮人聲沸，時有飛魚落簷頭。畿輔南北成澤國，田塍不復辨阡陌。澤中嗷嗷哀鴻啼，强者鋌走爲盜賊。比户曾無儋石糧，屋舍蕩然秋稼傷。大吏猶報雙歧瑞，有司祇爲催科忙。日日追呼恣敲扑，老穉被繫行踣踒。求生求死兩未能，窮民何辜遭慘毒。吁嗟乎！監門鄭公今日無，獻闕誰繪流民圖。國家深仁二百載，懸知聞災即蠲租。九重祈晴方下詔，陰霾一空朱輪曜。急播晚稻祝西成，豐稔應以謳歌報。

霖雨兼旬聞永定河泛溢感賦二十韻

陰霾天閽閉，白日難爲光。風濤戰庭樹，勢挾雷電狂。月無三日霽，愁霖聲浪浪。傾巢鵲濡尾，結隊蛙登堂。飛泉喧屋瓦，枯蘚漬繩牀。炎暑如深秋，時序失其常。長安居不易，索米價苦昂。側聞三輔間，洪流溢河梁。田舍遭漂没，平地波濤揚。頻年已苦潦，老幼無完裳。何堪爲魚嘆，復此秋稼傷。閭閻飢寒迫，有司徵斂忙。祇聞政如虎，不見境避蝗。錙銖皆民脂，徒飽胥吏囊。救災在恤困，端恃疆臣良。懲貪而去莠，或可起膏盲。如何務姑息，鷹鸇任披猖〔八〕。臺臣寒蟬寂，何由達天閶。安得天心慈，轉歉爲豐穰。歌成聊抒憤，令人思龔黃。

雨窗感懷

露冷秋空迥，霜高旅雁過。急風喧敗葉，淫雨撼枯荷。獨酌寧辭醉，閒吟不厭多。故園松菊在，日夕夢煙蘿。

聞蛩有感

寂寞秋閨靜，蛩鳴傍砌陰。侵簾霜月白，匝徑晚烟深。自有炎涼感，何堪斷續吟。鄰家碪杵動，誰解此時心。

喜家書至

遠道思親日，秋風雁到時。祇緣三載隔，非訝一書遲。喜極翻無語，思深轉自疑。倚窗頻剪燭，不厭幾回披。

書憤 聞仲姊擬初冬歸徐

迢遞雲山滯雁行，書來欲讀恨先長。寧緣遠別增悽感，彩鳳隨鴉倍可傷。

中秋夜口占

自別鄉關幾度秋，每逢佳節轉添愁。侍兒也解思鄉苦，月到湘簾早下鈎。

十一月十二日雪用聚星堂韻和許齋作

驚飆淅瀝喧敗葉，曉起鈎簾見飛雪。天公作意開圖畫，妝點乾坤轉清絕。頃刻枯梅遍著花，到手蓓蕾疑堪折。樓外西山失蒼翠，銀海光搖倏變滅。萬瓦鱗比玉無瑕，斷續炊煙漾空掣。衝寒沽酒快圍爐，賺得醉顏開笑靨。知君希古志千秋，區區雕蟲技豈屑。拙宦不爭終南捷，十載長安驚一瞥。風雲遇合會有時，俗態炎涼寧堪說。持杯勸飲且高歌，歲寒共保心如鐵。

夜坐述懷再次前韻

凍雀爭巢踏枯葉，漫天同雲欲飛雪。愁腸得酒芒角生，兀坐寒閨更凄絕。鄉國忽憶綺窗前，老梅馨香定誰折。常年別離寡歡趣，舊事回首蹤全滅。學詩刻鵠慚未工，安能健筆腕底掣。北堂護樹悵睽違，喜卜燈花綻紅纈。雁行分飛各天涯，米鹽誰為謀瑣屑。暫歸聊慰倚閭望，余丁未歲春歸寧，十月還里。寒暑屢易纔一瞥。

西隃岩嶤山松秀，夢中歸途尚能説。夜深漸覺柝聲繁，臥擁重衾冷如鐵。

讀郗齋二疊作有感三疊奉呈

閉門耽静翻貝葉，勉效巴吟續郢雪。羨君健筆何嶙峋，頃刻千言詫奇絶。餘事形聲追蒼襭，考釋精詳羣疑折。昨宵示我琳瑯句，拍案狂吟燈燭滅。憶昔聯詠古梅下，倏忽韶光驚電掣。家園古梅一株，花時甚茂，余里居曾詠之。薇垣清暇塵事稀，坐擁書城開錦纈。生無柔骨易忤時，胸有千秋宜騷屑。儒生讀書思致用，勉圖報稱敢輕蟄。青史難完異代名，縱抱奇才何足説。君看道旁夤緣輩，終日奔走愧輪鐵。

歲暮述懷

連朝風雪動鄉思，盼到寒梅折遠枝。歲暮家山頻入夢，宵深燈火懶尋詩。迂疏依舊難諧俗，智巧由來易合時。太息廿年成底事，書叢寢饋未嫌痴。

即事甲戌

雨過涼生小院中，半窗竹影漾微風。尋芳蛺蝶忘春盡，痴向墻東覓錦叢。

蜘　蛛

補壁縈枝趁夕暉，纖絲誤冒蝶蜂飛。機心漫負經綸巧，網到成時力已微。

寄懷汪玉卿仲嫂

佳耦於今有幾人，羨君鴻案敬如賓。苔岑臭味偏同我，冰雪聰明本絕倫。燈下鈔書勤課子，花前奉酒善娛親。定知上理能襄化，遥聽甘棠頌鞏秦。

難逢驛使寄相思，迢遞關山雁到遲。春雨一簾燈似豆，宵深正我憶君[九]時。

燕樹隴雲魂夢牽，何堪離緒各天邊。無情卻恨中宵月，偏向愁人分外圓。

感懷呈許齋主人

樹杪蟬聲噪夕陽，湘簾懶捲静焚香。酒澆塊壘休辭醉，詩寫性情不礙狂。堪笑英雄論成敗，須知世態本炎涼。勸君莫問君平卜，日擁琴書足徜徉。

詠史四首

銷兵拓宇暴爲先，棄盡詩書劫火燃。海上仙舟終縹緲，泰山石碣任雕鎸。詎知軹道修降日，即是長城築壘年。上蔡勳名成底事？阿房一炬付荒煙。秦始皇

中原逐鹿起紛爭，先入咸陽帝業成。破敵席前憑借箸，時危俎上忍分羹。除殘幸有三章約，裂土虛存六國名。慷慨歌風懷猛士，白登一困少韓彭。漢高祖

降蜀平吴威德宣，乾坤一定昧知賢。志荒鐵鎖銷兵后，禍伏羊車縱樂年。寧識兒頑非果報，居然婦劣也當權。江山半壁今何在？荆棘銅駝事可憐。晉武帝

義旅長驅定洛陽，雲霓爲慰萬民望。千年禮樂尊周孔，一代刑書法禹湯。學士登瀛開畫本，老臣進鑒戒禽荒。始終恩禮全勳舊，仁德訏謨邁漢皇。唐太祖

書憤三十韻

讀書期致用，經術足匡時。文章與政事，一貫道在斯。爲學

羞標榜，居官恥素尸。一旦投艱大，自任遂不疑。譬彼築堂奧，樹立貴始基。基址苟未固，梁棟何由施？末俗鶩名利，捷足競奔馳。經史束高閣，忠孝飾虛詞。徼倖致公卿，只矜遇合奇。受賄象焚齒，假威虎蒙皮。黃金信有用，拔擢惟所私。平居詡抱負，遇事任謗嗤。方寸無真宰，與衆爲轉移。獻箴誰補袞，上策只和夷。遂使腥羶輩，數載溷皇畿。犬羊恣食饗，猫鼠共恬嬉。詭謀紛百變，誅求靡窮期。厚幣貽強敵，國體寧無虧？近聞海氛惡，戰守兩端持。夜郎益自大，疆吏尚羈縻。內外患未已，上下交相欺。三輔頻年潦，十室九斷炊。催科膺上考，錙銖皆民脂。胥史更中飽，寒雨忘怨咨。妖星亘銀漢，光芒掩斗箕。天閶隔萬里，浮雲蔽朝曦。小臣猶納誨，臺諫罔聞知。病漸入膏肓，和緩亦難醫。杞人憂奚補，抒憤聊陳辭。擲筆起長嘆，明月入羅帷。

對梅有憶

春信傳來雪後天，一枝開傍竹籬邊。暗香浮徑風初定，疏影橫窗月正圓。冷淡祇宜高士賞，清癯肯受俗人憐？故園老樹知誰折，幾度相思意惘然。

花朝即事

輕寒天氣雨瀟瀟，快讀新詞慰寂寥。鸚鵡似知人意懶，隔窗報道是花朝。

春　曉

春陰漠漠雨霏霏，草色裙腰綠正肥。負手巡檐閒索句，不知清露已霑衣。

餂藕室獨坐偶成

闌干十二日初斜，香篆回環暈碧紗。出谷新鶯時選樹，過墻粉蝶半尋花。詩因限韻吟難就，酒爲消愁量倍加。堪笑年年隨薄宦，故園辜負好烟霞。

鎮日掩關静不譁，庭榆破筴草痕斜。渴峰鑽紙頻窺硯，倦蝶抱枝誤墜花。歸夢闌珊如中酒，春愁宛轉總思家。才疏亦識無佳詠，刻鵠未成敢浪誇。

月夜口占

光陰荏苒數階蓂，舊課重温欲乞靈。卻喜宵來清絶處，一窗明月讀丹經。

偶　吟

花影一簾深，焚香理素琴。幽懷誰共語？愁絶少知音。

暮春感興

鶯聲啼斷緑楊枝，又是落紅滿地時。千里關河縈客夢，一春風雨攪鄉思。學疏常恨拋書早，才拙每嫌得句遲。閒倚欄干數歸鳥，幽懷脈脈少人知。

艷陽桃李逐番新，聽雨西窗忽暮春。競説聰明多自誤，若兼福慧豈無人？事過每作平心想，家遠翻憐入夢頻。怊悵朱顔羞對鏡，北堂秖恐鬢如銀。

春日聞笛偶成

掩關習静遠塵囂，偶賦新詩破寂寥。學畫未能心欲寫，彈琴將罷指仍挑。呢喃燕語窺簾幕，宛轉蛛絲障綺寮。滿地落紅無限恨，一聲鄰笛黯魂銷。

白荷花

仙種疑從玉井移，中庭翠蓋映參差。悟來色相塵難染，洗盡鉛華淡最宜。素質豈容蜂蝶伴？冰心祇許鷺鷗知。亭亭標格盈盈水，仿佛凌波獨立時。

綽約豐姿愛淡妝，上清新試五銖裳。翠盤擎雨明朝露，縞袂迎風趁夕陽。檻外煙籠微有影，池邊夜靜自生涼。素心相對仍無語，好傍慈雲供法王。

饁藾室晚坐

紫榆冪歷蔭書堂，悄捲湘簾喜嫩涼。滿徑碧雲涵竹影，一階紅雨斂花光。偶臨禊帖頻揩硯，欲試瑤琴靜爇香。暑氣漸消風漸起，忽看新月上迴廊。

連雨驟寒口占

蕭然斗室淨塵氛，午夢初回忽夕曛。積雨苔痕深一寸，薄寒花事減三分。層霄雁點行行字，遠樹鴉翻片片雲。自笑閨中偏好事，裹棉試拓漢磚文。

梨　花

冰雪聰明不染塵，鉛華洗盡見天真。總然開向春風裏，未許夭桃浪效顰。

凌霄花

柔蔓搖風難自持，縈回宛轉上高枝。一朝遽作凌雲勢，忘卻從前曲附時。

晚香玉

玲瓏玉蕊淨無瑕，短葉參差映碧紗。涼露滿階人語靜，一庭香雪月初斜。

白秋海棠

一院梨雲斷續香，水晶簾外月如霜。幽芳自耐秋光冷，不向春風鬥艷妝。

鳳　仙

佳名曾許占蓬萊，簇簇紅芳挹露開。珍重美人勤護惜，卻教蝴蝶費疑猜。

秋日書感四首

玉露金風濕桂枝，簾前小立月明時。雁橫遥塞秋傳信，蛩語深宵冷早知。無計消愁惟命酒，有懷欲寫勉題詩。憑闌多少關心事，極目雲山動遠思。

新秋天氣乍陰晴，傍晚羅衣便覺輕。花徑風高醒蝶夢，草根露冷聚蟲聲。奇書每欲焚膏讀，逸興偏因見月生。慚愧綠窗徒詠絮，幾回把卷感難平。

瀟瀟夜雨倍思親，暫慰離愁歸夢頻。十載蹉跎拋壯歲，三秋落莫負良辰。自來忠厚能邀福，畢竟聰明易誤人。底事清砧催漸急，碧桐搖落已經旬。

相思無那怯登樓，幾日珠簾不上鈎。風掣枯荷疑雨至，煙籠遠樹認雲浮。洗杯薄飲難成醉，拈管苦吟易感秋。莫依危闌重悵望，蒹葭露冷雁聲愁。

寄家書有感

拈毫每欲報平安，心緒茫茫感百端。豈爲久離增悵觸，懸知生計總艱難。幾回語復嫌箋短，半晌封遲耐漏殘。女大何曾能奉養，空慚千里勸加飧。

春夜丙子

雅愛幽棲好，丹鉛鎮日隨。茶香薰畫册，花氣潤書帷。老樹生風易，迴廊得月遲。清談忘久坐，不覺露殘時。

曉　起

碧窗曉起晝沉沉，幽趣端從靜裏尋。隔牗忽傳鸚鵡語，曲欄一夜落花深。

春　暮

研几清嚴傍竹叢，閒窗檢譜理絲桐。半池草色勻深碧，一徑花光暈淺紅。酒著愁懷偏易醉，詩逢險韻每難工。黃鸝不識春將老，猶自爭啼細雨中。

晚坐偶成

坐久幽窗下，涼生雨過時。曉寒鶯語澀，風重燕歸遲。鑪篆昏芸帙，瓶花撲硯池。劇憐春色減，扶病強裁詩。時余患目疾兩月矣。

晚　立

花徑緣誰掃，憑闌望翠微。竹抽前日筍，苔長舊時衣。雨後鶯翻調，風邊燕學飛。欲題芳草句，惆悵又春歸。

病中口占

弱質經春瘦不禁，重重帷幕怕寒侵。此生痴亦人間少，病裏無聊轉苦吟。

書齋即事

捲幔空庭日漸長，羅衣試著怯新凉。心閒但覺觀書樂，性懶猶爲覓句忙。蝶解憐香花底住，蟲能鎸篆葉間藏。繩床筠簟南窗下，一枕初醒聞妙香。時窗外茉莉花盛開。

雨窗偶吟

輕陰漠漠雨纖纖，睡起春衫傍晚添。怪底清香時觸鼻，風吹花片落書匳。

趙孝子考迹圖負米百里，哺飯七年。輓車覓食，守窑待旦。蒿廬拜墓，藥肆饗親，士民僉票〔一〇〕。卧雲山人寫

至德詒謀遠，展圖肅心神。卓哉趙孝子，童年善養親。豈不羨列鼎，奈此家室貧。負米蒲坂道，胼胝忘苦辛。侍父仍將母，兩地祇一身。母病困牀蓐，定省閱昏晨。仰視林際烏，反哺忍逡巡。卧游當晴晝，片席御輕輪。兄弟競推輓，行乞詫鄉鄰。得食進道旁，舞蹈博笑頻。土窟形影共，無甑奚生塵。相將持寸鐵，堅坐待朝曛。椿凋萱繼謝，墓樹慘不春。隔垣洞肺腑，禁方授異人。永矢肫誠念，能成博濟仁。藥肆拜遺像，肴核牲醴陳。今豐昔何嗇，念此淚沾巾。至行動鄉里，交章荐縉紳。果膺旌典美，始信性情真。文孫善繼述，七圖裝池新。經同韋氏守，硯比范公珍。令名流千載，涑水自清淪。

不寐口占

風吹檐鐸亂疏更，香爐金鑪卧未成。坐久不知天欲曙，猶疑殘月在窗明。

七夕雨

烏雀橋成羽駕翔，疏風冷雨助淒涼。人間但羨長生樂，知否神仙也斷腸。

秋　夜

露冷秋窗月上遲，宵深蟲語一燈知。金釵劃得枕衾〔一〕響，爲續思鄉夢裏詩。

秋夜偶成

高捲湘簾暑氣清，小堂人靜夜初更。一窗秋月欺燈影，四壁寒蛩續鳥聲。識字豈真能折福，苦吟寧冀得傳名。邇來漸悟逍遙理，何必求方問養生。時小恙初痊。

中元夜聞雁有感

每逢此日倍欷歔，一幅輕箋和淚書。聞爾曾傳千里信，不知能達九泉無。

和琴舫詠雪二絶

夢回紙帳覺清寒，凍雀無聲夜向闌。一霎風寒簾幕起，梅花疑在月中看。

怪底寒威傍曉加，玉龍空際舞橫斜。東皇欲試回春手，一夜枯枝遍著花。

凍雲壓樹覆朱闌〔一二〕，倦鳥爭巢漸息翰。欽向南枝探消息，捲簾忘卻朔風寒。

歲暮柬琴舫

村居寡物役，閉戶怯輕寒。風緊鴉拳樹，霜濃竹壓蘭。世情常譎詭，人事每艱難。寄語素心子，身安即境安。

春閨詞四首

東風吹暖百花香，燕子雙雙鬧畫梁。添得瑣窗詩料在，不妨日日弄篇章。

金爐香篆裊輕絲，小閣涼生睡起遲。方怪啼鶯無意緒，一階紅雨又催詩。

蘭釭挑盡未成眠，惻惻輕寒雨後天。一縷茶烟飛不定，和風吹到小窗前。

風風雨雨逼春殘，小立閑庭怯暮寒。明月似知人意懶，故移花影近雕欄。

春日郊行

山含秀色開圖畫，一碧郊原雨過時。激石水聲趨澗急，逆風鐘語出林遲。日殘歸鳥和煙落，春冷晚花帶露垂。他日結茅來此地，布衣糲食也相宜。

春夜感懷

閉戶希塵事，空庭長綠莎。詩情緣病減，鄉夢入春多。簾颭風驚燕，燈昏雨墜蛾。無成空悔晚，安得補蹉跎。

放蛛絲蝶

憐香鎮日醉花陰，險阻能回狂放心。從此高飛須仔細，繁華極處網羅深。

傷懷 補錄丙子秋作

哭損雙眸淚灑紅，百年已短更匆匆。凄涼風雨孤燈夜，慟極猶疑是夢中。

穗帷觸目斷人腸，從此音容兩渺茫。一盞清漿和淚奠，是誰酸苦要君嘗。

琴瑟和鳴十四年，無端摧折〔一三〕并頭蓮。可憐一別成千古，料得九原也慘然。

彩鳳分飛慟命孤，幾翻欲絕又躊躇。親存未敢填溝壑，腸斷高堂慰藉書。

背義偷生總為親，傷心終日淚盈巾。淒涼惟有孤燈伴，舉目誰憐薄命人。

書齋小飲呈許齋

芍藥將殘日漸長，杯盤小飲聚書堂。新梅乍漬鹽猶白，陳釀初開臘尚香。名士何曾知富貴，俗流原不解文章。同君偕隱幽棲願，何日浮家雲水鄉。

此詩亦丙子作也。時方禮闈報罷，夫子鬱鬱不樂，予賦以此解。詎意未及半載，遽捐館舍。時京寓親友皆無，余煢茲一身，勉支大事。嗟呼！生命不辰，至此極矣。丁丑，又遭先太夫人之變，慟何可言！枕苫餘生，倏忽三年矣。昨檢故書，偶而見之，因含淚濡墨，補記於此云。

有　感

蕭條門戶總艱難，百感傷神淚暗彈。翻是九泉人不寂，椿萱棣萼共團圞。

浮生如夢度昏晨，夜雨孤燈倍愴神。一自尊嫜歸碧落，更誰憐惜苦吟身。

答琴舫時方移先姑柩于祠堂，擇廿四日安葬。夫子、仲兄皆附葬新塋。余日來在祠堂守靈，君以二詩勉慰，因和之。

淚痕洗面已三春，閱遍艱難悵苦辛。大義綱常千古重，遲遲總爲倚閭人。

自是菲才命不辰，何曾造物忌詩人。感君垂問殷勤意，欲讀終篇已愴神。

荷　花

綠葉田田滿玉池，微風吹浪影參差。紅英露滴疑含笑，彷佛華清酒困時。

晚　霽

水漲小池平，苔衣上砌生。斷雲隨雨落，殘日借霞明。穿樹鳥聲〔一四〕潤，隔簾花氣清。忽聞風過處，鄰寺晚鐘鳴。

消夏雜詠

虛堂人靜寂無譁，繡倦焚香净品茶。怪底小窗涼意滿，碧闌干外竹橫斜。

沉沉長晝困人天，夢醒疏窗慵擘箋。欲引花香簾乍捲，蜻蜓飛到硯池邊。

湘簾低護篆烟垂，午夢初回日影移。忽訝風來香氣襲，蝶捎花片落書帷。

閒階雨過綠苔生，小立涼風拂袂輕。約略荷花消息近，柳陰深處一蟬鳴。

夢回香篆尚氤氳，移硯南窗趁夕曛。偶檢蟲魚參古籍，更從爾雅證奇聞。

茶煙如霧拂窗斜，樹影重重月影遮。偶被風搴簾幕起，一雙蝴蝶落瓶花。

竹搖清影漾書窗，續讀蟲聲噪夕陽。忽地片雲催雨過，天公許借一宵涼。

清風拂拂送微涼，初月朦朧乍轉廊。露墮閑階蟲語靜，夜深花氣入簾香。

薜蘿引蔓繞疏籬，新月如梳漾曲池。花氣濛濛風斷續，鶴驚涼露過松枝。

雨後新涼到書榻，烹茶小坐讀丹經。香消寶鴨渾忘倦，露滴花梢月半庭。

篁梢壓户日陰遲，讀罷南華誦楚詞。斗室煙霞堪嘯傲，靜中真趣有誰知。

薰鑪茗碗傍修篁，風過芰荷送暗香。一卷蒙莊消永日，不知塵世有炎涼。

即 事

急雨從東來，涼意侵書幔。清風簾外過，芸帙忽吹亂。雷車轉未休，聲忽隨雨斷。濕雲須臾淨，碧天長虹貫。餘霞互明滅，樹梢夕陽半。幽鳥啼花叢，蛙鼓喧池畔。屋角露青山，嵐翠落几案。愛此清景佳，開軒獲幽觀。頓除萬斗渴，技養復揮翰。不知茶鼎沸，微聞鸚鵡喚。

秋日東琴舫

閉門絕塵囂，苔蘚侵階綠。雨餘捲珠簾，新涼透綺縠。輕紅暈池荷，濃露涵窗竹。螢飛暗更明，蟲語斷還續。倦繡倚朱闌，慨然悵幽獨。倦念素心人，高卧抱書讀。咫尺疏覿面，詩筒勞往復。何當攜琴來，一奏梅花曲。

偶 成

湘簾風動晚涼生，碾得龍團手自烹。萬軸牙籤共嘯詠，爾來心迹喜雙清。

秋日偶感

兼旬小病怯登樓，翠幕沉沉不上鈎。簹竹捎風疑雨什，池荷擎露訝珠浮。層霄雁度三更月，萬户砧敲一色秋。本爲遣愁方覓句，詩成無奈轉添愁。

書 憶

山居遠城市，閉户寡俗務。貪涼坐小庭，呼婢移茶具。晚來微雨過，露氣侵簾幕。秋至葉先知，亂逐西風去。哀蛩繞砌吟，似將不平訴。對此感索居，愁懷向誰語。憶我堂上親，迢遥阻雲路。睽違忽九載，寒燠誰調護？眠食幸如常，精神得如故。空深寸草思，相慰憑尺素。宵來魂夢通，牽衣欣相遇。依依繞膝下，細訴相思苦。鐘聲忽驚斷，倚枕淚如注。歲月捷如駛，年華等閒度。時事多變遷，歸寧期屢誤。羨彼林間鴉，反哺樂朝暮。不及高飛燕，臨風自來去。登樓望白雲，英英隔鄉樹。

菊花同琴舫作

老圃寒生雨過時，叢叢秋色映疏籬。素心只合高人侶，僻性寧希俗客知。三徑幽香風信遞，一階瘦影月痕移。孤芳自是凌霜質，底事蝶蜂敢浪窺。

和琴舫中秋風雨感懷之作

桂冷香消又一秋，思鄉憶舊不勝愁。姮娥似解悽涼意，不使清光上小樓。

佳節無聊强自寬，連番風雨罷凭欄。漫言識字恒憂患，福慧能兼自昔難。

感　述

瀟瀟夜雨對孤燈，觸緒茫茫感慨生。命薄豈真才是累，愁深轉悔學無成。黃封且盡樽中酒，彤管空傳身後名。久識行藏同夢幻，吉凶何須問君平。

冬日偶成

柴門雖設晝長扃，静坐悠然俗慮清。積雪映窗疑月白，斷雲罩樹似煙輕。舊臨古篆腕猶弱，偶讀奇書文尚生。自笑未能忘結習，閒邀伴侣定詩盟。

春　曉

閑階芳草綠初齊，風日清和望欲迷。記得海棠消息到，朦朧墙外有鶯啼。

幽禽聲裏夢闌珊，花事關心曉起看。獨倚闌干忘久立，滿身香露不知寒。

春日偶成

夢醒幽窗日曉時，呢喃乳燕隔簾窺。深深院落疏疏雨，花落盈階尚未知。

春晚有感

綠肥紅瘦又春闌，捲幔書堂怯薄寒。花氣嫩含晨雨潤，樹痕遥帶暮煙團。詩逢得意吟偏苦，酒遇無聊醉更難。一事無成空老大，朱顏怕向鏡中看。

春暮

輕暖輕寒雨乍晴，花磚點點碧苔生。窗延樹色侵書綠，檻落池光隔幔明。詩到無題聊寄興，客難可意易忘名。惜花心緒渾無賴，厭聽鄰園喚晚鶯。

初夏

小庭人靜晝偏長，炎暑翻因一雨涼。偶著篆煙縈畫冊，濃薰花氣潤書床。蟲貪清露依簾網，蛾怯微風隱幔藏。讀罷南華塵慮滌，悠然高臥傲羲皇。

夜坐示女姪

夜靜水光活，天低星漢浮。月篩花影細，風度鳥聲柔。清漸琴書潤，涼添枕簟幽。烹茶聊小坐，笑語且勾留。

雨后小園閒步口占

小園雨後趁新涼，十二欄干繞曲廊。濃綠滿階浮竹影，輕紅一檻暈荷光。池邊月上游魚亂，樹杪風迴棲鳥忙。靜裏幽尋隨處樂，詩情畫意恣徜徉。

雨餘南樓晚眺

山色含青翠，深林隱夕陽。餘霞拖小閣，新綠溢橫塘。露重蟬聲潤，風清鶴語長。依欄憑眺久，把卷趁新涼。

校勘記

〔一〕"曉色絢"，原作"曉絢色"，據手抄本正之。
〔二〕"事"，手抄本作"時"。

〔三〕"四",原本無,據手抄本增。
〔四〕"踪",手抄本作"迹"。
〔五〕"感",原本無此字,據手抄本增。
〔六〕"聲",原作"深",據手抄本改。
〔七〕"圍",原作"圓",據手抄本改。
〔八〕"猖",手抄本作"猷"。
〔九〕"君",原作"經",據手抄本改。
〔一〇〕"票",手抄本作"凥"。
〔一一〕"衾",原本作"裬",據手抄本改。
〔一二〕"闌",原作"蘭",據手抄本改。
〔一三〕"折",原作"拆",據手抄本改。
〔一四〕"聲",手抄本作"上"。

跋

右《鹽藕室詩草》一篇，雁門馮佩芸女史之所著也。女史雅不自襮，藏篋衍中，不輕以示人。坰以姻家子獲見之，勸付梓，不許。蓋自嫠居以來，深自掩抑，恨不從通奉公於地下，詎肯以文詞自見哉？民國，嗣子維城出遺集，屬坰斠訂，并爲序。乃爲刪其重復，正其訛誤，并記其緣起如右。若云作序，當俟諸大雅君子，而坰非其人也。

民國甲子仲夏，姻愚姪韓坰次郊甫敬跋。

跋〔一〕

　　道、咸、同、光之際，晉人以詩名世者，代州馮魯川有《微尚齋初續集》六卷，馮習三有《聊自娛齋集》二卷，洪洞董研樵有《峴樵山房初續集》十卷，董薌香有《薌香書屋集》二卷。王顧齋先生《樛經廬詩初編》八卷、《續編》九卷，更風動京畿，讀者累累。夫人係習三之女、魯川之姪，薌香之令配、研樵之弟妻，而執贄顧齋先生門下者也，則其詩可知矣。譽之已非，而況毀乎？三代直道，至今爲昭。籲敢本此意以附名其尾。

　　乙亥七夕前三日，後學張籲跋。

校勘記

〔一〕手抄本無此跋。